汽车技术创新与研发系列丛书

汽车结构的耐久性：
理论与实践

主　编　黄力平

副主编　陈嘉全

参　编　宋育兆　胡　超　石　鹏
　　　　黄　黎　苟黎刚　程稳正
　　　　郑与波　李慧强　刘占国

主　审　杨　月

U0359619

机械工业出版社

本书全面系统地介绍了现代汽车设计中汽车结构耐久性能的设计要求、相关分析的基础理论和方法，以及汽车主要系统的结构耐久分析。本书分为两部分。第1章至第8章为上篇，主要介绍汽车结构耐久性能的主要失效问题、相关问题的力学理论和分析方法。第1章概述汽车结构耐久的各种失效和主要设计要求。第2章讨论金属材料和结构的力学性能。第3章讨论汽车结构耐久仿真分析的多体动力学方法和有限元方法。第4章和第5章分别讲述汽车结构疲劳分析所需要的长期载荷下结构位移和应力的计算方法，着重介绍应力的模态分析理论。第6章叙述各种汽车结构相关的疲劳分析方法，包括汽车金属构件、焊点、焊缝、热疲劳的分析方法。第7章介绍金属零件接触表面的磨损，着重介绍零件表面接触应力计算和接触疲劳分析的方法。第8章讲述结构屈曲（稳定性）的基础理论。第9章至第15章为下篇，介绍汽车主要系统的结构耐久分析，包括汽车结构耐久的主要载荷的计算、底盘、车身、发动机和传动系统的结构耐久分析以及试验验证。

读者可以通过本书，全面了解当前汽车结构耐久设计与分析的主要内容、相关的基础理论，以及汽车主要系统的结构耐久分析方法，了解汽车结构耐久的主要失效问题和机理，以及相应的分析方法，并能在汽车结构的实际设计中加以应用。

本书适合整车企业、汽车零部件企业、第三方检验机构的工程人员和高校汽车专业师生阅读参考。

图书在版编目（CIP）数据

汽车结构的耐久性：理论与实践/黄力平主编 .—北京：机械工业出版社，2020. 2（2025. 1 重印）

（汽车技术创新与研发系列丛书）

ISBN 978-7-111-64667-9

Ⅰ.①汽…　Ⅱ.①黄…　Ⅲ.①汽车-车体结构-耐用性-研究

Ⅳ. ①U463. 82

中国版本图书馆 CIP 数据核字（2020）第 022512 号

机械工业出版社（北京市百万庄大街22号　邮政编码100037）

策划编辑：连景岩　杜凡如　责任编辑：连景岩　杜凡如　刘　煊

责任校对：张晓蓉　樊钟英　责任印制：单爱军

北京虎彩文化传播有限公司印刷

2025 年 1 月第 1 版第 3 次印刷

184mm×260mm · 32. 5 印张 · 797 千字

标准书号：ISBN 978-7-111-64667-9

定价：139. 00 元

电话服务　　　　　　　　　网络服务

客服电话：010-88361066　　机 工 官 网：www.cmpbook.com

　　　　　010-88379833　　机 工 官 博：weibo.com/cmp1952

　　　　　010-68326294　　金 书 网：www.golden-book.com

封底无防伪标均为盗版　　机工教育服务网：www.cmpedu.com

序

汽车工业的百年历史孕育了无数各色各样的汽车。对汽车的设计而言，无论汽车的年代、样式、结构和功能如何变化，汽车的结构耐久性能始终是其中最基础和最重要的研发内容。虽然汽车市场需求注重汽车的造型和性能，但是汽车必须可靠耐用，在使用时不失效，这是永恒的客户需求。

时代在变迁，技术在发展，汽车结构耐久性能的设计技术也与时俱进，不断发展。早前的汽车工程师只能依靠经验估算和大量的物理试验来设计和验证汽车的结构耐久性能，近些年来，由于计算机和数字化分析技术的迅猛发展，许多新的分析技术和工具也随之发展了，并且在汽车的设计和分析中广泛应用，许多汽车结构耐久的问题可以比较准确地计算和分析了，汽车结构的计算机分析可以辅助甚至代替一些汽车的物理试验了，这就极大地提高了汽车设计的水平和结构耐久性能，同时也帮助汽车企业减少研发时间和材料的浪费，降低设计成本，缩短设计周期，由此产生了现代汽车结构耐久性能设计与分析技术。现代汽车结构耐久性能的设计与分析技术含盖了广泛的学科专业知识，大多数汽车结构耐久性能的分析需要借助专业化的计算机软件来进行，一个工程师很难全面了解汽车结构耐久性能的问题和分析原理，不少工程师不了解或者不理解所做分析的原理，因此，很需要一些相关的书籍来介绍这方面的内容，由十一位长期在汽车结构耐久性领域工作和研究的技术专家、技术总监、总工程师和工程师们通力合作完成的《汽车结构的耐久性：理论与实践》一书解决了这个问题，它是现代汽车结构耐久性能设计与分析技术方面一本比较全面和系统的新书。

本书的主编黄力平博士和副主编陈嘉全博士都是这一领域的专家，长期从事汽车结构耐久性能的分析工作，一直在汽车结构耐久性能的分析方法上不断探索，在汽车结构耐久性能的分析方面有着丰富的实践经验。黄力平博士长期从事汽车结构耐久性能的分析，专注汽车综合耐久试验中车辆结构的仿真分析和疲劳寿命计算方法的研究，曾全程参与和负责福特多款车型的车身疲劳分析，以及特斯拉 Model S 车身和 Model X 概念车的结构耐久分析，开发了福特汽车公司使用的高效结构仿真与疲劳计算的方法和专用计算机软件，解决了车身结构在道路载荷下动态应力和疲劳计算耗时的瓶颈问题，使结构的动态疲劳分析从不实用变为实用，推动了福特汽车公司从 20 世纪末开始全面使用动态分析方法进行车辆结构的疲劳分析。陈嘉全博士长期专注汽车虚拟试验场的技术发展和应用，在福特汽车公司开拓性地将虚拟试车场技术应用于新车结构的开发，加盟中国一汽集团后，陈嘉全博士负责红旗品牌轿车的整车性能集成，成功地将虚拟试车场技术应用于产品性能的开发之中。他们在汽车结构耐久领域的深入钻研与实践，以及对汽车结构耐久问题及其分析工作的认知，助力他们组织完成了这部有关汽车结构耐久的综合著作。

《汽车结构的耐久性：理论与实践》一书比较全面和系统地介绍了与汽车结构耐久性分

析相关的理论知识，其中包含了一些目前在学校的教学中不涉及的基础知识，同时也详细地介绍了汽车主要系统结构耐久性分析的内容和方法，能够帮助从事汽车结构设计与分析的工程师，系统地了解汽车结构主要的耐久性问题，以及分析和计算的相关原理和方法，是一本理论与实践相结合的专业参考书，可以为从事汽车设计与结构耐久分析的汽车工程师和有关高等院校车辆工程专业的研究生和大学生，提供难得的工程实践参考。

中国工程院院士

中国汽车工程学会理事长

清华大学车辆与运载学院教授

李　骏

2020 年 2 月 15 日

前　言

汽车是一个能够载人、载货，长时间和长距离行驶的复杂机械。在汽车的多种性能中，汽车的结构耐久性能是汽车的基础性能之一，是从汽车诞生开始就成为汽车设计重点的一种性能，是汽车能够正常使用的基本保障。

过去的三十年间，由于国际汽车产业的激烈竞争，各汽车生产企业都面临既要压缩产品开发周期和成本，又要兼顾传统的汽车性能要求（包括可靠性和耐久性等）和越来越多新汽车性能的要求（例如 NVH、碰撞安全、轻量化等），依靠过去的经验设计和反复的样品试验验证的传统手段已经力不从心，国际上的主要汽车生产企业，开始大力引进和开发计算机辅助工程（Computer - Aided - Engineering，缩写为 CAE）技术，使用计算机分析的手段在图样设计阶段分析和预测汽车的性能，使结构存在的问题在图样设计阶段被较早地发现和解决，并且能够兼顾多种汽车性能的要求，达成相对的最优化设计。目前，计算机辅助工程（CAE）已经成为现代汽车研发中的必要环节，在提高设计质量、减少样品试验、压缩产品开发的周期和成本方面，发挥了至关重要的作用。国内的汽车生产企业也在产品的研发中全面应用这一手段。相比国际上的主要汽车生产企业，国内汽车生产企业的历史短，设计工程师的经验少，试验验证设备的投资和建设欠缺，因此计算机辅助工程（CAE）的作用更为关键。

汽车的结构耐久性能分析是汽车领域计算机辅助工程（CAE）的一个重要组成部分。然而，由于汽车结构耐久性能的范围较宽，涉及的学科领域较多，一个工程师很难了解所有相关领域和学科的理论。多数汽车结构耐久性能的分析只能依赖于专门的计算机分析软件。对于从事结构耐久性能分析的 CAE 工程师来说，这些计算机分析软件都是所谓"黑箱"，即结构分析工程师只给输入，得到输出。分析工程师可以运用计算机软件进行结构分析，但并不知道计算机软件所做分析的详细原理，造成工程师有时很难判断分析结果的合理性、可信度，影响对设计的判断。本书的初衷就是综合和总结汽车结构耐久分析的相关理论和实践的知识，系统地提供给广大读者，帮助读者学习和应用这些知识。

本书根据汽车结构耐久性能的主要失效问题，介绍相关分析的力学理论和方法及实践。前半部分（第1章～第8章）概述汽车结构耐久性能的主要失效形式、相应的力学原理、相关的力学理论和分析方法。后半部分（第9章～第15章）系统介绍汽车主要结构和系统结构耐久设计的基本要求和相应的分析与验证的方法。作者希望通过这些介绍，建立从汽车结构耐久性能相关问题，到相关的基础理论，到实际工程的分析方法，到最终工程设计之间的桥梁，将理论与实践相结合，让读者可以通过本书全面了解当前汽车结构耐久性能设计与分析的主要内容、相关的理论，了解汽车结构耐久性能的主要失效问题和机理，以及相应的分析方法，并能在汽车结构的实际设计中应用。

　　本书可供从事汽车结构耐久性能分析与设计的汽车工程师使用，也可供高等院校车辆工程专业的研究生和本科生参考。

　　本书由吉利汽车研究院黄力平主编，第一汽车集团公司技术中心陈嘉全为副主编。参加编写的作者有美国福特汽车公司宋育兆、美国通用汽车公司胡超、北京汽车股份有限公司黄黎、石鹏和李慧强、吉利汽车研究院程稳正、郑与波和苟黎刚、第一汽车集团公司技术中心刘占国。全书共15章。第1章至第7章由黄力平主要编写；虚拟试车场部分由陈嘉全编写；黄黎、宋育兆、胡超对多体动力学、非线性有限元计算和发动机热疲劳方面的内容提供了协助。第8章由黄力平和宋育兆共同编写；第9章由黄力平、黄黎、胡超和石鹏编写；第10章由程稳正编写；第11章由黄力平、郑与波和苟黎刚编写；第12章由郑与波编写；第13章由胡超和石鹏编写；第14章由李慧强编写；第15章由黄力平、陈嘉全、刘占国和苟黎刚编写。编写过程中得到吉利汽车研究院陈文良、曹灵莉、于则和北京汽车股份有限公司吴明和在插图处理和文字编辑上的协助，在此表示感谢。本书由北京汽车股份有限公司杨月主审。

　　由于写作的时间和水平有限，书中难免有疏漏和错误之处，欢迎广大读者批评指正。联系作者的电子邮箱为 auto_durability@ 163. com。

主　编

目　录

第 7 章　接触表面的磨损 …………………………………………………… 237

第 8 章　结构屈曲（稳定性）的基础理论 ………………………… 247

下篇　汽车主要系统的结构耐久性能分析

第 9 章　汽车结构耐久的载荷 …………………………………………… 261

第 10 章 底盘结构的耐久分析 …………………………………………………… 315

第 13 章 发动机结构的耐久分析 …………………………………… 396

上篇
汽车结构耐久性能的
基础理论和分析方法

汽车结构的耐久性能概述

第1章

1.1 汽车设计中的结构耐久性能要求

自从 1908 年福特汽车公司的 T 型轿车从世界上第一条汽车生产流水线上成功组装下线，汽车已经进入百姓的日常生活，成为大众的日常消费品，同时汽车的设计与制造也在不断发展，成为一个庞大的工业和商业领域。

汽车作为一种日用品，需要满足用户对产品使用功能的要求。用户需要某一种功能，还要求这种功能好用并且耐用。作为一种商品，汽车不仅要满足国家对汽车产品日益严格的法规要求，同时还要满足产品的经济性要求。目前，对汽车产品的要求包括：驾驶性能、车辆动力学性能、空气动力学性能、油耗、热管理、使用寿命（也被称为耐久性和可靠性）、碰撞安全、振动、噪声和乘坐舒适性、车内环境的舒适性、造型、电子电器性能、整车的集成性和布置的合理性、储物空间、重量、成本、排放、产品设计和生产的兼容性等。

在这些汽车产品的设计要求中，每一项都包含很多更详细的内容。汽车产品的耐久性和可靠性的设计要求包含：用户满意度、对用户的服务、质量保修和质量保修的成本、结构耐久、动力总成耐久、设计和制造质量、可靠性、整车的抗腐蚀性、可维修性、可回收性和产品的吸引力（如汽车的外表）等。

在汽车产品的设计要求中，很多要求是随着时代的变迁、技术的进步、用户对产品要求不断提高、政府管理不断严格而逐步发展起来的，但是对汽车结构耐久的要求则是汽车设计中开始最早、最基础的设计要求。从汽车诞生的第一天开始，汽车结构的耐久性能就一直是汽车设计中的一项重要内容。

1.1.1 汽车的耐久性能及其设计目标

通俗地说，耐久就是持久、耐用。一个耐用的产品能够在不需要较大的、预期之外的维修和更换零件（需定期正常更换的磨损零件除外）情况下长久地使用。一个产品能够长时间保持其自身原有的功能、性能、完整性和品质的能力，叫耐久性能或者耐久性。

一辆汽车从出厂开始，到它被使用到不能再使用的极限之前的工作期限是它的有用生命周期，也称为使用寿命。汽车的耐久性定义为汽车在相当长的有用生命周期内，在正常使用的条件下，维持其应有的功能、性能和质量的能力。换句话说，汽车的耐久性能是它在正常使用的条件下长时间保持（或者基本保持）其原来状态（出厂状态）的能力。一辆汽车保持（或者基本保持）其原来状态的时间越长，它的耐久性能越好。反之则不好。

从使用者的角度讲，一个产品具有良好的耐久性能、能够长时间保证其使用功能是使用者的期待。使用者通常希望一个产品能够保证其使用功能的时间越长越好。然而，鉴于产品经济性的考量，一个产品的耐久性，在设计的时候通常会设定在一个合理的目标上。在汽车的设计阶段，汽车生产企业和设计者会设定每一款汽车的耐久性能目标。这个目标叫设计寿命。

汽车耐久性能的设计目标（或设计寿命）通常用要求汽车达到的最低使用年限和最低等效的用户行驶里程来定义。比如，大多数汽车生产厂商根据用户使用情况的统计数据和需求，设定汽车产品的耐久性目标为出厂的汽车能够有效地使用至少十年和行驶至少 16 万千米用户等效里程，或者使用至少十年和行驶 24 万千米用户等效里程。不同的汽车生产厂商会根据各自的研发和生产能力、零部件供应链的情况、企业的经营策略和目标、车型销售的目标人群和地区、竞争对手的情况等因素，确定自己的汽车耐久性能设计目标。

1.1.2　汽车结构的耐久性能要求

汽车的结构耐久所指的结构，是力学意义上的承载构件和由它们组成的结构系统，泛指支撑汽车所有系统、承受汽车所有载荷的构件的组合。汽车上承受载荷的结构件通常使用金属材料。所以，汽车的结构可以通俗地认为是汽车上金属构件的集成。例如，汽车的车身、底盘、发动机缸体、变速器的壳体及各种安装汽车功能装置或零件的支架等。

汽车结构的主要功能是构架承载人员、物品、各种汽车功能系统的空间、提供他（它）们在车上安置、安装和固定的结构、承载他（它）们的重量以及在汽车的使用时它们所受到的载荷、并始终保持汽车系统正常工作所需要的形态。汽车的功能系统包括驱动系统、传动系统、控制系统、供油、供电、冷却、散热、排气、消声、座椅、照明、音响、空调、辅助系统，等等，它们都有自身的结构，几乎都是搭载在车身的结构上。汽车上大的结构有车身、底盘、发动机、变速箱、座椅、蓄电池、备胎等，小的结构有安装和固定喇叭、玻璃升降器电机、雨刮器、气囊传感器、各种电子装置的小支架等等。为了保证汽车能够达到它的所有功能和性能的要求，汽车结构必须具有足够的能力承受所有汽车使用过程中所经历的载荷（无论是外力还是内力），保证在汽车的使用过程中，结构在这些载荷的作用下不发生破坏以及结构的变形在允许的范围内。汽车结构在汽车正常使用的过程中抵抗各种破坏或失效的能力被称为汽车结构的耐久性能。习惯上，汽车结构的耐久性能也经常被称为汽车结构的耐久性或汽车的结构耐久。上述对汽车结构的要求是对汽车结构耐久性能的基本要求。

由于汽车的结构件支撑着汽车的框架和所有的系统、承受着汽车上的所有重量和内外载荷、并且在各种载荷下保持所有系统的绝对位置和相对位置、为各系统的正常运行提供保障，汽车结构的耐久性能是汽车整车耐久性能的基础，对汽车整车的耐久性能起着决定性的作用。

1.2　汽车结构在正常使用情况下的主要失效

1.2.1　汽车在正常使用下的主要失效

从一百多年前汽车诞生到今天，汽车已经从一个能够行驶的简单机械，发展成为一个具有许多功能、能够长距离、长时间行驶和能够使人员安全、舒适地驾乘的复杂机电系统。汽车上有上万个零部件。汽车上的各种零部件的使用功能和使用条件都不相同。一辆汽车的耐久性能依赖于每个零部件的耐久性能。只有汽车上的所有零部件，在汽车设计寿命周期中保持它们的正常功能，汽车才能够达成它的耐久性能的目标。如果汽车上的零部件、系统、整车在其所设计的寿命周期内、在正常的使用情况下失去了它们的正常功能，这样的情况就被称为失效，这样的零部件、系统、整车也被称为发生了失效。

可以比较简短地定义汽车的失效为：汽车整车、总成及其零部件在其设计规定的条件下和规定的时间内，丧失设计所规定功能的事件。设计汽车整车和零部件的耐久性能，首先需要了解汽车在使用中的主要失效和失效的原因。

汽车的失效也就是汽车的故障。在中国的汽车行业标准 QC/T 34—1992《汽车的故障模式及分类》的附录中，对汽车常见的故障模式进行了分类并列举了实例。该附录的内容见表 1.1。

表 1.1　汽车常见的故障模式及分类

汽车故障模式类别	故障	故障说明	故障举例
损坏型故障模式	断裂	具有有限面积的几何表面分离的现象	如轴类、杆类、支架、传动带、齿轮等零件的断裂
	碎裂	零件变成许多不规则形状的碎块的现象	如轴承、摩擦片、玻璃、衬套、塑料壳罩等零件的碎裂
	裂纹	在零件表面或内部产生的微小的裂缝	
	开裂	钣金件或非金属件产生的可见裂缝	
	点蚀	零件表面产生的点状剥蚀	如齿轮表面、凸轮表面、挺杆等零件的点蚀
	烧蚀	零件表面因产生局部熔化而发生的损坏	如活塞顶、轴瓦、断电器触点的烧蚀
	击穿	绝缘体丧失绝缘，致使通过的电流突然增大，出现放电现象，造成的损坏	如分电器盖、分火头、电容、高压线等零部件的击穿
	变形	零部件的外力作用下改变原有形状的现象	如轴类零件的弯曲或扭转变形
	拉伤	摩擦副相对运动时，沿摩擦表面滑动方向形成伤痕	如缸筒、轴瓦等的拉伤，对于齿轮传动则称为咬合

（续）

汽车故障模式类别	故障	故障说明	故障举例
损坏型故障模式	龟裂	零部件表面的网状裂痕	如离合器摩擦片、制动蹄摩擦片的龟裂
	压痕	零件表面产生的凹状痕迹	如十字轴颈表面出现的压痕
退化型故障模式	老化	非金属零件随使用时间的增长或周围环境的影响，性能衰退的现象	
	剥落	金属/非金属或油漆层以薄片状与原表面分离的现象	
	异常磨损	运动零件表面产生过快的非正常磨损	
松脱型故障模式	松动	连接件丧失应具有的紧固力或过盈配合失效	
	脱落	连接件丧失连接而造成的零件分离的现象	
失调型故障模式	压力失调	压力低于或超过技术条件的规定值	
	间隙超差	触点间隙或配合间隙超出规定而影响功能的现象	
	行程失调	操纵件或运动件未达到或超出规定行程而影响功能的现象	
	干涉	运动件之间发生碰撞或摩擦的现象	
	卡滞	零件在规定的运动轨迹上有间歇或受阻的现象	
堵塞或渗漏型故障模式	堵塞	在管路中流体流动不畅或不能流动的现象	
	气阻	汇集在管路系统内的气体，阻止了液体正常流动的现象	
	漏气	气体从具有气压的系统内非正常泄出的现象	
	漏油（水）	在油（水）密闭的管路及容器系统中，有油（水）成滴或成流非正常泄出的现象	
	渗油（水）	在油（水）密闭管路或壳体表面，有油（水）迹，但不滴落的现象	

（续）

汽车故障模式类别	故障	故障说明	故障举例
性能衰退或功能失效型故障模式	性能衰退	在规定的行驶里程内，整车或总成的某些性能下降到低于技术条件规定的指标的现象	如整车动力性、经济性明显下降、离合器分离不彻底、转向沉重、制动跑偏、传动轴抖动等
	功能失效	由于某一局部故障致使正常总成的某些功能完全丧失的现象	如喇叭不响、灯不亮、车门自开、离合器打滑、变速器掉档或乱档、制动失控等
	公害限制超标	汽车的噪声/排放等公害指标超过了规定的限值	
	异响	汽车工作时发出的非正常的声响	
	过热	汽车工作时冷却系统或其他总成的温度超过了规定值	

　　按照 QC/T 34—1992 的分类方式，汽车常见的失效分为损坏型、退化型、松脱型、失调型、堵塞或渗漏型、性能衰退或功能失效型六种类型。

　　损坏型失效有断裂、破裂、开裂、裂痕、裂纹、破碎、变形过大、塑性变形、烧蚀、点蚀、击穿、蠕变、短路、断路、错位、拉伤、龟裂、压痕等。其主要的诱发因素有应力冲击、电冲击、疲劳、磨损、材质问题、腐蚀等。

　　退化型失效有老化、变色、变质、表面保护层剥落、侵蚀、腐蚀（包括金属材料的生锈）、磨损等。其主要的诱发因素有自然磨损、老化及环境诱发。

　　松脱型失效有松动、晃动、脱落等。其主要的诱发因素有紧固件因长期受力或周围环境影响致使零件关键区域的材料发生变化导致松动、脱落、焊点或焊缝的加工质量问题、焊点或焊缝开裂和破裂、连接零件（如发动机悬置、悬架零部件之间连接）的断裂或开裂等。

　　失调型失效有压力失调、间隙超差、运动件行程超出设计范围、干涉、卡死等。其主要的诱发因素有压力装置的维护问题、设计的缺陷、制造装配质量问题、零部件质量问题、零部件的变形等。

　　堵塞或渗漏型失效包括管路的堵塞、油、气、水的泄漏或渗漏。其主要的诱发因素有管路的老化、相关装置的失效、密封失效、气候环境等。

　　性能衰退或功能减弱是汽车自然而普遍的问题。基于汽车各系统零部件材质的物理性质和汽车复杂的使用和工作环境，零部件的自然损耗、性能的自然衰减和不断累积的损伤和损坏，会导致汽车的不同系统的零部件、或者整个系统、甚至整车的功能和性能衰退或者完全丧失。以上所有的失效都可能是部分或者全部诱因导致汽车的某种功能和性能衰退或者丧失。

　　可以从问题的物理性质对以上的失效进行概括性分类，汽车耐久性的主要失效可分为材料的分离（包括断裂、裂纹等）、变形、磨损、腐蚀和老化。主要的诱因多种多样，大体有机械的作用、化学的作用、电的作用、热的作用等。

　　从材料变化的角度分类，可归纳为材料的过度变形、材料的分离（如断裂）、材料的损失（如磨损、腐蚀、熔化）、材料的增加（如堵塞、膨胀）和材料的衰减（包括老化、连接松动、过度的非正常温度、焊接的热影响区、材料的分离、材料的损失等）。

下面分类介绍一些典型的汽车设计需要考虑的汽车结构耐久失效的问题。

1.2.2　结构的过度变形

1. 结构的变形导致的失效

如果汽车的结构和零部件保持在它们原有的设计状态下，它们可以完全保持其设计的理想功能和状态。然而，汽车在使用过程中会受到各种载荷的作用，结构和零部件将因受力而发生变形。在这些结构和零部件的变形中，有很多不影响汽车的性能和功能。而有一些变形则会影响汽车的某些性能或功能。

例如，减振器是车轮和车身之间的一个部件，承担着阻隔主要路面波动和载荷到达车身的任务。车身上的减振器安装座承受来自车轮的载荷，往往产生较大的永久变形。如果这个变形过大，就会改变与减振器零部件之间的正常相对位置和角度，导致减振器和减振器安装座发生干涉，从而影响汽车的性能。另外，在扭曲路面上行驶，或者在高低差别较大的路面上停放，汽车整车会发生扭转变形。车身扭转过大将导致车门变形，影响整车的封闭性能和车门的开关性能。车身的整体扭转也常会导致车身上某些部位因变形过大而产生裂纹，使车身的扭转刚度减低。另外，车轴、驱动轴、传动轴等安装支架的变形显然会影响汽车的驾驶性能。有很多汽车结构变形影响汽车性能和功能的例子。底盘部件通常有较大的运动位移和受到较大的路面作用力。如果底盘的零部件结构发生较大的变形，零部件之间的连接将会产生故障。图 1.1 是一个下控制臂产生较大变形的例子。此变形直接影响了车辆的行驶和操作性能。图 1.2 是一个稳定杆连接杆在连接处产生较大变形的例子。图 1.3 是一个后背门铰链在车身上安装点处的变形。受后背门重力、门的开启和关闭力的作用，车身上安装点处的变形过大导致后背门下沉，影响后背门的关闭质量。

图 1.1　下控制臂变形　　　　图 1.2　稳定杆连接杆变形

有一些汽车结构的变形并不影响汽车的功能，但是会影响汽车的质量和顾客的满意度。汽车外表面上任何的变形、甚至微小的凹陷都会损害顾客的满意度。顾客能看到的变形还有车门、前机舱盖、后行李舱盖相对车身的缝隙。如图 1.3 的后背门下沉会导致后背门关闭后与车身的缝隙不均匀，影响用户感观。图 1.4 是一个车轮罩外板受外力作用变形的情景，它严重影响用户的感观。顾客能感知到的变形还有方向盘的固定、放脚的地板、加速踏板、制动踏板、开门把手等。

图 1.3　后背门下沉

图 1.4　车轮罩外板变形

2. 结构变形的种类

汽车结构和零部件常见的变形按照它们的力学性质分类，有弹性变形、塑性变形和蠕变变形三种。

结构在外力的作用下产生变形，而当外力移去之后，结构能够恢复变形之前的状态，这种变形就是弹性变形。如果在外力移去之后，结构没有恢复变形之前的状态，保留了一定的变形，这种变形就是塑性变形。因为塑性变形不能恢复，所以它是一种永久性的变形。图 1.1 ~ 图 1.4 中零部件的变形都是塑性变形。

蠕变变形是一种发生在高温条件下与时间有关的变形。当结构或者结构的一个区域的温度超过一定温度值，并且应力超过一定的限度，结构的变形随着时间的增长而缓慢加大。这种变形就是蠕变。蠕变变形是塑性变形，在卸载后它不会消失。在汽车发动机结构中的部分高温区域，发动机结构会发生蠕变变形。

3. 结构变形的诱发因素

外力是引起结构变形的外部原因。结构抵抗变形的能力有限是结构变形的内在因素。结构抵抗变形的能力由结构的形状、截面、尺寸、厚度和材料的性质所决定。结构的形状、截面和厚度由具体的设计决定，材料的性质由选择材料决定。外力来自汽车的使用，是不可避免的。汽车设计的任务是使结构抵抗变形的能力尽可能高，满足汽车使用的需求。

1.2.3　零件的屈曲

结构屈曲是指结构受到压力载荷突然改变了结构原有变形模式的失效问题。汽车结构中有一些承受压力载荷的结构，如曲柄连杆、悬架中的控制臂、二力杆控制臂、转向拉杆、脚踩制动踏板臂、车顶篷、车门外板、发动机舱盖上板、行李舱盖上板、翼子板、后轮罩外板等零部件都会承受压力载荷，有可能发生屈曲变形。图 1.5 是一个汽车外表面受压力发生屈曲变形的例子。这样的变形影响用户的感观和感受。所以，这些受压力载荷零部件的设计必须考虑结构有足够抗屈

图 1.5　汽车外表面受压力发生屈曲

曲的能力。

1.2.4 零件的断裂

1. 零件断裂导致的失效

在结构发生变形时，材料被拉伸或压缩，但是材料仍然保持着原来的分子连接。零件断裂是另一种结构的破坏。当零件断裂时，零件的材料发生分离。材料的分离是结构的又一种破坏形式。材料的分离包括断裂和裂纹。裂纹是一种非完全的断裂。

在汽车的使用中，零部件发生断裂的案例时有发生。下面是一系列汽车零件在行驶的过程中发生断裂的案例。图1.6是一个发动机悬置支架断裂的案例。图1.7是一个转向拉杆铰链断裂的例子。图1.8是一个半轴断裂和下控制臂脱落的情形。图1.9是一个下控制臂断裂的情况。图1.10是一个变速器产生裂纹的照片。图1.11是一个排气管撕裂的例子。

汽车零件断裂是最危险的汽车失效，特别是汽车底盘零部件的断裂，可能导致汽车失控，危及乘员的安全，是汽车设计要避免的失效。

汽车零件发生断裂、造成汽车的整体或者部分功能失效，驾驶人是能够发现或注意到的。除汽车零件发生断裂外，汽车零件也常常会产生裂纹，裂纹的大小没有达到零件的完全断裂，没有显著地影响汽车的整体功能，用户往往不知晓或不感觉，但是它们会局部或部分影响汽车的某些功能和品质。图1.12是两个汽车零件的裂纹被汽车内饰或其他零部件所遮挡，或者位于不被人们所注意的地方。

图1.6　发动机悬置支架断裂

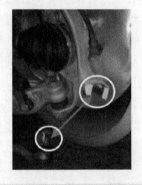

图1.7　转向拉杆铰链断裂

图1.8　半轴断裂、下控制臂脱落

图1.9　下控制臂断裂

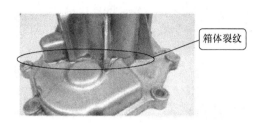

图 1.10　变速器裂纹

图 1.11　排气管管壁撕裂

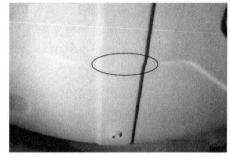

a) 备胎盆裂纹

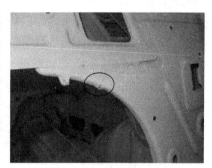

b) 衣帽架钣金裂纹

图 1.12　不易被发现的裂纹

　　这些汽车零件上的裂纹虽然没有直接地影响汽车的行驶功能，但它们会降低汽车车体结构的刚度，引发其他汽车功能的衰减，也常常引发异响。外部零件上的裂纹还会造成水污进入车内，如图 1.12a）中备胎盆的裂纹。有时裂纹发生在汽车裸露的外部零件（如保险杆、车的门框等）上，或者在前机舱里，使用者打开机舱盖能够看见。这些都会影响使用者对该产品的满意度。

　　在很多的情况下，金属零部件在它们相互连接的焊点或焊缝处发生破坏。图 1.13 是一个车身上钣金件在焊点处，沿焊点边缘产生裂纹的例子。图 1.14 是一个车身上钣金件在焊点处开裂，然后在钣金件上裂纹扩展到整个钣金件开裂的例子。

图 1.13　车身焊点破坏

图 1.14　衣帽架钣金裂纹和焊点破坏

2. 零件断裂的种类

按照载荷的次数分类，零件的断裂可以是一次加载载荷引起的或多次循环载荷引起的。一次载荷引起的破坏通常被称为静载荷破坏。真正的静载荷是指加载速度非常缓慢的情况。但实际上，一次冲击载荷引起的破坏也属于一次载荷破坏。对不同速度的加载，从材料的承受极限上比较是不一样的。在目前的结构耐久设计领域里，一次载荷的破坏都归类在静载荷破坏。

多次循环载荷引起的破坏就是所谓的疲劳破坏。循环载荷就是幅值有高有低、不断重复的载荷。载荷总的幅值水平比静载荷破坏时的载荷水平低。疲劳破坏是由无数小的结构损伤累积而成的。汽车的长期道路行驶之后造成的破坏属于疲劳破坏。

3. 零件断裂的诱发因素

材料中的应力是导致材料分离的因素。诱发材料产生应力的因素是结构外力的作用，主要是作用在结构上的机械力和热作用力。机械力包括来自路面的载荷、汽车内部的动力生成和传递的载荷、汽车各种特别功能的使用（例如开门、关门、脚踩加速踏板、脚踩制动踏板等）的载荷、汽车运输与维修时的载荷、使用者滥用汽车时的载荷（例如倚靠车门、车体等）。这些机械力能够导致材料中产生应力。热作用力是汽车起动以后发动机缸内气体燃烧产生的温度载荷。温度变化会导致零件本身或零部件之间不均匀变形而产生热应力。在载荷的因素之外，结构和零部件本身的弱点（如零件的开孔、零件形状和尺寸几何不连续等）容易造成应力集中。结构的共振也会放大应力水平。当结构上的应力幅值与时间（对疲劳而言）超出了材料的能力极限后，结构即发生断裂。

1.2.5 零件的磨损

任何两个相互接触且相对运动的物体都会产生摩擦，造成物体表面的材料损伤和损失。汽车上有一些零部件的工作状态就是摩擦状态。例如轮胎、汽车的制动片。这些零部件的摩擦属于正常工作。摩擦力是它们功能的驱动力。磨损也是它们工作时的正常损耗。它们的寿命低于整车的设计寿命，使用中需要定期更换。另一些零部件在工作时存在着摩擦或者可能发生摩擦。例如发动机的缸体与活塞、传动轴的轴承、传动轴万向节的轴承、传动齿轮等。这些零部件在工作时产生的摩擦是零件设计时希望避免或减少的。通常的做法是加润滑液剂，阻隔或减少零件的接触，降低零件间的摩擦。正常的维护和保养有助于降低摩擦力。另一方面的措施就是增强零件的表面强度，例如在零件的表面加镀高硬度金属涂层。

1.2.6 零件的腐蚀

腐蚀是指材料（金属和非金属材料）在自然环境中，或者特定条件下与其周边的介质（水、空气、酸、碱、盐、溶剂等）发生化学或者电化学作用而引起的损耗和破坏。汽车上的零件腐蚀会导致其力学性能下降、零件失效。汽车上金属零部件生锈就是金属材料在大气环境中与水发生的氧化反应。

防止腐蚀的主要措施是做好防腐蚀保护，以减缓金属零件被腐蚀的速度。防腐蚀方案包括镀锌、电泳涂装、点焊密封胶、涂 PVC、注蜡、防石击胶等。

第一是零件的表面镀锌，因为不同金属的活跃度是不一样的，金属越活跃越容易被腐蚀，在零件的表面镀锌会形成一层致密的氧化膜以形成防腐蚀防护。但是它会增加零件的成本。

第二是车身的电泳涂装，电泳里面含有一些不会被腐蚀的非金属化合物。电泳使这些化合物黏附在金属表面形成一层膜，从而保护汽车的车身材料。

然而，在车身钣金件焊接处的板件之间的夹缝，间隙太小，电泳接触不到。所以第三种措施就是在钣金件的中间涂以点焊密封胶，这样水就进不去了，从而达到防腐蚀的效果，同时也确保了车身的密封性。另外，电泳虽然强大，但是它不耐碰撞，漆掉了就会生锈，所以在电泳漆外面再涂一层防石击胶，形成双层保障。另一种措施就是对所有地板进行车外焊接，100%的PVC覆盖保护。涂PVC是为了防水。还有一种措施是注蜡。因为水无时无处不在，会变成冷凝水，在空腔里面注一层蜡，这层蜡会形成一层薄膜，薄膜自然把水隔离开来。所以地板上的空腔都要注蜡，车门里面都要注蜡。

1.2.7 老化

塑料、橡胶、纤维、薄膜、胶黏剂和涂料等被称为高分子材料。高分子材料在使用过程中，在光、热、水、化学与生物侵蚀等内外因素的综合作用下，产生降解，表现为性能逐渐下降，从而部分丧失或全部丧失其使用价值，这种现象就是老化。

汽车的轮胎和大量的密封件都是橡胶材料制成的。这些橡胶件在长期的风吹日晒的使用中会发生老化，出现龟裂、硬化，性能大大衰退，从而导致整车性能下降。当橡胶密封材料老化衰退后，车辆振动和噪声会增加，整车的刚度和固有频率也会受到影响，出现所谓高里程NVH和耐久问题，影响使用者对车辆的满意度和汽车的品牌声誉。汽车内饰件的老化也会影响使用者对车辆的感受。

1.2.8 本书范畴

以上所述的六类汽车失效问题涉及众多的科学研究领域。从科学研究的角度来讲，各个学科的发展程度很不均衡。有的学科领域发展比较成熟，在汽车设计的分析中得到充分应用，可以定量地分析汽车耐久问题。有的学科领域发展相对欠完善，在汽车设计的分析中只能定性地分析汽车耐久问题。有的学科领域发展还只限于机理性分析，无法具体地应用于汽车耐久分析，只能从方向上指导设计。所以，在实际的汽车耐久性分析中，根据不同问题的理论和方法的成熟程度，各种具体问题的分析，在其成熟程度和深入程度上差异较大。

笼统地说，汽车零部件的变形和断裂破坏，特别是关键结构零部件的变形和断裂破坏，关系到汽车行驶的安全、影响汽车主要系统的正常运行，是汽车耐久性能的主要失效。另一方面，由于汽车的结构零部件占据了汽车整车的大部分重量，为了控制整车的重量和成本，在汽车的设计中需要对汽车零件可能产生的变形和断裂破坏进行充分分析和评估，以便同时兼顾汽车耐久性能和成本。所以，对汽车结构的变形和断裂破坏的分析一直是汽车耐久分析的重点，分析相对比较广泛和深入。相对来说，汽车零件的磨损、腐蚀和老化更多从防护方面考虑，注重各种保护措施，以减少或降低零件的磨损、腐蚀和老化，具体的定量分析较少。本书主要介绍目前汽车设计与分析进行较多的结构变形、断裂和零件疲劳磨损的相关内容。

汽车所使用的材料有金属材料和非金属材料两大类。金属材料是汽车上使用的主要材料，用于汽车的主要构架和多数需要承受重量或载荷的零部件。非金属材料包括塑料、橡胶、纤维、胶黏剂、电气绝缘材料和涂料。按照"汽车材料网"的统计数据，汽车上各类材料的使用量为钢材52%、铸铁5%、铝合金8%、塑料和复合材料10%、橡胶5%、油液6%、玻璃2%、其他材料12%（例如地毯、隔声材料等）。金属材料大约占汽车总重量的三分之二，非金属材料占三分之一。

汽车上金属材料的耐久问题主要是材料或零部件的断裂、裂纹、变形、磨损和腐蚀。塑料、橡胶和复合材料等主要非金属材料的耐久问题，主要是材料或零部件的断裂、裂纹、变形、磨损和老化。因为汽车上的金属结构承载汽车所受到的主要载荷，是汽车耐久性能的关键因素，所以本书将限于讨论汽车金属结构的耐久性能。

需要说明，汽车在发生碰撞时也会产生变形和断裂破坏。然而，汽车的碰撞是汽车的非正常使用情况。汽车的结构耐久考虑的是汽车在正常使用情况下保持汽车的功能、性能和汽车结构的完整性。汽车碰撞安全性能所考虑的则是汽车在发生碰撞时如何保护乘员或者行人的安全，而非汽车本身的完整性。结构耐久讨论在正常使用情况下的汽车结构产生的微小变形和个别零部件的局部微小损坏，而汽车碰撞发生时，汽车结构的破坏是大面积、彻底性的毁坏，其结构的变形和破坏程度和结构耐久的变形和破坏程度处在完全不同的数量级上。汽车碰撞安全是一门单独的汽车技术领域，不属于结构耐久的范畴，本书不做讨论。本书仅限于汽车结构在各种正常使用情况下的结构失效及其理论和分析。

1.3 汽车结构耐久性能的设计要求

1.3.1 汽车产品耐久性能的总要求

1. 汽车产品耐久性能的总要求

如前所述，汽车产品耐久性能的设计目标是由汽车生产企业自行决定的。因为各个企业的考量不一样，所以各企业的汽车产品耐久性能的总目标不会完全一样。

比较普遍的一种汽车耐久性能的总要求为：汽车产品必须满足最低的 10 年功能有效使用寿命，以及 24 万千米等效用户使用里程的综合耐久目标。

有的汽车企业更加注重汽车的安全，除了以上对整车的一般使用年限和使用总里程的目标外，对安全相关的汽车零部件或系统有更高的要求。这些企业的汽车产品耐久性能的总要求为：汽车产品必须满足最低的 10 年功能有效的使用寿命和 24 万千米等效用户使用里程的综合耐久目标。与安全相关的零部件或系统必须满足最低的 15 年功能有效使用寿命和 30 万千米等效用户使用里程的综合耐久目标。与安全相关的零部件或系统由汽车企业自行定义，通常与安全相关的零部件或系统包括大部分汽车底盘的零部件。

也有的汽车企业在规定产品耐久性能的总要求时考虑用户的使用率。比较普遍的一种包含用户使用率的产品耐久性能的总要求为：对 90% 的用户，汽车产品必须满足最低的 10 年功能有效使用寿命和 24 万千米等效用户使用里程的综合耐久目标。对与安全相关的零部件或系统，要求达到对 99% 的用户，汽车产品满足最低的 10 年功能有效使用寿命和 24 万千米等效用户使用里程的综合耐久目标。对这种情况，根据试验可靠性有关样本数的理论，如果采用单样本的试验验证，与安全相关的零部件或系统的试验里程要求会大大提高。在第 11 章有关底盘件的讨论有相关介绍。

2. 汽车产品耐久性能总要求的分解

为了达成汽车整车耐久性能的总目标，汽车的所有系统、子系统和零部件都要达到或者超过这个目标。所以，对整车的耐久性能的设计目标要逐级分解到系统、子系统和零部件，各个系统、子系统和零部件的结构都要满足相应的结构耐久性能的要求。

例如，底盘的设计要求底盘零部件在设计寿命的周期内的，在所有正常使用的情况下，能够支撑整个车辆和乘员、货物的重量，保证车辆的正常行驶、操控，不发生断裂和零件分离，不能有足以引发车辆行驶安全问题、不能损害车辆操纵稳定性和转向性能、或引起异响、噪声的裂纹、损毁、过度变形和连接松动。车身的设计要求车身上的主要承载件在设计寿命的周期内，在所有正常使用的情况下，能够保持车身的设计形状，安全地支撑所有安装在车身上的系统、零部件，确保它们不脱落、不松动，并确保它们之间以及与车身之间的相对位置，以确保这些系统能正常工作。例如车门需要能够正常关闭、开启，传动轴能够保持直线正常旋转，发动机舱内各系统不发生干涉等等，车身还要能够安全地支撑乘员和货物。所以设计要求车身结构不能发生影响安全、影响各系统正常工作的开裂和过量变形。由于车身外表面是用户可看见的，为了不影响用户的感观，车身的设计还要求车身覆盖件不能有裂纹、失稳变形和凹陷。对于车轴、驱动轴、传动轴等旋转件，设计要求这些零部件在设计寿命的周期内不能有损毁和过度变形。内饰件通常使用非金属材料。对于内饰件，设计要求内饰件在设计周期内不能有可见的裂纹和不可接受的磨损。对于电子电器，设计要求电器的接插件在设计周期内不能松动和脱落，原器件和线束的老化不能导致它们失效。对于汽车上的众多用于特殊用途的附件，如蓄电池支架、喇叭支架、洗涤液罐支架、传动轴支架、排气管支架等等，设计要求它们不能断裂。

汽车产品耐久性能的总要求意味着，在用户使用一辆汽车产品的 10 年和 24 万千米等效用户使用里程的过程中，除消耗性质的零部件（如轮胎、制动摩擦片等）外，汽车的整车、所有的系统、子系统和零部件的功能和性能都要基本保持产品设计的状态。在 10 年和 24 万千米等效里程的用户使用过程中，一辆汽车会经历许多不同的使用情况。汽车产品耐久性能的总要求还必须分解到对每一种用户使用情况下的汽车耐久性能的要求。

汽车结构耐久性能的设计就是针对汽车正常使用的情况和要求而设计。为了使汽车的设计能够满足用户对汽车结构耐久性能的需求，汽车的设计者需要了解所有汽车的正常使用情况，才能根据用户使用的具体工况和载荷设计汽车的结构，保证汽车结构在各种使用情况下都不发生失效。

一辆汽车产品从它出厂、运输到用户、用户使用直至它不能再使用为止，有各种各样的使用情况。每一种汽车的使用情况都有相应的结构耐久要求。比较主要的使用情况有以下几类。

1.3.2　汽车在静态使用时的结构耐久要求

汽车的主要用途是行驶。人们通常会自然地想到汽车在行驶状态下的使用工况。然而汽车在静止状况下也有很多使用工况。汽车的车门、发动机舱盖、三厢车的行李舱盖、两厢车的后背门一般通称为汽车的开闭件。汽车的开闭件都是在汽车静止的状况下才使用。

在用户使用汽车开闭件的时候，经常存在着所谓"滥用"的情况，包括汽车的车门、发动机舱盖、行李舱盖、后背门的过度打开（简称"过开"）或猛烈关闭（简称"猛关"）。这些用户的使用工况经常会造成这些开闭件和车身安装点区域的损害，严重时会造成局部变形和裂纹。在这些工况下设计相关的零部件不仅要考虑整个开闭件和车身安装区域的刚度，确保变形小于允许值，还要考虑相关零部件的强度，确保它们不发生破坏。

此外，还经常存在"倚靠"车门的情况。倚靠车门有车门关闭时的向内倚靠，也有车门打开时的向下或向前倚靠。行李舱盖和后背门也都会存在用户倚靠的使用情况。发动机舱盖和行李舱盖还会存在"坐靠"的使用情况。汽车前部的翼子板、后部的侧围板都会存在"倚靠"的使用情况。除"倚靠"的情况外，在一些特殊情况下，用户需要推车。在用户推车的情况下，这些部件同样会受到外力作用。但是，这些外力会与"倚靠"的外力不同。这些用户使用的工况，有可能造成相关部件发生较大的变形，有时这些变形在外力移除后不能恢复原状，产生永久变形或者屈曲（"失稳"）。

考虑汽车在寒冷地带使用，汽车的顶盖可能会因积雪和结冰而承受重力载荷，顶盖的设计也要求考虑它的刚度，确保它在上述载荷下不会发生永久变形和屈曲（"失稳"）。

汽车开闭件的外板、翼子板、侧围外板、顶盖覆盖了汽车的主要外表面，通常被称为汽车覆盖件。因为汽车的外表面质量直接影响用户的感观，所以汽车覆盖件的耐久性能也是汽车耐久性能的一个方面。汽车覆盖件在设计时，不仅要考虑上述特殊使用情况下的载荷，还要考虑覆盖件作为汽车外表面的质量，要求它们具有抗凹性，即在表面受到手指压力（简称"指压"）之类的点状载荷下不发生表面凹陷。

1.3.3   汽车在运输状态时的结构耐久要求

在一辆汽车整个生命周期的开始就是从生产地被运输到销售地。通常，短途运输是用大型拖车运载。如果汽车是进口或者出口，汽车运输需要用海运。汽车在平时也有可能需要用车载运输到修理厂维修。这些需求要求在汽车设计时，要考虑在汽车运输时的固定安装点上，运输中所受的载荷，专门设计汽车的结构以保证汽车不会破坏。

1.3.4   汽车在行驶状态时的结构耐久要求

汽车是一个运载工具。它最重要的基本使用功能是能够在各种路面上载人、载物行驶。汽车的驱动系担负驱动汽车行驶的功能。汽车的结构则担负着承载汽车的所有重量（包括乘员和物品的附加重量）和承受汽车行驶过程中来自汽车内部（发动机）和外部（路面）复杂载荷的功能。由此，对汽车结构耐久性能的基本要求是保证汽车能够承受这些载荷而不发生失效。

1.3.5   汽车在维修状态时的结构耐久要求

在一辆汽车的整个生命周期中可能会发生各种故障。汽车在发生故障时需要被拖引到拖车上或者修理厂。汽车设计也要考虑汽车上的拖钩和拖钩在车上的安装点上，运输中所受的拖引载荷，以保证汽车不会破坏。汽车在举升维修时，车身的支撑处也不允许发生不可接受的破坏。

1.4   汽车结构的设计、分析与验证

1.4.1   汽车结构设计的过程

汽车的设计包括造型设计、总布置设计、系统功能设计和零部件的结构设计。造型设计

决定了汽车的外覆盖表面和内饰的形状和尺寸。总布置规划了汽车内部的人员占用空间、驾驶操作空间、汽车各个功能系统（例如车身、底盘、发动机、传动系统、空调系统、冷却系统、座椅、开闭件等）的布局、位置和空间。系统的功能设计决定了每个系统的大小、形状、重量、所占用空间和安装要求。汽车的结构设计则是在造型设计和总布置限定的空间内，设计汽车结构的架构和零部件。

汽车结构和零部件的设计要根据它们各自的功能需求，在限定的空间内，选择合适的材料（例如铸铁、低碳钢、高强钢、铝合金、镁合金）和制造工艺（例如铸造成型、挤压成型和冲压成型），设计满足功能需求、性能需求、空间条件、成本条件、可以制造和装配的零部件的几何形状、截面、尺寸和连接方式（例如焊接、铆接、螺栓连接），组成满足各种需求和条件的结构和零部件，保证零部件和由零部件组成的系统在所有汽车正常使用工况下能够正常工作。

结构耐久的性能要求是所有零部件设计必须满足的条件之一，但不是唯一的要求。汽车上的很多零部件具有多重的功能和性能的需求。例如，汽车的前纵梁担负着支承汽车的前端结构和一些汽车系统（如发动机、散热器、防撞梁等）的任务。当汽车发生碰撞时，它们还具有保护乘员的任务。汽车结构和零部件的设计必须满足所有功能所需要的性能要求。

汽车结构和零部件的设计是一个多次反复的过程。每一个零部件的设计通常都需要经过单独的，或者在系统中的，或者在整车中的各种性能和功能的分析和试验验证，需要检查同它们连接或者邻近的零部件配合，检查是否能制造和安装，还要考虑尽可能地降低成本和减少重量、优化设计。所以，每一个汽车结构和零部件的设计通常都需要经过一个漫长的、反复的过程才能最后完成。

1.4.2 汽车设计中的工程分析

汽车是一个复杂的系统，汽车的结构要兼顾多种功能和性能的要求，同时受到重量和成本的限制，需要避免过设计，所以，汽车结构的设计需要依靠工程分析作为引导和依据。结构的工程分析是根据结构的具体问题，运用可用的科学理论和方法以及现有的分析手段和计算工具，对结构的表现进行近似的计算和评估。结构的工程分析是汽车的设计中的一个必要环节，包含了各种性能和很多方面的分析。汽车结构的工程分析不仅计算分析汽车结构的基本性能（如刚度、固有频率等），也模拟和仿真汽车结构在物理验证试验中的表现，判断汽车结构是否满足汽车设计的要求。

汽车的耐久问题是许多条件和因素的综合反映。但是每一门相关的学科都是有局限性的，汽车结构的耐久分析只能描述一定条件下的问题，同时，因为受到计算机条件的限制，基于不同的考虑，一个实际问题可能需要用不同的方法、从不同的角度分别去分析。例如，仿真计算整车在道路上的位移和应力响应是一个巨大的计算问题。在汽车行驶的整个过程中，车辆上的响应在大多数的时刻会在弹性范围，而在少数的时刻会超出弹性范围，所以，在计算车辆的疲劳寿命时，通常使用线性的方法计算车辆上的全程响应，而在考虑结构强度问题时，通常只针对短暂极限冲击载荷的时间，使用非线性的方法计算车辆上的最大瞬态响应。针对疲劳计算，钣金、焊点、焊缝、表面接触的理论和方法都不相同，需要分别分析。针对弹性应变和塑性应变，疲劳的理论也不相同。所以，既使同一个零部件，对于不同的载荷和应力情况，疲劳分析需要使用不同的方法。例如，发动机缸体的不同部位的温度不一样，且温度变化为瞬态，高温区域存在蠕变，精确仿真分析非常困难。通常分别按照考虑塑性应变的应变法计算低周的热 - 机械疲劳（简称热机疲劳）和不考虑塑性应变的应力法计算高周的机械疲劳。这样的分析是把一个较为复杂的综合问题分解成两个简化的、单一性质的问题分别分析。这样的仿真分析虽然与实际情况有所不同，但是可以相对容易地抓住主要问题，评估和指导设计。类似地，汽车上的各类耐久性问题实际上都需要根据不同的设计目的，按照不同问题的复杂程度、不同学科的成熟程度、计算机可以仿真的程度，分开简化成各种单一学科在单一条件下的力学问题去分析。基于这样的原因，读者应当认识到，每种分析对问题的针对性不同，它的分析准确度和完整性是不同的，同时，各种汽车耐久性问题的仿真分析发展的历史不一样，成熟的程度（或者简化的程度）不一样，应用的深度和广度也都不一样。该书只是介绍目前各类汽车耐久性问题的理论和分析，并不试图评判和统一各类汽车耐久性问题的具体分析。该书的目的是通过介绍这些理论和方法，使读者了解各种分析的原理，以便能够在实际工作中根据具体的问题和条件，选择合适的分析方法，并对分析的结果作出合理的判断和结论。

1.4.3　汽车结构设计的验证

　　汽车设计的验证是汽车设计中的一个重要环节。汽车设计验证的目的是检验汽车的零件、部件、系统和整车是否满足各种汽车功能和性能的设计要求。如果不满足，则需要修改设计，再进行验证。反复多次，直至达到设计要求。

　　早期汽车设计验证的主要手段是试验验证。验证试验有整车的试验、系统的试验和零部件的试验。在过去汽车设计、生产的历史中，大部分时期的汽车设计验证都是依靠汽车结构的物理试验验证。经过过去一百多年汽车设计与研发的积累，世界上各主要汽车生产企业，都已经形成了各自完整和成熟的汽车产品研发与设计的试验验证体系，并且系统地开发和积累了大量汽车整车、系统和零部件试验验证的实验规范。在汽车产品研发与设计的过程中，汽车生产企业会根据汽车产品设计与研发的进程，在汽车研发的不同阶段，制成汽车零部件的样件、汽车系统的样品和汽车整车的样车，进行各种汽车整车、系统和零部件的试验。

　　随着计算机技术的发展，在近三十年里，汽车设计的计算机虚拟验证方法逐步发展起来。所谓计算机虚拟验证，就是用各种理论分析的方法、用计算机进行各种汽车物理验证试验的计算机虚拟仿真和分析，得到汽车整车的、系统的或零部件的各种性能指标。计算机虚拟验证是结构工程分析的一个重要组成部分。虚拟验证的优点是它们不需要依赖汽车结构的物理硬件条件，只需要使用汽车设计的图样和参数信息，以及各种试验工况的输入。虚拟验证可以在汽车设计过程中进行，不需要等到样件或样车的完成，可以较早地发现设计中存在的问题，较早地修改有问题的设计、较早地解决设计中存在的问题。因为虚拟验证不需要汽车的物理硬件，所以验证成本小，验证周期短，可以在设计过程中，在计算机上反复多次进行，使设计达到最优化。在现代汽车的设计中，计算机虚拟验证已经广泛应用，成为汽车设计中的必要环节。

　　汽车设计的物理试验验证和计算机虚拟验证是现代汽车设计中两种不同的手段。物理试验验证接近汽车实际使用的条件，是汽车设计的最终验证手段。物理试验验证可以是一个综合的多种条件（如不同温度、气候等）和多种性能（如强度、疲劳、磨损、老化等）的试验，如整车的综合耐久试验。也可以是一个单一条件和单一性能的试验，如常温下的车门关闭耐久试验。计算机虚拟验证则有一定的局限性。如上所述,由于受到各相关学科理论的限制,通常计算机虚拟验证是单一条件、单一性能和单一学科的试验仿真和分析。对于一个多种条件和性能的综合试验,计算机虚拟仿真和分析必须根据各种性能的主要力学本质、学科和理论,分解和简化问题,将复杂问题转变为一系列单一条件、单一性能和单一学科的试验仿真和分析。在这种转化过程中,将复杂的实际问题转变为可以计算的数学模型,会导致产生一些理论与实际的偏差,加上计算机软、硬件的限制,使一些汽车性能的计算机仿真分析仍然不能做到精确分析。因此,多数计算机虚拟仿真是某一个性能或问题的近似分析,其近似的程度通常取决于所分析问题的理论基础、仿真分析的条件和水平。近些年来,随着计算机虚拟验证方法的不断改进和计算机软、硬件能力的大幅提高,很多计算机虚拟仿真分析的精度也在不断提高,与试验的结果越来越接近。少数计算机虚拟验证已经可以完全替代试验。但是,大多数计算机仿真分析仍然需要用试验作为最后的验证。在大多数情况下,计算机虚拟验证仍然是辅助验证手段。它更多地用在汽车的设计阶段,用于帮助和指导设计。

1.4.4 汽车结构分析中的计算机辅助工程

在汽车的设计过程中,结构的分析计算是结构设计的一项基本内容。它提供结构设计的基本依据。

汽车是一个形状不规则的复杂机械。在汽车设计历史中的大部分时间里,工程师只能对汽车结构做大幅度的简化,粗略计算结构的受力,以此作为汽车结构设计的依据。在 20 世纪 80 年代,基于计算机的虚拟仿真分析方法被引入汽车结构分析。由于计算机虚拟仿真分析的大量应用,汽车结构的计算分析水平得到了大幅度提高。在现代汽车的设计过程中,很多汽车的设计可以即时用计算机的方法进行虚拟仿真和分析检验,设计中的问题可以被很快发现。借助计算机分析的手段,设计问题的根源也可以被马上找到,进而可以指导新的设计。这种借助计算机的手段进行工程设计与分析的工程实践,被称为计算机辅助工程(Computer Aided Engineering, CAE)。CAE 是当今汽车研发中一个不可缺少的重要环节。

计算机虚拟验证的前提是所计算分析的实际问题或性能可以用数学模型定量地描述。有很多汽车的设计要求是定性的而不是定量的。例如,汽车的设计要求常常笼统地要求汽车的系统或零部件不丧失功能、不失效等。对于此类设计要求,计算机仿真分析需要将定性的设计的要求转换成一个或几个适当的、定量的设计标准。例如,将设计要求转换成结构的刚度要求、强度要求、变形量要求、裂纹产生前的寿命要求等一个或一系列可以测量、可以计算的物理量。目前,一些主要的汽车结构耐久问题可以直接或间接地用 CAE 进行仿真分析。但是,由于学科理论的限制,当前仍有很多汽车耐久问题不能用计算机方法进行定量的仿真和分析,例如磨损、腐蚀和老化。也有一些汽车结构耐久问题过于复杂,现有计算机的方法、计算机的软件和硬件条件不足以进行有效和可靠的仿真分析。所以,汽车设计的虚拟验证有目前可以做的(CAE CAN DO)和目前不能做的(CAE CANNOT DO)。然而由于技术的快速变化,这是一个在不断变化的分类。读者应该用发展的眼光看待目前各类汽车耐久性问题的分析。随着计算机技术的进步,很多过去无法进行的仿真分析,现在已经开始普及。例如,用线性动力学的方法完整地仿真计算整车在道路试验中的应力响应和疲劳寿命,在二十年前,既便使用当时最先进的超级计算机也无法完成。但是在今天,运用现代计算机的软、硬件,可以在一般计算机上在可以接受的时间内完成。可以预期,同样的任务在未来可以用更短的时间完成。除计算机技术的发展，理论和方法也在发展。例如，过去二十年中，关于焊点和焊缝的研究导致新的、更成熟的焊点和焊缝的力学模型和疲劳计算方法出现，并且在实际工程中得到应用。目前可以做（CAE – CAN – DO）的计算机仿真分析的内容在不断增多，分析精确度也在不断提高。

　　同样道理，读者也应该认识到，尽管近些年来，汽车结构耐久的分析得到了飞速发展，但是仍然只是在一部分领域应用了一部分理论和方法，还有一些理论和方法由于问题的复杂性没有得到应用。例如，汽车结构强度和疲劳分析基本使用传统的材料力学的理论，也就是假设材料无缺陷。但是，在一些实际的汽车结构耐久问题的分析中，传统的材料力学分析与实际结果相差甚远，特别是在一些铸造件的分析上。一个可能的原因是材料力学的局限性。实际上，材料都会有缺陷，如铸造件（发动机缸体、变速箱壳体、底盘铸造件等）上的气孔、冲压件和挤压件上的划痕、焊点、焊缝等。有缺陷材料的强度和疲劳理论则属于断裂力学的范畴。在飞机结构强度和疲劳的分析，断裂力学已经得到了广泛的应用，但是在汽车结构强度和疲劳的分析中，除了焊点和焊缝的一些理论外，断裂力学的应用还很有限。基于结构强度理论的完整性和未来汽车结构耐久分析可能的发展，本书仍将简要介绍断裂力学的概念，以便读者对断裂力学有一个初步的认识。在现实的汽车结构分析中，当传统的材料力学分析结果无法解释实际发生的情况时，读者可以认真地察看真实的零件损坏状况，决定是否需要从断裂力学的角度去分析。

金属材料和结构的基本力学性能

第2章

2.1 金属材料的失效形式和力学性能

2.1.1 金属材料的失效形式

结构在载荷作用下的性能表现取决于两个层面的因素。一个因素是材料的基本力学性能，也就是材料本身的能力。每种材料都有其自身的能力和极限。使用不同材料的结构会有不同的性能表现。另一个因素是结构的特性，主要是结构的几何特性，例如结构的形状、布局、截面、厚度、连接、形面的变化情况（如均匀变化或突然变化）等。它与结构的具体设计有关。

结构失效的一个重要因素是材料失效。金属材料是制造汽车的核心材料。在前面章节（第1.2节）中所述的汽车耐久性失效的各类问题中，涉及金属材料的失效形式有四种。

1. 变形失效

变形失效是指零件、部件、部分结构或整体结构的形状或尺寸发生变化，足以使它们丧失或严重减低原始的功能和性能。变形失效时，材料没有损失，只是形状或尺寸发生变化。屈曲也是一种变形，是受压力结构的一种特殊变形。

2. 断裂失效

断裂是指零件或部件的材料发生分离裂纹可以是材料的完全分离，也可以是局部的分离。如果零件或部件的材料不是整体完全分离，只是局部的材料穿透分离，这种材料的分离称为裂纹。断裂失效时，材料没有损失，但是发生了分离。

3. 磨损失效

磨损是指两个相互接触的零件之间由于发生擦伤或黏附而导致的表面材料损失。如果磨损是由流体（气体或液体）造成的，则称为侵蚀。磨损失效是指磨损积累足够大时，原定零件的功能和性能严重减低甚至丧失。磨损失效时，材料发生损失。

4. 腐蚀失效

腐蚀是由于化学作用而造成的材料变化。腐蚀失效是指腐蚀足够深时原定零件的功能和性能严重减低甚至丧失。腐蚀失效时，材料本身的性质发生了变化。

2.1.2 金属材料的力学性能

材料的力学性能（也称力学行为或机械性质）是指材料在载荷的作用下变形和断裂时

的特性和规律。材料的力学性能是金属结构维持其结构形态和承受载荷的一个基本要素。

任何材料承受外力载荷的能力都是有限度的。当外力载荷超出了材料的某些能力极限时，材料就会发生相应破坏。金属材料具有在各种环境下抵抗不同载荷破坏的能力。其中金属材料承受静载荷、冲击载荷、持续交变载荷和热载荷的能力，对汽车结构的耐久性能尤为重要。金属材料抵抗破坏的能力不仅会因载荷类型的不同而不同，也会因环境条件的不同而不同，还会因材料有无缺陷而不同。

材料力学是研究无缺陷材料在外力的作用下，从完整无缺到发生破坏（屈服和断裂）规律的学科。如果材料已经存在裂纹，材料抵抗破坏的能力就会下降。裂纹在外力的作用下可能扩展。这个裂纹扩展的过程称为裂纹失稳。研究有缺陷材料在外力的作用下裂纹扩展规律的学科是断裂力学。在材料力学中，材料抵抗破坏的能力被称为材料的强度。在断裂力学里，材料抵抗裂纹失稳扩展的能力被称为材料的断裂韧度。材料的强度和韧度都是材料抵抗断裂破坏的重要力学性能。材料力学和断裂力学在一起构成一个比较完整的有关材料抵抗断裂破坏的理论体系。

这一章将对材料承受变形和断裂破坏的力学理论给出一个简单回顾，介绍金属材料和结构在常规机械载荷下的基础力学性能。金属材料在其他特殊汽车载荷（热载荷、纯压力载荷、接触载荷等）下的力学性能将在后续相关的章节中介绍。

2.2   无缺陷材料的静态力学性能

材料力学提供传统的材料静强度理论。材料力学对所研究的固体材料的基本假设是连续、均匀、各向同性。也就是说材料是无缺陷的、各方向上的力学性能是一样的。

2.2.1   常温下材料单向静态拉伸时的力学行为

材料科学研究的基本方法是从单向（一维）的材料力学特性入手，建立单向材料力学特性的理论。复杂、多维的材料问题通常是通过各种理论将其问题转化为一维的问题，应用一维的材料力学理论进行分析。

无缺陷材料抵抗静态外力的力学性能一般由材料的静态轴向拉和压缩试验提供。在汽车结构的强度分析中，材料拉伸时的力学性能非常重要，是汽车结构强度分析的主要依据之一。图 2.1 所示的是一个静态轴向拉伸试验中，试验样件截面应力和应变计算的示意图。

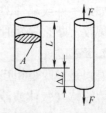

图 2.1　用于应力和应变计算的示意图

材料静态拉伸试验中的轴向外力 F 通常是缓慢施加的，以保证其静态的性质。试件的原始截面积为 A，原始长度为 L。在试件的拉伸过程中，试件在轴向变形的拉伸长度为 ΔL。截面上的名义应力和应变定义为

应力

$$\sigma = \frac{F}{A} \text{（单位为 N/m}^2\text{、Pa、帕，或 MN/m}^2 = 10^6 \text{N/m}^2\text{、MPa、兆帕）}$$

应变

$$\varepsilon = \frac{\Delta L}{L}\ (单位通常用\% 表示)$$

图 2.2 是一条典型的低碳钢应力 – 应变曲线。曲线 A 是按照名义应力和应变得到的曲线。其中，应力点 1 是材料的抗拉强度 σ_b（也称强度极限），应力点 2 是材料的屈服强度 σ_s（也称屈服极限）。强度极限是材料发生断裂破坏时的材料应力，是材料所能承受的最大应力。屈服强度指材料在出现屈服现象时所能承受的最大应力。当金属材料的应力超过屈服极限时，材料将发生塑性变形。曲线 A 是用所施加的力除以试件横截面的原始面积得到的名义应力形成的，称为名义应力 – 应变曲线，也称工程应力 – 应变曲线。材料拉伸的应力 – 应变曲线提供了材料的抵抗变形和破坏能力的力学性能指标。

材料在断裂时的应变 δ 称为延伸率，即试件在断裂时的试件长度和试件原长度的差值和原长度的比值，其单位通常用 % 表示。试件在断裂时的截面积与原截面积的差值和原截面积的比值 ψ 称为截面收缩率，其单位通常用 % 表示。延伸率和截面收缩率都是度量材料塑性的一个指标。按材料的延伸率 δ，工程材料分为塑性材料和脆性材料。通常 $\delta > 5\%$ 的材料称为塑性材料或延性材料，如碳钢、铝合金；$\delta < 5\%$ 的材料称为脆性材料，如灰铸铁。即具有较高的抗拉强度 σ_b，又具有较高的延伸率 δ（或截面收缩率 ψ）的材料称为韧性材料。

低碳钢的延伸率 δ 在 20% ~ 30%，截面收缩率 ψ 大约为 60%，是典型的塑性材料。对于塑性材料，在试件的拉伸过程中，试件的截面实际上是在变化的。在图 2.2 中显示了低碳钢试件的截面变化情况。一般塑性材料在经过了屈服阶段以后会进入强化阶段。在强化阶段中，试验样件的横向尺寸有明显减小。在经过了强度极限以后会出现颈缩现象，尺寸突然急剧缩小，直至断裂。使用真实的试件截面积计算应力而形成的应力 – 应变曲线称为真实应力 – 应变曲线。曲线 B 是低碳钢的真实应力 – 应变曲线。应力点 3 是材料的断裂强度。对于尺寸较大、延伸率较大的塑性材料，真实的断裂应力与名义的断裂应力存在一定的差别。但是在实际工程应用中，一般使用名义应力 – 应变曲线（工程应力 – 应变曲线）。抗拉强度 σ_b 是材料断裂前所达到的最高工程应力。屈服强度 σ_s 和抗拉强度 σ_b 是塑性材料强度分析的两个重要材料指标。塑性材料的抗拉强度 σ_b 比实际断裂应力低，所以有时也使用塑性应变作为判别指标。

脆性材料不发生（或很小）塑性变形，没有屈服极限，在经历很小变形的情况下即发生断裂。图 2.3 是灰铸铁的应力 – 应变曲线。试件拉断时的最大应力（应力点 1）即为其强度极限 σ_b。强度极限 σ_b 是衡量灰铸铁力学性能的唯一指标。

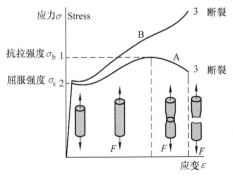

图 2.2　塑性材料的应力 – 应变曲线

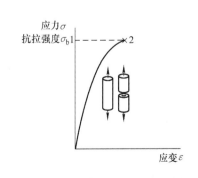

图 2.3　脆性材料的应力 – 应变曲线

灰铸铁所含的石墨形态是片状。经球化处理后的铸铁成为球墨铸铁（石墨形态是球状），力学性能有显著变化，不但有较高的强度，还有较好的塑性性能。汽车底盘零件经常使用球墨铸铁。

对没有明显屈服阶段的塑性材料，工程上一般规定产生 0.2% 塑性应变时的应力 $\sigma_{0.2}$ 为名义屈服极限（或条件屈服极限）。

汽车常用材料的弹性模量、屈服强度、抗拉强度和延伸率列于表 2.1。

表 2.1　汽车常用材料的弹性模量、屈服强度、抗拉强度和延伸率

类别	牌号	弹性模量 /GPa	屈服强度 /MPa	抗拉强度 /MPa	延伸率 （%）	用途
球墨铸铁 （GB/T 1348—2009）	QT400 – 15	175	250	400	15	转向节
	QT450 – 10	175	310	450	10	
铸铝	A356（美）	71	220	290	8	转向节
	A380（美）	71	160	325	3.5	悬置支架
	AlSi7Mg – T6（欧）	73	220	260	1	发动机缸盖
	AlSi9Cu3（Fe）（欧）	71	140	240	1	发动机缸体
弹簧钢 （GB/T 1222—2016）	60Si2Mn	210	1375	1570	6	稳定杆
	55SiCr	210	1300	1450	6	
热轧钢板 （宝钢）	SAPH370	210	225	370	32	副车架、控制臂、扭力梁等焊接结构
	SAPH400	210	255	400	31	
	SAPH440	210	305	440	29	
	QSTE340TM	210	340	420 ~ 540	19	
	QSTE380TM	210	380	450 ~ 590	18	
	QSTE420TM	210	420	480 ~ 620	16	
	QSTE460TM	210	460	520 ~ 670	14	
	QSTE500TM	210	500	550 ~ 700	12	
冷轧钢板 （宝钢）	DC01	210	140 ~ 280	270	32 ~ 34	一般钣金件用
	DC03	210	140 ~ 240	270	32 ~ 36	地板
	DC04	210	130 ~ 210	270	36 ~ 38	深冲压钣金件用
	DC06	210	110 ~ 170	260	39 ~ 41	超深冲压钣金件用
	HC180B	210	180 ~ 230	290 ~ 360	34	外覆盖件
	HC340LA	210	340 ~ 420	410 ~ 510	21	结构件
	HC340/590DP	210	340 ~ 440	590	21	结构件、加强件
	HC420/780DP	210	420 ~ 550	780	14	加强件、防撞件

2.2.2　材料的变形

1. 弹性变形

在材料静态拉伸试验中，随着轴向外力载荷的增加，应力和应变按照一个比例成正比增

加，在应力和应变的坐标图中成一条直线，如图 2.4 所示。当载荷卸载时，应力和应变按照同一比例减小，在应力和应变的坐标图中沿加载时的轨迹原路返回。当载荷完全去除后，材料中的应力和应变为零。这种应力和应变按一定比例变化，并且移除载荷后应力和应变归零的变形为弹性变形。比例常数为材料的弹性模量 E。所以，弹性变形是在卸载后可以完全恢复原形的变形。

2. 塑性变形

在材料静态拉伸试验中，当应力超过材料的屈服极限 σ_s 后，载荷再继续增加，应力和应变不再按照弹性模量 E 的比例继续增加，在载荷完全去除后，材料中的应变不为零，此时的变形为塑性变形，如图 2.5 所示。塑性变形是在卸载后不会消失（或无法恢复）的变形，是永久变形，也称残余变形。卸载后所恢复的一部分变形是弹性变形。例如低碳钢的屈服极限为 207 MPa。当外力高于屈服极限以后，材料会产生永久变形；如果外力低于屈服极限的作用力，卸载后材料还会恢复原来的状态。

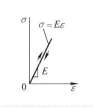

图 2.4　弹性应变

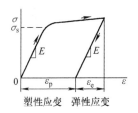

图 2.5　塑性应变

材料在受到外力后发生变形是不可避免的。但是，过量的变形，尤其是永久性的变形，经常是有害的。

3. 蠕变变形

弹性应变和塑性应变可以理想化地看成是在应力作用下瞬时出现的。在一定的条件下，应力没有变化，材料仍然随着时间的推移进一步逐渐发生变形，这种变形被称为蠕变变形。蠕变是与时间相关的材料变形行为，是随着时间积累的变形。在恒定应力下的蠕变，应变随着时间而发生变化。开始时材料达到与应力相对应的弹性变形，之后，应变继续缓慢增加。如果去除这个恒定的应力，材料中的弹性应变会迅速消失，一部分蠕变应变也会随着时间缓慢地消失，但最终会材料会残留一部分应变成为永久变形。这个蠕变过程如图 2.6 所示。

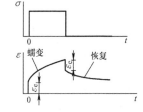

图 2.6　蠕变应变过程

2.2.3　温度对材料力学性能的影响

上述金属材料的静态拉伸试验是在常温下进行的。在不同的温度下，材料的力学性能是有变化的。在高温下，试验的时间长短对材料的力学性能也会产生影响。

1. 短时温度对材料力学性能的影响

由于在高温下材料的力学性能与试验的时间长短有关。如果材料的静态拉伸试验在几分钟内完成，试验称为短时试验。从各种温度下的短时静态拉伸试验中得到的低碳钢的弹性模量 E、屈服强度 σ_s、抗拉强度 σ_b、延伸率 δ、截面收缩率 ψ 随温度变化的曲线如图 2.7 所示。

图 2.7 的横轴为温度。左纵轴为弹性模量 E、屈服强度 σ_s、抗拉强度 σ_b，单位为应力单位。因为弹性模量 E、屈服强度 σ_s、抗拉强度 σ_b 在数值上相差很多，所以分为上、下两部分。下半部分是针对屈服强度 σ_s、抗拉强度 σ_b，数值范围在 100～700MPa；上半部分是针对弹性模量 E，数值范围在 137～216GPa（$1\text{GPa} = 10^3\text{MPa}$）。右纵轴为延伸率 δ、截面收缩率 ψ，单位为%。

从图 2.7 可以看到，低碳钢的弹性模量 E、屈服强度 σ_s、抗拉强度 σ_b、延伸率 δ、截面收缩率 ψ 都是随温度而变化的。弹性模量 E 和屈服强度 σ_s 是随温度的升高而降低。抗拉强度 σ_b、延伸率 δ 和截面收缩率 ψ 随温度的变化分为两个不同的区间。在前一个温度区间（大约低于 250℃），抗拉强度 σ_b 随温度的升高而提高；而延伸率 δ 和截面收缩率 ψ 随温度的升高而降低。在另一个温度区间（大约高于 250℃），抗拉强

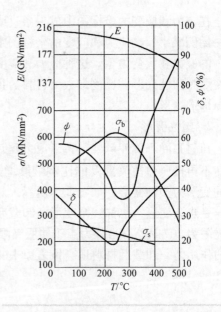

图 2.7 低碳钢的 E、σ_s、σ_b、δ、ψ 随温度变化的曲线（引自文献 [1]）

度 σ_b 随温度的升高而降低；而延伸率 δ 截面收缩率 ψ 随温度的升高而提高。所以，在不同温度下工作的零部件需要使用相应的材料性能参数。

2. 长期高温下材料的蠕变和松弛

金属材料在高温下的力学性能在一定的情况下，因为载荷长时间作用而发生变化。材料的试验表明，在一定的温度（对碳素钢来说，300～350℃）下，载荷长时间的作用对材料的力学性能影响不明显。但是当温度高于一定值，并且应力超过一定限度时，材料在应力和温度都不变的情况下，变形随着时间的增长而缓慢加大。这种现象称为蠕变。蠕变变形是塑性变形，在卸载后它不会消失。金属材料在 30%～60% 的材料绝对熔点温度（T_m）（即 $0.3T_m$～$0.6T_m$）以上温度会发生蠕变，或者说在这样的温度下蠕变变形已经足够大、对材料和结构显现出不容忽略的影响。在汽车发动机缸体内壁的一些区域和排气歧管的一些区域都存在蠕变现象。

在高温下工作并发生弹性变形的零部件，在变形总量不变的情况下，随着时间增长而发生蠕变，蠕变逐渐产生的塑性变形将逐步代替原来的弹性变形，从而使零部件内的应力逐渐降低。这种现象称为松弛。松弛可能使原来紧密配合的零件发生松动。

材料的蠕变与温度有很大的关系。几乎所有材料在接近其熔点温度时都会发生蠕变。塑料和低熔点金属在室温时就可以发生蠕变。例如，汽车的内饰件在常年的炎热天气和烈日照射下会发生蠕变，产生永久变形或塌陷。

蠕变可能造成的材料失效有两种。一种是材料的过量变形，例如汽车内饰件的变形。另一种是蠕变断裂，即由于蠕变过程而导致的材料分离。有许多关于估算蠕变断裂时间（材料蠕变寿命）的研究。由于蠕变破坏是一个非常长期的过程，而汽车的使用和相应产生的热载荷都不是衡温，而是呈现为周期变化的形式，例如，对汽车内饰件品质和状态影响重大的温度变化以天为周期，对发动机结构有很大影响的热载荷以每次驾驶汽车为周期。所以，

相关的内容将在第 6 章介绍热疲劳分析的章节中介绍。

2.2.4 常温下材料单向动态拉伸时的力学性能

上面所讲到的材料力学性能的试验曲线是在缓慢加载、即所谓的静态情况下获得的。如果加载的速度变快,材料的力学性能会发生变化。在高温情况下,加载速度的影响更为显著。习惯上把产生大于 $0.05/s$(单位为 $1/s$)应变速度($d\varepsilon/dt$)的载荷称为动载荷。

图 2.8 是低碳钢在常温情况下静载荷和动载荷的拉伸试验结果。曲线 1 是静载荷下的应力 - 应变曲线;曲线 2 是动载荷下的应力 - 应变曲线。比较两者可以发现,在动载荷下,材料的屈服强度 σ_s 和抗拉强度 σ_b 比静载荷下的数值有所提高,材料的延伸率 δ 有所降低。其他塑性材料也有类似的变化。图 2.9 是宝钢 DC01 低碳钢在不同应变速率情况下的应力 - 应变曲线。从图中可以看到,随着加载速率的提高,材料的屈服强度 σ_s 和抗拉强度 σ_b 均不断提高。

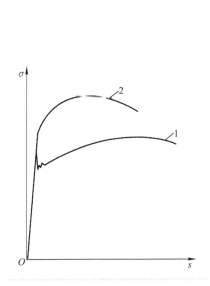

图 2.8 低碳钢在静载荷和动载荷下的拉伸试验结果

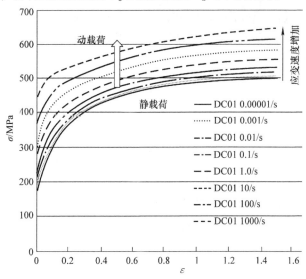

图 2.9 宝钢 DC01 号钢在不同动态载荷下的应力 - 应变曲线

汽车在行驶时的状态是动态的。动态载荷对结构的影响与静态载荷有两个方面不同。第一,对车辆产生冲击。例如汽车加速、紧急制动,汽车以一定的速度撞击路沿和通过凹坑等。冲击导致结构动应力比静态应力增大很多。第二,动态载荷可以激起结构共振,应力会放大。第 5 章将对动应力进行比较详细的介绍。因为过应力可能造成结构破坏,设计时需要确保结构中的动应力低于材料的强度极限。在目前的汽车结构耐久应力分析中,一般按照静强度的极限判别过应力(超过材料强度极限的应力)。这样做一方面是因为结构耐久问题中的变形属于小变形,应变速度的影响不大;另一方面,使用静强度极限既保守,也不需要不断根据动态载荷的速率更新材料的应力 - 应变曲线。

2.2.5 多向复合应力状态下的材料强度理论

一般情况下材料形状和所受的应力状态是各种各样的,材料的静强度无法直接使用材料单向拉伸试验的结果来分析。所以材料力学的研究者根据材料失效的现象,对破坏的主要原因提出了各种假设，利用简单应力状态的强度指标，建立了复杂应力状态下材料失效判别的强度条件，称为强度理论。

在材料力学里，强度失效分为两种主要形式，即屈服和断裂。相应地，强度理论也分成两类。一类是解释断裂失效的，其中有最大拉应力强度和最大拉应变强度；另一类是解释屈服失效的，其中有最大切应力强度和畸变能密度强度。

1. 脆性断裂的强度理论

（1）最大拉应力强度（第一强度理论）

这一理论认为最大拉应力是引起材料断裂破坏的主要因素。断裂的准则是

$$\sigma_1 = \sigma_b \tag{2.1}$$

强度条件为

$$\sigma_1 \leqslant \sigma_b \tag{2.2}$$

（2）最大拉应变强度（第二强度理论）

这一理论认为最大拉应变（伸长线应变）是引起材料断裂破坏的主要因素。断裂的准则是

$$\varepsilon_1 = \frac{1}{E}[\sigma_1 - \mu(\sigma_2 + \sigma_3)] = \frac{1}{E}\sigma_b = \varepsilon_b \tag{2.3}$$

式中 μ——泊松比。

强度条件为

$$\sigma_1 - \mu(\sigma_2 + \sigma_3) \leqslant \sigma_b \tag{2.4}$$

2. 塑性屈服的强度理论

（1）最大切应力强度（第三强度理论）

这一理论认为最大切应力是引起材料屈服破坏的主要因素。屈服的准则是

$$\tau_{max} = \frac{1}{2}(\sigma_1 - \sigma_3) = \frac{1}{2}\sigma_s = \tau_{13} \tag{2.5}$$

强度条件为

$$\sigma_1 - \sigma_3 \leqslant \sigma_s \tag{2.6}$$

材料力学还包括了莫尔强度理论。莫尔强度理论在抗拉和抗压强度相等的条件时，也可以导出最大切应力理论的强度条件。与最大切应力理论相比，莫尔强度理论包括了材料抗拉和抗压强度不相等的情况，比最大切应力理论更广泛。而且，不同于其他强度理论是基于对失效原因的假说，莫尔强度理论则是基于实验结果而建立的。

（2）畸变能密度强度（第四强度理论）

这一理论认为是畸变能密度（最大形状改变比能）是引起材料屈服破坏的主要因素。屈服的准则是

$$\lambda_d = \frac{1+\mu}{6E}[(\sigma_1 - \sigma_2)^2 + (\sigma_2 - \sigma_3)^2 + (\sigma_3 - \sigma_1)^2] = \frac{1+\mu}{6E}(2\sigma_s^2) \tag{2.7}$$

或

$$\sqrt{\frac{1}{2}[(\sigma_1 - \sigma_2)^2 + (\sigma_2 - \sigma_3)^2 + (\sigma_3 - \sigma_1)^2]} = \sigma_s \tag{2.8}$$

强度条件为

$$\sqrt{\frac{1}{2}\left[(\sigma_1-\sigma_2)^2+(\sigma_2-\sigma_3)^2+(\sigma_3-\sigma_1)^2\right]}\leqslant\sigma_s \qquad (2.9)$$

该理论也称为 von Mises 屈服理论或畸变能理论。相应的屈服准则被称为 von Mises 屈服准则或 Mises 屈服准则。其中的等效应力被称为 von Mises 应力，也有人称其为 Mises 应力，记为

$$\sigma_{von}=\sqrt{\frac{1}{2}\left[(\sigma_1-\sigma_2)^2+(\sigma_2-\sigma_3)^2+(\sigma_3-\sigma_1)^2\right]} \qquad (2.10)$$

在汽车结构强度分析中，von Mises 应力被经常使用。

在实际汽车结构的强度分析中，

$$\sigma<[\sigma] \qquad (2.11)$$

使用 von Mises 应力 σ_{von} 或第一主应力 σ_1 的情况较多。$[\sigma]$ 是许用应力的标准值。

在静态载荷下，材料造成破坏是因为外加的载荷已经超出了材料所能承受的静载荷极限，结构中的应力超出了材料的静强度极限。这种超出了材料应力极限的破坏被称为过应力破坏。

2.2.6　材料在压力载荷下的力学行为

金属材料在压力载荷下的力学性能，一般通过很短的圆柱压缩试验测得。对于塑性较强的低碳钢，材料压缩时的弹性模量和屈服强度 σ_s 与拉伸时大致相同。进入屈服阶段后，试件越压越扁，横截面面积不断增大，试件抗压能力增强，因而得不到压缩时的强度极限。铸铁材料则会发生破坏，其抗压强度极限比它的抗拉强度极限高 4 至 5 倍。

一些特殊形状的零部件在压力载荷的作用下，除了可能发生以上材料的微观破坏外，还可能发生结构上的宏观变形破坏，称为结构失稳。结构稳定性的问题将在第 2.5.4 节和第 8 章讨论。

2.3　有缺陷材料的静态力学性能

1. 含裂纹构件的断裂和断裂力学

传统材料力学中的静强度理论是基于一些基本假设而形成的。它们提供了理想状态下材料失效的一些准则，为各类结构的设计提供了依据。但是它们不是万无一失的。在历史上，发生过许多结构按照传统强度理论和常规的设计方法设计和制造，但发生断裂并且断裂发生时结构的载荷都低于材料许用值的事故。对于这类事故，通常有记录的、引起人们注意的是一些对国计民生有较大影响的大型物体，如飞机、船舶、桥梁、储油罐、石油和天然气管道、火箭发动机、火车车轴和铁轨等。这些在应力水平较低，甚至低于材料屈服应力情况下，材料发生突然断裂被称为低应力脆性断裂。调查分析发现低应力脆性断裂中很多是由于构件内部或表面上存在裂纹源扩展引起的。这种裂纹的存在是由于材料的冶炼或冲压成型中的缺陷、焊接缺陷、制造和运输中的划痕、挤压损伤，或使用过程中腐蚀、疲劳产生的。在汽车领域里，这些情况同样存在。公众报道或汽车经销商得到的汽车购买者反馈中，也常有用户在低强度路面（远低于汽车设计中所使用的极限工况的强度）上驾驶时，出现汽车底盘件断裂事故的报告。通常情况下，由于技术分析水平的局限，并且因为所造成的损失有限，很多这样的事故被归于产品质量问题，或用户使用情况不明等原因以更换零件而告终。但是从技术理论的角度，这类问题并没有得到理论上的解释。

对于这类问题，特别是上述所提到的一些影响较大的事故，从 20 世纪 60 年代开始，众多的学者进行了广泛研究，从而诞生了一门弥补材料力学局限的学科，即断裂力学。它是对材料力学的补充和发展。

材料力学虽然也考虑应力集中系数，但是它假设物体的材料是均匀、连续、各向同性的，即不存在缺陷或裂纹。然而，正是由于这种裂纹或类似裂纹的缺陷存在，使构件有可能在较低的应力下发生断裂。

断裂力学是专门研究含有裂纹的固体材料强度与裂纹扩展规律的科学，是固体力学的一个新分支，又称为裂纹力学，与损伤力学共称破坏力学。

断裂力学在上述所提到的一些重大工程领域里已经得到了广泛应用。在汽车领域，文献 [2] 中综述了断裂力学在日本汽车工业中的应用，认为对汽车铸造件中的缺陷和车身焊点的分析，有必要应用断裂力学的方法来分析，并且对在日本所进行的这方面研究进行了简介。然而，因为汽车是一个在地面上使用的产品，在多数情况下，发生结构断裂所造成的损失较小，风险可控，并且更换零件相对容易，成本较低，加之断裂力学仍在发展之中，实际应用也比较困难，所以断裂力学在汽车设计中的应用和研究很有限。文献中有一些从断裂力学的角度研究汽车结构破坏的报告。例如，文献 [3] 详细报告了对一款发生翻车和断轴事故的轻型货车的车轴所做的比较深入的断裂力学研究，旨在发现是先翻车引起断轴，还是先断轴引起翻车的因果关系。通常汽车的设计是考虑了各种极限使用工况，并按照极限工况的载荷来设计的。但是，汽车发生断轴的情况仍有发生。针对这样的现状，汽车的设计者应该考虑材料缺陷的存在，从断裂力学的角度检验汽车的设计，特别是涉及行驶安全的零部件的设计。

因为断裂力学仍未在汽车领域得到广泛的应用，所以这里只对断裂力学的基本概念进行简单介绍。介绍断裂力学的概念有两个目的。第一，断裂力学是对传统材料力学的补充，对于一个实际工程领域的材料或结构强度分析的完整是有必要的。汽车工程师应该了解目前汽车的结构分析并不完全。断裂力学的概念可以对一些汽车零部件的"意外"，并且有时无法解释的破坏（车轴、控制臂、转向拉杆接头、变速器壳体、焊点焊缝等）的分析，提供一个新的分析思路和方法。第二，线弹性断裂力学的理论和方法，是疲劳裂纹扩展分析和一些现代焊点和焊缝疲劳分析理论的基础，对汽车结构疲劳分析的进一步完善具有重要的意义。

2. 断裂力学中的裂纹

断裂力学旨在为研究有缺陷材料破坏的规律提供理论基础。断裂力学不仅是研究固体材料开裂所产生的真实裂纹，更是把材料中的缺陷简化成裂纹这样一个实际的固体形态加以描述，用裂纹的力学特性来近似表征其他材料缺陷的特性，研究这些缺陷对材料破坏的影响。

2.3.1　材料的断裂韧度和单向裂纹问题

断裂力学按裂纹顶端区域是小范围屈服还是大范围屈服，分为线弹性断裂力学和弹塑性断裂力学。线弹性断裂力学主要针对脆性断裂问题。所谓脆性断裂是指材料（即使是延展性很大的材料）在开裂时，宏观上材料没有发生明显的塑性变形。弹塑性断裂力学主要研究半脆性或韧性断裂问题。

线弹性断裂力学里有能量平衡理论和应力强度因子理论，分别从能量分析和裂纹顶端附近的应力场的分析定义了能量释放率 G 和应力强度因子 K。这两个量在裂纹发生失稳扩展时的临界值，被称为材料的断裂韧度。它们与外部载荷无关，只与材料本身有关，是材料抵抗裂纹失稳扩展的能力。弹塑性断裂力学有 COD（Crack Opening Displacement）理论和 J 积分理论。分别以裂纹顶端的张开位移 δ（COD）和裂纹顶端区域应力、应变场的参量 J 积分在裂纹发生失稳扩展时的临界值定义为材料的断裂韧度。这里简单介绍应用最广的应力强度因子概念。

固体材料的开裂有三种类型，分别是张开型、滑开型和撕开型，如图 2.10 所示。以张开型为例。图 2.11 是一个带有长度为 $2a$ 裂纹的受拉平板，裂纹穿透平板的厚度。与裂纹长度相比，平板的长和宽无限大。这是一个受拉张开的裂纹。假定裂纹顶端区域的材料是小范围屈服。根据线弹性断裂力学，裂纹顶端附近的应力的强度与 $\sigma\sqrt{\pi a}$ 成正比。$\sigma\sqrt{\pi a}$ 称为应力强度因子（fracture toughness），用 K_{I} 表示（这里下标 I 表示是 I 型裂纹，即张开型裂纹）

$$K_{\mathrm{I}} = \sigma\sqrt{\pi a} \tag{2.12}$$

在实验中，随着载荷的增大，应力强度因子 K_{I} 也增大。当 K_{I} 达到某一个特定值 K_{Ic} 时，裂纹失稳扩展，导致试件断裂。K_{Ic} 称为断裂韧性。它是一个与材料的屈服极限和强度极限一样的材料固有的力学性能。

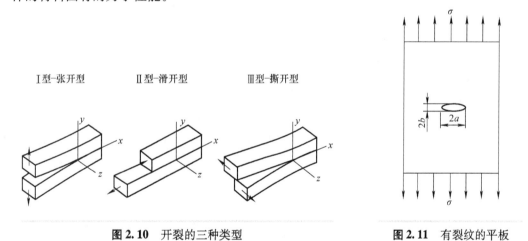

图 2.10　开裂的三种类型　　　　图 2.11　有裂纹的平板

因此，材料含裂纹时的断裂准则是

$$K_{\mathrm{I}} = K_{\mathrm{Ic}} \tag{2.13}$$

对于不是无限大的平板，或者裂纹在平板中的位置不同，或者不是平板的构件，上述应力强度因子公式加入了一个称为几何形状因子 YY 的修正系数。应力强度因子的公式为

$$K_{\mathrm{I}} = Y\sigma\sqrt{\pi a} \tag{2.14}$$

Y 是一个无量纲的数，一般 Y 值在 1 左右。对于上所述的无限大平板中的贯穿裂纹问题 $Y=1$。

同理，对于 II 型裂纹和 III 型裂纹，其应力强度因子分别为用 K_{II} 和 K_{III} 来表示。

2.3.2　材料的裂纹对结构强度的影响

弹性体上的裂纹在外力作用下，会在裂纹的尖端区域产生局部应力集中。这种应力集中使材料的断裂强度大大降低。实际的断裂强度远低于材料的理论断裂强度。

【**例 2.1**】文献［4］中讨论了弹性力学中经常讨论的"无限大"的薄平板（如图 2.11

所示）。在平板的两个对面边上有反向作用的均匀拉应力。平板中有一个穿透平板厚度的椭圆形开口裂纹，裂纹长度为 $2a$，宽度为 $2b$。最大拉应力发生在椭圆形长轴端点处。当此处的最大拉应力达到一个临界值时，裂纹发生失稳。这个应力的临界值既是材料的断裂强度值。按照固体物理学的理论，固体材料的理论断裂强度值为

$$\sigma_t = \sqrt{\frac{E\gamma}{b_0}} \qquad (2.15)$$

式中　E——材料的弹性模量；

　　　γ——固体材料的表面能密度；

　　　b_0——固体材料的原子间距。

然而，当固体材料中存在裂纹缺陷时，以连续、均匀、各向同性假设为基础的传统强度理论不再有效。考虑到固体材料中的缺陷是尖裂纹缺陷，实际断裂强度值为

$$\sigma_c = \sqrt{\frac{E\gamma}{4a}} \qquad (2.16)$$

有裂纹时的实际断裂强度与理论断裂强度的比值为

$$\frac{\sigma_c}{\sigma_t} = \frac{\sqrt{\dfrac{E\gamma}{4a}}}{\sqrt{\dfrac{E\gamma}{b_0}}} = \sqrt{\frac{b_0}{4a}} \qquad (2.17)$$

如果宏观裂纹尺寸为 $2a = 5000\, b_0$，$\sigma_c / \sigma_t = 0.01$。也就是说，实际断裂应力大约降低至理论值的 1%。一般地讲，有缺陷材料的强度比传统强度的理论值低很多。因此，在实际的工程问题分析中，当结构在其应力水平远低于材料的传统强度理论值时发生破坏，从断裂力学的角度思考问题有可能为解释问题提供帮助。

2.3.3　复合型裂纹问题

对于实际的工程结构，裂纹多数处于复杂的应力场和复合的变形状态，其裂纹也是复合型裂纹。对于复合型裂纹问题，最困难的问题是裂纹沿什么方向开裂和扩展（开裂角度问题），其次是裂纹在什么条件下开裂和扩展（开裂判据问题）。总体来说，复合型断裂判据目前还不够成熟，特别是对于复合型裂纹的弹性断裂问题，尚未出现恰当的理论。但是对于脆性断裂，目前已经有许多种复合型裂纹的脆性断裂理论。其中最流行的理论有最大拉应力理论、能量（应变）释放率理论和应变能密度理论。这里概述应变能密度理论。

应变能密度理论从弹性力学中的弹性体的应变能密度公式出发，将Ⅰ、Ⅱ、Ⅲ型裂纹顶端附近区域的应力场进行叠加，得到Ⅰ-Ⅱ-Ⅲ复合型裂纹顶端附近区域的应力场。在平面应变的情况下，用应力强度因子表达的应变能密度为

$$W = \frac{1}{r}\left(a_{11}K_I^2 + 2a_{12}K_I K_{II} + a_{22}K_{II}^2 + a_{33}K_{III}^2\right) \qquad (2.18)$$

式中　r——以裂纹顶端为圆心的同心圆半径。

系数都是角度 θ 的函数，分别为

$$a_{11} = \frac{1}{16\pi\mu}\left[\left(3 - 4\mu - \cos\theta\right)\left(1 + \cos\theta\right)\right]$$

$$a_{12} = \frac{1}{16\pi\mu} \left[(2\sin\theta)(\cos\theta - 1 + 2\mu) \right]$$

$$a_{22} = \frac{1}{16\pi\mu} \left[4(1-\mu)(1-\cos\theta) + (1+\cos\theta)(3\cos\theta - 1) \right]$$

$$a_{33} = \frac{1}{4\pi\mu}$$

这些系数是平面应变情况下的系数。如果是平面应力问题，则只需用 $\dfrac{1+\mu}{\mu}$ 代替式中的 μ 即可得到平面应力情况下的系数。应变能密度理论将应变能密度 W 中的分子部分定义为"应变能密度因子"，

$$S = a_{11}K_{\mathrm{I}}^2 + 2a_{12}K_{\mathrm{I}}K_{\mathrm{II}} + a_{22}K_{\mathrm{II}}^2 + a_{33}K_{\mathrm{III}}^2 \tag{2.19}$$

认为裂纹扩展时裂纹沿应变能密度因子 S 最小的方向扩展，满足条件

$$\frac{\partial S}{\partial \theta} = 0, \quad \frac{\partial^2 S}{\partial \theta^2} > 0 \tag{2.20}$$

由此求得开裂角度 θ_0，并且当最小应变能密度因子 S 达到材料相应的临界值（S_{c}）时，裂纹失稳扩展，即

$$S_{\min}(\theta_0) = S_{\mathrm{c}} \tag{2.21}$$

S_{c} 与 K_{Ic} 类似，是材料常数，标志材料抵抗裂纹扩展的能力，由实验测得。

目前的复合型裂纹脆性断裂理论在实验的验证和工程应用方面都仍存在问题。所以，人们提出了一些更适用于工程应用的近似公式。由应变能密度因子理论得到的一个 Ⅰ - Ⅱ - Ⅲ 复合型裂纹材料的断裂判据近似公式为

$$\sqrt{(K_{\mathrm{I}} + K_{\mathrm{II}})^2 + \frac{1}{1 - 2\mu}K_{\mathrm{III}}^2} = K_{\mathrm{Ic}} \tag{2.22}$$

2.4　材料在交变载荷下的力学性能

材料的屈服极限、抗拉极限、断裂韧性都是材料抵抗静态载荷的极限能力。所谓静态载荷是指载荷由零缓慢增加（加速度足够小以致惯性力可以忽略）到目标值后即保持不变。这些材料的力学性能属于材料的静态力学性能。当载荷是一个随时间持续循环的交变载荷时，材料的力学性能不同于材料的静态性能。

在当载荷是一个随时间持续循环变化的交变载荷时，材料的破坏不是因为材料的应力超过了材料的抗拉极限，而是因为持续交变的应力所造成的材料损伤，超出了材料所能承受的极限。这种因持续交变载荷造成的破坏称为疲劳破坏。

图 2.12 是一个静态破坏和两个疲劳破坏的例子。图中显示了一条单向拉伸试验样件的应力 - 时间曲线和两条不同幅值的交变载荷疲劳试验样件的应力 - 时间曲线。在单向拉伸试验的试验中，随着拉伸力的不断增加，样件中的应力不断升高，直至达到抗拉极限而断裂。在疲劳试验中，样件中的应力随交变载荷而变化，最后在某个时间断裂。在两个疲劳试验中，样件断裂时的应力都低于静态的抗拉极限。这两个疲劳试验中样件的断裂就是疲劳破坏。

2.4.1　无缺陷材料的疲劳强度

在图 2.12 中的两个疲劳试验中，样件中的应力幅值较高（σ_{a1}）的试验至样件断裂的时

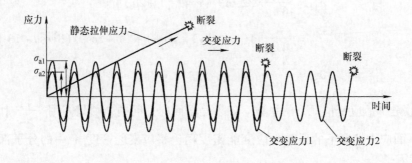

图 2.12 单向载荷破坏和交变载荷破坏

间更短，样件中的应力幅值较低（σ_{a2}）的试验至样件断裂的时间更长。可见材料抵抗疲劳破坏的能力是与试验样件断裂时的时间（实际用循环次数表示）有关系。

由图 2.12 中的两个疲劳试验可知，每一个样件的疲劳试验结果有应力幅值和样件断裂时的循环次数两个结果数据。这个循环次数 N 被称为寿命。由每一个不同的应力幅值和对应样件断裂时的循环次数，可以得到一条曲线，即应力幅值 – 循环次数曲线，如图 2.13 所示。也有用应力的最大值 σ_{max} 和循环次数表示的曲线。当一个应力循环平均应力为零时，应力幅值 σ_a 和应力的最大值 σ_{max} 是相等的。当一个应力循环平均应力不等于零时，应力幅值 σ_a 和应力的最大值 σ_{max} 是不相等的。一般通称 σ_a 和 σ_{max} 为应力 S。

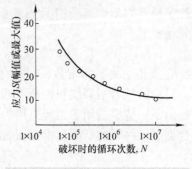

图 2.13 $S - N$ 曲线

应力 S（最大应力 σ_{max} 或者应力幅 σ_a）– 材料疲劳破坏时的循环次数 N（寿命）的曲线，简称应力 – 寿命曲线，或 $S - N$ 曲线。$S - N$ 曲线是用来表达材料疲劳特性的基本方式。这个曲线是从一组光滑的材料试件进行的多个幅值的等幅对称疲劳试验中得到的材料单向疲劳寿命曲线。试验是对小尺寸的光滑样件进行的，循环次数是每一个样件持续试验到样件断裂时的循环次数[5]。

光滑样件被视为无缺陷的材料。无缺陷材料的疲劳破坏实际上经历了裂纹萌生、裂纹扩展到完全断裂两个阶段。从试验开始到裂纹萌生所经历的循环次数被称为裂纹萌生的寿命。从裂纹萌生到完全断裂所经历的循环次数被称为裂纹扩展的寿命。无缺陷材料的疲劳总寿命等于裂纹萌生的寿命加裂纹扩展的寿命。

从 $S - N$ 曲线，对每一个应力幅值 S，可以得到相应的材料的疲劳寿命 N。对应寿命为 N 的应力幅值 S，称为寿命为 N 循环的疲劳强度（Fatigue Strength），记为 S_N，如图 2.14 所示。由 $S - N$ 曲线可见，应力幅值 S 越小，材料的疲劳寿命 N 就越大。

对于某些材料（如低碳钢），当应力幅值 S 小于某个极限值时，试件不发生破坏，寿命趋于无限长，材料永不发生疲劳破坏。寿命 N 趋于无穷大时所对应的应力幅值 S 称为材料的疲劳极限（Endurance Limit），记为 S_f。对于在应力幅值是对称循环情况下得到的疲劳极限，记为 S_{-1}。下标 " -1 " 表示是对称循环应力情况，如图 2.15 所示。对于铝合金材料，则不存在这个极限值。对于这些材料，人们规定在 10^8 次循环时的最大应力定义为它们的条件疲劳极限。因为人们不可能进行无限期的疲劳试验，所以通常材料的疲劳试验规定，钢材在 1×10^7 次循环、非铁（有色）金属材料在 1×10^8 次循环时不产生断裂的最大应力，称为材料的条件疲劳极限。

如果材料中的应力低于材料的疲劳极限，该材料在所受的载荷下将不发生疲劳破坏，具有无限寿命。一般结构设计并不要求无限寿命，因为那样成本太高。实际的工程结构只要求

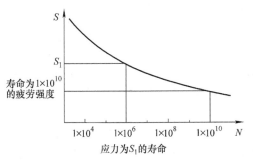

图 2.14　疲劳强度

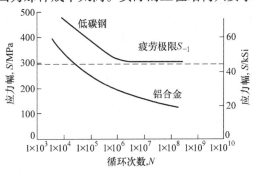

图 2.15　疲劳极限

满足使用的需求和安全的要求，具备有限寿命。为了产品的经济性，实际的工程结构设计常常允许结构在保证所要求的使用功能和寿命的情况下，存在短时间的高应力。这样的设计称为有限寿命设计。汽车设计就是一个有限寿命设计的典型例子。

有限寿命的疲劳问题将在第 6 章中详细讨论。

2.4.2　有缺陷材料的疲劳问题

$S - N$ 曲线描述的是一个无缺陷材料（光滑的小尺寸试件）的疲劳特性。但是，对于一个已经有裂纹存在的材料（或者有缺陷的材料），其疲劳特性则完全不同，它的疲劳破坏的主要形式是裂纹扩展到断裂。

裂纹扩展是由裂纹扩展速率来描述的。如图 2.16 所示，假定裂纹长度为 a 和裂纹增长长度 $\mathrm{d}a$。裂纹扩展速率 $\mathrm{d}a/\mathrm{d}N$（或者 $\mathrm{d}a/\mathrm{d}t$）是在疲劳载荷作用下，裂纹长度 a 随循环次数 N（或循环载荷作用时间 t）的变化率，反映裂纹扩展的快慢。通常研究的裂纹类型是张开型裂纹（Ⅰ型裂纹），裂纹的方向垂直于最大主应力方向，因为一般认为最大主应力最可能把裂纹拉开。

研究表明，裂纹扩展速率 $\mathrm{d}a/\mathrm{d}N$ 与应力强度因子变化范围 ΔK 有最直接的关系。图 2.17 是一个金属材料的 $\mathrm{d}a/\mathrm{d}N - \Delta K$ 曲线。

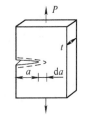

图 2.16　裂纹长度和裂纹增长长度

$\mathrm{d}a/\mathrm{d}N - \Delta K$ 曲线通常是在双对数坐标下绘制的。

$\mathrm{d}a/\mathrm{d}N - \Delta K$ 曲线与 $S - N$ 曲线、$\varepsilon - N$ 曲线（将在第 6 章介绍）一样，都是材料的疲劳性能曲线。$S - N$ 曲线所描述的是材料疲劳断裂的性能，$\varepsilon - N$ 曲线所描述的是材料疲劳裂纹萌生或者材料疲劳断裂（取决于疲劳试验所使用的失效判据）的性能，$\mathrm{d}a/\mathrm{d}N - \Delta K$ 曲线描述的是材料疲劳裂纹扩展的性能 $S - N$ 曲线。

$\mathrm{d}a/\mathrm{d}N - \Delta K$ 曲线大致分为三个阶段：裂纹开始扩展、裂纹稳定扩展、裂纹失稳扩展。

在第一个阶段，当应力强度因子的变化范围 ΔK 小于某一个值 ΔK_{th} 时，裂纹扩展速率接近于零（$da/dN < 1 \times 10^{-10}$）。当 $\Delta K < \Delta K_{th}$，可以认为裂纹不发生扩展。当应力强度因子的幅值 ΔK 大于某一个值 ΔK_{th} 时，裂纹扩展速率急剧上升，裂纹开始扩展。所以，ΔK_{th} 是反映疲劳裂纹是否扩展的一个重要的材料参数，称为裂纹扩展的门槛应力强度因子范围，由实验确定，是 $da/dN - \Delta K$ 曲线的下限。

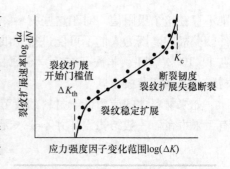

图 2.17　裂纹扩展的 $da/dN - \Delta K$ 曲线

在第二个阶段，裂纹扩展的速率比较平稳。在这一阶段，$da/dN - \Delta K$ 曲线在双对数坐标下呈现近似线性关系。它表明在这一阶段里裂纹以比较平稳的速度扩展。研究人员提出了很多近似公式。工程人员则以此为基础估算疲劳裂纹扩展的速度和寿命。

在第三个阶段，裂纹扩展速率急剧增加，裂纹失稳并快速扩展，以致材料发生断裂。材料发生断裂时的应力强度因子 K 将达到材料的断裂韧性值 K_c。通常这个阶段是非常短暂的，对裂纹扩展寿命的贡献可以忽略。

裂纹扩展问题将在第 6 章中有更多的讨论。

2.5　结构的力学性能

材料的力学性能只是结构耐久力学性能的一个基本元素。对于实际产品，产品的结构才是反映其结构耐久性能的最终实体。结构的力学性能除了受材料力学性能的影响外，还受其具体设计的影响。例如，结构的布局、形状、截面、尺寸、连接、安装固定等都对整个结构的力学性能有重大影响。使用同样的材料但是形状不同、布局不同的结构在同样的载荷下，它们的力学表现是不一样的。例如，一块平板的厚或薄，有孔或无孔，开大孔还是开小孔，开方孔还是开园孔，不同的安装固定，如果平板不对称，在哪一个方向上受力，整个平板的力学表现都不一样。结构的细节对结构的应力更是有决定性的影响。例如，开孔、孔的大小和形状、结构尺寸的连续性、结构形面的连续性对结构的应力影响很大。所以，结构的特性是影响结构耐久力学性能的另一个重要因素。

从材料的力学性能延伸到结构，相关的结构力学性能有结构的刚度和强度。除此之外，与耐久相关的结构力学性能还有结构的振动特性和结构的稳定性。

2.5.1　结构的刚度

固体材料都有自身抵抗变形的能力，衡量这种能力的物理量是材料的弹性模量和泊松比。由材料制成的、带有实用功能的结构同样具有相应的抵抗变形的能力。为了达到产品的使用要求，产品的设计都要求产品的结构具有足够抵抗外部载荷而变形的能力。

在材料的弹性范围内，结构对输入载荷的响应是线性关系，结构的响应和载荷成正比。这个比例关系就是结构的刚度。结构的刚度是一个衡量结构抵抗变形能力的物理量，定义为力和变形的比值，是单位变形所需要的力。刚度值越大代表这个结构抵抗变形的能力越强。结构的刚度不仅与材料的性质有关，还与结构的几何形状、布局、尺寸、截面、材料的分布、连接、安装固定等多种因素有关。

结构上有无数的点，每个点有多个位移方向。所以，对于一个结构，刚度的定义不是唯一和固定的。一个结构刚度的定义涉及一个点加力和一个点测量变形。一个结构的刚度是衡量该刚度定义的加载点和测量点之间结构抵抗变形能力。加力点和测量点可以相同，也可以不同。如果一个刚度的定义的加力点和测量点相同，这样的刚度称为原点刚度。如果一个刚度的定义的加力点和测量点不相同，这样的刚度称为跨点刚度。

假设一个结构中的一个点 i 受力为 F_i，在点 i 和点 j 的位移分别为 D_i 和 D_j。在点 i 的原点刚度定义为

$$K_{ii} = \frac{F_i}{D_i} \tag{2.23}$$

在点 j 的跨点刚度定义为

$$K_{ij} = \frac{F_i}{D_j} \tag{2.24}$$

对于一个空间中的结构，每一个点可以有 6 个自由度（3 个平移自由度和 3 个旋转自由度）。结构在每一个自由度上都有刚度。刚度应该在每一个自由度上定义。

图 2.18 是一个悬臂平板。在自由端的一个角的垂直方向上为加载点，假设该点垂直方向的自由度为结构的第 i 自由度。该点和另一边的一个点的垂直方向为测量点。假设另一个点的垂直方向的自由度为结构的第 j 自由度。如果在第 i 自由度上的受力为 F_i，在第 i 自由度和第 j 自由度的位移分别为 D_i 和 D_j。在第 i 自由度的原点刚度定义由式（2.23）决定。在第 j 自由度的跨点刚度定义由式（2.24）决定。

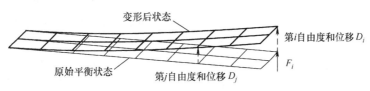

图 2.18　一个悬臂平板原点刚度和跨点刚度的例子

一个结构的任意一点或两点之间都存在刚度（原点刚度和跨点刚度）。对于一个实际的工程结构，代表整个结构或者重要的区域、承受载荷的点与路径、与其他零部件相连接或者用于安装其他系统的点或方向上的结构刚度对该结构具有特别重要的意义。在工程设计和分析时，一般只定义和计算一些对结构有特殊意义的原点刚度和跨点刚度。原点刚度通常是用于评估结构上一些重要点的局部小区域刚度。经常也被称为点刚度。例如，汽车结构上的许多零部件和系统的连接点（如悬架零件的连接点、车身连接点、发动机悬置安装点、门的安装点和门锁安装点、蓄电池安装点等）、许多功能零部件的安装点（如刮水器安装点、车灯安装点、后视镜安装点等）。跨点刚度通常用于评估结构的整体刚度。例如，车身的弯曲和扭转刚度、发动机舱盖的弯曲和扭转刚度、车门的弯曲和扭转刚度等。对汽车来说，整车的整体刚度是关于整个车体的。车体前舱框架、发动机舱盖、车身门框、车门等整体刚度是关于汽车的一个区域，经常也被称为区域局部刚度。需要说明，一般来说，结构都不是对称的，即使同一点的原点刚度和跨点刚度，在不同的方向上，刚度的需求也不一样。所以，刚度的定义与评估应根据具体的设计问题而定。

汽车的设计有很多刚度的要求。除了每个零部件有其自身刚度的要求外，整个车身有车身的整体刚度要求。车门开口、发动机舱框架、行李舱框架有区域性的整体刚度要求。许多有连接、安装其他零部件的区域有局部的刚度要求。例如，所有的底盘、车身、发动机、油箱、座椅、传动轴的连接点，安装蓄电池、刮水器、后视镜、扬声器等功能件的区域。图2.19 是车身上各种重要安装点的点刚度定义位置。更多的详细内容将在后面的章节讨论。

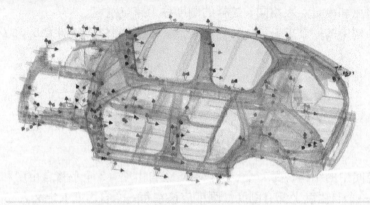

图 2.19　车身上安装点的点刚度

2.5.2　结构的强度

结构的强度是结构抵抗破坏的能力。结构的强度没有统一的定义，但是可以认为结构的强度就是结构上强度最弱的点的强度或者结构上最先发生破坏的点的强度。

一般情况下，材料的各种强度极限通过标准小尺寸试件的单向材料性能试验测量获取。传统的材料力学认为这些单向的材料强度极限适用于多维（方向）的材料，因为多维（方向）材料发生的破坏起源于某一个方向上的材料破坏。材料力学提供四种强度理论和这些单向的材料强度极限作为材料破坏的判别准则（第2.2.5 节）。这样的强度理论和分析思想同样适用于大型、多维的结构。按照此种方法，结构上所有的点的强度都需要进行分析和计算，其中最薄弱的点的强度就是结构的强度。因为结构有很多的点，所以一个结构上不满足材料的强度要求、发生破坏的点可能多于一个。

实际的工程结构比单一材料的试验样件复杂很多。很多结构由多种材料、多维（方向）形状的零部件和由多种连接方式连接而成。汽车的结构就属于这种情况。真实结构中有更多的因素影响结构中的应力分布。结构的形状、截面、尺寸、连接、安装和许多结构的微小细节（例如几何形状、开孔、形面的过渡和尺寸的过渡，等）对结构的应力有重大影响，一些设计还会造成结构的应力集中。不同材料的零部件需要按照不同的材料属性去分析。另外，所有的金属结构都具有可能发生振动的固有特性。在受外力激振时，如果结构发生共振，应力会被放大（参见第5 章）。结构中的连接材料、零件以及周边的材料也是结构强度中的特殊问题。在汽车结构中零部件的连接方式有焊点连接、焊缝连接、螺栓连接、铆钉连接等等，其中焊点和焊缝的破坏是最为常见的破坏。这种结构构成的多样性使结构强度的分析更为复杂。关于焊点和焊缝的研究认为焊点和焊缝的结构属于有缺陷结构，它们的分析和计算需要断裂力学的方法（参见第6 章相关内容）。

一般来说，结构中高应力的区域性都是很有限的、而且是局部性的。结构的失效通常发生在结构的薄弱部位，所以结构的失效也是有限的和局部性的。结构分析的任务在于找出结构可能发生的失效和失效的部位。为了达到这个目标，整个结构的应力分布和水平需要进行详细的计算，并根据应力水平和材料的强度理论，判别结构可能发生的失效和失效的部位。

如同材料的强度一样，结构最基础的强度指标也包括屈服强度、抗拉强度和疲劳强度。

1. 屈服强度

如果结构中某处的应力高于材料的屈服强度 σ_s 时，该应力处的变形将超出弹性范围外，变形为塑性变形。这时力和变形的比值不再为常数，所以设计的要求常用变形量作为目标。在不同的情况下，不同的企业可能使用不同的量值。例如，使用最大变形量，或者使用塑性变形量（也称永久变形量、残余变形量）。

需要说明，在外力载荷的作用下，整个结构的变形通常只有很小一部分结构的变形达到塑性变形，而大部分结构的变形仍然处于弹性变形范围。整个结构的变形分布需要通过计算分析得到。

2. 抗拉强度

如果结构中某处的应力高于材料的抗拉强度 σ_b 时，该应力处的材料有可能发生断裂。有的工程师会按照脆性材料或塑性材料采用不同的判别标准。例如，对于脆性材料，因为没有明显的颈缩现象，试件断裂时的名义应力和真实应力相差不多，所以脆性材料使用材料的抗拉强度 σ_b 作为断裂的判别标准。对塑性材料，由于明显的颈缩现象，试件断裂时的名义应力和真实应力相差较大。另外，单向小试件的材料试验结果和多维大尺寸的实际结构的结果之间存在一定的差距，所以有一种观点认为采用塑性应变接近材料的延伸率作为断裂的判别标准更为合理。

同样，整个结构达到断裂标准的点通常只是在很少的部位。它们的位置需要通过整个结构的应力计算分析得到。

3. 疲劳强度

如果结构中所有位置的应力低于材料的疲劳极限 S_{-1} 时，该结构永远不会发生疲劳破坏。但是，从成本的角度出发，通常的结构设计都使用有限寿命的标准。由于结构上各点的应力响应不同，结构上各点的寿命是不相同的。一般将结构上最低的寿命视为该结构的寿命。对于有限寿命设计，如果结构所受的载荷是等幅值的循环载荷，结构中各处的应力也将是等幅值的循环应力，此时可以通过 $S-N$ 曲线得到各处的疲劳寿命。如果结构所受的载荷和结构中各处的应力响应是变幅值的情况，疲劳寿命必须使用第 6 章所讨论的方法进行计算。

2.5.3　结构的振动特性

振动是物理介质在外部因素的作用下围绕其平衡位置作往复运动的一种特殊的运动形式。结构的振动是指结构的机械振动，是结构在外力的作用下位移往复变化。结构的振动是一种动态的运动。所有的结构都具有可发生振动的特性。结构的振动特性由结构自身的力学性能决定，与结构的质量和刚度的分布和量值有直接的关系。结构振动的特性通过外界因素发生作用。在一定的外界条件下，结构会发生共振。当结构发生共振时，结构的响应（位移、速度、加速度、应力和应变等）会放大，从而影响结构的耐久性能。有关结构振动的内容将在第 4 章和第 5 章作详细的介绍。

需要强调说明，结构的强度由材料的强度延伸而来。如同第 2.2.4 节所述的理由，在结构耐久的分析中，无论是动态的分析还是静态的分析，结构的强度通常使用材料的静强度为依据。

2.5.4　结构的稳定性

结构的稳定性是结构保持原有平衡形态的能力。结构的稳定性与受力的特性和结构的几何有很大的关系。在一定的外部压力下，结构发生变形，失去原来的平衡形态，变成一个新的平衡形态，这种现象被称为结构失稳，这种结构受到压力载荷而发生改变原有平衡形态的变形被称为结构的屈曲。

结构的稳定性是受压力载荷的结构的力学性能，与结构的几何特性（如尺寸、形状和载荷的对称性）有直接的关系，只有柱状构件（受压的杆件）或者板类构件有屈曲的可能。屈曲引起柱状构件或者板类构件变形，完全偏离原来的平衡状态，甚至可能会造成一定程度的折叠或崩塌。屈曲可以是由弹性变形或塑性变形单独引起的，也可以是由两者联合作用引起的。

结构失稳后产生的新平衡状态是结构的永久变形。结构的塑性变形也是永久变形。但是，这两种结构在压力载荷下产生的永久变形不同。首先，它们是两种不同性质的力学问题。其次，它们表现的结果也不同。一般来说，结构的塑性变形是结构受力后局部应力超过了材料的屈服极限，发生面积相对较小的、局部的微观永久变形；而结构的屈曲是载荷超过了结构能够承受的临界压力载荷，发生整体结构或者面积相对较大的部分宏观的结构变形（结构新的平衡状态）。由于这两种变形的力学机理不同，在设计受压力载荷、且结构有可能失稳的零部件时，需要同时分析这两种力学问题，判断的两者中的弱者，从而确定设计的偏重方向。

有关结构的稳定性的分析将在第 8 章作详细的介绍。

2.6　汽车结构耐久性能的力学要素

汽车结构的耐久性能从不同人的角度出发有不同的含义。从汽车使用者的角度来讲，汽车的结构耐久性是汽车结构的坚固、持久耐用、不发生故障。从汽车产品宏观设计者的角度来说，汽车的结构耐久性是在最短 10 年的使用期限和最少 24 万公里等效用户使用里程内汽车保持其功能有效。一般情况下，汽车的设计和生产企业有一系列关于汽车整车、系统和零部件的设计要求。在这些设计要求中，对汽车整车、系统和零部件结构耐久的基本要求是相应的结构能够保证其正常使用的功能，并且在规定的使用期限内不发生失效。

对于汽车结构设计和分析的工程师来说，以上从产品使用角度和产品功能角度出发的设计要求需要尽可能地转换成一些具体的、定量的力学指标，以便定量地评估和分析汽车结构的设计。结构工程师达成这种转换的基本途径是应用相关的力学科学。应用相关力学的基本概念可以从抽象的结构耐久性能中提炼出来结构耐久性能的力学要素，进而可以具体地描述和衡量结构耐久性能的表现和相关的基本因素。使用相关力学的分析方法可以进一步定量分析这些结构耐久性能力学要素相关的因果关系，给结构设计指明方向。

　　从力学的角度，结构耐久性能的力学要素分为结构自身的能力和在外部条件（如载荷）下结构的实际反应两个方面。结构自身耐久性能的力学要素是结构抵抗各种外力破坏的能力。结构的刚度、极限强度、固有频率和稳定性条件是衡量结构自身耐久性能的几个基本的力学要素。它们是由结构自身的特性（参数）决定，只与结构自身的特性（参数）有关，与外部条件（如载荷）无关。结构在外部条件下的反应是结构耐久性能的实际表现，例如，结构在外部载荷下的变形量、应变量、塑性变形、塑性应变、应力、疲劳损伤和寿命等等。这些结构结构耐久性能的力学表现是结构在外部载荷下耐久性能的真实体现，它们不仅与结构自身的特性有关，与外部条件（如载荷）也有关。这些具体的结构耐久性能的力学物理量可以通过计算或者物理试验测量得到。通过这些结构耐久性能的力学物理量，结构耐久性能的一些要素转化成可以定量计算和分析的力学量值。汽车结构工程师可以利用这些结构耐久性能的力学要素来衡量和评判汽车结构的耐久性能。在实际的汽车结构耐久性能的设计和分析中，这两种结构耐久性能的力学要素都被使用。在当今的汽车设计中，结构刚度和固有频率已经是衡量汽车结构的基本指标；材料的屈服极限和抗拉极限则是工程师选择材料的基本依据；在结构耐久分析中普遍使用的判别标准是结构中的应力根据不同的载荷低于材料的屈服极限或者抗拉极限；根据系统的功能需求，有些汽车结构的设计要求会具体规定结构变形量的允许值，例如，为了保证车门能够打开和关闭，设计要求车身车门的洞口框架对角线的变形在汽车处于扭转状态时必须低于规定的允许值；对于塑性较大的材料，有的设计要求使用材料的塑性应变作为结构破坏的判别标准；在评估结构的疲劳寿命时，通常不使用材料的疲劳极限，因为成本的考虑，一般设计不要求结构有无限的寿命，而要求结构具有满足汽车耐久总目标的有限寿命。对于这两类汽车结构耐久性能的力学要素，外部的条件是产品使用时无法避免的和改变的。汽车设计工程师的任务和工作就是通过合理的设计提高结构本身的性能，使汽车结构的耐久性能满足产品设计的总目标。

　　结构的刚度、强度和稳定性是金属结构在常规条件和常规机械载荷下的最基本的力学性能。如果结构所处的环境或所承受的载荷发生较大的改变，材料的力学性能会发生量或质的变化。例如，如果结构上某点的应力水平超出了材料的屈服极限时，该点处的应变必须按照材料的塑性特性计算。如果结构上的温度超出了一定的数值，材料出现蠕变，材料的本构关系和参数都不同于上述的材料基本力学性能。如果结构所受的载荷属于接触载荷，接触载荷下的材料力学性能和力学分析方法也不同于传统材料力学。对应更复杂或特殊的环境或载荷，材料和结构有不同的力学性能。在后继的章节讨论特殊汽车工况的结构耐久分析时将分别介绍相关的内容。

　　汽车产品耐久性能的总目标不仅分解到系统、子系统、零部件，分解到各种汽车使用的工况，还需要进一步分解到每个结构耐久性能的力学要素。取决于它们的功能要求、所经历的载荷和相应的结构耐久问题，一个汽车的系统、子系统或零部件的结构可能有多个耐久性能力学要素的设计要求。例如，车身结构具有多种刚度的设计要求（包括整体结构的刚度、区域结构的刚度、众多系统安装点的点刚度），有一些重要区域或点变形量的限制，有在各种使用工况下的强度和疲劳寿命的设计要求；发动机的缸体有缸孔变形量的限制，有机械载荷下疲劳寿命的要求，还有热载荷下疲劳寿命的要求。

　　汽车的结构耐久性能从本质上讲是所有结构耐久性能力学要素长时间综合表现的结果。基于目前科学和技术的发展水平，人们已经了解和掌握了其中的一些重要元素，但仍不是全部。在当前的科学技术条件下，汽车结构耐久性能中还有一些问题仍然不能完全定量地描述。例如，螺栓连接的松动、橡胶密封件的老化、金属材料的腐蚀和性能衰退等问题仍然难以定量地描述。在汽车长期使用的过程中，这些问题以及汽车零部件的开裂、焊点和焊缝的开裂等汽车结构的破坏或损坏都会导致汽车结构耐久性能的衰退。客观上，结构的力学要素之间会相互影响。例如，裂纹的产生使无缺陷的结构变成有缺陷的结构，从而大大降低了结构的刚度和静强度。这些问题属于"高里程的结构耐久性"问题，是目前人们研究的课题。考虑到问题复杂性和当前技术条件的限制，在现阶段，汽车结构耐久性能的工程分析与设计的方法只考虑结构的原始设计状态，不考虑结构衰退的变化，在汽车耐久总目标下设定各自的设计目标，要求每一个原始设计状态下的结构耐久力学要素在汽车设计的目标周期内均不发生破坏或者不超出允许的范围，针对每一个力学要素单独进行分析和评估，要求每一个力学要素都达到各自的设计目标。例如，车身结构在道路载荷下的强度分析和疲劳分析分别进行，要求车身分别满足其强度和疲劳寿命的设计要求。

参 考 文 献

[1] 刘鸿文. 材料力学 [M]. 5 版. 北京：高等教育出版社，2011.

[2] YOSHIMURA T. Application of Fracture Mechanicson Japanese Automotive Industry [G]. [s. l.]. European Structural Integrity Society（ESIS）Publication，2000，155 – 159.

[3] CLARKE C，HALIMUNANDA D. Failure Analysis of Induction Hardened Automotive Axles [J]. Journal of Failure Analysis and Prevention，ASM Intenational，2008.

[4] 伍颖. 断裂与疲劳 [M]. 北京：中国地质大学出版社，2009.

[5] 全国钢标准化技术委员会. 金属材料 疲劳试验 轴向力控制方法：GB/T 3075—2008 [S]. 北京：中国标准出版社，2009.

汽车结构耐久性能的计算机仿真分析

第3章

研究汽车结构的耐久性能，必须对汽车结构的耐久性能进行准确的仿真描述和分析。因为汽车结构的耐久性能是一个综合性能表现，影响它的因素有很多。在理论上，对汽车结构的耐久性能的仿真描述是一个集多种学科的综合性问题。按照前面一些章节的说明，根据各种相关的和可用的力学理论和方法（成熟度可能不一样），汽车的各类结构耐久性能问题被抽象、分解和简化成一些相关的单学科问题，用现代的计算机辅助方法描述和仿真分析。

汽车结构耐久相关的计算机模拟仿真是一项庞大和复杂的工作。在宏观上，汽车结构耐久的计算机仿真分析需要用数学可描述和计算的方式复现汽车在工作时汽车各系统和零部件的运动状态和力的传递，例如整车的运动及力的传递、发动机零部件的运动及力的传递。在微观上，需要计算在各种汽车的工作状态下汽车零部件的变形、应力以及应力所导致的各种结构破坏（如材料的静态断裂和疲劳断裂）。汽车上各种零部件的力学性质不同，各个系统或各个部位所受到的载荷不同，并且在不同载荷下的力学表现也不同，一般很难用一种力学理论和方法去统一描述。另外，很多力学理论的应用需要大量的计算机资源，既使在计算机技术高度发展的今天，很多汽车结构的力学仿真分析也受到极大的限制。在当今汽车结构耐久的相关分析中，比较普遍的做法是将整车或系统结构的仿真描述和分析分别在宏观和微观两个层面上进行。在当前的汽车结构耐久的计算机仿真分析中，宏观上的分析一般使用以刚体力学为基础的多体系统动力学方法，而微观上的分析则使用以弹性力学为基础的有限元方法。宏观的分析主要考虑零件的整体运动，不关注零件的细节。微观上的分析则关注零件的细节，计算零件上点的应力。本章简单介绍这两种方法的原理。

3.1 多体系统动力学

汽车运动状态的描述和各种力的传递的计算是汽车结构耐久分析的第一项任务。多体系统动力学是描述复杂机械系统运动状态和力传递的有效工具，在汽车悬架机构、传动机构、发动机内部零部件的运动分析和力的传递分析中有广泛应用。

机械系统的动力学仿真通常被用来研究系统各个刚体的位移、速度、加速度与其所受力或者力矩的关系。多体动力学仿真则将机械系统描述成由一系列的刚体和柔性体，通过各种铰链的模型连接（简称铰接），建立它们相互之间的约束关系而形成完整的动力学系统，其中铰接的主要作用是约束各个刚体之间的相对运动关系。

3.1.1 多体系统

多体系统（Multibody System，MBS）是指由多个物体（或零部件）相互联系组成的机械系统。例如，汽车的悬架系统是一个由转向节、控制臂、稳定杆、减振器、螺旋弹簧等零件组成的多体系统；汽车的悬架、车轮、车身也组成一个多体系统；汽车发动机的曲柄、连杆和活塞也组成一个多体系统；汽车的轮胎和半轴组成一个传动多体系统。

如果忽略物体（或零部件）的变形，这个物体（或零部件）则是一个没有变形的刚性体（简称刚体）。如果考虑物体（或零部件）的变形，这个物体（或零部件）则是一个可以变形的柔性体。多体系统中的物体（或零部件），可以根据分析的实际需要描述成刚性体或柔性体。如果多体系统中的每一个物体（或零部件）都是刚体，这样的多体系统就是一个刚性多体系统（或多刚体系统）。如果多体系统中的每一个物体（或零部件）都是柔性体，这样的多体系统就是一个柔性多体系统。如果多体系统中的物体（或零部件）既有刚性体又有柔性体，这样的多体系统就是一个混合多体系统。在汽车结构耐久的相关分析中，多数多体系统的分析关注系统内部力（载荷）的传递，所以比较多地使用刚性多体系统。在最近一些年来，由于柔性多体系统分析方法和相关计算机软件和硬件的发展，很多汽车多体系统的分析采用混合多体系统，以包含零部件变形对系统的影响，特别是一些相对大尺寸的零部件，如副车架和扭力梁。

在多体系统中各物体或零部件之间的连接元件称为铰链。在机械学中，铰链被称为运动副。表3.1列出了汽车结构中常用的运动副。从运动学的角度，铰链（或者运动副）是对邻接物体施加运动约束的元件。从力学的角度，铰链（或者运动副）是对邻接物体传递力（载荷）的元件。这种力的传递只发生在铰链（或者运动副）有约束的自由度上。在无约束的自由度上则无力的传递。通常多体系统分析中用这些铰链的几何中心点表示铰链的位置，称为铰点。在动力学分析中，铰链的质量不单独考虑，可以附加在所连接的物体上，也可以忽略不计。

在多体系统中还有一种只限于力的作用，而不附加运动约束的关联称为力元，例如连接两个物体或零部件的弹簧和阻尼器。在动力学分析中，通常这些力元的质量忽略不计。

表3.1　汽车结构中常用的运动副

常见的运动副	说明	示意图
旋转副 （Revolute）	允许两个零件在单个方向上的相对转动，限制两个旋转和三个平动自由度	
移动副 （Translational）	允许两个零件在单个方向上的相对移动，限制三个旋转和两个平动自由度	
圆柱副 （Cylindrical）	允许两个零件在单个方向上的相对转动和在单个方向上的移动，限制两个旋转和两个平动自由度	

（续）

常见的运动副	说明	示意图
球副 （Spherical）	允许两个零件在三个方向上都可以相对转动，限制三个平动自由度	
平面副 （Planar）	允许两个零件在平面内运动，限制两个旋转和一个平动自由度	
恒速副 （Constant Velocity）	限定两个旋转运动等速	
万向节 （Hook/Universal）	旋转运动在两个零件间传递，限制一个旋转和三个平动自由度	
螺旋副 （Screw）	允许两个零件相对螺旋运动，限制两个旋转和三个平动自由度	
齿轮副 （Gear）	把两个或多个简单运动副连接起来形成齿轮运动	
固定副（Fix）	把两个零件固定在一起	

运动副对它所连接的物体（或零部件）形成了约束。物体之间的约束关系可以用数学形式表达。不失一般性，假设多体系统由广义坐标（$q_1, \cdots, q_n$）定义。约束可以表示为广义坐标（$q_1, \cdots, q_n$）和它们的导数（$\dot{q}_1, \cdots \dot{q}_n$）的函数方程式。如果一个约束的函数只是坐标（$q_1, \cdots, q_n$）和时间的函数，即

$$\phi(q_1,\cdots,q_n,t)=0 \tag{3.1}$$

这种约束被称为完整约束方程。

如果一个约束的函数包含坐标的导数，即

$$\phi(q_1,\cdots q_n,\dot{q}_1,\cdots\dot{q}_n,t)=0 \tag{3.2}$$

这种约束则被称为非完整约束方程。

具有完整约束的系统称为完整系统；具有非完整约束的系统称为非完整系统。在理想情况（不考虑摩擦）下，以上列举的运动副基本为完整约束。但是车轮与地面的联系属于非完整约束。在多体系统动力学中，约束的完整性对系统的动力学方程有很大影响。

3.1.2 汽车多体动力学模型

汽车系统是一个复杂的多体动力学系统。汽车系统的多体动力学系统模型需要借助多体动力学的商业软件完成计算。ADAMS 是目前汽车行业广泛使用的多体动力学商业软件。它的全称是机械系统的自动化动力学分析（Automatic Dynamic Analysis of Mechanical System, ADAMS）。在 ADAMS 里，各种需要使用的运动副均已标准化，并且形成了标准运动副的库。更进一步，ADAMS 也已经形成了各种类型的汽车系统（如各种类型的汽车悬架）的标准模版，用户只需要选择汽车系统的标准模版，填入必要的参数，就可搭建一个汽车系统的多体系统动力学模型。图 3.1 ~ 图 3.4 分别是汽车前悬架、转向系统、后悬架和传动系统多刚体模型的例子。

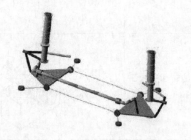

图 3.1　前悬架的多刚体模型　　　　　图 3.2　转向系统的多刚体模型

图 3.3　后悬架的多刚体模型　　　　　图 3.4　传动系统的多刚体模型

在汽车多体动力学建模时，常常会提到硬点概念。硬点是由英文"hardpoint"直译过来的，指的是汽车总布置设计过程中，为保证零部件之间的协调和装配，以及造型风格要求所确定的控制点（或坐标）、控制线、控制面及控制结构的总称。在多体动力学中硬点泛指部件与部件之间的连接点、部件的质心，以及一些关键点的位置坐标。在多体系统建模时首先建立硬点和部件，其中部件包含部件的质量、质心转动惯量等信息，同时为了显示部件的视觉显示效果，常常会给各部件定义外形，该外形可以为部件的真实形状，也可以是简化的轮廓，甚至是一些形状简单的线框、三角板、立方体或圆球等，这些形状对模型的计算没有影响，只要建模者在模型中自己能够识别，在计算后动画显示时便于观察动画效果即可。

汽车部件与部件之间常常在硬点处通过弹簧、减振器、缓冲块、衬套、铰链等多种连接方式，把各部件装配在一起。在多体模型中，要分别建立这些连接方式的详细信息。在汽车悬架中，弹簧起到支撑车身重量的作用，可以减小动态载荷的冲击，提高整车的舒适性，弹簧可以为线性的也可以为非线性的；减振器是一吸能元件，其阻尼与连接两部件的相对运动速度有关；缓冲块为一弹性缓冲装置，可以限制运动位移，减小极限冲击载荷；衬套可以为橡胶衬套也可以为液压衬套，是汽车悬架中最常用的一种弹性元件，常常布置在有相对运动的两个部件的硬点连接处，如控制臂与副车架之间、副车架与车身之间、悬架与车身之间常常会布置衬套，可以起到缓冲作用，以降低路面激励冲击，提高乘坐的舒适性。衬套有 6 个方向（3 个方向的平动和 3 个方向的转动）的刚度，可以为线性也可以为非线性的，衬套刚度都是在局部坐标系下表达，其中衬套 Z 向为衬套的轴向方向，衬套的 X 向和 Y 向为衬套的径向方向。

在进行多体动力学模型建模时，部件可以建为刚体，也可以建为柔性体。当部件本身在硬点处的刚度对计算结果有较大影响时，为了提高模型的计算结果精度，常常采用柔性体建模。整个系统也可以根据零部件的刚性程度，采用混合建模，即一部分刚性较强的零部件用刚体建模，一部分刚性较弱的零部件用柔性体建模。图

图 3.5　后悬架的刚体和柔性体混合建模多体模型

3.5 是一个后悬架的刚体和柔性体混合建模多体模型的例子。在这个例子中，后悬架系统中的拖曳臂使用柔性体建模，其他零部件均使用刚体建模。

3.1.3　多刚体系统动力学方程

刚体系统是多体系统分析的基础。在分析和计算汽车的运动状态和载荷的传递时，使用多刚体系统动力学是最早期开始使用的方法，并且目前仍然广泛使用。多刚体系统动力学是在 20 世纪 60 年代以后，从经典刚体力学的基础上发展起来的，主要是为了解决大量刚体构件组成的复杂系统的求解问题。

理论力学中对经典刚体力学的基本概念和原理已有基本的介绍，这里只给出简要回顾。

首先，一个复杂的刚体运动可以分解为刚体的平动和刚体的转动。在空间里，一个刚体的运动有 6 个独立的自由度。通常描述刚体运动的方法是将刚体视为一个点（通常为刚体质心）的平移运动，和围绕这一点的空间旋转运动的叠加。刚体质心的平移运动通常用三个笛卡儿坐标 x，y，z 来描述。描述绕质心的旋转运动有多种方式。有欧拉角、卡尔丹角、欧拉四参数、罗德里格斯三参数等。理论力学对欧拉角进行过介绍。欧拉角是先绕 z 轴旋转的角度 ψ（进动角）、再绕新的 x 轴旋转的角度 θ（章动角）、最后绕新的 z 轴旋转的角度 ϕ（自转角）三个先后发生的角度。刚体的运动可以用刚体质心平动的坐标和绕质心旋转的角度组成的广义坐标来描述。

　　传统刚体力学的分析方法包括矢量力学方法和分析力学两类。在刚体的矢量力学中，动量定理和动量矩定理的投影式分别称为刚体的牛顿方程和欧拉方程。分析力学用标量形式的功和能量代替对力和力矩的分析。从虚位移原理、若丹原理（或称虚功率原理，用虚速度代替虚位移）和高斯原理（用虚加速度代替虚位移）导出不同形式的质点系的动力学普遍方程。由虚位移原理导出的动力学普遍方程只适用于完整约束系统；由若丹原理导出的动力学普遍方程可适用于一阶非完整约束系统；由高斯原理导出的动力学普遍方程可适用于二阶非完整约束系统。质点系的运动则由动力学普遍方程和约束条件共同确定。作为特殊的质点系，刚体的动力学方程可以用三种原理中的任何一种导出。

　　这些动力学普遍方程都是用力（主动力和惯性力）表示的。在动力学普遍方程中，理想约束（理想约束是约束反力在系统的任何虚位移中所做元功之和为零的约束。不考虑摩擦的稳定几何约束都是理想约束；刚体的内力所构成的约束为理想约束）不出现，因为理想约束力所做的虚功为零。基于虚位移原理的动力学普遍方程是拉格朗日在 1760 年导出的。由该动力学普遍方程可以演化出用系统的动能表示的动力学普遍方程，称为拉格朗日方程（第二类拉格朗日方程）。第二类拉格朗日方程只适用于完整约束系统。对于非完整约束，将每个非完整约束改写成虚位移的形式，乘上一个待定的常数（称为拉格朗日乘子），相加后再并入第二类拉格朗日方程，得到第一类拉格朗日方程。可以证明拉格朗日乘子与理想约束成正比。所以拉格朗日乘子的物理意义是将动力学普遍方程中被消除的理想约束力引回。第一类拉格朗日方程也被称为拉格朗日乘子法。在拉格朗日乘子法中，除了多体系统的广义坐标外，拉格朗日乘子也是方程中的未知变量。尽管拉格朗日乘子法中的未知变量和方程数量都增多了，但是拉格朗日乘子法的求解过程非常程式化，便于计算机运算，所以拉格朗日乘子法成为工程问题中常用的方法。

　　原则上，经典刚体力学的方法可以用于求解任意多刚体系统的动力学问题。但是对于实际、复杂的多体系统问题，确立刚体之间的关系，建立动力学方程和约束方程、进而求解都比较困难。在 20 世纪 60 年代，计算机的发展给复杂力学问题的求解提供了一种有效方法。随之，传统的刚体矢量力学、分析力学和计算机相结合形成现代的多体系统动力学，成为一个新的力学分支。多体系统动力学的主要任务是寻求建立多刚体之间的逻辑关系的系统方法、更高效的求解方法、更便于利用计算机进行求解的程式化方法。目前，多体系统动力学已经形成了比较系统的理论和方法，也发展出了图论方法、凯恩方法、变分方法、柔性多体系统动力学等新的多体系统动力学的研究方法[1,2]，同时也开发出了多个多体系统动力学的计算机分析软件，并且在工程应用中得到了广泛应用。

　　ADAMS 使用欧拉角定义绕质心的旋转运动。以刚体的质心笛卡儿坐标 (x, y, z) 和反映刚体方位的欧拉角 (ψ, θ, ϕ) 作为描述每一个刚体的运动。所以，一个刚体的广义坐标是 $(x, y, z, \psi, \theta, \phi)$，第 i 个刚体的广义坐标是 $(x_i, y_i, z_i, \psi_i, \theta_i, \phi_i)$。

　　对于由 n 个刚体组成的多刚体系统，整个多刚体系统的广义坐标为

$$\{q\} = (x_1, y_1, z_1, \psi_1, \theta_1, \phi_1, \cdots, x_n, y_n, z_n, \psi_n, \theta_n, \phi_n)^T \tag{3.3}$$

假设该多刚体系统具有 $s1$ 个完整约束方程

$$\phi_i(q_1, \cdots q_n, t) = 0 \quad i = 1, \cdots, s1 \tag{3.4}$$

和 $s2$ 个非完整约束方程

$$\varphi_j(q_1, \cdots q_n, \dot{q}_1, \cdots \dot{q}_n, t) = 0 \qquad j = 1, \cdots, s2 \tag{3.5}$$

ADAMS 采用带拉格朗日乘子的第一类拉格朗日方程导出。以上述广义坐标为变量的动力学方程为

$$\frac{\mathrm{d}}{\mathrm{d}t}\left(\frac{\partial T}{\partial \dot{q}_k}\right) - \left(\frac{\partial T}{\partial q_k}\right) + \sum_{i=1}^{s1} \lambda_{1i} \frac{\partial \phi_i}{\partial q_k} + \sum_{j=1}^{s2} \varphi_j \lambda_{2j} \frac{\partial \varphi_j}{\partial \dot{q}_k} = Q_k$$

$$k = 1, \cdots, 6n \tag{3.6}$$

式中　T——系统动能；

q_k，$(k = 1, \cdots, 6n)$——系统广义坐标；

λ_{1i}，$(i = 1, \cdots, s1)$——对应完整约束的拉格朗日乘子；

λ_{2j}，$(j = 1, \cdots, s2)$——对应非完整约束的拉格朗日乘子；

Q_k，$(k = 1, \cdots, 6n)$——广义力。

在方程中，广义坐标 q_k，$(k = 1, \cdots, 6n)$，拉格朗日乘子 λ_{1i}，$(i = 1, \cdots, s1)$ 和 λ_{2j}，$(j = 1, \cdots, s2)$ 为未知变量。

该动力学方程组有 $6n$ 个方程，有 $6n + s1 + s2$ 个未知变量。动力学方程组与 $s1$ 个完整约束方程（3.4）和 $s2$ 个非完整约束方程（3.5）联立。ADAMS 使用数值解法求解这些变量。

在多体动力学中，已知外力求解系统内各刚体的运动。这类问题属于动力学的正问题。在汽车结构耐久的分析中，多体动力学经常用于计算汽车在各主要系统或零部件连接点上的力。在动力学中，已知运动求解外力的问题被称为动力学的逆问题。在汽车结构耐久的仿真分析中，可以先按动力学的正问题求解汽车在路面行驶过程中的运动，再按动力学的逆问题在已知系统的运动，求解某些刚体连接点的约束力，用于进一步结构分析。

尽管多体动力学称为动力学，但它常常用于静态计算。在进行静态或准静态分析时，动力学方程中的速度和加速度为零，则可求解静态问题。

3.1.4　柔性多体动力学

当多体系统中的某些或者全部物体（或零部件）的弹性性质对整个多体系统的力学表现有较大影响时，这些物体（或零部件）或者整个多体系统都可以用柔性体代替。例如，在分析整车的扭转时，车身的扭转变形对整车的表现有很大影响。同样，副车架、扭力梁等部件都会对系统变形产生影响。在这些情况下，用刚体描述系统就会产生误差。近二十年来，柔性多体动力学的研究也得到了较大的发展。在近几年来，有些柔性多体动力学的方法也被加在了多体动力学的商业软件中，使用很方便。

目前，柔性多体动力学的分析方法有两类。一类是采用浮动坐标。另一类是采用绝对坐标（SHABANA，A. A. 于 1996 年提出）。柔性多体动力学方程形成的基本方式同多刚体动力学类似，采用虚功原理或用动能形式表达拉格朗日乘子法加运动副的约束条件。但是，在计算虚功或者动能时，除了考虑外力和惯性力外，还要加入物体的弹性变形力。对于复杂结构，多体力学本身不能给出结构的弹性变形，而是必须借助有限元方法计算物体的弹性变形或弹性物理量（如刚度矩阵）。

在浮动坐标的方法中，变形体中任意点的运动可分解为浮动坐标系的牵连运动和相对浮动坐标系的变形运动的叠加。最常用的浮动坐标系为刚体模态坐标系。每个单体（或子系统）的模态用有限元方法计算。整个系统（或子系统）的方程可以用模态综合法得到。涉及更深入的内容应参阅相关的专著。

考虑柔性体的性质会加大分析的计算量。所以，很多分析采用刚柔混合的方式。弹性影响较大的物体（或零部件）使用柔性体；弹性影响不大的物体（或零部件）使用刚性体。在 ADAMS 的软件中，这种使用也很方便。

3.2　有限元方法的基本原理

3.2.1　汽车结构的有限元描述

受外界和内在因素的作用，物体内各点在空间的位置发生变化称为位移。位移包括刚体位移和变形位移。物体发生刚体位移时，物体内部各点的相对位置不变，物体内不产生应力，对结构耐久不产生破坏性的影响。如果物体内部各点的相对位置发生变化，各点之间的相对位移称为变形。如果物体表面的点发生了变形，物体的形状就发生了改变。这样的位移也称为变形位移。物体上每个点的位移是刚体位移和变形位移的和。如果一个物体被施加适当的约束条件，限制了它的所有刚体位移，物体上每个点的位移就只有变形位移。

汽车结构耐久的分析涉及多体动力学、振动力学、材料力学、断裂力学、弹性力学等多学科，对位移的所指通常有不同的含义。多体动力学通常注重宏观的刚体运动位移，更多地是指刚体位移。振动力学偏重变形位移，如果系统没有约束，也可以有刚体位移。对实际的工程结构问题而言，通常结构振动更多地是指变形位移。材料力学、断裂力学、弹性力学注重微观变形，通常所说位移是指变形位移。所以，在汽车结构耐久分析中，不同分析中的位移有着不同的含义，尽管一般不加说明，读者应该理解各自的含义。

在汽车结构耐久的研究中，汽车行驶过程中的载荷计算是其中一项很重要的内容。在研究汽车行驶中的载荷时，注重汽车整体或零部件整体的运动和运动中汽车与路面和零部件之间的作用力与反作用力，汽车零部件的微小变形并不重要，通常只研究汽车和主要运动零部件的刚体位移。多刚体动力学是研究这种运动和力传递的主要工具。为了考虑车身、副车架等弹性相对较大的系统或部件的影响、提高载荷计算的精度，在近些年的汽车行驶载荷研究中，在多体动力学中加入了用有限元方法描述的柔性体。即便如此，多体动力学仍然是以研究汽车和主要运动零部件的刚体位移为主。

弹性物体在外力作用下会发生变形。当物体发生了变形后，物体内会产生应力。物体中的应力是导致物体断裂破坏的直接原因。所以，相对变形和应力是汽车结构耐久分析的第二项重要内容。进行这样的分析需要考虑物体固体力学的性质（弹性、塑性等）。固体力学（包括弹性力学、塑性力学等）是完成这类分析的基础学科。

然而，汽车是一个复杂的机械与弹性体结构集成。汽车零部件的几何形状复杂、不规则，且连接方式多样。它们的力学行为无法用弹性力学的解析方法来完全描述。汽车的使用工况变化多样，有许多汽车结构耐久性的破坏都与零部件结构的局部特性有直接关系，汽车结构耐久性的分析需要精细化求解。传统的固体力学（弹性力学、塑性力学等）都无法求解这样复杂的问题。汽车结构耐久性的分析必须借助有限元方法（Finite Element Method，FEM），用有限单元和有限单元的集合描述汽车各类结构的几何形状、力学性能、连接关系，构造有限单元集合的虚拟汽车结构和系统，用计算机进行结构的有限元分析（Finite Element Analysis，FEA），求解各类汽车结构耐久问题。

有限元法是通过离散化的方法，将物理（固体或流体）连续体划分成很多微小的有限单元体，在单元的结点上将相互邻近的单元连接起来，通过相连单元在结点上力的平衡关系，传递各种连续体上的物理量（如位移、力、温度等）。当单元体足够小时，在一定的精度的条件下，每个单元内的力学特性可以用有限的参数和近似的数学函数来描述；而整个连续体的力学特性，通过单元之间力学特性的传递和集成，综合体现出来。

图 3.6 是一个车身结构的有限元模型。因为车身结构一般都是钣金件，所以车身零部件的有限元模型多使用二维的壳单元。图 3.7 是一个发动机系统的有限元模型。其中发动机缸体和变速器体等部件的形状都比较复杂，厚度较大且不均匀，所以使用三维的立体单元。

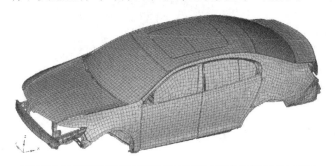
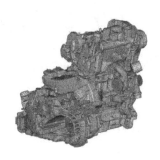

图 3.6　轿车车身的有限元模型　　　　　　　　图 3.7　发动机系统的有限元模型

汽车零部件和系统的连接方式有焊接、铆接、螺栓连接、铰链连接、胶连接等多种。每种连接也可能有多种不同的方式。例如，焊接有点焊、缝焊等。铰链连接也有旋转铰链和球形铰链。与多体系统动力学方法不同，在有限元方法中，零部件之间的连接是由各种不同类型的有限元单元描述的。因为有限元方法提供很多种具有各种特性的单元，所以在有限元方法中，结构上的细节都可以灵活地选择和应用适当种类的单元来表达，可以表达和描述的连接方式比多体系统动力学中规定的有限种类的连接副丰富很多。

图 3.8 是一个点焊连接的有限元例子。这是一个最简单的焊点模型。两个用四节点的壳单元描述的薄板由三个焊点连接。焊点使用刚性梁单元来表达。图 3.9 是一个缝焊连接的有限元例子。两个相互垂直、用四节点的壳单元描述的薄板由缝焊连接。焊缝使用壳单元来表达。这两种焊接是车身和底盘系统中零部件之间连接的主要方式。

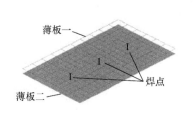
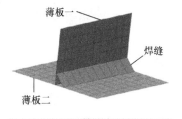

图 3.8　点焊的有限元例子　　　　　　　　　　图 3.9　缝焊的有限元例子

图 3.10 是一个发动机舱盖铰链连接的有限元模型。在发动机舱盖和车身前上纵梁上各安装一个小尺寸的安装加强板，加强板之间通过一个四连杆连接。四连杆的四个连接点上由可以绕 y 轴旋转的转动单元连接。这些转动单元的绕 y 轴旋转自由度是释放的，所以四连杆可以旋转运动打开和关闭发动机舱盖。连接发动机舱盖的杆 4 连接发动机舱盖的撑杆，也是

由一个可以绕 y 轴旋转的转动单元连接。而图 3.11 是一个典型的车门铰链连接的有限元模型。车门的铰链由两个零件组成，一个安装在门内板一侧，另一个安装在车身 A 柱外板一侧。两个零件上的同轴孔由可以绕局部坐标 z 轴旋转的转动单元连接。转动单元绕局部坐标 z 轴旋转的自由度（第 6 个自由度，DOF）是释放的，所以车门可以绕局部坐标 z 轴旋转。

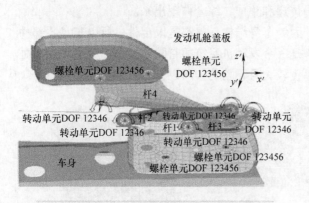

图 3.10　发动机舱盖铰链连接的有限元例子

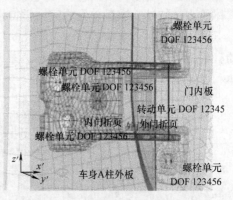

图 3.11　车门铰链连接的有限元例子

3.2.2　弹性力学问题的有限元方法

有限元理论是从弹性力学问题的数值计算发展起来的。弹性力学主要研究弹性体在外力和约束作用下的应力和变形。在弹性力学中，力的平衡方程给出弹性体内任何一点应力与作用在物体体积内的力之间的关系，物理方程给出弹性体内任何一点应力与应变之间的关系，几何方程给出弹性体内任何一点应变与位移之间的关系。三组关系式加上边界条件（应力或位移，或者两者混合的边界条件）可以求解弹性体内的位移和应力的分布。

1. 单元位移模式

有限元方法的推导具有同样的思路。但是在弹性力学中，弹性体内任何一点的位移都被假设成是该点在空间位置坐标的连续函数。对于复杂结构，这个函数难以找到。作为近似解法，有限元法将弹性体离散化成在每一个小单元里的任何一点的位移，都用近似的单元节点之间的函数表示。一种简单的函数就是线性函数。

以一个平面三角形为例。图 3.12 为在一个平面里的任意三角形单元。三角形的三个顶点为单元的节点，分别为节点 i、j、k。节点在平面里 x 和 y 方向上的位移为 u_l, v_l（$l = i, j, k$）。单元内任一点 (x, y) 在 x 和 y 方向上的位移为 $u(x, y)$ 和 $v(x, y)$。

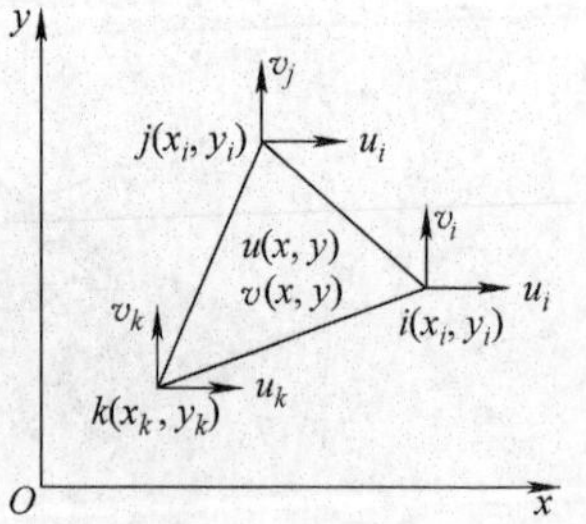

可以假设位移 $u(x, y)$ 和 $v(x, y)$ 为某种函数。这种函数称为单元的位移模式。最简单的线性位移函数为

$$u = \alpha_1 + \alpha_2 x + \alpha_3 y \tag{3.7}$$

$$v = \alpha_4 + \alpha_5 x + \alpha_6 y \tag{3.8}$$

图 3.12　三角形单元

式中　α_1、α_2、α_3、α_4、α_5、α_6——6 个待定常数，可以由单元三个节点的坐标和位移确定。

将三个节点的坐标和位移值代入式（3.7）和式（3.8）可得

$$u_i = \alpha_1 + \alpha_2 x_i + \alpha_3 y_i, \quad v_i = \alpha_4 + \alpha_5 x_i + \alpha_6 y_i \tag{3.9}$$

$$u_j = \alpha_1 + \alpha_2 x_j + \alpha_3 y_j, \quad v_j = \alpha_4 + \alpha_5 x_j + \alpha_6 y_j \tag{3.10}$$

$$u_k = \alpha_1 + \alpha_2 x_k + \alpha_3 y_k, \quad v_k = \alpha_4 + \alpha_5 x_k + \alpha_6 y_k \tag{3.11}$$

联立左边三个方程式可以求解出 α_1、α_2、α_3。联立右边三个方程式可以求解出 α_4，α_5、α_6。将 α_1、α_2、α_3 和 α_4、α_5、α_6 分别代入式（3.7）和式（3.8），并将其按照节点的位移归纳整理，可以得到

$$u = \frac{1}{2A} \left[(a_i + b_i x + c_i y) u_i + (a_j + b_j x + c_j y) u_j + (a_k + b_k x + c_k y) u_k \right] \tag{3.12}$$

$$v = \frac{1}{2A} \left[(a_i + b_i x + c_i y) v_i + (a_j + b_j x + c_j y) v_j + (a_k + b_k x + c_k y) v_k \right] \tag{3.13}$$

式中的系数 a_i、b_i、c_i、a_j、b_j、c_j、a_k、b_k、c_k 均可由三个节点的坐标值 (x_i, y_i)、(x_j, y_j)、(x_k, y_k) 确定为

$$a_i = x_j y_k - x_k y_j \qquad b_i = y_j - y_k \qquad c_i = x_k - x_j \tag{3.14}$$

$$a_j = x_k y_i - x_i y_k \qquad b_j = y_k - y_i \qquad c_j = x_i - x_k \tag{3.15}$$

$$a_k = x_i y_j - x_j y_i \qquad b_k = y_i - y_j \qquad c_k = x_j - x_i \tag{3.16}$$

A 是三角形单元的面积值，也可由三个节点的坐标值 (x_i, y_i)、(x_j, y_j)、(x_k, y_k) 确定。其计算公式为

$$2A = x_i(y_j - y_k) + x_j(y_k - y_i) + x_k(y_i - y_j) \tag{3.17}$$

在式（3.12）和式（3.13）中，单元内任何一点的位移 $u(x,y)$ 和 $v(x,y)$ 在形式上变成由节点位移表示的差值函数决定。将式中节点位移前面的部分提取出来，并令它们分别为

$$h_i = \frac{1}{2A}(a_i + b_i x + c_i y) \tag{3.18}$$

$$h_j = \frac{1}{2A}(a_j + b_j x + c_j y) \tag{3.19}$$

$$h_k = \frac{1}{2A}(a_k + b_k x + c_k y) \tag{3.20}$$

函数 $h_l(x,y)$ 表示单元内部的位移分布的形态，故被称为单元的形状函数，简称形函数。用向量 $\{d\} = (u,v)^T$ 表示单元内一点的位移，$\{d\}^e = (u_i, v_i, u_j, v_j, u_k, v_k)^T$ 表示单元节点上的位移，于是式（3.12）和式（3.13）可以写成矩阵形式

$$\{d\} = \begin{Bmatrix} u \\ v \end{Bmatrix} = \begin{bmatrix} h_i & 0 & h_j & 0 & h_k & 0 \\ 0 & h_i & 0 & h_j & 0 & h_k \end{bmatrix} \begin{Bmatrix} u_i \\ v_i \\ u_j \\ v_j \\ u_k \\ v_k \end{Bmatrix} = [H]\{d\}^e \tag{3.21}$$

式中　$[H]$——形函数矩阵（或差值函数矩阵）

$$[H] = \begin{bmatrix} h_i & 0 & h_j & 0 & h_k & 0 \\ 0 & h_i & 0 & h_j & 0 & h_k \end{bmatrix} \tag{3.22}$$

$\{d\}^e$——单元节点位移向量，$\{d\}^e = \begin{pmatrix} u_i & v_i & u_j & v_j & u_k & v_k \end{pmatrix}^T$。

式（3.22）中，位移函数 u、v 和形函数 h_l 均为 x 和 y 的函数，为简洁，式中省去了 x、y 变量。所以形函数矩阵 $[H]$ 是一个以 x 和 y 为变量的函数矩阵。

以上例子揭示有限元方法的两个要点。第一，通过有限元的处理，把一般情况下无法找到一般解的弹性体内位移响应的函数，化成在有限单元的范围内可以求解的近似函数。通过使用这样的近似位移函数，可以在单元的范围内使用弹性力学里的平衡方程、几何方程和物理方程求解单元内的应变和应力。第二，把依赖于任意位置坐标 x、y 变量的位移函数，转变成用单元节点的位移值表示，使单元节点的物理量成为连接其他单元乃至整个弹性体的纽带，可以求解整个弹性体的物理量。

由上可见，单元位移模式和形函数在有限元方法中起着重要作用。需要说明的是，线性的单元位移模式和形函数只是比较简单的一种。还有多种单元位移模式和形函数。一些有限元分析软件还有拥有自主知识产权的形函数定义。单元内应变和应力的计算精度与形函数相关。所以有必要把单元划分得足够小，使单元内的应变和应力误差在可接受的范围内。在现有的有限元分析软件中，通常只计算单元中心或者单元节点处的应变和应力，可以满足一般工程分析的需求。

2. 单元应变

有了单元的位移模式，使用弹性力学里的几何方程可以求得单元的应变。

以弹性力学里的平面应力问题为例。平面问题的应变 – 位移关系（几何方程）是

$$\{\varepsilon\} = \begin{Bmatrix} \varepsilon_x \\ \varepsilon_y \\ \gamma_{xy} \end{Bmatrix} = \begin{Bmatrix} \dfrac{\partial u(x,y)}{\partial x} \\ \dfrac{\partial v(x,y)}{\partial y} \\ \dfrac{\partial u(x,y)}{\partial y} + \dfrac{\partial v(x,y)}{\partial x} \end{Bmatrix} \tag{3.23}$$

对上面的三角形单元，将位移函数式（3.12）和式（3.13）代入式（3.23），得到

$$\{\varepsilon\}^e = \begin{Bmatrix} \varepsilon_x \\ \varepsilon_y \\ \gamma_{xy} \end{Bmatrix} = \frac{1}{2A} \begin{bmatrix} b_i & 0 & b_j & 0 & b_k & 0 \\ 0 & c_i & 0 & c_j & 0 & c_k \\ c_i & b_i & c_j & b_j & c_k & b_k \end{bmatrix} \begin{Bmatrix} u_i \\ v_i \\ u_j \\ v_j \\ u_k \\ v_k \end{Bmatrix} = [B]\{d\}^e \tag{3.24}$$

式中

$$[B] = \frac{1}{2A} \begin{bmatrix} b_i & 0 & b_j & 0 & b_k & 0 \\ 0 & c_i & 0 & c_j & 0 & c_k \\ c_i & b_i & c_j & b_j & c_k & b_k \end{bmatrix} \tag{3.25}$$

称为几何关系矩阵（也称应变矩阵）。它是单元节点位移与单元内各点应变之间的转换矩阵。

由式（3.24）可知，单元内任何点的应变都是常数，这是采用线性位移模式的必然结果。所以，三个节点的三角形单元也被称为常应变单元。

3. 单元应力

从应变可以进一步计算应力。平面问题对应的单元应力有正应力 σ_x、σ_y 和在 xy 平面里的剪切应力 τ_{xy}。在线弹性的范围里，平面问题的应力 – 应变关系（物理方程，有时也称为材料的本构关系）是

$$\{\sigma\} = \begin{Bmatrix} \sigma_x \\ \sigma_y \\ \tau_{xy} \end{Bmatrix} = [D]\{\varepsilon\} \tag{3.26}$$

式中　　$[D]$——弹性矩阵。

对于平面应力问题

$$[D] = \frac{E}{1-\mu^2}\begin{bmatrix} 1 & \mu & 0 \\ \mu & 1 & 0 \\ 0 & 0 & \dfrac{1-\mu}{2} \end{bmatrix} \tag{3.27}$$

式中　　E——材料的弹性模量；

　　　　μ——材料的泊松比。

所以平面应力问题里的应力为

$$\begin{Bmatrix} \sigma_x \\ \sigma_y \\ \tau_{xy} \end{Bmatrix} = \frac{E}{1-\mu^2}\begin{bmatrix} 1 & \mu & 0 \\ \mu & 1 & 0 \\ 0 & 0 & \dfrac{1-\mu}{2} \end{bmatrix}\begin{Bmatrix} \varepsilon_x \\ \varepsilon_y \\ \gamma_{xy} \end{Bmatrix} \tag{3.28}$$

在上述公式中，用 $E/(1-\mu^2)$ 替换 E，用 $\mu/(1-\mu)$ 替换 μ，既可得到平面应变问题的应力。

弹性力学问题的求解有应力求解法、位移求解法和混合求解法，分别以应力、位移和应力、位移的混合为未知变量求解。有限元法中一般采用位移求解法。将式（3.24）代入式（3.26），应力用节点位移表示为

$$\{\sigma\}^e = [D]\{\varepsilon\}^e = [D][B]\{d\}^e \tag{3.29}$$

对于三维的空间问题，弹性矩阵 $[D]$ 为

$$[D] = \frac{E(1-\mu)}{(1+\mu)(1-2\mu)}\begin{bmatrix} 1 & \dfrac{\mu}{1-\mu} & \dfrac{\mu}{1-\mu} & 0 & 0 & 0 \\ \dfrac{\mu}{1-\mu} & 1 & \dfrac{\mu}{1-\mu} & 0 & 0 & 0 \\ \dfrac{\mu}{1-\mu} & \dfrac{\mu}{1-\mu} & 1 & 0 & 0 & 0 \\ 0 & 0 & 0 & \dfrac{1-2\mu}{2(1-\mu)} & 0 & 0 \\ 0 & 0 & 0 & 0 & \dfrac{1-2\mu}{2(1-\mu)} & 0 \\ 0 & 0 & 0 & 0 & 0 & \dfrac{1-2\mu}{2(1-\mu)} \end{bmatrix} \tag{3.30}$$

4. 单元节点力和单元刚度矩阵

当弹性物体处于平衡状态时，物体内任何一点处点的应力和作用在该处的单位体积力之间存在着平衡关系。在有限元方法中，外力被等效移置到单元的节点，形成单元等效节点力。单元节点力会在单元内引起应力。当弹性物体整体处于平衡状态时，物体内的所有单元同样处于平衡状态。有限元法采用虚功原理或者最小势能原理建立单元的平衡方程。

以上述三个节点的三角形单元为例，说明用虚功原理建立单元的平衡方程。假设单元的节点力和由其引起的单元内应力分别为

$$
\{f\}^e = \begin{Bmatrix} U_i \\ V_i \\ U_j \\ V_j \\ U_k \\ V_k \end{Bmatrix} \qquad \{\sigma\} = \begin{Bmatrix} \sigma_x \\ \sigma_y \\ \tau_{xy} \end{Bmatrix} \tag{3.31}
$$

如果单元各节点有虚位移，则在单元内引起相应的虚应变。假设单元节点的虚位移和单元内相应的虚应变为

$$
\{\overline{d}\}^e = \begin{Bmatrix} \overline{u}_i \\ \overline{v}_i \\ \overline{u}_j \\ \overline{v}_j \\ \overline{u}_k \\ \overline{v}_k \end{Bmatrix} \qquad \{\overline{\varepsilon}\} = \begin{Bmatrix} \overline{\varepsilon}_x \\ \overline{\varepsilon}_y \\ \overline{\gamma}_{xy} \end{Bmatrix} \tag{3.32}
$$

在单元节点上，外力所做的虚功为

$$
W_f = \overline{u}_i U_i + \overline{v}_i V_i + \overline{u}_j U_j + \overline{v}_j V_j + \overline{u}_k U_k + \overline{v}_k V_k = \begin{bmatrix} \overline{u}_i & \overline{v}_i & \overline{u}_j & \overline{v}_j & \overline{u}_k & \overline{v}_k \end{bmatrix} \begin{Bmatrix} U_i \\ V_i \\ U_j \\ V_j \\ U_k \\ V_k \end{Bmatrix} = (\{\overline{d}\}^e)^T \{f\}^e
$$

$$
\tag{3.33}
$$

整个单元应力所做的虚功为

$$
W_\sigma = \iint \{\overline{\varepsilon}\}^T \{\sigma\} t \mathrm{d}x \mathrm{d}y = \iint ([B] \{\overline{d}\}^e)^T ([D][B] \{d\}^e) t \mathrm{d}x \mathrm{d}y
$$

$$= \iint (\{\overline{d}\}^e)^T [B]^T [D] [B] \{d\}^e t\mathrm{d}x\mathrm{d}y \tag{3.34}$$

式中　t——平面单元的厚度。

虚位移 $\{\overline{d}\}^e$ 是任意的，与 x、y 坐标无关，可以移到积分号的外面。节点的位移也与 x、y 坐标无关，可以移到积分号的外面。

根据虚功原理，外力虚功等于内力虚功。所以节点力在节点上所做的虚功等于单元内部应力所做的虚功。这就是单元的平衡条件

$$(\{\overline{d}\}^e)^T \{f\}^e = \iint \{\overline{\varepsilon}\}^T \{\sigma\} t\mathrm{d}x\mathrm{d}y = (\{\overline{d}\}^e)^T \iint [B]^T [D] [B] t\mathrm{d}x\mathrm{d}y \{d\}^e \tag{3.35}$$

因为虚位移 $\{\overline{d}\}^e$ 是任意的，所以该平衡方程成立的必要条件是

$$\{f\}^e = \iint [B]^T [D] [B] t\mathrm{d}x\mathrm{d}y \{d\}^e \tag{3.36}$$

单元平衡方程给出了单元节点力与节点位移之间的关系。它们之间的变换矩阵被称为单元的刚度矩阵。单元的刚度矩阵的定义为

$$[k]^e = \iint [B]^T [D] [B] t\mathrm{d}x\mathrm{d}y \tag{3.37}$$

式（3.37）中，弹性矩阵 $[D]$ 为常数矩阵，单元的厚度 t 是常数，对于线性的单元位移模式，$[B]$ 矩阵也是常数矩阵。对三个节点的三角形单元，单元的刚度矩阵为

$$[k]^e = [B]^T [D] [B] t\iint \mathrm{d}x\mathrm{d}y = [B]^T [D] [B] tA \tag{3.38}$$

式中　A——三角形的面积。

在定义了单元的刚度矩阵后，单元的平衡方程可写成

$$\{f\}^e = [k]^e \{d\}^e \tag{3.39}$$

5. 总刚度矩阵

单元的平衡方程建立了单元节点力与节点位移之间的关系。以上面的三个节点的三角形单元为例，展开单元平衡方程的一行为

$$f_i^e = k_{i1}^e d_1^e + k_{i2}^e d_2^e + k_{i3}^e d_3^e + k_{i4}^e d_4^e + k_{i5}^e d_5^e + k_{i6}^e d_6^e$$
$$= k_{i1}^e u_i + k_{i2}^e v_i + k_{i3}^e u_j + k_{i4}^e v_j + k_{i5}^e u_k + k_{i6}^e v_k \tag{3.40}$$

这是一个单元中一个节点力的一个分量。这个节点力的展开式说明，一个单元节点上的节点力，等于该单元所有节点位移在此节点上引起的节点力的叠加。而在整体结构的有限元模型中，一个节点会连接几个单元，该节点是几个单元共有的。在这个节点上的节点力等于共有这个节点的几个单元的所有节点位移，在此节点上引起的节点力的和。按此思路，将整体结构有限元模型中的所有节点上相关单元的节点力相加，就可得到所有单元的平衡方程。写成矩阵形式为

$$[K] \{d\} = \{f\} \tag{3.41}$$

矩阵 $[K]$ 被称为整体刚度矩阵或总刚度矩阵。整体刚度矩阵的集成已经形成了固定的操作规则和流程。按照单元刚度矩阵的定义，矩阵元素 k_{ij} 的物理意义是某一个节点位移（在系统的第 j 个自由度上的位移 d_j）在自身节点，或另外一个节点上引起的节点力（在系统的第 i 个自由度上的节点力 f_i），整体刚度矩阵中元素按节点的排序划分与节点建立了联系。一个节点只与同它几何上相连单元的节点相关，与同它几何上不相连单元的节点不相

关。整体刚度矩阵中元素按照节点力和节点位移定义了节点的属性。横向按节点力定义了节点的属性；纵向按节点位移定义了节点的属性。如果两者相关，则相应的整体刚度矩阵的元素有数值；如果两者不相关，则相应的整体刚度矩阵的元素为零。

据此，整体刚度矩阵形成的操作步骤是：首先形成所有单元的单元刚度矩阵；将单元刚度矩阵按节点分成子块；在整体刚度矩阵中，按节点将相关单元的单元刚度矩阵中的相应子块相加。不直接相关的节点则为零。整体刚度矩阵的集成都在有限元分析的预处理软件中自动形成。式（3.41）中 $\{d\}$ 为整体结构系统在所有节点上的位移向量；$\{f\}$ 为整体结构系统在所有节点上的力向量。根据静力平衡原则，如果在一个节点上的一个自由度上没有外力载荷时，则节点相应自由度上的节点力为零；如果在一个节点上的一个自由度上有外力载荷时，则节点相应自由度上的节点力等于这个外力。

式（3.41）被称为系统的静力学方程。在有适当边界条件的情况下，式（3.41）可以被求解，得到结构的静态位移变形。由位移进而可以求解应变（几何条件 – 位移与应变的关系）和应力（物理条件 – 应变与应力的关系）。

有限元的分析和计算过程十分复杂，必须借助专门的有限元计算机软件。在汽车结构分析的领域里，常用的商用有限元计算机软件有 NASTAN、ABAQUS、LS – DYNA、Optistuct、ANSYS 等。

3.3　非线性问题的有限元方法

在以上用有限元方法求解弹性问题时，有三个基本假设：

1）材料的应力与应变之间的关系（物理方程）满足胡克定律，即应力与应变之间是线性关系。在宏观层面上，物体的位移与载荷呈线性关系，当载荷增加时，物体上的位移按一个特定的比例增加；当载荷减小时，物体上的位移按同样的比例减小；当载荷全部撤除后，物体将完全恢复原始状态。这种物体被称为线性弹性物体（经常被简称为线弹性体）。线性弹性物体的力与位移曲线和应力与应变曲线均为直线。

2）位移是微小的。所有材料抵抗外力的能力都是有限的。当外力大到一定程度超过了材料的能力后，材料的响应都会发生变化。理论上，极少的系统能满足线性假设。但是在载荷较小、位移很微小的条件下，几何方程（材料的应变与位移之间的关系）中的二次以上的高阶项可以被省略掉。这样，材料的应变与位移之间的关系可以用线性函数来近似描述，几何方程成为线性方程。

3）约束在加载的过程中不改变。另外，不考虑零件间的接触力或摩擦力。这时平衡方程为线性方程。

在以上求解弹性问题的过程中使用了四个方面的条件：几何条件（位移与应变的关系）、物理条件（应变与应力的关系）、力的平衡条件和边界条件。在满足上述三个基本假设的情况下，这些条件中的变量之间都是线性关系。所以，上述弹性问题的求解是一个线性求解问题。

在结构的分析中，如果当以上三种假设中有一个或几个不满足时，问题就不再是线性的。这时的问题就成为一个非线性问题。

非线性问题有三种：物理非线性、几何非线性和状态非线性。

如果在一个问题中，应力与应变关系（物理条件或材料的本构关系）不是线性关系，这样的问题称为材料非线性或物理非线性；如果在一个问题中，结构的位置和形状在受力之后发生了显著的变化，以至不能采用线性的几何体系来描述，这样的问题称为几何非线性。例如，结构的大变形、大挠度、后屈曲的问题。如果在求解一个问题时，部分边界条件或物体的状态不确定，会依赖受力而发生变化，这样的问题称为状态非线性，最常见的例子是原本无接触的零部件在受力过程中发生接触。

在汽车的结构耐久问题中，有许多非线性问题的情况。例如，汽车在使用中会经历较大的载荷，直接受力的局部材料的变形往往超出材料屈服极限，材料线弹性的物理条件不再满足。汽车的悬架系统在汽车的行驶中处于大运动的状态，发生大位移和大转角，结构的应变与位移之间不是线性关系。很多底盘零件之间的连接使用衬套和球铰连接。衬套和球铰都是高度非线性的连接。所以，汽车结构耐久性的问题中有大量非线性的问题。另外，汽车上连接在一起的钣金件（特别是一些加强件），在连接（螺栓或焊点）部位是紧密贴合在一起的，在连接部位以外的区域，虽然理论设计状态是无间隙的，但是在实际上，取决于零件的制造精度、安装精度和受力状态，设计无间隙的零件可能贴合在一起，也可能不贴合在一起，也可能有时贴合在一起，有时不贴合在一起。这是一个接触非线性问题，属于状态非线性。

理论上，所有结构都是非线性的。取决于不同的条件，问题可以呈现为不同的性质。在一定的条件下，问题可以近似成为线性问题。线性假设使得叠加成为可能，使得运算量大为减少。在计算机资源稀缺或时间紧迫的情况下可作为一种近似。在另外一些条件下，问题成为各种非线性的问题。对于非线性的问题，当我们分析一个问题时，必须清楚问题的条件是什么，根据问题的条件、过去分析的经验和与试验结果的对标，判断问题的性质是什么，决定问题的假设和分析方法。非线性问题的求解需要按照不同非线性问题的情况，根据载荷的变化，或者结构位移或变形的情况，或者零部件表面的接触状况，不断更新和修正系统的平衡方程和问题的解。

3.3.1　材料非线性问题的有限元分析

物理非线性是指应力与应变之间的关系不是线性关系，即通常所说的材料非线性。

非线性的材料有许多种，分别由各种因素决定，如材质（金属、橡胶、土木、液体等）、材料特性（金属的弹性、塑性、韧度、黏性、阻尼等）、载荷（大小、类型、特性）、时间、过程（载荷顺序、快慢）、温度、频率等。在比较流行的有限元分析商用软件（如ABAQUS、LS – DYNA）中，有上百种材料的定义。

金属和橡胶是汽车结构上使用最普遍的材料。汽车上使用的金属材料在一般自然环境下属于弹塑性材料的性质，在一定的高温条件下具有黏弹性材料的性质。橡胶具有超弹性材料的性质。所以，超弹性、弹塑性、塑性和黏弹性是汽车结构耐久分析中常见的几种非线性材料特性。这些材料特性的出现与载荷的大小、载荷的历程、加载的时间、温度等有关。在常温下的整车金属零部件的材料应力，在一些汽车使用的载荷下，会超出材料的屈服极限，进入材料的塑性区域，材料产生塑性应变，当载荷卸去后，材料留下永久的塑性变形。所以，弹塑性的非线性与加载的历程有紧密关系。在汽车发动机结构中，某些受到高温影响的部位，金属材料存在黏弹性行为，材料的应力不仅与应变有关，还与时间、应变率等因素明显相关。发动机的金属材料在长时间处于高温的条件下会发生蠕变变形。材料的松弛、蠕变等现象都是材料黏弹性的表现。下面简单介绍这几种汽车结构中常见的非线性材料特性。

1. 超弹性材料

图 3.13 中的曲线是一个典型的超弹性材料的曲线。材料的应力 – 应变关系为曲线。加载并卸载后，应变为零，位移为零，无永久变形。超弹性材料是非线性的弹性材料。汽车上有许多部位需要密封。密封使用的主要材料是橡胶。橡胶材料是典型的非线性超弹性材料。

2. 金属材料的弹塑性

图 3.14 中的曲线是一个典型的金属材料应力 – 应变曲线。当载荷不大，材料中的应力没有超过屈服极限（Mises 屈服准则）时，材料的变形是弹性变形。卸载后，应变为零，位移为零，无永久变形。在金属材料弹性变形的阶段，材料的应力 – 应变关系为直线，应力与应变成比例关系。金属材料的弹性性能为线性弹性（简称线弹性）。显然，只有在材料性能为线弹性时，线性分析才是适合的。当加载的载荷大于一定的数值，使材料中的应力超过屈服极限（Mises 屈服准则）时，材料发生屈服，产生塑性变形。在塑性变形阶段，材料的应力 – 应变曲线不再是线性，在该阶段卸去载荷，材料中将有永久变形，无法恢复原状。在卸载的过程材料服从弹性规律，再次加载达到新的屈服极限，弹性范围有扩大的现象。

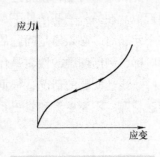

图 3.13　超弹性材料曲线

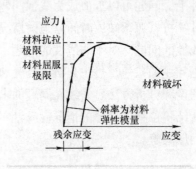

图 3.14　弹塑性材料曲线

（1）塑性问题的有限元计算

当结构上的应力低于材料的屈服极限（Mises 屈服准则）时，结构上的应力、应变和位移可以用前面所述的弹性力学有限元方法求解。当在结构上的应力超过材料的屈服极限（Mises 屈服准则）后，材料的应力 – 应变关系变成非线性，结构上的应力、应变和位移必须使用塑性力学问题的有限元方法求解。

在塑性力学中，应力与应变的关系一般用增量的形式来表达。Prandtl – Reuss 塑性增量理论是其中的一种。其增量形式的应力与应变关系为

$$\mathrm{d}\{\sigma\} = [D_{ep}]\mathrm{d}\{\varepsilon\} \tag{3.42}$$

式中　$[D_{ep}]$——弹塑性矩阵。

对于三维的空间问题，弹塑性矩阵为

$$[D_{ep}] = \frac{E}{1+\mu} \begin{bmatrix} \frac{1-\mu}{1-2\mu} - \omega S_x^2 & \frac{\mu}{1-2\mu} - \omega S_x S_y & \frac{\mu}{1-2\mu} - \omega S_x S_z & -\omega S_x \tau_{xy} & -\omega S_x \tau_{yz} & -\omega S_x \tau_{zx} \\ \frac{\mu}{1-2\mu} - \omega S_x S_y & \frac{1-\mu}{1-2\mu} - \omega S_y^2 & \frac{\mu}{1-2\mu} - \omega S_y S_z & -\omega S_y \tau_{xy} & -\omega S_y \tau_{yz} & -\omega S_y \tau_{zx} \\ \frac{\mu}{1-2\mu} - \omega S_x S_z & \frac{\mu}{1-2\mu} - \omega S_y S_z & \frac{1-\mu}{1-2\mu} - \omega S_z^2 & \omega S_z \tau_{xy} & -\omega S_z \tau_{yz} & -\omega S_z \tau_{zx} \\ -\omega S_x \tau_{xy} & -\omega S_y \tau_{xy} & \omega S_z \tau_{xy} & \frac{1}{2} - \omega \tau_{xy}^2 & -\omega \tau_{xy} \tau_{yz} & -\omega \tau_{xy} \tau_{zx} \\ -\omega S_x \tau_{yz} & -\omega S_y \tau_{yz} & -\omega S_z \tau_{yz} & -\omega \tau_{xy} \tau_{yz} & \frac{1}{2} - \omega \tau_{xy}^2 & -\omega \tau_{yz} \tau_{zx} \\ -\omega S_x \tau_{zx} & -\omega S_y \tau_{zx} & -\omega S_z \tau_{zx} & -\omega \tau_{xy} \tau_{zx} & -\omega \tau_{yz} \tau_{zx} & \frac{1}{2} - \omega \tau_{xy}^2 \end{bmatrix}$$

$$\tag{3.43-1}$$

式中 S_x、S_y、S_z——正应力分量与正应力平均值的差值,定义为

$$S_x = \sigma_x - \sigma_m \qquad S_y = \sigma_y - \sigma_m \qquad S_z = \sigma_z - \sigma_m \qquad \sigma_m = \frac{1}{3}(\sigma_x + \sigma_y + \sigma_z) \tag{3.43-2}$$

ω 和 $\bar{\sigma}$ 为

$$\omega = \frac{9G}{2\bar{\sigma}^2(H' + 3G)} \tag{3.43-3}$$

$$\bar{\sigma} = \left\{ \frac{3}{2} \left[S_x^2 + S_y^2 + S_z^2 + 2(\tau_{xy}^2 + \tau_{yz}^2 + \tau_{zx}^2) \right] \right\}^{\frac{1}{2}} \tag{3.43-4}$$

式中 G——剪切模量;$H' = \mathrm{d}\bar{\sigma}/\mathrm{d}\bar{\varepsilon}_p$,是 vonMises 等效应力 $\bar{\sigma}$ 相对等效塑性应变增量 $\bar{\varepsilon}_p$ 的变化率。对于理想塑性材料,$H' = 0$。

由以上的公式可知,弹塑性矩阵 $[D_{ep}]$ 与当时的应力水平有关,弹塑性应力与应变增量形式的关系是非线性的。

典型的非线性方程求解方法是增量迭代法。增量迭代求解将非线性发生以后的载荷分成若干载荷段,每段的载荷作为前一步载荷的增量,从初始非线性的载荷开始求解位移、应力和应变,后续的求解按前一个解的应力计算弹塑性矩阵 $[D_{ep}]$,载荷按前一步的载荷增加上一个载荷的增量,每一步都以前一步的解作为基础迭代求解后一步的解。

首先,用线弹性的分析求得在弹性极限载荷 $\{f_e\}$ 下结构的位移、应变和应力,分别记为 $\{d\}_0$、$\{\varepsilon\}_0$、$\{\sigma\}_0$。以结构的弹性极限载荷作为非线性载荷的起始点,以后的载荷分成 n 个增量。使载荷增量适当小,式(3.43-4)的应力增量和应变增量关系可近似地表示成

$$\Delta\{\sigma\} = [D_{ep}]\Delta\{\varepsilon\} \tag{3.44}$$

式中 $[D_{ep}]$——由每次载荷增量之前一步的应力决定,与该次载荷增量之后的应变和应力增量无关。

这样在每一次载荷增量求解时就是一个线性问题。对于从弹性极限载荷开始后的第一个载荷增量 $\Delta\{f\}_1$,位移的增量可以求解为

$$\Delta\{d\}_1 = [K(\{\sigma\}_0)]^{-1}\Delta\{f\}_1 \tag{3.45}$$

式中　　$[K(\{\sigma\}_0)]$——整个结构的刚度矩阵；

　　　　$[K(\{\sigma\}_0)]^{-1}$——刚度矩阵的逆矩阵。

$[K(\{\sigma\}_0)]$ 是一个与弹性极限载荷 $\{f_e\}$ 下结构的应力 $\{\sigma\}_0$ 有关的刚度矩阵。在此刚度矩阵组装时，对于处于弹性状态的单元，单元刚度矩阵用弹性矩阵计算为

$$[k]^e = \iiint [B]^T[D][B]\,\mathrm{d}x\mathrm{d}y\mathrm{d}z \qquad (3.46)$$

对于已进入塑性状态的单元，单元刚度矩阵用弹塑性矩阵计算为

$$[k]^e = \iiint [B]^T[D_{ep}(\{\sigma\}_0)][B]\,\mathrm{d}x\mathrm{d}y\mathrm{d}z \qquad (3.47)$$

其中弹塑性矩阵使用 $\{\sigma\}_0$ 进行计算，因而与 $\{\sigma\}_0$ 有关。

进一步求出应变和应力的增量 $\Delta\{\varepsilon\}_1$ 和 $\Delta\{\sigma\}_1$。与初始值叠加得到第一次非线性载荷增量后的位移、应变和应力为

$$\{d\}_1 = \{d\}_0 + \Delta\{d\}_1 \qquad (3.48)$$

$$\{\varepsilon\}_1 = \{\varepsilon\}_0 + \Delta\{\varepsilon\}_1 \qquad (3.49)$$

$$\{\sigma\}_1 = \{\sigma\}_0 + \Delta\{\sigma\}_1 \qquad (3.50)$$

按照同样的思路，对后续的每一步载荷增量，重复以上的步骤。假定第 i 次载荷增量为 $\Delta\{F\}_i$，第 i 次载荷增量之前的位移、应变和应力分别为 $\{d\}_{i-1}$、$\{\varepsilon\}_{i-1}$、$\{\sigma\}_{i-1}$。使用 $\{\sigma\}_{i-1}$ 计算各单元刚度矩阵，进而组装得到整个结构的刚度矩阵 $[K(\{\sigma\}_{i-1})]$，并由此求解出第 i 次载荷增量以后的位移的增量为

$$\Delta\{d\}_i = [K(\{\sigma\}_{i-1})]^{-1}\Delta\{F\}_{i-1} \qquad (3.51)$$

进一步求出应变和应力的增量 $\Delta\{\varepsilon\}_{i-1}$ 和 $\Delta\{\sigma\}_{i-1}$。与之前的位移、应变和应力值叠加得到第 i 次载荷增量后的位移、应变和应力为

$$\{d\}_i = \{d\}_{i-1} + \Delta\{d\}_i \qquad (3.52)$$

$$\{\varepsilon\}_i = \{\varepsilon\}_{i-1} + \Delta\{\varepsilon\}_i \qquad (3.53)$$

$$\{\sigma\}_i = \{\sigma\}_{i-1} + \Delta\{\sigma\}_i \qquad (3.54)$$

重复以上的过程，直至最后一个（第 n 个）载荷增量，计算出在弹塑性状态下的位移、应变和应力。这一方法被称为增量切线刚度法。因为每次载荷增量后刚度矩阵需要更新，所以也称为变刚度法。

（2）永久变形的计算

在汽车结构的耐久分析中，经常需要计算结构在施加载荷以后结构上的永久变形（即塑性变形或残余变形）。结构的永久变形是在卸载以后不能恢复的结构变形。因为永久变形的计算与载荷大小和过程有关。所以使用有限元软件计算永久变形时，需要将计算设置成两步分析。第一步是加载过程，应力和应变沿图 3.14 中左边的曲线变化。第二步是卸载过程，应力和应变的变化取决于应力是否高于材料的屈服极限（Mises 屈服准则）。如果应力低于屈服极限，材料仍处在弹性阶段，卸载时，应力和应变仍沿图 3.14 中左边的曲线变化，最终材料恢复原状。如果应力高于屈服极限（Mises 屈服准则），材料处在塑性区，卸载时，应力和应变将沿图 3.14 中右边的曲线变化，在完全卸载后得到材料永久变形。

3. 金属材料的黏塑性

固体黏性是指与时间有关的变形性质，蠕变和应力松弛（应变保持恒定不变，应力随

时间而减小的材料行为）都是与黏性有关的力学现象。几乎所有的固体材料（包括金属材料）都具有黏性。在通常情况下，黏性对材料力学性能的影响小到可忽略。在高速变形或高温条件下，金属材料具有明显的黏性，这时对于这些材料的变形情况，黏性的影响必须予以考虑。发动机缸体和缸盖的内壁、排气歧管都在高温条件下工作，用黏塑性的力学模型来分析更为精确。Chaboche 黏塑性本构理论能较好地模拟循环载荷下的材料力学行为。有关 Chaboche 黏塑性本构理论将在第 6.9.1 节作简要介绍。

3.3.2　几何非线性问题的有限元分析

几何非线性主要是指大位移、大转角、大应变引起的非线性。有大位移小应变和大位移大应变两种情况，统称为大变形问题。汽车底盘件是典型大位移、大转角的例子。在大位移、大转角的情况下，物理量在其坐标中的表示关系已不再是线性，需要用更复杂的数学关系表示。

图 3.15 显示一变形体在 $t_0 = 0$ 时有构形 A_0，物体中一质点 P_0 的坐标为（x_{10}，x_{20}，x_{30}），在 $t = t_n$ 时，物体有运动构形 A_n，质点 P_0 运动至 P_n，在时间 $t_{n+1} = t_n + \Delta t_n$ 时，物体有运动构形 A_{n+1}，质点运动至 P_{n+1}。对于变形体及其上的质点运动状态，可以选用不同的坐标体系有几种描述方法。

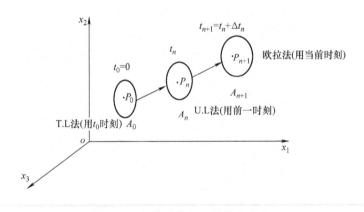

图 3.15　物体的位置和形状的变化

完全拉格朗日描述（T. L 法 – Total Lagrangian Formulation），选取 $t_0 = 0$ 时刻未变形物体构形 A_0 的坐标作为参考基准。变形前后的各力学量都是以没有变形的原始坐标来表示的。独立变量是质点 P 在 $t_0 = 0$ 时刻的位置坐标 $\{x\}_0$。

修正的拉格朗日描述（U. L 法 – Updated Lagrangian Formulation），选取 t_n 时刻的物体构形 A_n 的坐标作为参考基准。变形前后的各力学量都是以前一时刻的坐标来表示的。独立变量是质点 P 在前一时刻的位置坐标 $\{x\}_n$。由于 A_n 随着计算而变化，因此其构形和坐标值也是变化的，即与时间 t 有关。t_n 为非线性增量求解时增量步的开始时刻。

欧拉法描述（Eulerian Formulation）用当前时刻 t_{n+1} 的物体构形 A_{n+1} 的坐标作为参考基准。变形前后的各力学量都是以变形后新坐标系来表示的。独立变量是质点 P 在当前时刻的位置坐标 $\{x\}_{n+1}$。目前拉格朗日法的使用最为广泛。

在几何非线性有限元分析中，由虚功原理可以得到单元（假设为三维单元）的平衡方

程为

$$\{f\}^e = \iiint ([\overline{B}])^T \{\sigma\}^e \mathrm{d}x\mathrm{d}y\mathrm{d}z = \iiint ([B_0] + [B_L])^T \{\sigma\}^e \mathrm{d}x\mathrm{d}y\mathrm{d}z \qquad (3.55)$$

式中 $[\overline{B}]$——大位移情况下的几何矩阵。

在大位移情况下，$[\overline{B}]$ 是与节点位移的函数。一般将它分解成与节点位移无关的部分 $[B_0]$ 和与节点位移有关的部分 $[B_L(\{d\}^e)]$。$[B_0]$ 就是一般线性分析时的几何矩阵。由此建立整个结构的有限元方程。这样的有限元方程被称为全量式方程。在几何非线性的情况下，全量式方程求解不易。因此，一般都采用增量式方法。

在结构的非线性静态分析中，增量形式的完全拉格朗日法应用十分广泛。在增量形式的方程中可以选用初始刚度、割线刚度和切线刚度。切线刚度的收敛较快。使用切线刚度和增量形式的单元刚度方程为

$$[k_t]^e \Delta \{d\}^e = \Delta \{f\}^e \qquad (3.56)$$

式中 $[k_t]^e$——单元的切线刚度矩阵。

单元的切线刚度代表了单元于某种位置和变形时的瞬时刚度，或者代表了单元节点位移与节点力之间的瞬时关系。在单元只有节点集中载荷的情况下，切线刚度矩阵由三部分组成

$$[k_t]^e = [k_l]^e + [k_\sigma]^e + [k_p]^e \qquad (3.57)$$

式中 $[k_l]^e$——线性分析时的单元刚度矩阵；

$[k_\sigma]^e$——单元的初应力矩阵（或称几何刚度矩阵），它表示单元中存在的应力对单元刚度矩阵的影响；

$[k_p]^e$——单元的初位移矩阵或大位移矩阵，表示单元位置变动对单元刚度矩阵的影响。如果单元还承受压力载荷，则还要另加一项与外力有关项。

按照常规的单元集成方法，用单元的切线刚度矩阵，可以组装结构的总切线刚度矩阵 $[K_t]$ 和结构的增量刚度方程

$$[K_t] \Delta \{d\} = \Delta \{f\} \qquad (3.58)$$

求解以上增量方程是一个反复迭代修正的过程。其步骤归纳如下：

1）按线性分析得到节点位移的初值 $\{d\}_1$。

2）形成局部坐标系中的单元切线刚度矩阵 $[k_t]^e$ 和按式（3.55）计算单元的节点力 $\{f\}^e$。

3）将 $[k_t]^e$ 和 $\{f\}^e$ 转换到整体坐标系。

4）对所有单元重复2）至3）的步骤。生成结构的总切线刚度矩阵 $[K_t]_1$ 和节点力合力 $\{f\}_1$。

5）计算节点不平衡力 $\{\gamma\}_1 = \{f\}_1 - \sum \{f\}^e$。

6）求解结构刚度方程 $[K_t]_1 \Delta \{d\}_1 = \{\gamma\}_1$，可得节点位移增量 $\Delta \{d\}_1$。

7）将 $\Delta \{d\}_1$ 叠加到节点位移向量 $\{d\}_1$ 中，即 $\{d\}_2 = \{d\}_1 + \Delta \{d\}_1$。

8）进行收敛条件的判别，如果不满足，则回到步骤2），再重复上述的流程，直至满足收敛条件。

这种增量形式的完全拉格朗日方法，在结构的非线性分析中应用十分广泛。

3.3.3　接触问题的有限元分析

状态非线性是指结构的状态在受载荷的过程中发生变化。最典型的情况就是原来无接触的相邻零部件表面在受力的过程中发生接触，以致系统的刚度发生变化。在汽车的耐久性分析中，这是一种常见的情况。这种接触的发生被视为边界条件的变化，是边界条件非线性的一种情况。

在汽车运动和汽车各系统工作时，汽车的许多零部件会发生接触状态的变化。例如，车轮的轮胎与路面的接触、齿轮之间的咬合，一些零件在受力后由原先无接触的状态变成有接触状态，或者从少部分接触变成更多部分接触等。这种结构发生接触状态变化的问题就是接触问题。接触问题属于边界条件在变化且未知的问题。在接触问题中，载荷和结构的变形都与接触状态有关。另外，接触面的本构（力学）规律比较复杂。所有这些都使接触问题具有高度非线性。接触问题属于典型边界条件非线性问题。有限元分析是目前求解接触问题最有效的方法。

有限元方法分析接触问题时通过单元的节点、边线和面检测相邻的零件是否接触。一般有限元软件提供多种检测和计算接触的方法，有点对点、点对面、面对面、线对线、线对面等。有限元软件按照单元的类型和接触判别的标准，判定接触发生、侵入距离、接触力或刚度、接触行为（如切向滑动、摩擦）。

实际的接触体之间相互无穿透。这就是接触问题分析要满足的必要条件，称为接触协调条件。为了满足接触协调条件，有两种基本的接触算法。

1. 罚函数法

罚函数法使用一个接触弹簧。弹簧的刚度称之为接触刚度，也被称为罚参数。在两个物体分开时，弹簧不起作用。当两个物体接触时，弹簧产生反作用力，即接触力。假设弹簧的法向刚度为 k，接触时接触弹簧的变形为 x_p，法向接触力（压力）为

$$F_n = kx_p \tag{3.59}$$

这就是接触问题计算要满足的法向接触协调条件。图 3.16 为示意图。在接触问题的计算中，要求 x_p 足够小，满足计算的精度要求，计算需要通过多次迭代达到精度要求。同样，在切向方向也有切向接触力（摩擦力）和切向接触协调条件。

2. 增广拉格朗日法

拉格朗日（Lagrange）方法引进附加的自由度（接触压力，如图 3.17 所示）。这种方法被称为纯拉格朗日乘子法。将罚函数法和拉格朗日乘子法相结合，被称为增广拉格朗日法。增广拉格朗日法的方程为

$$F_n = kx_p + \lambda \tag{3.60}$$

式中　λ——拉格朗日乘子，为一个求解变量。

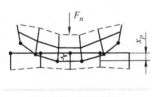

图 3.16　罚函数法

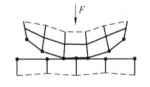

图 3.17　拉格朗日乘子法

接触压力作为附加的自由度也包含在计算中。增广拉格朗日法容易得到良态矩阵，对接触刚度的敏感性较小，但需要更多的迭代。

因为接触计算需要使用很多计算时间，通常在有接触或可能有接触的结构分析中，在分析前需要通过模型和计算机分析软件的设置，定义可能发生接触面的区域和算法。

在一个有零件接触结构的分析中，当每一步接触的协调条件达到所要求的精度后，整个系统的刚度矩阵需要按照新的边界条件更新，进而求解系统在新状态下的响应（位移、应力、应变等）。因为带接触的结构分析是一个高度非线性问题，求解将非常耗时。

【例3.1】 某车前减振器座在减振器滑柱的轴向方向受到来自悬架的力，其幅值为47000N，作用在滑柱，如图3.18所示。图3.19显示减振器座的顶盖结构。上图是侧向剖视图，下图是俯视透视图。减振器座的顶盖下面有一个尺寸小一些的加强件，形面的设计与顶盖形状一样，由三个螺栓与顶盖连接。加强件的材料为DP600。顶盖的厚度薄，加强件的厚度厚。

由于制造和装配的精度限制，通常两个零件很难完全贴合。一般情况下，除了三个螺栓连接附近区域，两个零件之间的贴合接触状态未知。在不受力或者受力小的情况下，两个零件只在少部分区域贴合接触，多数区域不贴合、无接触。受力大的时候，贴合接触面多。为了计算减振器座顶盖结构的应力和应变，必须考虑两个零件的接触。在商用有限元分析软件ABAQUS中，接触表面由人为选定的单元组定义。图3.20显示了两个零件表面用于定义接触面的单元组。在计算表面接触时，只有这些单元参加计算。

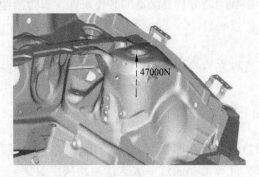

图3.18 减振器受到来自悬架的力　　　　图3.19 减振器座顶盖结构

减振器座顶盖材料的屈服极限为350MPa，其应力 – 应变曲线如图3.21所示。

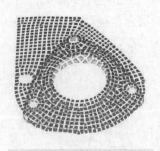

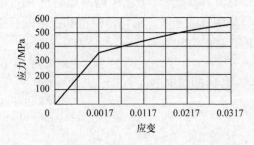

图3.20 接触面的定义　　　　图3.21 减振器座顶盖材料的应力 – 应变曲线

这个非线性的分析包括材料非线性和接触非线性。计算得到塑性变形和应力分布如图3.22所示。顶盖上最大塑性变形发生的位置如箭头所指。

为了计算塑性（永久）变形，计算分为两步过程。第一个过程是从零开始逐步加载到47000N，其后第二个过程是从47000N开始逐步卸载到零。在顶盖最大塑性变形发生的单元上，垂直方向（Z）上的应力和应变的关系由图3.23的曲线所示。滑柱轴向外力和该处位移响应的关系由图3.24的曲线所示（这是一个跨点的测量）。由图3.23的曲线可以看到，当应力低于材料的屈服极限350MPa时，该处的应变是弹性应变。当应力高于材料的屈服极限

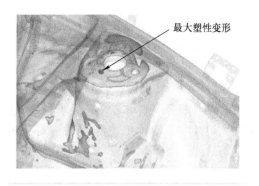

图 3.22　塑性变形和应力分布

350MPa时，该处的应变为塑性应变。从图3.24可以看出，当应力达到材料的屈服极限350MPa时，外力的载荷大约在36000N。当外力的载荷达到47000N时，在顶盖最大塑性变形处的最大位移为4.75mm。当外力载荷完全卸去以后，该处的永久（塑性）变形为1.12mm。从图3.23可以看出，当外力的载荷达到47000N时，在顶盖最大塑性变形发生的单元上，垂直方向（Z）上的应力达到476MPa。

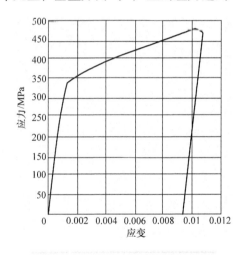

图 3.23　应变和应力的曲线

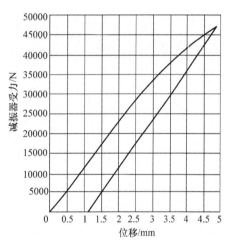

图 3.24　位移和力的曲线

3.4　动力学问题的有限元方法

任何物体都具有质量和阻尼。当物体内部的质量发生相对位移时，物体内部的弹性会产生弹性力，同时物体内部材料的阻尼也会产生阻尼力，物体的质量会产生惯性力。对于线性系统，惯性力与物体（或物质）的加速度成正比。运动物体（或物质）的阻尼力一般比较复杂。运动中的物体（或物质）所受的阻力的来源有多种，有来自物体内部和外部的，它们统称为阻尼。不同的阻尼具有不同的性质。例如，两个平滑接触面之间的摩擦阻力与两个面之间的垂直压力成正比。如果两个接触面之间存在黏性润滑剂或液体并且物体（或物质）的相对运动速度较低，物体所受到的摩擦阻力与物体（或物质）的相对运动的速度成正比。这种阻尼被称为黏性阻尼，又称线性阻尼。物体材料本身的内摩擦引起的阻力就是材料的阻

尼。通常汽车结构上的金属材料的阻尼用线性的粘性阻尼来近似描述。

当物体的运动速度和加速度非常小时，所产生的阻尼力和惯性力小到可以忽略不计，物体的力学平衡方程就是静力学方程式（3.40）。这样的力学问题是静力学问题。在第 2 章所谈到的材料静态性能的测试试验就是这样的例子。在这些试验中，通常施加载荷十分缓慢，使试验样件的变形非常缓慢，变形的速度和加速度近乎为零。然而，当物体的运动速度和加速度大到所产生的阻尼力和惯性力都不能忽略时，物体的力学平衡方程就不再是方程式（3.40），需要加入惯性力和阻尼力。这时的问题就变成一个动力学问题。

汽车的主要使用功能是行驶。汽车在各种路面上行驶的反应是复杂的，汽车结构响应的本质从整体来说是动力学问题。

3.4.1　线性动力学问题

对动力学问题，在线弹性的范围内，物理关系（应变与应力的关系）、几何关系（位移与应变的关系）仍然成立，但是力的平衡关系除了弹性力之外，还需要加入惯性力和阻尼力。

在动力学问题中，系统中各点的位移、应变和应力都与时间有关。式（3.21）、式（3.24）和式（3.26）中的单元结点位移、单元内点的位移、单元内点的应变和应力都是时间函数。单元内点的速度和加速度分别是位移的一阶导数和二阶导数，为

$$\{\dot{d}\} = [H]\{\dot{d}\}^e \tag{3.61}$$

$$\{\ddot{d}\} = [H]\{\ddot{d}\}^e \tag{3.62}$$

式中　$[H]$——形函数矩阵（或差值函数矩阵）。

假定 ρ 是材料的密度，ϵ 是材料的阻尼系数。则单元内质量点的惯性力为 $\rho\{\ddot{d}\}$，阻尼力为 $\epsilon\{\dot{d}\}$。将它们作为体积分布载荷分配到单元各结点上，得到单元结点的惯性力和阻尼力分别为

$$\{f_\rho\}^e = \iiint [H]^T\rho\{\ddot{d}\}\mathrm{d}x\mathrm{d}y\mathrm{d}z = \iiint [H]^T\rho[H]\{\ddot{d}\}^e\mathrm{d}x\mathrm{d}y\mathrm{d}z = [m]^e\{\ddot{d}\}^e \tag{3.63}$$

$$\{f_c\}^e = \iiint [H]^T\epsilon\{\dot{d}\}\mathrm{d}x\mathrm{d}y\mathrm{d}z = \iiint [H]^T\epsilon[H]\{\dot{d}\}^e\mathrm{d}x\mathrm{d}y\mathrm{d}z = [c]^e\{\dot{d}\}^e \tag{3.64}$$

式中

$$[m]^e = \iiint [H]^T\rho[H]\mathrm{d}x\mathrm{d}y\mathrm{d}z \tag{3.65}$$

称为单元质量矩阵

$$[c]^e = \iiint [H]^T\epsilon[H]\mathrm{d}x\mathrm{d}y\mathrm{d}z \tag{3.66}$$

称为单元阻尼矩阵。单元结点的力等于所有惯性力、阻尼力和弹性力之和

$$\{f_\rho\}^e + \{f_c\}^e + \{f_k\}^e = \{f\}^e \tag{3.67}$$

单元平衡方程（3.38）变成

$$[m]^e\{\ddot{d}\}^e + [c]^e\{\dot{d}\}^e + [k]^e\{d\}^e = \{f\}^e \tag{3.68}$$

按有限元总刚度矩阵的集成方法，用有限元方法建立的系统动力学的方程为

$$[M]\{\ddot{d}\} + [C]\{\dot{d}\} + [K]\{d\} = \{f\} \tag{3.69}$$

式中　　[M]——系统的质量矩阵；

　　　　[C]——系统的阻尼矩阵。

方程（3.68）所描述的动力学系统对任何外力作用都会产生位移、速度和加速度的响应。对于复杂的系统，求解动力学方程（3.68）只能采用数值计算方法，可以采用直接的逐步积分法求解。直接的逐步积分法有多种方法。比较知名的包括有限差分格式直接表达的中心差分法和呼伯特（Houbolt）法，前者属于条件稳定、显式积分格式的类型；后者属于无条件稳定、隐式积分格式的类型。两者都属于多步法。还有，目前应用较为广的是纽马克（Newmark）法和威尔逊（Wilson）法，以及它们的改进方法。这些方法都属于一步法。辛柯维奇（Zienkiewez）提出的有限元加权余值法，可以在理论上把各种方法统一起来。有限元的解法通常采用无条件稳定的积分方法。

3.4.2　非线性动力学问题

如果结构的响应超出材料的屈服极限，或者存在几何非线性，或者存在接触非线性时，线性的动力学方程（3.68）不再适用，必须考虑非线性的动力学描述。

根据虚功原理，在拉格朗日描述下，一个质量守恒的一般性非线性系统的有限元平衡方程为

$$[M]\{\ddot{d}(t)\} + \{f_{int}(\{d(t)\}, \{\dot{d}(t)\})\} = \{f(t)\} \tag{3.70}$$

式中　　　　　　[M]——系统的整体质量矩阵；

　　　　　　　　$\{f(t)\}$——作用在单元节点上的外部载荷向量；

$\{f_{int}(\{d(t)\}, \{\dot{d}(t)\})\}$——单元内部产生的等效节点恢复力向量。

方程式（3.69）是一个高度非线性的微分方程。求解这个非线性的动力学方程只能使用数值计算方法。求解非线性动力学方程可以采用摄动法得到逐级渐近的线性方程求解，也可以将非线性方程转化为一系列随时间增量（步长）Δt 依次变化的线性方程，对每一时间步长 Δt 内的近似线性方程来求解。

如果惯性力、阻尼力、结构变形力可以分离，可将上述非线性多自由度系统的动力学方程写成如下一般情况下的形式

$$\{f^I\} + \{f^D\} + \{f^S\} = \{f\} \tag{3.71}$$

式中　　$\{f^I\}$——惯性力向量；

　　　　$\{f^D\}$——阻尼力向量；

　　　　$\{f^S\}$——结构抵抗变形的力向量；

　　　　$\{f\}$——外力向量。

在每一时间步长开始时刻 t 和结尾时刻 $t+\Delta t$，动力学方程的数值为

$$\{f_t^I\} + \{f_t^D\} + \{f_t^S\} = \{f_t\} \tag{3.72}$$

$$\{f_t^I + \Delta f_t^I\} + \{f_t^D + \Delta f_t^D\} + \{f_t^S + \Delta f_t^S\} = \{f_{t+\Delta t}\} \tag{3.73}$$

其中增量力向量可以近似地计算为

$$\{\Delta f_t^I\} = \{f_{t+\Delta t}^I - f_t^I\} = [M]\{\Delta \ddot{d}\} \tag{3.74}$$

$$\{\Delta f_t^D\} = \{f_{t+\Delta t}^D - f_t^D\} = [C_T]\{\Delta \dot{d}\} \tag{3.75}$$

$$\{\Delta f_t^S\} = \{f_{t+\Delta t}^S - f_t^S\} = [K_T]\{\Delta d\} \tag{3.76}$$

$$\{\Delta f_t\} = \{f_{t+\Delta t}\} - \{f_t\} \tag{3.77}$$

于是动力学方程在每一积分步长上可化为增量形式的方程为

$$[M]\{\Delta\ddot{d}\} + [C_T]\{\Delta\dot{d}\} + [K_T]\{\Delta d\} = \{\Delta f_t\} \tag{3.78}$$

式中　　$[M]$、$[C_T]$、$[K_T]$——分别为增量方程的质量矩阵、阻尼矩阵、刚度矩阵，并且
　　　　　　　分别与 $\{f^I\}$、$\{f^D\}$、$\{f^S\}$ 有关。

当时间步长足够小时，$\{f^I\}$、$\{f^D\}$、$\{f^S\}$ 可以用直线近似，其斜率近似地取割线或者起始时刻 t 的切线。切线方法最为方便。割线需要起始时刻 t 和结尾时刻 $t+\Delta t$ 的值，而结尾时刻 $t+\Delta t$ 的值待求，割线斜率只能由迭代法来计算。用切线方法，切线刚度系数为

$$k_{ij}(t) = \left(\frac{\partial f_i^S(d)}{\partial d_j}\right)_t \tag{3.79}$$

该式表示第 i 个结构变形抵抗力 f_i^S 对 d_i 取偏导数在步长开始时刻 t 取值。对阻尼和质量类似有

$$m_{ij}(t) = \left(\frac{\partial f_i^I(\ddot{d})}{\partial \ddot{d}_j}\right)_t \tag{3.80}$$

$$c_{ij}(t) = \left(\frac{\partial f_i^D(\dot{d})}{\partial \dot{d}_j}\right)_t \tag{3.81}$$

用矩阵符号来表达，可写成

$$[M_T] = \left[\left(\frac{\partial\{f^I\}}{\partial\{\ddot{d}\}}\right)_t\right] = [M] \tag{3.82}$$

$$[C_T] = \left[\left(\frac{\partial\{f^D\}}{\partial\{\dot{d}\}}\right)_t\right] \tag{3.83}$$

$$[K_T] = \left[\left(\frac{\partial\{f^S\}}{\partial\{d\}}\right)_t\right] \tag{3.84}$$

对这些增量方程采用逐步积分法，每一步长内，增量方程和线性的动力学方程一样，其系数矩阵均为常数。因此，每一步均可按线性方程用逐步积分，解出 $\{\Delta d\}$、$\{\Delta\dot{d}\}$、$\{\Delta\ddot{d}\}$，于是求得积分结尾时刻 $t+\Delta t$ 的位移、速度和加速度

$$\{d_{n+1}\} = \{d_n\} + \{\Delta d_n\} \tag{3.85}$$

$$\{\dot{d}_{n+1}\} = \{\dot{d}_n\} + \{\Delta\dot{d}_n\} \tag{3.86}$$

$$\{\ddot{d}_{n+1}\} = \{\ddot{d}_n\} + \{\Delta\ddot{d}_n\} \tag{3.87}$$

式中　　$\{\Delta d_n\}$——表示已经求出的第 n 步的位移增量；
$\{d_n\}$ 和 $\{d_{n+1}\}$——表示已知的第 n 步初始位移和求出的位移；
　　　　$\{\Delta\dot{d}_n\}$——表示已经求出的第 n 步的速度增量；
$\{\dot{d}_n\}$ 和 $\{\dot{d}_{n+1}\}$——表示已知的第 n 步的初始速度和求出的速度；
　　　　$\{\ddot{d}_n\}$——表示已经求出的第 n 步的加速度增量；
$\{\ddot{d}_n\}$ 和 $\{\ddot{d}_{n+1}\}$——表示已知的第 n 步的初始加速度和求出的加速度。

若非线性力 $\{f^{SD}\}$ 依赖于 $\{\dot{d}\}$ 和 $\{d\}$ 时，动力学方程可以写成另外一种形式

$$[M]\{\ddot{d}\} + \{f^{SD}(d,\dot{d})\} = \{f\} \tag{3.88}$$

对应的增量方程为

$$[M]\{\Delta\ddot{d}\} + [C_T]\{\Delta\dot{d}\} + [K_T]\{\Delta d\} = \{\Delta f_t\} \tag{3.89}$$

其中切线阻尼矩阵 $[C_T]$ 和切线刚度矩阵 $[K_T]$ 定义为

$$[C_T] = \left[\left(\frac{\partial \{f^{SD}(d,\dot{d})\}}{\partial \{\dot{d}\}} \right)_t \right] \tag{3.90}$$

$$[K_T] = \left[\left(\frac{\partial \{f^{SD}(d,\dot{d})\}}{\partial \{d\}} \right)_t \right] \tag{3.91}$$

式中 $[C_T]$ 和 $[K_T]$ —— 表示非线性力向量 $\{f^{SD}(d,\dot{d})\}$ 对速度和位移向量分别求偏导数后，各系数取 t 时的值构成的矩阵。

在实际问题中，最为常见的情况是惯性力往往是加速度的线性函数，则质量矩阵是常数矩阵，阻尼力采用等效线性化，得到常数的阻尼矩阵，非线性力 $\{f^S\}$ 仅依赖于位移 $\{d\}$，此时的动力学方程为

$$[M]\{\ddot{d}\} + [C]\{\dot{d}\} + \{f^S(d)\} = \{f\} \tag{3.92}$$

对应的增量方程为

$$[M]\{\Delta\ddot{d}\} + [C]\{\Delta\dot{d}\} + [K_T]\{\Delta d\} = \{\Delta f_t\} \tag{3.93}$$

这种情况下，只有刚度矩阵是变化的，由式（3.83）给出。

对于非线性系统总可以处理成为增量形式的微分方程，在每一时段内的积分和线性方程（3.68）没有什么区别，只是每经一步积分，必须对系数矩阵给出修改，或作为右端的等效力加以处理。因此，讨论非线性方程的直接积分法时，可以与讨论线性方程（3.68）一样，而不再讨论增量方程式[5]。

以有限差分格式表述的各种直接积分法，是用位移来近似表示速度和加速度，代入微分方程，从而得到以 n 步位移或 n 步以前若干步的位移为已知值，$n+1$ 步的位移为待求值的求解方程。中心差分方法是求解非线性动力学方程时经常使用的方法，从载荷的初始时刻开始，以一个足够小的时间 Δt 为增量，逐步近似求解系统的响应。中心差分法的思路简述如下。

假定从载荷的初始时刻 t_0 开始，t_0，t_1，t_2，$\cdots$，t_n 时刻的节点位移、速度和加速度均已逐步求得，现在要求 $t_{n+1} = t_n + \Delta t$ 时刻的节点位移。按照中心差分的公式

$$\{\dot{d}\}_{n+\frac{1}{2}} = \frac{1}{\Delta t}(\{d\}_{n+1} - \{d\}_n) \tag{3.94}$$

$$\{\dot{d}\}_{n-\frac{1}{2}} = \frac{1}{\Delta t}(\{d\}_n - \{d\}_{n-1}) \tag{3.95}$$

$$\{\ddot{d}\}_n = \frac{1}{\Delta t}(\{\dot{d}\}_{n+\frac{1}{2}} - \{\dot{d}\}_{n-\frac{1}{2}})$$

$$= \frac{1}{\Delta t^2}(\{d\}_{n+1} - 2\{d\}_n + \{d\}_{n-1}) \tag{3.96}$$

以上各式中的下标 $n-1$，n，$n+1$ 分别表示对应 t_{n-1}，t_n，t_{n+1} 时刻的时间序号，$n+\frac{1}{2}$ 和 $n-\frac{1}{2}$ 分别表示对应 $t_n + \frac{1}{2}\Delta t$ 和 $t_n - \frac{1}{2}\Delta t$ 时刻的时间序号。

将式（3.69）变成

$$\{\ddot{d}(t)\} = [M]^{-1}\{f(t)\} - \{f_{int}(\{d\},\{\dot{d}\})\} \tag{3.97}$$

在 t_n 的时刻，方程为

$$\{\ddot{d}(t)\}_n = [M]^{-1}\{f(t)\} - \{f_{int}(\{d\}_n,\{\dot{d}\}_n)\} \tag{3.98}$$

将式（3.96）代入可得

$$\{d(t)\}_{n+1} = 2\{d\}_n - \{d\}_{n-1} + [M]^{-1}(\{f(t)\} - \{f_{int}(\{d\}_n, \{\dot{d}\}_n)\}) \qquad (3.99)$$

在获得 t_{n+1} 时刻的位移 $\{d\}_{n+1}$ 后，可以将该位移代入几何方程和物理方程计算应变和应力。

从式（3.99）可以看出，已知 $n-1$ 和 n 步的位移，即可求出 $n+1$ 步的位移。这种由前两步位移的已知值求解方程的方法，称为两步法。

中心差分法属于显式积分格式。胡伯特（Houbolt）法、纽马克（Newmark）法和威尔逊（Wilson）法都属于隐式积分格式。

3.4.3　非线性有限元计算方法

与线性分析不同的是，在非线性分析中，方程求解要分步逐步增加载荷。这个载荷可以是力，也可以是位移。我们可以用参数 Δt 来表征步长。这里 t 在动力分析问题中可以是变量，在静力分析问题中可以是参数。非线性分析中最重要的一点是物理矩阵 $[D]$ 和几何关系矩阵 $[B]$ 在加载中的每一步都是变化的。也就是说加载过程中每一步的变形都与当时的应力及变形状态有关。

按照在非线性分析中每一步加载前后的关系不同，求解非线性方程的方法可以分成两类算法，即显性算法和隐性算法。

1. 显式求解法

显性算法很简单，它就是用前一步的状态去算后一步的结果。上一节介绍的中心差分法是一种显性算法。显然，这是一种近似，并且只有在 Δt 非常小的时候，才会逼近真实解。下面用简单的例子来说明。

假如我们有一个状态，在时间 Δt 的时候表征为 $F(t)$，那么在时间 $t+\Delta t$ 时的状态就由时间 t 时的状态导出，既 $F(t+\Delta t) = Y(F(t))$，这里 $Y(F(t))$ 表示用 t 时的状态进行计算。

例如，假设我们有微分方程：$dy/dt = -y^2$ 和初始条件 $y(0)=1$，显式解的算法是

$$\left(\frac{dy}{dt}\right)_i \approx \frac{y_{i+1} - y_i}{\Delta t} = -y_i^2 \qquad (3.100)$$

由式（3.100）得到

$$y_{i+1} = y_i - \Delta t y_i^2 \qquad (3.101)$$

使用初始条件 $y(0)=1$，我们可以一步步计算出伴随 t 的 y 的数值。

2. 隐式求解法

隐式算法则比较复杂。它在 $t+\Delta t$ 时的状态由时间 $t+\Delta t$ 时的平衡和 t 时的历史来决定。写为方程的形式则为

$$Y(F(t+\Delta t), F(t)) = 0$$

也就是说需要求解方程才能得到原方程的解。反观显式算法，只要不断赋值就可以了。

仍然考虑方程 $dy/dt = -y^2$ 和初始条件 $y(0)=1$，隐式解的算法是

$$\left(\frac{dy}{dt}\right)_{i+1} = \frac{y_{i+1} - y_i}{\Delta t} = -y_{i+1}^2 \qquad (3.102)$$

注意：这个方程的左右两边与显式方程左右两边不同。

展开后则有

$$\Delta t y_{i+1}^2 + y_{i+1} - y_i = 0 \qquad\qquad (3.103)$$

这里第 $i+1$ 步的解不能直接由第 i 步的解给出，需要求解这个平衡方程。这是一个求解变量为 y_{i+1} 的一元二次方程，方程中 y_i 和 Δt 为已知。此方程的解是

$$y_{i+1} = \frac{-1 + \sqrt{1 + 4\Delta t y_i}}{2\Delta t} \qquad\qquad (3.104)$$

前述常微分方程是有解析解的，这个解析解是

$$y = \frac{1}{t+1}$$

在这个例子中，解一元二次方程很容易。但一般而言，这是一个巨大的大型方程组。一般求解一个大型非线性代数方程组也需要使用数值解法（Newton 法是常用的方法），计算费时费力。

3. 显式解法和隐式解法使用的说明

显式解法通常用于动力学问题和大变形问题求解的软件，如 LSDYNA。在动力学和大变形的情况下，零件间的接触极为重要，小步长有助于较为精确地计算接触力。显式解法是有条件稳定，显式解法软件也适用于大型有限元模型。因为赋值远比解大型方程组来得快。所以，尽管这种方法要用较多步长，但总体来看，计算耗时还是少于隐性计算方式。LSDYNA 比较多地应用于动态非线性问题的求解。

由于隐式解通常要在每一步长后计算平衡，并进行修正计算，所以隐式解较为精确。隐式解法是有条件稳定。隐式解的步长也较大，这样可以减少解方程的次数，以节省计算时间。由于解方程的时间大体与模型自由度的平方成正比，所以，隐式解不适宜用于过大的模型。此外，过大的模型还存在收敛问题。在应用软件中，ABAQUS 通常被用于隐性解的非线性分析工具。ABAQUS 比较多地应用于静态非线性问题的求解。

了解了隐式解法和显式解法的特点，我们就可以针对分析的要求，选择合适的应用软件。在应用软件中，CAE 工程师需要选择合适的材料模型。一般而言，应用软件会有几十种材料模型。对金属材料，应该选弹 - 塑性材料，在实践中用得更多的是分段线性弹 - 塑性材料。选用分段线性弹 - 塑性材料的优点是材料参数可以直接从材料的应力 - 应变图中测取，而不需要进行任何推导。当软件进行计算时，会自动插值。这省去了 CAE 工程师许多时间，并避免了一些不必要的错误。在计算过程中，如果应力状态在弹性范围内，软件则按弹性方程求解，若应力状态进入塑性区，则按塑性理论求解。作为分析人员，不必进行任何干预。

3.4.4　虚拟试车场

作为非线性动力学有限元方法的应用，"虚拟试验场"是有限元方法在计算机上模拟仿真汽车在试验场上行驶试验的方法，更进一步扩展到各种汽车结构耐久的实验室试验的计算机仿真方法。虚拟试验技术是一种先进的计算机试验仿真技术。试验者在计算机上采用软件部分代替或全部代替试验硬件，来实现各种虚拟试验场景，使试验者如同在真实环境中一样，完成各种预设的试验项目，取得接近或等价于真实试验的数据结果的虚拟过程。

从广义上讲，虚拟试验是指不使用或部分使用实际硬件来构成试验环境，完成实际物理试验的方法和技术。利用虚拟试验环境，借助交互设计技术和试验分析技术，使设计者在汽车设计初期阶段就能对产品的性能进行评价和试验验证。

虚拟试验技术包括纯软件型和硬件在环型两种基本形式。

（1）纯软件型虚拟试验系统

该系统将试验环境、对象全部抽象为数学模型，把抽象的数学模型和软件技术作为重点，利用软件完成整个系统的仿真。这一节所介绍的汽车的虚拟试验场属于纯软件型的虚拟试验。

（2）硬件在环型虚拟试验系统

该系统是在计算机软硬件技术发展到一定阶段之后才出现的一种集多种技术于一体的综合系统，是指将硬件实物嵌入仿真系统的实时动态仿真技术，需要同时完成大量运算、数据处理和执行多重任务。从某种意义上来讲，MTS 24 通道整车结构耐久试验，就是硬件在环型的一种虚拟试验技术。第 15.2.1 节将简要介绍 24 通道整车耐久实验。

显而易见，虚拟试验的优越性包括：可早期提前介入产品的设计开发，减少试验成本，试验结果重复性强，信息量大而丰富。安全可靠和试验的可控性是其他任何真实物理试验所无法比拟的，从而可大大缩短产品开发周期，有效降低产品开发成本。

1. 虚拟试车场概述

在整车使用过程中，80%以上的结构强度失效是由疲劳破坏所造成的。汽车的主要承载部件，尤其是车身、副车架、悬架、发动机及车身附件，承受来自路面、发动机等各种交变载荷，其疲劳强度性能对保证汽车产品的安全性和可靠性至关重要。

传统的载荷提取方法（参见第 9 章）一般首先需要通过在平台样车（常称骡子车）上安装试验设备，在试车场结构耐久路面进行实车道路试验，获取轮胎中心的载荷，然后再利用多体动力学模型（ADAMS）分析，将轮胎中心的载荷分解，从而获取各个系统总成和零部件连接安装点的载荷。依据分解的载荷，CAE 工程师开始对车身和底盘总成和零部件进行结构耐久疲劳仿真分析。这种计算分析需要分析工程师具备各种软件应用的知识，或由某个领域的专业工程师进行单独分析。

基于系统动力学等理论和 CAE 软件技术的发展，美国工程技术公司（Engineering Technology Associates，ETA）于 1995 年提出了虚拟试车场（Virtual Proving Ground，VPG）的概念。虚拟试验场概念的目的是构建统一平台，建立试验道路数据库，简化建模过程，从而只需建立一个整车模型，进行整车虚拟样机仿真，进行整车结构耐久分析。

虚拟试验场概念问世以后，技术开发主要有两个方向，一个是美国 ETA 公司开发的 VPG 软件，以有限元软件 LSDYNA3D 为求解器进行集成开发。另一个是主要以多刚体动力学软件 ADAMS 为求解器进行集成开发。两种技术方案的架构对比如图 3.25 所示。

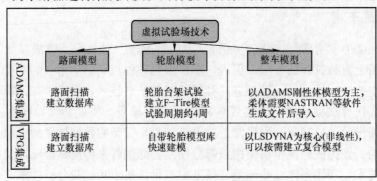

图 3.25 两种技术方案的架构对比

　　基于多刚体系统动力学理论，以 ADAMAS 软件集成的技术路线在建模仿真分析过程中，将整车模型的各总成和零部件视为刚体，需要以实际轮胎台架试验数据为基础，建立 F－Tire 模型。如果要用柔性体，需要用 NASTRAN 软件生成专用文件导入，对于关键零部件不能用非线性材料仿真。该技术路线计算速度快，可用于轮心载荷的提取和载荷的分解，但不能用于即时观察和分析任意工况的总成或零部件的应力/应变状态。

　　美国 ETA 公司开发的 VPG 软件以 LSDYNA3D 为求解器进行集成开发虚拟试车场的技术路线，是建立一个整车 FE 模型和试车场各种路面的 FE 模型，将整车 FE 和路面 FE 模型结合在一起，以整车系统试验的具体规范作为边界及约束条件，将其整合在同一软件环境下，进行整车非线性虚拟样机仿真。从而实现在汽车设计前期，即在没有样车试制之前，利用超级计算机进行虚拟试验，从而得到样车道路试验结果。该虚拟试验技术可进行包括道路整车子系统和部件的动力学和运动学分析，整车道路载荷预测、整车系统疲劳耐久分析、整车误用试验及 NVH 等性能的仿真。该虚拟试车场的概念和实施架构如图 3.26 所示。本节将介绍基于有限元方法（LSDYNA3D）的虚拟试车场方法。基于刚体动力学（ADAMS）的虚拟试车场方法将在第 9 章里介绍。

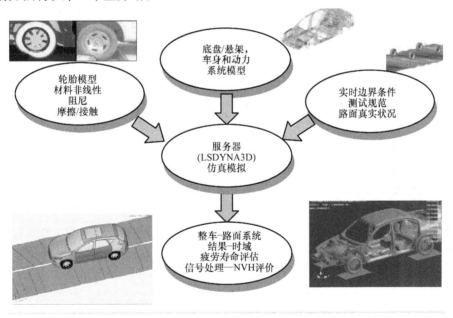

图 3.26　虚拟试车场的概念和实施架构

　　虚拟试车场中的整车模型的关键零部件使用柔性体，详细地描述了汽车各部件及其连接关系，考虑了连接件及局部零件的非线性特性，较为精确地反映实车系统的结构特点，并且模拟了实际的轮胎与路面相互作用的机理，在计算机上虚拟实现了车辆在路面上行驶的各种工况。能够较全面、准确地预测汽车的性能，从而能在整车开发前期对设计方案进行验证，对设计缺陷进行修改，大大缩短产品开发周期、提高设计效率与产品质量。

2. 虚拟试车场的理论基础

　　虚拟试车场模拟整车在试验路面上行驶，考虑车轮与路的接触和零部件接触，考虑材料非线性，考虑大变形，使用非线性有限元软件 LS－DYNA3D 作为求解器，求解车辆的运动和响应。有关接触非线性、材料非线性和几何非线性的有限元方法已在前面介绍过。

3. 虚拟试车场有限元模型的建立

虚拟试车场整车有限元模型的建立是虚拟试车场仿真分析的关键。根据虚拟仿真性能的不同，整车模型需要做不同的简化。本书中以承载系耐久仿真为例，介绍整车有限元模型的建立。因为承载系耐久主要仿真的是承载系统的强度、刚度，以及疲劳耐久寿命，所以可将动力系统简化为集中质量，只考虑其质量质心的位置及惯性矩和惯性积就可以了。承载系耐久仿真整车有限元模型，主要考虑的是轮胎、底盘及车身的建模。虚拟试车场整车建模逻辑如图 3.27 所示。

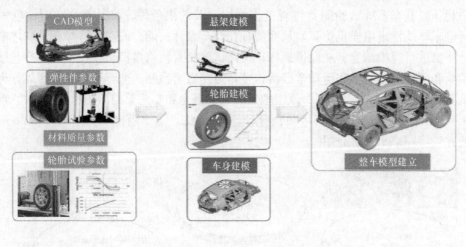

图 3.27　虚拟试车场整车建模逻辑

（1）轮胎的建模

轮胎系统是整车虚拟试车场技术中的一个重要环节，它直接影响了传递到悬架系统的路面激励的仿真精度。因此，如何建立有效的仿真轮胎模型，一直是虚拟试车场技术的一项重大难题。由于真实的轮胎模型结构复杂、材质多样、具有材料非线性，以及温度敏感性等特点，因此很难精确提取轮胎的材料参数。ETA 公司建立的 VPG 轮胎系统，并非针对于轮胎各部件的详细结构和材料，而是重点关注轮胎在实际运行过程中的作用（向车身传递驱动力或者阻力）。结构耐久虚拟仿真轮胎系统，主要关注轮胎的三个基本功能：

① 传递垂直方向载荷，降低路面不平引起的车辆振动。

② 提供汽车加、减速时的纵向驱动力。

③ 提供汽车转向所需要的侧向力。

经过多年的轮胎试验和研究证明，实际轮胎系统的载荷传递及轮胎的力学性能主要是由轮胎垂直、侧向和纵向三个方向的刚度来决定的。换言之，在虚拟试车场技术中，只需要确保了仿真轮胎三个方向的刚度与试验轮胎的刚度基本一致，那么仿真轮胎模型就能够比较准确地传递路面载荷激励。

1）轮胎有限元模型。相对于汽车轮胎的实体结构，虚拟试车场轮胎有限元模型如图 3.28 所示，其主要结构如下：

① 轮胎胎面与胎圈包布采用 8 节点实体单元，使用 LSTC/LS – DYNA® 的 Mooney – Rivlin 橡胶材料模型。

② 轮胎侧壁采用正交各向异性弹性材料模型，单元类型为壳单元。

③ 轮辋由刚性的壳单元组成，这是因为铝合金轮辋的刚度比轮胎其他部分的刚度要大得多。

④ 采用 Airbag_Simple_Pressure_Volume 气囊模型，轮胎的充气压力满足关系式

$$PV/T = 常数 \tag{3.105}$$

式中　P——压力；

　　　V——体积；

　　　T——温度。

2）轮胎材料模型。VPG 轮胎侧壁采用正交各向异性弹性材料，确保了轮胎仿真与试验的力学性能一致。由于正交各向异性弹性材料各向刚度各不相同，可以在一定范围内对侧壁的材料参数进行调整，从而对轮胎的各向刚度进行优化，最终保证轮胎仿真与试验的刚度在误差范围之内。

轮胎侧壁的侧壁材料为正交各向异性材料，该材料模型有 9 个常数，侧壁材料采用 LS – DYNA 提供的 MAT_ORTHOTROPIC_ELASTIC 材料模型。各向异性材料的本构关系如下

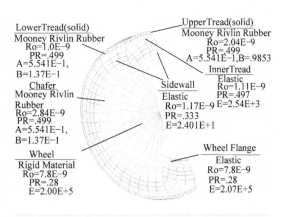

图 3.28　轮胎有限元模型

$$\{\varepsilon\} = [C]_L \{\sigma\} \tag{3.106}$$

其中，材料矩阵 $[C]_L$ 满足以下关系

$$[C]_L^{-1} = \begin{bmatrix} \dfrac{1}{E_a} & -\dfrac{v_{ba}}{E_b} & -\dfrac{v_{ca}}{E_c} & 0 & 0 & 0 \\[2mm] -\dfrac{v_{ab}}{E_a} & \dfrac{1}{E_b} & -\dfrac{v_{cb}}{E_c} & 0 & 0 & 0 \\[2mm] -\dfrac{v_{ac}}{E_a} & -\dfrac{v_{bc}}{E_b} & \dfrac{1}{E_c} & 0 & 0 & 0 \\[2mm] 0 & 0 & 0 & \dfrac{1}{G_{ab}} & 0 & 0 \\[2mm] 0 & 0 & 0 & 0 & \dfrac{1}{G_{bc}} & 0 \\[2mm] 0 & 0 & 0 & 0 & 0 & \dfrac{1}{G_{ca}} \end{bmatrix} \tag{3.107-1}$$

$$\frac{v_{ab}}{E_a} = \frac{v_{ba}}{E_b} \qquad \frac{v_{ca}}{E_c} = \frac{v_{ac}}{E_a} \qquad \frac{v_{cb}}{E_c} = \frac{v_{bc}}{E_b} \tag{3.107-2}$$

式中　E_a、E_b、E_c——分别为 3 个方向的杨氏模型；

　　　G_{ab}、G_{bc}、G_{ca}——分别为三个方向的切线模量；

　　　v_{ab}、v_{bc}、v_{ca}——分别为三个方向的泊松比。

由各向异性材料的材料矩阵可知，根据试验所得的各方向刚度，在一定范围之内对这些

材料常数进行调整，最终使 VPG 轮胎的各向刚度与试验刚度在误差允许范围之内。

VPG（FEM）轮胎的胎面采用近似不可压缩的超弹性橡胶材料，橡胶材料的本构关系是复杂的非线性函数，采用 Mooney – Rivlin 应变能密度函数表示

$$W(I_1, I_2, I_3) = A(I_1 - 3) + B(I_2 - 3) + C\left|\frac{1}{I_3^2 - 1}\right| + D(I_3 - 1)^2 \qquad (3.108)$$

式中 A 和 B——用户定义的常量，而 C 和 D 与 A 和 B 有关

$$C = 0.5A + B, \quad D = \frac{A(5v - 2) + B\left|\dfrac{11}{v} - 5\right|}{2(1 - 2v)} \qquad (3.109)$$

式中 $C = 2(A + B)$，为剪切模量；

I_1、I_2、I_3——按主伸长表示的应变不变量。

3）轮胎刚度的标定。轮胎的各向刚度对于整车性能的仿真具有非常重要的意义，轮胎刚度的精度高低，将直接影响虚拟试车场的仿真精度。所以，在将轮胎装配到整车模型之前，需要标定轮胎的刚度：垂直刚度、侧向刚度及纵向刚度。

标定的过程实际上是一个对轮胎垂直、侧向以及纵向刚度进行优化的过程，因为轮胎侧壁的侧壁材料为正交各向异性材料，材料模型有 9 个常数，分别为 3 个方向的杨氏模型 E_a、E_b、E_c；三个方向的切线模量 G_{ab}、G_{bc}、G_{ca}；三个方向的泊松比 v_{ab}、v_{bc}、v_{ca}。由于一般材料的泊松比通常为定值，为了减少优化算法的计算量，因此设定泊松比为常数，设定三个杨氏模量和三个切线模量为优化变量，根据经验，一般将轮胎性能影响比较大的侧壁材料作为变量，各方向的刚度作为优化目标，使用 LSTC/LS – OPT 软件对轮胎刚度进行优化。

一般来讲，各方向仿真优化结果与试验刚度的误差应控制在在 10% 范围以内，从而确保整车结构耐久虚拟仿真的精度。图 3.29 轮胎三向刚度标定加载示意图；图 3.30 为某轮胎三向刚度标定结果。

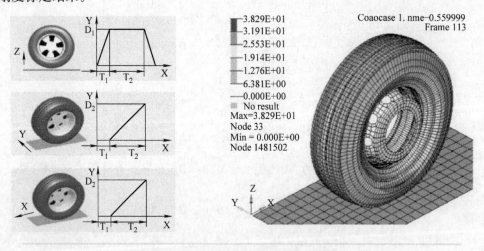

图 3.29   轮胎三向刚度标定加载示意图

（2）虚拟试车场的整车建模

一般来讲，根据承载系统仿真性能要求的不同，整车主要有多刚体模型，刚柔混合模型，以及全柔性体模型三种建模模式：

1）多刚体（Stick）模型。多刚体模型主要由轮胎模型、悬架模型组成，其车身和传动

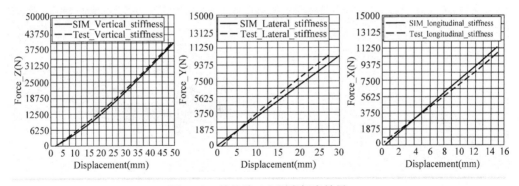

图 3.30　某轮胎三向刚度标定结果

系统使用最简单的集中质量（质量＋惯性参数）单元模拟。悬架模型主要是由刚性梁单元（质量＋惯性参数）创建的零部件组成。底盘的弹性部件、阻尼部件，以及铰接部位的衬套部件均采用离散梁单元建模。多刚体模型主要用于轮胎六分力及各总成铰接部位在各种不同路面行驶时载荷的获取。CAE 工程师可依据仿真所得到的载荷，对车身底盘总成或零部件进行结构耐久分析。同样有关试验工程师也可依据所得到的载荷，进行整车（24 通道）以及总成零部件的台架试验。多刚体模型的特点是建模简单，仿真速度快，但由于忽略了某些关键零部件的柔性影响，所以仿真精度会受影响。虚拟试车场多刚体模型如图 3.31 所示。

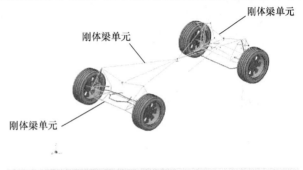

图 3.31　虚拟试车场多刚体模型

　　2）刚柔混合（Hybrid）模型。刚柔混合模型主要由刚性单元和柔性单元组成。一般车身使用柔性梁单元建模，模型使用柔性梁加上刚性梁的混合方式建模。根据仿真的需要，车身和底盘的某个总成或零部件用柔性体板单元或体单元，而其他的部件用刚性单元。刚柔混合模型在虚拟试车场仿真中有着广泛应用。其特点是，仿真速度快，精度相对也高。特别是在样车试验过程中，如果某个总成或零部件发生失效，可用这种仿真，发现问题的根源，找到问题的解决方案。虚拟试车场刚柔混合模型如图 3.32 所示。

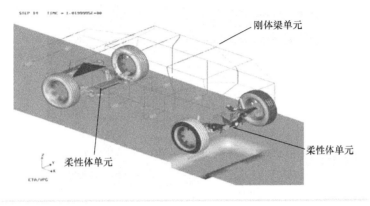

图 3.32　虚拟试车场刚柔混合模型

3）全柔性体（Flex）模型。全柔性体模型是车身以及悬架各总成及零部件基本使用柔性单元进行模拟，除个别的零部件用梁单元外，其余的均用板单元或体单元建模。某些关键零部件材料采用非线性材料。全柔性体模型仿真精度高，但由于使用 LSDYNA 显示求解器，仿真速度慢，占用机时较多。全柔性体模型仿真一次全部解决了车身底盘总成及零部件的结构耐久 CAE 分析问题，将其输出结果进行后处理即可预估整车各

图 3.33　虚拟试车场全柔性体模型

总成及零部件的疲劳寿命。其输出的车轮六分力稍做编辑转化为 RPC 格式，作为整车 24 通道或 12 通道 MTS 试验的输入载荷。虚拟试车场全柔性体模型如图 3.33 所示。

（3）车身和悬架的建模中应注意的几个问题

在刚柔混合模型建模当中，为了提高仿真速度，根据需要有时会把车身，前后副车架或某个总成简化成为柔性梁单元模型。在简化过程当中需要遵循下面三条基本原则：

① 模型简化前后必须要保持模型的质量质心位置，以及惯性矩、惯性积必须要相等，或近似相等。

② 模型简化前后的必须要保持模型的前三阶弯曲，和扭转模态必须要相等或近似相等。

③ 模型简化前后车身和动力总成连接点的动刚度必须要相等或近似相等。

图 3.34 所示为某车身简化实例。

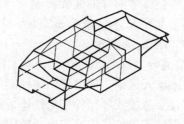

图 3.34　某车型车身简化实例

车身质量、质心坐标如表 3.2 所示。

表 3.2　详细车身和简化车身质量和质心坐标的比较

	详细车身	简化车身	误差
车身质量/kg	1661.5	1661.1	−0.02%
质心坐标/mm	X：0.25194082E+04 Y：−0.1542764E+01 Z：0.14063557E+04	X：0.25420249E+04 Y：−0.5089340E+01 Z：0.14034392E+04	
单元数量	1330000	1344	

车身惯性矩、惯性积如表 3.3 所示。

表 3.3　详细车身和简化车身车身惯性矩、惯性积

	详细车身	简化车身	误差
惯性矩/(1000kgf·mm²)	Ixx = 0.5502E + 06	Ixx = 0.5152E + 06	-6.36%
	Iyy = 0.2033E + 07	Iyy = 0.1981E + 07	-2.56%
	Izz = 0.2133E + 07	Izz = 0.2023E + 07	-5.16%
惯性积/(1000kgf·mm²)	Ixy = -0.1766E + 04	Ixy = -0.2013E + 04	
	Ixz = -0.2373E + 05	Ixz = -0.1827E + 05	
	Iyz = -0.6460E + 03	Iyz = 0.3874E + 04	

车身划分详细网格模型和简化模型前三阶模态对比如表 3.4 所示。

表 3.4　车身划分详细网格模型和简化模型前三阶模态对比

模　型	一阶扭转	一阶弯曲	二阶扭转	二阶弯曲	三阶扭转	三阶弯曲
详细车身/Hz	27.68	34.46	36.01	41.66	48.24	49.34
简化车身/Hz	27.30	34.72	35.62	40.73	48.73	49.37
误差（%）	-0.38	0.26	-0.39	-0.93	0.49	0.03

（4）虚拟试车场的路面的建模

虚拟试车场的路面建模必须要有足够的实际试车场结构耐久强化路面数据支撑。获取结构耐久强化路面数据的信息主要由三种途径：

① 试车场强化路面的原始图样或 CAD 数据。

② 试车场现场实际测量各种耐久强化路面的几何尺寸。

③ 试车场 3D 扫描仪测量；应用 3D 道路测量系统激光路面扫描，将各种复杂的耐久强化路面进行复制，逆向建立路面模型。

根据获得的试车场结构耐久强化路面的信息，通过建立节点形成板单元来建立各种典型路面有限元模型。在虚拟试车场仿真模拟分析中一般将路面定义为刚性材料。图 3.35 中所示是美国 MGA 虚拟试车场部分耐久路面有限元模型。

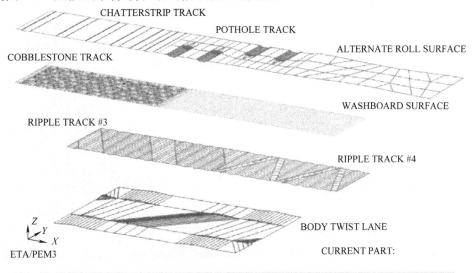

图 3.35　美国 MGA 虚拟试车场部分耐久路面有限元模型

4. 虚拟试车场应用实例

（1）冲击坑（Chuckhole）仿真

冲击坑工况描述：整车以 25 km/h 的速度，在具有两个凹坑的路面上行驶，路面凹坑障碍的横截面尺寸如图 3.36 所示，前后两个凹坑的间距为 9m。

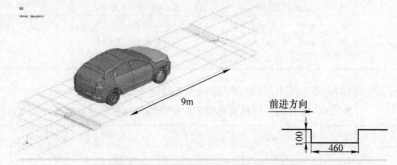

图 3.36　虚拟试车场冲击坑仿真示意图

图 3.37 中示出了试验车左前轮轴头力 F_x、F_y 和 F_z 仿真结果的幅值和实测值的对比。图 3.38 中示出了车辆过坑时，后悬架左右下摆臂的应力云图。

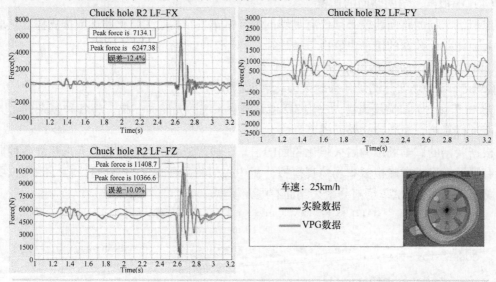

图 3.37　试验车左前轮轴头力仿真试验结果对比

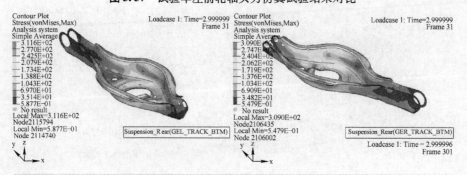

图 3.38　车辆过坑时后悬架左右下摆臂的应力云图

（2）路边石（Curb Island）仿真

路边石工况描述：整车以 56km/h 的速度撞击到凸起路面，汽车上坡高度为 127mm。上坡时，凸起路面与前进方向成 10°夹角；下坡高度为 140mm，下坡时与前进方向夹角为 45°。障碍路面尺寸如图 3. 39 所示。

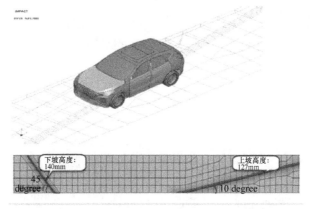

图 3. 39　路边石（Curb Island）仿真示意图

图 3. 40 展示出了试验车右前轮轴头力 F_x、F_y 和 F_z 仿真结果的幅值和实测值的对比。

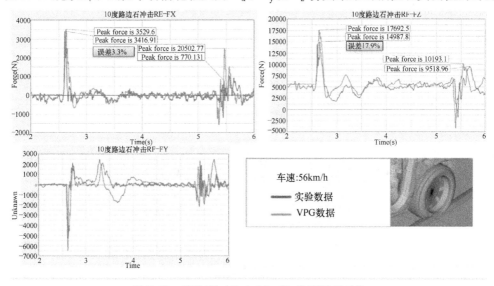

图 3. 40　路边石（Curb Island）仿真结果对比

（3）鹅卵石（Cobble Stone）蛇行仿真

鹅卵石（Cobble Stone）蛇行工况描述：整车以 25km/h 的速度呈正弦波状行驶。卵石路如图 3. 41 所示。卵石路面建模特征为：鹅卵石随机分布，卵石路面呈蛇形，鹅卵石大小在 60~250mm，卵石高度在 20~50mm 之间随机分布。

图 3. 42 展示出了试验车左前轮轴头力 F_y 和 F_z 仿真结果的幅值，及功率谱密度 PSD 和实测值的对比。

（4）虚拟试车场的误用试验仿真

汽车误用试验是整车开发后期的一项重要试验。该试验包含了一系列用户在使用过程中

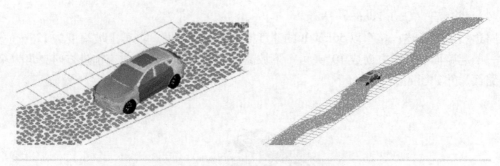

图 3.41 鹅卵石（Cobble Stone）蛇行仿真示意图

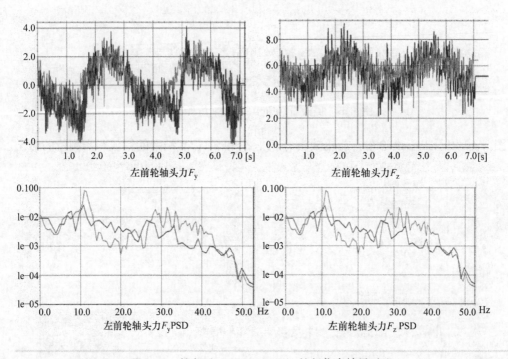

图 3.42 鹅卵石（Cobble Stone）蛇行仿真结果对比

误用的工况，该类试验对车辆损伤极大，重复性很差，成本很高。利用虚拟试车场技术可极大提高试验精度，"零"成本，在产品开发早期进行仿真预测，解决问题隐患。

图 3.43 示出了某车型的沟槽误用试验，试验中汽车以 60km/h 的速度通过一个宽 1400mm，深 120mm 的沟槽路。该试验车在误用工况下会发生了悬架纵臂脱出的现象，通过虚拟试车场仿真，发现了是该纵臂衬套与纵臂之间的过盈量偏小所导致，根据分析结论迅速找到解决此问题的方法。与此同时利用虚拟试车场的误用试验试验仿真，还可以对整车承载系零部件及总成进行全面检测（图 3.44），从而发现薄弱环节，这是实车试验所不能实现的。

（5）悬架 12 通道虚拟台架试验仿真

虚拟试车场的另一个重要应用就是虚拟台架试验仿真。本书以悬架 12 通道虚拟台架试验仿真为例介绍其应用。图 3.45 为悬架 12 通道虚拟台架试验仿真示意图。该图为某车型悬架的混合（Hybrid）虚拟台架试验模型，模型中仅副车架和转向节采用详尽的有限元模型，

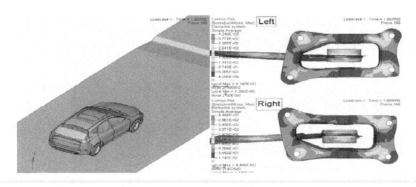

图 3.43　某车型的沟槽误用试验

其他皆用相应的梁单元组成。采集的轴头
六分力时域型号分别施加到左右车轮的轮
心上进行仿真。

　　图 3.46 显示了悬架 12 通道虚拟台架
试验仿真的结果，悬架上控制臂的实测轴
向应变与虚拟试验轴力的时域结果对比吻
合度良好，转向节虚拟试验损伤部位与实
车路试结果一致。

图 3.44　发现整车误用试验的薄弱环节

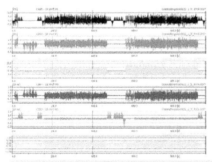 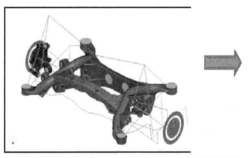

图 3.45　悬架 12 通道虚拟台架试验仿真

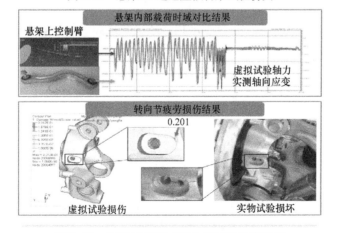

图 3.46　悬架 12 通道虚拟台架试验仿真结果

3.5   热力学分析的基本原理

汽车结构除了承受机械力作用外，在发动机和散热系统中还承受热载荷的作用。在汽车发动机的燃烧室和气缸壁，温度可以达到 200~250℃ 以上；在排气歧管运行温度会高达 800~900℃。高温不仅减低材料的力学性能，还会使受热的结构产生应变和应力。结构因为受热所产生的应变和应力被称为热应变和热应力，结构因为循环的温度变化所产生的结构疲劳被称为热疲劳。对于这些受热的结构，需要借助于有限元分析[4]，由发动机在工作状态下的温度条件作为边界条件，进行结构的热传导分析，进而计算结构内部的热应变和热应力。

3.5.1   热传导方程

考虑一个任意的物体。假设物体内一个坐标为 $(x、y、z)$ 点的温度为 T。温度 T 为 x、y、z 的函数。函数 $T(x、y、z)$ 描述了物体内的温度场。由热传导理论，各向同性物体内的温度 T 应满足方程

$$\rho c \frac{\partial T}{\partial t} = \lambda \left(\frac{\partial^2 T}{\partial x^2} + \frac{\partial^2 T}{\partial y^2} + \frac{\partial^2 T}{\partial z^2} \right) + q \qquad (3.110)$$

式中 T——温度；

ρ——材料密度；

c——材料比热容；

λ——导热系数；

q——热源强度（微元体积的发热量）。

这个方程称为物体的热传导方程。

当物体的受热与放热互相平衡时，物体里的温度则不随时间而变化，物体内的温度只是坐标的函数 $T(x、y、z)$，称为稳定温度场。对于稳定温度场，热传导方程 (x) 左端为零而变为

$$\lambda \left(\frac{\partial^2 T}{\partial x^2} + \frac{\partial^2 T}{\partial y^2} + \frac{\partial^2 T}{\partial z^2} \right) + q = 0 \qquad (3.111)$$

假定用 Ω 表示物体的区域，用 Γ 表示物体区域的边界。如果物体是一个实体，物体区域的边界是它的表面。如果给定物体表面上的温度，为第一类边界条件

$$T = T_\Gamma \qquad (3.112)$$

如果给定物体表面（边界 Γ）上的热流密度，为第二类边界条件

$$\lambda \left(\frac{\partial T}{\partial x} n_x + \frac{\partial T}{\partial y} n_y \right) = q_\Gamma \qquad (3.113)$$

式中 n_x 和 n_y——分别表示单元边界上单位法线向量在 x 和 y 方向上的分量。

如果给定物体表面（边界 Γ）上的对流换热条件，为第三类边界条件，既物体与其相接触的流体介质之间的表面传热系数和温度为已知

$$\lambda \left(\frac{\partial T}{\partial x} n_x + \frac{\partial T}{\partial y} n_y \right) = h(T - T_f) \qquad (3.114)$$

发动机在工作过程中，缸内及排气歧管内的高温气体将热量传给机体，水套内的冷却液

将热量带走，部分机油也可以起到冷却的作用。这部分的换热边界通常使用第三类边界条件描述。

3.5.2　热传导方程的有限元方法解法

复杂物体的温度场计算是很难用解析方法求解的。与计算弹性力学问题一样，物体内温度场计算可以使用有限元方法计算。如同弹性力学问题，物体可以用有限元网格来表达，单元的物理量用材料的热物理参数描述。物体内的温度场用有限单元节点上的温度来表达。这样整个物体的温度场就可以使用有限元的方法描述和计算。

下面以二维稳定温度场问题和三角单元为例，说明有限元热传导方程的形成。对于平面问题，各向同性的热传导方程变为

$$\lambda\left(\frac{\partial^2 T}{\partial x^2} + \frac{\partial^2 T}{\partial y^2}\right) + q = 0 \tag{3.115}$$

假设一个三角形单元如图 3.47 所示。单元内温度用线性分布近似，即

$$T(x,y) = \alpha_1 + \alpha_2 x + \alpha_3 y \tag{3.116}$$

式中　α_1、α_2、α_3——为 3 个待定常数。

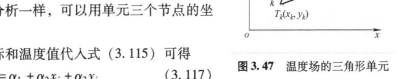

图 3.47　温度场的三角形单元

与平面结构位移分析一样，可以用单元三个节点的坐标和温度确定。

将三个节点的坐标和温度值代入式（3.115）可得

$$T_i = \alpha_1 + \alpha_2 x_i + \alpha_3 y_i \tag{3.117}$$

$$T_j = \alpha_1 + \alpha_2 x_j + \alpha_3 y_j \tag{3.118}$$

$$T_k = \alpha_1 + \alpha_2 x_k + \alpha_3 y_k \tag{3.119}$$

联立三个方程式可以求解出 α_1、α_2、α_3。将 α_1、α_2、α_3 代入式（3.115），并其按照节点的位移归纳整理，可以得到

$$T = \frac{1}{2A}\left[(a_i + b_i x + c_i y)T_i + (a_j + b_j x + c_j y)T_j + (a_k + b_k x + c_k y)T_k\right] \tag{3.120}$$

式中的系数 a_i、b_i、c_i、a_j、b_j、c_j、a_k、b_k、c_k 均是由三个节点的坐标值（x_i，y_i）、（x_j，y_j）、（x_k，y_k），由式（3.14）~式（3.16）确定的。A 是三角形单元的面积值，也是由三个节点的坐标值（x_i，y_i）、（x_j，y_j）、（x_k，y_k）确定的，其计算式为（3.17）。

在式（3.119）中，单元内任何一点的温度 $u(x,y)$ 在形式上变成由节点温度表示的差值函数决定。将公式中节点温度前面的部分提取出来，并令它们分别为

$$h_i = \frac{1}{2A}(a_i + b_i x + c_i y) \tag{3.121}$$

$$h_j = \frac{1}{2A}(a_j + b_j x + c_j y) \tag{3.122}$$

$$h_k = \frac{1}{2A}(a_k + b_k x + c_k y) \tag{3.123}$$

函数 $h_l(x,y)$ 表示单元内部的温度分布的形态，故被称为单元的形状函数，简称形函

数。用标量 $T(x,y)$ 表示单元内一点的温度，$\{T\}^e = (T_i, T_j, T_k)^T$ 表示单元节点上温度。于是，式（3.97）可以写成矩阵形式

$$T(x,y) = [h_i(x,y), h_j(x,y), h_k(x,y)]\begin{Bmatrix} T_i \\ T_j \\ T_k \end{Bmatrix} = [h(x,y)]\{T\}^e \qquad (3.124)$$

式中 $[h(x,y)]$——形函数矩阵（或差值函数矩阵）

$$[h(x,y)] = [h_i(x,y), h_j(x,y), h_k(x,y)] \qquad (3.125)$$

温度分布 $T(x,y)$ 和形函数 h_l 均为 x 和 y 的函数。为保证简洁，式中省去了 x、y 变量。所以形函数矩阵 $[h]$ 是一个以 x 和 y 为变量的函数矩阵

$$T = [h_i \quad h_j \quad h_k]\begin{Bmatrix} T_i \\ T_j \\ T_k \end{Bmatrix} = [h]\{T\}^e \qquad (3.126)$$

式中　　T——单元内一点的温度；

$\{T\}^e$——单元节点上的温度向量；

$[h] = [h_i \quad h_j \quad h_k]$，或者也改为形函数矩阵；

h_i、h_j 和 h_k——与前面式（3.18）～式（3.20）相同。

与前面的位移响应式（3.21）不同之处，在于温度是一维响应，所以温度场的形函数矩阵（3.124）只有一行。

用有限元单元节点温度 $\{T\}^e$ 表达的温度函数近似代表单元内温度 T。应用 Galerkin 方法，可以得到 3 个加权单元区域的积分方程

$$R_i^{(e)} = \iint h_i\left(\lambda\,\frac{\partial^2 T^e}{\partial x^2} + \lambda\,\frac{\partial^2 T^e}{\partial y^2} + q\right)t\mathrm{d}x\mathrm{d}y = 0 \qquad (3.127)$$

$$R_j^{(e)} = \iint h_j\left(\lambda\,\frac{\partial^2 T^e}{\partial x^2} + \lambda\,\frac{\partial^2 T^e}{\partial y^2} + q\right)t\mathrm{d}x\mathrm{d}y = 0 \qquad (3.128)$$

$$R_k^{(e)} = \iint h_k\left(\lambda\,\frac{\partial^2 T^e}{\partial x^2} + \lambda\,\frac{\partial^2 T^e}{\partial y^2} + q\right)t\mathrm{d}x\mathrm{d}y = 0 \qquad (3.129)$$

式中 $\iint \cdots \mathrm{d}x\mathrm{d}y$——表示对单元区域的面积分；

t——三角形单元的厚度。

写成矩阵形式为

$$\iint [h]^T\left(\lambda\,\frac{\partial^2 T^e}{\partial x^2} + \lambda\,\frac{\partial^2 T^e}{\partial y^2} + q\right)t\mathrm{d}x\mathrm{d}y = \{0\} \qquad (3.130)$$

通常用分部积分法和格林（Green）方法求解以上各方程。以第一个方程为例。首先考虑以下分部积分法公式

$$\frac{\partial}{\partial x}\left(h_i\lambda\,\frac{\partial T^e}{\partial x}\right) = \frac{\partial h_i}{\partial x}\left(\lambda\,\frac{\partial T^e}{\partial x}\right) + h_i\,\frac{\partial}{\partial x}\left(\lambda\,\frac{\partial T^e}{\partial x}\right) = \frac{\partial h_i}{\partial x}\left(\lambda\,\frac{\partial T^e}{\partial x}\right) + h_i\lambda\,\frac{\partial^2 T^e}{\partial x^2} \qquad (3.131)$$

由此得到

$$h_i\lambda\,\frac{\partial^2 T^e}{\partial x^2} = \frac{\partial}{\partial x}\left(h_i\lambda\,\frac{\partial T^e}{\partial x}\right) - \frac{\partial h_i}{\partial x}\left(\lambda\,\frac{\partial T^e}{\partial x}\right) \qquad (3.132)$$

同理可以得到

$$h_i\lambda \frac{\partial^2 T^e}{\partial y^2} = \frac{\partial}{\partial y}\Big(h_i\lambda\frac{\partial T^e}{\partial y}\Big) - \frac{\partial h_i}{\partial y}\Big(\lambda\frac{\partial T^e}{\partial y}\Big) \tag{3.133}$$

将式（3.131）和式（3.132）代入式（3.126）后得到

$$\iint \frac{\partial}{\partial x}\Big(h_i\lambda\frac{\partial T^e}{\partial x}\Big)t\mathrm{d}x\mathrm{d}y - \iint \frac{\partial h_i}{\partial x}\Big(\lambda\frac{\partial T^e}{\partial x}\Big)t\mathrm{d}x\mathrm{d}y + \iint \frac{\partial}{\partial y}\Big(h_i\lambda\frac{\partial T^e}{\partial y}\Big)t\mathrm{d}x\mathrm{d}y - \iint \frac{\partial h_i}{\partial y}\Big(\lambda\frac{\partial T^e}{\partial y}\Big)t\mathrm{d}x\mathrm{d}y +$$

$$\iint h_i qt\mathrm{d}x\mathrm{d}y = 0 \tag{3.134}$$

应用格林（Green）方法可以将其中的面积分 $\frac{\partial}{\partial x}\Big(h_i\lambda\frac{\partial T^e}{\partial x}\Big)$ 和 $\frac{\partial}{\partial y}\Big(h_i\lambda\frac{\partial T^e}{\partial y}\Big)$ ，转化成沿积分区域边界的线积分

$$\iint \frac{\partial}{\partial x}\Big(h_i\lambda\frac{\partial T^e}{\partial x}\Big)t\mathrm{d}x\mathrm{d}y = \oint\Big(h_i\lambda\frac{\partial T^e}{\partial x}\Big)n_x\mathrm{d}\zeta \text{ 和 } \iint \frac{\partial}{\partial y}\Big(h_i\lambda\frac{\partial T^e}{\partial y}\Big)t\mathrm{d}x\mathrm{d}y = \oint\Big(h_i\lambda\frac{\partial T^e}{\partial y}\Big)n_y\mathrm{d}\zeta$$

$$\tag{3.135}$$

式中　$\oint\cdots\mathrm{d}\zeta$ ——表示沿单元边界的线积分；

　　　n_x 和 n_y —— 分别表示单元边界上单位法线向量在 x 和 y 方向上的分量。将式（3.134）和式（3.125）代入式（3.133），并其把热源分为单元（Ω）内热源 q 和单元边界上的热源 q_s ，于是得到

$$\iint \lambda\Big(\frac{\partial h_i}{\partial x}\frac{\partial [h]}{\partial x} + \frac{\partial h_i}{\partial y}\frac{\partial [h]}{\partial y}\Big)\{T\}^e t\mathrm{d}x\mathrm{d}y - \iint h_i qt\mathrm{d}x\mathrm{d}y$$

$$- \oint h_i q_s\mathrm{d}\zeta - \oint h_i\lambda\Big(\frac{\partial [h]}{\partial x}n_x + \frac{\partial [h]}{\partial y}n_y\Big)\{T\}^e\mathrm{d}\zeta = 0 \tag{3.136}$$

后两项线积分可以由前面所述的各类边界条件所决定。

对另外两个加权积分方程式（3.127）~式（3.128）可以进行同样的运算。最后可以将三个加权积分方程写成矩阵形式为

$$\iint \lambda\Big(\frac{\partial [h]^T}{\partial x}\frac{\partial [h]}{\partial x} + \frac{\partial [h]^T}{\partial y}\frac{\partial [h]}{\partial y}\Big)\{T\}^e\mathrm{d}x\mathrm{d}y - \iint [h]^T qt\mathrm{d}x\mathrm{d}y - \oint [h]^T q_s\mathrm{d}\zeta -$$

$$\oint [h]^T\lambda\Big(\frac{\partial [h]}{\partial x}n_x + \frac{\partial [h]}{\partial y}n_y\Big)\{T\}^e\mathrm{d}\zeta = 0 \tag{3.137}$$

根据不同边界条件的情况，将方程中外部条件的部分移到方程的右边，形成有限元单元的温度场方程为

$$[\Lambda]^e\{T\}^e = \{P\}^e \tag{3.138}$$

式中　$[\Lambda]^e$ ——单元的导热矩阵，也称为温度刚度矩阵；

　　　$\{T\}^e$ ——单元的结点温度向量；

　　　$\{P\}^e$ ——单元结点上的温度载荷向量或热载荷向量。

整个物体上的温度场是所有单元温度场的和。按有限元法中单元叠加的规则，可以得到整体物体温度场的方程为

$$[\Lambda]\{T\} = \{P\} \tag{3.139}$$

式中　$[\Lambda]$ ——物体的整体有限元导热矩阵（或温度刚度矩阵）；

　　　$\{T\}$ ——物体内有限元结点的温度向量；

$\{P\}$——物体有限元结点上的温度载荷向量或热载荷向量。

通过求解上述有限元方程便可以获得物体内的温度分布（温度场）。

如果考虑物体内的温度场是随时间变化的，热传导方程（3.109）左端的项则不为零。此时的热传导分析是一个瞬态导热传学问题。瞬态传热可得到随时间变化的温度分布及传热量，因计算需考虑多个时间步，因此计算量大，计算速度慢。通常稳态传热分析可直接得到给定换热边界下达到热平衡条件的温度分布，其计算量小，计算速度快。在发动机耐久试验考核中，发动机长时间工作在高负荷下，此时发动机的工作温度相对稳定，对此状态下的发动机温度分析一般使用稳态分析。该温度结果可用于缸盖、缸体等的高周疲劳分析。

在排气系统的耐久性分析中，排气系统承受冷热交替的负荷。利用瞬态传热分析可考虑排气系统随时间的温度变化，相比稳态传热结果，瞬态温度边界可得到更为准确的热应变。

3.5.3　热应变

当物体内温度发生变化时，物体会产生热膨胀变形，并且会在三个方向都发生膨胀（或收缩）。对一个各向同性微小物体单元，由温度的增值 ΔT 在三个方向上引起的热应变为

$$\varepsilon_{xT} = \varepsilon_{yT} = \varepsilon_{zT} = \alpha\Delta T \tag{3.140}$$

$$\gamma_{xyT} = \gamma_{yzT} = \gamma_{zxT} = 0 \tag{3.141}$$

式中　α——物体的线膨胀系数。

对自由的物体，温度变化只引起线应变（线膨胀），而不引起剪应变。如果物体各部分有同样的温度变化，热膨胀是均匀的。如果该物体不受任何外界约束，则物体处于一种各方向都相同的自由热变形状态。此时物体内部不存在应力。

当物体受热又同时受外界位移的约束，或者物体内部受热不均匀导致各部分热膨胀不一样时，物体的热变形受到外界的约束，或者内部各部分之间的相互制约，不能进行自由的热变形。这种物体内部相互制约导致物体内产生应力。这种由于温度变化而引起的结构内部的应力称为热应力。热应力计算首先需要计算出结构因温度场改变而引起的变形，然后计算相应的应力。下面以首先平面问题为例，说明热变形的计算。

一个平面结构受热而有温度改变时会发生形状的变化，平面内的各点都有一定的位移。假定在 x-y 平面内一点沿 x 和 y 方向的位移为 u 和 v，应变 $\{\varepsilon\} = (\varepsilon_x\ \ \varepsilon_y\ \ \gamma_{xy})^T$ 和位移 $(u\ \ v)$ 的关系由几何方程式（3.23）决定。因为位移是结构在这一点上的总位移，所以这个应变是结构在这一点上的总应变，包括热膨胀引起的应变，是受力和热膨胀两部分之和，即

$$\{\varepsilon\} = \{\varepsilon\}_E + \{\varepsilon\}_T \tag{3.142}$$

式中　$\{\varepsilon\}_E$——弹性应变；

$\{\varepsilon\}_T$——热应变。

假设温度的升高为 ΔT，各向同性的线膨胀系数为 α。平面的热应变为

$$\{\varepsilon\}_T = (\alpha\Delta T\ \ \alpha\Delta T\ \ 0)^T \tag{3.143}$$

弹性应变 $\{\varepsilon\}_E$ 是由于弹性应力引起的。由前面所叙述的平面弹性问题的理论，应力与弹性应变的关系为

$$\{\sigma\} = [D]\{\varepsilon\}_E \tag{3.144}$$

由于

$$\{\varepsilon\}_E = \{\varepsilon\} - \{\varepsilon\}_T \tag{3.145}$$

因而应力与总应变的关系（物理方程）为

$$\{\sigma\} = [D](\{\varepsilon\} - \{\varepsilon\}_T) \tag{3.146}$$

式中　矩阵 $[D]$——平面问题中弹性矩阵。

如上面所介绍的平面温度场分析和前面所介绍的平面弹性问题分析可知，用有限元方法分析平面热应力问题，可以用同样的单元和同样的形函数，以节点的温度增值和节点的位移插值，计算单元内部的温度增值 ΔT 和位移，即

$$\Delta T = [h]\{\Delta T\}^e \qquad \begin{Bmatrix} u \\ v \end{Bmatrix} = [H]\{d\}^e \tag{3.147}$$

式中　$\{\Delta T\}^e$——单元节点的温度增值向量；
　　　$\{d\}^e$——单元节点的位移向量。

平面问题中，一个节点有两个位移分量 u、v，但只有一个温度增量 ΔT。当采用同样的单元时，单元温度增量和位移的形函数是一样的，但形函数矩阵不一样。

$$[k]^e\{d\}^e = \{q\}^e \tag{3.148}$$

式中　$[k]^e$——单元刚度矩阵，其意义和一般弹性变形问题相同；
　　　$\{q\}^e$——单元受热膨胀而形成的对弹性体载荷，称为热载荷。

它们分别由下面的公式给出

$$[k]^e = \iint [B]^T[D][B]\mathrm{d}x\mathrm{d}y \tag{3.149}$$

$$\{q\}^e = \iint [B]^T[D]\{\varepsilon\}_T^e\mathrm{d}x\mathrm{d}y = \iint \alpha[B]^T[D][h]\{\Delta T\}^e\begin{Bmatrix} 1 \\ 1 \\ 0 \end{Bmatrix}\mathrm{d}x\mathrm{d}y \tag{3.150}$$

公式中的应变矩阵与一般平面问题的应变矩阵完全相同。按照有限元方法的规则，将所有单元刚度矩阵和载荷向量叠加形成结构整体有限元矩阵为

$$[K]\{d\} = \{Q\} \tag{3.151}$$

如果结构在受热的同时还承受其他外载荷，外载荷和热载荷将相加在载荷输入 $\{Q\}$ 里，所得到的位移是在两种载荷联合作用下的位移。

3.5.4　热应力

应力是由于物体的弹性变形引起的，对应于物体的弹性应变，即总应变与热应变的差值。整理上一节的内容，可以得到热应力的计算过程如下。

在由方程（3.150）得到节点位移后，由几何方程（应变 - 位移关系 3.23）可以求得单元的总应变 $\{\varepsilon\}$。由公式（3.142）可以求得热膨胀所引起的应变 $\{\varepsilon\}_T$，再由总应变 $\{\varepsilon\}$ 与热膨胀应变 $\{\varepsilon\}_T$ 的差值得到弹性应变（3.144），进而得到热应力为

$$\{\sigma\} = [D](\{\varepsilon\} - \{\varepsilon\}_T) \tag{3.152}$$

在汽车上，发动机壳体、排气管、制动的零件都有由热膨胀引起的高应力。例如，在全约束条件下，制动盘和制动鼓加热到 500℃ 时，热膨胀压应力可以达到 700MPa 以上。

3.6　发动机相关性能仿真分析的简介

发动机是为汽车提供动力的系统。发动机的主要性能指标有：动力性、经济性、振动与

噪声、可靠性和耐久性。在发动机可靠性和耐久性的性能分析中，可以获得发动机缸内燃气爆发的压力、缸内换热边界及主轴承载荷等。这些都是发动机零部件结构耐久分析的必要输入。这些发动机的性能分析非常复杂，涉及固体、液体和气体等多种介质，涉及机械、热力学和化学等多种学科，需要使用专用的计算机仿真软件。相关的发动机专用性能分析的软件主要有两类。一类是一维（1D）的分析软件。另一类是三维（3D）的分析软件。

1. 发动机的一维性能分析

商用化的一维性能分析软件有 Gamma 公司的 GT - Power，AVL 的 Boost 和 Ricardo 的 Wave。

GT - POWER 可用于预测发动机的各项性能指标，例如功率、转矩、气流、容积效率、燃料消耗、涡轮增压器性能等。GT - POWER 还能预测随时间变化的缸内、进排气管道和歧管内的气体、燃气温度和导热系数，以及气缸内压力。这个随时间变化的缸内、进排气管道和歧管内的气体、燃气温度和导热系数，可以依据它们在发动机一个工作周期的平均值，作为稳态温度场模拟计算的热边界条件。

计算发动机缸体内部的热力场，为发动机结构的热传导计算提供所需要的边界条件，是发动机结构分析中的一项重要任务。发动机的一维性能分析可以获取缸内的平均燃气温度及平均导热系数。这类边界相对粗糙，整个燃烧室被简化和粗略地分成几个区域，每个区域可获取相应的边界条件。

燃气爆发的压力是发动机机械载荷的主要来源，是发动机载荷分析的重要输入（参见第9章），也是发动机结构分析中的一项重要的任务。借助发动机一维性能分析软件，可以在设计的早期阶段仿真计算得到缸压数值。

2. 发动机的三维性能分析

发动机工作过程中伴随大量气体及液体的流动，具体包括：

① 缸内气体流动、喷雾及点火燃烧。

② 冷却液流动换热。

③ 进排气系统内的气体流动。

④ 机油流动及曲轴箱通风等。

发动机工作时的流体运动十分复杂。使用 1D 的发动机性能模拟软件得到的发动机缸内、进排气管道和歧管内的气体、燃气温度和导热系数比较粗糙。对于缸内直喷发动机，GT - POWER 无法模拟燃油的汽化混合等复杂的燃烧过程。GT - POWER 也无法模拟复杂进排气管道和歧管对气体和燃气的流动影响。所以近年来，3D 的气体流动和燃气燃烧模拟分析被越来越多地应用于缸内、进排气管道和歧管内的气体、燃气温度和导热系数的模拟。

3D 的气体流动和燃气燃烧模拟分析是基于计算流体动力学（Computational Fluid Dynamics，CFD）。计算流体动力学（CFD）是通过计算机数值计算和图像显示，对包含有流体流动和热传导等相关物理现象的系统所做的分析。CFD 的基本思想可以总结为：把原来在空间上连续的物理场，如位移场、速度场、压力场等，用一系列有限离散点上的变量值的集合来代替，通过一定的原则和方式建立起关于这些离散点上场变量之间的关系的代数方程组，然后求解代数方程组，获得场变量的近似值[6]。CFD 分析的数值解法包括有限差分法、有限元法及有限体积法。目前有限体积法是应用最广的一种算法。

CFD 在发动机分析中有以下的应用。

（1）缸体水套流动分析

缸体水套流动分析的目的，在于合理设计发动机冷却液的流速，保证发动机高负荷区得到充分冷却，不会出现流动死角而导致局部过热。在现代发动机热管理设计中，发动机需具备暖机快、减少热损失等特点，在水套设计上需对各区域流量进行合理分配。合理设计的水套可以改善发动机热负荷和热应力，防止零部件发生损坏，改善发动机动力性、燃油经济性及排放特性。

发动机缸体水套 CFD 可以分析整个流场的流动情况，包括流速、流量分布、压降等。在发动机可靠性分析中，水套 CFD 分析可以为温度场分析提供水套表面的冷却液温度及导热系数。

（2）进排气流动分析

进气歧管的流动性对发动机动力性、经济性及整车匹配性有着重要影响。进气歧管的形状、尺寸及布置等决定发动机的进气效率及各缸充气的均匀性。在发动机设计中常使用 CFD 软件对进气歧管内的流动进行分析。

在发动机可靠性分析中，排气歧管 CFD 分析可以为温度场分析提供内腔表面的气体平均温度及平均导热系数。

（3）缸内流动、喷雾及燃烧分析

在发动机燃烧系统开发过程中，需要考虑燃烧室、活塞顶面及进排气系统的设计，喷油器的选型及布置、气门正时及喷油相位等因素。在此过程中，通过 CFD 分析可大幅降低燃烧系统的开发周期。缸内流动 CFD 分析的计算内容十分复杂，计算量也十分庞大，需要使用专业化的 CFD 软件。商用化的发动机 CFD 分析软件有 CONVERGE 和 AVL – FIRE 等。

AVL – FIRE 是由 AVL 开发的专门用于内燃机设计的 CFD 分析软件。该软件能对发动机系统及部件内部的流动、喷雾、混合气形成、壁膜、燃烧和排放物的形成进行详细模拟分析，还有专业的分析后处理模块用于各类催化器的研究和优化。

CONVERGE 是美国 Convergent Science 公司开发的发动机缸内 CFD 专业分析软件。其高效的自适应加密等网格控制策略，可以用最小计算负荷量实现高精度的仿真分析。该软件拥有喷雾模型、燃烧模型等发动机缸内分析所必需的各种丰富的物理模型，用于模拟发动机、柴油机、天然气等各类发动机。

在发动机可靠性分析中，温度场分析需要缸内气体流动燃烧、排气流动及冷却液的表面传热边界条件。以上边界条件的获取需要借助 CFD 分析软件。通过 CFD 分析，可以得到分布更准确的缸内表面传热边界条件。对于排气歧管内腔及结构复杂的水套，CFD 软件也可计算得到各位置处的流体温度及导热系数。该结果用于整机温度场的计算。相比一维分析软件得到的温度边界，CFD 得到的温度边界更加详细，计算结果准确度更高。

发动机的性能分析比较专业化，超出了本书讨论的范畴。需要了解更多细节的读者可以参见相关分析软件的说明资料。

3.7　汽车结构耐久的计算机仿真分析

汽车结构耐久分析的任务是计算和评估在汽车正常使用载荷条件下，正在设计的汽车结构的刚度、强度、稳定性和磨损等相关的结构性能，是否满足设计使用的要求。各种相关的科学理论和计算机仿真技术的发展，给汽车结构耐久分析提供了可行的途径和有利的工具。从 20 世纪 70 年代开始至今，基于现代计算机技术的汽车结构耐久仿真分析，已经得到了巨大发展，并且在汽车产品的开发中得到了广泛应用。

　　汽车的结构耐久是汽车的结构和材料在复杂环境中使用的综合表现，包含了机、热、化、电等多种作用因素，涉及刚体力学、弹性力学、塑性力学、黏弹性力学、材料力学、断裂力学、疲劳力学、振动力学、摩擦学、接触力学、热力学、流体力学等很多传统和现代学科，同时也涉及材料和加工制造等复杂的工程技术问题。但是，鉴于理论和分析方法以及分析技术的限制，现实的汽车结构耐久分析必须按照具体问题的力学性质，分门别类地按单一学科的理论和方法进行。汽车的结构基本是固体结构，绝大部分的汽车结构耐久问题，也都可以归类于机械性质的问题，所以固体力学类的力学理论和方法是汽车结构耐久分析的主要理论和方法。以上所提及的各个分支力学都是汽车结构耐久分析所用到的基本力学学科。然而，由于汽车载荷和结构的响应十分复杂，应用哪一种力学理论和方法取决于多种因素。下面是一些经常考虑的因素。

　　不同问题的力学性质和分析方法是划分具体汽车结构耐久仿真分析的一种标准。例如，汽车车体结构的问题是常规机械的力学问题；发动机结构的问题是热机耦合的力学问题；传动齿轮的问题是表面接触和结构弯曲的力学问题。它们的问题性质不同，所使用的力学理论和分析方法也不同，它们均以各自的系统为单位，分别进行仿真分析。

　　对同一个结构，根据所受载荷的大小，结构的响应大小也随之不同。当外来载荷较小时，结构的响应低于材料的屈服极限而只有弹性变形时，结构分析可以采用弹性力学理论和线性分析方法。当外来载荷较大时，结构的响应超出了材料的屈服极限而处在塑性变形时，结构的分析可以采用塑性力学理论和非线性分析方法。所以结构响应的性质，也是选择不同的力学理论和分析方法的一种标准。如果结构发生几何变形、接触、屈曲，则也需要使用非线性的分析方法。

　　结构响应的特性也是决定分析方法的一种标准。当一个结构的固有频率远高于外来载荷的驱动频率，结构的响应是静态的，结构的分析可以采用静态方法。当一个结构的固有频率在外来载荷的驱动频率范围内时，结构可能发生共振。结构的仿真分析就需要使用动态的分析方法。例如，如果车身受到来自路面的载荷，因为车身低频段的固有频率处于路面载荷的频率范围内，车身结构有可能发生共振，所以车身在路面载荷下的分析应该使用动态的分析方法。发动机壳体、变速器壳体、一些底盘零件（如转向节、摆臂）结构本身的固有频率通常高于路面载荷的激振频率，这些结构可以随整车或整个系统运动，可能有较大的位移、速度和加速度响应，但属于刚体运动，它们自身的结构不会因道路载荷而共振，这些结构上产生的应力，通常是由所受载荷的幅值和相位引起的，属于静态响应的性质，所以可以用静态分析方法计算它们的应力响应。

　　汽车结构耐久所涉及的各个学科理论与方法的研究和发展成熟度不同，它们应用的程度也不同。例如，对金属材料的研究远比对橡胶材料的研究成熟得多，所以目前汽车结构耐久的分析多数针对金属结构。近些年来，随着对结构分析精度要求的不断提高，对系统中橡胶材料的仿真分析也逐渐开展起来。例如对车门密封条的仿真分析，但是相应的研究仍然很有限，加之橡胶材料和结构的高度非线性（材料非线性和几何非线性），橡胶材料的精细仿真在实际结构分析中应用还很有限，在通常的结构仿真分析中，对系统中包含的橡胶件一般简化成线性的弹簧替代，来表达它们的刚性。

分析方法的难易程度也影响仿真分析方法的选用。例如，受路面载荷的车身结构分析采用瞬态的动力学分析，而发动机的瞬态载荷计算过于复杂，通常的结构分析只考虑可能的最大载荷，不考虑瞬态的载荷。发动机的排气歧管、缸体和缸盖的内壁受长时间的高温作用，会发生蠕变，但是蠕变分析的理论和计算比较复杂，材料的蠕变参数需要通过昂贵和费时的试验获得，一般也不使用。

材料的特性参数也常常是制约实际结构分析的一个因素。在很多情况下，一些复杂的理论引入附加的材料参数。对很多材料，这些材料参数仍是未知的，需要进行特殊并且昂贵的试验去获得。这种因素往往在实际的分析中用更简单的方法给出近似处理。在发动机热机疲劳分析中，Sehitoglu 公式包括了机械损伤、氧化损伤和蠕变损伤，是一个更全面的疲劳计算方法。但是，Sehitoglu 公式中所需要的材料参数却需要附加试验来获取。所以，一些汽车公司忽略热机疲劳中氧化损伤和蠕变影响，使用 Coffin – Manson 公式，只计算由热应变引起的机械损伤。

可以使用的载荷是汽车结构分析的另一个重要因素。对于一款全新的汽车设计，在初始的设计阶段，很多车辆的设计参数和信息都不具备或者不确定，设计者很难得到精确的载荷。通常设计者需要根据已有的设计信息，利用各种可能的途径和方法去获取可以用于设计的载荷。根据不同载荷的性质，结构分析的类型也随之不同。例如，对于整车结构，传统的方法是应用汽车使用的典型工况和车辆整体的基本参数（重量、轴距、轮距、重心高度等），使用准静态的方法，计算汽车的设计载荷和分析结构的强度。这种方法（参见第 9 章）已经被使用了上百年，设计出了无数的汽车。它的缺陷是设计载荷不够准确和完整。所以在近三十年来，另一类方法快速发展和广泛应用起来。这类方法使用车辆行驶时的实际道路载荷，使用动力学的方法，计算汽车结构的实际载荷、响应和强度。这样的道路载荷主要来源于实车测试和载荷的理论分解（参见第 9 章）。这种方法的缺陷是它依赖于实车，而实车只有在样车已经设计和制造出来以后。所以，在汽车设计的早期时候，经常使用过去已有的、比较接近设计中的车辆或者改制的车辆的道路载荷，测量它们的数据，选择相应的方法进行仿真计算。

除力学理论和方法，仿真分析需要的时间、计算机资源的限制等因素，也是汽车结构耐久分析的一个重要考量。对于汽车道路载荷的仿真分析，在 3.4.4 小节所介绍的基于有限元方法的虚拟试车场（Virtual Proving Ground，VPG）方法，用有限元描述整车（包括车轮、底盘和轮胎）和路面，考虑材料的非线性、运动过程中可能发生的几何非线性和接触（或边界条件）非线性，用非线性有限元方法计算路面和轮胎之间的相互作用及对车辆的作用，模拟仿真汽车在路面行驶的情况，计算车体结构在虚拟路面上行驶时的各种响应（位移、速度、加速度、内力和应力、应变等）。虚拟试车场技术已有二十多年的历史。在理论上，虚拟试车场方法可以全面模拟和计算汽车结构在道路上行驶时的机械力学响应。但是，这种方法在实际分析中的应用十分有限。主要原因有四方面。第一，虚拟试车场仿真需要很多详细的零部件材料参数。在早期设计阶段，很多具体的零部件参数还没有开发或确定，特别是一些关键零部件，如轮胎、底盘零件、连接衬套等。第二，虚拟试车场仿真需要整车的有限元模型。这也是一件困难的任务。经常的做法是部分简化和借用近似车型的部分模型。第三，大型非线性的有限元计算需要巨大的计算机资源和较长的计算时间，往往跟不上设计开发的进度。第四，由于计算时间较长，虚拟试车场仿真往往不能完成较长路面的仿真。由于整车道路试验的时间较长，目前普遍使用的分析方法是多体动力学加线性有限元的组合方法。首先，使用多体动力学进行载荷分解，获得分析对象的输入载荷，再应用有限元方法计算结构的各种响应。如上所述，如果所分析的系统是一个可能发生共振的系统，则通常使用动力学的方法进行仿真计算，如车身系统。如果所分析的系统不会发生共振，则可以使用静力学的方法进行仿真计算，如上面提到的底盘零部件。目前，车身和底盘主要零部件在道路载荷下的疲劳计算广泛地使用这种方法。

在实际工作中，分析方法的选用往往会更多地考虑工程结构分析的实际需要、目的和效率。在汽车生产企业中，产品设计的工作是一个团队的工作，分工合作，相互依赖，有时间和进度的要求。如果一个问题有多种分析方法，则使用的方法越简单越好，所做的分析越快捷越好。在实际汽车结构的分析中，经常能够看到，由于分析工作的时间限制，使用相对简单的线性、静态的分析方法，而不是使用复杂的非线性、动态的分析方法。实际的工程分析不同于完全学术研究性质的分析工作。在实际的工程分析中，绝对的计算精度往往不是最重要的。在很多情况下，不同设计方案之间的相对比较更为重要。很多时候，结构分析的目的在于给设计指出方向，具体的计算精度不是绝对的重要。

各个汽车设计和生产企业的技术力量不一样、设计流程不一样、分析的理念和能力不一样、计算机的软硬件条件不一样，所以对于各种分析方法的选用没有统一的标准。

汽车结构耐久分析系统的划分一般取决于汽车在各种使用工况下的载荷情况。有些汽车结构耐久性能与汽车整体的结构相关，有些与汽车系统结构相关，而有些只与汽车零部件相关。所以，汽车结构耐久的分析可以根据需要，分析整车的结构、系统结构，或者零部件结构。

图 3.48 是一辆汽车主要结构的示意图。与结构耐久相关的汽车结构主要有悬架、车身、发动机、传动系统和悬挂系统。悬挂车系统是指安装在车身下面的油箱、排气管、消声器等系统。一般悬架与车身使用螺栓和衬套连接，发动机与车身和副车架用悬置连接，传输系统、排气管和消声器等装置用支架安装。这些系统相对独立，容易拆卸分离。一般情况下，汽车各类结构耐久的分析，按照明显容易分开的汽车大系统分开进行。所以，汽车的结构耐久分析基本对悬架、车身、发动机、传动系统和悬挂部件等分开进行，如图 3.49 所示。

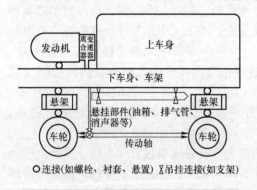

图 3.48   汽车主要结构的示意图

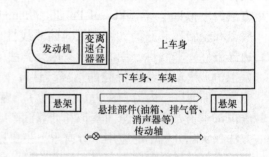

图 3.49   汽车主要系统的结构耐久分析

一般情况下，汽车各个零部件的设计是分开并同时进行的。汽车零部件的耐久分析需要尽可能早地进行，以便帮助零部件的设计满足设计要求。所以，各个系统和零部件的结构耐久分析，通常会进一步分解到不能再分解的地步。例如，悬架系统的结构耐久分析通常会分解到悬架的每个零部件，如转向节、摆臂、副车架、扭力梁、稳定杆、转向拉杆等。车门、发动机舱盖、行李舱盖等一些相对孤立（即与其他系统无关）的耐久性能分析也会单独进行。

参 考 文 献

[1] 刘延柱，潘振宽，戈新生. 多体系统动力学 ［M］. 2 版. 北京：高等教育出版社，2014.

[2] SCHRAMM D，HILLER M，BARDINI R. 车辆动力学 - 建模与仿真. 江发潮，等译. 北京：化学工业出版社，2017.

[3] 谭继锦，张代胜. 汽车结构有限元分析 ［M］. 北京：清华大学出版社，2009.

[4] 孔祥谦. 有限单元法在传热学中的应用 ［M］. 3 版. 北京：科学出版社，1998.

[5] 郑兆昌，丁奎元. 机械振动：中册 ［M］. 北京：机械工业出版社，1986.

[6] 王福军. 计算流体动力学分析：CFD 软件原理与应用 ［M］. 北京：清华大学出版社，2004.

长期载荷下结构位移的计算方法

第4章

汉车的行驶是汽车最主要的使用工况。很多汽车的结构耐久问题都发生在汽车的行驶过程中。所以，汽车的行驶是汽车结构耐久分析中考虑的最主要的工况。掌握和了解汽车在行驶中的结构响应（包括位移、速度、加速度、应力等）和状态对于分析和理解汽车结构耐久的问题非常重要。同时，获得结构应力响应的时间历程也是汽车结构疲劳寿命分析的前提条件。

汉车的行驶是一个长时间和不规范的过程。汽车设计与验证所采用的方法是将绝大多数汽车用户的使用情况和路况集中并复制在汽车试验场中，汽车行驶的综合耐久试验（参见第9章）在汽车试验场进行。计算汽车在行驶过程中的结构响应通常是计算汽车在试车场上行驶时的结构响应。在理论上，使用虚拟试车场（VPG）可以直接计算汽车结构在行驶中的结构响应。然而，各种汽车试验场的综合耐久试验的汽车行驶里程通常在几万公里之间，完成一个汽车的综合耐久试验通常需要数月的时间。所以，汽车行驶的耐久试验是一个长时间的试验。受计算机资源和计算时间的限制，在目前的条件下，使用虚拟试车场（VPG）直接计算汽车结构长期行驶的响应是一个无法完成的任务。

如上一章所述，目前实际的汽车结构的工程分析采用两步分析的方法。

首先，使用多体动力学计算汽车结构（或系统）主要连接点（硬点）上来自道路的载荷（称为载荷分解－详见第9章），然后在这些系统的连接点施加道路的载荷，使用线性有限元的方法分别计算汽车主要系统（如车身、悬架零件等）结构上各点的响应。在多体动力学分析的部分，主要考虑系统中硬点的运动和力的传递，考虑底盘运动件的大位移、大转角、减振器滑柱的行程和材料的非线性，较少考虑或者不考虑弹性体部件的相对小位移。在汽车主要系统结构的有限元分析部分，通常根据实际分析的需要分为非线性的分析和线性的分析。当分析汽车结构在行驶中极限载荷下的强度时，因为只考虑单一或者少量的一组极限载荷并且结构的响应会超出弹性变形的范围，结构的有限元分析通常使用非线性的分析方法。当分析汽车结构在行驶中的疲劳损伤时，因为考虑汽车行驶的载荷较长，计算结构的变形和应力响应时使用通常线性的分析方法。

对于长期载荷下的汽车结构的仿真计算使用两步分析的方法是因为在现有的计算机条件下这是唯一可行并且比较合理的方法。在计算道路载荷时，底盘运动件的刚体位移比各汽车系统的弹性变形对整车运动仿真和传递力计算的影响更大，同时整车运动仿真也需要考虑底盘运动件具有大位移、大转角、非线性材料（例如非线性的衬套刚度、阻尼）、减振器滑柱行程等非线性因素，所以，多体动力学是一个比较合理的分析工具。一个典型的用于整车载荷计算的多体动力学模型包含的车辆硬点和相关重要的计算点的数量在百位的数字以下，系统的自由度总数相对较少，因此，即使系统包含车身柔性体、非线性计算比较耗时、并且样本路面（参见第 6 章）较长，在现有的计算机条件下，整车载荷的计算可以在能接受的时间内完成。在汽车的的运动中，零部件的位移包括刚体位移和弹性位移。刚体位移没有变形，不产生应力，对结构的耐久性能没有影响。弹性位移是相对位移，是弹性体的变形，会导致应力的产生，是对结构耐久有害的部分，弹性体的变形和应力是结构耐久分析要计算的内容。与载荷的计算不同，结构的应力高度依赖结构的细节，必须通过有限元方法来描述汽车零部件的细节和计算相应的结构应力。为了保证计算的精度，汽车零部件的有限元模型需要划分成比较细的网格，这样通常会导致汽车分析的有限元模型比较大。例如，在计算白车身（参见第 11 章）的疲劳寿命时，目前比较典型的车身模型中白车身部分的有限元单元的数量在百万以上。由于汽车耐久试验的时间较长，计算数百万单元的应力响应历程是一项巨大的计算工程。在目前的条件这项工作只能使用线性计算的方法。相对整车运动仿真和道路载荷的计算，汽车弹性体部件（如车身、悬架零件）的相对位移在汽车整个行驶过程中的绝大部分时间是小位移，属于弹性变形，只在极少量的瞬间，变形会超出弹性范围，所以，在计算汽车弹性体部件（如车身、悬架零件）在长时间道路载荷下的变形和应力响应时，使用线性的有限元方法是在现有条件下的一种合理选择。在后续应变法的疲劳寿命计算中，超出弹性范围的应力还可以通过其他的近似方法进行修正（参见第 6.3.6 节）。

在汽车结构对长期载荷的响应中，完整的应力响应历程用于结构的疲劳计算，是汽车结构耐久分析中的主要计算内容之一。位移是产生应力的基础。应力计算是位移计算的进一步延伸。在很多方面，位移计算的理论和应力计算的理论有相似之处，例如模态的分解和叠加。位移响应的特性和应力响应的特性也有相似之处，例如共振现象。所以，本章将首先对动力学系统对较长载荷的瞬态位移响应求解作一个简要的回顾，以便为下一章介绍瞬态应力响应的计算作准备。

4.1 结构的静态位移

位移是描述一个机械系统运动的基础。从本质上来说，汽车在道路上行驶是一个动态的运动。汽车结构的一般性力学描述是一个动力学问题。在前面的章节（第 3.4.1 节）已经对线性的动力学方程进行了介绍。从机械振动的理论可知，当系统无共振发生时，系统的响应与静态方法计算的响应是一样的。当系统发生共振时，系统的响应被放大，比静态的响应大。所以，取决于系统是否发生共振，系统响应的求解可以使用静态的分析方法或者动态的分析方法。显然，静态的分析方法比动态的分析方法简单和快速，是分析人员优先考虑的方法。

任何一个系统都有质量和固有频率，都有发生动态响应（共振）的可能。但是在很多情况下，当系统的固有频率高于外部载荷的激励频率时，系统的动态响应不会被激励起来，系统的响应将是静态性质的。在这种情况下，这些系统的响应可以用静态的方法求解。汽车悬架中的很多零部件就是这样的例子。通常这些零部件的固有频率很高，来自路面载荷的频率低于这些零部件的固有频率，所以这些零部件对道路载荷的响应将是静态的，可以用静态的方法分析。

假定在移除系统中相互关联的、非独立的自由度（例如有限元分析中使用的刚性连接的自由度）后，具有 n 个独立自由度，$\{d(t)\}$ 是对应系统的 n 个独立自由度的广义位移坐标向量，$\{f(t)\}$ 是作用在系统 n 个自由度上的外力载荷向量，$[K]$ 是系统的刚度矩阵。如果考虑外力载荷是车辆设计时所用的准静态极限载荷，$\{f\}$ 和 $\{d\}$ 都是常数向量。如果考虑外力载荷是来自汽车行驶过程中的道路载荷，$\{f(t)\}$ 和 $\{d(t)\}$ 都是时间函数的向量。系统的静力学方程为

$$[K]\{d(t)\} = \{f(t)\} \tag{4.1}$$

在系统受到完全约束的条件下，刚度矩阵 $[K]$ 的逆矩阵存在。假设 $[K]^{-1}$ 是 $[K]$ 的逆矩阵，广义位移坐标向量的解为

$$\{d(t)\} = [K]^{-1}\{f(t)\} \tag{4.2}$$

需要强调指出，系统位移的静态解代表系统的位移响应中没有共振放大的成分，可以如同在静态条件下一样求解，但是它不代表系统处于静态。在动态的载荷下，系统仍然跟随动态的载荷作动态的位移，系统的位移与输入的载荷成正比。当上面所提的条件不满足时，系统就可能发生共振，系统的响应则不能用静态的方法求解，必须使用下一节所讨论的方法。

4.2　结构的动态位移

与上面同样的系统。当系统处在运动状态下的时候，系统具有速度和加速度。如果系统的部分固有频率和外部载荷的激励频率在数值上混合在一起，系统可能发生动态的响应（共振）。此时就必须考虑系统的惯性力和阻尼力，系统的动力学方程为

$$[M]\{\ddot{d}(t)\} + [C]\{\dot{d}(t)\} + [K]\{d(t)\} = \{f(t)\}$$

4.2.1　直接积分法

第 3 章中已经介绍了直接求解线性动力学方程 [式（3.68）] 的逐步积分法（第 3.4.1 节）。对于相对较小的线性动力学系统，或者短时间的外力载荷（例如冲击），直接积分法可以有效地求解系统的响应。但是，直接积分法需要耗费很多计算时间，对于有长时间外力载荷的大型复杂动力学系统（如车身结构），应用这种方法就变成不可能了。在这种情况下，求解系统的响应就必须使用模态分析法。

4.2.2　模态分析法

1. 系统的固有频率和固有振型

从机械振动的模态分析理论 [1] 可知，如果一个振动系统有 n 个自由度，那么就有 n 个固有频率和 n 个固有振型。对于每一个固有频率 ω_j，有一个对应的振型 $\{\phi_j\}$。一个固有频率和它对应的振型在一起被统称为一个模态。一个具有 n 个自由度的振动系统，有 n 个模态。

2. 强迫振动的瞬态位移响应解

假定一个振动系统的固有频率是 ω_1，ω_2，$\cdots$，ω_n，对应的振型向量是 $\{\phi_1\}$，$\{\phi_2\}$，$\cdots$，$\{\phi_n\}$，振型矩阵是

$$[\phi] = [\{\phi_1\} \quad \cdots \quad \{\phi_n\}] \tag{4.3}$$

由振型矩阵定义的坐标变换为

$$\{d\} = [\phi]\{\xi\} \tag{4.4}$$

式中　　$\{\xi\}$——一个与原始几何坐标；

　　　　$\{d\}$——具有相同变量数目的向量，称为模态坐标。

根据振动的模态理论，振型矩阵可以使质量矩阵 $[M]$ 和刚度矩阵 $[K]$ 对角化

$$[\phi]^T[M][\phi] = \begin{bmatrix} \ddots & 0 & 0 \\ 0 & m_l & 0 \\ 0 & 0 & \ddots \end{bmatrix} \tag{4.5}$$

$$[\phi]^T[K][\phi] = \begin{bmatrix} \ddots & 0 & 0 \\ 0 & k_l & 0 \\ 0 & 0 & \ddots \end{bmatrix} \tag{4.6}$$

式中　　$m_l = \{\phi_l\}^T[M]\{\phi_l\}$；$k_l = \{\phi_l\}^T[K]\{\phi_l\}$。

对于阻尼矩阵，在一般情况下，不能与质量矩阵 $[M]$ 和刚度矩阵 $[K]$ 同时对角化。在大多数情况下，阻尼的存在会使系统的特征值和特征向量变成复数值，被称为复模态。复模态的物理意义是模态存在相位因素，在模态振动时，系统的自由度不是在同一时刻达到最大值。考虑到实际系统中的阻尼性能和参数并不完全知道，通常假设上述无阻尼系统的振型矩阵可以使阻尼矩阵 $[C]$ 近似对角化

$$[\phi]^T[C][\phi] \approx \begin{bmatrix} \ddots & 0 & 0 \\ 0 & c_l & 0 \\ 0 & 0 & \ddots \end{bmatrix} \tag{4.7}$$

式中　　$c_l = \{\phi_l\}^T[C]\{\phi_l\}$。

对于小阻尼的系统，振动分析通常采用这样的近似。汽车结构主要使用金属材料，阻尼较小，所以使用这样的近似是可以接受的。

将坐标变换的方程代入式（3.68），并在方程两边同乘以 $[\phi]^T$。利用上面的对角化关系式，系统的动力学方程（3.68）解耦成为 n 个独立的、在模态坐标下的单自由度系统的振动方程

$$m_l \ddot{\xi}_l(t) + c_l \dot{\xi}_l(t) + k_l \xi_l(t) = F_l(t) \quad 1 \leqslant l \leqslant n \tag{4.8}$$

m_l、c_l、k_l 分别被称为系统的第 l 阶模态质量，模态阻尼和模态刚度，$F_l(t) = \{\phi_l\}^T \{f(t)\}$ 被称为第 l 阶模态外力，ξ_l 被称为第 l 阶模态坐标。因为式（4.8）是单自由度系统的振动方程，所以 ξ_l 也被称为模态位移。

模态坐标是一个经过线性变换以后得到的新坐标。它的意义在于在原始定义系统运动的物理坐标系（$x - y - z$）里，耦合的系统动力学方程在模态坐标下变成 n 个不耦合的、相互独立的单自由度系统。它是一个广义坐标。模态外力是经过这个力学变换以后得到的，在模态坐标上等效的广义外力。模态质量、模态阻尼和模态刚度也都是广义的质量、阻尼和刚度。

第 l 阶模态的固有频率为 $\omega_l = \sqrt{k_l / m_l}$。方程（4.8）被称为第 l 阶模态的振动方程，它是一个单自由度系统的动力学方程，可以按通常的单自由度系统一样求解［例如，使用杜哈美（Duhamel）积分求解］。当模态外力 $F_l(t)$ 中含有等于或者接近第 l 阶模态固有频率 ω_l 的频率成分时，它将驱动第 l 阶模态发生共振，第 l 阶模态坐标 ξ_l 的数值将有比较大的数值。

由振动的模态理论，系统的位移是这些振型的线性叠加，每个模态振型的加权因子是对

应的模态坐标从模态振动方程（4.8）得到的解

$$\{d(t)\} = \{\phi_1\}\xi_1(t) + \{\phi_2\}\xi_2(t) + \cdots + \{\phi_n\}\xi_n(t) \tag{4.9}$$

系统在第 i（$i=1$，……，n）个自由度上的位移，是这些振型在这个自由度上的值的线性叠加

$$d_i(t) = \sum_{l=1}^{n} \phi_{il}\xi_l(t) \tag{4.10}$$

式中　ϕ_{il}——第 l 阶模态振型在第 i 个自由度上的值。

系统在第 i 个自由度上的位移是所有振型在这个自由度上贡献的叠加。因为在这些线性叠加中，模态坐标是每个模态振型的加权因子，所以模态坐标有时也被称为模态的加权因子。当某一阶模态发生共振时，该阶模态坐标的数值将比较大，该阶模态在第 i 个自由度上的位移的贡献将比较大，在第 i 个自由度上的位移中占比较大的比例，甚至可能是绝大部分。例如，当发动机盖的局部模态发生共振时，在发动机盖上的点的位移中，发动机盖的局部模态将占主要的成分。

3. 强迫振动的位移频率响应函数

对方程（4.8）两端进行 Laplace 变换 [2]，并令 Laplace 算子 $S=j\omega$，可以得到

$$[(k_l - \omega^2 m_l) + j\omega c_l]\bar{\xi}_l(\omega) = \bar{F}_l(\omega) \tag{4.11}$$

式中　$\bar{\xi}_l(\omega)$——对时域模态坐标 $\xi_l(t)$ 进行 Laplace 变换以后得到的频域模态坐标函数；

　　　$\bar{F}_l(\omega)$——对时域模态外力 $F_l(t)$ 进行 Laplace 变换以后得到的频域模态外力函数。

因为第 l 阶模态外力

$$F_l(t) = \{\phi_l\}^{\mathrm{T}}\{f(t)\} = \sum_{j=1}^{n} \phi_{jl} f_j(t) \tag{4.12}$$

式中　$f_j(t)$——作用在原 $x-y-z$ 物理坐标系中第 j 个自由度上的外力。

$F_l(t)$ 的 Laplace 变换是

$$\bar{F}_l(\omega) = \sum_{j=1}^{n} \phi_{jl}\bar{f}_j(\omega) \tag{4.13}$$

式中　$\bar{f}_j(\omega)$——$f_j(t)$ 的 Laplace 变换。

代入（4.11）可以得到

$$\bar{\xi}_l(\omega) = \frac{\sum\limits_{j=l}^{n} \phi_{jl}\bar{f}_j(\omega)}{(k_l - \omega^2 m_l) + j\omega c_l} \tag{4.14}$$

再对方程（4.10）两端进行 Laplace 变换，并令 Laplace 算子 $S=j\omega$（这里 j 代表复数），可以得到

$$\bar{d}_i(\omega) = \sum_{l=1}^{n} \phi_{il}\bar{\xi}_l(\omega) \tag{4.15}$$

式中　$\bar{d}_i(\omega)$——对时域的位移响应函数 $d_l(t)$ 进行 Laplace 以后，得到的频域的位移响应函数；

　　　$\bar{\xi}_l(\omega)$——同式（4.11）。

将式（4.14）代入（4.15）得到

$$\bar{d}_i(\omega) = \sum_{l=1}^n \phi_{il} \frac{\sum_{j=1}^n \phi_{jl} \bar{f}_j(\omega)}{(k_l - \omega^2 m_l) + j\omega c_l} \tag{4.16}$$

当外力只作用在系统的一个自由度上，假定是第 p 个自由度

$$\{f\} = (0, \cdots, 0, f_p, 0, \cdots, 0)^{\mathrm{T}}$$

这时，第 l 阶模态外力 $F_l(t) = \phi_{pl} f_p(t)$。方程（4.16）变成

$$\bar{d}_i(\omega) = \sum_{l=1}^n \phi_{il} \frac{\phi_{pl} \bar{f}_p(\omega)}{(k_l - \omega^2 m_l) + j\omega c_l} = \left(\sum_{l=1}^n \frac{\phi_{il} \phi_{pl}}{(k_l - \omega^2 m_l) + j\omega c_j} \right) \bar{f}_p(\omega) \tag{4.17}$$

由此定义位移的频域响应函数

$$H_{ip}(\omega) = \frac{\bar{d}_i(\omega)}{\bar{f}_p(\omega)} = \sum_{l=1}^n \frac{\phi_{il} \phi_{pl}}{(k_l - \omega^2 m_l) + j\omega c_l} \tag{4.18}$$

频域函数 $H_{ip}(\omega)$ 也被称为位移响应传递函数。在模态识别的试验力学中，它也被称为位移导纳函数（位移和力的比），它的倒数被称为位移机械阻抗或动刚度（力和位移的比）。它是在 p 坐标（自由度）施加频率为 ω 的单位力，在 i 坐标（自由度）观测到的位移响应。物理上，它表示在 p 坐标激励输入，传递到 i 坐标得到的位移输出。传递函数是一个复数，有幅值和相位。幅值表示了输出比输入放大或缩小的倍数，相位表示了输出和输入之间的相位差。

在位移响应传递函数中，分母是每个模态的单自由度系统的动刚度，分子中 ϕ_{pl} 实际上表示在 p 坐标激振力对第 l 阶模态贡献的加权因子，ϕ_{il} 实际上表示第 l 阶模态对第 i 坐标位移贡献的加权因子。

如果在 p 坐标激振，在 p 坐标观测位移响应，所得到的导纳 $H_{pp}(\omega)$ 被称为原点导纳。如果在 p 坐标激振，在 i 坐标观测到的响应，所得到的导纳 $H_{ip}(\omega)$ 被称为跨点导纳。如果在 p 坐标扫频激振，在所有坐标（$i = 1, \cdots\cdots, n$）观测，所得到的 n 个导纳函数 $H_{ip}(\omega)$ 包含了所有模态信息（ω_l, c_l, ϕ_{il}），可以使用各种模态识别算法和计算机程序计算出这些模态参数。类似位移导纳函数，还可以定义和测量速度导纳和加速度导纳。通常加速度导纳更便于测量和识别高频模态。

当 $\omega = \omega_s = \sqrt{k_s/m_s}$（第 s 阶固有频率），$k_s - \omega_s^2 m_s = 0$，第 s 阶模态发生共振，位移导纳函数如下

$$H_{ip}(\omega_s) = \sum_{l=1}^{s-1} \frac{\phi_{il} \phi_{pl}}{k_l - \omega_s^2 m_l + j\omega_s c_l} + \frac{\phi_{is} \phi_{ps}}{j\omega_s c_s} + \sum_{l=s+1}^n \frac{\phi_{il} \phi_{pl}}{(k_l - \omega_s^2 m_l) + j\omega_s c_l} \tag{4.19}$$

因为阻尼是一个很小的数，中间第 s 阶模态的位移频率响应 $\phi_{is} \phi_{ps}/j\omega_s c_s$ 是一个比较大的数，相应的这一阶模态的位移响应增大，其他阶模态的位移频率响应相对第 s 阶模态的响应则比较小，第 s 阶模态的位移响应，成为在此频率下系统响应中的主要成分。位移导纳函数近似变成

$$H_{ip}(\omega_s) \approx \frac{\phi_{is} \phi_{ps}}{j\omega_s c_s} \tag{4.20}$$

由于 $\phi_{ps}/j\omega_s c_s$ 是一个常数，系统在共振时的振型是系统在对应固有频率下的模态振型。

4. 模态截断

通常，汽车在行驶过程中车轮以上的结构受到来自地面载荷的频率通常较低，一般不超

过 $50Hz$。所以，高于 $50Hz$ 的模态一般不会被地面载荷激励发生共振。为了减少计算工作量和时间，这些模态可以从计算中忽略，而不影响主要的计算精度。这个截断频率需要根据输入载荷的频率范围决定，要求高于输入载荷的主要频率，或者根据分析者感兴趣的范围决定。假定在截断频率 f_c 以下，系统有 m（$m < n$）个模态，系统在第 i 个自由度上的位移的解式（4.10），变成前 m 个振型在这个自由度上的值的线性叠加，具体如下

$$d_i(t) = \sum_{l=1}^{m} \phi_{il}\xi_l(t) \tag{4.21}$$

通常 m 远小于 n。如整备车身（trimmed body）的有限元模型有上千万个自由度，而在 $50Hz$ 以下的模态一般在 200 个以下。这样，应用模态截断以后的车身位移响应的计算工作量大大降低。

5. 瞬态响应求解的时间间隔

求解一个长时间载荷下大型有限元动力学系统的瞬态响应（包括模态法），是一个非常耗时的巨大任务。在求解这样的系统的瞬态响应时，希望在保证分析所需的计算精度条件下，使用最短的计算时间。用数值方法求解动力学系统瞬态响应的过程中，积分求解所用的时间间隔 Δt 不仅影响计算的时间，同时也影响计算的精度。如果时间间隔 Δt 很小，虽然有助于提高计算精度，但增加了计算时间。如果时间间隔 Δt 太大，虽然有助于提高计算速度，但降低了计算精度。对于结构耐久分析，获得系统响应的峰值最为关键。从后面的章节中可以了解到，系统响应的最大值和最小值（特别是应力响应），对结构的静强度和疲劳寿命很重要，而中间过程的值不重要。所以，能够保证获得系统响应最大值和最小值时的最小时间间隔 Δt，就是最佳的时间间隔（或称时间步长）。下面用一个两个模态的时间响应曲线说明如何决定计算时的时间间隔 Δt。

假设使用模态方法求解一个动力学系统的瞬态响应时，模态截断后剩下两阶模态。两阶模态的模态位移响应（模态坐标）曲线如图 4.1 所示。第一阶模态的固有频率为 f_1，周期为 $T_1 = 1/f_1$，第一阶模态的固有频率低，周期长；第二阶模态的固有频率为 f_2，周期为 $T_2 = 1/f_2$，第二阶模态的固有频率高，周期短。图 4.1a 是两阶模态的模态位移的完整时间响应曲线。显然，用高阶模态的周期求解的时间间隔 Δt，会较少地漏掉最大值和最小值。图 4.1b 是从图 4.1a 中截取的一个第二阶模态周期长度的模态位移曲线。

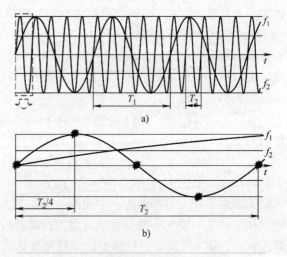

图 4.1 两阶模态的模态位移曲线

可以看出，对一个纯模态位移（正弦波），在一个周期内有 5 个求解的时间点，便可以获得最大值和最小值。所以，取 $\Delta t = T_2/4 = 1/4f_2$，可以获得最大值和最小值。一般来说，如果模态截断后的最大固有频率为 f_m，取 $\Delta t = 1/4f_m$。

在实际使用计算机软件（如 NASTRAN）求解瞬态响应时，一般不会分成两步，即先求

模态的固有频率，再求解瞬态响应，而是使用计算机软件一步求解。在这种情况下，如果截断频率为 f_c，可以取 $\Delta t = 1/4 f_c$。对于车体上容易发生振动的钣金件零部件或系统（如车身），高阶模态频段模态比较密集，这样使用时间间隔误差不大。

4.3　结构对支座运动的响应

理论上，所有安装在汽车上的系统和零部件，在汽车行驶的过程中受到来自路面的载荷，进而产生位移、速度、加速度、应力和应变等响应，只要在整车上一起试验和分析就可以得到。但是，在实际汽车的设计阶段，工程师无法做到这点。这是因为在汽车的设计阶段，汽车的设计只存在于图样上，实车并不存在。同时，汽车的许多零部件和一些重要的参数（如悬架的弹簧和阻尼参数、衬套的刚度参数等）都不是同时决定、或者还没有决定，整车的仿真分析（如 VPG）也无法进行。在汽车的设计过程中，各个系统或结构的设计是分开同时进行的，而不是等到整车的设计全部完成后再进行。在大部分的设计进程中，它们的分析和试验也都分别单独地进行，只有在设计进程中的样车制造节点时，才在整车上试验。所以，汽车各个系统的结构耐久分析一般都是在系统或零部件的基础上进行。图 3.48 是相对较大的汽车系统分解的示意图。在实际分析中，汽车结构的耐久分析会进一步分解到更小的系统和零部件。对于分解的汽车系统或零部件的耐久分析，获取来自道路的载荷输入是各系统分析的一个先决条件。在很多时候，对这些系统或结构分析和试验的外力是未知的，通过多体动力学的载荷分解（第 9 章）直接计算汽车行驶时来自路面的载荷到这些安装点一般是很困难的。结构分析工程师需要根据可以利用的各种信息和方法获得道路对这些系统或零部件的载荷输入。有一类系统或零部件的道路载荷的输入来自它们被安装的结构。例如，图 4.2 所示的油箱、隔热罩、传动轴、消声器，还有许多安装各种功能器件的小支架，都是安装在车身上的。有很多这样的系统和零部件是悬挂在下车体的下面，它们经常被称为悬挂件。

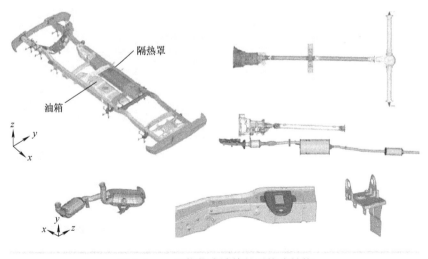

图 4.2　一些载荷难计算的系统或结构

通过多体动力学的载荷分解（第 9 章）计算汽车行驶时这些系统安装点，路面的载荷是很困难的。一种常用方法是测量汽车行驶时在这些结构的安装点附近的位移或加速度响应，用这些位移或加速度响应数据，作为对这些系统或结构的输入。

例如，图4.3是电器装置安装支架的设计。电器装置安装在支架上，该支架安装在汽车的前纵梁上。通过样车或者对标车在该位置上的测量，得到支架安装点附近的纵梁上的加速度响应。在结构的试验和仿真分析中，纵梁上的加速度响应成为系统的输入。

图4.4是一辆汽车油箱的安装结构图。图中给出了整个车架的结构。油箱通过拉带或者条形支架固定并安装在汽车车架的两根横梁上。一种分析方法是使用汽车车架上的载荷，仿真分析整个车架（甚至整车）和油箱。但是，一般油箱的设计人员只关心油箱而不关心车架，并且可以从样车或者对标车的测试中，得到两根横梁在两边纵梁安装点处的加速度响应。所以，很多油箱的试验和仿真分析使用截断的车架和油箱，只包括油箱、两根横梁和中间一段纵梁，用四个横梁安装点处的加速度响应作为油箱结构的分析输入。

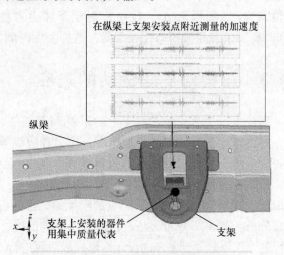

图4.3 一个电器装置安装支架的仿真分析

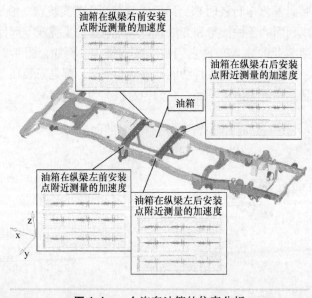

图4.4 一个汽车油箱的仿真分析

在结构动力学中，这种结构由其所安装的基座运动（位移或加速度）牵连做被迫的强制运动，称为结构（或系统）对支座运动的响应。结构的安装（或连接）基座被称为支座。图4.3的例子中是一个支座，有三个平动。图4.4的例子中是四个支座，每个支座有三个平动。

必须说明，在整车的行驶过程中，车辆通过车轮与路面发生相互作用产生载荷也是由于路面的变化，可以看成是一种固定的位移输入。在有限元的整车仿真分析（VPG）中，变化的路面与车轮之间的接触就是对车辆的一种特殊方式的输入。但是这种输入与这里的支座位移输入是不一样的。在 VPG 中，路面和车轮可以分离，相互之间有相对运动和作用力。在结构（或系统）对支座运动的响应分析中，结构（或系统）和支座是固定在一起的，相互之间没有相对运动，相互之间的力是百分之百地传递。

在汽车系统或零部件的结构耐分析中，力是一种常用的载荷输入方式。在一些特定的情况下，支座的运动也是一种载荷输入方式。本节介绍结构对支座运动响应的分析方法[3,4]。

4.3.1　结构对单一支座同向平动运动的响应

首先，考虑集中质量的多自由度系统固定在一个 v 方向上运动的支座上。假设支座的位移为 v_g，该系统的自由度数为 n，系统的集中质量点在支座的运动方向上相对自身安装点的位移（绝对位移）为 v。每个集中质量点的总位移（或者称绝对位移）为

$$v_i^t = v_i + v_g \quad i = 1, \cdots n \tag{4.22}$$

写成向量形式为

$$\{v^t\} = \{v\} + \{1\}v_g \tag{4.23}$$

式中　　$\{1\}$ ——代表每一个元素都为 1 的向量。

图 4.5 是一个四个集中质量系统的例子。

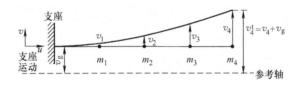

图 4.5　四个集中质量、单一支座、同向平动运动系统

假设该系统的质量、刚度和阻尼矩阵分别为 $[M]$、$[K]$ 和 $[C]$。其中 $[M]$ 为对角矩阵。该系统的运动方程为

$$[M]\{\ddot{v}^t\} + [C]\{\dot{v}\} + [K]\{v\} = \{0\} \tag{4.24}$$

将式（4.23）代入式（4.24），可得到一个用相对位移 v 表达的运动方程

$$[M]\{\ddot{v}\} + [C]\{\dot{v}\} + [K]\{v\} = -[M]\{1\}\ddot{v}_g \tag{4.25}$$

所以，结构对运动的响应转化成一个常规力的方程，等效的外力由支座的加速度乘以质量矩阵得到。

如果用总位移（绝对位移）表达运动方程，将以下相对位移 v 代入式（4.24）

$$\{v\} = \{v^t\} - \{1\}v_g \tag{4.26}$$

$$\{\dot{v}\} = \{\dot{v}^t\} - \{1\}\dot{v}_g \tag{4.27}$$

得到一个用绝对位移 v^t 表达的运动方程

$$[M]\{\ddot{v}^t\} + [C]\{\dot{v}^t\} + [K]\{v^t\} = [C]\{1\}\dot{v}_g + [K]\{1\}v_g \tag{4.28}$$

一般情况下，阻尼比较小，阻尼造成的等效力不计，得到简化的运动方程

$$[M]\{\ddot{v}^t\} + [C]\{\dot{v}^t\} + [K]\{v^t\} = [K]\{1\}v_g \tag{4.29}$$

结构对运动的响应转化成一个常规力的方程，等效的外力由支座的位移乘以刚度矩阵得到。

在汽车系统和零部件的试验（经常称为台架试验）中，使用位移和加速度作为输入的情况都存在。从数据的采集而言，测量加速度信号更为容易。所以，使用支座的加速度响应作为系统输入的仿真分析更方便。

在商用分析软件 NASTRAN 中所采用的对应方法分别是大质量和大刚度方法[5]。

4.3.2 结构对单一支座多向运动的响应

如果一个多自由度系统的自由度不是在同一个方向上，上述系统的运动表达式必须进行一定调整。下面以图 4.6 中的系统为例说明。

图 4.5 所示的支座运动系统有四个集中质量。其中两个的自由度在 v 方向上，另外两个的自由度在 u 方向上。假设支座在一个方向上的位移为 v_g。系统每个集中质量点的总位移（或者称绝对位移）为

$$\{v^t\} = \{v\} + \{r\} v_g \tag{4.30}$$

式中 $\{r\}$ —— 一个一维的向量，称为影响系数向量。

影响系数代表由单位支座位移在每一个自由度上所产生的位移。对于图 4.5 所示的同向平动运动的系统，$\{r\}^T = [1\ 1\ 1\ 1]$ 或者 $\{r\} = \{1\}$。对于图 4.6 所示的系统，$\{r\}^T = [1\ 1\ 0\ 0]$。于是，用相对位移 v 表达的运动方程为

$$[M]\{\ddot{v}\} + [C]\{\dot{v}\} + [K]\{v\} = -[M]\{r\}\ddot{v}_g \tag{4.31}$$

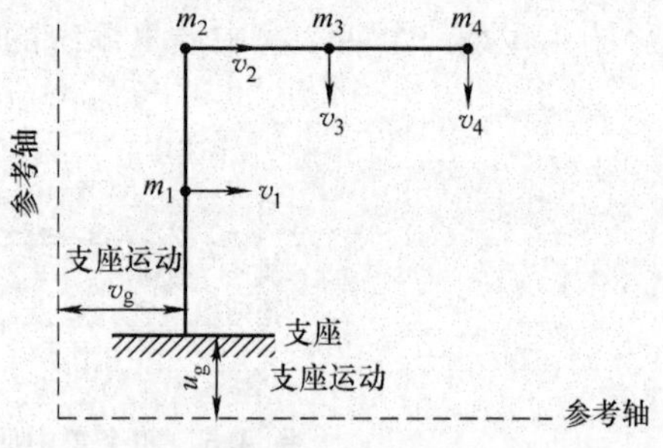

如果支座在另一个方向上运动，其位移为 u_g，影响系数向量为 $\{r\}^T = [0\ 0\ 1\ 1]$，系统每个集中质量点的总位移（或者称绝对位移）为

$$\{v^t\} = \{v\} + \{r\} u_g \tag{4.32}$$

用相对位移 v 表达的运动方程为

图 4.6 四个集中质量、单一支座、异向平动运动系统

$$[M]\{\ddot{v}\} + [C]\{\dot{v}\} + [K]\{v\} = -[M]\{r\}\ddot{u}_g \tag{4.33}$$

如果支座在两个方向上都有位移为 v_g 和 u_g，等效的外力可以看成两个外力的叠加，记作向量 $\{w\} = (v_g, u_g)^T$ 用相对位移 v 表达的运动方程为

$$[M]\{\ddot{v}\} + [C]\{\dot{v}\} + [K]\{v\} = -[M]\begin{Bmatrix}1\\1\\0\\0\end{Bmatrix}\ddot{v}_g - [M]\begin{Bmatrix}0\\0\\1\\1\end{Bmatrix}\ddot{u}_g$$

$$= -[M]\begin{bmatrix}1 & 0\\1 & 0\\0 & 1\\0 & 1\end{bmatrix}\begin{Bmatrix}\ddot{v}_g\\\ddot{u}_g\end{Bmatrix} = -[M][r]\{\ddot{w}_g\} \tag{4.34}$$

式（4.34）中矩阵 $[r]$ 为影响系数矩阵，替代了影响系数向量 $\{r\}$。在最复杂的问题中，

一个支座可能有三个刚体平动和三个刚体转动分量。影响系数矩阵 $[r]$ 扩展为一个 $n \times 6$ 的矩阵，$\{\ddot{w}\}$ 扩展为一个包含六种位移的向量。支座转动必须限于微小的转动才能保持线性要求。线性分析中唯一允许大的运动为刚体平动。这也是汽车系统分析时常见的情况。

在有限元方法中，质量矩阵在形式上与上述的集中质量体系的方程相同，只是有限元方法采用一致质量模式，质量矩阵不再是对角矩阵。将导致支座位移和反映自由度间耦合的质量矩阵非对角部分记为 $\{m_g\}$，一个支座位移为 v_g 的系统的有限元运动方程为

$$[M]\{\ddot{v}^t\} + \{m_g\}\ddot{v}_g + [C]\{\dot{v}\} + [K]\{v\} = \{0\} \tag{4.35}$$

用相对位移 v 表达的系统有限元运动方程为

$$[M]\{\ddot{v}\} + [C]\{\dot{v}\} + [K]\{v\} = -([M]\{r\} + \{m_g\})\ddot{v}_g \tag{4.36}$$

4.3.3　结构对多支座运动的响应

当结构有多个支座，且每一个支座进行不同运动时，结构的总反应可以由各个支座输入单独运动时所引起的反应叠加来求得。但是，每个单个支座运动的响应的方程，与前述一个支座单独运动时所引起的反应有不同，因为在此种情况下，一次只能移动一个支座，而此时其余所有支座考虑为固定不动。因此，除了动力响应应力之外，由各支座间相互运动还将引起结构中的拟静力应力。

假设允许一个支座运动，支座位移为 v_g。一个用有限元离散化的系统的运动方程可写为

$$[M]\{\ddot{v}^t\} + \{m_g\}\ddot{v}_g + [C]\{\dot{v}^t\} + \{c_g\}\dot{v}_g + [K]\{v^t\} + \{k_g\}v_g = \{0\} \tag{4.37}$$

式中　$\{c_g\}$ 和 $\{k_g\}$——阻尼和弹性耦合向量，表示由支座运动在有效自由度上所产生的力。

将已知项移到方程的右边，得到一个用总位移（绝对位移）v^t 表达的运动方程为

$$[M]\{\ddot{v}^t\} + [C]\{\dot{v}^t\} + [K]\{v^t\} = -\{m_g\}\ddot{v}_g - \{c_g\}\dot{v}_g - \{k_g\}v_g \tag{4.38}$$

系统各自由度的总位移（或者称绝对位移）仍然由关系式（4.30）表达。但是，其中由支座运动引起的直接位移（称为拟静力位移）不能用刚体运动学计算，必须根据静力平衡条件决定。先将关系式（4.30）代入方程（4.37）得到

$$[M]\{\ddot{v}\} + [M]\{r\}\ddot{v}_g + [C]\{\dot{v}\} + [C]\{r\}\dot{v}_g + [K]\{v\} + [K]\{r\}v_g =$$
$$-\{m_g\}\ddot{v}_g - \{c_g\}\dot{v}_g - \{k_g\}v_g \tag{4.39}$$

根据静力平衡条件，由支座运动引起的拟静力位移必须满足以下方程

$$[K]\{r\}v_g = -\{k_g\}v_g \tag{4.40}$$

所以，拟静力影响系数向量 $\{r\}$ 由以下关系式决定

$$\{r\} = -[K]^{-1}\{k_g\} \tag{4.41}$$

将拟静力影响系数向量 $\{r\}$ 代入式（4.36），并将已知项移到方程右边，得到

$$[M]\{\ddot{v}\} + [C]\{\dot{v}\} + [K]\{v\} = -([M]\{r\} + \{m_g\})\ddot{v}_g - ([C]\{r\} + \{c_g\})\dot{v}_g \tag{4.42}$$

如果阻尼矩阵与刚度矩阵成正比，支座运动速度 $\dot{v}_g$ 前面度系数也满足静力平衡条件为零，所以支座运动速度 $\dot{v}_g$ 项为零。一般情况下，阻尼很难确定，并且考虑到阻尼很小，所以，实际工程分析中通常忽略支座运动速度 $\dot{v}_g$ 项，一个支座运动而其他支座不动时的系统运动方程为方程（4.36）。

考虑所有支座运动引起的结构总响应，是各个支座输入单独运动时所引起的反应的叠

加。这个叠加可以简单地将方程（4.36）扩展，得到如下

$$[M]\{\ddot{v}\} + [C]\{\dot{v}\} + [K]\{v\} = -([M][r] + [m_g])\{\ddot{w}_g\} \qquad (4.43)$$

式中　$\{\ddot{w}_g\}$ ——一个支座运动向量，包含系统所有支座的运动。向量的维数等于支座运动的总数，即等于系统支座的总数乘以每个支座运动自由度的数目。

假设系统的独立自由度总数 n，支座运动的总数为 m。$\{\ddot{w}_g\}$ 是一个具有 m 个元素的向量，每一个元素是一个支座的独立运动。$[r]$ 是拟静力影响系数矩阵，是一个 $n \times m$ 的矩阵。$[m_g]$ 是支座运动时惯性耦合矩阵，是一个 $n \times m$ 的矩阵。

当支座的运动转换成对系统的等效外力之后，前面章节（4.2 节）所述的各种方法都可以用于该系统的分析。

参 考 文 献

[1] 郑兆昌，丁奎元. 机械振动：上册 [M]. 北京：机械工业出版社，1980.
[2] 张令弥. 机械阻抗方法在振动分析中的应用 [J]. 机械强度，1980（2）.
[3] S. 铁摩辛柯，D. H. 杨，S. W. 韦孚. 工程中的振动问题 [M]. 胡人礼，译. 北京：人民铁道出版社，1978.
[4] R. W. 克拉夫，J. 彭津. 结构动力学 [M]. 王光远，等译. 北京：科学出版社，1985.
[5] MACNEAL R. The NASTRAN Theoretical Manual [M]. Los Angeles：The NacNeal – Schwendler Corporation，1972.

长期载荷下结构
应力的计算方法

第 **5** 章

结构对于外部载荷的作用除了有位移、速度和加速度的响应之外，还有应力的响应。应力是导致结构破坏的主要因素。无论是强度分析，还是疲劳分析，结构应力的计算是一项最重要的工作。汽车结构是一个庞大和复杂的系统，并且汽车行驶时所经历的载荷十分复杂，在计算并分析整个汽车结构的应力分布和水平之前，对于汽车结构中可能发生超出材料力学性能极限的具体结构位置是未知的，所以理论上需要全部计算和分析整个汽车结构上的应力及其历程。另外，在汽车的行驶中，车体结构中很多部位或零部件都有振动发生，所以笼统地说，计算汽车整个结构在行驶时的瞬态应力响应，需要用动力学的方法。由于汽车的行驶时间很长，这样的计算是一项巨大的任务，必须采用一定的简化计算方法和策略。如前所述，由于汽车行驶的载荷时间历程较长，受计算机资源和计算时间的限制，用于汽车行驶所致结构疲劳的分析，通常采用线性的方法进行计算。在线性分析中，叠加原理可以非常有效地减少运算量和时间。前一章已经介绍了位移计算的模态叠加法。本章将介绍静态和动态应力计算中，模态叠加法的相关概念和方法。

5.1 平面应力的基本公式

对于复杂结构，结构应力的计算只能借助有限元方法。因为汽车结构的主要构件是钣金件，用二维的壳单元可以基本构成汽车的主体结构。所以，本书只讨论壳单元的线弹性应力计算。主要的目的是通过壳单元的应力分析，介绍线弹性应力计算中的一些重要的基本概念，和结构的线弹性应力的响应与计算。为了说明相关的基本概念，又避免繁琐的数学运算，这里的讨论都只考虑最简单的情况。

考虑一阶的壳单元。常用的一阶壳单元有三结点或四结点的单元。图 5.1 显示的是一个四结点的一阶壳单元。假设该单元在 xy 平面，单元的序号为 i，四结点的结点序号是 j_1, j_2, j_3, j_4。单元的局部坐标为 u 和 v，单元内点的局部坐标为 u^i 和 v^i，它们都是点在单元内位置（可以用局部坐标 u 和 v，或整体坐标 x 和 y 来表示，如图 5.1 所示）的函数。通常有限元单元的局部坐标

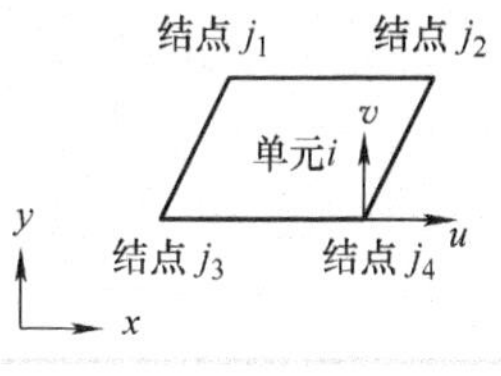

图 5.1 一个四结点的壳单元

和整体坐标之间存在一个线性转换。为了以下推导简单，这里假定局部坐标和整体坐标重合，省去坐标转换一步。另外，因为汽车在行驶过程中的载荷是随时间变化的，所以它们也都是时间的函数。

在不考虑单元厚度方向的剪切变形，壳单元的线弹性应变有正应变 ε_x^i，ε_y^i，和在 xy 平

面里的剪切应变 γ_{xy}^i。如果考虑单元厚度方向的剪切变形，单元还存在剪切应变 γ_{xz}^i 和 γ_{yz}^i。平面问题的应变－位移关系（几何方程）是

$$\{\varepsilon^i(x,y,t)\} = \left\{\begin{array}{c} \varepsilon_x^i(x,y,t) \\ \varepsilon_y^i(x,y,t) \\ \gamma_{xy}^i(x,y,t) \end{array}\right\} = \left\{\begin{array}{c} \dfrac{\partial u^i(x,y,t)}{\partial x} \\ \dfrac{\partial v^i(x,y,t)}{\partial y} \\ \dfrac{\partial u^i(x,y,t)}{\partial y} + \dfrac{\partial v^i(x,y,t)}{\partial x} \end{array}\right\} \tag{5.1}$$

对应的单元应力有正应力 σ_x^i，σ_y^i，和在 xy 平面里的剪切应力 τ_{xy}^i，它们也都是时间的函数。在线弹性的范围里，平面问题的应力－应变关系（物理方程）是

$$\{\sigma^i(x,y,t)\} = \left\{\begin{array}{c} \sigma_x^i(x,y,t) \\ \sigma_y^i(x,y,t) \\ \tau_{xy}^i(x,y,t) \end{array}\right\} = [D]\{\varepsilon^i(x,y,t)\} \tag{5.2}$$

对于平面应力问题

$$[D] = \frac{E}{1-\mu^2}\begin{bmatrix} 1 & \mu & 0 \\ \mu & 1 & 0 \\ 0 & 0 & \dfrac{1-\mu}{2} \end{bmatrix} \tag{3.27}$$

式中　E——材料的弹性模量；

　　　μ——材料的泊松比。

平面应力问题里的应力是

$$\sigma_x^i(x,y,t) = \frac{E}{1-\mu^2}\left(\frac{\partial u^i(x,y,t)}{\partial x} + \mu\frac{\partial v^i(x,y,t)}{\partial y}\right) \tag{5.3}$$

$$\sigma_y^i(x,y,t) = \frac{E}{1-\mu^2}\left(\mu\frac{\partial u^i(x,y,t)}{\partial x} + \frac{\partial v^i(x,y,t)}{\partial y}\right) \tag{5.4}$$

$$\tau_{xy}^i(x,y,t) = \frac{E}{2(1+\mu)}\left(\frac{\partial v^i(x,y,t)}{\partial x} + \frac{\partial u^i(x,y,t)}{\partial y}\right) \tag{5.5}$$

因为位移相对坐标的偏微分代表位移相对坐标的变化率，也就是单元几何变形的变化率，所以由以上的应力计算公式可以看出，应力的大小取决于单元几何变形的变化率。单元的几何相对变形越大、越突然，则应力越大。零件表面的几何突变就会导致这样的高应力。而进行刚体运动的零件，不产生相对的几何变形，则不产生应力。

在有限元方法中，单元内所有位置点的应力都是通过单元内点的位移插值函数（也称为形函数）用单元结点位移来定义的。假设单元 i 的结点的坐标为 u_j^i 和 v_j^i，对应的单元 i 的形函数为 $h_j^i(x,y)$，结点序号 j 分别是 j_1，j_2，j_3，j_4。那么单元内点的坐标可以表示为

$$u^i(t) = \sum_j h_j^i(x,y)u_j^i(t) \tag{5.6}$$

$$v^i(t) = \sum_j h_j^i(x,y)v_j^i(t) \tag{5.7}$$

式中　$\displaystyle\sum_j$——表示所有与该单元相关的项的和（因为在实际结构的有限元模型中，一个单元的节点序号不一定是连续的，所以无法统一标注 j 的范围。在这个例子中是 j 从 j_1 到 j_4

的和）。

　　另外，在汽车结构的应力计算中，通常使用单元中心点的应力。所以，为了书写简单，在以上的单元内位移和以下的应力计算都假定是单元中心的位移和应力，单元内位移和应力量都将移去 x、y 的标注。但是，在数学运算时，位移插值函数仍然是 x、y 的函数，只是最后运算（偏微分）的数值结果取在单元中心点的数值

$$\sigma_x^i(t) = \frac{E}{1-\mu^2} \sum_j \left(\frac{\partial h_j^i(x,y)}{\partial x} u_j^i(t) + \mu \frac{\partial h_j^i(x,y)}{\partial y} v_j^i(t) \right) \tag{5.8}$$

$$\sigma_y^i(t) = \frac{E}{1-\mu^2} \sum_j \left(\mu \frac{\partial h_j^i(x,y)}{\partial x} u_j^i(t) + \frac{\partial h_j^i(x,y)}{\partial y} v_j^i(t) \right) \tag{5.9}$$

$$\tau_{xy}^i(t) = \frac{E}{2(1+\mu)} \sum_j \left(\frac{\partial h_j^i(x,y)}{\partial x} v_j^i(t) + \frac{\partial h_j^i(x,y)}{\partial y} u_j^i(t) \right) \tag{5.10}$$

　　按照上面的假定，为了简单性，假定这里的局部坐标和整体坐标重合。假设 u_j^i 和 v_j^i 分别对应整体坐标系中第 p 个自由度（或坐标，对应是一个 x 方向的自由度）和第 q 个自由度（或坐标，对应是一个 y 方向的自由度），即

$$u_j^i = d_p \quad \text{和} \quad v_j^i = d_q \tag{5.11}$$

　　于是，得到用整体坐标计算的单元正应力 σ_x^i，σ_y^i 和在 xy 平面里的剪切应力 τ_{xy}^i

$$\sigma_x^i(t) = \frac{E}{1-\mu^2} \left(\sum_p \frac{\partial h_p^i(x,y)}{\partial x} d_p(t) + \mu \sum_q \frac{\partial h_q^i(x,y)}{\partial y} d_q(t) \right) \tag{5.12}$$

$$\sigma_y^i(t) = \frac{E}{1-\mu^2} \left(\mu \sum_p \frac{\partial h_p^i(x,y)}{\partial x} d_p(t) + \sum_q \frac{\partial h_q^i(x,y)}{\partial y} d_q(t) \right) \tag{5.13}$$

$$\tau_{xy}^i(t) = \frac{E}{2(1+\mu)} \left(\sum_p \frac{\partial h_p^i(x,y)}{\partial y} d_p(t) + \sum_q \frac{\partial h_q^i(x,y)}{\partial x} d_q(t) \right) \tag{5.14}$$

式中　$\displaystyle\sum_p$ 和 $\displaystyle\sum_q$ ——分别表示与该单元相关的，所有 x 方向和 y 方向的自由度位移项的和。

　　进一步可以计算的单元主应力

$$\sigma_{1,2}^i = \frac{\sigma_x^i + \sigma_y^i}{2} \pm \frac{1}{2} \sqrt{(\sigma_x^i - \sigma_y^i)^2 + 4(\tau_{xy}^i)^2} \tag{5.15}$$

和 von Mises 应力

$$\sigma_{\text{von}}^i = \sqrt{\frac{(\sigma_x^i)^2 + (\sigma_y^i)^2 + (\sigma_x^i - \sigma_y^i)^2 + 6(\tau_{xy}^i)^2}{2}} \tag{5.16}$$

或者

$$\sigma_{\text{von}}^i = \sqrt{\frac{(\sigma_1^i)^2 + (\sigma_2^i)^2 + (\sigma_1^i - \sigma_2^i)^2}{2}} \tag{5.17}$$

主应力和 von Mises 应力在汽车的结构耐久分析中经常用到。

5.2　静态应力的计算

　　如前面的章节所述，如果系统外部载荷的变化非常缓慢，系统运动或变形的速度和加速

度可以忽略不计时，系统的力学问题是一个静态的问题。如果系统外部载荷的变化和系统运动（或变形）的速度和加速度不容忽略时，系统的力学问题就是一个动态的问题。汽车在行驶中的状况显然是后一种情况。然而，在动态的问题中，如果系统在受外力激励后不发生共振时，系统的响应是如同静态的响应，系统的响应可以使用静态的分析方法计算。位移和应力都是如此。但是对于应力而言，由于它取决于相邻点之间的相对位移（变形），所以应力响应与位移响应不同的方面是应力的响应完全取决于零部件自身的变形，而不是整个系统的运动（或位移）。即使一个系统的整体在振动，但是如果系统内的零部件本身不发生共振，零部件上的应力只有由零部件的连接处传递的力所引起的静态（或准静态）应力，而没有振动引起的动态应力。比较极端的情况是一个振动系统中包含近似刚体的部件。对这样的系统，即使整个系统发生共振，其刚体部件自身没有变形，其结构内部就不产生应力。汽车发动机的缸体是一个类似的例子。汽车发动机的缸体设计非常坚固，刚度较大，缸体结构本身的固有频率远高于路面载荷的频率。汽车发动机的悬置系统用于支撑发动机，并且较大程度地隔离路面载荷和发动机爆炸载荷的相互传递。发动机缸体和悬置的系统类似一个弹簧支承的刚体。汽车在行驶时，发动机随着汽车的整体在动态运动，但是发动机缸体本身的结构如刚体一样不发生自身的共振，其应力如同静态状态下应力一样。实际上，由于发动机悬置的隔振作用和发动机缸体较大的刚度，路面载荷导致的发动机缸体结构上的应力很低，很少有路面载荷造成发动机缸体的破坏发生。另一个例子是汽车的悬架系统。汽车的悬架系统通常包括转向节、控制臂、滑柱、稳定杆、副车架等部件。基于悬架的功能要求，转向节、控制臂、滑柱和副车架的结构刚度较大，结构本身的固有频率远高于路面载荷的频率，尽管整个悬架在汽车行驶时作大幅值的动态运动，但转向节、控制臂、滑柱和副车架本身的结构并不发生共振，这些悬架零部件的应力与按静态条件计算的结果一样。所以，悬架零部件的结构应力计算一般将零部件分开，使用静态的方法单独进行（参见第 10 章）。

在汽车设计与研发的一百多年历史中，由于分析能力和资源的限制，传统上的汽车结构设计基本采用静态或准静态的方法分析和计算。在汽车行驶过程中，汽车结构中的很多部位不发生振动或者振动很小，特别是汽车结构中的主要承载部位。所以，静态或准静态的方法分析一直被长期使用，并且可以解决汽车结构中的很大一部分结构耐久问题。正是因为静态或准静态的分析方法能够解决一部分汽车结构耐久的问题，并且简单、快捷，所以，即使在当今动力学的方法有很大发展的情况下，静态或准静态的分析方法仍然广泛地使用。

5.2.1　直接计算法

使用静态的计算方法时，系统的静力学方程可见式（4.1）。

在系统被完全约束的条件下，系统位移由式（4.2）解出。用 $[\tilde{K}]$ 表示刚度矩阵 $[K]$ 的逆矩阵 $[K]^{-1}$，$[\tilde{K}] = [K]^{-1}$。系统的位移 $\{d(t)\}$ 的解为

$$\{d(t)\} = [K]^{-1}\{f(t)\} = [\tilde{K}]\{f(t)\} \tag{5.18}$$

每一个自由度的位移为

$$d_i(t) = \tilde{k}_{i1}f_1(t) + \cdots + \tilde{k}_{in}f_n(t) = \sum_{l=1}^{n} \tilde{k}_{il}f_l(t)$$

$$i = 1, \cdots, n \tag{5.19}$$

同前面一样，假设整体坐标系中第 p 个自由度（或坐标）对应是一个 x 方向的自由度，

第 q 个自由度（或坐标）对应是一个 y 方向的自由度，并且用 $\widetilde{k}_{pl}$ 表示矩阵 $[\widetilde{K}]$ 中第 p 行、第 l 列的数值，$\widetilde{k}_{pl} = [\widetilde{K}]_{pl}$，用 $\widetilde{k}_{ql}$ 表示矩阵 $[\widetilde{K}]$ 中第 q 行、第 l 列的数值，$\widetilde{k}_{ql} = [\widetilde{K}]_{ql}$。$p$ 和 q 是整数，在 1 和 n 之间。第 p 坐标和第 q 坐标的位移分别为

$$d_p(t) = \sum_{l=1}^{n} \widetilde{k}_{pl} f_l(t) \tag{5.20}$$

$$d_q(t) = \sum_{l=1}^{n} \widetilde{k}_{ql} f_l(t) \tag{5.21}$$

式中　n——系统的自由度数。

从方程（5.20）~方程（5.21）求得单元结点的 x 方向和 y 方向的位移以后，代入方程（5.12）~方程（5.14）得到静态的正应力和剪切应力。进一步可以从方程（5.15）和方程（5.16）求得主应力和 von Mises 应力。

当一个结构分析的载荷输入是一个或者一组（几个或几十个）极限工况的力时，应力计算可以直接使用上述方法。

5.2.2　静态模态应力叠加法

当载荷是持续时间较长的瞬态力时，在数量较多的时间点上重复求解方程 [式(5.12) ~ 式(5.14)，式(5.18)] 很不经济。例如，在做一个结构的疲劳分析时，输入的载荷是综合耐久试验中路面样本的载荷，采样的载荷数据点可以上百万，直接使用方程 [式(5.12) ~ 式(5.14)，式(5.18)] 计算应力，将重复上百万次的运算，显然计算量过大。实用的方法是将方程 [式(5.12) ~ 式(5.14)，式(5.18)] 进一步分解简化。

将一个单元的相关节点的位移式(5.20) ~ 式(5.21)代入应力方程（5.12）中得到

$$
\begin{aligned}
\sigma_x^i(t) &= \frac{E}{1-\mu^2} \Big(\sum_p \frac{\partial h_p^i(x,y)}{\partial x} \sum_{l=1}^{n} \widetilde{k}_{pl} f_l(t) + \mu \sum_q \frac{\partial h_q^i(x,y)}{\partial y} \sum_{l=1}^{n} \widetilde{k}_{ql} f_l(t) \Big) \\
&= \frac{E}{1-\mu^2} \Big(\sum_p \sum_{l=1}^{n} \frac{\partial h_p^i(x,y)}{\partial x} \widetilde{k}_{pl} f_l(t) + \mu \sum_q \sum_{j=1}^{n} \frac{\partial h_q^i(x,y)}{\partial y} \widetilde{k}_{ql} f_l(t) \Big) \\
&= \frac{E}{1-\mu^2} \sum_{l=1}^{n} \Big(\sum_p \frac{\partial h_p^i(x,y)}{\partial x} \widetilde{k}_{pl} + \mu \sum_q \frac{\partial h_q^i(x,y)}{\partial y} \widetilde{k}_{ql} \Big) f_l(t) \\
&= \sum_{l=1}^{n} \Big[\frac{E}{1-\mu^2} \Big(\sum_p \frac{\partial h_j^i(x,y)}{\partial x} \widetilde{k}_{pl} + \mu \sum_q \frac{\partial h_j^i(x,y)}{\partial y} \widetilde{k}_{ql} \Big) \Big] f_l(t) \tag{5.22}
\end{aligned}
$$

对其他应力分量式（5.13）~式（5.14）类似地可得到

$$\sigma_y^i(t) = \sum_{l=1}^{n} \Big[\frac{E}{1-\mu^2} \Big(\sum_p \mu \frac{\partial h_p^i(x,y)}{\partial x} \widetilde{k}_{pl} + \sum_q \frac{\partial h_q^i(x,y)}{\partial y} \widetilde{k}_{ql} \Big) \Big] f_l(t) \tag{5.23}$$

$$\tau_{xy}^i(t) = \sum_{l=1}^{n} \Big[\frac{E}{2(1+\mu)} \Big(\sum_p \frac{\partial h_p^i(x,y)}{\partial y} \widetilde{k}_{pl} + \sum_q \frac{\partial h_q^i(x,y)}{\partial x} \widetilde{k}_{ql} \Big) \Big] f_l(t) \tag{5.24}$$

将式(5.22) ~ 式(5.24)中方括号里的部分与式(5.12) ~ 式(5.14)比较，可以发现它们完全相似。下面解释它们的含义。将它们提取出来，分别用 $\widetilde{\sigma}_x^{il}$，$\widetilde{\sigma}_y^{il}$，$\widetilde{\tau}_{xy}^{il}$ 表示如下

$$\widetilde{\sigma}_x^{il} = \frac{E}{1-\mu^2} \Big(\sum_p \frac{\partial h_p^i(x,y)}{\partial x} \widetilde{k}_{pl} + \mu \sum_q \frac{\partial h_q^i(x,y)}{\partial y} \widetilde{k}_{ql} \Big) \tag{5.25}$$

$$\widetilde{\sigma}_y^{il} = \frac{E}{1-\mu^2}\Big(\mu \sum_p \frac{\partial h_p^i(x,y)}{\partial x}\widetilde{k}_{pl} + \sum_q \frac{\partial h_q^i(x,y)}{\partial y}\widetilde{k}_{ql} \Big) \tag{5.26}$$

$$\widetilde{\tau}_{xy}^{il} = \frac{E}{2(1+\mu)}\Big(\sum_p \frac{\partial h_p^i(x,y)}{\partial y}\widetilde{k}_{pl} + \sum_q \frac{\partial h_q^i(x,y)}{\partial x}\widetilde{k}_{ql} \Big) \tag{5.27}$$

从式（5.20）和式（5.21）可以看出，如果在第 l 个自由度上作用一个单位力 $f_l = 1$，而令其他的自由度上力为零（$f_r = 0$，$r = 1$，$\cdots$，$l-1$，$l+1$，$\cdots$，n），这时

$$d_p = \widetilde{k}_{pl}, (p \text{ 为 } x \text{ 方向的自由度，为 1 和 } n \text{ 之间的整数}) \tag{5.28}$$

$$d_q = \widetilde{k}_{ql}, (q \text{ 为 } y \text{ 方向的自由度，为 1 和 } n \text{ 之间的整数}) \tag{5.29}$$

这个位移的解式（5.28）和式（5.29）是整个系统在第 l 个自由度上单位力作用下的静态变形。相应的应力式（5.25）～式（5.27）是这个结构在这个静态变形下的应力。在 R. Craig 的《结构动力学－计算机方法的简介》一书中，将这样的一种结构静态变形形态称为"连接模态"（attachment mode）。它是在结构振动模态分析中使用子结构综合法时，用来描述子结构之间连接点区域变形的一种方法，是类比振动模态概念提出的一种静态下的模态概念。这里的静态应力计算将借用这种静态模态的概念。

1. 静态模态和静态模态应力

由以上介绍可知，上述的静态模态是由一个单位外力引起的变形来定义的。一个具有 n 个自由度的系统，可以在每一个自由度上施加一个单位力，定义 n 个这样的静态模态。在一般情况下，它们并没有特殊用途。但是在某些情况下，它们有特殊用途。由定义可知，它们与力和力的加载点有关，能够反映静力所引起的变形和应力分布的特性，在静态和动态响应的分析计算中，使用它们有特别用途。下面将介绍它们在静态响应计算中的用途，在更后面的章节中将介绍它们在动态响应计算中的用途。

必须说明，静态模态可以根据需要定义许多种。例如，在 R. Craig 的《结构动力学－计算机方法的简介》[1]一书中还介绍了另外一种静态模态，用单位位移来定义，即一个自由度上施加单位位移，而所有其他自由度上的位移为零。比如，第 l 自由度上位移为 $d_l = 1$，而其他自由度上位移为零（$d_r = 0$，$r = 1$，$\cdots$，$l-1$，$l+1$，$\cdots$，n）。这种静态模态被称为约束模态（Constraint mode）。这在下面有关惯性释放的理论中有所应用。这两种静态模态之间是有差别的。在汽车的结构响应的模态计算方法中，由单位外力引起的变形来定义的静态模态被使用，并且对改进外力加载点区域的应力计算精度非常有效（将在第 5.4 节车身分析的实例中进一步介绍）。所以，以下所述的静模态均指连接静态模态，不再另外说明。

由上所述，一个系统对应第 l 个自由度的静态模态，由在系统第 l 个自由度上施加的单位外力引起的变形所定义。如果 $[K]$ 矩阵是可逆的，这个静态模态的变形可以从式（5.30）解得

$$\{\varphi\}_{@l} = [K]^{-1}\begin{Bmatrix} 0 \\ \vdots \\ 0 \\ 1_{(@DOF=l)} \\ 0 \\ \vdots \\ 0 \end{Bmatrix} \tag{5.30}$$

而这个静态模态的应力由式(5.25)~式(5.27)决定。$\widetilde{\sigma}_x^{il}$，$\widetilde{\sigma}_y^{il}$，$\widetilde{\tau}_{xy}^{il}$分别被称为第 l 自由度施力的静模态在 i 单元的 x 正应力、y 正应力、xy 剪切应力。它们是系统在第 l 自由度上施加的单位力所产生的应力。它们常被称为应力影响因子（influence coefficients）。

【例 5.1】　一个悬臂平板。考虑在 $x-y$ 平面里的悬臂平板。平板长 500mm，宽 100mm，厚 3mm。弹性模量 E 为 210000MPa。平板的一端固定，另一端自由，如图 5.2 所示。计算在自由端中心点 z 方向的静态模态应力。

在自由端中心点 z 方向施加单位力（如图 5.3a 所示），可以得到平板的变形是平板的一个静态模态。平板的变形和应力用有限元方法计

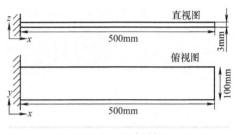

图 5.2　悬臂平板

算。平板使用有限元的薄板壳单元来模拟。在固定端节点的自由度 1 至 6 均被约束。所对应的有限元模型如图 5.3b 所示。

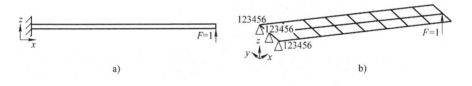

图 5.3　悬臂平板在自由端的中心点受 z 向外力和有限元模型

平板的变形用式（5.30）计算。这个结构变形的模态被称为该系统在该点 z 方向自由度上的静模态。正应力和剪切应力由式（5.25）~式（5.27）计算；vonMises 应力由式（5.16）计算。平板的变形如图 5.4 所示。

图 5.4　悬臂平板的变形

壳单元的应力幅值在单元厚度方向上的分布是变化的。通常单元上表层表面和底层表面上的应力幅值是该单元应力的极限值（最大或最小）。有限元方法通常计算单元上表面和下表面上的应力。在该例中，平板较薄，应力计算使用平面应力公式，不考虑沿厚度方向的剪切应力。平板上层表面和底层表面的正应力和剪切应力如柱状图 5.5、图 5.7、图 5.9 所示，负值表示压应力，正值表示拉应力。例如，该平板的这个静模态是平板的 z 向弯曲。所以上表面的 x 方向正应力是压应力，为负值；下表面的 x 方向正应力是拉应力，为正值。在材料的疲劳损伤中，拉应力是有害的，压应力是有益的，所以要区分对待。平板上层表面和下层表面的 vonMises 应力如柱状图 5.11 所示，vonMises 应力永远为正值。

在有限元的应力分析中，应力结果通常使用应力云图显示。应力云图用颜色区分应力值区间的高低。一般用红色表示最高的应力值区间。在应力云图中，用应力云图显示的上述平板上层表面和底层表面的正应力、剪切应力和 vonMises 应力如图 5.6、图 5.8、图 5.10、图 5.12 所示，放在每一种对应应力柱状图的下面以便比较。

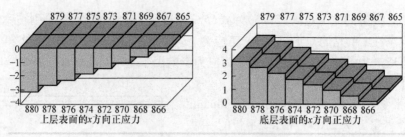

图 5.5 x 方向正应力柱状图

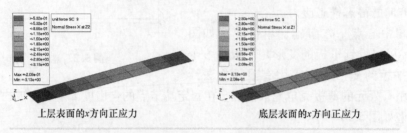

图 5.6 x 方向正应力云图（彩色图见书尾）

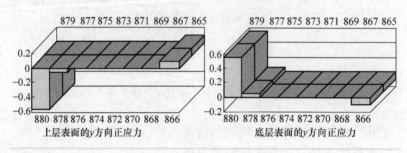

图 5.7 y 方向正应力柱状图

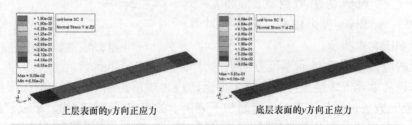

图 5.8 y 方向正应力云图（彩色图见书尾）

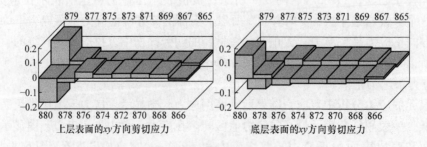

图 5.9 xy 剪切应力柱状图

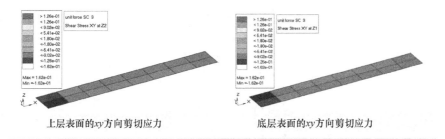

上层表面的xy方向剪切应力　　　　底层表面的xy方向剪切应力

图 5.10 xy 剪切应力云图（彩色图见书尾）

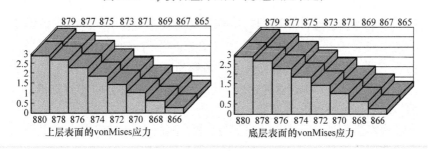

上层表面的vonMises应力　　　　底层表面的vonMises应力

图 5.11 vonMises 应力柱状图

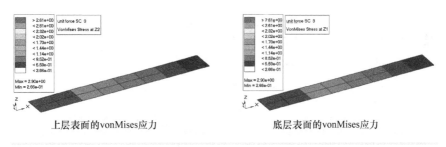

上层表面的vonMises应力　　　　底层表面的vonMises应力

图 5.12 vonMises 应力云图（彩色图见书尾）

2. 静态模态应力的叠加

定义了静态模态应力之后，应力方程[式(5.22)~式(5.24)]变成静态模态应力的线性叠加

$$\sigma_x^i(t) = \sum_{l=1}^{n} \widetilde{\sigma}_x^{il} f_l(t) \tag{5.31}$$

$$\sigma_y^i(t) = \sum_{l=1}^{n} \widetilde{\sigma}_y^{il} f_l(t) \tag{5.32}$$

$$\tau_{xy}^i(t) = \sum_{l=1}^{n} \widetilde{\tau}_{xy}^{il} f_l(t) \tag{5.33}$$

所以，在引进了静态模态应力的概念之后，静态应力的计算公式[式(5.12)~式(5.14)]就变成静态模态应力的线性叠加，加权因子是每个自由度上的外力。因为静态模态的位移（由单位力引起的变形）和应力只需要计算一次，整个真实应力只需要进行静态模态应力与相关外力的乘积和线性叠加计算，运算大大简化。

对现实的汽车结构，外加的载荷力的数量有限。除了压力载荷（如发动机体内壁受到来自内部的压力）的情况外，汽车结构上的集中载荷的数量都相对很小，通常小于100。假定所分析的结构所受外力的自由度数为 L。式(5.31)~式(5.33)变成

$$\sigma_x^i(t) = \sum_{l=1}^{L} \widetilde{\sigma}_x^{il} f_l(t) \tag{5.34}$$

$$\sigma_y^i(t) = \sum_{l=1}^{L} \widetilde{\sigma}_y^{il} f_l(t) \tag{5.35}$$

$$\tau_{xy}^i(t) = \sum_{l=1}^{L} \widetilde{\tau}_{xy}^{il} f_l(t) \tag{5.36}$$

由于 L 远远小于 n，乘积运算进一步大大减少。

在汽车结构的疲劳分析中，外加载荷 $f_l(t)$ 通常是综合耐久试验中路面样本的载荷力。一般它是通过载荷采集和分解计算得到的（将在第 9 章中介绍）。载荷采集和计算通常是按载荷采集中的通道来采集、计算和储存的。工程师需要确定通道与结构系统中自由度（位置和方向）的对应关系。载荷的通道数决定结构所受外力的自由度数 L。式（5.34）~ 式（5.36）将式（5.12）~ 式（5.14）的运算大大简化，所以静态模态应力叠加的静态应力计算，对于载荷时间持续较长的情况非常有效。

需要说明，模态叠加的应力计算方法只适用于正应力和剪切应力。主应力和 vonMises 应力与模态应力之间不是线性关系。在计算正应力和剪切应力之后，主应力和 vonMises 应力通过式（5.15）和式（5.16）来计算。

【例 5.2】 一个四边各有三点平动约束的平板，如图 5.13 所示。该平板长 1000mm，宽 500mm，厚 1mm。弹性模量 E 为 210000MPa。平板有限元模型全部使用壳单元，如图 5.14a 所示。平板受到两个 z 向的外力（$L=2$），分别为 $F_1 = 3N$，$F_2 = 2N$，位置如图 5.14b 所示。用有限元方法计算平板的位移和应力。

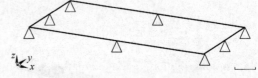

图 5.13   四边约束的平板

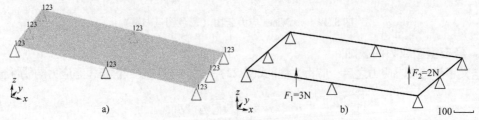

图 5.14   平板的有限元模型和受力图

a）平板的有限元模型   b）平板所受外力

因为平板有两个外力，所以需要定义和使用两个静态模态。静态模态的变形用式（5.30）计算。静态模态的正应力（$\widetilde{\sigma}_x^{il}$，$\widetilde{\sigma}_y^{il}$）和剪切应力（$\widetilde{\tau}_{xy}^{il}$）由式（5.25）~ 式（5.27）计算；vonMises 应力由式（5.16）计算。图 5.15a 和图 5.16a 分别显示在第一和第二加载点处施加 z 向单位力，图 5.15b 和图 5.16b 分别显示相应的静态模态的变形和 vonMises 应力分布。

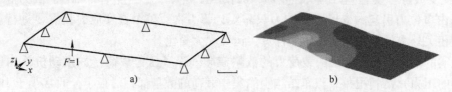

图 5.15   在第一加载点处施加单位力和所定义的静态模态的变形和 vonMises 应力分布云图（彩色图见书尾）

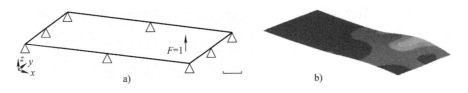

图 5.16　在第二加载点处施加单位力和所定义的静态模态的变形和 vonMises 应力分布云图（彩色图见书尾）

假设第一和第二加载点 z 向的自由度分别为 a 和 b。在两力作用下平板的有限元节点的位移由式（5.19）给出

$$d_i = \widetilde{k}_{ia} \times 3 + \widetilde{k}_{ib} \times 2$$

（i 为节点位移自由度，$i = 1, \cdots, n$，n 为平板有限元模型自由度总数）

在两力作用下平板的有限元单元的正应力和剪切应力由式(5.34) ~ 式(5.36)计算为

$$\sigma_x^j = \widetilde{\sigma}_x^{ja} \times 3 + \widetilde{\sigma}_x^{jb} \times 2$$

$$\sigma_y^j = \widetilde{\sigma}_y^{ja} \times 3 + \widetilde{\sigma}_y^{jb} \times 2$$

$$\tau_{xy}^j = \widetilde{\tau}_{xy}^{ja} \times 3 + \widetilde{\tau}_{xy}^{jb} \times 2$$

（j 为单元号，$j = 1, \cdots, ne$，ne 为平板有限元模型单元总数）

由以上计算的单元正应力和剪切应力和式（5.16）计算所有单元的 vonMises 应力。

最后平板的在两个力作用下的变形和 vonMises 应力的分布如图 5.17 所示。

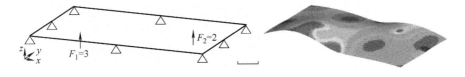

图 5.17　在两个力作用下平板和它的变形与 vonMises 应力的分布云图（彩色图见书尾）

【例 5.3】　一个用于车身静态疲劳计算的车身应力计算。一个汽车车身有 12 个车身连接点。每个连接点受到 x，y，z 三个方向力的载荷（力矩忽略）。总的载荷频道数为 36（$L = 36$），如图 5.18 所示（为了图示清晰，图中略去闭合件等其他系统）。

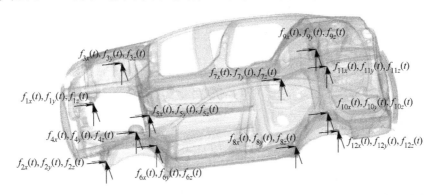

图 5.18　一个汽车车身和连接点上所受的力载荷

对应 36 个载荷频道，在这个车身系统中对应的 36 个自由度上，用单位力下的变形定义

36 个静态模态，并计算相应的应力。图 5.19 所示为一个自由度（假设对应第 k 个载荷频道）上的静态模态。

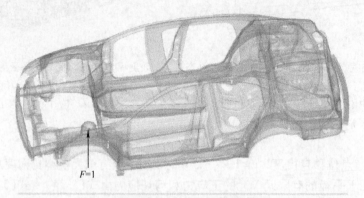

$F=1$

图 5.19 车身上一个静态模态的定义

应力使用有限元方法计算。假设在第 i 个单元上的静态模态应力 $\widetilde{\sigma}_x^{ik}$，$\widetilde{\sigma}_y^{ik}$，$\widetilde{\tau}_{xy}^{ik}$，$i=1$，$\cdots n$，相应的 vonMises 应力分布如图 5.20 所示。

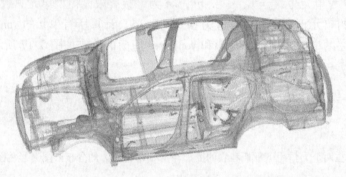

图 5.20 对应图 5.19 定义的静态模态的 vonMises 应力分布云图（彩色图见书尾）

在车身上第 i 个单元上对应该载荷频道（第 k 个载荷频道）的应力为

$$\sigma_x^i(t) = \widetilde{\sigma}_x^{ik} f_k(t)$$
$$\sigma_y^i(t) = \widetilde{\sigma}_y^{ik} f_k(t)$$
$$\tau_{xy}^i(t) = \widetilde{\tau}_{xy}^{ik} f_k(t)$$

按照式(5.34) ~ 式(5.36)，将对应所有载荷频道的应力叠加得到第 i 个单元的应力为

$$\sigma_x^i(t) = \sum_{k=1}^{36} \widetilde{\sigma}_x^{ik} f_k(t)$$
$$\sigma_y^i(t) = \sum_{k=1}^{36} \widetilde{\sigma}_y^{ik} f_k(t)$$
$$\tau_{xy}^i(t) = \sum_{k=1}^{36} \widetilde{\tau}_{xy}^{ik} f_k(t)$$

（$i=1$，$\cdots$，ne；ne 为车身有限元模型中需要计算应力的单元数）

由此可得到所有单元在每一个时间点上的正应力和剪切应力。进一步由式（5.16）计算所有单元在对应时间点上的 vonMises 应力。这些应力都是随时间变化的。由于用于疲劳

仿真的载荷时间历程较长，车身又有较多的单元，通常这些应力数据巨大。图 5.21 是车身在某一时刻 vonMises 应力分布的云图。

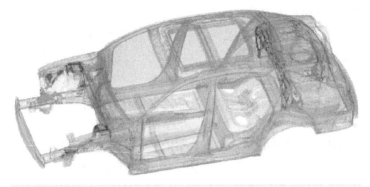

图 5.21　车身在某一时刻 vonMises 应力分布的云图（彩色图见书尾）

5.3　准静态应力的计算（惯性释放分析法）

　　有限元的静态分析，假设被分析的模型中没有自由机构，并且没有刚体运动。如果在常规的有限元分析中，这两种情况中任何一个存在，模型的刚度矩阵就成为一个奇异矩阵而无法求逆。所以，常规的静态有限元方法不能分析没有被完全约束的结构，例如，飞机和汽车。

　　在真实的世界中，由于地球的引力（也就是物体自身的重力），当它们受到来自气流或道面的垂向载荷后产生垂向加速度和运动。当这些瞬间的载荷过去之后，飞机或汽车的重力会自然地将它们带回平衡状态，汽车也不会飞上天。但是在有限元的静力分析中，施加的载荷是常力，由于不考虑系统的瞬态响应和重力平衡作用，所以在无约束的自由度上（例如汽车的竖直方向），物体会"飞"走。这就是非完全约束结构有限元静态分析无解的物理解释。

　　惯性释放法是用于求解此类非完全约束结构静态解的分析方法。

　　惯性释放是将外力在结构未约束的自由度上产生的（质量）惯性力，作为输入反向加入受力的结构，以平衡导致结构产生刚体运动加速度的外力，使结构在没有完全约束的情况下达到静态平衡。这种把外力在结构未约束的自由度上产生刚体运动的惯性力移除的方法，被称为惯性释放。这种用静态方法求解非完全约束结构的分析方法也称为准静态方法。

　　下面简要介绍惯性释放方法[2,3,4]。

　　假设一个系统在未移出约束自由度情况下的运动方程为

$$[K]\{u\} = \{p\} \tag{5.37}$$

式中　　$[K]$——刚度矩阵（奇异）；

　　　　$\{u\}$——位移向量；

　　　　$\{p\}$——外力向量。

　　首先，必须补充定义一组必要的、不产生重复约束的自由度，完整描述系统中那些可能的未约束的刚体运动，或自由机构的运动。在 NASTRAN 中，这些约束自由度被称为 SU-PORT。

将这组补充定义的约束自由度作为方程解中的参考自由度系列（或称 r 系列）。假定整个方程的全部自由度系列，减去 r 系列自由度所剩下的自由度系列为 l 系列。方程（5.37）按照 r 系列自由度和 l 系列自由度分解为

$$\begin{bmatrix} [K_{ll}] & [K_{lr}] \\ [K_{lr}]^T & [K_{rr}] \end{bmatrix} \begin{Bmatrix} \{u_l\} \\ \{u_r\} \end{Bmatrix} = \begin{Bmatrix} \{p_l\} \\ \{p_r\} \end{Bmatrix} \tag{5.38}$$

式中 $[K_{ll}]$ ——非奇异矩阵。

如果在 l 系列的自由度上无外力作用，系统没有相对 r 系列自由度的变形，存在方程

$$[K_{ll}]\{u_l\} + [K_{lr}]\{u_r\} = \{p_l\} = \{0\} \tag{5.39}$$

于是，可以得到用 r 系列自由度的位移表示的 l 系列自由度的位移为

$$\{u_l\} = -[K_{ll}]^{-1}[K_{lr}]\{u_r\} = [D_{lr}]\{u_r\} \tag{5.40}$$

式中

$$[D_{lr}] = -[K_{ll}]^{-1}[K_{lr}] \tag{5.41}$$

如果 $\{u_r\} = [1, 0, \cdots, 0]^T$，$\{u_l\}$ 等于矩阵 $[D_{lr}]$ 中的第一列。如果 $\{u_r\} = [0,1,0,\cdots,0]^T$，$\{u_l\}$ 等于矩阵 $[D_{lr}]$ 中的第二列。如此类推。用矩阵 $[D_{lr}]$ 中的一列所代表的变形，来表示系统的一种状态，是这个系统的一个约束模态（constraint modes）[1]。每一个约束模态对应一个约束自由度，代表系统在该自由度有一个单位的位移，而其他所有自由度无位移（位移为零）。约束模态的数量没有限制，取决于系统有多少约束自由度。系统有多少个约束自由度，就有多少个约束模态。约束模态是一种类比振动模态引入的静态模态。

因此，矩阵 $[D_{lr}]$ 实质上表达了当 r 系列自由度做单位位移时，l 系列自由度做刚体运动的所有状态。它是刚体运动的变换矩阵。方程（5.40）是自由机构运动或刚体运动的约束方程。

使用矩阵 $[D_{lr}]$，整个系统的刚体运动可以用 r 系列自由度来表达

$$\{u\} = \begin{Bmatrix} u_l \\ u_r \end{Bmatrix} = \begin{bmatrix} [D_{lr}] \\ [I] \end{bmatrix} \{u_r\} = [D_r]\{u_r\} \tag{5.42}$$

式中 $[I]$ ——一个单位矩阵，并且

$$[D_r] = \begin{bmatrix} [D_{lr}] \\ [I] \end{bmatrix} \tag{5.43}$$

将方程（5.42）插入方程（5.37）并且在方程两边同乘矩阵 $[D_r]^T$ 为

$$[D_r]^T[K][D_r]\{u_r\} = [D_r]^T\{p\} \tag{5.44}$$

得到式（5.45）

$$[\bar{K}_{rr}]\{u_r\} = \{\bar{p}_r\} \tag{5.45}$$

其中

$$[\bar{K}_{rr}] = [K_{rr}] + [D_{lr}]^T[K_{lr}] + [K_{lr}]^T[D_{lr}] + [D_{lr}]^T[K_{ll}][D_{lr}] \tag{5.46}$$

$$\{\bar{p}_r\} = [D_r]^T\{p\} = \{p_r\} + [D_{lr}]^T\{p_l\} \tag{5.47}$$

将矩阵 $[D_{lr}]$ 的关系式（5.41）代入后式（5.46）的第四项并且简化，可以和第二项相加为零。式（5.46）进而变成

$$[\bar{K}_{rr}] = [K_{rr}] + [K_{lr}]^T[D_{lr}] \tag{5.48}$$

这样，系统被压缩成 r 系列自由度的坐标。用与方程（5.44）相同的方法，被压缩到 r

系列自由度的坐标 u_r 后的质量矩阵为

$$[\overline{M}_{rr}] = [D_r]^T [M] [D_r] \tag{5.49}$$

与刚度矩阵 $[K]$ 分解相同，质量矩阵 $[M]$ 可以按 r 系列自由度和 l 系列自由度分解为

$$[\overline{M}_{rr}] = [M_{rr}] + [D_{lr}]^T [M_{lr}] + [M_{lr}]^T [D_{lr}] + [D_{lr}]^T [M_{ll}] [D_{lr}] \tag{5.50}$$

在 r 系列自由度上刚体运动或自由机构运动的加速度为

$$[\overline{M}_{rr}] \{\ddot{u}_r\} = \{\overline{p}_r\} \tag{5.51}$$

或者为

$$\{\ddot{u}_r\} = [\overline{M}_{rr}]^{-1} \{\overline{p}_r\} \tag{5.52}$$

用式 (5.40)，可以得到在 l 系列自由度上刚体运动或自由机构运动的加速度为

$$\{\ddot{u}_l\} = [D_{lr}] \{\ddot{u}_r\} \tag{5.53}$$

由刚体运动引起的系统的惯性力为

$$\begin{bmatrix} [M_{ll}] & [M_{lr}] \\ [M_{lr}]^T & [M_{rr}] \end{bmatrix} \begin{Bmatrix} \{\ddot{u}_l\} \\ \{\ddot{u}_r\} \end{Bmatrix} = \begin{Bmatrix} \{p_l^i\} \\ \{p_r^i\} \end{Bmatrix} \tag{5.54}$$

式中 $\{p_l^i\}$ 和 $\{p_r^i\}$ ——分别为对应 l 系列自由度和 r 系列自由度的惯性力。

在 l 系列自由度上的惯性力由式 (5.54) 给出

$$\{p_l^i\} = [M_{lr}] \{\ddot{u}_r\} + [M_{ll}] \{\ddot{u}_l\} \tag{5.55}$$

使用关系方程 (5.52) 和方程 (5.53)，方程 (5.55) 可以写成

$$\{p_l^i\} = ([M_{lr}] + [M_{ll}][D_{lr}]) [M_{rr}]^{-1} \{\overline{p}_r\}$$
$$= ([M_{lr}] + [M_{ll}][D_{lr}]) [M_{rr}]^{-1} (\{p_r\} + [D_{lr}]^T \{p_l\}) \tag{5.56}$$

这部分惯性力被反向施加在系统上，以平衡引起刚体运动的那部分外力。这样系统便达到静态的平衡。因为系统并没有被约束，刚体位移仍然是可能的。

约束所有 r 系列自由度的位移为零，即 $\{u_r\} = \{0\}$，就可以用以下针对 l 系列自由度的运动方程，计算所有其他节点相对于 r 系列自由度节点的相对运动

$$[K_{ll}] \{u_l\} = \{p_l\} - \{p_l^i\} \tag{5.57}$$

方程 (5.57) 的解是相对于刚体运动的。可以用一种简单的方式想象这个解的含意，就是一个人站在 r 系列自由度的点（参考点）上看到的其他各点相对参考点的位移。例如，一架飞机可以自由飞行。飞机受气流浮力的作用力可以自由浮动，飞机结构也会发生变形。惯性释放法的解相当于一个人站在飞机上看到的结构相对于他的相对位移。

一旦获得了结构的相对位移 u_l，结构的应力就可以进一步计算获得。

5.4 动态应力的计算（应力模态分析理论）

汽车在行驶中是动态状态。汽车的系统和零部件的固有频率，与来自路面载荷的激励频率混杂在同一个数值区间中，所以汽车上的一些结构会因此产生共振。车身就是一个典型的例子。对于这样的系统，在考虑线性近似的前提下，它的运动方程为式 (3.68)

$$[M] \{\ddot{d}(t)\} + [C] \{\dot{d}(t)\} + [K] \{d(t)\} = \{f(t)\}$$

如第 4 章所述，对于承受长期载荷的大型复杂系统，模态分析方法是求解系统瞬态位移

响应的最有效方法。对于应力响应，模态分析方法也是最有效的方法。本节将着重介绍动态应力计算中模态分析方法的相关概念和方法。

5.4.1　模态应力

系统的位移响应可以从式（4.9）求解出。如同静态应力计算一样，把所有 x 方向的自由度和所有 y 方向的自由度分开，并分别用 p 和 q 代表，式（4.9）变成

$$d_p(t) = \sum_{l=1}^{n} \phi_{pl}\xi_l(t) \quad (p \text{ 为所有 } x \text{ 方向的自由度}) \tag{5.58}$$

$$d_q(t) = \sum_{l=1}^{n} \phi_{ql}\xi_l(t) \quad (q \text{ 为所有 } y \text{ 方向的自由度}) \tag{5.59}$$

式中　n——系统的自由度数。

从方程(5.58)~方程(5.59)求得单元结点的 x 方向和 y 方向的位移以后，代入方程(5.12)~方程(5.14)，得到动态的正应力和剪切应力。进一步可以从方程（5.15）和方程（5.16）求得主应力和 vonMises 应力。

然而，汽车综合耐久试验中路面样本的载荷时间历程较长，在现有的计算机条件下，直接使用方程(5.12)~方程(5.14)计算一个大型结构（如车身）的全部动态应力，是一个难以完成的任务。所以，实际分析采用类似静态应力分析的方法，将方程(5.12)~方程(5.14)进一步分解。将方程(5.58)~方程(5.59)代入方程（5.12）中，得到单元正应力 σ_x^i 为

$$
\begin{aligned}
\sigma_x^i(t) &= \frac{E}{1-\mu^2}\Big(\sum_p \frac{\partial h_p^i(x,y)}{\partial x} \sum_{l=1}^{n} \phi_{pl}\xi_l(t) + \mu \sum_q \frac{\partial h_q^i(x,y)}{\partial y} \sum_{l=1}^{n} \phi_{ql}\xi_l(t) \Big) \\
&= \frac{E}{1-\mu^2}\Big(\sum_p \sum_{l=1}^{n} \frac{\partial h_p^i(x,y)}{\partial x} \phi_{pl}\xi_l(t) + \mu \sum_q \sum_{j=1}^{n} \frac{\partial h_q^i(x,y)}{\partial y} \phi_{ql}\xi_l(t) \Big) \\
&= \frac{E}{1-\mu^2} \sum_{l=1}^{n} \Big(\sum_p \frac{\partial h_p^i(x,y)}{\partial x} \phi_{pl} + \mu \sum_q \frac{\partial h_q^i(x,y)}{\partial y} \phi_{ql} \Big)\xi_l(t) \\
&= \sum_{l=1}^{n} \Big[\frac{E}{1-\mu^2}\Big(\sum_p \frac{\partial h_j^i(x,y)}{\partial x} \phi_{pl} + \mu \sum_q \frac{\partial h_j^i(x,y)}{\partial y} \phi_{ql} \Big) \Big]\xi_l(t)
\end{aligned} \tag{5.60}
$$

类似可以得到单元正应力 σ_y^i 和在 xy 平面里的剪切应力 τ_{xy}^i

$$\sigma_y^i(t) = \sum_{l=1}^{n} \Big[\frac{E}{1-\mu^2}\Big(\sum_p \mu \frac{\partial h_p^i(x,y)}{\partial x} \phi_{pl} + \sum_q \frac{\partial h_q^i(x,y)}{\partial y} \phi_{ql} \Big) \Big]\xi_l(t) \tag{5.61}$$

$$\tau_{xy}^i(t) = \sum_{l=1}^{n} \Big[\frac{E}{2(1+\mu)}\Big(\sum_p \frac{\partial h_p^i(x,y)}{\partial y} \phi_{pl} + \sum_q \frac{\partial h_q^i(x,y)}{\partial x} \phi_{ql} \Big) \Big]\xi_l(t) \tag{5.62}$$

将方程(5.60)~方程(5.62)中方括号里的部分提取出来，分别用 σ_x^{il}、σ_y^{il}、τ_{xy}^{il} 表示如下

$$\sigma_x^{il} = \frac{E}{1-\mu^2}\Big(\sum_p \frac{\partial h_p^i(x,y)}{\partial x} \phi_{pl} + \mu \sum_q \frac{\partial h_q^i(x,y)}{\partial y} \phi_{ql} \Big) \tag{5.63}$$

$$\sigma_y^{il} = \frac{E}{1-\mu^2}\Big(\mu \sum_p \frac{\partial h_p^i(x,y)}{\partial x} \phi_{pl} + \sum_q \frac{\partial h_q^i(x,y)}{\partial y} \phi_{ql} \Big) \tag{5.64}$$

$$\tau_{xy}^{il} = \frac{E}{2(1+\mu)}\Big(\sum_p \frac{\partial h_p^i(x,y)}{\partial y} \phi_{pl} + \sum_q \frac{\partial h_q^i(x,y)}{\partial x} \phi_{ql} \Big) \tag{5.65}$$

与方程(5.12)～方程(5.14)比较，两组公式只有在位移变量处的变量是不同的。在新一组方程(5.63)～方程(5.65)中，位移变量处的变量被相同自由度的振型值所替代。这组由振型值所定义的应力 σ_x^{il}、σ_y^{il}、τ_{xy}^{il}，分别被称为第 l 阶模态在 i 单元的 x 方向模态正应力、y 方向模态正应力、xy 平面模态剪切应力。相应用计算方程（5.15）和方程（5.16）计算的主应力和 vonMises 应力，被称为第 l 阶模态在 i 单元的模态主应力和模态 vonMises 应力。它们被通称为第 l 阶模态在 i 单元的模态应力。

振型值是常数，代表自由度位移之间的相对比值，不具有位移的量纲。模态应力也是常数，也不具有应力的量纲。模态应力的量纲是每单位位移上的应力（N/m^2/m 或 N/m^3）。振型的物理意义是系统在系统的固有频率下振动，系统位移所具有的形状，所以称为振型。振型只表明系统位移之间的相互关系，并不给出系统位移的具体数值。只要保留系统位移的相互关系，振型值可以是任何常数（可以任意定义基准。模态坐标随之变化）。类似地，模态应力只是表明系统在系统的固有频率下振动，系统应力分布的形态，或者说代表在某个模态变形（振型）下的应力分布，并不给出系统应力的具体数值，也因此称为模态应力，也可以称为应力模态振型，以区别真实应力。结构真实的应力由式(5.60)～式(5.62)得到。式(5.60)～式(5.62)将在下面进一步讨论和简化。

【例5.4】　考虑例5.1中的悬臂平板。该平板前三阶的模态振型和模态应力如图5.22～图5.36所示。这里模态应力图使用了柱状图，以便更直观地显示应力的正（拉应力）和负（压应力）。

图5.22　悬臂平板的第一阶模态（9.95Hz）变形

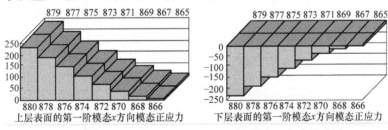

图5.23　第一阶模态（9.95Hz）x 方向模态正应力柱状图

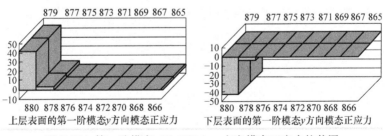

图5.24　第一阶模态（9.95Hz）y 方向模态正应力柱状图

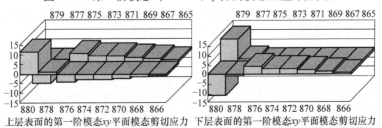

图5.25　第一阶模态（9.95Hz）xy 平面模态剪切应力柱状图

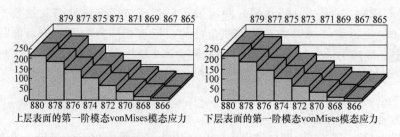

图 5.26　第一阶模态（9.95Hz）vonMises 模态应力柱状图

图 5.27　悬臂平板的第二阶模态（61.28Hz）变形

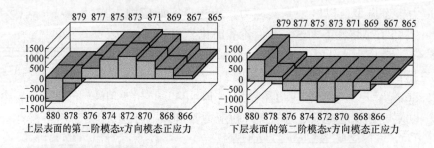

图 5.28　第二阶模态（61.28Hz）x 方向模态正应力柱状图

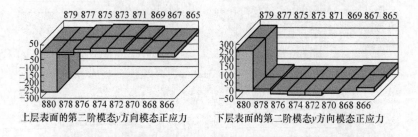

图 5.29　第二阶模态（61.28Hz）y 方向模态正应力柱状图

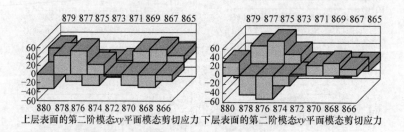

图 5.30　第二阶模态（61.28Hz）xy 平面模态剪切应力柱状图

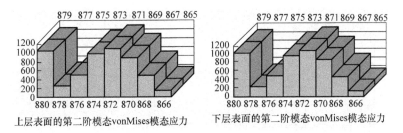

图 5.31　第二阶模态（61.28Hz）vonMises 模态应力柱状图

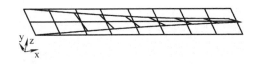

图 5.32　悬臂平板的第三阶模态（80.69Hz）变形

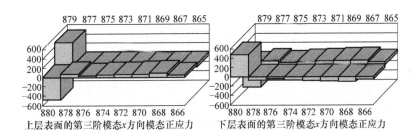

图 5.33　第三阶模态（80.69Hz）x 方向模态正应力柱状图

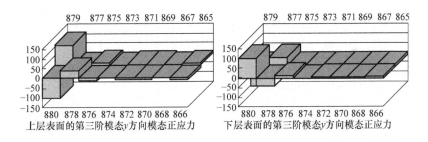

图 5.34　第三阶模态（80.69Hz）y 方向模态正应力柱状图

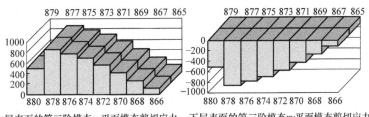

图 5.35　第三阶模态（80.69Hz）xy 平面模态剪切应力柱状图

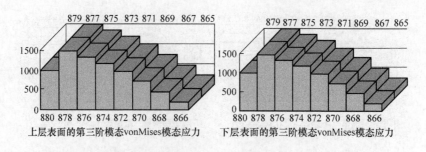

图 5.36　第三阶模态（80.69Hz）vonMises 模态应力柱状图

5.4.2　强迫振动的瞬态应力响应解

用计算模态应力 σ_x^{il}、σ_y^{il}、τ_{xy}^{il} 的式(5.63) ~ 式(5.65) 替换式(5.60) ~ 式(5.62)中方括号里的部分，得到的每一个应力是相应模态应力的线性叠加，每个模态应力的加权因子是对应的模态坐标

$$\sigma_x^i(t) = \sum_{l=1}^{n} \sigma_x^{il} \xi_l(t) \tag{5.66}$$

$$\sigma_y^i(t) = \sum_{l=1}^{n} \sigma_y^{il} \xi_l(t) \tag{5.67}$$

$$\tau_{xy}^i(t) = \sum_{l=1}^{n} \tau_{xy}^{il} \xi_l(t) \tag{5.68}$$

公式（5.66 ~ 5.68）是一组非常重要的动态应力计算公式。它把应力计算的原解公式（5.12 ~ 5.14）简化成模态应力的加权线性叠加。在公式中，模态应力是常数，只与系统（结构）本身有关，与外力无关，只需要在计算模态的时候同时计算相应的应力一次。每个模态应力的加权因子是对应的模态响应，是每个模态方程（4.7）的解，是时间的函数。模态方程（4.7）是一组解耦的和独立的单自由振动方程，求解非常容易。同静态应力的模态求解类似，动态应力只需要作模态应力与相关模态加权因子的乘积和线性叠加的计算，运算大大简化。

与静态应力的计算一样，模态叠加的应力计算方法只适用与正应力和剪切应力。主应力和 vonMises 应力与模态应力之间不是线性叠加的关系。在得到正应力和剪切应力之后，主应力和 vonMises 应力通过公式（5.15）和公式（5.16）计算。

同位移计算一样，应力计算同样可以根据激振频率的范围进行模态截断。这样可以大幅提高计算的效率。假定在截断频率 f_c 以下，系统有 $m(m < n)$ 个模态。应力计算公式[式(5.66) ~ 式(5.68)]变成

$$\sigma_x^i(t) = \sum_{l=1}^{m} \sigma_x^{il} \xi_l(t) \tag{5.69}$$

$$\sigma_y^i(t) = \sum_{l=1}^{m} \sigma_y^{il} \xi_l(t) \tag{5.70}$$

$$\tau_{xy}^i(t) = \sum_{l=1}^{m} \tau_{xy}^{il} \xi_l(t) \tag{5.71}$$

【例 5.5】　将例题 5.1 中讨论的悬臂平板的静力学问题改变为动力学问题，即使用动力学方法考虑和求解。

在动力学问题中，系统的输入和输出都是时间的函数。在平板自由端的中心 z 方向所加的单位力，在时间域里是一个阶跃函数，即在 $t \geqslant 0$，$F(t) = 1$，如图 5.37 所示。系统的运动方程是式 (3.68)。用模态法计算平板有限元模型中各节点位移响应和各单元应力响应。假设所有的模态阻尼都是 2%。

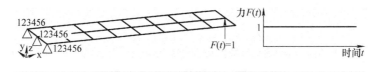

图 5.37　悬臂平板的单位阶跃函数外力

模态截断频率定为 100Hz。时间步长为 0.0025s。从例题 5.4 已知，该平板在 100Hz 以下有 3 阶模态（$m = 3$），固有频率分别在 9.95Hz、61.28Hz、80.69Hz。节点位移响应和单元应力响应的解为前三阶模态的叠加［方程 (3.55)，方程 (3.67) ～ 方程 (3.69)］。

这个系统完整的解包括所有节点在每一个自由度（x，y，z）上的节点位移响应和所有单元上单元应力分量（σ_x^i，σ_y^i，τ_{xy}^i，σ_1^i，σ_2^i，σ_{von}^i）的响应。所有的节点位移响应和单元应力响应都是时间的函数。作为例子，这里只分别显示三个不同节点的 z 向位移响应和三个不同单元的应力分量 σ_x^i、σ_y^i、τ_{xy}^i、σ_{von}^i 的响应。三个节点分别是 848（自由端节点）、844（中心节点）、840（固定端节点），如图 5.38 中圈的节点。三个单元分别是 866（最接近自由端的单元）、872（中心一侧的单元）、880（固定端的单元），如图 5.38 中方框指示的单元。

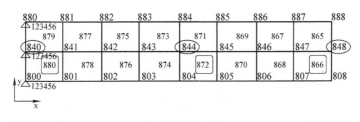

图 5.38　节点和单元

图 5.39 显示三个节点的 z 向瞬态位移响应。从图 5.39 中三个节点的位移响应可以看到，在固定端节点 840，因为节点被约束，所以位移是零；在自由端节点 848 和中心节点 844，因为阶跃函数外力在初始时间达到力的幅值，即在 $t = 0$ 时，系统受到一个突然冲击力，产生加速度，所以位移急剧增大，超过静态位移值（从例题 5.1，在节点 848 为 0.89，在节点 844 为 0.27），随后位移响应振荡衰减，振动部分的能量被系统的阻尼逐渐消耗，最后系统的振动消失，系统的位移响应趋向静态位移的数值。另外，自由端节点 848 的位移大于中心节点 844 的位移。整个系统的位移响应幅值从自由端到固定端从大到小变化。

三个单元上表面和下层表面各应力分量的瞬态响应如图 5.40 ～ 图 5.43 所示。左边一列为单元上表面的应力响应，右边一列为单元下层表面的应力响应。在固定端的应力最大，自由端的应力最小。上表面和下层表面的应力一面为拉应力（正数值），另一面则为压应力

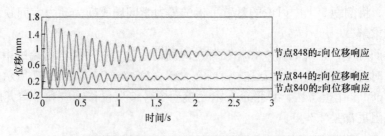

图 5.39 节点 840、844、848 的 z 向位移响应

（负数值）。对于强度分析，通常取绝对值最大的应力值。对于疲劳分析，受拉应力的一面疲劳损伤更大，受压应力的一面疲劳损伤较小（压应力有助提高疲劳寿命）。

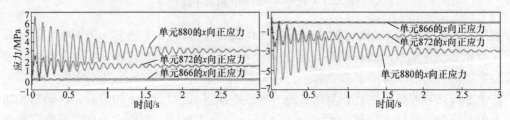

图 5.40 单元 880、872、866 的 x 向正应力（左图为单元上表面应力，右图为单元下表面应力）

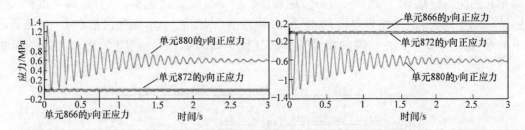

图 5.41 单元 880、872、866 的 y 向正应力（左图为单元上表面应力，右图为单元下表面应力）

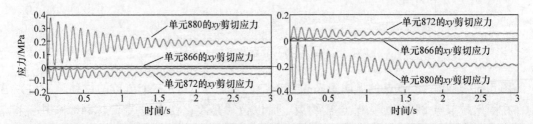

图 5.42 单元 880、872、866 的 xy 剪切应力（左图为单元上表面应力，右图为单元下表面应力）

同位移响应一样，系统在 $t=0$ 时受到冲击力，所以应力响应急剧增大，超过静态应力值，随后振荡衰减，直至系统的振动消失，系统的应力趋向静态应力的数值。

在时间为 0.049s 时，应力响应达到最大值。此时平板变形和 vonMises 应力最大值（取上表面和底层表面的 vonMises 放大与其他一样。

例 5.5 和例 5.1 是同一个结构，都受到一个数值为 1 的单位外力，但是两者考虑的因素不一样。例 5.1 忽略系统质量对外力的加速度响应，只考虑系统的静态响应，系统的力学方

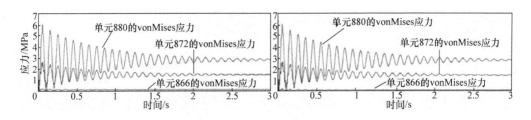

图 5.43　单元 880、872、866 的 vonMises 应力（左图为单元上表面应力，右图为单元下表面应力）

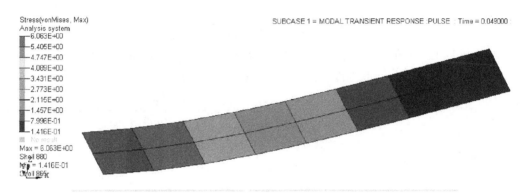

图 5.44　平板在应力达到最大值时的变形和 vonMises 应力分布的应力云图（彩色图见书尾）

程为式（4.1）。不考虑系统质量的加速度，相当于非常缓慢地加载，系统质量不产生加速度。对于静力学问题，没有时间的因素。在例 5.5 中，考虑系统质量对外力的加速度响应，系统的力学方程为式（3.68）。为阶跃函数的外力，相当于在 $t = 0$ 的瞬间，突加一个数值为 1 的单位冲击外力，以后外力幅值保持为 1 的常数。对于这样的外力，系统质量产生加速度，系统的位移和应力响应都大于静态的响应值。从这两个例子可以看出结构静态分析和动态分析的区别。后面对此例还将进行更多比较。

5.4.3　应力频率响应函数

动态分析的一个重要方面是系统对外力频率的响应。类似位移响应分析，对应力方程式（5.66）~式（5.68）两端进行 Laplace 变换，并令 Laplace 算子 $S = j\omega$（这里 j 代表复数），可以得到

$$\overline{\sigma_x^i}(\omega) = \sum_{l=1}^{n} \sigma_x^{il} \overline{\xi}_l(\omega) \tag{5.72}$$

$$\overline{\sigma_y^i}(\omega) = \sum_{l=1}^{n} \sigma_y^{il} \overline{\xi}_l(\omega) \tag{5.73}$$

$$\overline{\tau_{xy}^i}(\omega) = \sum_{l=1}^{n} \tau_{xy}^{il} \overline{\xi}_l(\omega) \tag{5.74}$$

式中　$\overline{\sigma_x^i}(\omega)$、$\overline{\sigma_y^i}(\omega)$、$\overline{\tau_{xy}^i}(\omega)$——分别是对时域的应力响应函数 $\sigma_x^i(t)$、$\sigma_y^i(t)$、$\tau_{xy}^i(t)$ 进行 Laplace 以后得到的频域的应力响应函数；

　　　　$\overline{\xi}_l(\omega)$——同上。

将式（4.14）代入式（5.72）~式（5.74）得到

$$\overline{\sigma_x^i}(\omega) = \sum_{l=1}^{n} \sigma_x^{il} \frac{\sum_{j=1}^{n} \phi_{jl} \bar{f}_j(\omega)}{(k_l - \omega^2 m_l) + j\omega c_l} \tag{5.75}$$

$$\overline{\sigma_y^i}(\omega) = \sum_{l=1}^{n} \sigma_y^{il} \frac{\sum_{j=1}^{n} \phi_{jl} \bar{f}_j(\omega)}{(k_l - \omega^2 m_l) + j\omega c_l} \tag{5.76}$$

$$\overline{\tau_{xy}^i}(\omega) = \sum_{l=1}^{n} \tau_{xy}^{il} \frac{\sum_{j=1}^{n} \phi_{jl} \bar{f}_j(\omega)}{(k_l - \omega^2 m_l) + j\omega c_l} \tag{5.77}$$

当外力只作用在系统的一个自由度上，假定是第 p 个自由度，$\{f\} = (0, 0, \cdots, f_p, \cdots, 0)^T$，以上方程式(5.75)～式(5.77)变成

$$\overline{\sigma_x^i}(\omega) = \sum_{l=1}^{n} \sigma_x^{il} \frac{\phi_{pl} \bar{f}_p(\omega)}{(k_l - \omega^2 m_l) + j\omega c_l} = \left(\sum_{l=1}^{n} \frac{\sigma_x^{il} \phi_{pl}}{(k_l - \omega^2 m_l) + j\omega c_l} \right) \bar{f}_p(\omega) \tag{5.78}$$

$$\overline{\sigma_y^i}(\omega) = \sum_{l=1}^{n} \sigma_y^{il} \frac{\phi_{pl} \bar{f}_p(\omega)}{(k_l - \omega^2 m_l) + j\omega c_l} = \left(\sum_{l=1}^{n} \frac{\sigma_y^{il} \phi_{pl}}{(k_l - \omega^2 m_l) + j\omega c_l} \right) \bar{f}_p(\omega) \tag{5.79}$$

$$\overline{\tau_{xy}^i}(\omega) = \sum_{l=1}^{n} \tau_{xy}^{il} \frac{\phi_{pl} \bar{f}_p(\omega)}{(k_l - \omega^2 m_l) + j\omega c_l} = \left(\sum_{l=1}^{n} \frac{\tau_{xy}^{il} \phi_{pl}}{(k_l - \omega^2 m_l) + j\omega c_l} \right) \bar{f}_l(\omega) \tag{5.80}$$

类似位移频率响应函数一样，应力的频率响应函数定义为系统的输出应力与系统的输入力之比

$$S_{ip}^x(\omega) = \frac{\overline{\sigma_x^i}(\omega)}{\bar{f}_p(\omega)} = \sum_{l=1}^{n} \frac{\sigma_x^{il} \phi_{pl}}{(k_l - \omega^2 m_l) + j\omega c_l} \tag{5.81}$$

$$S_{ip}^y(\omega) = \frac{\overline{\sigma_y^i}(\omega)}{\bar{f}_p(\omega)} = \sum_{l=1}^{n} \frac{\sigma_y^{il} \phi_{pl}}{(k_l - \omega^2 m_l) + j\omega c_l} \tag{5.82}$$

$$S_{ip}^{xy}(\omega) = \frac{\overline{\tau_{xy}^i}(\omega)}{\bar{f}_p(\omega)} = \sum_{l=1}^{n} \frac{\tau_{xy}^{il} \phi_{pl}}{(k_l - \omega^2 m_l) + j\omega c_l} \tag{5.83}$$

它们是分别对应 x 正应力、y 正应力、xy 剪切应力的频率响应函数。频域函数 $S_{ip}^x(\omega)$，$S_{ip}^y(\omega)$，$S_{ip}^{xy}(\omega)$ 也被称为应力响应传递函数。它是在 p 坐标（自由度）施加频率为 ω 的单位力，在 i 单元上的应力。物理上，它表示在 p 坐标的激励输入，传递到 i 单元的应力输出。应力频率响应函数也是一个复数，有幅值和相位。

5.4.4 共振时的应力

当 $\omega = \omega_s = \sqrt{k_s/m_s}$（第 s 阶固有频率），$k_s - \omega_s^2 m_s = 0$，第 s 阶模态发生共振。共振发生时，对应的应力频域响应函数为

$$S_{ip}^x(\omega_s) = \sum_{l=1}^{s-1} \frac{\sigma_x^{il} \phi_{pl}}{k_l - \omega_s^2 m_l + j\omega_s c_l} + \frac{\sigma_x^{is} \phi_{ps}}{j\omega_s c_s} + \sum_{l=s+1}^{n} \frac{\sigma_x^{il} \phi_{pl}}{(k_l - \omega_s^2 m_l) + j\omega_s c_l} \tag{5.84}$$

$$S_{ip}^y(\omega_s) = \sum_{l=1}^{s-1} \frac{\sigma_y^{il} \phi_{pl}}{k_l - \omega_s^2 m_l + j\omega_s c_l} + \frac{\sigma_y^{is} \phi_{ps}}{j\omega_s c_s} + \sum_{l=s+1}^{n} \frac{\sigma_y^{il} \phi_{pl}}{(k_l - \omega_s^2 m_l) + j\omega_s c_l} \tag{5.85}$$

$$S_{ip}^{xy}(\omega_s) = \sum_{l=1}^{s-1} \frac{\tau_{xy}^{il} \phi_{pl}}{k_l - \omega_s^2 m_l + j\omega_s c_l} + \frac{\tau_{xy}^{is} \phi_{ps}}{j\omega_s c_s} + \sum_{l=s+1}^{n} \frac{\tau_{xy}^{il} \phi_{pl}}{(k_l - \omega_s^2 m_l) + j\omega_s c_l} \tag{5.86}$$

同位移响应一样，因为阻尼都是很小的值，所以中间第 s 阶模态的应力频率响应 $\sigma_x^{is}\phi_{ps}/j\omega_s c_s$，$\sigma_y^{is}\phi_{ps}/j\omega_s c_s$，$\tau_{xy}^{is}\phi_{ps}/j\omega_s c_s$ 都是相对较大的数，因此这一阶模态的应力响应增大，成为系统响应中的主要部分，其它各阶模态的响应相对第 S 阶模态的响应较小，可以忽略不计，如式(5.87)~式(5.89)。由于 $\phi_{ps}/j\omega_s c_s$ 是一个常数，系统在共振时的应力分布，就是系统在对应固有频率下模态应力的分布。

$$S_{ip}^x(\omega_s) \approx \frac{\sigma_x^{is}\phi_{ps}}{j\omega_s c_s} \tag{5.87}$$

$$S_{ip}^y(\omega_s) \approx \frac{\sigma_y^{is}\phi_{ps}}{j\omega_s c_s} \tag{5.88}$$

$$S_{ip}^{xy}(\omega_s) \approx \frac{\sigma_{xy}^{is}\phi_{ps}}{j\omega_s c_s} \tag{5.89}$$

【例5.6】 考虑例5.1 中的悬臂平板。在自由端节点 848 的 z 方向施加 10Hz 单位正弦函数外力 $\sin(2\pi 10t)$。该外力的频率非常接近系统的第一阶固有频率（9.95Hz）。同例5.1 一样，模态截断频率定为 100Hz。时间步长为 0.0025s。并且假设所有的模态阻尼都是 2%。

图 5.45~图 5.48 的左列显示在三个节点（848 – 自由端节点、844 – 中心节点、840 – 固定端节点）的 z 向位移瞬态响应，和在三个单元（866 – 最接近自由端的单元、872 – 中心一侧的单元、880 – 固定端的单元）底层表面各应力分量的瞬态响应。右列的图是左列图中每个响应（除 vonMises 应力）的快速傅里叶变换（FFT）的曲线。因为 vonMises 应力只取正数值，FFT 不能给出正确的频率响应分析，不能用于 FFT 分析，所以只显示 vonMises 应力的时间响应（图5.49）。

图 5.45 的三个节点（848 – 自由端节点、844 – 中心节点、840 – 固定端节点）的 z 向瞬态位移响应（左列）和对应的 FFT 频率响应（右列）中，幅值最大的是自由端节点 848 的响应，幅值居中的是中心节点 844 的响应，幅值最小（零值）的是固定端节点 840 的响应。这是该悬臂平板梁第一阶（9.95Hz）振型的形状。

图 5.46~图 5.48 的三个单元（866 – 最接近自由端的单元、872 – 中心一侧的单元、880 – 固定端的单元），底层表面各应力分量的瞬态响应（左列）和对应的 FFT 频率响应（右列）中，幅值最大的是固定端单元 880 的响应，幅值居中的是中心一侧的单元 872 的响应，幅值最小（接近零值，因为单元中心与自由端点不重合）的是最接近自由端的单元 866 的响应。这是该悬臂平板梁第一阶（9.95Hz）模态的应力分布。

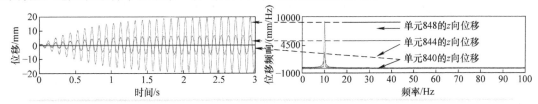

图 5.45 节点 840、844、848 的 z 向位移响应的 FFT

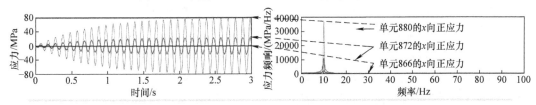

图 5.46 单元 880、872、866 下表面的 x 向正应力和 FFT

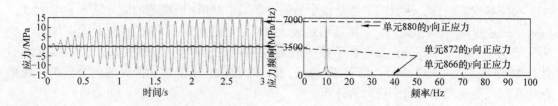

图 5.47 单元 880、872、866 下表面的 y 向正应力和 FFT

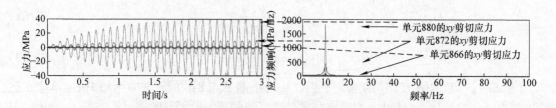

图 5.48 单元 880、872、866 下表面的 xy 剪切应力和 FFT

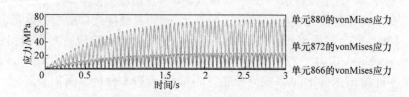

图 5.49 单元 880、872、866 底层表面的 vonMises 应力

从以上各图中可以看到，平板上各点的位移和应力都随时间增大，最后达到趋于稳定。这是因为外力的频率非常接近系统的第一阶固有频率，结构发生共振。在频率域的表现为，位移和应力的频率响应在 9.95Hz 处出现一个峰值。由于系统阻尼的存在，振幅增大至与系统的阻尼力达到平衡。

由式（4.17）、式（5.8）~式（5.89）可知，在共振时，系统变形的形状基本是系统的第一阶模态的振型，系统的应力分布则基本是系统的第一阶模态应力的分布，其他模态的贡献相对较小。对于这个悬臂平板，其他的模态（都在 60Hz 以上）与共振的第一阶模态相距较远，对第一阶模态的共振响应没有影响。所以在每一个时间点上，系统的变形就是系统的第一阶模态的振型乘以第一阶模态坐标，系统的应力分布是系统的第一阶模态应力乘以第一阶模态坐标。

从以上的位移和应力的时间响应曲线可以看出，系统的响应在 2s 以后基本达到了稳定。在此以后系统响应达到峰值时的数值是系统响应的最大值。例如，响应在 2.53s 时达到一个峰值。系统在 2.53s 时的位移和 vonMises 应力云图（取上表面和底层表面绝对值大的 vonMises 应力）

图 5.50 受外力 sin（2π10t）的悬臂平板在 2.53s 时的位移和应力（彩色图见书尾）

如图 5.50 所示。这是该悬臂平板梁第一阶

（9.95Hz）振型的形状和该模态的应力分布。

【例 5.7】 例 5.6 中的单位正弦函数外力频率改为施加 61Hz。外力函数为 $\sin(2\pi 61t)$。该外力的频率非常接近系统的第二阶固有频率（61.28Hz）。同例 5.6 一样，模态截断频率定为 100Hz。时间步长为 0.0025s。并且假设所有的模态阻尼都是 2%。

选择同样的三个节点（848、844、840），显示 z 向的瞬态位移响应，和在三个单元（866、872、880）显示单元各应力分量的瞬态响应。图 5.51 三个节点（848、844、840）的 z 向瞬态位移响应。对悬臂平板梁的二阶弯曲变形，梁的中间点的位移值也较大。图 5.52～图 5.55 分别显示了三个单元（866、872、880）的 x 向正应力、y 向正应力、xy 剪切应力和 vonMises 应力的瞬态响应。从图 5.55 可以看，单元 872 的 vonMises 应力的幅值略大于单元 880 的 vonMises 应力的幅值。所以，在该悬臂平板梁第二阶模态的弯曲变形时，梁中部的应力可以高于固定端。

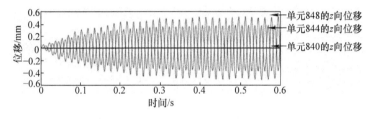

图 5.51 三个节点（848、844、840）的 z 向位移响应

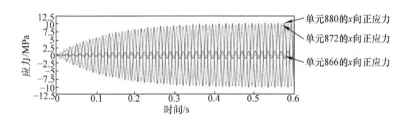

图 5.52 三个单元（866、872、880）的 x 向正应力

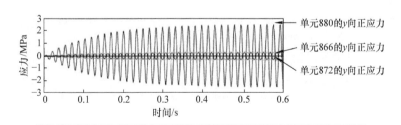

图 5.53 三个单元（866、872、880）的 y 向正应力

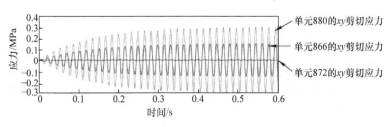

图 5.54 三个单元（866、872、880）的 xy 平面剪切应力

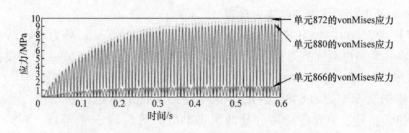

图 5.55   三个单元（866、872、880）的 vonMises 应力

从以上各图中可以看到，平板上各点的位移和应力都随时间增大，这是因为外力的频率非常接近系统的第二阶固有频率，系统发生共振。最后，因为阻尼的存在，系统位移和应力的响应都趋于稳定。

系统的响应在 0.5s 以后基本达到了稳定。在此以后系统响应达到峰值时的数值是系统响应的最大值。例如，响应在 0.569s 时达到一个峰值。系统在 0.569s 时的位移和 vonMises 应力云图（取上表面和底层表面绝对值大的 vonMises 应力）如图 5.56 所示。

图 5.56   受外力 $\sin(2\pi61t)$ 的悬臂平板在 0.569s 时的位移和 vonMises 应力云图
（彩色图见书尾）

此时，平板在第二阶固有频率下振动的位移形状是第二阶模态振型，应力分布是第二阶模态应力的分布状况。

【例 5.8】   一个来自车辆道路行驶的 z 方向载荷，如图 5.57 所示。这个道路载荷实际上包括了 6 种不同的路面。用整个载荷历程中的最大值除以该载荷，得到一个最大值为 1 的类似道路载荷的外力。在例 5.5～例 5.7 中，外力改用这个单位幅值的类似道路载荷。如同例 5.5～例 5.7 一样用模态法求解。图 5.58 显示平板固定端单元 880 和平板中心一侧单元 872 的 vonMises 应力的瞬态响应。

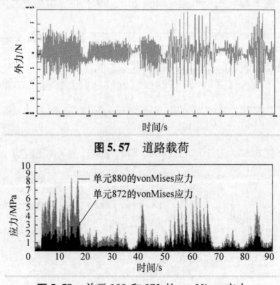

图 5.57   道路载荷

图 5.58   单元 880 和 872 的 vonMises 应力

从图 5.58 可以看出固定端的应力比平板中心的应力大，这样的应力分布类似该平板结构第一阶模态的应力分布。这是因为通常汽车道路载荷的激励频率都低于 50Hz，而该平板结构的第一阶固有频率（9.95Hz）在道路载荷的激励频率范围内，第二阶固有频率（60.28Hz）高于载荷的激励频率，所以只有第一阶模态可以被激励，结构的变形和应力分布均为该结构第一阶模态的形态。从图 5.58 中应力响应的水平可以看出，结构在第一段路面和第三段路面开始的一部分，应力响应的水平与载荷水平的比值远高于其他路段，说明结构对这部分路面的载荷产生了共振，应力响应被放大。

综合例 5.1 和例 5.5 ~ 例 5.8 的结果，悬臂平板在三个不同位置（最接近自由端的单元 866、中心一侧的单元 872、固定端的单元 880），在几种不同载荷下的最大 vonMises 应力的幅值总结在表 5.1 中。

表 5.1　悬臂平板在单元 866、872、880 处在几种不同载荷下的最大 vonMises 应力幅值

序号	分析类型	载荷	最大 vonMises 应力/MPa		
			固定端（单元 880）	中心（单元 872）	自由端（单元 866）
1	静态	单位常数力	2.90	1.46	0.27
2	动态	单位幅值正弦函数 10Hz	72.72	23.60	1.33
3	动态	单位幅值正弦函数 61Hz	9.24	9.79	1.35
4	动态	单位幅值阶跃函数	6.06	2.17	0.14
5	动态	单位幅值道路载荷	9.25	2.89	0.19

将这些在几种不同载荷下的最大 vonMises 应力除以同单元静态应力（例 5.1），得到动态应力与静态应力的比值，列于表 5.2，并且用柱状图 5.59 可以比较直观地进行对比。

表 5.2　动态应力与静态应力的比值

序号	分析类型	载荷	最大应力与静态应力的比值		
			固定端（单元 880）	中心（单元 872）	自由端（单元 866）
1	静态	单位常数力	1.0	1.0	1.0
2	动态	单位幅值正弦函数 10Hz	25.1	16.2	4.9
3	动态	单位幅值正弦函数 61Hz	3.2	6.7	5.0
4	动态	单位幅值阶跃函数	2.1	1.8	1.4
5	动态	单位幅值道路载荷	3.2	2.0	0.7

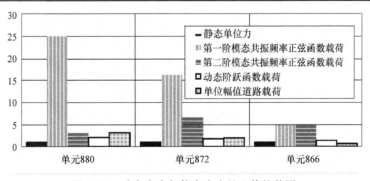

图 5.59　动态应力与静态应力的比值柱状图

这个比值说明动态应力与静态应力之间的差别。这个例题说明，结构在共振发生时会把位移和应力放大很多倍。如果这时用静态分析方法计算，就不会发现种由振动引发的高应力区域。结构应力的增加会严重减低结构的疲劳寿命。所以，对有共振可能的结构应当使用动

力学的方法去分析。

5.4.5 振动系统位移和应力响应的比较

将运用模态法计算振动位移响应和应力响应的公式总结在表5.3中。比较位移和应力的公式可以发现，应力的公式和位移的公式非常类似，都是模态的线性叠加，但是线性叠加的模态物理量不一样。位移是系统位移振型（模态振型）的线性叠加，应力是系统模态应力（应力模态振型）的线性叠加。线性叠加的加权因子都是模态坐标下的模态位移（模态参与因子）。比较位移的公式和应力的公式可以发现，无论是时域计算公式，还是频域计算公式，两者只是在测量点的物理量不同。例如，第 i 自由度的位移公式中与测量点有关的物理量，是在第 i 自由度的振型值 ϕ_{il}；第 i 单元的应力公式中与测量点有关的物理量，是第 i 单元的模态应力值 σ_x^{il}、σ_y^{il}、τ_{xy}^{il}。无论是时域计算公式，还是频域计算公式，只要将与测量点有关的物理量替换，就可以从位移公式得到应力公式，或者从应力公式得到位移公式。从频域的公式可以看到，当外力的激振频率接近系统的某一个固有频率时，系统发生共振，位移和应力都按照同样的倍数增大，两者之间的差别是位移和应力各自对应相应的模态位移振型值和模态应力值，共振时系统位移和应力的形态，由相应的模态位移振型和模态应力分布决定。例如在例5.6中，悬臂平板处于第一阶模态共振，位移的形态是第一阶模态振型（第一阶弯曲），悬臂平板的自由端位移最大，固定端位移最小（零），而应力分布却是相反的，由该结构的第一阶模态应力分布决定，悬臂平板的自由端应力最小，固定端应力最大。在例5.7中，悬臂平板处于第二阶模态共振，位移的形态是第二阶模态振型（第二阶弯曲），悬臂平板的自由端和中部位移大，而应力分布由该结构的第二阶模态应力分布决定，悬臂平板的自由端应力最小，固定端和中部应力大。

表5.3　位移与应力公式的比较

位移计算	应力计算
固有频率，f_1，…，f_n	固有频率，f_1，…，f_n
模态参数，m_1，k_1，c_1，…，m_n，k_n，c_n	模态参数，m_1，k_1，c_1，…，m_n，k_n，c_n
模态振型， $\{\phi\}_1$，…，$\{\phi\}_n$	模态应力（"应力模态振型"）， $\{\sigma_x\}_1$，$\{\sigma_y\}_1$，$\{\tau_{xy}\}_1$，…，$\{\sigma_x\}_n$，$\{\sigma_y\}_n$，$\{\tau_{xy}\}_n$
位移时间响应， $$x_i(t) = \sum_{l=1}^{n} \phi_{il}\xi_l(t)$$	应力时间响应， $$\sigma_x^i(t) = \sum_{l=1}^{n} \sigma_x^{il}\xi_l(t)$$ $$\sigma_y^i(t) = \sum_{l=1}^{n} \sigma_y^{il}\xi_l(t)$$ $$\tau_{xy}^i(t) = \sum_{l=1}^{n} \tau_{xy}^{il}\xi_l(t)$$
位移频率响应传递函数， $$H_{ip}(\omega) = \sum_{l=1}^{n} \frac{\phi_{il}\phi_{pl}}{k_l - \omega^2 m_l + j\omega c_l}$$	应力频率响应传递函数， $$S_{ip}^x(\omega) = \sum_{l=1}^{n} \frac{\sigma_x^{il}\phi_{pl}}{k_l - \omega^2 m_l + j\omega c_l}$$ $$S_{ip}^y(\omega) = \sum_{l=1}^{n} \frac{\sigma_y^{il}\phi_{pl}}{k_l - \omega^2 m_l + j\omega c_l}$$ $$S_{ip}^{xy}(\omega) = \sum_{l=1}^{n} \frac{\tau_{xy}^{il}\phi_{pl}}{k_l - \omega^2 m_l + j\omega c_l}$$

注：如果计算取模态截断，并其模态截断后有 m 个模态，以上公式中的 n 用 m 替代。

5.4.6　模态截断的影响

在位移和应力计算的模态方法中，模态截断大大减少了模态叠加的数量，提高了计算效率。但是模态截断也造成很多高频模态的丢失，因而可能遗漏重要的高应力部位。问题是究竟要保留多少模态才不会遗漏重要的高应力部位，下面看一个例子。

【例 5.9】　考虑例 5.2 中的四边约束平动自由度的平板（图 5.13）。该平板的有限元模型如图 5.60 所示。该平板的有限元模型有 30882 个自由度。在四边的 8 个约束点限制平移自由度。假定模态阻尼是 2%。在平板的中心位置加一个 z 方向的单位力，如图 5.61 所示。

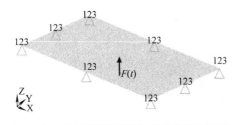

图 5.60　受约束平板的有限元模型

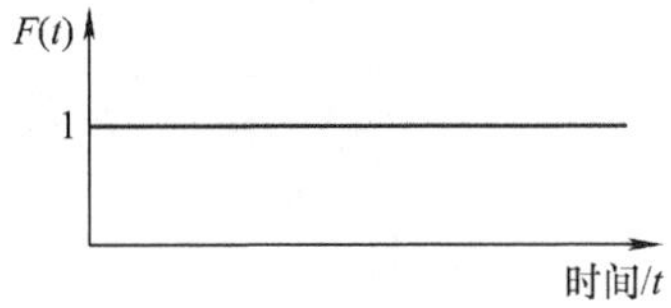

图 5.61　外力函数

用静态方法解得的静态变形和应力分布如图 5.62 所示。其中，在加力点处的静应力是 2.43MPa，在两侧中约束点的静应力是 1.667MPa。

用动态的模态叠加法求解，尝试使用不同的截断频率 f_c 和不同数量（m）的模态。当截断频率 f_c = 20Hz 时，平板有 4 个模态。这 4 个低于 20Hz 的模态的变形和 vonMises 应力的分布，显示在图 5.63。如果使用截断频率 f_c = 20Hz 和前 4 个模态（m = 4），在

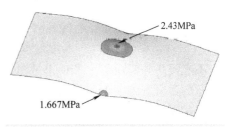

图 5.62　静态变形和 vonMises 应力
分布（彩色图见书尾）

应力达到最大时的平板变形和 vonMises 应力分布，显示在图 5.64。图 5.65 所示在中心加载点处（图 5.65 左）和长边中心约束点处（图 5.65 右）的 vonMises 应力随时间变化的曲线。在这种情况下，中心加载点处 vonMises 应力的最大值是 1.111MPa，vonMises 应力最终趋向 0.58MPa，都远低于静态应力解。这表明前 4 阶模态的叠加所得到的应力有很大误差。

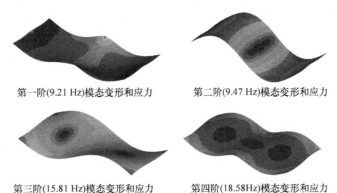

第一阶(9.21 Hz)模态变形和应力　　　第二阶(9.47 Hz)模态变形和应力

第三阶(15.81 Hz)模态变形和应力　　　第四阶(18.58Hz)模态变形和应力

图 5.63　平板的前 4 阶模态的变形和 vonMises 应力分布（彩色图见书尾）

a）第一阶（9.21Hz）模态变形和应力　b）第二阶（9.47Hz）模态变形和应力

c）第三阶（15.81Hz）模态变形和应力　d）第四阶（18.58Hz）模态变形和应力

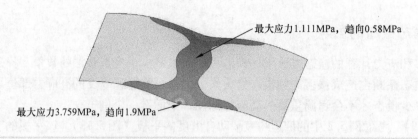

最大应力1.111MPa，趋向0.58MPa

最大应力3.759MPa，趋向1.9MPa

图5.64　最大应力发生时的变形和应力分布（模态截断频率=20Hz，纯振动模态）（彩色图见书尾）

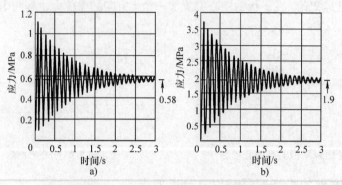

图5.65　vonMises 应力随时间变化的曲线

a) 中心加载点处　b) 长边中心约束点处

不断提高截断频率 f_c 和模态数量 m，相应地最大 vonMises 应力也在增加，最后趋向一个稳定的数值。将中心加载点处和长边中心约束点处的最大 vonMises 应力数值列在表5.4中。当截断频率 f_c 达 20000Hz 时，所用计算机的内存已超出其极限，无法计算。从表5.4可以看到，当截断频率 f_c =15000Hz 和使用 2860 个模态（m=2860）时，在中心加载点处，最大 vonMises 应力达到 3.27MPa，也是一个相对稳定的极限值。这种情况下，瞬态 vonMises 应力随时间衰减的最终趋向值也达到了静态解的数值。这表明截断频率 f_c =15000Hz，由前 2860 阶模态叠加所得到的应力，达到了比较精确的数值。图5.66 显示截断频率 f_c =15000Hz 和使用 2860 个模态（m=2860）时，在应力达到最大时的平板变形和 vonMises 应力分布，图5.67 显示在中心加载点处和长边中心约束点处的 vonMises 应力，随时间变化的曲线。

表5.4　受约束平板中心加载点处和长边的中心约束点处动态和静态方法求解的 vonMises 应力

求解方法	求解内容		瞬态 vonMises 应力/MPa			
	求解响应处		中心加载点处		长边中心约束点处	
	截断频率	模态数量	最大应力	最终趋向应力	最大应力	最终趋向应力
动态解 （纯振动模态解）	20Hz	4	1.111	0.58	3.759	1.9
	100Hz	20	1.830	0.94	3.621	1.81
	1000Hz	184	2.662	1.94	3.603	1.72
	2000Hz	361	2.858	2.00	3.588	1.67
	4000Hz	718	3.036	2.12	3.584	1.67
	10000Hz	1837	3.216	2.38	3.588	1.67
	15000Hz	2860	3.266	2.43	3.588	1.67
	20000Hz		超出计算机内存，无法计算			
静态解			2.43	2.43	1.67	1.67

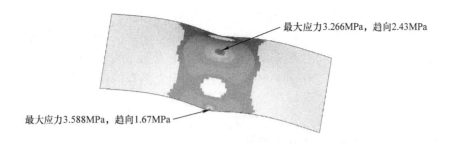

图 5.66　最大应力发生时的变形和应力分布变形和应力分布（模态截断频率 15000Hz，
纯振动模态）（彩色图见书尾）

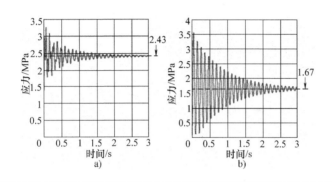

图 5.67　vonMises 应力随时间变化的曲线（模态截断频率 $f_c = 15000$Hz，纯振动模态）
a）中心加载点处　b）长边中心约束点处

这个例子表明使用模态截断的动态模态叠加法求解结构的应力时，需要相对较高的截断频率和相对较多模态数量才能保证应力计算精度。当截断频率较低、模态数量不够多时，在加载点处的应力计算会有较大误差。然而，对于结构耐久分析来说，加载点局部区域变形和应力往往是很高的，由于这些高频模态的丢失而遗漏的加载点局部区域变形和应力的计算精度是不可接受的。因此，"残余模态"（Residual Modes，也称剩余模态）被引入来改进加载点局部区域的变形和应力的计算精度。

5.4.7　模态截断后的剩余模态

为了提高模态法的计算精度，"残余模态"（或剩余模态）的概念被引入。所谓"残余模态"是指那些用各种方法人为定义的、用于模拟和补偿因为模态截断而失去的高阶模态。"残余模态"并没有固定的定义。因为模态截断而失去的高阶模态对计算精度的影响取决于具体问题，所以"残余模态"的定义取决于具体问题。有很多研究在探讨各种可能的"残余模态"的定义和对计算精度的影响。目前应用比较多、定义和计算都比较容易的有两种。在 5.3 节中介绍的约束模态是模态分析中常用的一种。在第 5.2.2 节中介绍的连接模态（attachment modes）[1]是另一种模态计算中常用的一种方法。

在第 5.2.2 节中已经介绍了连接模态的定义。但是因为它们与振动模态并不正交，所以不能直接用于模态叠加法的计算。基于线性代数解的基向量必须是正交（也就是线性无关）的原理，这些静态情况下定义的连接模态，必须与振动模态进行正交化以后，才能用于模态叠加法的计算。下面介绍连接模态与振动模态正交化的计算过程[5]。

假设模态截断以后系统的前 m 阶模态向量为 $\{\phi\}_j$，$j=1,\cdots,m$，系统在 L 个通道（通常一个受力点上有三个平动力通道，三个转矩通道）上受到外力载荷，有 L 个对应每个载荷通道方向上静态的连接模态。每一个载荷通道方向上静态的连接模态由式（5.30）计算，写成统一形式为

$$\{\varphi\}_j = [K]^{-1}\{P_j\} \qquad j=1,\cdots,L \tag{5.90}$$

式中　$\{P_j\}$ ——第 j 个通道的单位力向量。

在这个通道单位力向量中，对应第 j 个载荷通道的自由度为一个单位力，而所有其他自由度均为零载荷。

用这 m 个振动模态向量和 L 个静态的连接模态构成如下矩阵

$$[\Phi] = [\{\phi\}_1,\cdots,\{\phi\}_m,\{\varphi\}_1,\cdots,\{\varphi\}_{L:}] = [[\phi],[\varphi]] \tag{5.91}$$

式中　$[\phi] = [\{\phi\}_1,\cdots,\{\phi\}_m]$ 是一个 $n \times m$ 的矩阵，$[\varphi] = [\{\varphi\}_1,\cdots,\{\varphi\}_{L:}]$，是一个 $n \times L$ 的矩阵，$[\Phi]$ 是一个 $n \times (m+L)$ 的矩阵。

用矩阵（5.91）进行转换矩阵获得一个新的广义质量矩阵 $[\overline{M}]$ 为

$$[\overline{M}] = [\Phi]^T[M][\Phi]$$

$$= [[\phi],[\varphi]]^T[M][[\phi],[\varphi]] = \begin{bmatrix} [\phi]^T[M][\phi] & [\phi]^T[M][\varphi] \\ [\varphi]^T[M][\phi] & [\varphi]^T[M][\varphi] \end{bmatrix} \tag{5.92}$$

和一个新的广义刚度矩阵 $[\overline{K}]$ 为

$$[\overline{K}] = [\Phi]^T[K][\Phi] = \begin{bmatrix} [\phi]^T[K][\phi] & [\phi]^T[K][\varphi] \\ [\varphi]^T[K][\phi] & [\varphi]^T[K][\varphi] \end{bmatrix} \tag{5.93}$$

得到一个新的特征值问题的方程为

$$-\omega^2[\overline{M}]\{q\} + [\overline{K}]\{q\} = \{0\} \tag{5.94}$$

展开为

$$-\omega^2\begin{bmatrix} [\phi]^T[M][\phi] & [\phi]^T[M][\varphi] \\ [\varphi]^T[M][\phi] & [\varphi]^T[M][\varphi] \end{bmatrix}\{q\} + \begin{bmatrix} [\phi]^T[K][\phi] & [\phi]^T[K][\varphi] \\ [\varphi]^T[K][\phi] & [\varphi]^T[K][\varphi] \end{bmatrix}\{q\} = \{0\}$$

$$\tag{5.95}$$

式中　$\{q\}$ ——一个 $(m+L) \times 1$ 的向量。

显然 $\{q\} = [q_1,\cdots,q_m,0,\cdots,0]^T$ 是方程的解。令 $\{q_m\} = [q_1,\cdots,q_m]^T$。可以有以下方程

$$-\omega^2[\phi]^T[M][\phi]\{q_m\} + [\phi]^T[K][\phi]\{q_m\} = \{0\} \tag{5.96}$$

因为 $[\phi]$ 是系统的模态向量（特征向量、振型向量）矩阵，$[\phi]^T[M][\phi]$ 和 $[\phi]^T[K][\phi]$ 对角化为

$$\{\phi\}_j^T[M]\{\phi\}_j = m_j \quad 和 \quad \{\phi\}_j^T[K]\{\phi\}_j = k_j,\quad j=1,\cdots,m \tag{5.97}$$

于是，新的特征值方程有以下解耦的方程组

$$-\omega^2 m_j q_j + k_j q_j = 0 \qquad j=1,\cdots,m \tag{5.98}$$

得到方程的特征向量的解列于表 5.5。

方程（5.95）的所有特征值和特征向量的解列于表 5.6。

表 5.5　方程 (5.96) 的特征值和特征向量

特征值	ω_j	ω_2	……	ω_m
特征向量	$\{\psi\}_1 = \left\{\begin{matrix} 1 \\ 0 \\ \vdots \\ 0 \end{matrix}\right\}$	$\{\psi\}_2 = \left\{\begin{matrix} 0 \\ 1 \\ 0 \\ \vdots \end{matrix}\right\}$	……	$\{\psi\}_m = \left\{\begin{matrix} 0 \\ \vdots \\ 0 \\ 1 \end{matrix}\right\}$

式中　$\{\psi\}_j$（$j = 1,\cdots, m$），是 $m \times 1$ 的向量；ω_j（$j = 1,\cdots, m$），是系统的原特征值。

表 5.6　方程 (5.95) 特征值和特征向量

阶数	1	…	m	$m+1$	…	$m+L$
特征值	ω_1	…	ω_m	ω_{m+1}	…	ω_{m+L}
特征向量	$\{\Psi\}_1 = \left\{\begin{matrix} \{\psi\}_1 \\ 0 \\ \vdots \\ 0 \end{matrix}\right\}$	…	$\{\Psi\}_m = \left\{\begin{matrix} \{\psi\}_m \\ 0 \\ \vdots \\ 0 \end{matrix}\right\}$	$\{\Psi\}_{m+1} = \left\{\begin{matrix} \psi_{(m+1),1} \\ \vdots \\ \psi_{(m+1),(m+L)} \end{matrix}\right\}$	…	$\{\Psi\}_{m+L} = \left\{\begin{matrix} \psi_{(m+L),1} \\ \vdots \\ \psi_{(m+L),(m+L)} \end{matrix}\right\}$

表中　$\{\Psi\}_j$（$j = 1,\cdots, m+L$），是 $(m+L) \times 1$ 的向量。

可以看到，在这个过程中，所有连接模态都被在数学上赋予了一个"固有频率"。这些"固有频率"在数值上高于截断频率。

新的特征向量矩阵 $[\Psi] = [\{\Psi\}_1,\cdots,\{\Psi\}_{m+L}]$ 是一个 $(m+L) \times (m+L)$ 的矩阵。它能够使广义质量矩阵 $[\overline{M}]$ 和广义刚度矩阵 $[\overline{K}]$ 得到以下方程

$$-\omega^2 [\Psi]^{\mathrm{T}}[\overline{M}][\Psi] + [\Psi]^{\mathrm{T}}[\overline{K}][\Psi] = -\omega^2 \begin{bmatrix} \ddots & & \\ - & \overline{m}_j & \\ & & \ddots \end{bmatrix} + \begin{bmatrix} \ddots & & \\ & \overline{k}_j & \\ & & \ddots \end{bmatrix} = [0]$$
(5.99)

方程 (5.99) 中 $\overline{m}_j = m_j$ 和 $\overline{k}_j = k_j$，$j = 1,\cdots, m+L$。以上方程可以写成

$$-\omega^2 [\Psi]^{\mathrm{T}}[\Phi]^{\mathrm{T}}[M][\Phi][\Psi] + [\Psi]^{\mathrm{T}}[\Phi]^{\mathrm{T}}[K][\Phi][\Psi]$$

$$= -\omega^2 \begin{bmatrix} \ddots & & \\ & \overline{m}_j & \\ & & \ddots \end{bmatrix} + \begin{bmatrix} \ddots & & \\ & \overline{k}_j & \\ & & \ddots \end{bmatrix}$$
(5.100)

这个方程表明变换矩阵 $[\Phi][\Psi]$［一个 $n \times (m+L)$ 的矩阵］，能够使原来的质量矩阵 $[M]$ 和刚度矩阵 $[K]$ 对角化，这个矩阵中的向量彼此之间正交。这些向量由以下方程给出

$$[\Phi][\Psi] = [\{\phi\}_1,\cdots,\{\phi\}_m,\{\overline{\phi}\}_1,\cdots,\{\overline{\phi}\}_L]$$
(5.101)

式中　$\{\phi\}_j$，$j = 1,\cdots, m$，是系统原始的模态向量；

$\{\overline{\phi}\}_j$，$j = 1,\cdots, L$，是正交化后的连接模态，它们彼此之间相互正交，都可以作为系统解的基向量，用于模态叠加法的求解。

这样的模态叠加解中包括了系统的振动模态和正交化后的静态连接模态。这些人为添加

的模态主要用于改进因为模态截断而产生的计算误差，被称为剩余模态。

对于阻尼矩阵 $[C]$，一般情况不能对角化。但是如同一般的振动问题一样，考虑到阻尼通常数值很小，近似对角化后误差不大，所以工程分析上都近似对角化。

在用这个新的振型矩阵将 $[M]$、$[K]$、$[C]$ 矩阵对角化后，得到 $m+L$ 个与式（4.7）一样的单自由度振动方程，并且可以求得这 $m+L$ 个振动方程的模态坐标值。这样，包括系统截断频率以下的振动模态和静态剩余模态的位移响应解为

$$d_i(t) = \sum_{l=1}^{m} \phi_{il}\xi_l(t) + \sum_{j=1}^{L} \overline{\phi}_{ij}\xi_{m+j}(t) \tag{5.102}$$

包括系统截断频率以下的振动模态和静态模态的应力响应解为

$$\sigma_x^i(t) = \sum_{l=1}^{m} \sigma_x^{il}\xi_l(t) + \sum_{j=1}^{L} \overline{\sigma}_x^{ij}\xi_{m+j}(t) \tag{5.103}$$

$$\sigma_y^i(t) = \sum_{l=1}^{m} \sigma_y^{il}\xi_l(t) + \sum_{j=1}^{L} \overline{\sigma}_y^{ij}\xi_{m+j}(t) \tag{5.104}$$

$$\tau_{xy}^i(t) = \sum_{l=1}^{m} \tau_{xy}^{il}\xi_l(t) + \sum_{j=1}^{L} \overline{\tau}_{xy}^{ij}\xi_{m+j}(t) \tag{5.105}$$

式中　　　　m——截断频率以下振动模态的个数；

　　　　　　L——静态剩（残）余模态的个数；

σ_x^{il}、σ_y^{il}、τ_{xy}^{il}——分别是第 l 阶振动模态在单元 i 上的 x 向模态正应力、y 向模态正应力、$x-y$ 向模态剪切应力；

$\overline{\sigma}_x^{ij}$、$\overline{\sigma}_y^{ij}$、$\overline{\tau}_{xy}^{ij}$——分别是第 k 个静态剩（残）余模态在单元 i 上的 x 向模态正应力、y 向模态正应力、$x-y$ 向模态剪切应力；

　　　　　　ξ_l——第 l 个模态坐标（也称模态位移），$l=1, \cdots, m, m+1, \cdots, m+L$。

这里需要说明的是，剩余模态是模态叠加方法中用来弥补模态截断所失去的计算精度而人为构造的添加模态。它们主要是用来弥补所失去的重要高阶模态。在它们与模态截断保留下来的振动模态正交化所产生的模态质量、模态刚度和模态固有频率都是由这一数学过程所产生的，不一定与真实的系统固有频率一致。从例5.9可以看到，加载点区域的局部变形和应力属于静态的性质。也就是说，在不考虑由加速度引起的惯性力的情况下（缓慢地加载是通常静态试验的加载方式），用静态的方法可以求得加载点区域的局部变形和应力。用动态的方法求解可以发现影响加载点区域的局部变形主要是高频模态。一般来讲，低阶模态更多是系统整体或局部整体模态。由这个例子可以认识到，加载点区域的局部变形主要是高频模态所致，而这些局部变形属于静态性质，即由外力直接引起的变形，而非共振引起的变形。Ted Rose[5] 所使用正交化的剩余连接模态，正好满足了这些性质。第一，选取模态截断频率高于所有输入载荷的频率。第二，选用连接模态作为剩余模态，它们能够反映加载点区域的局部变形和应力。第三，正交化使这些剩余模态的固有频率高于截断频率，即高于输入载荷的激振频率，所以这些剩余模态不会发生共振，变形属于静态变形。

这种静态的剩余连接模态在软件 NASTRAN 中被使用（residual flexibility MSC/NAS-TRAN[6]）。

公式（5.103）~（5.105）实际上将应力的计算分成了两部分。一部分是结构动态应力响应的部分，由低于截断频率的结构振动模态主导。另一部分是结构静态应力响应的部分，

由高于截断频率的静态连接模态主导。

【**例 5.10**】　考虑例 5.9 中同样的问题，但是求解时在使用模态叠加方法时，加入静态的剩余连接模态。该平板只在中心点受一个 z 向的力。所以，该问题只有一个静态的连接模态。用几种不同截断频率和包括静态的剩余模态求解该平板的应力响应。在平板中心加载点处和长边的中心约束点处的 vonMises 应力列在表 5.7 中。

表 5.7　受约束平板中心加载点处和长边的中心约束点处动态和静态方法求解的 vonMises 应力

求解方法	求解内容		瞬态 vonMises 应力/MPa			
	求解响应处		中心加载点处		长边的中心约束点处	
	截断频率	模态数量	最大应力	最终趋向应力	最大应力	最终趋向应力
动态解 （振动模态解 ＋ 剩余模态）	20Hz	4	4.477	2.43	3.365	1.67
	100Hz	20	3.649	2.43	3.559	1.67
	1000Hz	184	3.300	2.43	3.586	1.67
	2000Hz	361	3.286	2.43	3.588	1.67
静态解			2.43	2.43	1.67	1.67

从表 5.7 中可以看到，在加入剩余模态之后，在平板中心加载点处和长边的中心约束点处的动态解的最终趋向值用很少的模态就能达到静态值，而动态的最大值在用 2000Hz 截断频率、361 个模态就能达到比较准确的最大值。相比没有加入剩余模态的情况，需要达到15000Hz 截断频率、2860 个模态才能达到比较准确的值。在加入剩余模态之后，可以用较低的截断频率（2000Hz）和较少的模态（361 个的模态）得到比较准确的值，这样可以大大减少计算时间。

图 5.68 显现当模态截断频率 ＝2000Hz，并且附加静态剩余模态时最大应力发生时平板的变形和应力分布。图 5.69 显示在中心加载点处和长边中心约束点处的 vonMises 应力随时间变化的曲线。

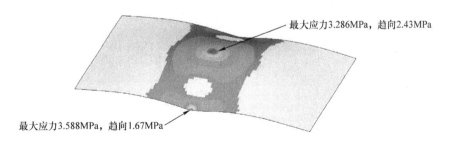

最大应力3.286MPa，趋向2.43MPa

最大应力3.588MPa，趋向1.67MPa

图 5.68　最大应力发生时的变形和应力分布（模态截断频率 ＝2000Hz，附加静态剩余模态）
（彩色图见书尾）

作为比较，使用 2000Hz 模态截断频率，并且不包括剩余模态，只使用纯振动模态的结果在图 5.70 和图 5.71 中显示。从比较中可以看出，在模态叠加法时，使用剩余模态改进了应力计算的精度。

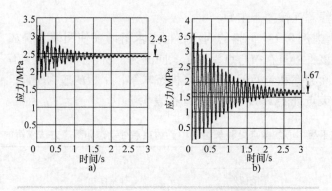

图 5.69   vonMises 应力随时间变化的曲线

a) 中心加载点处   b) 长边中心约束点处

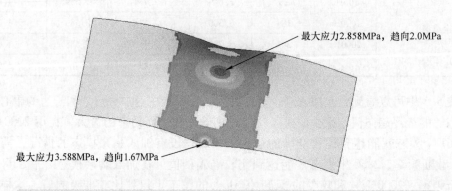

图 5.70   最大应力发生时的变形和应力分布（模态截断频率 = 2000Hz，纯振动模态）（彩色图见书尾）

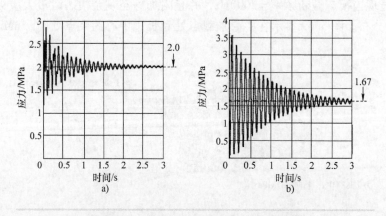

图 5.71   vonMises 应力随时间变化的曲线

a) 中心加载点处   b) 长边中心约束点处

作为总结和对比，将包括模态截断和静态剩余模态的位移与应力计算公式都列在表 5.8 中。与表 5.3 的对比说明一样。比较位移和应力的公式可以发现，尽管增加了剩余模态项，应力的公式和位移的公式仍然是类似的，都是模态的线性叠加，但是叠加的和中增加了剩余模态项。

表 5.8　包括模态截断和静态剩余模态的位移与应力公式的比较

位移计算	应力计算
固有频率，f_1，$\cdots$，f_m	固有频率，f_1，$\cdots$，f_m
模态参数，m_1，k_1，c_1，$\cdots$，m_m，k_m，c_m	模态参数，m_1，k_1，c_1，$\cdots$，m_m，k_m，c_m
模态振型， 　$\{\phi\}_1$，$\cdots$，$\{\phi\}_n$	模态应力（"应力模态振型"）， 　$\{\sigma_x\}_1$，$\{\sigma_y\}_1$，$\{\tau_{xy}\}_1$，$\cdots$，$\{\sigma_x\}_n$，$\{\sigma_y\}_n$，$\{\tau_{xy}\}_n$
静态剩余模态频率，f_{m+1}，$\cdots$，f_{m+L}	静态剩余模态频率，f_{m+1}，$\cdots$，f_{m+L}
静态剩余模态参数，$\overline{m}_1$，$\overline{k}_1$，$\overline{c}_1$，$\cdots$， $\overline{m}_L$，$\overline{k}_L$，$\overline{c}_L$	静态剩余模态参数，$\overline{m}_1$，$\overline{k}_1$，$\overline{c}_1$，$\cdots$，$\overline{m}_L$，$\overline{k}_L$，$\overline{c}_L$
正交化的静态剩余模态向量， 　$\{\overline{\phi}\}_1$，$\cdots$，$\{\overline{\phi}\}_L$	静态剩余模态应力， 　$\{\overline{\sigma}_x\}_1$，$\{\overline{\sigma}_y\}_1$，$\{\overline{\tau}_{xy}\}_1$，$\cdots$，$\{\overline{\sigma}_x\}_L$，$\{\overline{\sigma}_y\}_L$，$\{\overline{\tau}_{xy}\}_L$
在自由度 i 的节点位移时间响应， $$d_i(t) = \sum_{l=1}^{m} \phi_{il}\,\xi_l(t) + \sum_{j=1}^{L} \overline{\phi}_{ij}\,\xi_{m+j}(t)$$	在单元 i 应力时间响应， $$\sigma_x^i(t) = \sum_{l=1}^{m} \sigma_x^{il}\,\xi_l(t) + \sum_{j=1}^{L} \overline{\sigma}_x^{ij}\,\xi_{m+j}(t)$$ $$\sigma_y^i(t) = \sum_{l=1}^{m} \sigma_y^{il}\,\xi_l(t) + \sum_{j=1}^{L} \overline{\sigma}_y^{ij}\,\xi_{m+j}(t)$$ $$\tau_{xy}^i(t) = \sum_{l=1}^{m} \tau_{xy}^{il}\,\xi_l(t) + \sum_{j=1}^{L} \overline{\tau}_{xy}^{ij}\,\xi_{m+j}(t)$$
位移频率响应传递函数（在自由度 p 激振，在自由度 i 测量） $$H_{ip}(\omega) = \sum_{l=1}^{m} \frac{\phi_{il}\phi_{pl}}{k_l - \omega^2 m_l + j\omega c_l}$$ $$+ \sum_{l=1}^{L} \frac{\overline{\phi}_{il}\,\overline{\phi}_{pl}}{\overline{k}_l - \omega^2 \overline{m}_l + j\omega \overline{c}_l}$$	应力频率响应传递函数， $$S_{ip}^x(\omega) = \sum_{l=1}^{m} \frac{\sigma_x^{il}\phi_{pl}}{k_l - \omega^2 m_l + j\omega c_l}$$ $$+ \sum_{l=1}^{L} \frac{\overline{\sigma}_x^{il}\,\overline{\phi}_{pl}}{\overline{k}_l - \omega^2 \overline{m}_l + j\omega \overline{c}_l}$$ $$S_{ip}^y(\omega) = \sum_{l=1}^{m} \frac{\sigma_y^{il}\phi_{pl}}{k_l - \omega^2 m_l + j\omega c_l}$$ $$+ \sum_{l=1}^{L} \frac{\overline{\sigma}_y^{il}\,\overline{\phi}_{pl}}{\overline{k}_l - \omega^2 \overline{m}_l + j\omega \overline{c}_l}$$ $$S_{ip}^{xy}(\omega) = \sum_{l=1}^{m} \frac{\tau_{xy}^{il}\phi_{pl}}{k_l - \omega^2 m_l + j\omega c_l}$$ $$+ \sum_{l=1}^{L} \frac{\overline{\tau}_{xy}^{il}\,\overline{\phi}_{pl}}{\overline{k}_l - \omega^2 \overline{m}_l + j\omega \overline{c}_l}$$
在自由度 i 的节点位移频率响应 $$d_i(\omega) = \sum_{p=1}^{L} H_{ip}(\omega) F_p(\omega)$$ 其中 $F_p(\omega)$ 是自由度 p 激振力 $f_p(t)$ 的傅里叶变换	在单元 i 的应力频率响应 $$\sigma_x^i(\omega) = \sum_{p=1}^{L} S_{ip}^x(\omega) F_p(\omega)$$ $$\sigma_y^i(\omega) = \sum_{p=1}^{L} S_{ip}^y(\omega) F_p(\omega)$$ $$\tau_{xy}^i(\omega) = \sum_{p=1}^{L} S_{ip}^{xy}(\omega) F_p(\omega)$$

5.4.8　动力学响应计算中的静态响应

从上面的讨论可知，静态的剩余模态可以计算出加载点区域的局部变形和应力。剩余模态所用的连接模态就是静态应力计算时用的静模态。所以，上述有模态截断和包括静态剩余模态的位移和应力公式，包含了由振动引起的位移和应力响应，和由载荷引起的静态性质的位移和应力响应。

以位移频率响应传递函数为例

$$H_{ip}(\omega) = \sum_{l=1}^{m} \frac{\phi_{il}\phi_{pl}}{k_l\left(1 - \left(\frac{\omega}{\omega_l}\right)^2 + j\left(\frac{\omega}{\omega_l}\right)\left(\frac{c_l}{m_l}\right)\right)} + \sum_{r=1}^{L} \frac{\overline{\phi}_{ir}\,\overline{\phi}_{pr}}{\overline{k}_r\left(1 - \left(\frac{\omega}{\overline{\omega}_r}\right)^2 + j\left(\frac{\omega}{\overline{\omega}_r}\right)\left(\frac{\overline{c}_r}{\overline{m}_r}\right)\right)}$$

(5.106)

根据上面关于剩余连接模态的说明，选取截断频率高于载荷的频率。假设截断频率为 ω_{cutoff}。则载荷频率 $\omega < \omega_{\text{cutoff}}$。所考虑的系统固有频率小于截断频率，$\omega_l < \omega_{\text{cutoff}}$，$l = 1, \cdots, m$；而剩余连接模态的频率大于截断频率，$\omega_{\text{cutoff}} < \overline{\omega}_r$，$\omega \ll \overline{\omega}_r$，$r = 1, \cdots, L$。并且 $\overline{c}_r \ll \overline{m}_r$。剩余连接模态的部分都近似是常数，即

$$H_{ip}(\omega) = \sum_{l=1}^{m} \frac{\phi_{il}\phi_{pl}}{k_l\left(1 - \left(\frac{\omega}{\omega_l}\right)^2 + j\left(\frac{\omega}{\omega_l}\right)\left(\frac{c_l}{m_l}\right)\right)} + \sum_{r=1}^{L} \frac{\overline{\phi}_{ir}\,\overline{\phi}_{pr}}{\overline{k}_r}$$

(5.107)

或者

$$H_{ip}(\omega) = \sum_{l=1}^{m} \frac{1}{k_{el}\left(1 - \left(\frac{\omega}{\omega_l}\right)^2 + j\left(\frac{\omega}{\omega_l}\right)\left(\frac{c_l}{m_l}\right)\right)} + \sum_{r=1}^{L} \frac{1}{k_{er}}$$

(5.108)

式中　$k_{el} = \dfrac{k_l}{\phi_{il}\phi_{pl}}$ 和 $\overline{k}_{er} = \dfrac{\overline{k}_r}{\phi_{il}\phi_{pl}}$，被称为在 p 坐标激振，i 坐标观测的第 l 阶模态的有效刚度（包括剩余模态）。

对于应力的频率响应传递函数，只需要将 ϕ_{il} 分别替换成 σ_x^{il}、σ_y^{il}、τ_{xy}^{il}，即可有类似的应力公式。

在位移和应力频率响应传递函数的计算公式中，当载荷的频率 ω 非常接近系统的某一阶固有频率时，假设为第 s 阶固有频率

$$\omega \approx \omega_s = \sqrt{k_s/m_s}, \quad k_s - \omega_s^2 m_s = 0$$

第 s 阶模态发生共振，相应的位移（应力类似）频域响应传递函数可近似为式 (4.17)。当载荷的频率 ω 不接近任何系统的固有频率时，则不发生共振，每个模态项中分母括号里的实数部分都较虚数部分大很多，所以每个模态的频率响应传递函数的数值都是较小的数。按照单自由度振动理论，对于一个单自由度振动系统（相当于一个模态，假设是第 l 阶模态），当载荷的频率 ω 远小于那阶模态的固有频率（ω_l）时，那阶模态的响应趋向静态响应。当载荷的频率 ω 远大于那阶模态的固有频率（ω_l）时，那阶模态的响应趋向零。对于一个有模态截断，并且包括剩余连接模态的多自由度振动系统，当载荷的频率 ω 不接近任何一阶系统的固有频率时，系统不会发生共振，系统的响应近似等于静态响应值，因为系统的响应近似等于所有固有频率高于激振频率 ω 的模态（剩余连接模态）的静态响应。如果激振频率 ω 的范围低于系统的所有固有频率，系统不会发生共振，系统只有静态性质的响应。

从这里可以看到，一个动态系统如果没有发生共振，系统的响应则近似是静态受力情况下的响应，具有静态性质的响应。如果系统发生共振，系统的响应则从静态响应的基础上放大很多，具有动态（振动）性质的响应。在系统发生动态性质的运动时，阻尼对系统响应的幅值有直接的影响。这是结构振动的一个特征。所以，一个系统在动态的载荷作用下，可能发生振动，具用动态响应的性质，也可能不发生振动，具用静态响应的性质。决定这种不同的因素就是载荷频率（系统输入）与系统固有频率（系统特性）之间的相互关系。

汽车行驶时所承受的来自路面的载荷一般在 $50Hz$ 以下。车身系统在这个频率范围内有很多模态存在，所有这些系统的振动模态都可能会被激励而发生共振，同时系统对载荷静态性质的响应也存在。汽车的发动机缸体和多数底盘零件（这里只考虑零部件，而非底盘系统）具有很强的刚度，它们的固有频率一般都远远高于路面载荷的激振频率，所以发动机机体和这些底盘零件不会发生共振，只有静态性质响应，可以用静态的方法求解系统响应。

需要说明一点，所有的结构系统都具有质量、刚度、阻尼、固有频率和模态。一个无约束的系统有刚体模态和非刚体模态，刚体模态的固有频率为零，非刚体模态的固有频率都大于零。系统完整的运动学方程包括系统的弹性力、惯性力和阻尼力。当质量的加速度和速度非常小，可以忽略不计时，系统的方程式才只有系统的弹性力，也就是通常所说的静力学问题。所以，在很多材料的基本特性测试试验中，用缓慢加载的方式，使结构的加速度非常小，可以忽略不计，以得到材料的静态特性参数。缓慢加载可以看成是周期无穷大、频率为零的载荷。所以，当载荷的频率远低于系统的固有频率，系统的响应与静态方法的解是一样的。这是从系统输入的角度来解释。从系统特性的角度来说，连接模态所反映的加载点区域的静态性质的系统响应，是由一些高频模态决定的。这一点已从例 5.10 中证实。这也说明，用这样一些具有高频率的剩余连接模态来反映加载点区域的系统状况是合理的，并且在一个复杂系统求解时使用是有必要的。

5.4.9　汽车综合耐久试验仿真中的应力计算与分析

汽车综合耐久试验是一个冗长的过程。计算汽车整车（特别是车身）结构在综合耐久试验中的动（瞬）态应力响应是一项巨大的任务。这项工作的主要需求是车身结构、车架结构和一些在汽车综合耐久试验中发生振动的系统的疲劳分析。通常汽车车身的有限元模型相对较大，汽车综合耐久试验的时间历程非常长。为了在现有的计算机条件下，有效和完整地计算汽车在整个综合耐久试验中结构的动态应力响应，通常假设在综合耐久试验中，重复路面上结构的应力响应是一样的。结构在各种路面上的应力响应只计算一次，这样可以大大减少计算工作量。应力的计算使用比较有效的模态方法。在疲劳分析时，使用结构响应计算得到的应力结果，获得每种路面所造成的结构疲劳损伤，然后乘以每种路面的重复次数，最终得到整个综合耐久试验的疲劳损伤。

从上面有关模态截断影响的讨论可知，模态截断对于加载点区域的应力精度有很大的影响。所以，在用模态方法计算结构的应力时，需要加入静态连接模态，以便改进加载点区域的应力计算精度。这一点对于完整地分析汽车结构的应力非常重要。

1. 结构高应力的类型与计算方法

常规的应力分析旨在确定结构在使用状况下产生的应力，本质上包含两个方面，一是要确定结构上哪些区域可能发生应力，二是要确定这些应力的大小。从载荷（应力的外部因素）的角度考虑，第一个方面与载荷的基本形态（加载点、加载方向和载荷的频率范围）有关，由应力模态计算公式中的模态应力（包括静模态和振动模态）表达。模态应力体现了结构在使用中可能产生的基本应力形态；第二方面体现在在应力模态公式中的模态加权因子（或模态位移）上。模态加权因子表达每种应力分布的放大数量（对静态问题，模态加权因子就是外力），与载荷的大小有关。最后所有可能发生的应力叠加在一起就是结构的应力。这就是应力模态计算公式的物理解读。完整的应力模态计算公式（5.103 – 5.105）有动态的振动模态叠加和静态的乘余模态叠加两部分，每一部分分别描述结构上不同区域和不同性质的应力，与载荷中的不同因素相关。

汽车各系统的结构在综合耐久试验中的响应性质有所不同。由于轮胎的阻隔，通常来自汽车行驶路面的道路载荷处于 $50Hz$ 以下的低频率段。如果汽车的某一个系统或零部件的结构固有频率高于道路载荷的所有频率，该系统或零部件不会发生共振，零部件应力响应相当于按静态下产生的应力。这样的应力具有静态的性质。而当系统或零部件的结构固有频率处在道路载荷的频率区间之内时，系统或零部件则可能产生共振，零部件应力响应比在静态产生的应力有所增大。这样的应力具有动态的性质。

对于车身和车架等尺寸较大、并且在多个位置点（与底盘的连接点）上直接承受来自道路载荷的系统，其结构的高应力分为三类，分别来源于车辆道路载荷的三个因素：幅值、相位和频率。三类汽车结构的高应力分别是由载荷的幅值引起的高应力、由载荷之间的相位差引起的高应力和由结构振动引起的高应力。

加载点区域通常存在较大的应力。高幅值的道路载荷导致直接承受载荷的加载点区域产生很高的局部应力和应变。加载点区域的局部应力具有静态的性质。在这些区域里，静态的计算方法会得到相应的高应力值。使用模态方法的动态计算则有两种情况。如果计算包括静态的连接模态，动态计算的应力与静态计算的应力十分接近（误差来自计算方法的不同）。这种情况下，动态和静态的计算方法结果相当。如果计算不包括静态的连接模态，动态计算的应力与静态计算的应力相差很大，动态计算的应力远远低于静态的应力计算结果，动态计算存在着极大的偏差。因此在加载点区域，静态模态对应力的计算起着主导作用。因此，使用模态的应力计算方法时包括静态的连接模态，对应力的计算是很重要的。

不同加载点之间的载荷存在幅值和相位的差别。这种载荷之间的差别导致结构产生弯曲和扭转变形，进而造成一些薄弱区域或部位产生高应力。对车身、车架、副车架、扭力梁等一些尺寸较大且多点受力的系统或部件，扭转造成的破坏非常突出和广泛。在这类问题中，通常静态的成分居多。在一些情况下，动态（结构振动）的贡献也存在。例如，车身的扭转模态发生共振。在这种情况下，动态和静态的模态都对相应的高应力有所贡献，应力响应同时具有动态和静态的性质，应力计算需要同时包括动态和静态的模态，以保证应力计算的精度。如果使用静态的计算方法，所得到的应力只是全部应力中的一部分。

由振动引起的高应力是载荷引起的结构共振使结构的应力增大。车身和车架上一些固有频率低于 $50Hz$ 的系统和零部件容易被道路载荷激励产生共振。在这类问题中，应力响应具有纯动态的性质，振动模态是应力计算中的主要成分。对这类问题，静态的计算方法则完全不能得到正确的结果。

【例 5.11】　一个 SUV 车身结构在综合耐久试验中在减振器安装座的顶盖、前轮罩前

板、和散热器安装支架上出现结构耐久的问
题。分别在减振器安装座的顶盖产生较大塑
性变形；在前轮罩前板上产生钣金开裂；在
散热器安装支架与车身的连接处产生焊点与
钣金的分离。三处发生结构耐久问题的位置
如图 5.72 中的圆圈所标注。图中的虚线箭头
表示在车身安装点处的道路载荷（只标注了
一个方向）。在这三个区域中，减振器安装
座直接处于载荷的输入点区域，前轮罩前板

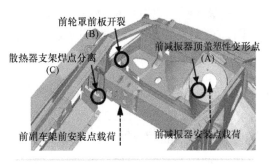

图 5.72 出现结构耐久问题的位置

接近前副车架的前安装点，散热器安装支架通过点焊与车身的纵梁相连，距离直接的车身载
荷点较远。

该车身共有 12 个车身安装点（前部有 6 个，后部有 6 个），如图 5.73 所示。图中所注
的数字是 12 个加载点的序号。

每个车身安装点有 3 个方向的道路载荷，如图 5.74 所示。左边的数字为加载点的序号。

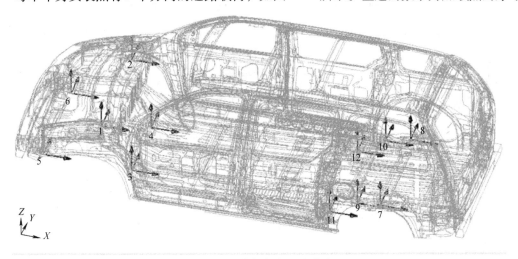

图 5.73 车身加载点（安装点）

分别使用静态计算方法（公式 5.34 – 5.36，作为方法一）、不包括静态连接模态的模态
计算方法（公式 5.69 – 5.71，作为方法二）和包括静态连接模态的模态计算方法（公式
5.103 – 5.105，作为方法三）计算车身结构在综合耐久试验中的应力响应和应力响应中的最
大值。图 5.75 – 5.77 分别车身上三个问题点（单元）处的 vonMises 应力的时间响应曲线。
由时间响应曲线中找到在这一点上的最大应力值，如图中的圆圈所标注。

类似可以得到该车身结构上所有点（单元）在整个综合耐久试验历程中所经历的最大
vonMises 的应力（在结构的不同位置，它们可能发生在不同的时刻），并由此绘出车身结构
应力的分布云图。图 5.78 – 5.80 分别是由三种方法计算的结果（只显示了前端部分）。

图 5.78 是静态计算的车身前端结构的最大 vonMises 应力的分布云图。从图中可以看到，
由静态方法计算，只有减振器座和前轮罩前板两处有高应力，其他区域应力较低。与试验结
果比较可以看到，静态方法可以发现其中的两处问题，而遗漏了一处的问题（散热器安装

支架上的最大瞬态应力只有431MPa，相对较小）。

图5.79是用不包含静态模态的动态方法计算的车身前端结构的最大vonMises应力的分布云图。从图中可以看到，由不包含静态模态的动态方法计算，只有散热器安装支架和前轮罩前板两处有高应力，其他区域应力较低。与试验结果比较可以发现，不包含静态模态的动态计算方法可以发现其中的两处问题，而遗漏了一处的问题（减振器座最大瞬态应力只有31MPa）。

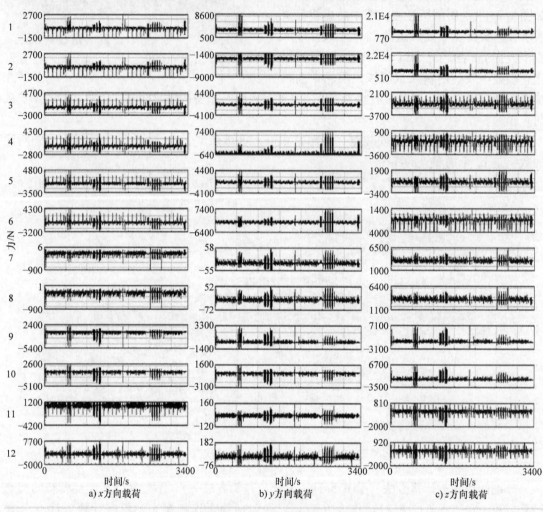

a) x方向载荷　　　　　　　b) y方向载荷　　　　　　　c) z方向载荷

图5.74　车身安装点的载荷

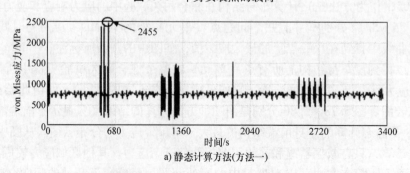

a) 静态计算方法(方法一)

图5.75　减振器安装座顶盖上一有限元的vonMises应力响应曲线

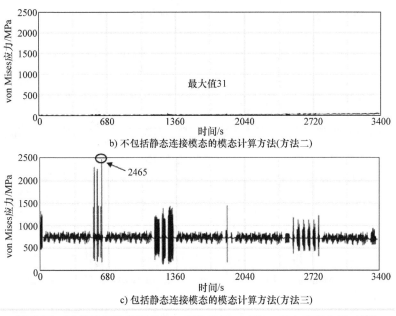

b) 不包括静态连接模态的模态计算方法(方法二)

c) 包括静态连接模态的模态计算方法(方法三)

图 5.75　减振器安装座顶盖上一有限元的 vonMises 应力响应曲线 （续）

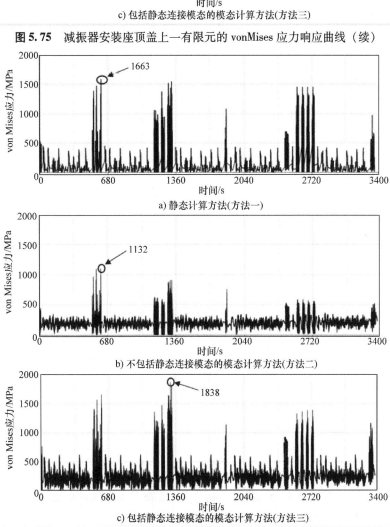

a) 静态计算方法(方法一)

b) 不包括静态连接模态的模态计算方法(方法二)

c) 包括静态连接模态的模态计算方法(方法三)

图 5.76　前轮罩前板上一有限元的 vonMises 应力响应曲线

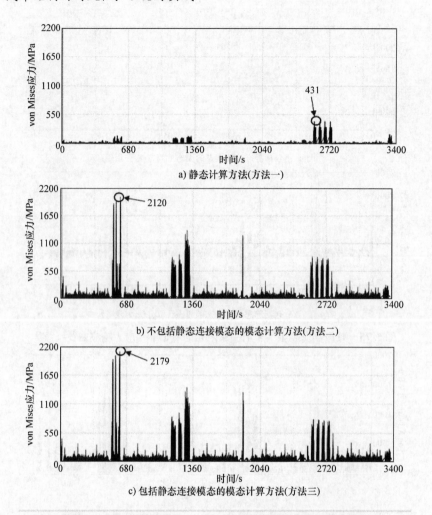

图 5.77   散热器安装支架上一有限元的 vonMises 应力响应曲线

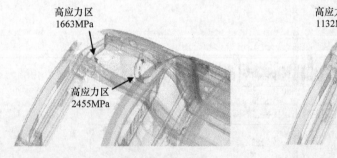

图 5.78   静态计算的最大应力云图

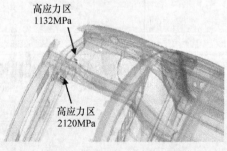

图 5.79   不包含静态模态的动态最大应力云图

图 5.80 是用包括静态模态的动态方法计算的车身前端结构的最大 vonMises 应力的分布云图。从图中可以看到，由包含静态模态的动态方法计算，得到减振器座、前轮罩前板和散热器安装支架三处有高应力，与该结构在综合耐久试验中出现问题的区域相符。这说明包括静态模态的动态分析方法可以正确发现所有三处的问题。

这个比较说明，包括静态连接模态的动态分析方法是最全面的方法，静态方法和不包含静态连接模态的动态方法都有不足，但是仍然可以对一定的问题适用。

具体地比较这三个区域的应力数值。从第三种方法（包括静态连接模态的动态计算方法）计算的整车结构瞬态应力响应中，检索出三个问题区域里 vonMises 应力最大的一个有限元单元。用这三个单元代表这三个区域。表 5.9 列出了使用三种方法计算的这三个单元最大 vonMises 应力的数值和相关的说明。

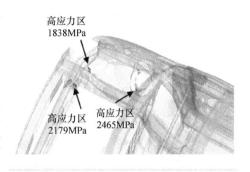

图 5.80　包括静态模态的动态最大应力云图

表 5.9　三种方法计算的最大 vonMises 应力

问题区域	区域说明	最大 vonMises 应力/MPa			最大动态应力与静态应力比	响应的力学性质
		方法一 静态计算方法	方法二 只包括振动模态的模态计算方法	方法三 包括静态模态的模态计算方法		
减振器座	加载点	2455	31	2465	1.0	静态
前轮罩前板	接近加载点	1663	1132	1838	1.1	静态为主
散热器安装支架	远离加载点	431	2120	2179	5.0	动态

表 5.9 的第一列是三个问题零件的名称，第二列说明问题位置与车身加载点的距离，第三列是用静态方法计算的三个代表单元的最大 vonMises 应力值，第四列是用不包含静态模态的动态方法计算的三个代表单元的最大 vonMises 应力值，第五列是用包含静态模态的动态方法计算的三个代表单元的最大 vonMises 应力值，第六列是第五列的值和第三列的值的比，第七列是每个位置响应性质的判断。

从表 5.9 中可以看到，在减振器座的应力值，方法一和方法三的结果几乎一样，但是方法二误差极大。从前面关于应力的模态叠加式［式（5.103）~式（5.105）］可知，在该处的应力几乎完全是静态模态主导，动态应力的部分几乎为零，所以应力的数值方法一和方法三的结果几乎一样，而方法二的值接近零。减振器座是一个直接的车身加载点。这说明加载点处的结构响应完全是静态的，没有动态的成分。它直接受载荷幅值大小的影响。对于一个纯静态的响应，用静态的计算方法，或者包含静态模态的动态方法，都可以得到比较准确的结果，但是用不包含静态模态的模态计算方法，则不能得到正确结果。

前轮罩前板并不直接连接车身的连接点上，但它处在车身前纵梁与前副车架前连接点的上方，距离载荷点很近，所以它的响应直接受载荷幅值的影响比较大，用方法一和用方法三计算的应力结果比较接近，但是由于前轮罩板很薄，刚性较低，所以它也同时受到结构动态响应的影响，在应力中包括了一部分结构动态响应的成分，最大动态应力的值比静态值略高一点。因为应力中动态的成分较低，用方法二误差比较大。所以，对这种结构动态和静态响应都有贡献的部位，用包含静态模态的动态方法，可以得到比较准确的结果，而静态的计算方法或者不包含静态模态的动态计算方法都不能得到准确结果。

散热器安装支架通过几个其他零件，已经和距离最近的前副车架前连接点载荷隔离，不直接承受载荷幅值和相位的影响。但是它仍然受到载荷频率的影响。该车身的最前端结构有一个低于20Hz的横向振动模态，处于车身载荷的频率范围以内，所以散热器系统的共振造成散热器安装支架的高应力响应。从表5.9可以看到，对此处结构，方法一的计算值很低，而方法二和方法三的结果几乎一样。比较方法二和方法三的结果可以知道，在此处应力的成分中，振动的成分几乎是全部，静态的部分非常小。动态与静态之比是5∶1。所以，像此处以振动为主的区域，用包含或者不包含静态模态的动态方法，都可以得到比较准确的结果，而静态的计算方法不能得到准确结果。

以上针对三个具体案例的讨论可以扩展到整个车身。在上述案例中，关于载荷相位的影响没有充分体现。在实际中，有很多由于各车轮载荷之间的相位差造成的车身扭转引起车身破坏的案例，如车框各角（通常所说的A环、C环、D环、门框的各角）和衣帽架周围的结构开裂（参见第11.7.1节中的案例）。表5.10总结了车身结构破坏的一般性质和相应合适的分析方法。

表5.10   车身结构问题的一般性质和分析方法的总结

车身的三类问题	引起高应力的载荷因素	高应力的区域	应力响应的力学性质	静态计算方法	只使用振动模态的模态计算方法	包括静态连接模态的模态计算方法
过载	幅值	加载点区域	静态	能够发现问题	不能发现问题	能够发现问题
弯曲和扭转	相位	远离加载点	静态和动态	能够发现部分问题	能够发现部分问题	能够发现问题
振动	频率	远离加载点	动态	不能发现问题	能够发现问题	能够发现问题

一般而言，车身和车架具有以上三类问题。而车身和车架之外的其他系统通常只具有以上三类问题中的一种或者两种。底盘系统由于包含非线性的连接，同时存在大位移和大角度旋转的几何非线性，底盘零件通常都是单独分开分析。它们一般具有较大的刚度，零件的固有频率高于道路载荷的激励频率，所以不会产生共振，只存在由载荷的幅值和相位引起的高应力。所以对底盘零件，通常只使用静态的计算方法。而车身或车架下悬挂的零部件（如油箱、排气管、消声器等）不直接承受道路的载荷，而是由它们在车身或车架底部悬挂部位的动态位移牵带运动，属于结构对支座运动的响应。如果悬挂部位的动态位移频率接近悬挂零部件系统的固有频率，则悬挂零部件系统发生共振，在应力集中的区域或部位产生高应力。这类问题是纯振动问题，应力响应具有纯动态的性质，使用振动模态可以得到比较准确的应力结果。静态的计算方法无法正确求解这类问题。

表5.11总结了上述整车车体上各主要系统结构问题（高应力和疲劳）的分类、相关的原因以及分析分法。

表5.11   整车车体上各主要系统结构问题及分析方法的总结

系统	高应力问题的原因	引起高应力的载荷因素	合适的应力分析方法
车身	过载、弯曲和扭转、振动	幅值、相位、频率	动态（需包含静态连接模态）
车架	过载、弯曲和扭转、振动	幅值、相位、频率	动态（需包含静态连接模态）
底盘零部件	过载、弯曲和扭转	幅值、相位	静态
车下悬挂件	振动	频率	动态（无需包含静态连接模态）

2. 汽车综合耐久试验中结构应力响应历程

汽车结构在综合耐久试验中的应力响应历程是计算结构疲劳的输入。计算它的一般过程包括利用多体动力学的载荷分解获得结构连接点上的载荷时间历程和利用有限元方法计算结构的应力。

本章所介绍的应力计算方法是计算大型结构在长期载荷作用下的应力响应计算的常用方法。由于它是基于线性弹性体的理论，它所计算的结构响应（无论是静态的还是动态的）都属于结构的线性响应。在汽车的综合耐久试验中，汽车结构上大部分点的应力在大多数的时间内是较低的，只有少量点的应力在少数的时间内较高。

由于载荷是时间的曲线，结构上每个点（或单元）的应力响应也是时间的曲线。取决于有限元模型的细致程度，一个车身有限元模型的单元数可能有几百万。当今比较典型的整备车身有限元模型的单元数在几百万至一千万之间。如果计算一个车身有限元模型中的大部分单元的应力响应，得到的结构应力响应是一组巨大的数据。可以通过计算机程序或软件分析这些数据。如同例【5.11】一样，检索每一个单元的应力响应历程可以找到每一个点上应力响应的最大值和相应的时间。例如，使用计算机软件 FatigSim 检索例【5.11】中车身结构应力响应的结果如表 5.12 所列。这个检索结果表明，有 29 个单元应力大于 1000 兆帕（MPa），有 42 个单元应力大于 900 兆帕（MPa），等等。表 5.13 列出了应力最高的 20 个单元和这些单元最大应力发生的时间。这些应力响应检索的结果以及最大应力的分布云图（图 5.78 - 图 5.80）可以给出一个结构在冗长的耐久试验时间过程中最大应力发生和分布的情况。

表 5.12　最大应力分布

应力水平分档	单元数	应力水平分档	单元数
>1000（MPa）	29	>400（MPa）	1350
>900（MPa）	42	>300（MPa）	3354
>800（MPa）	89	>200（MPa）	7903
>700（MPa）	188	>100（MPa）	35170
>600（MPa）	345	>000（MPa）	1969685
>500（MPa）	701		

表 5.13　单元历程中的最大应力和发生时间

序号	最大应力（MPa）	单元号	发生时间（秒）
1	2465.59	54609	608.97
2	2424.25	55071	565.96
3	2179.64	70407	609.00
4	2017.37	70423	609.00
5	1964.57	54785	608.97
6	1849.24	55219	565.96
7	1838.56	3245463	1303.97
8	1786.43	54786	608.97
9	1781.39	55220	565.96
10	1690.86	70408	609.00

（续）

序号	最大应力（MPa）	单元号	发生时间（秒）
11	1682.09	70422	609.00
12	1673.26	71937	609.00
13	1628.90	53189	608.97
14	1576.81	71902	609.00
15	1513.21	3245464	536.97
16	1399.69	3245461	1303.97
17	1372.04	53894	565.96
18	1331.39	3246319	609.00
19	1313.73	55076	565.96
20	1307.33	50792	609.00
…	…	…	…

从表 5.12 可知，一般车身结构上只有少量的点在少数的时间内其应力较高。由金属材料的力学特性可知，当结构的应力超过了材料的屈服极限后，按照线性响应计算的应力会高于实际的应力，而且超过得越多，误差就越大。所以，在使用这样的应力结果时，可以对超过材料屈服极限的应力进行相应的修正。在疲劳分析中，通常使用 Neuber 法则近似地将线性的应力修正成为非线性的应力。相关的内容将在第六章进行介绍。

3. 结构疲劳和高应力问题的起因分析（root cause analysis）

计算结构应力响应时间历程的最终目的是用于结构的疲劳计算。然而结构的疲劳计算一般只能给出结构疲劳寿命（或损伤）的最终结果，并不能给出造成结构疲劳损伤的起因（或根源）。在实际的工程问题中，工程师必须了解结构问题的起因（根源）才能对症下药，解决问题。因为应力是造成结构疲劳的主因，工程师分析结构疲劳的根源需要从应力入手。所以，结构应力不仅只用于进一步的疲劳计算，还提供发现结构问题的原始数据。

通常情况下，结构上直接的或局部的高应力问题可以很容易被发现，例如加载点、连接点、结构局部的几何问题（如结构开孔、园角、形面过度不合理等），但结构整体上的问题不容易发现。从本章的介绍，可以了解结构的应力从整体说是由模态叠加而成的。反向思考同样可以将应力分解到模态，为寻找问题的根源提供路径。

首先，分辨高应力问题的性质是很重要的。从本章前面的介绍可以知道，结构的高应力可以由载荷的幅值、相位和频率引起，可能是静态问题或振动问题。一般情况下，载荷点附近的高应力是由高幅值的载荷直接引起的，属于静态问题；远离载荷点的结构高应力可能由载荷的相位或频率引起的结构弯曲或结构扭转或结构共振造成的。结构的弯曲与扭转可能是由载荷的相位引起的结构静态变形，是静态问题，也可能是由载荷的频率引起的结构共振，是振动问题。有一个简单的方法可以区别静态问题和振动问题，即使用虚拟的阻尼数值试验。根据机械振动的理论，结构在共振时，结构响应的幅值受结构阻尼的影响很大。阻尼小时，结构的响应就大；阻尼大时，结构的响应就小；如果系统的阻尼足够大，结构的共振将完全被压制，变成静态的问题。根据这一个结构振动的特性，可以进行虚拟的数值试验来判断结构响应的性质。

例如，考察例【5.11】问题中同样的三个点。使用包括静态连接模态的模态计算方法

（即方法三）重新计算三个点的最大应力。将原来5%的模态阻尼分别增加到10%、20%和50%（只是人为的虚拟假设，物理上的结构不存在这样的阻尼）。计算的结果列在表5.14中。由表中的结果可见，在加载点处的减振器座是静态问题，完全不受阻尼的影响；处于两个加载点之间的前轮罩前板受阻尼和结构振动的影响很小，接近是静态问题，或者说是以静态为主；而散热器的安装支架完全受阻尼的控制，当阻尼足够大的时候，它的应力响应完全变成静态的数值，所以，散热器安装支架的应力完全是由结构振动引起的。

表 5.14　不同阻尼下结构的应力数值

问题区域	区域说明	最大 vonMises 应力（MPa）				静态应力值
		5%模态阻尼	10%模态阻尼	20%模态阻尼	50%模态阻尼	
减振器座	加载点	2465	2460	2445	2384	2455
前轮罩前板	接近加载点	1838	1722	1627	1504	1663
散热器安装支架	远离加载点	2179	1752	1162	467	431

对于动态的结构响应，可以对结构响应的数据（位移或应力响应的时间历程）进行快速傅里叶变换（Fast Fourier Transform，FFT）或功率谱密度（Power Spectral Density，PSD）的分析，从而得到引起相应结构点共振的振动模态。借助计算机后处理软件，可以进行结构模态变形的动画演示，从而找到问题的原因，进而得到相应的解决方案。例如，上述 SUV（例【5.11】）分析中的 C 点（散热器安装支架的焊点连接点）的正应力（σ_x、σ_y、τ_{xy}）响应的时间历程和相应的 FFT 曲线如图 5.81 ~ 图 5.83 所示。

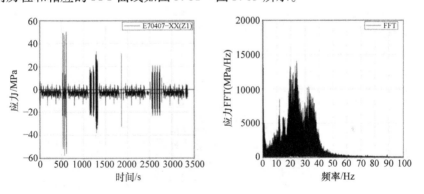

图 5.81　例【5.11】中 C 点的正应力 σ_x 响应的时间历程和相应的 FFT 曲线

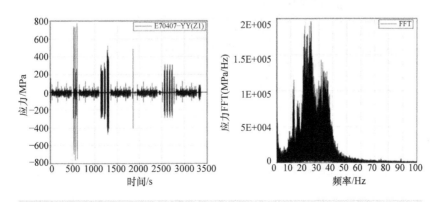

图 5.82　例【5.11】中 C 点的正应力 σ_y 响应的时间历程和相应的 FFT 曲线

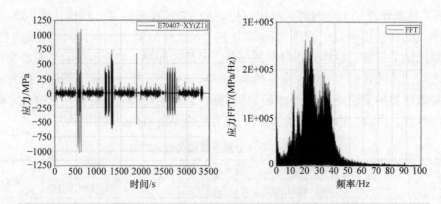

图 5.83   例【5.11】中 C 点的剪切应力 τ_{xy} 响应的时间历程和相应的 FFT 曲线

从该点应力的 FFT 曲线可以看到，应力在 $20Hz$ 和 $25Hz$ 之间有相对大的响应，说明这一频率段的频率是该处应力的主要频率成分。从整车的模态分析可以发现，该车在此频率段中有两个模态对前端散热器区域有重大影响，频率分别为 19.95Hz 和 24.1Hz。在这两个模态中，前端散热器支架的很大的横向振动。图 5.84 和图 5.85 分别为 19.95Hz 模态的变形、位移云图和 vonMises 应力（模态应力）云图，图 5.86 和图 5.87 分别为 24.1Hz 模态的变形、位移云图和 vonMises 应力（模态应力）云图。（注：为了图示清晰，图中只显示车身的主要结构，其他部分在图中隐去。图中灰色为未变形的原始结构形态，彩色为变形后的结构形态）。在这两阶模态中，散热器支架的位移最大，最大模态应力也在此结构上。所以，这两阶振动模态是造成该点高应力的主要原因。由此可知，散热器支架的刚度偏软，需要通过修改结构本身的设计和连接的设计增强该结构的刚度。

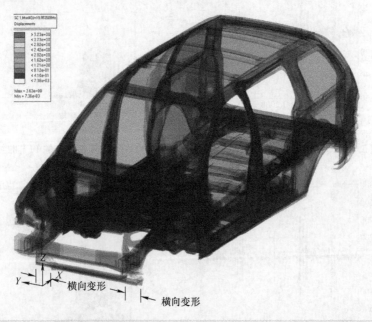

图 5.84   19.95Hz 模态的变形（模态振型，图中位移放大 100 倍）和位移云图（彩色图见书尾）

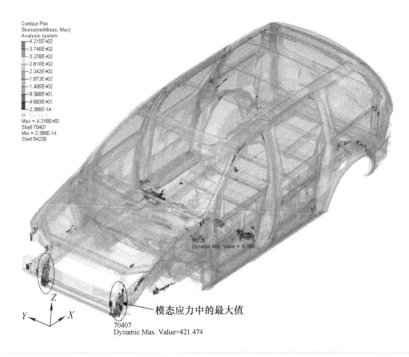

图 5.85　19.95Hz 模态的模态 vonMise 应力云图（彩色图见书尾）

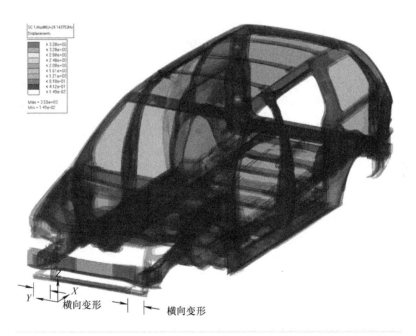

图 5.86　24.1Hz 模态的变形（模态振型，图中位移放大 100 倍）和位移云图（彩色图见书尾）

　　对于一般的情况，无论是哪一种结构高应力的情况，只要通过表 5.13 找到高应力发生的时间，使用计算机分析软件计算结构围绕这一时间前后相对较短的结构位移响应，使用计算机后处理软件进行结构变形的动画演示（目前计算机后处理软件可以操作相对较短的结构动画演示），可以帮助找到问题的原因。

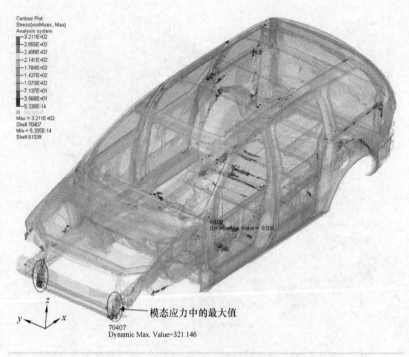

图 5.87　24.1Hz 模态的模态 vonMise 应力云图（彩色图见书尾）

参 考 文 献

[1] GRAIG R. STRUCTURAL DYNAMICS – An Introduction to Computer Methods [M]. New Jersey：John Wiley & Sons, 1981.

[2] GAFFREY J, Lee J. MSC/NASTRAN User's GuideLinear Static Analysis [M]. Los Angeles：TheMacNeal – Schwendler Corporation, 1994.

[3] MACNEAL R. The NASTRAN Theoretical Manual [M]. Los Angeles：The MacNeal – Schwendler Corporation, 1972.

[4] AGRAWAL H, KURUDIYARA P. Inertia Relief and Some Modeling Considerations [J]. Analysis Metters, 1998 (32), 11.

[5] ROSE T. Using Residual Vectors in MSC/NASTRAN Dynamic Analysis to Improve Accuracy [C]. Proceedings of MSC World Users'Conference, 1991.

[6] BLAKELY K. MSC/NASTRAN User's GuideBasic Dynamic Analysis [M]. Los Angeles：The MacNeal – Schwendler Corporation, 1994.

结构疲劳寿命的基础理论和计算方法

第6章

如果载荷随时间做周期性变化，这样的载荷称为交变载荷。汽车在行驶过程中来自路面的载荷基本属于幅值变化的交变载荷。所以，汽车结构的应力也基本是交变应力。在交变应力下工作的结构，其破坏形式与静载荷作用下截然不同。在交变应力下，即使结构内的最大应力低于材料的屈服极限，但经过长期重复之后，也会突然断裂。即使塑性较好的材料，断裂前也没有明显的塑性变形。这种结构在长期的交变应力下引起的材料破坏称为疲劳破坏。

6.1 疲劳失效的概念

按照现代疲劳研究的认识，材料的疲劳破坏经历裂纹起始、裂纹稳定扩展和裂纹失稳扩展（即断裂）三个阶段。图 6.1 是一个疲劳断裂零件的断口表面的照片。这张图清晰地显示了这三个疲劳破坏的阶段。从断口上可以看出三个明显不同的区域。最下端的小区域是裂纹的发源区。下半圆的大部分光滑的表面是裂纹扩展区。上半圆粗糙的表面是裂纹稳定扩展以后零件的剩余截面，最后发生突然断裂。

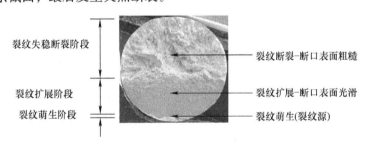

图6.1 典型疲劳断裂零件的断口表面

这是一个典型的疲劳破坏断面，有非常显著的、疲劳断裂独有的特征。零件破坏断面上的这些特征对于判别零件破坏的原因具有重要意义。

疲劳断裂属于脆性断裂，其原因在于结构疲劳断裂前材料已经经历了裂纹起始阶段，结构内部或表面已经产生了裂纹源，变成一个材料有初始裂纹的低应力脆性断裂问题，所以即使材料本身具有很大延性，在开裂时，宏观上材料没有发生明显的塑性变形。

疲劳金相学和力学及工程实践上，对三个阶段划分在概念上是一致的，但是在具体的划分上却并不一致，甚至有些混乱。原因是在力学实验中和工程实践上，要检测和区分每个阶段的界限并不容易。

在疲劳金相学里，对金属疲劳的一般解释为，在足够大的交变应力下，材料在最薄弱的位置，沿最大切应力方向上（与正应力方向成45°角）形成裂纹。这就是裂纹起始阶段。之后，裂纹在宏观上沿着垂直于最大正应力的方向扩展（微观上则是不断变化的）。这就是裂纹扩展阶段。这一理论为在工程上分析裂纹的发展方向提供了一个依据。最后阶段裂纹失稳并扩展发生断裂。图6.2显示了裂纹发展的三个阶段。

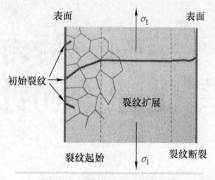

图6.2 裂纹发展的三阶段

完整的疲劳寿命由相应三个阶段的寿命相加组成。因为裂纹失稳扩展发生断裂是非常快速的，所经历的时间是非常短暂的，在估算寿命时不予考虑，所以一般总寿命为裂纹萌生寿命与裂纹扩展寿命的总和。

在疲劳分析的理论中，用应力–寿命关系计算疲劳断裂或者裂纹萌生寿命的方法称为传统疲劳理论；从已知或假定的初始裂纹开始，用断裂力学的理论研究疲劳裂纹扩展的方法，称为断裂疲劳理论。传统疲劳理论是分析无缺陷结构的裂纹萌生或者断裂，断裂疲劳理论是分析有缺陷结构的裂纹扩展。在实际分析中，可以根据材料的性质或者问题的性质，偏重其中某一阶段的分析或者某一种方法的分析。例如，高强脆性材料的断裂韧性低，一旦出现裂纹就会很快引起破坏，裂纹扩展寿命很短，故对于由高强度脆性材料制造的零部件，通常只需考虑其裂纹萌生寿命。延性材料结构有相当长的裂纹扩展寿命，所以不能忽略裂纹扩展部分。而对于一些铸造或大量缝焊焊接的结构，因为在制造过程中有不可避免的裂纹或者类似裂纹的初始缺陷，故可以忽略其裂纹萌生寿命，只考虑其裂纹扩展寿命部分。汽车的结构疲劳分析起始于20世纪80年代末，其历史较短，分析还不完善，目前所做的分析基本属于裂纹萌生的寿命分析。这个裂纹起始更多地是指汽车零部件沿厚度方向的断裂（穿透），而不是零部件的完全分离（沿零件表面方向的断裂），这个穿透断裂后裂纹沿零件表面方向的尺寸并不知道，目前汽车行业并不分析零件完全分离时的寿命。汽车结构的疲劳分析的主要目标是发现汽车的结构上可能存在的疲劳破坏点，以便改进设计。

疲劳寿命的分析方法包括应力–寿命法、应变–寿命法、频域振动疲劳和基于断裂力学的疲劳分析方法。本章逐一介绍这些方法。在实际工程结构中，金属结构本体、焊点和焊缝的疲劳分析方法有各自特殊的方面，本章也将分别介绍。汽车结构除了有常温下的、一般机械疲劳外，还有部分结构在高温下的金属材料热疲劳的问题。本章也将简要介绍热疲劳的分析方法。

6.2 应力–寿命法

应力–寿命法是起源最早的疲劳分析方法。它是基于对材料疲劳的应力–寿命曲线（又称 S–N 曲线）的研究发展起来的。

6.2.1 应力–寿命曲线

19世纪50年代，疲劳研究的奠基人A. Wöhler首先发现了材料疲劳寿命与应力之间的关系，并且用应力 S（最大应力 $\sigma_{\max}$ 或应力幅值 σ_a，其定义如图 6.3 所示），与材料疲劳破坏时的循环数 N（称为寿命，也经常使用符号 N_f 表示，以区别于很多时候 N 所代表的一般整数）的曲线来表征这种关系。

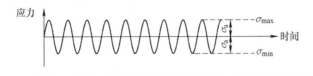

图 6.3 最大应力 $\sigma_{\max}$ 和应力幅值 σ_a 的定义

材料疲劳的应力 - 寿命（S - N）曲线是通过一系列疲劳试验测试得到的。S - N 曲线的测试试验是一组多个材料试件，分别在不同应力幅值下进行的等幅值、平均应力为零的疲劳试验。

材料试件和疲劳试验按照试验标准制造和进行。疲劳试验的标准有 ISO 国际标准，在中国有国家标准，在美国有试验与材料协会 ASTM 的行业标准。我国用于测试应力 - 寿命（S - N）曲线的试验标准有国家标准 GB/T 3075—2008《金属材料 疲劳试验 轴向力控制方法》[1] 和国际标准 ISO 1099[2]。这两个标准是一致的。它们定义疲劳试验试件失效的判据为："试件断裂或达到额定的循环周次"。这里"额定的循环周次"是指试件经过很高次数的循坏，仍没有发生疲劳断裂而终止试验的循环次数（通常使用 1×10^7）。

需要特别说明，按照这两个标准的定义，测试出来的 S - N 曲线中的疲劳寿命是指材料的总寿命（包括裂纹生成和扩展），因为寿命是指试件断裂时的循环次数。所以，有些文献称通过应力法计算出来的寿命为总寿命。必须说明，这样的疲劳寿命的定义，是指标准小尺寸试件断裂时的寿命。在标准的材料疲劳试验中，试件的尺寸是很小的（一般为 3 ~ 10mm），对于高、中强度钢等脆性材料，从裂纹起始到裂纹扩展至小尺寸试件完全断裂的时间很短，裂纹扩展的时间对整个寿命影响不大，其总寿命中主要成分是裂纹生成的部分，裂纹扩展部分则很少。对于延展性较好的材料，裂纹起始后裂纹扩展有相当长的时间。对于标准的小试件轴向拉伸疲劳试验，裂纹扩展的宏观方向大致已知，小试件的横向拉断也相对容易。对于实际的工程结构，特别是一些大型工程结构，如汽车和飞机，往往从裂纹生成到扩展成构件完全断裂，需要很长时间，而结构已经在构件完全断裂前被判定为失效。所以在实际应用中，S - N 曲线的寿命数值需要合理地解释和使用。在飞机结构的疲劳分析中，通过使用应力 - 寿命法计算的疲劳寿命通常被认为是疲劳裂纹生成时的寿命，可以认为计算的疲劳寿命是零部件沿厚度方向穿透的断裂，而不是零部件沿零件表面方向的断裂（完全分离），这个裂纹沿零件表面方向的尺寸并不知道，通常是假设初始裂纹（或者初始缺陷）尺寸为 0.01 ~ 1 毫米（没有统一的定义）。裂纹的扩展则通过断裂力学的方法计算，这是比较合理的方法。对于汽车结构，疲劳分析应该按照这种分类方法，精细定义和分析。所以可以合理地认为，在汽车结构疲劳分析中，应用应力 - 寿命法（S - N 曲线）计算的疲劳寿命一般是疲劳裂纹生成（沿厚度方向穿透的断裂）时的寿命。这一点与上述标准里的失效定义并不矛盾，因为裂纹也是断裂的一种，属于不完全断裂。对于大型结构，裂纹的产生就是一种结构失效。

由于寿命的循环次数通常是比较大的数值，并且随着应力水平的不同，寿命的循环次数也会变化很大，其变化范围可以有几个数量级的差别，所以寿命的循环次数在线性的坐标下绘制和读取比较困难。通常寿命的循环次数使用对数坐标绘制。应力则可以用线性坐标或对数坐标绘制。如果应力用线性坐标，循环次数用对数坐标，则 $S-N$ 曲线是半对数坐标。如果应力和循环次数都用对数坐标，则 $S-N$ 曲线是双对数坐标。一般来说，用半对数坐标和双对数坐标，$S-N$ 曲线差别并不大。原因在于相对于寿命的循环次数，应力的变化范围很小，用线性和对数坐标的差别不大。在实际中，两者都有使用。图 6.4 是一个在双对数坐标下的完整的 $S-N$ 曲线。

材料的疲劳破坏有别于在静态载荷作用下导致的材料断裂。材料疲劳破坏所需的循环应力的大小，可以远小于静态载荷作用下导致的材料断裂所需的抗拉强度，甚至远小于材料的屈服强度。对于铁合金和钛合金等一些材料，当材料中的循环应力的幅值低于某一个极限后，材料将不再发生疲劳破坏，就是说具有无限的疲劳寿命，如图 6.5 所示。这一循环应力的幅值被称为疲劳强度（Fatigue Strength）或疲劳极限（Fatigue Limit）。疲劳强度是描述材料抗疲劳的材料特性，即施加在材料上，而不会导致疲劳失效的极限循环应力幅值。铁合金和钛合金具有明显的疲劳极限，而铝合金和铜合金则没有明显的疲劳极限，即无论循环应力幅值多小，都会最终导致材料的疲劳失效。对于这类材料，通常以材料 1×10^7 循环寿命周期所对应的循环应力幅值作为材料的疲劳强度，如图 6.5 所示。

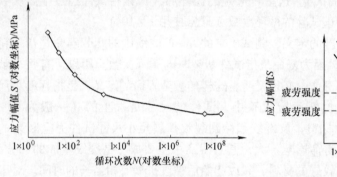 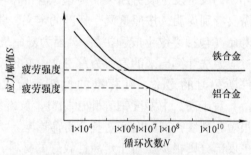

图 6.4　双对数坐标下的 $S-N$ 曲线　　　图 6.5　铁合金和铝合金的 $S-N$ 曲线

$S-N$ 曲线大致分为三个区域。如图 6.6 所示。最右面的一段称为无穷寿命区域（循环次数大于 1×10^7）。在此区域，应力很低，寿命很大，被认为是无穷大。最左边的一段称为低周疲劳（Low Cycle Fatigue，LCF）区域。在该区域，应力很高，局部有塑性应变发生，应力-应变的关系不是线性关系，寿命也较低。中间一段称为高周疲劳（High Cycle Fatigue，HCF）区域。在此区域，应力较低，寿命较高，没有塑性应变或者塑性应变很小可以忽略，应力-应变的关系呈线性关系。

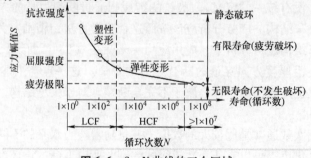

图 6.6　$S-N$ 曲线的三个区域

对于不同的疲劳问题，有不同的疲劳分析理论和方法。高周疲劳理论和低周疲劳理论是传统疲劳理论中的两种不同理论。分析高周疲劳的方法是应力法；分析低周疲劳的方法是应变法。从力学角度来说，高周疲劳中结构的应变多属弹性应变的范畴。所以高周疲劳的分析以应力作为分析的基础参数。而低周疲劳，较大区域的材料会进入塑性和蠕动变形，有较大变形。也正是因为在低周疲劳中，材料的应变进入屈服阶段，而材料屈服后的应力变化没有应变变化明显，所以低周疲劳的分析应该以应变为分析的基础参数。

应力 - 寿命法发展较早，只考虑应力，不考虑塑性应变，只适用于无塑性应变的高周疲劳范围。所以一般来说，应力 - 寿命法只适用 $S-N$ 曲线中高周疲劳的一段，范围下限为 $1 \times 10^3 \sim 1 \times 10^4$，上限为条件疲劳极限所定义的循环次数，通常为 1×10^7，或者更低（有些文献用 1×10^6）。

这里需要说明一点，在简单的等幅值应力循环的情况下，疲劳按照疲劳寿命的循环次数分成了低周疲劳和高周疲劳。在复杂的随机载荷下，例如车辆的道路载荷，应力的幅值是变化的，不能按照特定的循环次数来定义低周疲劳或高周疲劳。在实际的工程分析中，用来区分低周疲劳或高周疲劳的标准是材料的裂纹处是否存在塑性应变。在汽车行业里，有一种实用的做法是从发生疲劳裂纹的构件处切割取样，在试验室检测材料裂纹处的应变情况。福特汽车公司曾经使用这种手段对在道路试验中发生裂纹的汽车车身取样检测，证实车身在道路试验中的疲劳问题属于低周疲劳。同样，基于这样的道理，在热疲劳（参看第 6.9 节）问题中，由于材料发生明显的塑性应变，热疲劳问题归于低周疲劳。汽车发动机结构中某些高温区域的热疲劳就是这种低周疲劳的例子。

这一节先介绍应力法。

6.2.2　应力 - 寿命的近似公式

有不同的数学表达式近似描述 $S-N$ 曲线的高周疲劳阶段，如图 6.7 所示。从半对数坐标和双对数坐标中，$S-N$ 曲线在高周疲劳阶段所呈现的近似线性的基础出发，有两种类型的近似公式。

1. 指数公式

在半对数坐标中，如果 $S-N$ 曲线在高周疲劳阶段呈现近似的线性关系，则可以假设

$$S = A + B\lg N \qquad (6.1)$$

式（6.1）中系数 A、B 由对试验测试的 $S-N$ 曲线拟合得到。由此得到 $S-N$ 曲线的指数公式

$$e^{mS} \cdot N = C \qquad (6.2)$$

式（6.2）中系数 m、C 是材料

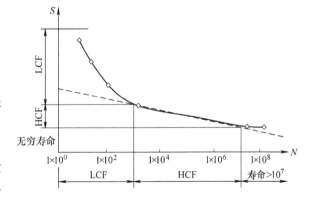

图 6.7　高周疲劳阶段的近似线性化

的参数，可以由曲线拟合系数 A、B 换算而来，也可以直接对 $S-N$ 数据拟合得到。

2. 幂函数公式

对于双对数坐标中，近似直线的 $S-N$ 数据，可以假设

$$\lg S = A + B\lg N \tag{6.3}$$

式（6.3）中系数 A、B 由对试验测试的 $S-N$ 曲线拟合得到。由此得到 $S-N$ 曲线的一种幂函数公式

$$S = A'N^{B'} \tag{6.4}$$

式（6.4）中系数 A'、B' 由曲线拟合系数 A、B 换算而来，或者直接对 $S-N$ 数据拟合得到。Basquin 方程是一种广泛使用、稍有改变的幂函数公式

$$\sigma_a = \sigma'_f(2N)^b \tag{6.5}$$

式中　σ'_f、b——拟合的材料参数。

在双对数坐标中，Basquin 方程是一条直线，如图 6.8 所示。材料参数 σ'_f 是 $N = 1/2$ 时的应力值，它经常近似等于拉伸试验中的真实断裂强度 σ_f，对于塑性材料而言，强度值要大于工程抗拉强度 σ_b。材料参数 b 是对数坐标下直线方程的斜率，如图 6.9 所示。表 6.1 给出了三种常用工程金属材料的 Basquin 方程参数。

表 6.1　三种常用工程金属材料的 Basquin 方程参数（引自文献［3］）

材料	屈服强度 σ_a/MPa	抗拉强度 σ_b/MPa	真实断裂强度 σ_f/MPa	σ'_f/MPa	b
低碳钢 SAE1015	228	415	726	1020	-0.138
高强钢 SAE4142	1584	1757	1998	1937	-0.076
铝合金 2024 - T4	303	476	631	900	-0.102

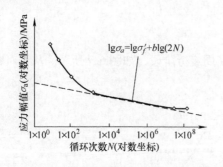

图 6.8　在双对数坐标中的 Basquin 方程　　图 6.9　对数坐标下直线方程的斜率 b

Weibull 公式是包含疲劳极限 S_f 的一种近似 $S-N$ 曲线的幂函数公式

$$N = a(\sigma_a - S_f)^c \tag{6.6}$$

式（6.6）中系数 a、c 是公式的拟合系数，其中 $c < 0$。

由双对数坐标下 $S-N$ 曲线的近似直线公式还可以得到另一种形式 $S-N$ 曲线的幂函数公式（常被称为幂定律 Power Law）

$$S^m \cdot N = C \tag{6.7}$$

式（6.7）中系数 m、C 是公式的拟合系数。

需要说明的是，上述 $S-N$ 曲线的近似公式的系数不具有通用性，每一个公式中的系数必须使用相应的公式通过拟合得到。另外，应力 - 寿命的指数公式和幂函数公式，都是从基

于在半对数坐标或双对数坐标下 $S-N$ 曲线的近似线性化的对数公式，变换成线性坐标下的公式。因为寿命计算都是在线性坐标进行的，不需要在半对数坐标或双对数坐标下进行。半对数坐标或双对数坐标主要用于 $S-N$ 试验数据的绘制和阅读。在很多文献中不特别区分或者标注，有时为了方便说明问题，经常在半对数坐标或双对数坐标的 $S-N$ 曲线上，标注它们的指数公式和幂函数公式。

6.2.3　平均应力对寿命的影响

以上所讨论的应力－寿命法是基于在对称循环条件下所测试的 $S-N$ 曲线。在对称循环的条件下，应力的平均值为零。在工程实际中，载荷往往不是对称的。汽车的车体承受自身的重量和路面高低不平的冲击，所承受的载荷的平均值是大于零的，车体结构上的应力也不是对称的。对于不对称的应力循环，$S-N$ 曲线将不同于对称条件下的 $S-N$ 曲线。

首先需要说明应力循环的不同状态。图 6.10 和图 6.11 是两条一个半循环的应力－时间曲线。图 6.10 中的应力循环是对称循环。图 6.11 中的应力循环是不对称的循环。其中 $\sigma_{\max}$ 是循环中的最大应力，$\sigma_{\min}$ 是循环中的最小应力。最大应力和最小应力的差值是应力范围 $\Delta\sigma$。应力范围 $\Delta\sigma$ 的一半是应力幅值 σ_a。最大应力和最小应力的平均值是平均应力 σ_m。最小应力和最大应力的比是应力比 R。这些基本定义的数学表达式如下。

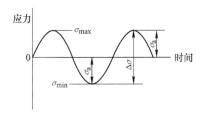
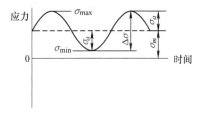

图 6.10　对称循环的应力－时间曲线　　**图 6.11**　不对称循环的应力－时间曲线

$$应力幅值 \quad \sigma_a = \frac{\sigma_{\max} - \sigma_{\min}}{2} \tag{6.8}$$

$$平均应力 \quad \sigma_m = \frac{\sigma_{\max} + \sigma_{\min}}{2} \tag{6.9}$$

$$应力范围 \quad \Delta\sigma = \sigma_{\max} - \sigma_{\min} = 2\sigma_a \tag{6.10}$$

$$应力比 \quad R = \frac{\sigma_{\min}}{\sigma_{\max}} \tag{6.11}$$

平均应力 σ_m 和应力比 R 是两种不同平均应力表示方式，在不同的场合都有使用。在应力循环是对称（图 6.10）的情况下，$\sigma_{\min} = -\sigma_{\max}$，$\sigma_m = 0$，$R = -1$。通常作为基础的 $S-N$ 曲线是在这种应力对称循环的条件下测得的。各种不同平均应力情况如图 6.12 所示。

研究平均应力对 $S-N$ 曲线影响的一种方法，是在不同的平均应力条件下测试 $S-N$ 曲线。在不同的平均应力下，所得到的 $S-N$ 曲线是不同的。图 6.13 所示的是一组铝合金 Al7075－T6 在不同平均应力下测得的 $S-N$ 曲线的例子。每一条曲线代表在一个恒定平均应力下测试的 $S-N$ 曲线，是恒平均应力下的寿命曲线。测试的平均应力 σ_m 分别为 -138MPa，0MPa，138MPa，-276MPa，-414MPa。比较这一组 $S-N$ 曲线可以看出，当平

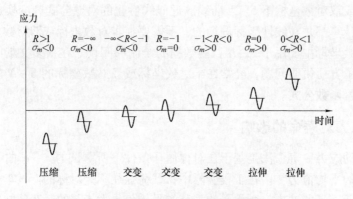

图 6.12　不同平均应力的情况

均应力不等于零时，$S-N$ 曲线与平均应力为零（对称循环）的 $S-N$ 曲线不相同。材料所受的平均应力为拉应力时，疲劳寿命降低，并且平均拉应力越大，寿命越低。材料所受平均应力为压应力时，疲劳寿命提高。就是说，平均压应力有助于提高材料的疲劳寿命。通常情况下，汽车车体所受的平均应力为拉应力。

以上不同平均应力的 $S-N$ 曲线是用平均应力为参变量（隐含的，不直接用坐标轴显示的）来表达的。另外一种常用的方式是用应力比 R 来表达。也就是在一个恒定的 R 值下，测试 $S-N$ 曲线。使用不同的 R 值测试 $S-N$ 曲线，可以得到一组对应不同 R 值的 $S-N$ 曲线。但是相比用 R 值来作为平均应力的参数，使用平均应力 σ_m 则更直接易懂。

由上可见，应力的幅值和平均应力是影响疲劳寿命的两个重要因素。研究平均应力对寿命影响的方式是将图 6.13 变换一种方式，将应力的幅值和平均应力作为坐标，研究相应寿命的规律。新得到的疲劳寿命图称为等疲劳寿命图，如图 6.14 所示。它是从图 6.13 转换而来。纵坐标是应力的幅值，横坐标是平均应力。在等疲劳寿命图中，由恒平均应力的寿命下图 6.13 中的 5 种平均应力所对应的应力幅值，得到的每一个点都是一个由相应的应力幅值和平均应力决定的寿命循环次数。由寿命相同的点连接起来的曲线是一个等寿命的曲线。图 6.14 相当于把图 6.13 中寿命为 1×10^4，1×10^5，1×10^6，1×10^7，5×10^8 的 5 条竖直的等寿命直线变成 5 条以平均应力为横坐标的曲线。在这种寿命曲线的表达方式中，平均应力变成了一个坐标轴，寿命值变成了一个参变量。它的意义在于，可以同时研究应力幅值和平均应力两个因素对寿命的影响。例如，在平均应力是拉应力的情况下，应力幅值不变（水平线），平均应力增加会导致寿命下降；或者，平均应力不变（竖直线），应力幅值增加会导致寿命下降。如果要保持寿命不变（一条等寿命曲线），在平均应力增加的情况下，应力幅值需要降低。由于这种疲劳寿命的表达方式是由 Haigh 首先提出的，所以这种等寿命的曲线又叫 Haigh 曲线，这种等寿命图（或等寿命图）叫 Haigh 图。Haigh 图不仅直观地表达了应力的幅值和平均应力对寿命的影响，也为平均应力不为零的应力循环进行寿命计算提供了一个方法。

有几种不同的平均应力公式来近似描述这种等寿命的关系。Gerber（德国，1874）、Goodman（英国，1899）、Soderberg（美国，1930）、Morrow（美国，1960）分别提出了等寿命曲线（Haigh 曲线）的近似公式。他们的假设是对于某一个寿命，应力幅值 σ_a 和平均应力 σ_m 满足以下方程

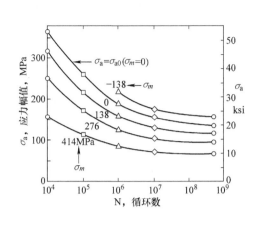

图 6.13　Al7075 - T6 在不同平均
应力下的 S - N 曲线（引自文献 [3]）

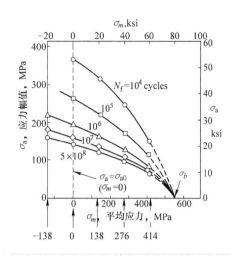

图 6.14　Al7075 - T6 的等寿命图

Gerber 方程

$$\frac{\sigma_a}{\sigma_{a0}} + \left(\frac{\sigma_m}{\sigma_b}\right)^2 = 1 \ (\sigma_m \geqslant 0) \tag{6.12}$$

Goodman 方程

$$\frac{\sigma_a}{\sigma_{a0}} + \frac{\sigma_m}{\sigma_b} = 1 \tag{6.13}$$

Soderberg 方程

$$\frac{\sigma_a}{\sigma_{a0}} + \frac{\sigma_m}{\sigma_s} = 1 \tag{6.14}$$

Morrow 方程

$$\frac{\sigma_a}{\sigma_{a0}} + \frac{\sigma_m}{\sigma_f} = 1 \tag{6.15}$$

以上各式中　　σ_{a0}——在对称应力循环（$\sigma_m = 0$）下该寿命所对应的应力幅值 σ_a；

　　　　　　　σ_b——材料的抗拉强度；

　　　　　　　σ_s——材料的屈服强度；

　　　　　　　σ_f——材料的真实断裂强度。

这四种方程的曲线如图 6.15 所示。

这些关系有一个非常有价值的用处。因为它们给出了任何一组应力幅值 σ_a 和平均应力 σ_m，与对称应力循环（零平均应力）具有相同寿命时，所对应的应力幅值 σ_{a0} 之间的关系，所以在非零平均应力情况下的寿命计算，可以转变成零平均应力情况下的寿命计算。

首先，对于给定的任何一组应力幅值 σ_a 和平均应力 σ_m，从上述关系式可以计算出应力幅

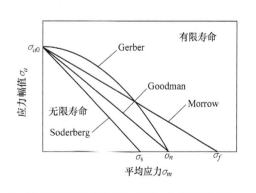

图 6.15　平均应力公式的比较

值 σ_{a0}

Gerber 方程

$$\sigma_{a0} = \frac{\sigma_a}{1 - \left(\dfrac{\sigma_m}{\sigma_b}\right)^2} \quad (\sigma_m \geqslant 0) \tag{6.16}$$

Goodman 方程

$$\sigma_{a0} = \frac{\sigma_a}{1 - \left(\dfrac{\sigma_m}{\sigma_b}\right)} = \frac{\sigma_b \sigma_a}{\sigma_b - \sigma_m} \tag{6.17}$$

Soderberg 方程

$$\sigma_{a0} = \frac{\sigma_a}{1 - \left(\dfrac{\sigma_m}{\sigma_s}\right)} = \frac{\sigma_s \sigma_a}{\sigma_s - \sigma_m} \tag{6.18}$$

Morrow 方程

$$\sigma_{a0} = \frac{\sigma_a}{1 - \left(\dfrac{\sigma_m}{\sigma_f}\right)} = \frac{\sigma_f \sigma_a}{\sigma_f - \sigma_m} \tag{6.19}$$

应力幅值 σ_{a0} 在零平均应力下与 (σ_a, σ_m) 组合条件下有相同的寿命。因此可以用 σ_{a0} 按照零平均应力下的寿命公式，计算 (σ_a, σ_m) 组合条件下的寿命。例如，已知对称应力循环（零平均应力）下的 $S-N$ 曲线和相应的 Basquin 公式。在对称应力循环（零平均应力）下对应的应力幅值是 σ_{a0}，Basquin 公式为

$$\sigma_{a0} = \sigma'_f (2N)^b \tag{6.20}$$

结合以上平均应力修正公式，可以相应地得到几个适用于非零平均应力的，更具有普遍性的应力 – 寿命公式，分别是

基于 Gerber 平均应力修正的应力 – 寿命公式

$$\sigma_a = \sigma'_f \left(1 - \frac{\sigma_m^2}{\sigma_b^2}\right)(2N)^b \quad (\sigma_m \geqslant 0) \tag{6.21}$$

基于 Goodman 平均应力修正的应力 – 寿命公式

$$\sigma_a = \sigma'_f \left(1 - \frac{\sigma_m}{\sigma_b}\right)(2N)^b \tag{6.22}$$

基于 Soderberg 平均应力修正的应力 – 寿命公式

$$\sigma_a = \sigma'_f \left(1 - \frac{\sigma_m}{\sigma_s}\right)(2N)^b \tag{6.23}$$

基于 Morrow 平均应力修正的应力 – 寿命公式

$$\sigma_a = \sigma'_f \left(1 - \frac{\sigma_m}{\sigma_f}\right)(2N)^b \tag{6.24}$$

常数 σ'_f 从实验中获得，通常近似等于 σ_f。所以，基于 Morrow 平均应力修正的应力 – 寿命公式可以简化为

$$\sigma_a = (\sigma'_f - \sigma_m)(2N)^b \tag{6.25}$$

有文献认为 Goodman 方法适用于脆性材料，而 Gerber 方法适用于塑性材料。从疲劳设

计的角度，应力幅值 σ_a 和平均应力 σ_m 在 Soderberg 线上最为保守。但从平均应力修正进行疲劳寿命计算的角度，应力幅值 σ_a 和平均应力 σ_m 在 Gerber 线或 Morrow 线上则更为保守。文献［3］指出，Gerber 方程不能正确预测压缩平均应力的影响，所以只限用于拉伸平均应力。该文献指出，Morrow 方程与包含拉伸平均应力和压缩平均应力的试验数据具有很好的一致性，通常比较精确。

6.2.4　其他影响疲劳寿命的因素

对于形状比较规则的结构，在常温环境下，应力幅值是影响结构疲劳的第一因素，平均应力为第二因素。在汽车的实际使用中，结构疲劳还受到很多其他因素的影响。比如，结构的缺口效应（Notch Effect）、温度、材料表面粗糙度、环境等各种影响因素。例如，对于发动机的一些主要部件，所有这些因素对其疲劳寿命的评估都有着不可忽视的影响，所以在发动机结构的疲劳分析中，需要对这些因素加以考虑。

1. 结构的缺口效应（Notch Effect）

在实际和模拟计算中，因为结构的复杂性，不可避免地会因为结构导致应力的局部集中。应力局部集中导致的高应力，会对结构产生比疲劳实验中非应力集中情况下更多的疲劳破坏。这就是结构的缺口效应。它主要是因为改变了应力局部集中区域的应力状态，以及因为过高的局部应力导致材料硬化的结果。从应力－寿命周期（$S-N$）曲线的角度来说，缺口效应会对材料的疲劳极限和应力－寿命周期（$S-N$）曲线的坡度产生影响。在发动机等许多汽车零部件中，因为结构的复杂性，缺口效应是不可忽视的。

2. 表面粗糙度影响

试验数据表明，结构的表面粗糙度会影响到结构的抗疲劳性。材料强度越高，表面粗糙度影响越大。另外，应力水平越低，寿命越长，表面粗糙度影响越大。表面粗糙度越高，结构的抗疲劳性越差。从物理机制上来看，结构的表面粗糙度越高，相当于结构表面的微观裂纹越明显，这会大大降低结构的抗疲劳特性。在现实中，部件因为加工方法的不同，表面粗糙度也各不相同。但高周疲劳实验中所用试件，往往是经过表面精加工的，不可能涵盖所有的实际部件的可能表面粗糙度。对于这种情况，一些工程分析指南提供经验公式，对不同类型材料根据表面粗糙度来调整材料的疲劳强度。

3. 温度的影响

材料在不同的温度下，其疲劳特性会发生变化。这些材料数据需要以在不同温度下的等温高周疲劳试验来取得，这是一个耗时费力的工作。在没有足够试验做基础的情况下，相应的工程分析指南提供一些经验公式，以基本的常温试验数据为基础，来估算不同类型材料在高温时的疲劳特性参数。比如：

对于铝合金，疲劳强度影响因子为

$$f = 1.0 \qquad T \leqslant 50℃$$
$$f = 1.0 \sim 1.2 \times 10^{-3}(T-50) \qquad T > 50℃$$

对于球墨铸铁，疲劳强度影响因子为

$$f = 1.0 \sim 1.6 \times (10^{-3}T)^2$$

4. 环境的影响

材料在不同环境条件下的疲劳特性也会受到较大影响。图 6.16 显示了一种材料在真空环境、正常空气环境、预先侵蚀后不再腐蚀的情况，和一直处于腐蚀环境的四种不同条件中测试的（$S-N$）曲线。从图 6.16 中可以看到，受过腐蚀的材料，其抵抗疲劳破坏的能力有所下降（同样的应力水平，寿命变短）。一直受到腐蚀的材料，其抵抗疲劳破坏的能力下降更多。所以，对处于有腐蚀环境的零部件，设计时要考虑防腐蚀，分析时要考虑腐蚀的因素。

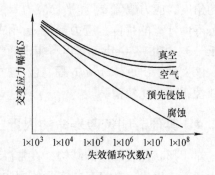

图 6.16   四种不同环境下的（$S-N$）曲线

6.2.5   变幅应力下的疲劳寿命计算

以上所述的寿命计算是在一个应力循环幅值恒定（如图 6.17 所示）条件下的寿命计算。在实际工程结构中，载荷和应力循环的幅值会随时间变化，如图 6.18 所示。对于幅值变化的应力循环的寿命计算，通常采用损伤积累的方法。这个方法首先是由瑞典人 A. Palmgren 在 20 世纪 20 年代提出的，但直到 1945 年被 M. A. Miner 再次论述后才广为人知和广泛应用，所以这个方法被称为 Palmgren-Miner 法则，也经常被称为 Miner 法则。

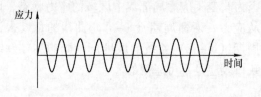

图 6.17   幅值恒定的应力循环

图 6.18   幅值随时间变化的应力循环

1. Palmgren-Miner 法则

Palmgren-Miner 法则首先引进了损伤的概念。他们认为每一个应力循环都会给材料造成损伤，损伤的量值是该应力下疲劳寿命（材料发生疲劳破坏时循环数 N）的倒数，即 $1/N$，并且损伤可以积累叠加。例如，在图 6.19 所示的应力循环例子中，有三段幅值不同的应力循环，应力幅值分别为 σ_{a1}、σ_{a2}、σ_{a3}，发生的循环数分别为 n_1、n_2、n_3，对应的寿命分别为 N_1、N_2、N_3。

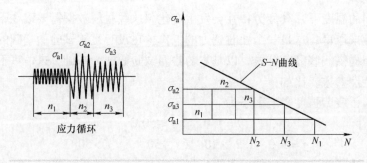

图 6.19   三段幅值不相等的应力循环的疲劳损伤

按照 Palmgren-Miner 法则，每一个应力循环的损伤分别为 $1/N_1$、$1/N_2$、$1/N_3$，每一个应力幅值的损伤分别为 n_1/N_1、n_2/N_2、n_3/N_3，总的损伤为三部分的和

$$D = \frac{n_1}{N_1} + \frac{n_2}{N_2} + \frac{n_3}{N_3} \qquad (6.26)$$

对于一个有很多不同应力幅值的应力时间历程，总损伤则是所有这些应力幅值下的损伤的和

$$D = \sum_k \frac{n_k}{N_k} \qquad (6.27)$$

对于如图 6.18 所示的不规则应力循环，疲劳计算的一项重要任务就是统计发生在每个应力幅值下的循环次数（n_i）。有多种循环计数的方法。例如，峰谷计数法、简单范围计数法、水平交叉计数法、雨流计数法。

2. 雨流计数方法

雨流计数法被认为是比较科学，并被广泛接受和使用的方法。雨流计数法是 20 世纪 50 年代由日本学者的 M. Matsuishi 和 T. Endo 提出来的。它是基于材料的应力—应变行为的方法。图 6.20 是一个应力和应变的历程图。左边是一条应力 – 时间的曲线。上边是一条旋转了 90°的应变 – 时间的曲线。右下角的图是应力 – 应变图。由应力 – 时间和应变 – 时间的历程共同形成了一系列应力 – 应变的封闭环。每一个应力 – 应变封闭环被定义为一个循环。

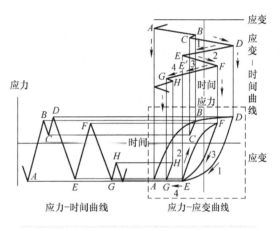

图 6.20　雨流计数的应力 – 应变图

在这个应力 – 应变的封闭环的形成过程中，材料体现了两个记忆特性，可以用图 6.20 加以说明。例如，当材料应力和应变从 D 变形至 E（历程 1），载荷为卸载过程。在 E 点，载荷反向加载，材料应力和应变从 E 到 F（历程 2）。在 F 点，载荷又开始卸载。当材料应力和变形经过 E 的水平时，材料从两个方面记忆了之前的 E 的状态。第一，应力和应变曲线会经过 E 垂线的相交点 E'（历程 3），使应力和应变曲线封闭成为一个封闭环；第二，材料记忆从 D 到 E 的历史，随后继续沿着原先从 D 到 E 路径继续变形到 G（历程 4）。这就是材料的记忆特性。雨流计数法按照这样的特性，制订了具体的计数规则。雨流计数法反映了材料的记忆特性，具有明确的力学意义。

在雨流计数时，应变 – 时间历程数据记录旋转了 90°，时间坐标轴竖直向下，数据记录的方式犹如一系列屋顶，雨水顺着屋顶的斜面往下流，到屋檐垂直落下，故称为雨流计数法。在实际的操作时，并不需要得到和画出应力 – 应变封闭环，而是直接使用应力 – 时间历程数据记录或者应变 – 时间历程数据记录，将其旋转 90°，按照雨流计数法的规则操作。

在后面介绍应变 – 寿命法的平均应力修正时（第 6.3.4 小节），将进一步举例说明雨流计数法定义循环的过程。第 15.1.4 节，还将介绍雨流计数统计数据的各种图示表述方式。

3. 疲劳寿命

Palmgren – Miner 法则假定当材料的所有损伤的和达到 1 时，材料将会发生疲劳破坏，即

$$D = \frac{n_1}{N_1} + \frac{n_2}{N_2} + \frac{n_3}{N_3} + \cdots = \sum \frac{n_j}{N_j} = 1 \tag{6.28}$$

用雨流计数法得到所有应力幅值下的实际循环次数（n_i），用 Basquin 应力 – 寿命公式或者平均应力修正以后的应力 – 寿命公式（如 Gerber 公式、Goodman 公式、Soderberg 公式、Morrow 公式），计算在相应应力幅值下材料发生破坏时的循环次数（N_i），再用 Palmgren – Miner 法则得到总损伤值，进而可以计算出寿命值。寿命则定义为总损伤的倒数

$$L = \frac{1}{D} \tag{6.29}$$

寿命 L 的意义是与输入载荷的意义有关的。寿命 L 的数值代表裂纹产生（根据前边的讨论，对标准小试件，是指试件断裂；对一般大尺寸的零件，是指零件沿厚度方向的穿透裂纹）所需的时间，是 L 倍的载荷历程时间。换句话说，寿命就是结构在该点上发生裂纹之前可以维持的时间，是载荷历程时间的 L 倍。L 可以大于 1 或小于 1。大于 1 表示在载荷历程时间内，裂纹没有发生，而是在 L 倍的时间以后才发生。小于 1 表示在载荷历程还未完成，裂纹就已经发生。对结构的设计者和使用者而言，寿命 L 越大越好。

【例 6.1】   如果载荷是整车综合耐久试验的道路载荷谱，寿命 L 代表发生裂纹的时间是完整道路载荷谱时间的 L 倍。显然，L 大于 1 表示设计通过试验；小于 1 表示试验没有完成，裂纹已经发生，设计不合格。

图 6.21 是一个车辆道路载荷通道的力信号的时间记录。一辆车的完整道路载荷会有很多通道。例如，如果载荷是轮心的载荷，一辆车的道路载荷将有四个车轮的 12 个平动方向的力和 12 个转动方向的力矩。如果载荷是车身连接点的载荷，每个车身连接点有 3 个平动方向的力和 3 个转动方向的力矩（有时忽略力矩），整个车身连接点的载荷有车身连接点的个数乘以 6（如果忽略力矩，就乘以 3）。如果这个载荷是汽车整车综合耐久试验的完整道路载荷，而结构上某一点的寿命 L 等于 1，代表结构上的这一点在 100% 地完成试验时发生裂纹。如果结构设计的目标是完成试验时结构不能发生裂纹，那么结构设计的要求是寿命必须大于 1。如果这个载荷是汽车整车综合耐久试验中的一个试验循环（经常代表在试验场上的一圈）的道路载荷，而结构上某一点的寿命 L 等于 1500，代表结构上的这一点在完成1500 个试验循环时发生裂纹。如果设计的目标是完成 1000 个试验循环，那么结构上的这一个点满足设计要求。

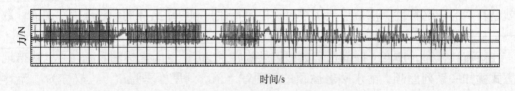

图 6.21   一个汽车综合耐久试验载荷通道的力信号

【例 6.2】   如果分析的是关门疲劳试验的寿命，输入是一次关门的初始速度（计为一次关门）。门上某一点（有限元模型中的一个单元）板厚内外表面（上表面和下表面）上主应力（平面上有两个主应力分量），在一次关门后计算的应力时间响应如图 6.22。疲劳寿命 L 代表 L 次关门后裂纹发生。设计目标通常是几万次。如果 L 大于这个目标数表示设计合格，如果小于这个目标数表示设计不合格。

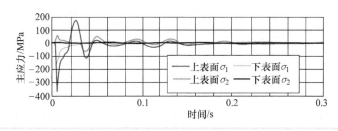

图 6.22 一个车门有限元单元表面在车门关门试验中的主应力响应

Palmgren - Miner 法则假设疲劳损伤的积累是线性的，并且不考虑应力循环顺序的效应。这种顺序的效应表现在两个方面。一个是不同应力幅循环之间的衔接。不同幅值的应力循环之间的衔接，相当于产生一个新的应力幅。如果两个相连的应力幅值相差很大，这个过渡衔接产生的应力差会造成材料的损伤。汽车综合耐久试验是这种情况的典型例子。如果这种衔接的应力能够被包括在雨流计数里，将会消除这种误差。另一个方面是与平均应力有关的顺序效应。这种效应在应变 - 寿命分析中会体现出来。这一点将在第 6.3 节讨论。除 Palmgren - Miner 法则以外，还有其它损伤积累理论，但是都没有得到广泛接受和使用。

需要说明，Palmgren - Miner 法则是一个基于试验数据的简单假设。试验表明材料发生疲劳破坏时的总损伤数值通常在 0.7 ~ 2.2 之间。所以 Palmgren - Miner 法则并不是一个精确的理论。但是 Palmgren - Miner 法则给出了一个简单而可以接受的疲劳寿命的初步估算，具有重要的实际工程意义，所以被广泛使用。

6.2.6 多向应力下的疲劳寿命计算

以上关于结构疲劳寿命理论的介绍，都是基于循环应力发生在一个固定的方向上。在这种情况下，应力的方向已知，疲劳裂纹的方向大致可知。这种应力情况称为单向应力。相应的疲劳分析理论称为单轴疲劳理论。但是，在复杂的实际问题中，载荷的方向和结构应力的方向都不是固定的，是随着时间在空间中变化的，相应的应力情况被称为多向应力。相应的疲劳分析理论称为多轴疲劳理论。多向应力情况下的疲劳损伤分析比单向应力情况下的疲劳损伤分析更加复杂。

多向应力的疲劳寿命的基本思路，是通过各种假设或分析猜测确定一个可能的裂纹发生方向，然后使用在这个方向的应力分量，和上述的单向疲劳寿命的理论和方法进行分析。目前有两类猜测裂纹发展方向的方法。

一类是比较简单的、按照传统材料力学强度理论的假说，确定裂纹可能发生的方向和相应的单向应力，如最大主应力法、绝对值最大主应力法、最大剪切力法、加方向的 von Mises 应力法。所谓加方向的 von Mises 应力，是因为 von Mises 应力是一个正数的值，没有方向的信息。实际使用 von Mises 应力时，按照相应的正应力或者主应力的方向，给 von Mises 应力加上正号或负号，使该 von Mises 应力变成一个有方向的应力，以便用于疲劳计算。

另一类方法称为临界平面法。对于一个大小和方向都在空间上随时间而变化的应力，在所有发生应力的方向上，材料都会产生损伤，在经过足够的循环和损伤积累后，疲劳裂纹最终会在某一个平面上产生和扩展。使用临界平面法的多轴疲劳分析的基本思路，是找到这个可能发生裂纹的临界平面（critical plane），然后在这个临界平面上用前面所述的单轴疲劳的理论进行分析。在多轴疲劳的研究中有多种理论和方法寻找临界平面，例如基于应力的 Findley 方法。这里只介绍一种福特汽车公司使用的方法。

由前面的介绍可知，裂纹从材料表面的发源点往材料厚度方向的发展方向，应该与表面呈 45°角，如图 6.2 所示。汽车的很多零部件是薄板金属件，其厚度很小，特别是车身的零部件，通常使用有限元薄膜（membrane）壳单元（在 NASTRAN 中使用 PSHELL 和 MIT1 卡定义）。对于较厚的零部件（如底盘的铸造件），通常使用三维的有限元单元。因为裂纹都是从表面起始，所以汽车结构疲劳分析经常在其三维单元的内外表面附加一层极薄（0.1 毫米）的薄膜（membrane）壳单元，只分析零件表面上的应力和疲劳损伤。临界平面分析旨在决定裂纹在材料表面上的发展方向。

该方法使用有限元计算的二维壳单元上的主应力幅值和其方向角度的统计分布图。其基本的假设是，材料表面的裂纹是被垂直于裂纹方向的拉应力拉开，而最大的拉应力就是最大的主应力，如图 6.23 所示。因为载荷方向的随机变化，主应力在单元平面上的方向也是随时间变化的，其中主应力发生最大并且最多的方向是最可能导致裂纹的主应力方向。这个方向可以通过主应力的幅值和其方向角度的统计来决定。具体的统计分析步骤是，以平面法向矢量为轴旋转，每 5°（或者更小）取一个统计方向，正负两

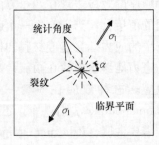

图 6.23　主应力分布统计的说明

个方向各取到 85°，方向随时间改变的主应力按其方向的角度归类（四舍五入）。进一步对每个角度的主应力再按其幅值分类，每 10MPa 为一档（四舍五入），正值为拉应力，负值为压应力。以角度为横轴，应力幅值为纵轴，将以上主应力按其角度和幅值的统计绘制出它的分布图，如图 6.24 所示。这样的图被称为主应力分布极线图。在主应力分布的极线图中，应力值高并且发生次数多的方向是最有可能导致裂纹发生的应力方向，与它垂直的平面即为临界平面（或危险平面），裂纹最有可能在此方向上发生。图 6.24 是结构上一个点（单元）主应力的分布极线图。在这个例子中，在 25°的方向上，主应力分布极线图有一个很高的峰。它说明结构在这个点上，在 25°这个角度上，主应力最高，裂纹最有可能在此方向上发生。所以，25°的方向被确定为最危险的方向，与它垂直的平面即为临界平面。当这个应力方向确定以后，将每一个时刻的应力投影到这个方向上，得到一个新的应力时间响应序列，这个应力的时间响应序列被用于单轴疲劳分析和寿命计算。

由此也可知，疲劳损伤是在某一个方向（如临界平面）上的损伤，是一个有方向的值，是一个矢量。通常所说的寿命是取所有方向上寿命最短的一个，也包含着方向的概念。值得说明的是，对于一个时间段载荷输入（例如一个路面的载荷）的疲劳分析，得到一个结构的寿命值，结构上疲劳破坏的方向并不重要。但是，对多个时间段载荷输入（例如多个路面的载荷）的疲劳分析，目前流行的方式是分段单独计算，由此得到的各个时间段的疲劳损伤，然后将它们的数值相加。这种方法在理论上是不正确的，因为每一个时间段的疲劳损伤可能发生在不同的方向上，不同方向上的疲劳损伤矢量不能直接数值相加。第 6.4 节将介绍的组合事件的疲劳计算方法，是一个为此种情况而开发的方法。

汽车在道路上行驶，全车所受来自路面的载荷，其大小和在空间中的方向都是随时间而变化，相应地导致汽车结构上产生的应力，其大小和在空间中的方向也都是随时间而变化

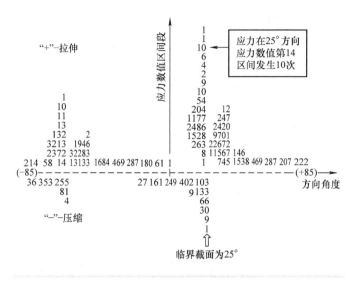

图 6.24　主应力分布极线图

的。所以，汽车车体结构的疲劳分析必须使用多轴疲劳分析方法。

6.3　应变 – 寿命法

应力法所适用的范围是材料的弹性阶段。当材料在载荷的作用下发生塑性应变的情况下，应力法就不再适用。汽车在其研发过程中都要通过综合耐久试验。通常综合耐久试验中的载荷都会导致汽车结构发生局部的塑性变形。减振器座是典型的一个例子，其结构上的塑性变形经常肉眼可见。在这种情况下，考虑了塑性应变的应变法是必然的选择。

基于应变的疲劳分析方法最初是在 20 世纪 50 年代末和 60 年代初期建立起来的。

6.3.1　应力 – 应变关系

在应变 – 寿命法中需要用到应力与应变之间的关系。在循环载荷下的应力 – 应变关系，与单调载荷下的应力 – 应变关系有所不同。下面首先回顾两种不同载荷下的应力 – 应变关系。

1. 单调应力 – 应变关系

材料静强度特性测试的试验是一个单向加载的试验，所得到的应力 – 应变（σ - ε）曲线也称单调应力 – 应变（σ - ε）曲线。图 2.2 是一个典型的材料单调应力 – 应变（σ - ε）曲线。材料的总应变 ε 由弹性应变 ε_e 和塑性应变 ε_p 两部分组成。在材料达到颈缩前的均匀变形阶段，在曲线上任一点卸载，弹性应变 ε_e 将恢复（即消除），塑性应变 ε_p 将作为残余应变留下。

材料的总应变 ε 是弹性应变 ε_e 和塑性应变 ε_p 的和，即

$$\varepsilon = \varepsilon_e + \varepsilon_p \tag{6.30}$$

其中弹性应变 ε_e 由 Hook 定律给出

$$\varepsilon_e = \frac{\sigma}{E} \tag{6.31}$$

塑性应变 ε_p 由 Hollomon 关系决定

$$\varepsilon_p = \left(\frac{\sigma}{K}\right)^{\frac{1}{n}} \tag{6.32}$$

式中 K——材料的强度系数，具有应力的量纲，MPa；

　　　　n——应变硬化指数，无量纲。

进而可以得到总应变 ε 为

$$\varepsilon = \varepsilon_e + \varepsilon_p = \frac{\sigma}{E} + \left(\frac{\sigma}{K}\right)^{\frac{1}{n}} \tag{6.33}$$

这就是著名的 Remberg – Osgood 弹塑性应力 – 应变关系。

对于常用结构金属材料，应变硬化指数 n 值一般在 $0 \sim 0.6$ 之间，$n = 0$ 表示无应变硬化，应力与塑性应变无关，是理想塑性材料。

2. 循环应力 – 应变关系

材料疲劳特性测试的试验是一组对称循环加载的试验。应变疲劳试验使用应变控制试验方法。对于某一个应变幅值的循环，所得到的应力 – 应变（$\sigma - \varepsilon$）的响应曲线如图 6.25 所示。在试验中，应力和应变从零点（原点 O）开始达到最大值 A 点，随载荷反向、减少到负向最大。由于有塑性应变的存在，当应力为零时，应变不回到零，其值是卸载以后残留的塑性应变 ε_p，所减少（恢复）的部分是弹性应变 ε_e，之后应力和应变变成负值并一直达到反向的最大值 B 点，然后再随载荷反向增加到正向最大值 A 点，形成一个闭合的环形曲线。这种曲线称为迟滞回线。大多数金属材料在试验的开始阶段应力幅不断变化，会有所谓的循环硬化和软化的现象，但在经过一定的循环之后曲线趋于稳定，形成稳定的迟滞回线。图 6.25 显示是一个稳定的迟滞回线。对于这一个幅值的循环试验一直持续到材料"失效"。

在一个幅值的试验结束以后，再重复进行其他幅值的试验。每一个幅值的试验会生成一个应力 – 应变迟滞回线。一组不同幅值的试验会产生一组应力 – 应变迟滞回线，如图 6.26 所示。图 6.26 中各条稳定迟滞回线的顶点是应力和应变的幅值点。它们的连线反映了不同应变幅值 ε_a 的循环里，应力的幅值 σ_a 响应。由此得到的 $\sigma_a - \varepsilon_a$ 之间的关系，称为循环（cyclic）应力 – 应变曲线。循环应力 – 应变曲线是一组应力 – 应变迟滞回线的骨架。

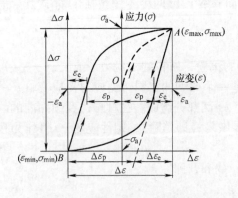

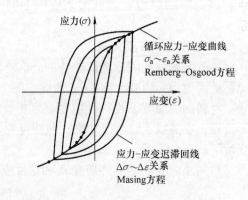

图 6.25　循环应力 – 应变的迟滞回线　　　　**图 6.26　循环应力 – 应变曲线组**

在 $\varepsilon - N$ 曲线中的总应变分成弹性应变塑性应变两部分

$$\varepsilon_a = \varepsilon_{ea} + \varepsilon_{pa} \tag{6.34}$$

式中　ε_{ea}——弹性应变的幅值；

　　　ε_{pa}——塑性应变的幅值。

循环 $\sigma_a - \varepsilon_a$ 曲线可以使用类似静强度应力 – 应变关系的 Remberg – Osgood 公式来描述，即

$$\varepsilon_a = \varepsilon_{ea} + \varepsilon_{pa} = \frac{\sigma_a}{E} + \left(\frac{\sigma_a}{K'}\right)^{\frac{1}{n'}} \tag{6.35}$$

式中　ε_{ea}——弹性应变的幅值；

　　　ε_{pa}——塑性应变的幅值；

　　　K'——材料的循环应变硬化系数，具有应力的量纲，MPa；

　　　n'——循环应变硬化指数，无量纲。

对于大多数金属材料，循环应变硬化指数 n' 在 $0.1 \sim 0.2$ 之间。

循环应力 – 应变（$\sigma_a - \varepsilon_a$）曲线与单调应力 – 应变（$\sigma - \varepsilon$）曲线不同。

第一，循环应力 – 应变（$\sigma_a - \varepsilon_a$）曲线与单调应力 – 应变（$\sigma - \varepsilon$）曲线不一样。文献［3］引用了几种材料的例子。图 6.27 显示了铝合金 7075 – T6 和合金钢 SAE4340 两种材料的循环应力 – 应变（$\sigma_a - \varepsilon_a$）曲线与单调应力 – 应变（$\sigma - \varepsilon$）曲线。从图 6.27 中可以看出，在一部分弹性阶段（早期），循环应力 – 应变（$\sigma_a - \varepsilon_a$）关系为线性，两者基本重合，在单调载荷下的后期弹性阶段，循环应力 – 应变（$\sigma_a - \varepsilon_a$）关系变为非线性，两者分离。两者的大小关系随材料不同而不同。

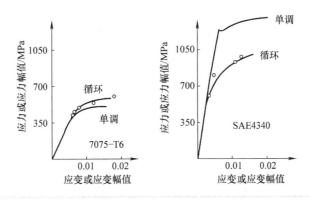

图 6.27　铝合金 7075 – T6 和合金钢 SAE4340 的循环应力 – 应变曲线与单调应力 – 应变曲线

第二，单调应力 – 应变（$\sigma - \varepsilon$）曲线反映了整个加载过程中应力和应变的路径。而循环应力 – 应变曲线只反映循环应力幅值与应变幅值之间的关系，即两者达到最大值时的关系，不反映加载过程中应力和应变的路径。因为 $\varepsilon_a = \Delta\varepsilon/2$ 和 $\sigma_a = \Delta\sigma/2$，将它们代入式（6.35）中可以得到

$$\Delta\varepsilon = \Delta\varepsilon_e + \Delta\varepsilon_p = \frac{\Delta\sigma}{E} + 2\left(\frac{\Delta\sigma}{2K'}\right)^{\frac{1}{n'}} \tag{6.36}$$

观察图 6.26 中循环应力 – 应变曲线（中心的骨架线）和应力 – 应变迟滞回线（外部环线），沿对角线划分，左上角的部分是上升段，右下角的部分是下降段，两部分大致对称，可以考虑其中的一半。观察两线的上升段，两条线有类似之处。Masing 假设，在新建的

$\Delta\sigma - \Delta\varepsilon$ 坐标系中，应力 – 应变迟滞回线满足式（6.36）。这一假设称为 Masing 假设。满足这一假设的材料，称为 Masing 材料。式（6.36）称为 Masing 方程。Masing 方程在应变疲劳方法中可以使用。

6.3.2　应变 – 寿命曲线

应变 – 寿命曲线是通过一组应变控制的对称循环的材料疲劳试验得到的。试验按照国家标准或者国际标准操作进行。用于测试应变 – 寿命（$\varepsilon - N$）曲线的试验标准有国家标准 GB/T 26077—2010《金属材料　疲劳试验　轴向应变控制方法》[4] 和国际标准 ISO 12106 (2003)[5]。两者是一致的。

如上所描述，对于每一个等应变幅值的对称循环试验，试验一直进行到材料"失效"，得到循环次数 N（或寿命）。对于失效的定义有很多种。国家标准 GB/T 26077—2010 和国际标准 ISO 12106（2003）给出了以下几种失效的判据：

① 试件完全断裂为两部分。

② 最大拉伸应力相对试验确定的水平发生某一百分数的变化。

③ 在迟滞回线上拉伸与压缩弹性模量的比值发生一定程度的改变。

④ 最大拉伸应力相对最大压缩应力发生某一百分数的变化。

以上任何一种条件均可以作为失效的判据依据。通常使用失效判据①或②。如果使用判据①，记录的寿命显然是总寿命。与应力法的有关讨论一样，这个寿命包括裂纹起始和裂纹扩展。标准［4、5］推荐②中的百分数值为 25%，指出"这一失效判据与在试件上出现的肉眼可见的裂纹有关。一般来说，裂纹面积与试件原始横截面的比值，与应力下降的比值大小相当。"如果使用判据②，记录的寿命显然不是总寿命，因为试件没有断裂。通常认定这样所记录的寿命是裂纹起始的寿命，尽管它并不能和裂纹起始的理论定义直接联系起来。

总之，在使用材料的 $\varepsilon - N$ 曲线时，要特别注意试验报告中所注明的失效判据。但是，在现实的使用中，往往只有 $\varepsilon - N$ 曲线，却没有失效判据的注明。如同 $S - N$ 曲线的讨论一样，合理的认知是，在汽车结构疲劳分析中，使用应变 – 寿命法和 $\varepsilon - N$ 曲线计算的疲劳寿命一般是疲劳裂纹生成时的寿命。

图 6.28 是一个 $\varepsilon - N$ 曲线的例子。

不同于应力法受限于高周疲劳部分，应变法考虑了塑性应变，即可以适用于有塑性应变的低周疲劳部分，也可以适用于无塑性应变（或不考虑塑性应变）的高周疲劳部分。

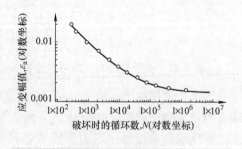

图 6.28　$\varepsilon - N$ 曲线例子

在双对数坐标下，塑性应变（低周疲劳）和弹性应变（高周疲劳）的部分，分别用两条直线给出近似描述，如图 6.29 所示。

对于弹性应变（高周疲劳）部分，使用 Basquin 公式和应力 – 应变的线性关系可得到

$$\varepsilon_{\mathrm{ea}} = \frac{\sigma'_{\mathrm{f}}}{E}(2N)^b \tag{6.37}$$

需要说明，在 Basquin 公式和一些其他寿命公式（包括下面的 Manson – Coffin 公式）

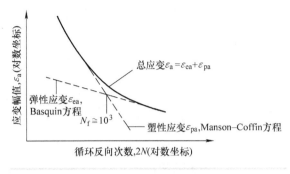

图 6.29　$\varepsilon - N$ 曲线的分解与近似

中，寿命用载荷反向的次数 $2N$ 表示。在一个循环中，载荷反向两次。所以 N 次循环有 $2N$ 次载荷反向。Basquin 公式反映了弹性应变幅值与寿命之间的关系。σ_f' 称为疲劳强度系数，具有应力量纲；E 为弹性模量；b 为疲劳强度指数。

在塑性应变（低周疲劳）部分，Manson 和 Coffin 提出的近似为

$$\lg \varepsilon_{pa} = \lg(\varepsilon_f') + c\lg(2N) \tag{6.38}$$

进而得到

$$\varepsilon_{pa} = \varepsilon_f'(2N)^c \tag{6.39}$$

该方程反映了塑性应变幅值与寿命之间的关系。ε_f' 称为疲劳塑性系数，无量纲；c 为疲劳塑性指数。

以上 b 和 c 分别为两条渐进直线的斜率，σ_f'/E 和 ε_f' 分别为两条直线与应变幅值轴的交点。对于大多数金属材料，疲劳强度指数 b 一般在 $-0.06 \sim -0.14$ 之间，估计时可取中间值 -0.1；疲劳塑性指数 c 一般在 $-0.5 \sim -0.7$ 之间，估计时可取中间值 -0.6。

于是，$\varepsilon - N$ 曲线中的总应变等于

$$\varepsilon_a = \frac{\sigma_f'}{E}(2N)^b + \varepsilon_f'(2N)^c \tag{6.40}$$

这就是应变 - 寿命的关系式，也被称为 Manson - Coffin 公式。对应一个应力幅值 ε_a，可以从这个应变 - 寿命公式得到寿命循环次数 N。

6.3.3　平均应力对疲劳寿命的影响

类似 $S - N$ 曲线，基础的 $\varepsilon - N$ 曲线是在平均应力为零（$R = -1$）的情况下测得的。图 6.30 是一种材料在幅值相同，但有四种不同平均应力情况下的 $\varepsilon - N$ 曲线。$R = -2$ 时，σ_{min} 是负值（为压应力），并且绝对值是 σ_{max}（为拉应力）的 2 倍，平均应力为压应力（σ_m 是负值）。因为压应力对材料不造成疲劳破坏，所以这个材料的疲劳测试结果与平均应力为零（$R = -1$）的情况接近或稍好。$R = 0$ 时，σ_{min} 是零，σ_{max} 和 σ_m 均为拉应力（正值），寿命下降。$R = 0.5$ 时，σ_{min}、σ_{max} 和 σ_m 均为拉应力（正值），寿命下降。

同应力法一样，平均应力对 $\varepsilon - N$ 曲线和应变 - 寿命计算有影响，需要进行修正。Smith、Watson、Topper 提出的 Smith - Watson - Topper 方法（简称 SWT 方法）和 Morrow 提出的方法是公认比较有效的方法。

SWT 方法是 1970 年提出的。

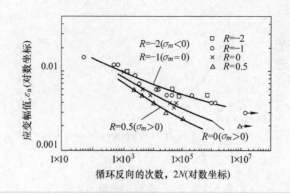

图 6.30   某种材料在四种不同平均应力情况下的 $\varepsilon - N$ 曲线

经过 SWT 修正后的应变 – 寿命公式为

$$\sigma_{\max}\varepsilon_{a} = \frac{(\sigma'_f)^2}{E}(2N)^{2b} + \sigma'_f\varepsilon'_f(2N)^{b+c} \tag{6.41}$$

式中 $\sigma_{\max}$——一个循环中应力的最大值；

        ε_{a}——一个循环中应变的幅值。

可以在一个应力 – 应变的迟滞回线图中把它们表示出来，如图 6.31 所示。

为了理解 SWT 平均应力修正以后对 $\varepsilon - N$ 曲线和寿命计算带来的影响，将方程（6.41）改写成

$$\varepsilon_{a} = \frac{\sigma'_f}{\sigma_{\max}}\frac{\sigma'_f}{E}(2N)^{2b} + \frac{\sigma'_f}{\sigma_{\max}}\varepsilon'_f(2N)^{b+c} \tag{6.42}$$

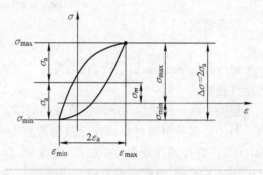

图 6.31   一个循环中应力—应变的定义

方程（6.42）与方程（6.40）相比，系数前面都增加了一个比值系数 $\sigma'_f/\sigma_{\max}$。因为 σ'_f 近于静态强度极限，大于 $\sigma_{\max}$，所以 $\sigma'_f/\sigma_{\max}$ 大于 1，SWT 平均应力修正以后的高周疲劳和低周疲劳两段近似的直线与应变幅值轴的交点往上移动。两段直线的斜率也发生了变化。高周疲劳部分的直线斜率由 b 变为 $2b$；低周疲劳部分的直线斜率由 c 变为 $b+c$。两段直线更加竖起。$\varepsilon - N$ 曲线如图 6.32 所示。图 6.32 中，实线是零平均应力的曲线；虚线是经过平均应力修正以后的曲线。可见得到的寿命将下降。

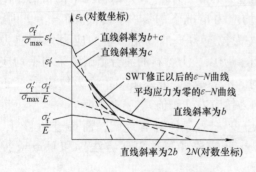

图 6.32   SWT 方法的平均应力修正

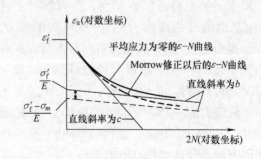

图 6.33   Morrow 方法的平均应力修正

Morrow 方法是 1968 年在 SAE 的《疲劳设计手册》中提出的。经过 Morrow 修正后的应变 – 寿命公式为

$$\varepsilon_a = \frac{\sigma'_f - \sigma_m}{E}(2N)^b + \varepsilon'_f(2N)^c \tag{6.43}$$

Morrow 方法主要修正处于弹性应变的高周疲劳部分，相当于高周疲劳部分的直线向下平移了 σ_m/E，高周疲劳的寿命下降，但低周疲劳的寿命无影响。$\varepsilon - N$ 曲线如图 6.33 所示。

由此可见，SWT 方法对高周疲劳和低周疲劳都有修正，Morrow 方法只对高周疲劳有修正而对低周疲劳无修正，所以，SWT 方法的适用范围更广，在工程实践广泛应用。对于汽车的综合耐久试验和车门猛关试验的疲劳分析，SWT 方法显然是一个更合适的方法，因为在这些试验中载荷的变化范围很大，结构应变的幅值范围很广，在弹性和塑性范围里都存在，并且其中短暂的大载荷往往是造成损伤的主要载荷成分，在低周疲劳部分的损伤尤为重要。

【例 6.3】 对例 5.11 中的车身上三个被研究的点（即有限元单元），用包含静态模态的模态叠加法（参见第 5 章）计算的动态应力和不同的平均应力修正方法（无平均应力修正、SWT 方法、Morrow 方法）分别计算疲劳寿命。计算的结果列表 6.2。

表 6.2 三种不同的平均应力的疲劳寿命计算结果

车身上的点	零件名	无平均应力修正	SWT 方法	Morrow 方法
A	减振器座	2.19	1.94	2.16
B	前轮罩前板	1.26	1.13	1.24
C	散热器安装支架	1.53	1.33	1.50

从表 6.2 的结果可以看出，这三个车身部件上发生了结构破坏的点，Morrow 方法和无平均应力修正的应变疲劳计算方法得到的结果非常接近，而 SWT 方法得到的结果更保守，有大于 10% 的差别。从上面对 Morrow 方法和 SWT 方法的解读可以知道，由于这三个点具有较高的应力（参见例 5.11），局部必然产生塑性变形，这些点的疲劳损伤都具有低周疲劳的性质，所以具有低周疲劳修正的 SWT 方法比只修正高周疲劳的 Morrow 方法更准确。

6.3.4 不规则应力下的应力循环

在应变 – 寿命法中的平均应力修正是对每一个应力循环进行的。对于一个幅值变化不规则的应力和应变的响应，每一个循环是一个闭合的应力 – 应变的迟滞回线，它们的形成是与材料的弹塑性应力 – 应变的力学行为有关。这种材料的力学行为是材料的一种类似记忆的特性，在第 6.2 节介绍雨流计数方法时已经简单提及。下面用图 6.34 所示的应力的时间响应，和它所对应的应力 – 应变迟滞回线图来进一步说明。

图 6.34 中的左图是一个应力的时间响应，图上标注了应力达到峰值反向点的顺序。右图是相应的点在应力 – 应变图上的路径。应力在经过反向 1、2、3 后，再一次到达过去反向 2 时的幅值，在应力 – 应变图上形成一个闭环。继续经过反向 4、5 后，再一次到达过去反向 4 时的幅值，在应力 – 应变图上又形成一个闭环。继续经过反向 6、7、8 后，再一次到达过去反向 7 时的幅值，在应力 – 应变图上又形成一个闭环。到达 9 时，与前面的反向 1 形成一个最大的闭环。

由此可见，材料记得曾经因为反向加载所中断的应力－应变的路径。材料的这个记忆特性包含了两点：

第一，应力第二次到达过去曾经发生过应力反向的幅值点时，则形成一个应力－应变的封闭环。例如，应力响应在 2 点（幅值为零）发生反向，当应力再次达到零幅值时，材料记得曾经在这个幅值发生过反向，所以再次经过此点后形成一个闭环。同样，应力响应在 1 点（幅值最大）发生反向，当应力再次达到这个最大幅值（9 点）时，材料记得曾经在这个幅值发生过反向，所以再次经过此点时形成一个最大的闭环。

第二，在形成了封闭环之后，材料记得在被载荷反向打断以前的路径，可以回到原来的路径上。例如，应力响应在 4 点形成一个闭环之后，材料记得原来的路径，从 4 点回到原来的路径上，向 6 点移动，而不是沿从 5 点到 4 点方向继续移动。

按照闭合的应力－应变迟滞回线可以确定完整的循环，以及相应的应力和应变的幅值和平均值。图 6.35 显示了图 6.34 例子里所确定循环和相应的平均应力。

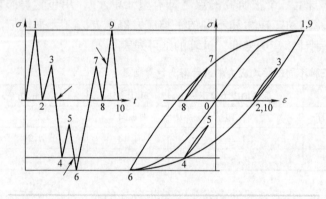

图 6.34   材料的记忆特性

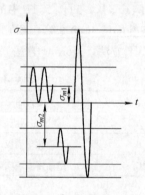

图 6.35   按应力－应变
迟滞回线确定的循环

按照闭合的应力－应变迟滞回线来确定循环次数的方法，与通常使用的雨流循环计数法是等效的。实事上，雨流循环计数方法与上述的材料弹塑性应力－应变的力学行为是一致的，具有相应的物理依据。

从上述的应力与应变的历程分析中，可以看到历程中最大的循环（闭环）起着非常关键的作用。所有较小的循环都附着（经常被称为悬挂 hanging，如 7－8；或站立 standing，如 2－3，4－5）在最大循环之上，并且对发生在最大循环之后的较小循环的平均应力产生影响。所以，每个小循环的平均应力取决于它们在最大循环中的位置。特别值得说明的是，最大循环对发生在它以后循环有着重大影响。图 6.36 的例子可以说明这样的影响。

图 6.36a 是一个应变的时间响应。图 6.36b 是相应的应力－应变迟滞回线。应变的时间历程可以分成前后两部分，中间发生了一次较大幅值的应变循环。在发生大的应变循环之前，应力与应变之间的关系是纯线（弹）性的，不存在任何残余应力或应变，应力－应变迟滞回线经过原点。应变从 A 点开始经历一次较大幅值的应变循环。应变响应到达最大应变 X 点时发生反向。由于应变幅值较大，超过了材料的屈服极限，当应力－应变迟滞回线经过零应力时，应变不为零，其值是材料里残存的塑性应变。当应变到达零应变 B 点时，残存应力不为零。应变响应到达负向最大应变 Y 点发生反向。当应变到达零应变 C 点时，

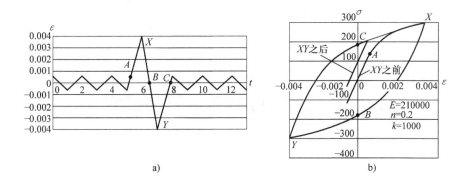

图 6.36　最大应变循环之后的残余应力

a）时间响应　b）应力 – 应变迟滞回线

残存应力不为零。在经过了这次较大的应变循环之后，材料里的残存应力使得以后的应变循环的迟滞回线都不再经过原点，平均应力比大循环发生以前有所变化。在这种情况下，尽管大循环发生前后的应变幅值相当，但是材料的疲劳损伤前后已不相同。这一点说明，载荷的顺序对材料疲劳是有影响的。

　　由此可见，除了载荷可以引起平均应力不为零外（载荷的均值不为零），大载荷引起的塑性变形后的残存应力，也可以引起平均应力不为零。这一点对疲劳损伤的计算有很大影响。这一认识对于汽车整车结构综合耐久试验的疲劳分析非常重要。因为在汽车的综合耐久试验中，一般每一个试验循环中都会包括比较恶劣的路况，比如过凹坑路面、路肩等。这些路面通常会导致汽车结构的一些局部区域的应力，在短暂的瞬间大大超过材料的屈服极限，产生较大的局部塑性变形。一些车身裂纹处的材料取样检测可以证实，裂纹处的局部区域存在塑性变形。

　　图 6.37 是一个车身前减振器安装点处 z 向载荷的一个试验循环时间历程。图 6.38 是一个车身前减振器安装座上一处（有限元单元）vonMises 应力的时间响应。这是比较典型汽车综合耐久试验中的路面载荷和车身上的响应。在汽车综合耐久试验中的每个试验循环，都会包含过凹坑或路肩等比较恶劣的路面，经历较大的载荷，使部分结构应力在短暂的瞬间大大超过材料的屈服极限。

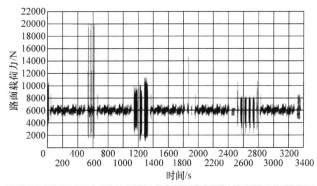

图 6.37　车身前减振器安装点处的 z 向载荷

　　根据以上的认识，在第一次经过这样路面以后，结构上留下了塑性变形，结构的应力响

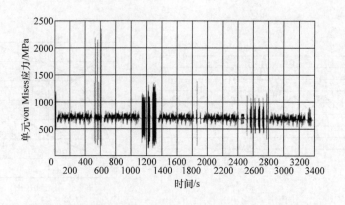

图 6.38   车身前减振器安装点处的单元 vonMises 应力

应在所有后续的试验循环中，都受到前面发生的较大应力的影响，平均应力发生了类似图 6.36 所示的变化。所以，疲劳寿命计算的结构将受到影响。因此，在汽车的综合耐久试验的疲劳中，使用应变法会更接近实际、更加合理。

对于车门猛关的耐久试验，这样的大应变循环则发生在最开始时，如图 6.22 所示。

对于变幅载荷下的疲劳计算，应用应变法类似应力法。首先，用平均应力修正后的应变 – 寿命公式（SWT 公式或者 Morrow 公式），求出所有应变幅值的循环次数，再应用 Palmgren – Miner 法则计算出总损伤，进而得到寿命值。

6.3.5   多向应力下的疲劳寿命计算

有塑性变形发生的多向载荷下的疲劳，是近些年来研究非常活跃的一个领域。类似应力法里有单向应力法，应变法里也有单向应变法，如最大主应变法、绝对值最大主应变法、最大剪切应变法等。另一类方法就是临界平面法。这类方法是应力法和应变法共同使用的。应力和应变都在分析中加以考虑，使用各种理论或假说确定最危险的平面，然后采用在此平面上导致破坏的应力和应变进行疲劳计算。有多种理论和方法被提出来。例如，基于应变的 Brown – Miller 方法、基于应力和应变的 Fatemi – Socie 方法，和福特汽车公司科学研究所的 Chu 在 1995 年提出的方法。但是文献［3］认为，对于复杂的载荷，最好的方法也会存在一些不确定性。在工程分析中仍然可以采用比较简单、且易操作的方法。在第 6.2.6 节应力法中介绍的方法仍然可以在应变法中使用。同前面应力法的说明一样，疲劳损伤是一个有方向的矢量值。

6.3.6   塑性应力和应变的近似计算

使用应变法计算疲劳寿命，需要首先计算结构的应力和应变。结构的应力和应变都可能发生在塑性范围内。计算结构的塑性应力和应变是一项非常耗时的工作。对于汽车综合耐久试验的疲劳分析，需要得到结构零部件上，各点所经历的完整试验历程的塑性应力和应变的响应。但是，现有计算机无法用非线性应力和应变的计算方法计算整车主要结构上，各点完整的塑性应力和应变响应。目前，工程实践中采用的方法是用线性应力和应变的计算方法，计算整车主要结构上各点的名义线性应力和应变响应，再应用 Neuber 法则计算近似的非线性应力和应变。

Neuber 法则原本是为了计算材料缺口应力集中处的局部应力和应变而提出的。这一原理被应用在使用名义上的弹性应力和应变，计算弹塑性应力和应变的工程分析中。它的基本假设是名义弹性材料的应变能等于真实弹塑性材料的应变能。这个假设用式（6.44）表达

$$\sigma\varepsilon = \sigma^e \varepsilon^e = \frac{(\sigma^e)^2}{E} \tag{6.44}$$

式中　σ、ε——分别为弹塑性材料的应力和应变；

　　　σ^e、ε^e——分别为名义弹性材料的应力和应变（通常从线性有限元分析计算中得到）。

在 Neuber 方程中，名义弹性材料的应力和应变 σ^e、ε^e 通常是已知的，弹塑性材料的应力和应变 σ、ε 是两个需要求解的未知量。求解这两个未知量所需要的另一个方程是应力 - 应变的关系方程。

在一个循环的最大点处（应力 - 应变迟滞回线的顶端），循环应力 - 应变方程［式（6.35），对应 $\sigma_a - \varepsilon_a$ 曲线］成立。所以，对于循环载荷，应力 - 应变的关系有两个，即式（6.44）和式（6.35）。两个非线性方程，Neuber 方程和循环应力 - 应变（Ramberg - Osgood）方程联立，可以用于求解 σ_a、ε_a。

对循环的中间过程，应力（σ）和应变（ε）由迟滞回线方程（6.36）决定，如图 6.39 所示。在 Neuber 方程中用应力和应变范围替代应力和应变幅值，即 $\sigma_a = \Delta\sigma/2$ 和 $\varepsilon_a = \Delta\varepsilon/2$，并且和方程（6.36）联立如下，可 以 求 解 $\Delta\sigma$、$\Delta\varepsilon$，进 而 可 以 求 解 σ_{min}、ε_{min}。

此时的 Neuber 方程

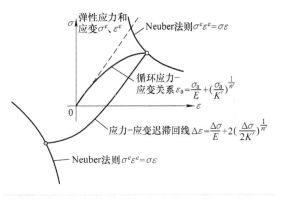

图 6.39　用 Neuber 法则和循环应力—应变的公式

$$\Delta\sigma\Delta\varepsilon = \frac{(\Delta\sigma^e)^2}{E} \tag{6.45}$$

除了 Neuber 方法外，还有 Glinka 方法、Seeger 方法、Hoffman 方法等。但是 Neuber 方法仍然是使用最广泛的方法。

6.3.7　应变 - 寿命法的实际应用

上述一系列概念和方法综合起来，可以进行较为复杂的结构疲劳计算。具体的方法和步骤总结如下。

对于一个复杂结构，首先使用前一章（第5章）所述的线性分析方法，计算结构上所有点（有限元单元）的长期应力响应。然后，对结构上每一个点（有限元单元）的复杂应力响应，按以下的步骤进行分析，计算疲劳寿命。

1. 多向应力转到一个单向应力

使用临界平面法（第6.2.6节）或其他方法确定临界平面（或危险方向），将一个多向问题转化为一个单向问题。计算并使用垂直于临界平面（或危险方向上）的应力分量进行后续分析。假设这个通过线性方法计算的应力和应变分量为 σ^e 和 ε^e。应力 σ^e 由有限元计算的应力投影得到。因为此时所用的应力和应变仍然是线性关系（满足胡克定律），应变分量

ε^e可以由应力σ^e计算得到。

2. 变幅值应力转成一系列恒幅值应力

运用雨流计数规则，从单轴的应力σ^e和ε^e应变的时间序列中，分解出所有的应力循环（如图 6.34 和图 6.35 的例子所示），按每一个应力循环的幅值σ_a^e（假设为a_1，a_2，a_3，$\cdots$），统计出对应应力循环的次数n_1，n_2，n_3，$\cdots$。由此，一个变幅值的应力时间序列分解成一系列不同幅值的恒（等）幅值应力时间序列，并且每个恒（等）幅值应力时间序列的循环次数已知，分别为n_1，n_2，n_3，$\cdots$。

3. 弹性应力和应变转成弹塑性应力和应变

对应每一个弹性的应力幅值σ_a^e和应变幅值ε_a^e，运用 Ramberg – Osgood 方程（循环应力 – 应变关系）和 Neuber 方程计算近似的弹塑性（非线性）的应力幅值σ_a和应变幅值ε_a。

Neuber 方程
$$\sigma_a \varepsilon_a = \frac{(\sigma_a^e)^2}{E} \tag{6.46}$$

循环应力 – 应变（Ramberg – Osgood）方程

$$\varepsilon_a = \frac{\sigma_a}{E} + \left(\frac{\sigma_a}{K'}\right)^{\frac{1}{n'}} \tag{6.47}$$

在以上的两个方程中，σ_a和ε_a为两个待求的未知变量，σ_a^e来自线性计算，为已知量。由两个方程可以求出两个未知变量σ_a和ε_a。这一步的目的是从线性计算的弹性应力和应变，得到近似的塑性应力和应变。取决于应力或应变的水平，计算出来的应力幅值σ_a和应变幅值ε_a可能仍然是弹性的（如果应力水平较低），也可能是塑性的（如果应力水平较高）。

4. 平均应力修正和材料破坏的寿命计算

运用应变 – 寿命关系求解对应应变幅值为ε_a时，材料发生疲劳破坏所需要的循环次数（寿命）。为了包括平均应力不为零的情况，使用平均应力修正以后的应变 – 寿命公式（推荐 SWT 方法）。

SWT 平均应力修正后的应变 – 寿命公式 $\sigma_{max} \varepsilon_a = \dfrac{(\sigma_f')^2}{E}(2N)^{2b} + \sigma_f' \varepsilon_f'(2N)^{b+c}$

$$\tag{6.48}$$

假设对应以上分解出来的每个应变幅值为ε_a（假设为a_1，a_2，a_3，$\cdots$），计算出来的材料发生疲劳破坏所需要的循环次数为N_1，N_2，N_3，$\cdots$。

5. 总损伤和寿命计算

运用 Palmgren – Miner 法则计算总损伤为

$$D = \frac{n_1}{N_1} + \frac{n_2}{N_2} + \frac{n_3}{N_3} + \cdots$$

进而计算总寿命L为

$$L = \frac{1}{D} \tag{6.49}$$

以上总结和叙述了综合使用应变 – 寿命法分析复杂疲劳问题（多向应力、变幅值、平均应力不为零、有塑性应变）的过程。一个完整的综合应变 – 寿命法分析所需要的材料参数列在表 6.3 中。

表 6.3　完整的综合应变 - 寿命法分析所需要的材料参数

材料参数	材料参数名称	材料参数量纲
E	弹性模量	具有应力的量纲，如 MPa
K'	循环应变硬化系数	具有应力的量纲，如 MPa
n'	循环应变硬化指数	无量纲
σ'_f	疲劳强度系数	具有应力量纲，如 MPa
b	疲劳强度指数	无量纲
ε'_f	疲劳塑性系数	同应变一样，无量纲
c	疲劳塑性指数	无量纲

这些综合应变 - 寿命法所需要的材料疲劳参数通常来自材料的供应商。在缺乏这些材料参数的情况下，表 6.4 所引述的近似材料参数可供参考。

表 6.4　综合应变 - 寿命法分析的近似材料参数

材料参数	钢材	其他金属材料
E	210000MPa	取决于具体材料
K'	$1.65\sigma_b$	$1.61\sigma_b$
n'	0.15	0.11
σ'_f	$1.5\sigma_b$	$1.67\sigma_b$
b	-0.087	-0.095
ε'_f	$\sigma_b/E \leqslant 0.003$ 时，0.59 $0.003 < \sigma_b/E$ 时，$0.59\ (1.375 - 125\sigma_b/E)$	0.35
c	-0.58	-0.69

上述的综合应变 - 寿命法分析过程，是针对一个结构应力响应时间序列的分析过程，也就是说它是对结构上一个点（有限元单元）的疲劳寿命进行分析和计算。对于完整结构的疲劳分析计算，则需要对结构上所有的点（有限元单元）重复这个分析过程，得到结构上所有点（或位置）的疲劳寿命。在整个结构上，相应疲劳寿命数值低于目标值的点（或位置），是可能发生疲劳破坏的点（或位置）。

结构疲劳寿命的计算是一个复杂而且繁琐的工作，必须借助于专用的计算机软件。通用的商用疲劳分析软件有 DesignLife（nCode）、FEMFAT、FeSafe。汽车专用的疲劳分析软件主要是福特公司内部开发的计算机软件。

取决于结构有限元模型的大小和载荷的长短，对一个完整结构的疲劳分析计算可能是一项巨大的工作，受实际计算机资源的限制，这项任务也许可能完成，但需要花费较长的时间；也许完全不可能完成。对于汽车整车结构或车身等大型结构，其结构的有限元模型相对较大（目前典型的车身结构的有限元模型拥有三百万至八百万的单元），同时汽车综合耐久试验（参见第 5 章）时间较长，直接仿真计算整车结构或车身结构的应力响应和疲劳寿命并不可行。目前采用的比较实用的方法包括以下几个方面。

1. 不重复计算相同路面

汽车综合耐久试验通常由 20 ~ 40 个基本特征路面组成，由这些基本路面的重复和组合而成。疲劳仿真计算只对基本路面分别单独进行，再按照试验的规定，将每个路面造成的结构疲劳损伤乘以试验的重复次数，最后相加。如前（第6.2.6小节）所述，由于疲劳损伤是具有方向的矢量，为了使各路面的疲劳损伤可以相加，第6.4节将介绍一个组合事件的应变疲劳寿命计算方法。

2. 疏减应力响应的时间间隔

在有限元方法的分析计算中，应力响应是按一定的时间间隔离散化计算的。如果这个时间间隔比较小，间隔点数量比较大，这样应力求解和疲劳计算的运算量非常大。从上述疲劳计算的理论可知，疲劳寿命的计算只与应力循环中的最大应力和最小应力有关，而与应力循环中的中间应力无关。所以，计算应力循环中的中间应力，对疲劳寿命的计算没有用处，在应力的计算中应尽可能地省去。省去这些计算的关键在于疏减应力响应计算中的时间间隔。在静态应力的计算（见第5.2和5.3节）中，应力与载荷成正比。通过适当方法过滤载荷，可以保留应力峰值和底点，跳过中间不重要的应力点。对于动态应力的计算（见第5.4节），因为过滤载荷会改变载荷的频率，从而误导动态响应的结果，所以应当保持载荷不变，不可以过滤载荷信号。对动态应力的计算，在系统模态解耦以后的单自由度模态方程求解以后，可以过滤模态位移，因为系统是否共振的信息已经包含在模态位移里。可以像过滤载荷一样过滤模态位移的时间序列数据。文献［6，7］提出一种通过过滤模态位移的方法。通过应用这种方法，应力响应的时间间隔点可以减少90%以上。在用模态方法求解动力学方程［式（3.68）］时，应该使用保证各个模态位移峰值计算精度的最大时间增量 Δt，以保证在最小计算的条件下得到模态位移峰值（参见第4章）。

3. 筛选单元

在汽车的综合耐久试验和实际使用中，发生结构破坏的部位是非常少的，绝大部分汽车结构在试验和使用中都处于低应力状态，不会发生结构破坏。所以，在进行上述的整车结构分析时，如果这些低应力状态的部分能够预先判别出来，绝大部分耗时的计算是可以避免的。文献［6，7］提出一种通过应力上限筛选低应力状态单元的方法。用该方法可以比较保守地筛选出低应力状态的单元，省去超过90%以上单元的计算。

以上三种方法能够大量减少结构疲劳仿真的计算量，在20世纪末已经在福特汽车公司广泛应用，使车身结构的动态疲劳分析，在当时福特汽车公司的计算机条件下从不可能变成可能，并且沿用至今。

6.4　组合事件的应变－疲劳寿命计算方法

汽车的综合耐久试验由许多不同的路面组成，每个路面重复一定的次数。各汽车公司的综合耐久试验由各自公司的综合耐久试验规范决定。综合耐久试验规范规定一个综合耐久试验的执行过程，包括试验的路面、顺序、重复次数。综合耐久试验的规范与各汽车公司汽车设计的耐久性目标、综合耐久试验场的路面构成有关。通常综合耐久试验由不同的路面组成一个试验循环，试验按照试验规范重复这样的循环。图6.40是一个试验循环中结构上一个点应力的例子。该试验循环包含8个路面，其中有些路面有重复的部分。

在疲劳分析中，综合耐久试验中的每一个路面被称为一个事件，每一个路面中被重复的路面段被称为一个样本事件。图6.40中黑体加粗的部分是样本事件。

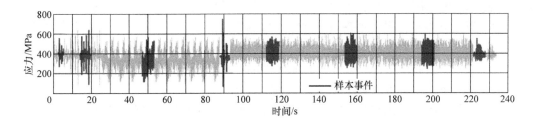

图 6.40　耐久试验中的样本事件

为了避免重复计算，减少计算的时间，汽车结构的综合耐久试验的计算机仿真和疲劳分析，可以根据综合耐久试验的特点只对样本事件进行损伤计算，然后按照试验规范进行事件的组合，将样本事件的损伤乘以样本事件的总重复次数（包括在试验循环中的重复次数和循环的重复次数），得到每种路面的损伤，再将每种路面的损伤相加，得到综合耐久试验后结构的总损伤。

但是，从第 6.3.4 节的讨论可知，结构的疲劳损伤与路面的顺序有关，传统的疲劳分析方法不能直接用于组合事件的疲劳计算。这有两方面的原因。

第一，如同前面关于疲劳损伤的说明，疲劳损伤是一个有方向的矢量值。在每一个样本事件的疲劳计算中，如果各样本事件中的最大损伤方向（如临界平面）不一样，则单独样本事件的损伤是发生在不同方向上的，它们之间不能直接相互叠加。所以，在组合事件的疲劳计算时，必须考虑所有的事件，找到综合整个试验的最大损伤方向（或临界平面），所有样本事件都按这个最大损伤方向，分别计算样本事件的损伤。在这种条件下，各事件的损伤都在同一个方向上计算，它们之间可以直接相互叠加。

第二，从前面关于平均应力修正的介绍可知，在应变法中，每个应力循环的平均应力的修正，由应变历程中幅值最大的循环所决定。从试验的角度来看，在第一个试验循环中产生最大应变的路面以后，材料里产生的残余应力影响以后的所有试验。所以，在每个样本事件的疲劳分析中，平均应力的修正必须考虑整个试验中的应变幅值最大的循环。如果在各样本事件的疲劳计算中只考虑样本事件本身的最大循环进行平均应力的修正，整个试验的疲劳计算则不符合应变法的理论和试验情况。

基于以上的问题，文献 [8] 提出了一个考虑这些因素的组合事件疲劳计算方法。该方法从 1997 年开始，应用在福特汽车公司内部的汽车结构综合耐久试验仿真分析的专用计算机软件中，使用至今。

6.4.1　临界平面的确定

假定整个试验有 m 个样本事件，结构上第 i 点（或单元）的正应力、剪应力、主应力在每个样本事件的应力历程是 $(\sigma_x^i(t))_j$，$(\sigma_y^i(t))_j$，$(\tau_{xy}^i(t))_j$，$(\sigma_1^i(t))_j$，$(\sigma_2^i(t))_j$，$0 \leqslant t \leqslant T_j$（$j = 1, \cdots, m$，$T_j$ 是第 j 个样本事件的持续时间）。

对于多向应力的实际问题，组合事件法在确定临界平面时需要考虑所有事件的应力。前面（第 6.2.6 节）介绍的主应力幅值和角度统计分布的极线图的方法，需要在考虑所有样本事件和重复次数的基础上进一步扩展。

表 6.5 是一个组合事件主应力幅值和角度统计分布极线图生成的例子。左边是三个样本

事件主应力幅值和角度统计分布的极线图。这个例子中这三个样本事件的重复次数分别为5、1、5。三个样本事件极线图乘以该样本事件的重复次数，得到右边的极线图。作为例子，假定 m 等于3。将右边的三个极线图相加，得到整个试验后综合的主应力幅值和角度统计分布的极线图。由此确定整个试验历程的临界平面。在这个例子中，最后得到的危险方向是15°，与它垂直的平面即为临界平面。

在临界平面确定之后，样本事件中垂直于临界平面的应力和应变分量是用于计算疲劳寿命的单向应力和应变历程。用 $(\sigma_e^i(t))_1, \cdots, (\sigma_e^i(t))_m, 0 \leqslant t \leqslant T_j (j = 1, \cdots, m, T_j$ 是第 j 个样本事件的持续时间）表示这些单向应力。

表 6.5   组合事件应力极线图的例子

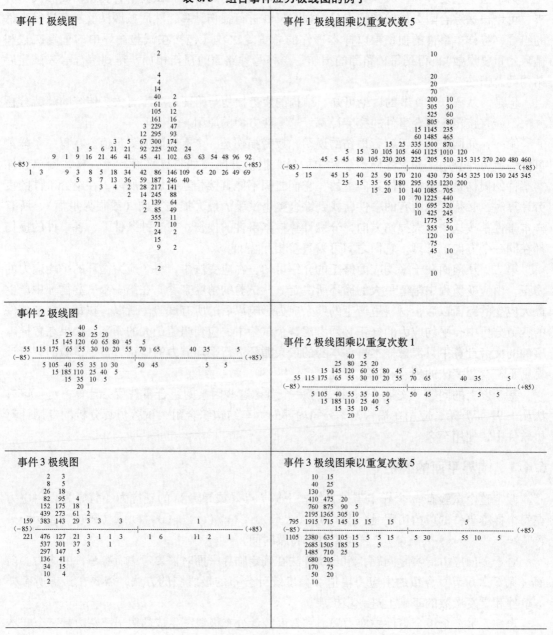

（续）

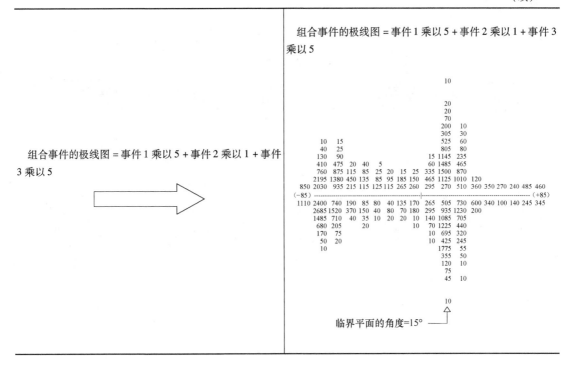

6.4.2　平均应力修正

在应变法中，应变历程中应变幅值最大的循环决定平均应力的修正。在组合事件的疲劳计算中，必须考虑所有事件中的最大应变幅值的循环。为了在每一个样本事件的疲劳寿命计算时，都考虑这个最大应变幅值的循环，每一个样本事件的疲劳寿命计算，都需要包含这个最大应变幅值的循环。为此，从所有的样本事件的单向应力历程中识别出绝对值最大 $\max[(\sigma_e^i(t))_1, \cdots, (\sigma_e^i(t))_m]$ 和绝对值最小的应力 $\min[(\sigma_e^i(t))_1, \cdots, (\sigma_e^i(t))_m]$，并且在最大应力和最小应力截取小段应力历程，作为一个附加应力事件，标注为 $(\sigma_e^i(t))_{m+1}$。将此附加事件加在所有样本事件后，形成 m 个新事件。

新事件 1

$$(\sigma_e^i(t))_1 + (\sigma_e^i(t))_{m+1} \tag{6.50}$$

新事件 j（$j=2, \cdots, m-1$）

$$(\sigma_e^i(t))_j + (\sigma_e^i(t))_{m+1} \tag{6.51}$$

新事件 m

$$(\sigma_e^i(t))_m + (\sigma_e^i(t))_{m+1} \tag{6.52}$$

图 6.41 是产生一个新事件的例子。上图是一个试验循环的应力－时间历程。上图中左边加粗的曲线部分是一个样本事件，左下图是它的放大图。上图中右边加粗的曲线部分，是包含了最大应变幅值循环的附加事件，下中图是它的放大图。右下图是由原样本事件加附加

事件形成的新事件。

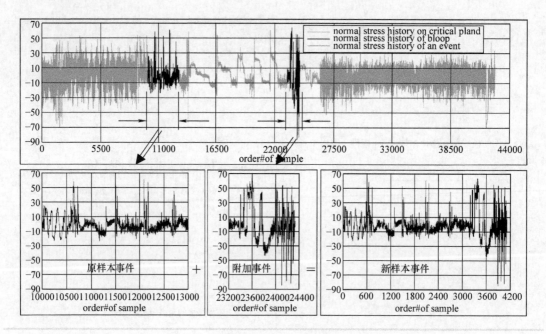

图 6.41　新事件的产生

在定义了以上使用传统的应变法分别计算它们的寿命后，各新事件的平均应力修正将会按照整个试验中的最大应变幅值循环来修正。这样的分析符合应变法的理论和试验情况。但是，它带来的问题是每个新事件的疲劳损伤包含了人为附加的损伤。下面将介绍如何修正这种偏差。

6.4.3　组合事件的疲劳寿命计算

使用传统的应变法计算每一个新事件和附加事件的损伤

新事件 1

$$\overline{D}_1(\text{事件 1} + \text{附加事件}) = \sum \frac{(n_k)_1}{N_k} \tag{6.53}$$

新事件 j（$j = 2, \cdots, m-1$）

$$\overline{D}_j(\text{事件 } j + \text{附加事件}) = \sum \frac{(n_k)_j}{N_k} \tag{6.54}$$

新事件 m

$$\overline{D}_m(\text{事件 } m + \text{附加事件}) = \sum \frac{(n_k)_m}{N_k} \tag{6.55}$$

新事件 $m+1$（附加事件）

$$\overline{D}_{m+1}(\text{附加事件}) = \sum \frac{(n_k)_{m+1}}{N_k} \tag{6.56}$$

式中　$(n_k)_j$——在第 j 个事件中应力幅值为 σ_{a_k} 的循环数；

　　　　$\sum$——所有应力幅值下的循环数的和。

在新事件的疲劳损伤中，附加事件的损伤是人为附加的，减去附加事件的损伤，就得到原样本事件的损伤为

事件 1

$$D_1(事件1) = \overline{D}_1 - \overline{D}_{m+1} = \sum \frac{(n_k)_1}{N_k} - \sum \frac{(n_k)_{m+1}}{N_k} \tag{6.57}$$

事件 j $(j = 2, \cdots, m-1)$

$$D_j(事件j) = \overline{D}_j - \overline{D}_{m+1} = \sum \frac{(n_k)_j}{N_k} - \sum \frac{(n_k)_{m+1}}{N_k} \tag{6.58}$$

事件 m

$$D_m(事件m) = \overline{D}_m - \overline{D}_{m+1} = \sum \frac{(n_k)_m}{N_k} - \sum \frac{(n_k)_{m+1}}{N_k} \tag{6.59}$$

可以归纳写成统一的形式为

$$D_j = \sum_k \frac{(n_k)_j}{N_k} - \sum_k \frac{(n_k)_{m+1}}{N_k} \quad (j = 1, \cdots, m) \tag{6.60}$$

如果第 j 个样本事件的重复次数是 R_j $(j = 1, \cdots, m)$，整个试验过程的总损伤等于

$$
\begin{aligned}
D &= R_1 D_1 + \cdots + R_m D_m \\
&= R_1 \left(\sum \frac{(n_k)_1}{N_k} - \sum \frac{(n_k)_{m+1}}{N_k} \right) + \cdots + R_m \left(\sum \frac{(n_k)_m}{N_k} - \sum \frac{(n_k)_{m+1}}{N_k} \right) \\
&= \sum_{i=1}^m R_i \left(\sum_k \frac{(n_k)_i}{N_k} - \sum_k \frac{(n_k)_{m+1}}{N_k} \right)
\end{aligned}
\tag{6.61}
$$

从 Palmgren – Miner 法则可得到寿命为

$$L = \frac{1}{D} \tag{6.62}$$

由此，可以进一步计算每一种路面对总损伤的贡献如下

$$c_j = \frac{R_j D_j}{D} 100\% \tag{6.63}$$

上述的组合事件疲劳分析的方法比较复杂。目前，该方法只在汽车综合耐久试验的专用疲劳仿真分析软件中使用。通用的商用疲劳分析软件忽略理论（裂纹方向和均值修正）上的限制和不同事件（路面载荷）之间的相互影响，独立计算各个事件的疲劳损伤，直接将所有事件的疲劳损伤相加得到总损伤。从忽略不同事件（路面载荷）裂纹方向不一致的角度比较，商用疲劳分析软件的计算数值可能趋向保守（疲劳损伤大、疲劳寿命短）；从忽略不同事件（路面载荷）均值修正不同的角度比较，商用疲劳分析软件的计算数值可能相反（平均应力修正的幅度相对小、疲劳损伤相对小、疲劳寿命相对长）。具体的情况由具体的路面情况（载荷幅值和随机变化的载荷方向）有关。

【例 6.4】　一个汽车综合耐久试验由 20 个路面组成。不同路面的重复次数由试验规范规定。使用有限元方法和上述的组合事件疲劳分析方法，计算某车身结构的疲劳寿命。车身

结构的疲劳寿命计算将在第 11 章中详细介绍。表 6.6 是该车身上 4 个发生疲劳破坏区域的代表点（单元）的寿命，和各路面对总损伤贡献的百分比。

表 6.6 车身上 4 个点的寿命和各路面对总损伤的贡献*

结构有限单元号		473079	352520	761788	3533200
寿命		**0.12**	**0.26**	**0.33**	**0.73**
零件号		303	204	422	328
各路面损伤贡献(%) – $c_j(j=1,\cdots,20)$	凹坑路 A	4.7	**21.9**	1.9	1.2
	凹坑路 B	0.1	0.1	0.0	0.0
	凹坑路 C	0.2	0.4	0.1	0.2
	减速障碍路	5.2	4.9	1.5	2.8
	水泥路	0.1	0.0	0.0	0.1
	搓板路 A	**13.8**	1.4	3.7	**51.2**
	搓板路 B	8.5	1.1	0.2	**21.9**
	搓板路 C	4.5	0.7	**64.5**	0.7
	扭曲路	2.6	4.4	2.8	0.0
	长波路	0.5	0.0	0.0	0.4
	短波路	2.6	0.0	0.0	0.0
	卵石路	2.1	2.1	1.3	0.8
	比利时路 A	7.5	6.8	2.2	4.3
	比利时路 B	**30.3**	**30.3**	**13.7**	10.4
	碎石路	9.0	7.5	2.8	2.6
	共振路 A	1.7	3.4	1.0	0.5
	共振路 B	4.6	11.6	3.6	1.8
	共振路 C	2.1	3.5	0.7	1.1
	铁道岔路	0.0	0.0	0.0	0.0
	连接路	0.0	0.0	0.0	0.1

* 计算由计算机软件 FatigSim 完成。

从表 6.6 可知，在零件 303 上的单元 473079，它的寿命是 0.12，表示结构在这一点上完成了 12% 的综合耐久试验时产生初始裂纹，其中比利时路 B 在该点上的贡献为 30.3%，搓板路 A 贡献 13.8%。在零件 204 上的单元 352520，它的寿命是 0.26，表示结构在这一点上完成了 26% 的综合耐久试验时产生初始裂纹，其中比利时路 B 在该点上的贡献为 30.3%，凹坑路 A 贡献 21.9%。在零件 422 上的单元 761788，它的寿命是 0.33，表示结构在这一点上完成了 33% 的综合耐久试验时产生初始裂纹，其中搓板路 C 在该点上的贡献为 64.5%，比利时路 B 贡献 13.7%。在零件 328 上的单元 3533200，它的寿命是 0.73，代表结构在这一点上完成了 73% 的综合耐久试验时产生初始裂纹，其中搓板路 A 贡献 51.2%，搓板路 B 贡献 21.9%。由于这些零件和这些单元（点）的位置不同，它们对不同路面激励的响应不同，问题的性质也不同。这些信息有助于设计者了解引发问题的路面和问题的性质，以便找到解决问题的方案。

6.5　频域振动疲劳寿命的理论

传统的疲劳分析理论是从时域里发展起来的。时域的理论就是用随时间变化的材料应力和应变的信息进行分析，得到材料疲劳寿命的理论。从 20 世纪 60 年代出现、在 80 年代得到较大发展的频域疲劳分析理论，是用随频率变化的结构应力和应变的信息进行分析，得到结构疲劳寿命的理论。频域疲劳分析理论的由来是海洋工程结构在经受长时间随机载荷情况下，结构疲劳破坏问题分析的需求而产生的。

频域疲劳分析理论本质是时域疲劳分析理论的延伸。不同于时域疲劳分析理论，频域疲劳分析理论并不研究材料疲劳的力学机理，而是试图在频域里找到与时域分析疲劳计算信息对应的信息，以便在特定的条件下对特定的问题找到能够与时域分析对等的疲劳计算方法。通常频域疲劳分析方法是针对长时间随机载荷情况下的结构疲劳分析。

要了解频域疲劳理论，首先需要了解时域响应的特征和频域响应的特征之间的关系和差别。

6.5.1　时域响应和频域响应

对于一个行驶过程中的汽车，来自路面的载荷是随时间而变化的力 $f(t)$，是时域里的信号。汽车结构对载荷 $f(t)$ 的直接响应包括位移 $d(t)$、速度 $v(t)$、加速度 $a(t)$、应力 $\sigma(t)$ 等。这些响应可以从时域里的运动方程［式（3.68）］解得。这些时域里的信号所包含的频率成分可以用快速傅里叶变换（Fast Fourier Transform，FFT）计算得到。如果用 $x(t)$ 代表一个时域的信号，它的快速傅里叶变换为

$$X(f) = \frac{1}{2\pi}\int_{-\infty}^{\infty} x(t)\ e^{-i2\pi ft}\mathrm{d}t \tag{6.64}$$

$X(f)$ 是一个复数，包括幅值和相位。如果研究的时域信号是位移，并且位移的单位是毫米（mm），位移 FFT 的单位则是 mm/Hz。如果研究的时域信号是应力，并且应力的单位是 MPa，应力 FFT 的单位则是 MPa/Hz。

6.5.2　应力功率谱密度

功率谱密度（Power Spectral Density，PSD）定义为

$$P(f) = \frac{1}{2T}|X(f)|^2 \tag{6.65}$$

图 6.42 是一汽车车轮轴心垂向位移的时间历程和它的功率谱密度。

功率谱密度同样表达了系统对输入的频率响应，但是它与 FFT 不同。它只有幅值信息，而相位信息则在它的定义运算中丢失了。如果研究的时域信号是力，并且力的单位是 N，$P(f)$ 就是力功率谱密度，它的单位则是 N²/Hz。如果研究的时域信号是应力，并且应力的单元是 MPa，$P(f)$ 就是应力功率谱密度，它的单位则是 MPa²/Hz。

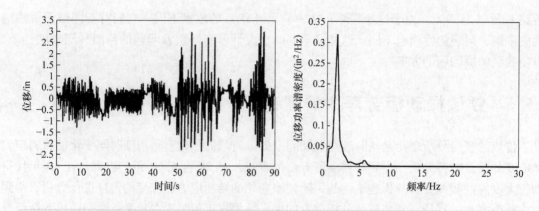

图 6.42　一汽车车轮轴心垂向位移的时间历程和它的功率谱密度

在频域疲劳的研究中，应力功率谱密度的力矩有特殊用途。第 n 阶应力功率谱密度力矩定义为

$$m_n = \int_0^\infty f^n \cdot P(f) df = \sum f^n \cdot P(f) \cdot \delta f \tag{6.66}$$

应力功率谱密度力矩的几何意义，是应力功率谱密度曲线与横坐标轴之间的加权面积，如图 6.43 所示。文献 [9] 指出，首先第 0 阶应力功率谱密度力矩是这个随机应力过程的均方值。另外，前 4 阶应力功率谱密度力矩与应力循环的计数有关。

在单位时间（1s）的应力响应中，应力在上升过程中经过零点的次数，由第 0 阶应力功率谱密度力矩，和第 2 阶应力功率谱密度力矩决定为

$$E_0 = \left(\frac{m_2}{m_0}\right)^{\frac{1}{2}} \tag{6.67}$$

应力达到峰值的次数由第 2 阶应力功率谱密度力矩和第 4 阶应力功率谱密度力矩决定为

$$E_p = \left(\frac{m_4}{m_2}\right)^{\frac{1}{2}} \tag{6.68}$$

在图 6.44 所示的例子中，$E_0 = 3$，表示应力在上升过程中经过零点 3 次；$E_p = 6$，表示应力达到峰值 6 次。

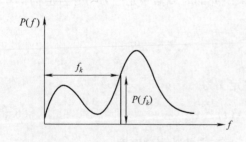

图 6.43　应力功率谱密度力矩的几何意义

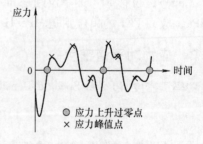

图 6.44　E_0 和 E_p 的几何意义

6.5.3　频域疲劳寿命计算

频域疲劳分析理论的关键，是要建立疲劳损伤和应力功率谱密度之间的关系。在频域

里，计算损伤的基本方法仍然是 Palmgren – Miner 法则。因此，发展频域里的循环计数方法，是频域疲劳分析理论发展的主要任务。众多的研究者探索和提出了各种理论和经验公式。其中被证明适用范围最广、精度最高的方法是 Dirlik 方法。

按照 Dirlik 提出的经验公式，在整个载荷历程时间 T 中，对应力范围为 S 的应力循环数为

$$n(S) = E_\mathrm{p} \cdot T \cdot p(S) \tag{6.69}$$

式中　$p(S)$——一个由应力功率谱密度的力矩 m_0、m_1、m_2、m_4 决定的概率密度函数。

$p(S)$ 函数的公式如下

$$p(S) = \frac{\dfrac{D_1}{Q}e^{\frac{-Z}{Q}} + \dfrac{D_2 Z}{R^2}e^{\frac{-Z2}{2R^2}} + D_3 Z\, e^{\frac{-Z2}{2}}}{2\,\sqrt{m_0}} \tag{6.70}$$

式中　$D_1 = \dfrac{2(x_m - \gamma^2)}{1 + \gamma^2}$,　　　$D_2 = \dfrac{1 - \gamma - D_1 + D_1^2}{1 - R}$,　　$D_3 = 1 - D_1 - D_2$

$Q = \dfrac{1.25(\gamma - D_3 - D_2 R)}{D_1}$,　　$R = \dfrac{\gamma - x_m - D_1^2}{1 - \gamma - D_1 + D_1^2}$

$Z = \dfrac{S}{2\,\sqrt{m_0}}$,　　　　$\gamma = \dfrac{m_2}{\sqrt{m_0 m_4}} = \dfrac{E_0}{E_\mathrm{p}}$,　　　　$x_m = \dfrac{m_1}{m_0}\sqrt{\dfrac{m_2}{m_1}}$

Dirlik 公式（以及其他频域方法的公式）建立在频域里循环计数方法上，进而可以计疲劳损伤。利用 $S - N$ 方法的幂函数公式 [式（6.7）]，可以求得应力范围为 S 的最终破坏循环数 $N(S)$。运用 Palmgren – Miner 法则得到总损伤

$$D = \sum \frac{n(S)}{N(S)} = \sum \frac{E_\mathrm{p} T}{C} S^m p(S) = \frac{E_\mathrm{p} T}{C} \sum S^m p(S) \tag{6.71}$$

6.5.4　应力响应功率谱密度的计算

在频域疲劳分析理论的发展过程中，应力功率谱密度是从应力的时域响应数据进行傅里叶变换计算得到的。但是，在频域方法的实际使用中，应力功率谱密度则是直接通过动态系统，在频域里激振输入和应力响应输出之间的传递函数（第 5 章应力计算）计算，它的目的是绕过时域应力的计算。

1. 单点载荷输入

应力功率谱密度 $P(f)$ 等于单点输入载荷的功率谱密度 $W(f)$ 乘以传递函数 $H(f)$

$$P(f) = |H(f)|^2 W(f) \tag{6.72}$$

式（6.72）中传递函数 $H(f)$，可以由第 5 章应力计算中介绍的应力频率响应传递函数的定义计算。

2. 多点载荷输入

对于多点随机载荷，不同点载荷之间的关系，用它们之间的互功率谱（Cross Power Spectra）来描述。如果有 L 个载荷，应力功率谱密度 $P(f)$ 为

$$P(f) = \sum_{a=1}^{L} \sum_{b=1}^{L} H_a(f)\, H_b^*(f)\, W_{ab}(f) \tag{6.73}$$

式中　$H_a(f)$ 和 $H_b(f)$——分别是载荷点 a 和 b 的载荷传递函数，星号表示复共轭；

　　　$W_{ab}(f)$——载荷的功率谱密度。

6.5.5 频域方法的局限性

频域疲劳分析方法主要是为了对应长时间随机载荷下结构疲劳的计算问题，和对应时域结构振动疲劳计算耗时的问题。从理论上讲，频域分析方法可能减少计算时间。但是在目前的情况下，它的应用十分有限。与时域的分析方法相比，频域的方法有诸多局限性。

1）疲劳寿命的理论是从时域发展起来的。时域的疲劳分析理论已经有了较深入的发展。从复杂多样的时域分析转换到频域分析，两者仍存在着很多差别。在这种转换中，主要问题是信息在转换中有损失。从时域的瞬态响应转换到功率谱密度，一些对汽车结构耐久非常重要的信息会丢失。第一，PSD 不包含相位信息。车辆不同载荷之间的相位差（例如4 个车轮的路面载荷的相位差），是造成汽车结构扭转破坏的主要因素。所以载荷相位信息的丢失是频域方法的缺陷之一。尽管最新的方法包括了不同点载荷之间的互功率谱（Cross Power Spectra），但是基于概率意义上的相位与真实载荷之间的瞬态相位差并不一样，对结构所造成的变形和损伤效果不一样。第二，FFT 的运算本质上具有对信号加权平均的含义。对于汽车过坎或过坑等短暂、大幅值的冲击，这种平均性质的运算会导致错误的结论。在结构振动的频域分析理论中，通常假设信号是满足稳定高斯分布的随机过程。严格地说，汽车的载荷和结构响应并不属于稳定高斯分布的随机过程。在实际的结构疲劳的频域分析时，常常要求对信号进行必要的处理，包括去除信号中孤立的尖峰。这些尖峰恰恰可能是汽车过坎或过坑的响应，是对汽车结构造成重大损伤的部分。在上述应力功率谱密度的计算中，传递函数是线性振动系统的频率传递函数。所以，严格地说，在汽车车身的三类疲劳破坏问题中，只有振动类问题是频域方法在理论上和信息完整性上完全适用的分析对象。

2）在分析方法上，频域疲劳分析理论的核心部分，是对应时域疲劳分析中的雨流计数工作，针对各种实际问题，利用随机响应信号的各种概率分布函数的统计量，确定不同应力幅值的循环数。对于 Dirlik 的公式，它是基于 Monte Carlo（蒙特卡罗）方法发展出来的经验公式。Monte Carlo 方法又称随机抽样或统计试验方法，属于计算数学的一个分支。对于复杂的问题，传统的经验方法由于不能逼近真实的物理过程，很难得到满意的结果，而蒙特卡罗方法由于能够比较好地模拟实际物理过程，故解决问题时，可以得到比较好的数值逼近结果。这也是以概率和统计理论方法为基础的一种计算方法，是使用随机数（或更常见的伪随机数）来解决很多计算问题的方法。将所求解的问题同一定的概率模型相联系，用电子计算机实现统计模拟或抽样，以获得问题的近似解。所以，Dirlik 方法实质上是雨流计数方法的数值近似。但是它毕竟是一种基于数值近似方法发展起来的分析方法，与基于材料疲劳的物理特性和试验数据发展起来的时域方法有很多差别。在频域方法中，循环的计数等一些与时间有密切关系的物理量（如每一个循环的塑性应力和应变，平均应力）在频域里无法体现。目前，频域分析引进的一些近似方法并不具有严格的理论基础。总之，在时域里的一些概念和物理量在频域并不完全存在对等体。这意味着时域里的一些概念很难完全移植到频域。这是频域法的"先天不足"和局限之处。

3）一般来讲，频域疲劳分析会比时域疲劳分析运算时间短。这一点是基于时域载荷长和频域的截断频率低，并且时域和频域的计算方法和计算机软件都没有技术改进，或者有同等程度的技术改进。然而，在实际汽车结构疲劳的分析中，频域疲劳分析并不比时域疲劳分析运算快。有几方面的原因。第一，对于如海浪之类的无限长的随机载荷，频域疲劳分析具有绝对的优越性。然而汽车道路的载荷虽然长，但仍然属于有限长，并且按照第 6.3.7 节所叙述的方法，汽车道路的载荷被分成几十个很短的不重复的载荷，载荷时间长度大大缩短，同时在计算分析时可以使用单元筛选和时间间隔疏减等技术手段，运算量成百倍地减少。这些方法已经在时域分析中广泛应用，大大降低了时域分析的时间。另外，时域分析方法的计算机软件发展较快，采用了很多新技术，例如平行计算等技术早已得到应用。这些技术和方法解决了车身时域动态仿真分析的障碍性问题，并且在 20 世纪末已经在福特汽车公司广泛使用。反观频域分析方法，如果包括静态模态，计算的频率段也会高到上千赫兹，通常可以指定固有频率附近的小区域计算，但是目前频域分析方法和计算机软件并没有应用其他类似时域里采用的技术，运算时间并没有显著缩短。

在过去 30 年，虽然频域的疲劳分析理论一直在尝试推广应用。但是基本的事实是，频域方法仍然处于通过实际应用案例，证明自身价值的过程中，应用仍不广泛。目前可以认为，在纯振动问题（例如油箱、散热器、消声器、前照灯等）的疲劳分析时，频域的分析方法是合适的，对于复杂的包含高幅值的冲击和结构扭转的问题，频域的分析方法并不合适。

6.6 裂纹扩展

由本章 6.1 节的介绍可知，材料的疲劳破坏分成裂纹萌生、裂纹扩展和裂纹失稳三个阶段。本章的 6.2 ~ 6.5 节主要介绍了裂纹起始的分析理论。在实际汽车结构中，一般所观察到的疲劳裂纹都已超出了裂纹萌生的阶段，具有一定程度的裂纹扩展。这一节将简要介绍裂纹扩展的理论。

裂纹扩展是断裂力学研究的一部分。它仍然是一个在发展中的研究学科。目前，相对成熟并且已经在工程实践（特别是航空和航天领域）中得到广泛应用，是基于线弹性断裂力学的裂纹扩展理论。这种理论的适用条件是裂纹顶端区域是小范围屈服，裂纹顶端塑性区的尺寸远小于裂纹尺寸，也就是线弹性断裂力学的条件。

疲劳裂纹扩展的第二阶段是疲劳裂纹扩展的主要阶段，也是疲劳裂纹扩展寿命的重要组成部分。对这个阶段的研究具有非常实用的意义。实际的研究和应用非常广泛和深入，特别是在飞机结构设计领域。其中一个主要的研究工作，是基于该曲线在双对数坐标下的近似线性关系，建立描述其关系的数学表达式，如图 6.45 所示。在提出的众多数学表达式中，应用最为广泛并且最为简单的是著名的 Paris 公式。

在双对数坐标下，第二阶段的 $\mathrm{d}a/\mathrm{d}N - \Delta K$ 曲线的近似线性数学表达式为

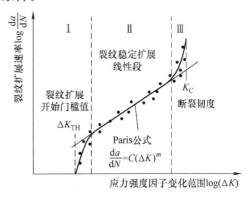

图 6.45 Paris 公式

$$\lg\left(\frac{\mathrm{d}a}{\mathrm{d}N}\right) = \lg C + m\lg(\Delta K) \tag{6.74}$$

于是得到幂函数形式的 Paris 公式

$$\frac{\mathrm{d}a}{\mathrm{d}N} = C(\Delta K)^m \tag{6.75}$$

裂纹扩展参数 C 和 m 是描述材料疲劳裂纹扩展性能的基本参数，由实验确定。应特别说明一点，疲劳寿命的 $S-N$ 曲线、$\varepsilon-N$ 曲线，以 $R=-1$（平均应力为零）的曲线为基本曲线，压应力有助提高寿命。而在疲劳裂纹的扩展中，压应力使裂纹闭合，不会造成裂纹扩展，所以疲劳裂纹扩展速率的 $\mathrm{d}a/\mathrm{d}N-\Delta K$ 曲线，以 $R=0$（脉冲应力循环）的曲线为基本曲线。

由 Paris 公式可以得到

$$\mathrm{d}N = \frac{1}{C(\Delta K)^m}\mathrm{d}a \tag{6.76}$$

进而得到

$$N_{\mathrm{p}} = \int_0^{N_{\mathrm{p}}}\mathrm{d}N = \int_{a_0}^{a_{\mathrm{c}}}\frac{\mathrm{d}a}{C(\Delta K)^m} \tag{6.77}$$

式中　a_0——裂纹的起始长度；

　　　a_{c}——裂纹的临界尺寸；

　　　N_{p}——裂纹从尺寸 a_0 扩展到尺寸 a_{c} 所经历的循环数；$\Delta K = Y\Delta\sigma\sqrt{\pi a}$；

　　　Y——裂纹结构的几何形状因子。

式 (6.77) 变成

$$N_{\mathrm{p}} = \int_{a_0}^{a_c}\frac{\mathrm{d}a}{C(Y\Delta\sigma\sqrt{\pi a})^m} \tag{6.78}$$

构件发生断裂时的临界裂纹尺寸 a_{c} 可以使用断裂的判据公式得到。线弹性的断裂判据是

$$K_{\mathrm{I}} = Y\sigma_{\max}\sqrt{\pi a_{\mathrm{c}}} \leqslant K_{\mathrm{c}} \tag{6.79}$$

由此得到

$$a_{\mathrm{c}} = \frac{1}{\pi}\left(\frac{K_{\mathrm{c}}}{Y\sigma_{\max}}\right)^2 \tag{6.80}$$

由式 (6.78) 积分得到

$$N_{\mathrm{p}} = \begin{cases} \dfrac{2}{(m-2)C(Y\Delta\sigma\sqrt{\pi})^m}\left[a_0^{(1-\frac{m}{2})} - a_{\mathrm{c}}^{(1-\frac{m}{2})}\right], & m\neq 2 \\[3mm] \dfrac{1}{C(Y\Delta\sigma\sqrt{\pi})^m}\ln\left(\dfrac{a_{\mathrm{c}}}{a_0}\right), & m=2 \end{cases} \tag{6.81}$$

类似疲劳裂纹的起始，裂纹扩展同样与平均应力（R）有关。但是，与 ΔK 相比，R 对疲劳裂纹扩展速率的影响是第二位的。有很多相关的研究。读者可以查阅相关的文献。

结构的疲劳寿命等于疲劳裂纹起始的寿命（N_{i}）与疲劳扩展寿命（N_{p}）的和，即

$$N = N_{\mathrm{i}} + N_{\mathrm{p}} \tag{6.82}$$

图 6.46 是一个两部分疲劳寿命叠加的示意图。

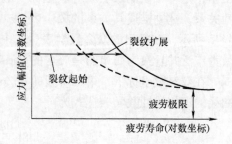

图 6.46　两部分疲劳寿命叠加

回顾并总结本节和本章前几节的介绍，根据获取材料疲劳参数的试验所使用的失效判别标准，传统的疲劳分析方法可以得到结构的总寿命或者疲劳裂纹萌生的寿命。如果判别标准是试件断裂，试验所得到的寿命、$S-N$ 曲线和 $\varepsilon-N$ 曲线是总寿命，相应的应力 – 寿命法和应变 – 寿命法计算得到的寿命也是总寿命。如果使用最大拉伸应力相对试验确定的水平百分数的变化作为材料失效的判别标准（只在应变控制的试验中），试验所得到的寿命和 $\varepsilon-N$ 曲线可以认为是材料裂纹萌生的寿命，相应的应变 – 寿命法计算得到的寿命也是裂纹萌生的寿命。断裂力学的疲劳分析方法可以得到结构从一个起始的裂纹长度到另一个裂纹长度的寿命。

6.7　焊缝的疲劳分析

汽车是由很多零部件组装而成的，其连接的方式有两类。一类是所谓的硬连接，即零部件在连接点的所有自由度全部约束，如螺栓和焊接。另一种是所谓的软连接，即允许零部件在连接点的某个自由度上不完全约束，如衬套、球铰连接。

焊接是最简单和便宜的连接方式，在汽车上大量使用。焊接主要有缝焊和点焊。点焊是在一个点上的焊接，在车身上广泛使用。缝焊是有一定长度的焊接，在底盘上使用较多，也在车身上一些无法进行点焊的零部件（如铸造件、封闭的挤压件）上使用。这一节主要介绍缝焊。

缝焊焊接区域的实际材料结构是非常复杂的，受焊接过程的影响非常大。同所有对材料特性的研究一样，对焊接的研究也是通过大量试验，来总结和归纳焊接结构规律性的特性。大量的试验和研究表明，焊接处的结构疲劳行为与无焊接构件（也就是前面讨论的一般金属材料）的材料疲劳行为不同。第一，焊接处的材料为非均匀和几何不连续。与无焊接构件的疲劳行为不一样，焊接都有缺陷，焊接处的材料都已经具有微小裂纹，没有裂纹萌生的阶段。对一般金属材料，裂纹扩展的方向没有明显的模式，而焊接处的裂纹扩展一般有两种可能。一种是从焊缝根部（也称焊趾），沿母材厚度方向扩展。另一种是在两个被焊接的金属构件之间的平面上穿透焊缝。第二，焊接的过程导致焊接处存在残余应力，并且在焊缝根部以外与焊缝接壤的小区域的母材中，改变母材的材料性质。这个区域称为热影响区。目前已经知道的，是在热影响区材料的强度下降很多。焊接领域的研究者根据大量的数据和研究得出规律性的结论是，残余应力对焊接结构的疲劳寿命影响不大，并且残余应力已经被包括在试验数据里。第三，焊接件母材本身的屈服强度对于焊接接头的疲劳特性的影响不明显。第四，平均应力对焊接的疲劳没有显著影响。所以，目前国际上焊接疲劳的标准都只采用应力变化范围作为参数。

由于焊接疲劳的设计一直是工业结构设计（特别是造船行业、大容器制造业）的一个重要方面，国际上先后有多个焊接疲劳设计的标准。这些标准里推荐的方法和数据，都是根据当时最新的研究成果和认识而确定的。目前，有关焊缝应力的计算涉及四种不同定义的焊缝应力：名义应力、热点应力、结构应力、缺口应力（或局部应力）。

图 6.47 是一个由缝焊连接在一起的结构，是一个比较典型的焊缝的例子。图 6.48 是一个焊缝的断面图。三角形代表焊缝的截面。在焊缝附近的区域里，应力的分布如图 6.48 中的曲线所示。在焊缝附近的区域里，应力呈非线性分布，距焊缝根部越近，应力的非线性越

高。在远离焊缝的区域，应力就是母材的应力。这种远域的应力被称为焊缝的名义应力。接近焊缝时，应力逐渐增大。这一段的应力被称为焊缝的结构应力。结构应力的延长线到焊缝根部的值被称为焊缝的热点应力。在焊缝根部有应力集中，造成应力的突然增加，应力在焊缝根部达到最大。在焊缝根部的应力被称为焊缝的缺口应力（也称局部应力）。

这几种不同的应力用于不同的焊缝疲劳计算方法，每一种方法的出现都与当时的技术水平和对焊缝疲劳的认知有关。

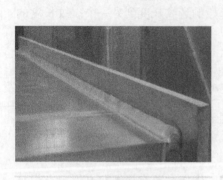

图 6.47 焊缝的例子

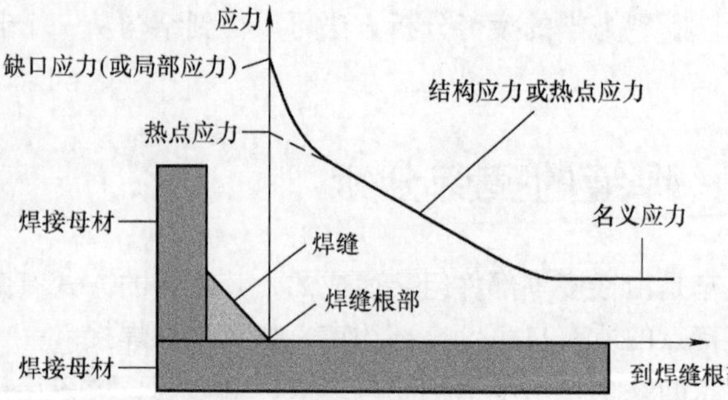

图 6.48 几种焊缝应力的定义

6.7.1 名义应力法

名义应力是距焊缝稍远区域的应力。名义应力法是以大量各种焊缝连接的试验数据为基础的。早期的焊缝疲劳试验发现布局、形状和载荷类似的焊缝有相近的疲劳特性，如图 6.49 所示。所以人们将焊缝按照类型、形状和载荷分类，并且按照名义应力测得它们的 $S-N$ 曲线，如图 6.50 所示。

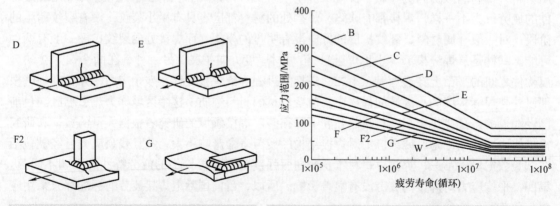

图 6.49 标准焊缝的例子

图 6.50 不同焊缝的 $S-N$ 曲线

在实际结构焊缝分析时，首先使用各种可能的方法计算焊缝的名义应力，然后选用对应的焊缝类型和 $S-N$ 曲线得到焊缝的寿命。这就是焊缝疲劳的名义应力法。名义应力法不需要考虑应力集中，应力集中是因素已经包含在试验数据里。名义应力法的具体规定及相关 $S-N$ 曲线，在英国国家标准 BS7608《钢结构抗疲劳设计与评估》[10] 和国际焊接学会（International Institute of Welding，简称 IIW）推荐的焊接疲劳的设计准则《焊接连接及其部件疲劳设计》[11] 中，都有详述。

6.7.2　热点应力法

因为名义应力距焊缝较远，用名义应力不能很好地区别焊缝的差异，所以焊接疲劳的研究人员希望用焊缝根部的应力来评估焊接的疲劳性质。然而，由于在焊缝根部的真实应力很难测得，所以研究人员提出了热点应力。研究人员首先把接近焊缝根部应力急剧增长以前和应力从名义应力开始增加的一段增长比较缓慢的应力称为结构应力。在结构应力的区域里选择远近的两个点（使用有限元方法），计算这两个点上的应力，通过线性外推计算焊缝根部的应力，这个应力被称为热点应力。所以，热点应力是用结构应力按照线性关系延伸到焊缝根部的应力。在 IIW 的焊接疲劳的设计准则中，对热点应力的计算有详细说明。该准则推荐在距焊缝根部 0.4 个板厚和一个板厚距离的位置，选取两个计算点。结构应力比名义应力更接近焊缝处的应力。热点应力比结构应力更接近焊缝根部的应力。热点应力不包含缺口效应的应力修正。

类似名义应力法，热点应力法将焊缝按照类型、形状和载荷分类，提供相应的基于热点应力的 $S-N$ 曲线。在焊缝分析时，首先使用有限元方法计算焊缝的热点应力，然后选用对应的焊缝类型和 $S-N$ 曲线得到焊缝的寿命。

6.7.3　结构应力法

在工程结构的设计中大规模考虑疲劳因素主要开始于 20 世纪中期。在早期的工程结构疲劳分析中，因为计算能力的限制，无法进行复杂结构计算和大型结构的精细应力分析，通常所使用的工程方法是定义一种可以计算得到的简化结构的应力，然后使用通过大量试验归纳总结出来的具体结构的应力修正，和对应的 $S-N$ 曲线，进而得到粗略的结构寿命估算。这样的分析评估方法在许多工程结构的分析中，都形成了相应国家的行业标准和企业的设计规范，并且得到广泛的应用。飞机结构的设计、船舶结构的设计和大型压力容器的结构设计都是典型的例子。这类方法被称为传统疲劳分析方法。名义应力法和热点应力法都是基于这种思路，所以名义应力法和热点应力法在本质上是在焊接问题上使用传统疲劳分析的工程方法。

传统疲劳分析方法的特点是需要大量试验研究，和开发各类详细和具体的局部结构的应力修正或疲劳参数，在实际工程分析中要按照标准"对号入座"，分析的可靠性很大程度上依赖选用合适的应力修正或疲劳参数。对于大型工业产品的设计和制造企业，一个产品的设计、验证、改进和改型，往往要经历一个相当长的过程和较多的工程师参与，疲劳设计的标准和规范对于结构疲劳分析和设计的正确性和一致性就很重要。所以，传统的疲劳分析方法更是一个"技术加管理"的过程。这种方法的缺点主要有两个：第一，行业的标准和企业的规范往往不能覆盖所有问题的类型和细节。有一些较为复杂的问题无法采用标准或规范里的任何一种对应。第二，这类分析会因人而异、因有限元模型而异。

另一类疲劳分析方法是基于近些年来计算机计算能力的极大提高，和力学分析方法（主要是有限元方法）的飞速发展，使用有限元方法更加精细地描述结构，比较精确地计算结构的应力和结构疲劳损伤的方法。因为计算机能力的提高，可以使用更微小的有限单元比较精确地描述结构的细节，所以应力和疲劳损伤的计算，不再限于各种具体的结构。这一类方法比传统的方法更新。在一些工程领域（例如飞机制造），疲劳分析开始得较早，使用传统的疲劳分析方法已经积累了大量的数据、经验和规范，所以至今仍然在大量沿用传统的分析方法。汽车行业在 20 世纪 80 年代末和 90 年代初，逐渐开始对结构进行疲劳分析。在那时，计算机在工程结构分析中的应用已经很成熟。在汽车行业的疲劳分析从一开始就使用这种现代的方法。在焊接疲劳分析领域里，现代的方法有结构应力法和缺口应力法。

结构应力法从整体思路上与热点应力法属于同一类方法，但是具体的分析方法不一样。研究人员认为结构应力是焊缝近邻区域宏观结构力学因素（macro – behavior）决定的，比较平稳，而在焊缝根部和接近焊缝根部的局部区域，由于焊缝的几何变化（包括几何形状变化、制造缺陷）和材质物理性质的变化（热影响区），应力急剧变化，增加的这部分应力被一起归于缺口效应（Notch effect），称为缺口效应应力，它的机理复杂，与具体的制造过程和结果有关，很难统一描述。热点应力法和结构应力法都试图用相对稳定的焊缝根部的结构应力分析焊缝的疲劳。热点应力法属于早期的方法，用焊缝近邻的有限元上的应力近似推算焊缝根部的结构应力。结构应力法是进一步发展起来的、更具有力学基础的方法。

在结构应力法中，焊缝的结构应力不考虑焊缝根部的局部几何变化，根据结构在焊根处的宏观结构力学的力平衡定义和计算。有多位学者和工程师提出了焊缝的结构应力计算方法。比较著名的有 Fermer 方法[12]（1998）和董平沙方法[13]（Dong，2001）。Fermer 的方法在流行的商用疲劳分析软件 nCode 里被采用。董平沙的方法被 IIW[11]、欧盟标准 3（Eurocode 3）[14]、美国机械工程师协会压力容器标准[15]推荐，并且在商用疲劳分析软件 FeSafe 中使用。

董平沙教授的方法有两个独特的优点。第一，董平沙方法中的焊缝结构应力的计算对有限元网格不敏感。这对于焊缝区域有限元模型的建立提供了很大的方便，也对于应力计算的一致性提供了保障。第二，使用董平沙方法的结构应力焊缝 $S-N$ 曲线的数据，分布在一个相对集中的窄带区域中，因此可以用一条 $S-N$ 曲线代表多条 $S-N$ 曲线。这样的一条 $S-N$ 曲线被称为主 $S-N$ 曲线（Master $S-N$ 曲线）。这给实际工程应用提供了极大的便利。这里简单介绍董平沙教授的方法。

以两个相互垂直的薄板件的 T 形焊接为例。薄板和焊缝均使用壳单元描述。薄板的有限元网格在焊缝根处（焊趾）应有单元节点。两个薄板在焊缝根处使用模拟焊缝的壳单元相连接。焊缝壳单元的厚度由焊缝区域的有效刚度决定。如果焊接穿透了薄板的厚度，两个薄板在相交的根部可以相连，如图 6.51 所示。

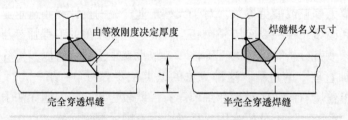

图 6.51   T 形焊缝的有限元网格

由以上描述的焊缝连接的薄板局部地显示在图 6.52 中。焊缝根部（焊趾）的连线被称为焊线。在有限元模型中，紧临焊缝根部（焊趾）的单元边线连成焊线。焊缝在根部（焊趾）的结构应力，由单元在焊线上的节点力和力矩计算。用于这个结构应力计算的单元如图 6.53 所示。

按照董平沙教授关于焊缝根部（焊趾）应力的假设，焊缝根部（焊趾）的应力由结构应力和缺口效力应力两部分组成。缺口效应应力是焊缝根部（焊趾）的总应力（缺口应力）减去结构应力所剩下的应力。即焊缝根部（焊趾）的应力等于结构应力和缺口效应应力之和。董平沙教授进一步假设，在焊缝根部（焊趾）母材截面上沿母材厚度（t）方向上，结构应力的分布是一个线性分布，如图 6.54 中 a 部分。它有 y 方向（垂直于焊线方向，x' 方向；图中向纸内方向和母材厚度方向，z' 方向）的拉伸引起的薄膜应力 σ_m 和弯曲引起的拉应力 σ_b，和沿厚度（t）方向的剪切应力 τ_m 三部分组成。考虑简单的单轴疲劳情况，剪切应力对在垂直于焊线方向的张开型（Ⅰ型）焊缝开裂的贡献很小，所以忽略剪切应力的影响。缺口效应应力的分布如图 6.54 中 b 的虚线部分。董平沙教授根据试验数据，将用缺口效应应力的分布以母材表面深度 t_c 为界分成两段，用两个线性的假设来近似表示缺口效应应力的分布，如图 6.54 中 b 上的两段直线。董平沙教授根据试验数据，假定 t_c 是母材厚度定十分之一。

图 6.52　焊缝连接的薄板和焊线

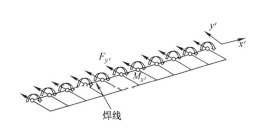

图 6.53　用于结构应力计算的单元

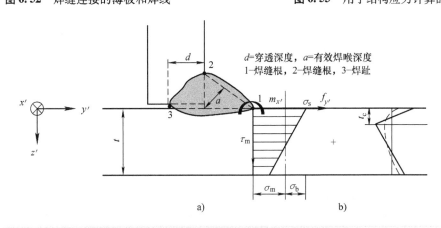

图 6.54　焊缝根部（焊趾）应力

按照董平沙教授的理论，结构应力 σ_s 等于薄膜应力 σ_m 和弯曲应力 σ_b 的和

$$\sigma_s = \sigma_m + \sigma_b = \frac{f_{y'}}{t} + \frac{6m_{x'}}{t^2} \tag{6.83}$$

式中　f_y——沿着焊线（x）在垂直于焊线的方向（y）上，单位长度上的力（称为线力）；

m_x——沿着焊线（x）单位长度上的力矩（称为线力矩）。

它们通过有限元方法计算。在有限元的计算中，单元边上的分布载荷要转化成节点力。但在结构应力的计算中，需要使用逆过程，用有限元计算的节点力的力矩，求解线力和线力矩。

图 6.51 是焊线边上的一个壳单元。假定焊线的方向为局部坐标 x，垂直于焊线的方向为局部坐标 y。局部坐标可以从整体坐标转换而来。假设从有限元的计算中得到一个单元在焊线一边的长度为 l_1，两端节点 1 和 2 在局部坐标系 y' 方向上的节点力和绕 x 轴的力矩分别为 $F_{y'1}$、$F_{y'2}$ 和 $M_{x'1}$、$M_{x'2}$；在该单元边上 y' 方向上的线力和绕 x' 轴的线力矩分别为 $f_{y'1}$、$f_{y'2}$ 和 $m_{x'1}$、$m_{x'2}$。从力的平衡方程可以得到

$$
\begin{Bmatrix} F_{y'1} \\ F_{y'2} \end{Bmatrix} = \begin{bmatrix} \dfrac{l_1}{3} & \dfrac{l_1}{6} \\[2mm] \dfrac{l_1}{6} & \dfrac{l_1}{3} \end{bmatrix} \begin{Bmatrix} f_{y'1} \\ f_{y'2} \end{Bmatrix} \quad \begin{Bmatrix} M_{x'1} \\ M_{x'2} \end{Bmatrix} = \begin{bmatrix} \dfrac{l_1}{3} & \dfrac{l_1}{6} \\[2mm] \dfrac{l_1}{6} & \dfrac{l_1}{3} \end{bmatrix} \begin{Bmatrix} m_{x'1} \\ m_{x'2} \end{Bmatrix} \tag{6.84}
$$

求解上述方程的逆，可以得到线力和线力矩为

$$
\begin{Bmatrix} f_{y'1} \\ f_{y'2} \end{Bmatrix} = \begin{bmatrix} \dfrac{4}{l_1} & -\dfrac{2}{l_1} \\[2mm] -\dfrac{2}{l_1} & \dfrac{4}{l_1} \end{bmatrix} \begin{Bmatrix} F_{y'1} \\ F_{y'2} \end{Bmatrix} \quad \begin{Bmatrix} m_{x'1} \\ m_{x'2} \end{Bmatrix} = \begin{bmatrix} \dfrac{4}{l_1} & -\dfrac{2}{l_1} \\[2mm] -\dfrac{2}{l_1} & \dfrac{4}{l_1} \end{bmatrix} \begin{Bmatrix} M_{x'1} \\ M_{x'2} \end{Bmatrix} \tag{6.85}
$$

该单元在焊线一边的节点力、节点力矩和在节点处的线力、线力矩如图 6.55 所示。

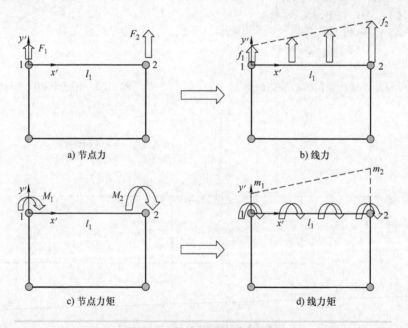

a) 节点力　　　　　　　　　b) 线力

c) 节点力矩　　　　　　　　d) 线力矩

图 6.55　焊线一边的受力分析

由应力公式 [式 (6.83) 和式 (6.85)]，可得到节点 1 和节点 2 的结构应力为

$$
\begin{Bmatrix} \sigma_{s1} \\ \sigma_{s2} \end{Bmatrix} = \frac{1}{t} \begin{bmatrix} \dfrac{4}{l_1} & -\dfrac{2}{l_1} \\[2mm] -\dfrac{2}{l_1} & \dfrac{4}{l_1} \end{bmatrix} \left(\begin{Bmatrix} F_{y'1} \\ F_{y'2} \end{Bmatrix} + \frac{6}{t} \begin{Bmatrix} M_{x'1} \\ M_{x'2} \end{Bmatrix} \right) \tag{6.86}
$$

如果将一条焊缝划分成 n 个单元，假设单元在焊线一边的节点编号从 1 到 n，相邻节点之间的距离为 l_1 至 l_{n-1}，通过有限元计算得到每个单元在焊线一边的节点，在局部坐标（x

为焊线，y 垂直于焊线的方向）下的节点力和节点力矩分别为 $F_{y'1}$、$F_{y'2}$、$\cdots$、$F_{y'n}$ 和 $M_{x'1}$、$M_{x'2}$、$\cdots$、$M_{x'n}$。用向量表示为 $\{F_{y'}\} = (F_{y'1}, \cdots, F_{y'n})^{\mathrm{T}}$ 和 $\{M_{x'}\} = (M_{x'1}, \cdots, M_{x'n})^{\mathrm{T}}$。类似以上一个单元的例子，可以得到在焊线上的各节点处的线力和线力矩为

$$\{f_{y'}\} = \begin{Bmatrix} f_{y'1} \\ \vdots \\ f_{y'n} \end{Bmatrix} = [L]^{-1} \begin{Bmatrix} F_{y'1} \\ \vdots \\ F_{y'n} \end{Bmatrix} = [L]^{-1}\{F_{y'}\} \quad \{m_{x'}\} = \begin{Bmatrix} m_{x'1} \\ \vdots \\ m_{x'n} \end{Bmatrix} = [L]^{-1} \begin{Bmatrix} M_{x'1} \\ \vdots \\ M_{x'n} \end{Bmatrix} = [L]^{-1}\{M_{x'}\}$$

$$(6.87)$$

式中　矩阵 $[L]$ ——转换矩阵

$$[L] = \begin{bmatrix} \dfrac{l_1}{3} & \dfrac{l_1}{6} & 0 & 0 & \cdots & 0 & 0 & 0 & 0 \\[2mm] \dfrac{l_1}{6} & \dfrac{(l_1+l_2)}{3} & \dfrac{l_2}{6} & 0 & \cdots & 0 & 0 & 0 & 0 \\[2mm] 0 & \dfrac{l_2}{6} & \dfrac{(l_2+l_3)}{3} & \dfrac{l_3}{6} & \cdots & 0 & 0 & 0 & 0 \\[2mm] 0 & 0 & \dfrac{l_3}{6} & \dfrac{(l_3+l_4)}{3} & \cdots & 0 & 0 & 0 & 0 \\[2mm] \vdots & \vdots & \vdots & \vdots & \ddots & \vdots & \vdots & \vdots & \vdots \\[2mm] 0 & 0 & 0 & 0 & \cdots & \dfrac{(l_{n-4}+l_{n-3})}{3} & \dfrac{l_{n-3}}{6} & 0 & 0 \\[2mm] 0 & 0 & 0 & 0 & \cdots & \dfrac{l_{n-3}}{6} & \dfrac{(l_{n-3}+l_{n-2})}{3} & \dfrac{l_{n-2}}{6} & 0 \\[2mm] 0 & 0 & 0 & 0 & \cdots & 0 & \dfrac{l_{n-2}}{6} & \dfrac{(l_{n-2}+l_{n-1})}{3} & \dfrac{l_{n-1}}{6} \\[2mm] 0 & 0 & 0 & 0 & \cdots & 0 & 0 & \dfrac{l_{n-1}}{6} & \dfrac{l_{n-1}}{3} \end{bmatrix}$$

$$(6.88)$$

由节点处的线力和线力矩可以进一步得到节点上的结构应力为

$$\{\sigma_s\} = \frac{1}{t}\left(\{f_{y'}\} + \frac{6}{t}\{m_{x'}\}\right) = \frac{1}{t}[L]^{-1}\left(\{F_{y'}\} + \frac{6}{t}\{M_{x'}\}\right) \qquad (6.89)$$

董平沙教授从焊缝初始裂纹已存在的假设出发，用断裂力学的方法推导裂纹扩展的计算模型。董平沙教授的研究显示，焊缝根部沿母材厚度方向的应力强度因子，在接近母材表面时受缺口效应的影响较大，在离开母材表面以后受缺口效应的影响较小。

假设焊缝根部沿母材厚度方向的裂纹深度为 a（如图 6.56 所示）。董平沙教授用裂纹深度 a 和母材厚度 t 的相对比值来表示裂纹深度。当 $a/t = 1$ 时，即裂纹穿透整个母材厚度。

董平沙教授将焊缝根部沿母材厚度方向的裂纹分成两段。当 $0 < a/t < 0.1$ 时，裂纹是"小裂纹"；当 $0.1 \leqslant a/t \leqslant 1$ 时，裂纹是"大裂纹"。在"小裂纹"和"大裂纹"时，裂纹扩展过程中的应力强度因子 K 不同，将通常的 Paris 公式修改后，可以将两个阶段的裂纹扩展速率写成统一的形式为

$$\frac{\mathrm{d}a}{\mathrm{d}N} = C(M_{\mathrm{kn}})^n (\Delta K)^m \qquad (6.90)$$

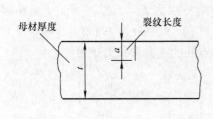 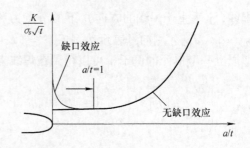

图 6.56　裂纹深度为 a

与常规的 Paris 公式相比，式（6.90）里多一项 $(M_{kn})^n$。M_{kn} 被称为应力强度放大因子，是一个无量纲的量。它代表缺口应力集中在不同裂纹深度上对应力强度因子的影响。它只在母材近表面（$0 < a/t < 0.1$）对应力强度因子的影响，但在离开母材近表面后（$0.1 \leqslant a/t \leqslant 1$），$M_{kn}$ 趋向 1，所以对应力强度因子没有影响。试验数据分析 M_{kn} 的指数 n 近似为 2。在文献 [16, 17] 中有关于 M_{kn} 的更多讨论。

文献 [18] 指出，对于张开型（I 型）开裂，在焊缝根部的应力强度因子的变化范围为薄膜应力强度因子变化范围 ΔK_m，和弯曲应力强度因子变化范围 ΔK_b 之和

$$\Delta K = \Delta K_m + \Delta K_b = \sqrt{t} \left[\Delta\sigma_m f_m\left(\frac{a}{t}\right) + \Delta\sigma_b f_b\left(\frac{a}{t}\right) \right] \tag{6.91}$$

式中　　　　　$\Delta\sigma_m$——薄膜应力变化范围；

　　　　　　　$\Delta\sigma_b$——弯曲应力变化范围；

$f_m(a/t)$ 和 $f_b(a/t)$——无量纲的 a/t 的函数。

$f_m(a/t)$ 和 $f_b(a/t)$ 两个函数为

$$f_m\left(\frac{a}{t}\right) = \left[0.752 + 2.02\left(\frac{a}{t}\right) + 0.37\left(1 - \sin\frac{\pi a}{2t}\right)^3 \right] \frac{\sqrt{2\tan\frac{\pi a}{2t}}}{\cos\frac{\pi a}{2t}} \tag{6.92}$$

$$f_b\left(\frac{a}{t}\right) = \left[0.923 + 0.199\left(1 - \sin\frac{\pi a}{2t}\right)^4 \right] \frac{\sqrt{2\tan\frac{\pi a}{2t}}}{\cos\frac{\pi a}{2t}} \tag{6.93}$$

因为方程（6.86）的右端是 a/t 的函数，所以在求解该方程时改对 a/t 求积分。从对该方程的变量 a/t 进行积分，可以求解从初始裂纹长度到裂纹穿透厚度 t 所需的循环次数 N，即疲劳寿命。通常初始裂纹长度是很难预知。董平沙教授推荐假设焊缝的初始裂纹为厚度的百分之一。这样可以得到

$$N = \int_{a/t = 0.01}^{a/t = 1} \frac{t\,d(a/t)}{C(M_{kn})^n (\Delta K)^m} \tag{6.94}$$

为了将疲劳寿命 N 表达成节点应力变化范围 $\Delta\sigma_s$ 的函数，可以应力强度因子变化范围写成

$$\Delta K = \sqrt{t} \left[\Delta\sigma_m f_m\left(\frac{a}{t}\right) + \Delta\sigma_b f_m\left(\frac{a}{t}\right) - \Delta\sigma_b f_m\left(\frac{a}{t}\right) + \Delta\sigma_b f_b\left(\frac{a}{t}\right) \right]$$

$$= \sqrt{t} (\Delta\sigma_m + \Delta\sigma_b) \left[f_m \left(\frac{a}{t} \right) - \frac{\Delta\sigma_b}{\Delta\sigma_m + \Delta\sigma_b} \left(f_m \left(\frac{a}{t} \right) - f_b \left(\frac{a}{t} \right) \right) \right]$$

$$= \sqrt{t} \Delta\sigma_s \left[f_m \left(\frac{a}{t} \right) - \frac{\Delta\sigma_b}{\Delta\sigma_s} \left(f_m \left(\frac{a}{t} \right) - f_b \left(\frac{a}{t} \right) \right) \right] \tag{6.95}$$

式中　$\Delta\sigma_s = \Delta\sigma_m + \Delta\sigma_b$，为结构应力变化范围。

$$N = \frac{1}{C} t^{1 - \frac{m}{2}} (\Delta\sigma_s)^{-m} \int_{a/t = 0.01}^{a/t = 1} \frac{d(a/t)}{(M_{kn})^n \left[f_m \left(\frac{a}{t} \right) - \frac{\Delta\sigma_b}{\Delta\sigma_s} \left(f_m \left(\frac{a}{t} \right) - f_b \left(\frac{a}{t} \right) \right) \right]^m} \tag{6.96}$$

定义 $r = \Delta\sigma_b / \Delta\sigma_s$。比值 r 代表焊缝接头的受力类型。当 $r = 0$ 时，代表焊缝接头是一个受纯拉力的焊缝接头。当 $r = 1$ 时，代表焊缝接头是一个纯弯曲的焊缝接头。当 $0 < r < 1$ 时，代表焊缝接头受混合力。所以，公式中的积分部分与焊缝接头的类型有关。董平沙教授将积分的部分定义成一个无量纲的 r 的函数，即

$$I(r) = \int_{a/t = 0.01}^{a/t = 1} \frac{d(a/t)}{(M_{kn})^n \left[f_m \left(\frac{a}{t} \right) - r \left(f_m \left(\frac{a}{t} \right) - f_b \left(\frac{a}{t} \right) \right) \right]^m} \tag{6.97}$$

$I(r)$ 可以看成是一个对焊缝结构应力进行修正的函数，它与焊缝接头处的受力类型有关。通过解析分法求解 $I(r)$ 是比较困难的。它可以通过试验测试的数据进行曲线拟合得到。但是试验数据表明，不同的试验控制方式会对结果产生影响。有两种不同的试验控制方式，分别是载荷控制和位移控制。对于载荷控制的试验，估算的函数为

$$I(r) = 0.294 r^2 + 0.846 r + 24.815 \tag{6.98}$$

这样焊缝疲劳寿命公式（6.96）可以成

$$N = \frac{1}{C} t^{1 - \frac{m}{2}} (\Delta\sigma_s)^{-m} I(r) \tag{6.99}$$

董平沙教授引入一个等效结构应力变化范围的概念。等效结构应力变化范围的定义为

$$\Delta S_s = \frac{\Delta\sigma_s}{t^{(2-m)/2m} I(r)^{1/m}} \tag{6.100}$$

用等效结构应力的概念可以将焊缝疲劳寿命的公式（6.91），简化成与前面所述的一般材料的 $S - N$ 曲线一样的幂函数（幂定律 Power Law）形式

$$\Delta S_s^m N = \frac{1}{C} \tag{6.101}$$

等效结构应力包含了结构应力、板材厚度和反应载荷情况的 $I(r)$。美国 Battelle 焊接结构研究所对大量的焊接疲劳试验数据进行了研究。这些数据包括各种屈服强度的钢、铝材料、不同的板厚、不同的接头类型、不同的载荷条件。研究显示，用等效结构应力变化范围 ΔS_s 表达的 $S - N$ 曲线数据分布在一条窄带里。图 6.57 是文献 [19] 给出的例子。图中各种符号代表不同焊接接头组的循环寿命数据。这表明，用综合结构应力、板材厚度和反应载荷情况三个因素在一起的等效结构应力，来表征影响焊缝疲劳的主要因素，相应的 $S - N$ 曲线离散度较小，可以用一条 $S - N$ 曲线近似代替各种焊接接头情况下的 $S - N$ 曲线族。这条 $S - N$ 曲线被称为主 $S - N$ 曲线。

文献 [19] 根据由载荷控制试验得到的数据得出焊缝疲劳寿命公式（6.101）中的指数

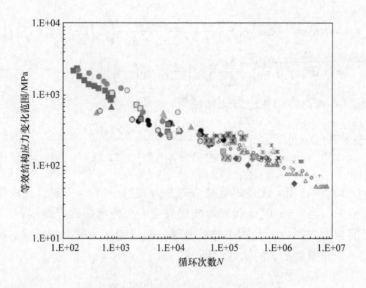

图6.57 多种焊接接头的 $\Delta S_s - N$ 曲线

m，可以近似地取为 $m \approx 3.6$。

文献［15］给出了一组不同概率分布下的作为钢材焊缝的主 $S - N$ 曲线的试验统计常数。按照以下焊缝疲劳寿命的公式，钢材主 $S - N$ 曲线的试验统计常数列于表6.7。

$$N = \left(\frac{C_d}{\Delta S_s} \right)^{1/h} \tag{6.102}$$

表6.7   钢材焊缝的主 $S - N$ 曲线的参数

统计概率分布	C_d	h
中值	19930. 2	
$+2\sigma$	28626. 5	
-2σ	13875. 7	0. 3195
$+3\sigma$	34308. 1	
-3σ	11577. 9	

6.7.4　缺口应力法

缺口应力法也被称作局部分析方法。缺口应力法用非常细小的有限元单元和线弹性断裂力学（LEFM）方法，精细地计算焊缝局部区域的应力分布，直接用断裂力学的方法判别裂纹的扩展。图6.58是一个焊缝局部区域的有限元网格的例子。因为这种方法需要在焊缝区域重新划分更加细小的网格，加之断裂力学的计算方法也比较复杂和有限，通常只用于个别情况的分析。对于有大量焊缝的结构，这种分析方法并不实用。所以，目前它的应用

图6.58　缺口应力法的焊缝局部有限元网格

非常有限。

6.8 焊点的疲劳分析

点焊是汽车零部件的主要连接方式之一。车身的钣金件主要由焊点连接而成。一辆车上大约有 3000 ~ 5000 个焊点。焊点的失效是一种汽车结构的常见破坏。焊点的破坏有两类，一类是焊点连接的钣金在焊点的边缘开裂，另一类是焊点本身断裂。

由于焊点在汽车结构上的重要性和大量使用，包括汽车工程师在内的很多研究者，对焊点进行了大量的试验和理论研究。其主要的目标是在设计阶段能够初步预估焊点的强度和寿命。

6.8.1 焊点的一般特性

在 2006 年，美国福特汽车公司、通用汽车公司、克莱斯勒汽车公司和多家美国钢铁企业联合完成了一项关于点焊焊接的研究，并且发表了研究报告[20,21]。这项研究工作研究了包括传统的低碳钢、传统高强钢和现代高强钢在内的，汽车行业使用的主要金属材料的点焊焊接疲劳特性。这项研究的主要结论概括如下：

1）焊点的疲劳特性与母材（低碳钢、传统高强钢、先进高强钢）的强度关联不大。

2）焊点的疲劳特性主要受几何因素影响（母材厚度、焊点大小、样件的大小）。

3）焊点的平均应力对焊点的疲劳寿命影响不大。

这项研究用两种汽车工程师协会（SAE）推荐的标准焊点计算的测试问题（Coach Peel 和 Tensile Shear，图 6.59）对五种使用较多的焊点疲劳力学模型和计算方法，进行了试验与计算的对比分析。这五种焊点疲劳分析的方法是：基于断裂力学的 Swellam 的方法[22]、基于应力的 Rupp – Storzel – Grubisic 方法[23]、Kang – Dong – Hong 的方法[24]、Sheppard 的方法[25]和 Kang 的方法[26]。对比分析得出的结论是：这五种焊点疲劳的分析方法与试验数据都吻合较好，其中 Rupp – Storzel – Grubisic 方法、Sheppard 方法、Dong 的方法和 Kang 的方法比 Swellam 的方法稍好，Swellam 的方法的数据分散性较大。对比的数据如图 6.60 所示（引自文献［21］。图中对角线是 1 比 1，即理论预测值与试验值相等）。

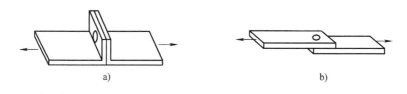

a) b)

图 6.59 SAE 推荐的标准焊点分析的测试问题

a）Coach Peel b）Tensile Shear

在过去的二、三十年中，工业界和学术研究机构有很多关于焊点疲劳的研究。按照焊点分析的基本力学物理量来区分，焊点疲劳的分析方法有力法、应力法和应力强度因子法。

由于焊点的质量和特性受焊接工艺和过程的影响很大，人们对焊点的微观结构的认知依然不足。在早期的焊点分析中，有的研究将焊点的受力作为焊点疲劳分析的主要物理量，研究焊点的破坏准则，例如文献［27］中的研究。随着研究的深入和计算机能力的提升，对

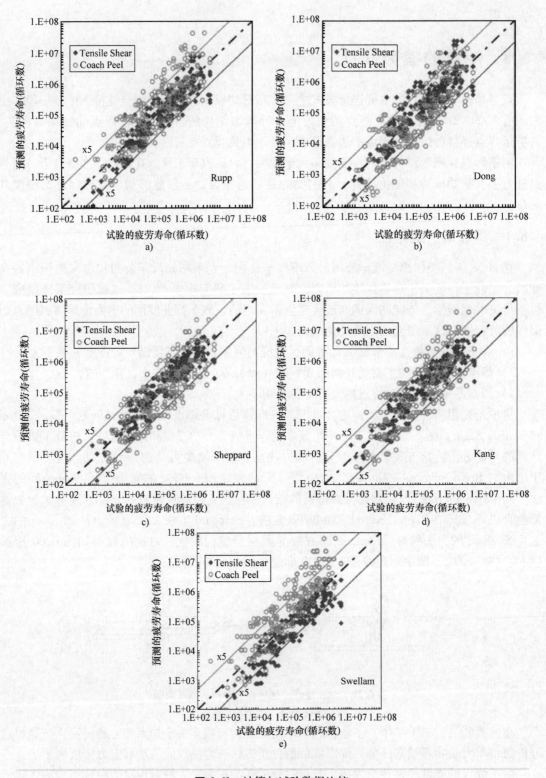

图 6.60 计算与试验数据比较

a) Rupp 方法 b) Dong 方法 c) Sheppard 方法 d) Kang 方法 e) Swellam 方法

焊点的研究更加精细，焊点的应力法成为焊点疲劳分析的主流。上述提到的 Rupp – Storzel – Grubisic 方法[23]、Kang – Dong – Hong 方法[24]、Sheppard 方法[25] 和 Kang 方法[26] 都是属于应力法。在焊点分析的应力法中，也可进一步分为两类不同的方法。一类是通过线性有限元计算得到的焊点和焊点边缘节点上的力和力矩，再使用各种焊点的理论和力学模型计算焊点和焊点边缘的应力。这类应力被称作焊点的结构应力。这四种焊点分析的应力法都是属于这类方法。结构应力法比较简单，主要是根据工程分析的实际需求发展起来的，在工程分析中应用较多，有的方法已在商用疲劳分析软件中采用。在疲劳软件 nCode[28] 中，焊点的分析使用 Rupp – Storzel – Grubisic 方法。另一类应力法直接计算和利用有限元模型中单元应力进行焊点的分析，可以称之为有限单元应力法。在文献［29］所介绍的焊点分析方法中，焊点的局部有限元模型与 Kang – Dong – Hong 方法[24] 中的焊点模型类似，但是焊点边缘的等效应力直接使用与焊点相连的壳单元的应力。在疲劳软件 FEMFAT 中，焊点的分析有两种方法可以选择。一种方法是基于有限单元的应力，焊点周边的有限单网格会自动重新划分成类似的焊点模型，在 FEMFAT 软件中被称为应力法。在 FEMFAT 软件中的另一种方法是使用有限元计算出的力和力矩，再使用 JSAE 的焊点理论和力学模型计算焊点和焊点边缘的结构应力，这种方法类似上述的结构应力法，但在 FEMFAT 软件中该方法被称为力法。这两种方法的本质是一样，都是计算和分析应力，区别在于结构应力法只使用有限元分析中的力和力矩，用其他独立的力学模型计算应力，而有限单元应力法直接使用有限元分析中的应力结果。FEMFAT 将结构应力的方法称为力法是从有限元分析的输出考虑和区分。

下面简要介绍 Rupp – Storzel – Grubisic 方法、Kang – Dong – Hong 方法和 Swellam 方法。

6.8.2　Rupp – Storzel – Grubisic 方法

Rupp – Storzel – Grubisic 方法[23] 是由 A. Rupp、K. Storzel 和 V. Grubisic 在 1995 年根据一项德国汽车工业联合研究，提出的一种焊点模型和焊点寿命的计算方法。该焊点疲劳分析方法在商用疲劳软件 nCode 中被采用，并因此得到广泛使用。Rupp – Storzel – Grubisic 方法用一维刚性单元或杆单元，模拟焊点，连接钣金件，用线性有限元方法从系统或整车的（静态或动态）分析中，得到焊点在钣金件上连接点处的力和力矩，再进一步计算焊核内部和钣金件沿焊核边缘的应力。

图 6.61 是一个焊点连接两个钣金件的有限元模型的例子。两个钣金件用薄壳单元模拟。

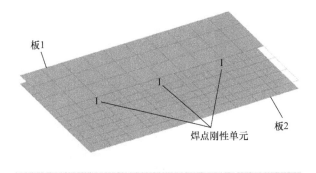

图 6.61　一个焊点连接两个钣金件的有限元模型

焊点用杆单元模拟。焊点杆单元与两个钣金件在节点相连接，如图 6.62 中的剖视部分所示。焊点连接部分的局部原件和有限元剖视侧视图也如图 6.62 所示。两个钣金件的厚度分别为 t_1 和 t_2。

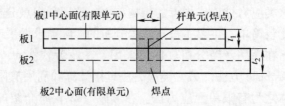

图 6.62 焊点连接两个钣金件的局部剖视图

　　焊点的两端需要分别分析计算。考虑其中一端的焊点，其受力如图 6.63 所示。假设焊点核的直径为 d，所分析的焊点连接的一层板的厚度是 t。沿焊点核轴向的方向为 z，焊点所连接的板面为 $x-y$ 平面，垂直于焊点核轴向方向 z。从有限元分析得到的一维单元节点三个方向的力和力矩为：F_x、F_y、F_z、M_x、M_y、M_z。

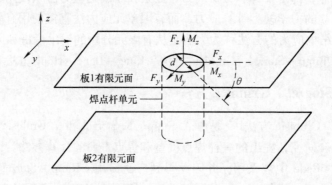

图 6.63 焊点一端的受力

焊点核内应力的计算公式如下
轴向（法向）应力为

$$\sigma_n = \frac{4F_z}{\pi d^2} \tag{6.103}$$

弯曲应力为

$$\sigma_b = \frac{32M_x}{\pi d^3} = \frac{32M_y}{\pi d^3} \tag{6.104}$$

最大剪切应力为

$$\tau_{max} = \frac{16F_x}{3\pi d^2} = \frac{16F_y}{3\pi d^2} \tag{6.105}$$

钣金件上沿焊点核边缘径向的等效结构应力随平面上的角度 θ 变化，为

$$\sigma_{eql}(\theta) = -\sigma_{max}(F_x)\cos\theta - \sigma_{max}(F_y)\text{sic}\theta + \sigma(F_z) + \sigma_{max}(M_x)\text{sic}\theta - \sigma_{max}(M_y)\cos\theta$$
$$(6.106)$$

式中　$\sigma_{max}(F_x) = \dfrac{F_x}{\pi dt}$;

$\qquad\sigma_{max}(F_y) = \dfrac{F_y}{\pi dt}$;

$\qquad$当 $F_z > 0$, $\sigma(F_z) = \kappa\left(\dfrac{1.744F_z}{t^2}\right)$;

$\qquad$当 $F_z \le 0$, $\sigma(F_z) = 0$;

$\qquad\sigma_{max}(M_x) = \kappa\left(\dfrac{1.872M_x}{dt^2}\right)$;

$\qquad\sigma_{max}(M_y) = \kappa\left(\dfrac{1.872M_y}{dt^2}\right)$;

$\qquad\kappa = 0.6\sqrt{t}$。

文献［23］指出，对于厚板、小直径的焊点，焊点的破坏可能发生在焊点核横向断裂，导致破坏的主要应力是轴向拉应力。对于薄板、大直径的焊点，焊点的破坏多发生在焊点周边的钣金件上。

Rupp – Storzel – Grubisic 方法认为通常的焊点破坏多发生在焊点周边的钣金件上。在 Rupp – Storzel – Grubisic 方法的焊点疲劳分析中，在计算钣金件上沿焊点核边缘径向的等效结构应力之后，需要使用从试验获得的焊点疲劳 $S - N$ 曲线，进一步计算焊点的寿命。

6.8.3　Kang – Dong – Hong 方法

H. T. Kang、P. Dong（董平沙）和 J. K. Hong[24]（2007）将董平沙教授在焊缝疲劳分析上所用的结构应力法，应用在焊点疲劳分析上。图 6.64 显示了一个焊点连接两层金属板。按照董平沙教授的结构应力理论，在焊点核边缘垂直于焊点方向的结构应力 σ_s 等于薄膜应力 σ_m 和弯曲应力 σ_b 的和，如图 6.65 所示。它可以通过线性的有限元方法计算。按照董平沙教授的结构应力计算方法，两层板件的焊点用蜘蛛网状的刚性有限元单元（即 NASTRAN 中的 RBE2 单元）将焊点的几何尺寸变成点，单元的中心就是焊点的中心。蜘蛛网的直径是焊点的直径。两层板件焊点刚性单元的中心，用另一个一维的刚性单元（同样是 NASTRAN

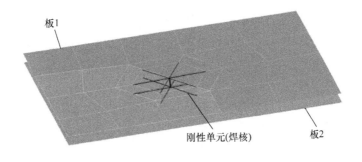

图 6.64　一个焊点连接两层金属板

中的 RBE2 单元），如图 6.66 所示。每层板件焊点的有限元单元网格如图 6.67 所示。焊点（蜘蛛网状的刚性单元）边缘的线（粗实线）称为焊线。有限元计算可以解出在整体坐标系或者局部坐标系下，焊线上每个节点上的力和力矩。系统的整体坐标系（$x - y$）和焊线上节点的局部坐标系（$x' - y'$）如图 6.63 所示。节点上的局部坐标系可以在有限元模型中定义，并且在有限元分析中计算和输出局部坐标系下的节点力和力矩。

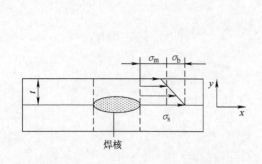

图 6.65　焊点核边缘垂直于焊点方向的结构应力

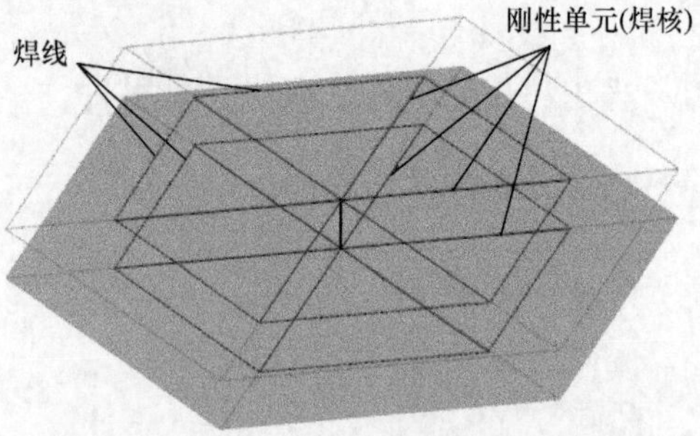

图 6.66　两层板件和焊点的有限元单元

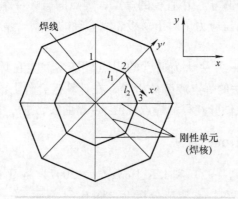

图 6.67　每层板件焊点的有限元单元

如果将一个焊点的焊线有 n 个单元组成，假设单元在焊线一边的节点编号从 1 到 n，相邻节点之间的距离为 l_1 至 l_{n-1}，通过有限元计算得到每个单元在焊线一边的节点，在局部坐标下的节点力和节点力矩分别为 F_{y1}、F_{y2}、$\cdots$、F_{yn} 和 M_{x1}、M_{x2}、$\cdots$、M_{xn}。用向量表示为

$$\{F_y\} = (F_{y1}, \cdots, F_{yn})^T$$

和

$$\{M_x\} = (M_{x1}, \cdots, M_{xn})^T$$

同缝焊分析一样，可以由节点力和节点力矩，分别得到在焊线上的各节点处的线力和线力矩为

$$\{f_y\} = \begin{Bmatrix} f_{y1} \\ \vdots \\ f_{yn} \end{Bmatrix} = [L]^{-1} \begin{Bmatrix} F_{y1} \\ \vdots \\ F_{yn} \end{Bmatrix} = [L]^{-1}\{F_y\} \quad \{m_x\} = \begin{Bmatrix} m_{x1} \\ \vdots \\ m_{xn} \end{Bmatrix} = [L]^{-1} \begin{Bmatrix} M_{x1} \\ \vdots \\ M_{xn} \end{Bmatrix} = [L]^{-1}\{M_x\}$$

$$(6.107)$$

式（6.102）中的矩阵 $[L]$ 为转换矩阵

$$[L] = \begin{bmatrix} \dfrac{l_{n-1} + l_1}{3} & \dfrac{l_1}{6} & 0 & 0 & \cdots & 0 & 0 & \dfrac{l_{n-1}}{6} \\[2mm] \dfrac{l_1}{6} & \dfrac{(l_1 + l_2)}{3} & \dfrac{l_2}{6} & 0 & \cdots & 0 & 0 & 0 \\[2mm] 0 & \dfrac{l_2}{6} & \dfrac{(l_2 + l_3)}{3} & \dfrac{l_3}{6} & \cdots & 0 & 0 & 0 \\[2mm] 0 & 0 & \dfrac{l_3}{6} & \dfrac{(l_3 + l_4)}{3} & \cdots & 0 & 0 & 0 \\[2mm] \vdots & \vdots & \vdots & \vdots & \ddots & \vdots & \vdots & \vdots \\[2mm] 0 & 0 & 0 & 0 & \cdots & \dfrac{(l_{n-4} + l_{n-3})}{3} & \dfrac{l_{n-3}}{6} & 0 \\[2mm] 0 & 0 & 0 & 0 & \cdots & \dfrac{l_{n-3}}{6} & \dfrac{(l_{n-3} + l_{n-2})}{3} & \dfrac{l_{n-2}}{6} \\[2mm] \dfrac{l_{n-1}}{6} & 0 & 0 & 0 & \cdots & 0 & \dfrac{l_{n-2}}{6} & \dfrac{l_{n-2} + l_{n-1}}{3} \end{bmatrix} \tag{6.108}$$

由节点处的线力和线力矩可以进一步得到节点上的结构应力为

$$\{\sigma_s\} = \frac{1}{t}\left(\{f_y\} + \frac{6}{t}\{m_x\}\right) = \frac{1}{t}[L]^{-1}\left(\{F_y\} + \frac{6}{t}\{M_x\}\right) \tag{6.109}$$

按照董平沙教授的理论，焊点边缘沿板材厚度方向的裂纹分成两段。同焊缝的分析一样，假设 a 是裂纹的深度，当 $0 < a/t < 0.1$ 时，裂纹是"小裂纹"；当 $0.1 \leqslant a/t \leqslant 1$ 时，裂纹是"大裂纹"。在"小裂纹"和"大裂纹"时，裂纹扩展过程中的应力强度因子 K 不同。修改后的 Paris 公式［式（6.90）］为两个阶段的裂纹扩展速率的统一形式。

这样焊点边缘板材疲劳寿命公式见式（6.99）。

如同缝焊分析一样，用式（6.100）定义等效结构应力的变化范围 ΔS_s，焊点疲劳寿命公式的一般幂函数（幂定律 Power Law）形式见式（6.101）。

基于董平沙教授的结构应力方法的研究，Kang – Dong – Hong 方法也是对有限元网格不敏感的方法，并且可以使用主 S – N 曲线计算焊点的寿命。

6.8.4　Swellam 方法

Swellam 在 1991 年的博士论文[22]里假设焊点受轴向力、剪切力和弯矩，具有张开型（Ⅰ型）和滑移型（Ⅱ型）两种开裂模式的组合，由此提出了一个基于应力强度因子、考虑了焊点的几何尺寸和平均应力载荷的设计参数（K_i）。

Swellam 首先应用 H. Tada、P. Paris 和 G. Irwin 的公式[31]计算焊点边缘的应力强度因子如下

$$K_{\text{axial}} = \frac{P}{2r\sqrt{\pi r}} \tag{6.110}$$

$$K_{\text{moment}} = \frac{3M}{2r^2\sqrt{\pi r}} \tag{6.111}$$

$$K_{\text{shear}} = \frac{Q}{2r\sqrt{\pi r}} \tag{6.112}$$

式中　r——焊点的半径；

　　　P——所受力的轴向分力；

　　　Q——所受力的剪切分力；

　　　M——焊点中心所受的弯矩。

对应张开型（I型）和滑移型（II型）开裂模式的应力强度因子为

$$K_{\text{I}} = K_{\text{axial}} + K_{\text{moment}} \tag{6.113}$$

$$K_{\text{II}} = K_{\text{shear}} \tag{6.114}$$

对应两种开裂模式组合的应力强度因子为

$$K_{l_{eq}} = \sqrt{K_{\text{I}}^2 + \beta K_{\text{II}}^2} \tag{6.115}$$

式中　$K_{l_{eq}}$——两种开裂模式组合情况下，对张开型（I型）的等效应力强度因子；

　　　β——一个代表材料对滑移型（II型）开裂模式敏感程度的常数。

$K_{l_{eq}}$的计算没有考虑焊点的几何因素。引入一个几何因素的修正因子为

$$G = \left(\frac{9wt^4}{4r^5} + \frac{wt^2}{r^3} \right)^{1/2} \tag{6.116}$$

式中　t——板的厚度；

　　　w——样件的宽度。

考虑这个样件几何修正和最大载荷之后的等效应力强度因子为

$$K_{i_{\max}} = \frac{\sqrt{K_{\text{I}_{\max}}^2 + \beta K_{\text{II}_{\max}}^2}}{G} \tag{6.117}$$

考虑平均应力，引入载荷比 $R = P_{\min}/P_{\max}$，Swellam 定义修正的等效应力强度因子为

$$K_i = K_{i_{\max}} \times (1 - R)^{b_0} \tag{6.118}$$

式中　b_0——常数。在无试验数据时，设 $b_0 = 0.85$。

K_i与寿命之间的关系采用幂函数形式的公式为

$$K_i = AN^h \tag{6.119}$$

式中　N——循环数；

A 和 h——常数，由试验的数据曲线拟合得到。

6.9 热疲劳的分析

在循环热应力和热应变作用下，结构产生的疲劳称为热疲劳。热疲劳发生时，材料通常有明显的蠕变变形，属于低周疲劳。由温度和机械应力叠加引起的疲劳称为热机械疲劳（Termal and Mechanical Fatigue，简称 TMF）。汽车的制动盘、制动鼓、离合器压盘、发动机汽缸盖、排气支管、涡轮增压器壳等零部件都存在热疲劳开裂的问题。

在汽车的使用中，上述的汽车系统和零部件会经历周期性的高温。这些汽车使用所产生的热载荷周期不等。汽车制动所产生的热载荷比较短暂，以秒计时，按照统计，普通用户每天急刹车（定义为在速度大于每小时 10 公里的情况下做负加速度大于 0.6g 的刹车）的次

数为3次，则每年大约1000次左右。发动机所产生的热载荷比较长，可以用分钟或小时计算，根据统计，普通用户每天使用车辆产生足以引发发动机缸体蠕变的深度热载荷的次数不超过3次，则在10年的汽车使用过程中发动机深度热载荷的次数大约在10000次以下。这些热载荷呈现的周期与汽车结构所经历的机械载荷的周期有较大的差别。在高温下，金属材料不仅机械性能会发生变化之外，还会发生蠕变。蠕变变形的物理机制和所受到的影响因素与弹性和一般的塑性变形不同，使材料的应力–应变关系和热机械疲劳的分析十分复杂。

本节对蠕变的单调应力–应变–时间关系、蠕变循环应力–应变关系、材料蠕变寿命和寿命分析方法作简要的介绍。

6.9.1 应力–应变关系

1. 蠕变的单调应力–应变–时间关系

蠕变是一种长时力学行为，主要是温度、应力和时间的函数。金属材料的蠕变呈现典型的三个阶段。第一阶段为蠕变初始阶段。在这一阶段的开始，几乎瞬间出现弹性变形（也许还有塑性变形），然后是蠕变应变的逐渐累积。应变速率 $\dot{\varepsilon} = \mathrm{d}\varepsilon/\mathrm{d}t$ 相对较高，随后降低，接近稳定为常数，进入第二阶段，即稳态蠕变阶段。在第二阶段，应变速率近乎为常数，这时的热恢复过程和硬化过程达到平衡。第三阶段一般是蠕变增速阶段，直至断裂。有多种形式的关系式来表达这个过程的应力–应变–时间关系。其中之一为

$$\varepsilon = \varepsilon_i + B\sigma^m t + D\sigma^\alpha (1 - e^{-\beta t}) \tag{6.120}$$

式中，ε_i 为瞬时应变，包括弹性应变和塑性应变，即 $\varepsilon_i = \varepsilon_e + \varepsilon_p$；瞬时应变 ε_i 可以由 Remberg–Osgood 弹塑性应力–应变关系式（6.33）给出；参数 B、m、D、α 和 β 是由给定材料和温度的蠕变数据所获得的经验常数。式（6.120）的第二项是稳态（第二阶段）蠕变应变，第三项是瞬态（初始）蠕变应变，它随着时间增大逐渐趋向于常数（稳态）。

2. 蠕变的循环应力–应变关系

金属材料在高温循环载荷下的力学行为十分复杂，循环应力–应变关系的力学模型需要考虑单调拉伸、循环塑性、蠕变及其交互作用的变形特点。传统的基于线弹性或经典塑性理论的方法已不足以准确描述这样的材料行为，因此学术界进行了大量的相关研究。

一般而言，固体的应变可以分解成弹性应变和非弹性应变两部分。假设三维应变和应力的分量为 ε_{11}，ε_{22}，ε_{33}，γ_{12}，γ_{23}，γ_{13} 和 σ_{11}，σ_{22}，σ_{33}，τ_{12}，τ_{23}，τ_{13}。在小变形的条件下，总应变率 $\dot{\varepsilon}_{ij}$ 开分解为一个弹性应变率 $\dot{\varepsilon}_{ij}^e$ 和非弹性应变率 $\dot{\varepsilon}_{ij}^{in}$，即

$$\dot{\varepsilon}_{ij} = \dot{\varepsilon}_{ij}^e + \dot{\varepsilon}_{ij}^{in} \tag{6.121}$$

描述非弹性循环应变的力学模型通常称为循环塑性本构模型，黏塑性本构模型是描述与蠕变相关的材料行为最为合适的力学模型。在黏塑性本构模型的框架下派生出了多个模型，这些黏塑性本构模型的主要依据是塑性力学的屈服准则、流动准则和硬化准则。它们的结构形式基本相似，其主要差别体现在流动准则的选择形式不同，各向同性硬化模型和随动硬化模型不同。一般公认 Chaboche 黏塑性本构理论能够较好地模拟复杂循环载荷下的材料行为。这里从屈服准则、流动准则和硬化准则三个方面对 Chaboche 黏塑性本构模型作简单的回顾。

Chaboche 黏塑性本构理论与屈服准则相关联。它假设存在某种理想的屈服状态，屈服函数 F 作为一个标量出现在本构方程中。当应力水平低于屈服应力时，非弹性变形不出现，此时，$F \leqslant 0$，应力和应变关系服从广义胡克定律。只有应力水平达到足以引起屈服时，非

弹性变形才会产出，此时，$F > 0$。另外，屈服函数 F 是与应力、温度和内变量相关的函数，其一般表达式如下：

$$F = F(\sigma_{ij}, T, V_k) = J(\sigma_{ij} - X_{ij}) - R - \sigma_y \tag{6.122}$$

式中，T 是温度；V_k（$k = 1, 2, \cdots, N$）是 N 个内变量；σ_y 是与加载速率相关的初始屈服应力；R 是一个表示各向同性硬化的标量，表示由于各向同性硬化引起的应力（drag stress）；X_{ij} 称为背向应力（back stress），表示在黏塑性流动过程中，应力空间内屈服面中心（或等势面）的移动，即运动硬化，可以描述与方向有关的 Bauschinger 效应（正向加载引起的塑性应变强化导致金属材料在随后的反向加载过程中呈现塑性应变软化（屈服极限降低）的现象）。在 Chaboche 本构中，J 函数为

$$J(\sigma_{ij} - X_{ij}) = \left[\frac{3}{2} (\sigma'_{ij} - X'_{ij})(\sigma'_{ij} - X'_{ij}) \right]^{1/2} \tag{6.123}$$

式中，σ'_{ij} 和 X'_{ij} 分别是应力 σ_{ij} 和 X_{ij} 的偏量。

在 Chaboche 黏塑性本构理论中，根据 Drucker 假设，流动准则的表达式为

$$\dot{\varepsilon}_{ij}^{in} = \Lambda(F) \frac{\partial F}{\partial \sigma_{ij}} \tag{6.124}$$

式中，$\Lambda(F)$ 是 F 的非负函数，即

$$\Lambda(F) = \langle \Phi(F) \rangle^n = \begin{cases} (F/K)^n & F > 0 \\ 0 & F \leq 0 \end{cases} \tag{6.125}$$

式中，$\langle x \rangle$ 是 Heaviside 函数，即当 $x > 0$ 时，$\langle x \rangle = x$；当 $x \leq 0$ 时，$\langle x \rangle = 0$。将屈服函数带入以后即得到由流动准则推出的黏塑性（非弹性）应变率为

$$\dot{\varepsilon}_{ij}^{in} = \frac{3}{2} \left\langle \frac{J(\sigma_{ij} - X_{ij}) - R - \sigma_y}{K} \right\rangle^n \frac{\sigma'_{ij} - X'_{ij}}{J(\sigma_{ij} - X_{ij})} \tag{6.126}$$

Chaboche 模型中包含了两种内变量。R 是各向同性硬化内变量，X 是运动硬化内变量，需要从硬化准则确定它们的演化形式（或称模型）。

首先，各向同性硬化变量 R 可以采用下面形式的各向同性硬化模型来模拟其演化过程：

$$\dot{R} = b(Q - R)\dot{p} \tag{6.127}$$

式中，Q 和 b 是材料参数；$\dot{p} = \left(\frac{2}{3} \dot{\varepsilon}_{ij}^{in} \dot{\varepsilon}_{ij}^{in} \right)^{1/2}$ 为累积非弹性应变率。R 随着非弹性应变的累积而发生变化，以此来描述循环硬化或软化现象。上式也可以写成积分形式：

$$R = Q(1 - e^{-bp}) \tag{6.128}$$

其次，Chaboche 等人用非弹性应变率和应变的累积来描述运动硬化内变量 X_{ij} 的演化，具体形式如下：

$$\dot{X}_{ij} = \frac{2}{3} ca \dot{\varepsilon}_{ij}^{in} - cX_{ij}\dot{p} - \beta |J(X_{ij})|^{r-1} X_{ij} \tag{6.129}$$

式中，$J(X_{ij}) = \left(\frac{2}{3} X_{ij} X_{ij} \right)^{1/2}$；$a$，$c$，$\beta$，$r$ 均为材料参数。式（6.129）右端第一项为 Prager 线性运动硬化准则，仅限于单调加载；第二项为动态恢复，它使得硬化考虑到载荷方向改变的影响，如 Bauschinger 效应，该项改善了硬化准则描述迟滞环的能力；第三项为稳态恢复项，描述时间硬化恢复效应，使本构模型可以描述蠕变的第二阶段，在快速拉伸条件下（应变率大于 $10^{-4}/s$），此项可以忽略不计。

材料运动硬化这一部分也称为随动硬化。式（6.123）也称 Chaboche 随动硬化模型。在 Chaboche 随动硬化模型上延伸出很多进一步的修正或改进的模型。例如，式（6.123）中的硬化和动态恢复是成比例变化的，这使得迟滞环不能封闭，随着载荷材料循环数的增加，累积的应变越来越大，这样就无法描述平均应力松弛现象（应变保持恒定不变，应力随时间而减小的材料行为）。Ohno/Wang 假定 X_{ij} 每一个分量都存在一个动态恢复的临界值，引入修正使得迟滞环完全封闭或近似封闭，较好地解决这个问题。修正后的 Chaboche 随动硬化模型改进为

$$\dot{X}_{ij} = \frac{2}{3}ca\dot{\varepsilon}_{ij}^{in} - c\left(\frac{J(X_{ij})}{a}\right)^m X_{ij}\,\dot{p} - \beta\,|\,J(X_{ij})\,|^{\,r-1}\,X_{ij} \tag{6.130}$$

另外，为了增强模拟能力，可以将运动硬化变量变成多个分量，每个分量都遵从相同的演化规则：

$$\dot{X}_{ij}^{(k)} = \frac{2}{3}c_k\,a_k\,\dot{\varepsilon}_{ij}^{in} - c_k\left(\frac{J(X_{ij}^{(k)})}{a_k}\right)^{m_k} X_{ij}^{(k)}\,\dot{p} - \beta_k\,|\,J(X_{ij}^{(k)})\,|^{\,r_k-1}\,X_{ij}^{(k)} \tag{6.131}$$

总的运动硬化量为

$$X_{ij} = \sum_{k=1}^{n}\dot{X}_{ij}^{(k)} \tag{6.132}$$

6.9.2 基于温度 - 时间参数的蠕变寿命估算方法

有很多专门针对蠕变的寿命分析方法。有一类蠕变寿命的分析是针对稳定的温度估算材料发生蠕变断裂的时间，温度 - 时间参数法是其中的一种方法，以 Sherby - Dorn（S - D）参数法和 Larson - Miller（L - M）方法为代表。

1. Sherby - Dorn（S - D）参数法

根据物理学 Arrhenius 方程，热激活应变速率为

$$\dot{\varepsilon} = Ae^{-\frac{Q}{RT}} \tag{6.133}$$

式中，$\dot{\varepsilon}$ 为应变速率；A 是一个与应力有关的系数，在恒定的应力下，它是一个常数；Q 是一个物理常数，称为热激能，单位为 cal/mol 或 J/mol；T 是热力学温度，单位为开尔文（K）；R 是摩尔气体常数，取决于热激能 Q 使用的单位，$R = 1.987$cal/（mol $*$ K）或 $R = 8.314$J/（mol $*$ K）。

将 Arrhenius 方程写成微分形式为

$$d\varepsilon = A(\sigma)e^{-\frac{Q}{RT}}dt \tag{6.134}$$

在方程两侧对时间 t 积分，并且去除积分常数，结果只有稳态蠕变应变，即

$$\varepsilon_{sc} = A(\sigma)te^{-\frac{Q}{RT}} \tag{6.135}$$

蠕变断裂发生时，应变恒定不变，得到一个蠕变断裂时间 t_r 与温度 T 的关系式为

$$\frac{(\varepsilon_{sc})_r}{A(\sigma)} = t_r e^{-\frac{Q}{RT}} \tag{6.136}$$

对于每一个特定的应力 σ，方程的左边为常数。关系式两边取以 10 为底的对数，假定热激能 Q 使用的单位为 cal/mol，得到

$$\lg\frac{(\varepsilon_{sc})_r}{A(\sigma)} = \lg t_r - \frac{0.217Q}{T} \tag{6.137}$$

Sherby 和 Dorn 定义左边的常数为一个参数，被称为 Sherby – Dorn（S – D）参数 P_{SD}

$$P_{SD}(\sigma) = \lg \frac{(\varepsilon_{sc})_r}{A(\sigma)} = \lg t_r - \frac{0.217Q}{T} \tag{6.138}$$

式中，蠕变断裂时间 t_r 的单位为 h；热激能 Q 单位为 cal/mol；热力学温度 T 的单位为 K。在特定的应力 σ 下，Sherby – Dorn（S – D）参数 P_{SD} 是一个常数。不同应力下的 Sherby – Dorn（S – D）参数是一个应力的函数，通常假设为一个关于 $\lg\sigma$ 的多项式，即 $x = \lg\sigma$

$$P_{SD}(\sigma) = a_0 + a_1 x + a_2 x^2 + a_3 x^3 \tag{6.139}$$

通过一组不同应力时的蠕变断裂试验和试验数据的曲线拟合确定所有系数。

在获得了材料的 Sherby – Dorn（S – D）参数 P_{SD} 之后，可以由下面的公式估算出其它应力下材料蠕变的寿命

$$\lg t_r = P_{SD}(\sigma) - \frac{0.217Q}{T} \tag{6.140}$$

或者

$$t_r = 10^{\left(P_{SD}(\sigma) - \frac{0.217Q}{T}\right)} \tag{6.141}$$

2. Larson – Miller（L – M）参数法

基于不同的假设，Larson 和 Miller 将方程（6.119）左边的常数取负值，并将其定义为一个常数 C，再将方程（6.131）改写成

$$0.217Q = T\left(\lg t_r - \lg \frac{(\varepsilon_{sc})_r}{A(\sigma)}\right) = T(\lg t_r + C) \tag{6.142}$$

定义左边的常数为一个参数，被称为 Larson – Miller（L – M）参数 P_{LM}

$$P_{LM} = T(\lg t_r + C) \tag{6.143}$$

对于不同种钢和其它工程金属材料，常数 C 的数值通常接近 20。

类似 Sherby – Dorn（S – D）参数方法，不同应力下的 Larson – Miller（L – M）参数是一个应力的函数，通常假设为一个关于 $\lg\sigma$ 的多项式，即 $x = \lg\sigma$

$$P_{LM}(\sigma) = b_0 + b_1 x + b_2 x^2 + b_3 x^3 \tag{6.144}$$

通过一组不同应力时的蠕变断裂试验和试验数据的曲线拟合确定所有系数。

在获得了材料的 Larson – Miller(L – M)参数 P_{LM} 之后，可以由下面的公式估算出其它应力下材料蠕变的寿命

$$\lg t_r = \frac{P_{LM}(\sigma)}{T} - C \tag{6.145}$$

或者

$$t_r = 10^{\left(\frac{P_{LM}(\sigma)}{T} - C\right)} \tag{6.146}$$

在疲劳分析软件 nCode 中，蠕变寿命的分析使用 Larson – Miller 方法。

3. 在变化应力下的蠕变失效

上面介绍的基于温度 – 时间参数的蠕变寿命的估算方法是在应力不变的情况下预估蠕变断裂发生的时间。在应力发生阶跃式的变化时，可以采用 Palmgree – Miner 法则近似地粗略估算。

假设在应力水平 σ_i 下材料的蠕变寿命为 t_{ri}，所经历的时间为 t_i，相应材料的蠕变损伤定义为

$$D_i = \frac{t_i}{t_{ri}} \tag{6.147}$$

如果有 m 个不同应力水平，材料的总蠕变损伤为

$$D = \sum_{i=1}^{m} D_i = \sum_{i=1}^{m} \frac{t_i}{t_{ri}} \tag{6.148}$$

类似 Palmgree – Miner 法则，假设总蠕变损伤为 1 时，材料发生蠕变断裂。所以，当总蠕变损伤为 D 时，材料的蠕变寿命为

$$L = \frac{1}{D} \tag{6.149}$$

4. 蠕变与疲劳的相互作用

当高温下的材料同时经历蠕变和疲劳时，一个简单的估算方法是假设由蠕变造成的材料损伤和疲劳造成的材料损伤可以线性叠加，即扩展 Palmgree – Miner 法则为

$$D = \sum_i \frac{t_i}{t_{ri}} + \sum_k \frac{n_k}{N_k} \tag{6.150}$$

式中，t_i 和 t_{ri} 同公式（6.147）的定义，n_k 和 N_k 由公式（6.27）定义。在从公式（6.150）得到总损伤后，材料在蠕变和疲劳混合时的寿命可以由方程式（6.29）给出计算。

显然，这种方法是非常粗略的，因为蠕变和疲劳的物理机制和过程不同，所以将这两种影响简单相加不能期待得到很精确的结果。很多研究者从不同的角度提出了不同的方法。例如，I. F. Coffin 基于循环频率对蠕变和疲劳的相互作用非常重要，提出了频率修正疲劳的方法，将循环应力 – 应变关系和循环应变 – 寿命关系推广，使各种材料常数都变成温度和频率的函数。S. S. Manson 将蠕变应变和循环应变作四种不同的组合叠加研究对材料的寿命的影响。这四种组合分别是以塑性变形为主的应变循环（PP）、以拉伸蠕变为主的应变循环（CP）、以压缩蠕变为主的应变循环（CP）、及拉伸蠕变和压缩蠕变共存的应变循环。图 6.68 显示这四种不同的蠕变应变和循环应变叠加的应变 – 时间历程、迟滞回线和疲劳寿命的结果。这个比较比较直观地显示了蠕变与疲劳的相互作用。然而，至于哪一种方法对于解决蠕变和疲劳相互作用是最合适的，目前还没有达成一致的意见，并且仍然是一个研究的领域。

6.9.3　基于损伤力学的蠕变寿命计算方法

1. Kachanov 蠕变损伤模型

在上世纪五十年代，Kachanov 和 Robotnov 在蠕变的研究工作中开拓了基于连续介质损伤力学（Continuum – Damage – Mechanics，缩写为 CDM）的蠕变连续损伤分析法。这类方法通过内部变量表征应力或者应力率作用下的应变率，直到应变逐渐增大而失效。该方法定义当损伤参量达到 1 或者临界值时即应力断裂。

蠕变损伤通常在高温条件下的恒定应力或加载率非常小的准静态载荷情况下发生和演化。Kachanov 在 1958 年首先提出了被后来公认为经典的蠕变损伤方程，将损伤率和施加的应力以及实际的蠕变损伤联系起来。

在单轴应力状态下，Kachanov 蠕变损伤方程可表达为

$$dD = \left(\frac{\sigma}{A}\right)^r (1 - D)^{-k(\sigma)} dt \tag{6.151}$$

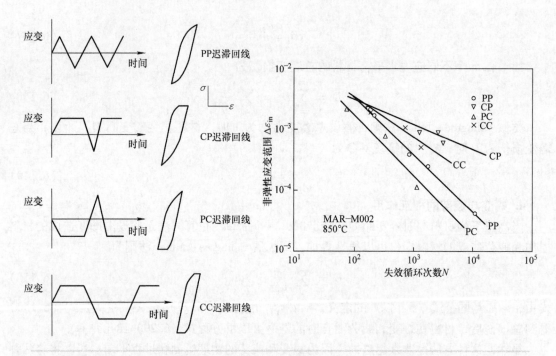

图 6.68 铸造镍合金 MAR – M002 在 850 蠕变应变和循环应变的叠加及相应的疲劳寿命（引自文献 ［3］）
左边为应变 – 时间历程；中间为应力 – 应变迟滞回线；右边为疲劳寿命结果

式中，r 和 A 是与温度相关的材料参数；k 是与施加应力相关的函数，它考虑了蠕变损伤与应力水平的依赖关系。对每一个特定的应力水平，k 是一个常数。为简单起见，令 $k(\sigma) = k$。

在常应力条件下，蠕变寿命可以通过对方程（6.138）两边积分得到。假设时间从 $t = 0$ 到 $t = t_r$ 发生蠕变断裂，蠕变损伤从 $D = D_0$ 到 $D = D_r$，积分后可得到蠕变寿命为

$$t_r = \frac{1}{k+1} \left[(1 - D_0)^{k+1} - (1 - D_r)^{k+1} \right] \left(\frac{\sigma}{A} \right)^{-r} \tag{6.152}$$

如果材料没有初始损伤，即 $D_0 = 0$，并且损伤达到 1 时发生蠕变断裂，即 $D_r = 1$，式（6.139）变成

$$t_r = \frac{1}{k+1} \left(\frac{\sigma}{A} \right)^{-r} \tag{6.153}$$

对于阶段性的蠕变，即在一段时间 $[0, 0 < t < t_r]$ 中，蠕变损伤从 D_0 到 D 的时间为

$$t = \frac{1}{k+1} \left[(1 - D_0)^{k+1} - (1 - D)^{k+1} \right] \left(\frac{\sigma}{A} \right)^{-r} \tag{6.154}$$

在使用别的临界值作为失效判别标准时，式（6.154）可以用于计算蠕变寿命。

式（6.154）除以式（6.152）经整理可以得到蠕变损伤演化方程的表达式如下：

$$D = 1 - \left\{ (1 - D_0)^{k+1} - \left[(1 - D_0)^{k+1} - (1 - D)^{k+1} \right] \frac{t}{t_r} \right\}^{\frac{1}{k+1}} \tag{6.155}$$

2. Chaboche 疲劳损伤模型

Kachanov 和 Robotnov 在研究蠕变疲劳问题时，提出了表面损伤和有效应力的概念，从此，连续损伤力学成为一个新的寿命分析方法。在该类方法中，Chaboche 的疲劳损伤模型最为引人注目。Chaboche 疲劳损伤是 Chaboche 在 1981 年提出的，它具有较高的非线性损伤演化和损伤循环积累特征，能够较为准确地对材料的疲劳损伤和寿命进行合理的描述。

在单轴应力状态下，Chaboche 疲劳损伤方程可表达为以下形式：

$$\delta D = \left[1 - (1 - D)^{\beta+1} \right]^{\alpha(\sigma_{\max}, \sigma_m)} \left[\frac{\sigma_{\max} - \sigma_m}{M_0(1 - b\sigma_m)(1 - D)} \right]^{\beta} \delta N \qquad (6.156)$$

式中，D 是疲劳损伤，N 是循环次数；β、M_0 和 b 是材料常数；$\sigma_{\max}$ 和 σ_m 分别是循环中最大应力和平均应力，因此得到应力的幅值为 $\sigma_a = \sigma_{\max} - \sigma_m$；$\alpha(\sigma_{\max}, \sigma_m)$ 是一个 $\sigma_{\max}$ 和 σ_m 的函数，$\alpha = \alpha(\sigma_{\max}, \sigma_m) = 1 - a\langle [\sigma_{\max} - \sigma_f] / [\sigma_b - \sigma_{\max}] \rangle$，这里 a 是材料常数，$\langle x \rangle$ 是 Heavside 函数，当 $x < 0$ 时，$\langle x \rangle = 0$，而当 $x > 0$ 时，$\langle x \rangle = x$；σ_f 是材料的疲劳极限，σ_b 是材料的抗拉极限。

在特定应力条件下，疲劳寿命可以通过对方程（6.156）两边积分得到。假设疲劳损伤从 $D = D_0$ 到 $D = D_r$ 时，循环次数从 $N = 0$ 到 $N = N_f$，积分后可得到循环次数为

$$N_f = \frac{\left[1 - (1 - D_r)^{\beta+1} \right]^{1-\alpha} - \left[1 - (1 - D_0)^{\beta+1} \right]^{1-\alpha}}{(1 - \alpha)(1 + \beta)} \left(\frac{\sigma_a}{M_0} \right)^{-\beta} \qquad (6.157)$$

如果材料没有初始损伤，即 $D_0 = 0$，并且损伤达到 1 时发生疲劳断裂，即 $D_r = 1$，从式（6.150）得到疲劳寿命为

$$N_f = \frac{1}{(1 - \alpha)(1 + \beta)} \left(\frac{\sigma_a}{M_0} \right)^{-\beta} \qquad (6.158)$$

类似 Kachanov 的分析，可以得到 Chaboche 疲劳损伤演化的方程为

$$D = 1 - \left\{ 1 - \left\{ \left[1 - (1 - D_0)^{\beta+1} \right]^{1-\alpha} + \left(\left[1 - (1 - D_r)^{\beta+1} \right]^{1-\alpha} - \left[1 - (1 - D_0)^{\beta+1} \right]^{1-\alpha} \right) \frac{N}{N_f} \right\}^{\frac{1}{1-\alpha}} \right\}^{\frac{1}{\beta+1}}$$
$$(6.159)$$

在疲劳分析软件 nCode 中，蠕变疲劳分析使用 Chaboche 方法。

6.9.4　Sehitoglu 损伤模型

热机械疲劳是高温下一种特定形式的疲劳。在热机械疲劳中，除了通常循环载荷下的机械疲劳损伤外，还会因为高温材料发生蠕变和氧化产生的损伤。蠕变使得材料内部产生孔洞、间隙等损伤，这些损伤会与疲劳载荷发生交互作用。氧化会使得材料表面和近表面的应力发生重新分布，氧化层与基体金属层之间变形不协调引入附加应力。因此，在高温条件下，环境（高温氧化为主）损伤和蠕变损伤使得材料的疲劳寿命明显下降。

Sehitoglu 提出的破坏模型包括机械破坏、环境破坏（氧化腐蚀破坏为主）和蠕变破坏。总损伤为三种破坏损伤的和，如下所示：

$$D^{\text{total}} = D^{\text{mech}} + D^{\text{ox}} + D^{\text{creep}} = \frac{1}{N^{\text{mech}}} + \frac{1}{N^{\text{ox}}} + \frac{1}{N^{\text{creep}}} \qquad (6.160)$$

其中 D^{total} 为总损伤，D^{mech} 为机械破坏的损伤，D^{ox} 为环境破坏（氧化腐蚀破坏为主）的损伤，D^{creep} 为蠕变破坏的损伤。三种破坏形式的损伤分别计算如下。

机械破坏的寿命由 Coffin - Manson 方程式（6.40）决定。用应变范围 $\Delta \varepsilon$ 表示的Coffin - Manson 方程式为：

$$\frac{\Delta \varepsilon_{\text{mech}}}{2} = \frac{\sigma'_f}{E} (2N^{\text{mech}})^b + \varepsilon'_f (2N^{\text{mech}})^c \qquad (6.161)$$

环境破坏损伤：

$$D^{\mathrm{ox}} = \frac{1}{N^{\mathrm{ox}}} = \left[\frac{h_{\mathrm{cr}}\,\delta_0}{B\Phi^{\mathrm{ox}}\,K_p^{\mathrm{eff}}} \right]^{-1/\beta} \frac{2\,(\Delta\varepsilon_{\mathrm{mech}})^{(2/\beta)+1}}{\dot{\varepsilon}_{\mathrm{mech}}^{(1-\alpha/\beta)}} \tag{6.162}$$

式中

$$\Phi^{\mathrm{ox}} = \frac{1}{t_c} \int_0^{t_c} \exp\left[-\frac{1}{2}\left(\frac{(\dot{\varepsilon}_{\mathrm{th}}/\dot{\varepsilon}_{\mathrm{mech}})+1}{\xi^{\mathrm{ok}}} \right)^2 \right] \mathrm{d}t \tag{6.163}$$

$$K_p^{\mathrm{eff}} = \frac{1}{t_c} \int_0^{t_c} D_0 \exp\left(-\frac{Q}{R \times T(t)} \right) \mathrm{d}t \tag{6.164}$$

h_{cr}为环境冲击滞后裂缝的临界裂缝长度，δ_o为受环境影响材料的延展性，α为应变率灵敏度常数，β为指数，K_p^{eff}为抛物线氧化常数，$T(t)$为温度随时间的变化，R为通用气体常数，D_0为氧化扩散系数，Q为氧化的活化能，Φ_{ox}为氧化应变 – 温度相变函数，ξ^{ox}为氧化损伤对应变温度相变的敏感性，t_c为循环周期。

蠕变破坏损伤：

$$D^{\mathrm{creep}} = \frac{1}{N^{\mathrm{creep}}} = \Phi^{\mathrm{creep}} \int_0^{t_c} \exp\left(-\frac{\Delta H}{R \times T(t)} \right) \left(\frac{\alpha_1\,\overline{\sigma} + \alpha_2\,\sigma_h}{K} \right)^m \mathrm{d}t \tag{6.165}$$

式中

$$\Phi^{\mathrm{creep}} = \frac{1}{t_c} \int_0^{t_c} \exp\left[-\frac{1}{2}\left(\frac{(\dot{\varepsilon}_{\mathrm{th}}/\dot{\varepsilon}_{\mathrm{meth}})-1}{\xi^{\mathrm{creep}}} \right)^2 \right] \mathrm{d}t \tag{6.166}$$

t_c为循环周期，Φ^{creep}为温度应变相变因子，$\overline{\sigma}$为有效应力，σ_h为静水压力，K为阻应力，α_1和α_2分别代表在拉伸和压缩条件下发生相对损伤量的比例因子，ΔH为用于速率控制蠕变机制的激活能量，m为材料常数，ξ^{creep}是一个蠕变相变中的常数。

在 Sehitoglu 破坏模型中，其机械破坏的部分跟 Coffin – Manson 方法（公式 6.40）一样。由以上方程式，可以看出，机械破坏只跟机械应变的幅值相关，跟变形的过程无关。而环境破坏跟变形的幅值以及变形的速率相关。蠕动破坏则跟等效应力和静水压力相关，并且是时间的积分。所以环境破坏和蠕变破坏都涉及变形的过程，跟时间相关。

Sehitoglu 破坏模型的建模需要很多不同实验数据的支持，应用比较复杂。在实际应用上，由于材料参数的缺乏，经常简化分析只使用 Coffin – Manson 方法，即机械疲劳部分。需要说明，实际材料的应变 – 寿命周期关系对于不同的温度是不一样的。一般认为这种不同是因为高温时材料的蠕动破坏和环境破坏导致的。但材料本身的可延展性也会随着温度的升高而增加，从而影响材料的机械疲劳寿命。虽然在疲劳寿命的计算上可以使用不同温度下的应变 – 寿命周期（ε – N）曲线，但在高温时蠕动破坏和环境破坏会显著增加，并跟实验条件相关，这都会影响到实验得到的最终应变 – 寿命周期（ε – N）曲线。但实际中的结构载荷情况和环境条件会更复杂，所以 Coffin – Manson 方法并不能精确的计算各种热机械疲劳的破环。

因为热机械疲劳破坏和高温下材料特性以及发动机实际运行的复杂性，现实情况中的计算上很难准确计算热机械疲劳的结构寿命。在分析实际问题时关键是要能抓住问题的主要矛盾，选用合适而有效的方法。

6.9.5 发动机结构的疲劳分析

如前面的介绍，常规的机械疲劳分析有应力 – 寿命法即高周疲劳法和应变 – 寿命法即低周疲劳法。从力学角度来说，高周疲劳中结构的应变多属弹性应变的范畴，可能非常局部会进入塑性变形。高周疲劳的分析以应力（或者弹性应变）作为分析的基础参数。而低周疲劳，较大区域的材料会进入塑性变形，以大变形为主，所以低周疲劳的分析以应变为分析的基础参数。在蠕变情况下的热疲劳中，材料大多进入屈服，具有显著的塑性变形的特征，从这点来说，热机械疲劳也属于低周疲劳。但是与常温下的低周疲劳相比，热机械疲劳的变形是与时间相关的，在高温下，即使载荷不变，材料的变形也会随着时间因为蠕变而增加，或者在约束变形不变的情况下，应力也会随着时间而衰减。热机械疲劳时材料的破坏不再仅仅是机械疲劳破坏，它包括了蠕变破坏和各种环境腐蚀破坏（包括氧化腐蚀，脱碳腐蚀和热气体腐蚀等）。对发动机结构来说，由于它处在高温之下，它的低周疲劳主要是因为热载荷导致的热机械疲劳。

　　与汽车的其他部分不同，发动机的结构同时承受机械和热两种载荷。发动机燃烧室燃气燃烧导致的爆炸力以及由此产生的各种机械载荷，包括曲轴载荷和凸轮轴载荷属于高频交变载荷（详见第九章），它们一般不会导致结构产生大区域的塑性变形，处于这些载荷下的发动机结构疲劳属于高周疲劳。而发动机每次从启动到熄火，发动机都会因为燃烧产生的热应力对发动机结构产生一次热冲击。这种热冲击会导致发动机的一些零部件或零部件的一些区域不仅因为热膨胀产生热变形，而且会因为温度的升高弱化材料产生较大的热应变和热机械疲劳。所以，高周疲劳和低周疲劳在发动机的结构中同时存在，对发动机结构的疲劳分析，高周疲劳和低周疲劳需要同时考虑。然而在现实中，因为两者的物理机理有本质区别，以现有的理论与方法以及技术手段（计算机计算的软件和硬件）和从实际应用的角度来说（常常缺乏材料参数，同时工程应用不能过于复杂，分析时间不能过长）很难将这两种疲劳导致的破坏叠加在一起综合分析。所以在目前发动机的疲劳分析中，以高频机械载荷为原因的高周疲劳和以低频热载荷为原因的低周疲劳是采用不同的方法分别计算的，即在以热载荷为主的低周疲劳分析中，高频机械载荷导致的破坏是忽略不计的，而在以机械载荷为主的高周疲劳分析中，蠕变的影响是不考虑的。在当前的工程分析中比较普遍的做法是根据分析和经验预先区分只有高周疲劳的零部件或区域（温度的影响还不足以引起显著的蠕变）和受高温蠕变影响较显著的零部件或区域，对高周疲劳的零部件或区域只进行高周疲劳分析，对受高温蠕变影响的零部件或区域，分别进行高周疲劳和低周疲劳的分析，同时要求两种结构疲劳的寿命都达到各自的目标。

　　在发动机的热机械疲劳分析中，主要包括三个部分：计算发动机燃烧室内燃气燃烧所产生的温度场作为热应力计算的输入边境温度条件，进而计算发动机结构上的应力和应变，最后计算发动机结构的疲劳寿命。

1. 温度场的计算

　　从发动机热载荷的加载周期来说，发动机的每次启动到熄火，发动机整体温度从环境温度开始，升到运行时的高温，然后持续运行的高温到停止运行，整体温度降到环境温度。这一整个过程相当于对发动机结构的一次热冲击。所以从加载频率上来说，这种热冲击的频率比燃气爆炸产生的对发动机的机械力的冲击要小的多。这种热冲击不仅会产生因为热膨胀产生的热变形，而且会因为温度的升高弱化材料，从而导致较大的热应变。尤其对于会经受高温的部件来说，这种热冲击产生的疲劳破坏就异常显得不可忽视。从实际用户使用汽车的情况来看，汽车使用的状况相差很大，包括每天使用的次数、时间的长短、驾车的速度、开车的习惯（例如猛加速或猛减速），等等。这些情况的不同都会影响发动机结构的蠕变情况。因为蠕变受温度和时间的影响很大，很多短暂、温度不足的使用情况不会导致发动机的结构发生蠕变。在汽车发动机结构热疲劳的考虑中，通常认为在一般用户的使用情况中，发动机每天发生足以引发发动机结构显著蠕变的深度热冲击的次数不超过三次，在 10 年的汽车使用过程中不超过 10000 次。如同汽车在道路上使用的情况一样，在发动机设计的过程中，汽车企业通常会集中考虑发动机在汽车使用中最具代表性的使用工况，在试验室的台架上复现典型发动机的使用工况，同时为了缩短试验周期，试验会通过技术手段快速提高温度使发动机的结构快速产生预期的蠕变，然后快速降温，使每一个热冲击能在数分钟内完成，使整个试验能在可接受的时间内完成。根据各汽车企业的设计目标不同，试验的规范不同，一般这样的发动机试验在几百小时内完成，热冲击的次数在几千至一万之间。发动机温度场热载荷的计算就是模拟仿真这些试验的情况，计算所产生的温度场。根据各公司的技术条件，少数的公司进行瞬态的热力学分析，多数的公司只做简化的稳态计算。

作为热机械疲劳的驱动载荷，热载荷在现有的技术条件下往往因为结构变形对燃烧的影响和各种非正常燃烧的可能情况不能完全被模拟，导致模拟的温度场离实际的情况相差过多，这就会直接影响到热机械疲劳分析的准确性。所以在具体的问题分析中，尤其是对已知问题的分析中，有必要对实际的温度场进行一定的校准和验证，否则只会因为错误的温度场而误导设计改进的方向。

2. 热机械疲劳分析中材料模型的使用

在结构应力和应变分析中，准确地模拟材料的应力 - 应变行为对应力和应变的计算十分重要。相对于高周疲劳问题，热机械疲劳问题因为材料所受热载荷变化要更大，材料的应力应变关系要复杂的多。这种关系受到应变率、温度、平均应力以及温度应变诱发的材料应力应变关系变化的多种因素的影响。所以在材料的本构关系上来考虑这么多的因素是个很具挑战的问题。

如前所诉，材料本构模型有多种可供选择。在疲劳分析中，根据实际情况和必要性做出选择。比如各向同性硬化弹塑性（Isotropic）本构模型一般对于线弹性范围内的高周疲劳问题就足够了。但是对于非线性变形较大的结构问题，可能就需要使用随动硬化弹塑性（Kinematic）或者复合硬化弹塑性（Isotropic - Kinematic Combined）本构模型了。而对于高温的问题并伴随较大的非线性变形以及蠕变，为更好地模拟实际材料的特性，并提高变形计算的准确性，一般需要采用粘弹塑性（比如 Chaboche 模型）本构模型。对于发动机的热机械疲劳，因为材料所经历的温度以及变形会较大，采用粘弹塑性本构模型将是最佳选择。但粘弹塑性本构模型的建模需要大量的实验数据的支持以及复杂的实验数据处理，所以有时在数据缺乏的情况下，也可以牺牲一定的精确性而使用复合硬化弹塑性本构模型。

3. 热机械疲劳模型中的材料参数

低周疲劳的分析主要使用应变 - 寿命曲线（$\varepsilon - N$ 曲线）。常温下测得的应变 - 寿命曲线不包含热载荷加载历史对结构的破坏，所以它只局限于机械疲劳破坏的计算。热机械疲劳的实验和高温应变 - 寿命曲线的测量都是在控制的条件下完成的，在高温实验时所有的疲劳破坏形式是混合在一起的。材料的蠕变破坏和各种环境腐蚀破坏受温度和时间的影响很大，同时材料的可延展性会随着温度变化而变化，这也会影响到材料的抗机械疲劳的能力。实验得到的应变 - 寿命周期曲线不仅包含机械疲劳破坏，也包含蠕变破坏和各种环境腐蚀破坏。

　　根据实验数据去分析校准热机械疲劳模型的参数是一个挑战。实际发动机部件的热机械疲劳本身也非常复杂，因为结构、载荷、温度的不同，不同部件以及相同部件不同区域的各种疲劳破坏的形式比例也会各不一样。直接用一条应变 – 寿命曲线来计算疲劳周期显然是不够精确的。这是实际分析中的另一个挑战。在现实的分析中，当无法在每一个温度区域使用相应的应变 – 寿命曲线，需要对最后的计算结果做出适当的、合理的评估。

参 考 文 献

[1] 中国国家标准化管理委员会. 金属材料疲劳试验轴向力控制方法：GB/T 3075 – 2008 ［S］. 北京：中国标准出版社，2008.

[2] International Organization of Standardization. Metallic matierials – Fatigue testing – Axial force controlled method. ISO 1099 ［S］. Geneva：International Organization of Standardization，2006.

[3] Norman E. Dowling. Mechanical Behavior of Materials（4thedition）［M］. England：Pearson Education，2013.

[4] 中国国家标准化管理委员会. 金属材料疲劳试验轴向应变控制方法：GB/T 26077 – 2010 ［S］. 北京：中国标准出版社，2010.

[5] International Organization of Standardization. Metallic matierials – Fatigue testing – Axial stain controlled method. ISO 12106 ［S］. Geneva：International Organization of Standardization，2003.

[6] HUANG L，Agrawal H.，PrabaKurudiyara. Dynamic Durability Analysis of Automotive Structures. SAE Technical Paper 980695 ［C］. Detroit：SAE International Congess and Exposition，February 23 – 26，1998.

[7] HUANG L.，AGRAWAL H. Method of Identifying Critical Elements in Fatigue Analysis with vonMises Stress bounding and Filtering Modal Displacement History Using Dynamic Windowing. United States Patent，US6212486 ［P］. April 3，2001.

[8] HUANG L. Method of selecting a critical plane for multi – event fatigue life prediction. United States Patent，US 6823740 B1 ［P］. Nov. 30，2004.

[9] BISHOP N W.，SHERRATT F. Fatigue Life Prediction from Power Spectral Density Data ［J］. Environmental Engineering，Vol2，March 1989.

[10] British Standard Institute. Fatigue design and assessment of steel structures. BS7608 ［S］. London：British Standard Institute（BSI），2015.

[11] International Institute of Welding. Recommendation for fatigue design of welding joints and components ［R］. Paris：International Institute of Welding（IIW），2008.

[12] FERMER M.，ANDREASSON M.，Frodin B. Fatigue Life Prediction of MAG – Welded Thin – Sheet Structures. SAE Technical paper 982311 ［C］. Detroit：SAE International Congress and Exposition，1998.

[13] DONG P.，HONG J. K. CAE Weld Durability Prediction：A Robust Single Damage Parameter Approach. SAE Technical paper 2002 – 01 – 0151 ［C］. Detroit：SAE International Congress and Exposition，2002.

[14] European committee for standardization. European committee standard：Railway Applications – Welding of Railway Vechile and Components Part 3：Design requirements：EN15085 – 3 ［S］. Brussels：European committee for standardization，CEN，2007.

[15] The American Society of Mechanical Enginners. ASME Boiler and Pressure Vessel CodeVIII Division 2. ASME BPVC VIII – 2 – 2015 ［S］. New York：The American Society of Mechanical Enginners（ASME），2015.

[16] R. POTUKUTCHI，H. AGRAWAL，P. PERUMALSWAMI，P. Dong. Fatigue Analysis of Steel MIG Welds in Automotive Structures，SAE Technical paper 2004 – 01 – 0627 ［C］. Detroit：SAE International Congress and Exposition，2004.

［17］兆文忠，李向伟，董平沙. 焊接结构抗疲劳设计理论与方法［M］. 北京：机械工业出版社，2017.

［18］P. DONG. A structural stress definition and numerical implementation for fatigue analysis of welded joints, International Journal of Fatigue23［J］. 2001, 865 – 876.

［19］DONG P. , HONG J. K, OSAGE D. and PRAGER M. , Master S – N Curve Method for Fatigue Evaluation of Welded Components［R］. Welding Research Council Bulletin No 474, 2002.

［20］IYENGAR R. , AMAYA M. , BONNEN J. , etc. Fatigue of Spot – Welded Sheet Steel Joints：Physics, Mechnics and Process Variability［C］. Detroit：Great Designs in Steel Seminar, Auto/Steel Partnership (A/SP), April 9, 2008.

［21］Bonnen J, etc. Fatigue of Advanced High Strength Steel Spot – Welds. SAE Technical paper 2006 – 01 – 0978［C］. Detroit：SAE World Congress, 2006.

［22］SwellamM. H. A Fatigue Design Parameter for Spot Welds［D］. Ph. D. Thesis, University of Illinois at Urbana – Champain. 1991.

［23］RuppA. , StorzelK. , GrubisicV. Computer Aided Dimensioning of Spot – Welded Automotive Structures. SAE technical report No. 950711［C］. Detroit：SAE International Congress and Exposition, 1995.

［24］KangH. T. , DongP. , HongJ. K. Fatigue Analysis of Spot Welds Using a Mesh – insensitive Structural Stress Approach. International Journal of Fatigue 29［J］. 2007, 1546 – 1553

［25］SheppardS. D. Further Refinement of a Methodology for Fatigue Life Estimation in Resistance Spot Weld Connections. Advances in Fatigue Lifetime Prediction Techniques［G］. Volume 3, 265 – 282. ASTM STP 1292, Philadelphia：The American Society for Testing and Materials (ASTM), 1996.

［26］Kang H. A Fatigue Damage Parameter of Spot Welded Joints Under Proportional Loading. International Journal of Automotive Technology［J］. Vol. 6, No. 3, 285 – 291, 2005.

［27］Wung P. A Method for Spot Welded Structure Analysis," SAE technical report No. 2001 – 01 – 0427［C］. Detroit：SAE International Congress and Exposition, 2001.

［28］DesignLife Theory Guide［G］. HBM United Kingdom Limited, 2016.

［29］RuiY. , BorsosR. S. , Agrawal H. N. , Rivard C. The Fatigue Life Prediction Method for Multi – Spot – Welded Structures. SAE technical report No. 930571［C］. Detroit：SAE International Congress and Exposition, 1993.

［30］Magna. FEMFATsoftware［G/OL］. https：//femfat. magna. com/index. php? id = 525&L = 86.

［31］Tada H. , Paris P. , Irwin G. The Stress Analysis of Cracks Handbook［G］. Del Research Corporation, 1985.

接触表面的磨损 第7章

7.1 磨损的基本概念

磨损是相互接触和相对运动的构件，在其接触的表面上不断出现材料损失或损伤的现象和过程。在汽车的使用中，有一些零部件存在着相互接触和摩擦。例如制动盘、传动齿轮、传动的轴承、发动机的缸体与活塞等。相互接触和摩擦导致相关零部件的磨损。通常情况下磨损是有害的。它会减弱相关机构的功能，降低相关机构的机械效率，降低零件的精度，导致异常的机械振动和噪声，减少零件的使用寿命。

摩擦学是一门专门研究相互运动和相互作用的固体表面问题的学科[1,2]。摩擦学主要研究摩擦、磨损、润滑的机理和表面工程的相关问题，是一门涉及多种学科领域的科学。磨损是摩擦学研究中的一个主要方面。尽管人类早已对摩擦有所研究，但是对磨损的研究开始较晚。在 20 世纪 50 年代黏着理论提出，以及 60 年代各种表面分析仪器相继研制出来后，磨损研究才得以迅速开展。综合摩擦、润滑和磨损等表面问题研究的摩擦学逐渐形成。人们对磨损有了一些初步的认识并提出一些理论。然而，磨损是一个复杂的问题，磨损过程包含了机械、物理和化学的综合作用。对磨损问题的研究还没有能够像摩擦那样建立了比较公认、定性和定量的结论和定律。下面对摩擦学中有关磨损的基本概念和知识做一些简单的介绍。

1. 材料耐磨性的指标

耐磨性是材料抵抗磨损的一个性能指标，用磨损量的倒数来表示。磨损量有多种表达方式。线磨损用磨损高度（摩擦表面法向尺寸的减少量）来计算。体积磨损用磨损体积（摩擦表面体积的减少量）来计算。重量磨损用磨损重量（磨损过程中材料重量损失）来计算。磨损率则是单位相对滑动距离或接触面积的磨损量。

2. 磨损的过程与分类

机械零件的正常磨损过程大致分为磨合磨损、稳定磨损和剧烈磨损三个阶段。简单地说，磨合就是表面"磨平"。磨合通常是一些机械装置从生产出来时表面不很平整到接触表面达到比较吻合和理想工作状态的磨损过程。当磨合完成之后，磨损进入稳定磨损阶段。稳定磨损的特点是磨损率很低，持续时间也较长。稳定磨损阶段是机器和零部件正常工作的阶段。在材料的磨损累积到一定量后，摩擦的状态会发生质的变化，接触摩擦的表面出现许多疲劳裂纹，进一步相互交连而成片剥离，零件的表面造成较大的损伤，从而导致磨损加剧，相关的系统可能突然损坏而失效。

根据磨损破坏的机理和特征，磨损一般可分为四类：黏着磨损、磨料磨损、表面疲劳磨损和腐蚀磨损。

7.2　黏着磨损

概括地说，黏着磨损理论认为，两个金属表面相互接触时，开始仅在少数高度较高的微凸体顶端发生接触。由于接触面积极小，微凸体上的接触压力相对较大，促使其局部产生塑性变形。接触点的塑性流动导致更多高度稍低的微凸体相继进入接触，使接触面积增大。这样的塑性流动使塑性接触区域的金属材料黏着在一起。切向力也将进一步推动这些塑性流动，使黏着点横向扩大。接触面积的增大会使由法向力引起的切向力增大。在法向力和动态的切向力的共同作用下，黏着点会继续生长，直至最后达到力的平衡，黏着点停止生长。

在黏着磨损的过程中，表面材料从一个表面转移到另一个表面，在连续摩擦的情况下，被转移的薄片材料堆积到一定程度后，由于机械断裂、结合链破坏或疲劳断裂而剥离，成为松散的磨屑颗粒。

根据摩擦表面磨损和破坏的程度，黏着磨损分为五种类型：轻微磨损、涂抹、擦伤和划痕、撕脱、咬死。轻微磨损有因剪切混合层破坏而呈层状片剥落，或者因疲劳剥层磨损而以极薄的片状剥落。内燃机缸套与活塞环的正常稳定磨损属于这种轻微磨损。内燃机铝活塞与缸壁常见擦伤和划痕磨损。轴与轴承常见撕脱磨损。发动机的抱缸是一种咬死磨损破坏。

按照摩擦学的理论，在滑动距离为 L 的总磨损体积为

$$V = K\beta \frac{WL}{H} \tag{7.1}$$

式中　W——总载荷；

H——软材料的布氏硬度值；

K——磨损系数（形成磨粒所需的有效遭遇次数与总遭遇次数之比，或称微凸体相碰时形成磨粒的概率；其值一般在 $1 \times 10^{-2} \sim 1 \times 10^{-7}$ 之间；在空气中，对洁净的金属表面约为 $1 \times 10^{-3} \sim 1 \times 10^{-4}$；对润滑条件差的表面约为 $1 \times 10^{-4} \sim 1 \times 10^{-5}$ 对润滑条件差的表面约为 $10^{-6} \sim 10^{-7}$）；

β——表面膜缺陷系数。

从式（7.1）可以看出滑动摩擦的总磨损体积与载荷、滑动距离、磨损系数、表面膜缺陷系数成正比，与材料的布氏硬度值成反比。也就是说，载荷越大，磨损量越大；滑动距离越长，磨损量越大；摩擦时微观凸体相碰形成磨粒的概率和表面膜缺陷越大，磨损量越大。但是材料的布氏硬度越高，磨损量越小。这是滑动摩擦的一般规律。

7.3　磨料磨损

当两个摩擦物体中的一方表面有硬微凸体或有硬的颗粒（包括外来的硬颗粒），在较软的表面上，或在双方物体的表面上引起划痕、擦伤或微切削的现象，称为磨料磨损。

磨料与摩擦表面材料的相互作用十分复杂。关于磨料磨损的机理有以下几种假说：以微量切削为主的假说；以疲劳破坏为主的假说；以压痕破坏为主的假说；断裂起主要作用的假说。简化的磨料磨损定量关系式为

$$V = K_a \frac{WL}{H_m} \tag{7.2}$$

式中　H_m——材料的硬度值；

　　　K_a——磨料磨损系数，与磨料大小、形状、能起切削作用的磨料数量，以及磨料移动速度的因素有关；对于两体磨料磨损，K_a值在$2 \times 10^{-1} \sim 2 \times 10^{-2}$范围内。

该公式是根据简单的模型推导出来的，与实际还有较大的差别，但它有助于了解磨料磨损的本质和一般规律。从式（7.2）可以看出，磨料磨损与载荷、摩擦距离、磨料磨损系数成正比，与材料的硬度成反比。也就是说，载荷越大，磨损量越大；摩擦距离越长，磨损量越大；磨料磨损系数越大，磨损量越大；但是材料的硬度越高，磨损量越小。

7.4　疲劳磨损

很多机械在工作时零件表面会发生相互接触，零件的接触表面会产生接触压应力。有些机械零件的工作状态是周期性的循环受力，如齿轮、滚动轴承、凸轮和轮箍等。在这些零件表面产生的接触压应力也是周期性循环变化的。金属零件的表面在长期循环变化的接触压应力的反复作用下，会产生小块或小片的材料剥落，形成麻点或凹坑。这种材料表面因循环变化接触应力而产生材料表面疲劳破坏的现象，称为表面疲劳磨损或接触疲劳磨损。接触表面出现的凹坑称为麻点，也叫点蚀或麻点磨损。在刚出现少数麻点时，一般仍能继续工作，但随着工作时间的延续，麻点剥落现象将不断增多和扩大。例如齿轮，此时啮合情况恶化，磨损加剧，发生较大的附加冲击力，噪声增大，振动加剧，温度升高，磨损加快，最后导致零件失效。

接触疲劳磨损过程十分复杂，影响因素繁多，虽然长期以来有大量的试验研究，但仍然存在很多争论的问题。文献 [1] 将影响表面疲劳的因素归纳为 4 个方面：

① 应力场。
② 接触摩擦零件材料的机械性质和强度。
③ 材料内部缺陷的几何形状和分布密度。
④ 润滑剂或介质与零件材料的作用。

7.4.1　接触应力

在物体接触区域的应力是引起接触表面疲劳磨损的直接原因。分析和计算接触区域的应力场是接触疲劳分析中一项重要而基本的任务。接触力学是一门专门研究两物体因受压相互接触后产生的局部应力和应变分布规律的学科。接触力学已经有一百多年的历史，是接触疲劳分析的基础。

1. 赫兹应力

H. R. 赫兹（Hertz）是最早（1881 年）研究接触问题的学者。赫兹假设：

① 相接触的物体为各向同性（均质）和光滑的弹性体，接触区只发生弹性变形。
② 接触面积比相接触物体的总表面积小得多，接触面呈椭圆形。
③ 接触面上只作用有分布的垂直压力，无摩擦。

凡满足以上假设的接触称为赫兹接触。由赫兹弹性接触计算得到的接触表面的法向应力称为赫兹应力。

以两个圆柱体接触为例。假设两个圆柱体的接触长度为 l，半径分别为 R_1 和 R_2，材料的弹性模量分别为 E_1 和 E_2，材料的泊松比分别为 μ_1 和 μ_2，圆柱体所受的总压力为 F。图7.1 为外啮合接触；图 7.2 为内啮合接触。

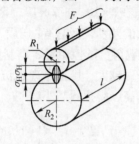

图7.1 两圆柱体外啮合接触和
接触表面压应力的分布

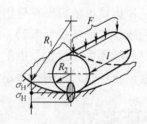

图7.2 两圆柱体内啮合接触和
接触表面压应力的分布

根据赫兹接触理论，最大接触表面上的压应力（即最大接触压应力）发生在接触面的中心，为

$$\sigma_{\mathrm{H}} = \sqrt{\frac{\dfrac{F}{l}\left(\dfrac{1}{R_1} \pm \dfrac{1}{R_2}\right)}{\pi\left(\dfrac{1-\mu_1^2}{E_1} + \dfrac{1-\mu_2^2}{E_2}\right)}} \tag{7.3}$$

式（7.3）中，外啮合接触取 "＋" 号；内啮合接触取 "－" 号。在接触面的边缘，压应力最小为零。接触表面上的压应力分布如图中接触区域的椭圆所示。

如果两个圆柱体材料一样，$E_1 = E_2 = E$，并其泊松比为 0.3，$\mu_1 = \mu_2 = 0.3$，最大接触应力为

$$\sigma_{\mathrm{H}} = 0.418 \sqrt{\frac{FE}{l}\left(\frac{1}{R_1} \pm \frac{1}{R_2}\right)} \tag{7.4}$$

几种简单的相同材料（E 和 $\mu = 0.3$）物体的接触，最大接触应力如表 7.1 所列。更多复杂形面物体接触的计算，可参看接触力学的书籍或工程手册。

表7.1 几种常见弹性体接触的最大接触应力（$E_1 = E_2 = E$；$\mu_1 = \mu_2 = 0.3$）

序号	接触类型	接触图示	最大接触应力
1	球与平面		$0.388 \sqrt[3]{\dfrac{FE^2}{R^2}}$
2	球与球		$0.388 \sqrt[3]{FE^2\left(\dfrac{R_1 + R_2}{R_1 R_2}\right)^2}$

（续）

序号	接触类型	接触图示	最大接触应力
3	球与凹面		$0.388\sqrt[3]{FE^2\left(\dfrac{R_2-R_1}{R_1R_2}\right)^2}$
4	圆柱与平面	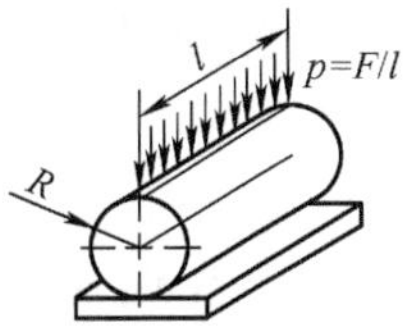	$0.418\sqrt{\dfrac{FE}{lR}}$
5	轴线平行的圆柱与圆柱	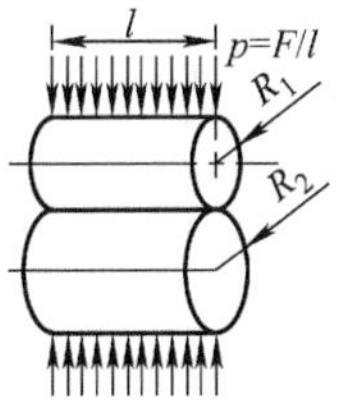	$0.418\sqrt{\dfrac{FE}{l}\left(\dfrac{R_1+R_2}{R_1R_2}\right)}$
6	圆柱与凹圆柱面	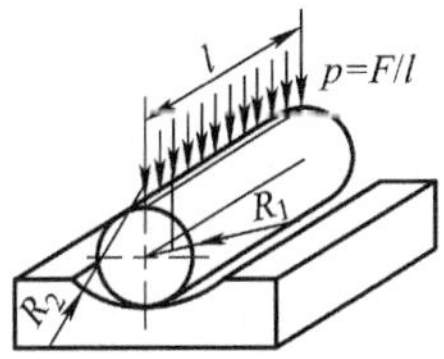	$0.418\sqrt{\dfrac{FE}{l}\left(\dfrac{R_2-R_1}{R_1R_2}\right)}$

2. 复合接触应力

严格地说，赫兹接触理论的应用条件应是无润滑情况下完全弹性体的静态接触。实际工程中的很多接触问题并不满足赫兹理论的条件。例如，接触面间存在摩擦时的滑动接触；两物体间存在局部打滑的滚动接触；因表面轮廓接近而导致较大接触面尺寸的协调接触；各向异性或非均质材料间的接触；塑性或黏弹性材料间的接触；物体间的弹性或非弹性撞击；受摩擦加热，或在非均匀温度场中的两物体的接触等。复杂的接触问题有多种，包括滑动接触、微滑动接触、滚动接触、黏着接触、弹塑性接触、黏弹性接触、涂层接触。在复杂接触的情况下，接触表面还存在摩擦力。

当物体接触表面的摩擦力不能忽略；或者物体的接触变形超出弹性变形；或者物体的接触区域存在润滑液剂；或者物体的接触区域摩擦生热时，接触问题需要应用摩擦学里的其他理论进行综合分析。在摩擦学中相关的理论有摩擦理论和润滑理论。

古典的摩擦理论已有两百年以上的历史，有第一至第四摩擦定律，统称库仑（Coulomb）摩擦定律。经过数百年对摩擦研究的积累，对摩擦现象及其机理的研究已经形成了多种理论，有机械理论（凹凸说）、分子理论（分子说）、分子-机械理论、黏着理论、综合能量平衡理论和摩擦振动说（黏-滑运动说）等。但是，目前对摩擦机理的研究尚未形成完全统一的认识。

有关润滑的研究始于 1883 年英国工程师 B. Tower 关于蒸汽机的研究。1886 年英国的雷诺（Reynolds）根据流体力学的基本理论，建立了流体力学润滑基本方程式。雷诺润滑理论奠定了润滑理论的基础。在工程应用上，有关滚动轴承、齿轮、凸轮工作表面接触区域油膜的弹性流体力学润滑理论也建立起来。摩擦学中关于摩擦、润滑和磨损相互关系的研究不断深入。

研究表明，摩擦力增加裂纹萌生的可能性，摩擦力所引起的拉应力也促使裂纹扩展加速。另外，摩擦产生的热使接触表面的温度升高，使金属软化而降低材料的力学性能，因此加速表面疲劳磨损。因为应力循环的速度会影响接触表面的温度，所以接触循环的速度也会影响接触疲劳。

研究也表明，在全膜流体润滑的情况下，油膜的压力分布与赫兹应力不同，改变了表层内部的应力场，从而影响疲劳磨损。

对于各种摩擦和润滑的情况，工程分析中通常根据摩擦和润滑的基本理论，对赫兹应力进行不同的修正。对一些具体的实际工程问题（如齿轮、轴承），相关行业已经形成了行业专门的分析计算方法。例如，ISO 6336 对齿轮接触应力的计算方法。读者可参看相关的书籍、文献或第 14 章中有关齿轮和轴承的分析。

7.4.2　接触疲劳破坏的应力准则

关于接触疲劳破坏的应力准则有几种。

1. 最大切应力

该理论认为，两弹性物体接触时，最大接触切应力出现在接触点下方某一深度处与接触面成 45°角的平面上。在该平面上的切应力分布，随表层向下而增大，达到最大值后又随离表层距离增大而减小。当两物体滚动接触时，切应力由最大值变到零，再由零到最大值，形成脉动循环应力，使物体产生接触疲劳破坏，其裂纹方向与接触表面成 45°角。这种理论广泛应用在传统的齿轮接触疲劳强度计算中。

最大切应力在接触点下方某一深度处的说法来自赫兹接触理论。在赫兹接触理论中可以证明，虽然最大法向应力是在接触表面上，但是最大切应力是在表面正下方一定的深度的地方。表 7.2 给出了几种常见的相同材料弹性体（$E_1 = E_2 = E$；$\mu_1 = \mu_2 = 0.3$）接触的最大切应力处，距表面距离的理论值。

表 7.2　几种常见弹性体接触的最大切应力及距表面距离（$E_1 = E_2 = E$；$\mu_1 = \mu_2 = 0.3$）

序号	接触类型	接触图示	最大切应力	最大切应力处距表面距离
1	球与平面		$0.12\sqrt[3]{\dfrac{FE^2}{R^2}}$	$0.52\sqrt[3]{\dfrac{FR}{E}}$
2	球与球		$0.12\sqrt[3]{FE^2\left(\dfrac{R_1+R_2}{R_1R_2}\right)^2}$	$0.52\sqrt[3]{\dfrac{F}{E}\left(\dfrac{R_1R_2}{R_1+R_2}\right)}$
3	球与凹面		$0.12\sqrt[3]{FE^2\left(\dfrac{R_2-R_1}{R_1R_2}\right)^2}$	$0.52\sqrt[3]{\dfrac{F}{E}\left(\dfrac{R_1R_2}{R_2-R_1}\right)}$

（续）

序号	接触类型	接触图示	最大切应力	最大切应力处距表面距离
4	圆柱与平面		$0.125\sqrt{\dfrac{FE}{lR}}$	$1.2\sqrt{\dfrac{FR}{lE}}$
5	轴线平行的圆柱与圆柱		$0.125\sqrt{\dfrac{FE}{l}\left(\dfrac{R_1+R_2}{R_1R_2}\right)}$	$1.2\sqrt{\dfrac{F}{lE}\left(\dfrac{R_1R_2}{R_1+R_2}\right)}$
6	圆柱与凹圆柱面		$0.125\sqrt{\dfrac{FE}{l}\left(\dfrac{R_2-R_1}{R_1R_2}\right)}$	$1.2\sqrt{\dfrac{F}{lE}\left(\dfrac{R_1R_2}{R_2-R_1}\right)}$

2. 最大正交切应力

如果零件接触的表面为 x–y 平面，两个正交的切应力分别在 y–z 平面和 x–z 平面里。最大正交切应力理论认为，在这两个方向上的最大正交切应力是导致接触疲劳破坏的主要因素。当滚动接触时的滚动平面与坐标轴之一重合时，正交切应力将是交变应力。ISO（国际标准化组织）和 AFBMA（美国轴承制造商协会）提出的滚动轴承接触疲劳计算，都采用最大正交切应力方法。

3. 最大表面切应力

表面切应力数值小于最大切应力和正交切应力。但是由于表面缺陷和滚动中的表面相互作用，使疲劳裂纹出现于表面和表面切应力的影响大大加强。该理论认为，最大表面切应力是导致接触疲劳破坏的主要因素。

4. 等效应力

等效应力的定义为

$$\sigma_e^2=\frac{1}{2}\left[(\sigma_x-\sigma_y)^2+(\sigma_y-\sigma_z)^2+(\sigma_z-\sigma_x)^2+3(\tau_{xy}^2+\tau_{yz}^2+\tau_{zx}^2)\right] \tag{7.5}$$

材料中储存的能量有两种作用，即改变体积和改变形状。后者是决定疲劳破坏的因素。等效应力是按照产生相同形状变化的原则推导出来的。等效应力的方法将复杂的应力状态用一个等效应力表达。该理论认为，等效应力是导致接触疲劳破坏的应力。

7.4.3　接触疲劳磨损的机理

1. 表面萌生疲劳和表层萌生疲劳

接触疲劳按照疲劳裂纹的发生源分类，有表面萌生疲劳和表层萌生疲劳。表面是指接触面的材料表面（深度为零）。表层是指接触面下面一定深度范围的材料。

表面萌生的疲劳磨损主要发生在以滑动为主的高质量钢材摩擦副（一对相互接触、发生摩擦的物体组）。表面萌生的裂纹发生源是接触表面上的应力集中源，例如切削痕、碰伤痕、腐蚀或其他磨损的痕迹。裂纹由表面出发与滑动方向成 20°~40° 的夹角向表层内扩展。到一定深度后，分叉形成脱落凹坑。这种疲劳磨损的裂纹形成时间很长，但扩展速度十分迅速。

表层萌生的疲劳磨损主要发生在以滚动为主的一般质量钢材的摩擦副。表层萌生的裂纹发生源在材料表层内部的应力集中源，与表层内最大切应力的位置大致相符合。裂纹萌生以后，首先沿滚动方向平行于表面扩展，然后延伸的表面。磨屑剥落后形成凹坑。这种疲劳磨损的裂纹萌生所需的时间较短，但裂纹扩展速度缓慢。

通常这两种疲劳磨损同时存在。

2. 点蚀和鳞剥磨损

接触疲劳的破坏类型按表面破坏的形状分为点蚀和鳞剥（或剥落）。点蚀破坏时，磨屑多为颗粒，接触表面上呈现许多小而深的麻点或凹坑，也称点蚀坑。随着疲劳损伤的加剧，点蚀坑的数量增多、密度变大，直到表层完全失效。鳞剥破坏时，磨屑呈现片状，接触表面上呈现为浅而面积较大的凹坑。

点蚀失效主要是由于粗糙的表面微凸体在接触时，微凸体发生强烈的塑性变形，并在接触区域形成黏着磨损而产生较大的剪切应力，微凸体在剪切应力的作用下被去除，去除的微凸体会充当磨粒，在润滑油的作用下会挤入滚动接触区域。表层粒子在磨粒和接触应力的循环往复作用下发生疲劳剥离，在表面形成原始的点蚀坑。点蚀坑周围的表层粒子结构变得不稳定而极易剥离，并且剥落的涂层粒子会继续充当磨粒加速磨料磨损过程，直到在表层表面形成大量的点蚀坑。

点蚀疲劳的裂纹都起源于表面，然后向表层内扩展。鳞剥疲劳的裂纹始于表层内，在表层内近表面的微观缺陷处萌生裂纹。微缺陷处的材料结构不稳定，在循环应力的作用下，裂纹极易在这些缺陷处萌生，萌生的裂纹主要沿着表层粒子界面处平行向两端扩展，最后在两端断裂，形成凹坑。进一步的接触会加快凹坑周围的表层粒子继续剥落。剥落的表层粒子会充当磨粒，这些磨粒挤入凹坑内表层粒子界面裂纹间隙内，增加裂纹向外扩展的张力，加速裂纹向纵深扩展，最终形成大面积的鳞剥坑。

7.4.4　接触疲劳的计算

同一般的疲劳计算一样，接触疲劳使用应力–疲劳寿命的试验曲线估算寿命。

一般来讲，零件接触表面的局部压应力比较复杂。Hertz 接触理论计算的应力只是针对一些简单、规范的接触表面和理想弹性的接触状态。复杂接触表面的应力计算需要借助专门的方法。通常一些专业的零部件分析规范会规定很多具体问题的计算方法。例如 ISO 6336《正齿轮和斜齿轮负载能力的计算》是国际标准化组织对齿轮设计和分析计算提出的规范。规范对各类齿轮问题的计算推荐了具体的方法，例如呈渐开线形状的齿轮表面接触应力的计算方法。接触疲劳的寿命由接触疲劳曲线 $\sigma_{contact}$ ~N 得出。在第十四章给出了汽车传动系统的齿轮点蚀接触疲劳分析的例子（参见第 14 章有关齿轮和轴承的分析）。

7.4.5　接触疲劳与整体结构疲劳的差别

表面接触疲劳与前面所述的整体结构疲劳有很多相似之处，但也有一些不同之处。不同之处表现在以下几个方面。

1. 材料的破坏形式

整体结构疲劳的破坏是材料的分离，并不损失材料，材料的总重量不改变。而接触疲劳的破坏是材料的损失，材料的总重量将有减少。整体结构疲劳可以导致整个零件完全断裂，而表面接触疲劳主要造成零件表层有限厚度的材料损失或破坏。

2. 裂纹源

整体结构疲劳的裂纹源是从表面开始的。而接触疲劳的裂纹由于接触应力场分布的特点，除从表面萌生外，还可能从亚表面内产生。

3. 疲劳极限

在结构疲劳中，一些材料都有明显的疲劳极限。在接触疲劳中，尚未发现有这样的疲劳极限。接触应力可以达到很高的数值，所以接触疲劳寿命要比整体结构疲劳低得多。

4. 应力状态

整体结构的应力是由三向多维的载荷引起的应力，分布在整个结构的区域里，包括受力的区域和远离受力的区域。而接触应力是由表面的正向压力和沿表面切向的摩擦力引起的应力，分布在接触受力的局部区域和有限的表层深度。整体结构的应力是结构在外力作用下自身反应（变形）的结果，与结构以外的物质无关。而接触应力在复杂接触的情况下，还与发生接触的另一个物体的接触状态（如滑动接触、滚动接触等）以及它们之间的介质（如油膜、物理的和化学的吸附膜、氧化膜等）相互作用有关。两者相比，接触疲劳中接触应力的计算比整体结构疲劳中的应力复杂的多，受到更多微观因素的影响，包括材料的不均匀性、材料表面的特征、载荷分布接触的不连续性、油膜的分布等。

7.5　腐蚀磨损

在摩擦过程中，金属材料与周围介质发生化学或电化学相互作用而产生的表面损伤称为腐蚀磨损。腐蚀磨损可以看成同时发生了腐蚀和机械磨损两个过程。机械磨损是由两个相互接触的表面滑动摩擦引起的；腐蚀则是材料（包括金属和非金属）与周围介质（水、空气、酸、碱、盐、溶剂等）作用产生的损耗和破坏，是由于与周围介质作用引起的。金属在干燥的气体和非电传导液体介质相接触时发生的腐蚀是化学腐蚀。化学腐蚀的产物存在于金属的表面，腐蚀过程中没有电流产生。金属与电解介质（酸、碱、盐、溶液等）相接触时发生的腐蚀是电化学腐蚀，其特点是在腐蚀过程中伴随有电流产生。

由于介质的性质不同，腐蚀磨损出现的状态也不同。腐蚀磨损包括氧化磨损、特殊介质腐蚀磨损、气蚀和微动磨损。

1. 氧化磨损

大多数金属表面都被氧化膜覆盖。纯净金属表面瞬间就会与空气中的氧发生反应，生成氧化膜。但当金属摩擦副在氧化性介质中工作时，表面上的氧化膜被磨掉以后，又很快形成新的氧化膜，所以氧化磨损是化学氧化和机械磨损两种作用交替进行的过程。

2. 特殊介质腐蚀磨损

摩擦副与酸、碱、盐等特殊介质发生作用而造成的磨损称为特殊介质腐蚀磨损。它的磨损机理与氧化磨损相似。

含镉、铝等元素的滑动轴承材料很容易被润滑油里的酸性物质腐蚀，轴承表面在摩擦过程中成小块剥落。当发动机使用的柴油含有硫时，在燃烧过程中，硫将生成二氧化硫，会对发动机气缸产生腐蚀磨损。

3. 气蚀

气蚀是固体与液体相互运动所产生的表面损伤。当液体在与固体表面接触处的压力低于它的蒸发压力时，将在固体表面附近形成气泡。同时溶解在液体中的气体也可以析出形成气泡。如果气泡流动到液体压力大于气泡压力的地方，气泡就会溃灭，瞬间产生极大的冲击和高温。固体表面经过这种冲击力的反复作用，固体表面的材料产生疲劳而脱落，出现小凹坑。严重的气蚀可在表面形成大片的凹坑。在柴油机的缸套外壁经常产生气蚀。

4. 微动磨损

微动磨损是两个表面之间振幅很微小的相对运动而引起的磨损。两个摩擦表面的凸起部分在接触压力的作用下，会发生塑性变形和黏着。微小的振动摩擦起到了磨削的作用，使黏着点剪切脱落。露出的新表面和脱落的颗粒会被大气氧化，发生氧化磨损。氧化后的磨屑又起到了磨料的作用，促使接触面产生磨料磨损。所以，微动磨损是黏着磨损、氧化磨损、磨料磨损等多种磨损形式的组合。微动磨损也被称为微动腐蚀磨损。

一般受到振动影响的零部件的接触面都可能发生微动磨损。例如，所有发动机的螺栓加紧面，连杆瓦和主轴瓦表面，过盈配合的轴与孔表面，摩擦离合器的内、外摩擦片的接合面等。

在实际的工程问题中，金属零部件的工作状态十分复杂，接触表面的磨损破坏也十分复杂。在实际的工程分析中，常常笼统地将接触表面的磨损和腐蚀统称为磨蚀或磨蚀疲劳。发动机主轴瓦盖和缸体的接触面上的磨蚀疲劳就是一个典型的例子。

参 考 文 献

[1] 温诗柱，黄平. 摩擦学原理 [M]. 2 版. 北京：清华大学出版社，2002.

[2] 刘正林. 摩擦学原理 [M]. 北京：高等教育出版社，2009.

结构屈曲（稳定性）的基础理论

第 8 章

　　结构屈曲是另一种汽车结构可能发生的失效问题。结构屈曲是指受到压力载荷的结构，在加载过程中突然改变了结构原有的变形模式，变换到另一个平衡状态。我们也把这个转变变形模式的过程称为失稳。这种新的结构变形模式一方面可能只有很弱的承载能力，大大降低了原有结构的承载能力，因此造成结构的失效；另一方面结构屈曲也破坏原来的设计形态和产品的品质，影响用户的满意度。

　　我们熟知的结构屈曲的例子就是欧拉杆。欧拉研究了一个一端固支、另一端自由的受压理想柱。所谓理想柱，是指完全笔直、承受中心轴向压力的直杆，如图 8.1 所示。直杆的正常变形模式，或者说在初始加载时的变形模式是轴向压缩，且应力不超过屈服极限。因为是一个轴向载荷和轴向压缩变形的问题，所以也有人称此杆为

图 8.1 欧拉杆

柱。给此杆施加一个扰动（如横向力），使其有一个小的挠曲。如果当这一个扰动除去后，挠度消失，杆恢复到原始的直线平衡状态，此时杆的直线形式的弹性平衡是稳定的。当轴向压力载荷大于某一个值时，在这个扰动除去后，扰动所产生的挠曲不仅不消失，而且还会继续扩大，直至达到一个偏离原始直线的、新的弯曲形态的平衡状态，如图 8.1 中的虚线所示。这里，欧拉杆由它的一种平衡变形状态突然改变成另一种平衡变形状态。这就是欧拉杆的失稳或屈曲。在欧拉杆的例子中，结构原始的变形状态是轴向变形（柱类问题），新的变形状态是横向变形（杆类问题）。这个使结构发生失稳（或屈曲）的载荷被称为屈曲的临界载荷。

　　当欧拉杆发生失稳后，在新的弯曲形态的平衡状态下，杆在原始轴向的刚度和承载能力已比原始状态大大降低。在此情况下，若不能及时控制载荷或变形，结构就会失效。一般来说，细长的金属压杆，当端部的轴向压力载荷还没有达到材料的屈服承载力，压杆就有可能发生屈曲。屈曲可以使结构在还没有达到屈服时就丧失承载力。这种失效并非结构的强度不足，而是结构的稳定性不够。所以，屈曲是受压结构设计时需要考虑的一种失效问题。

　　压杆屈曲是结构屈曲问题中的一种。更广义地说，结构屈曲是结构所承受的压力载荷达到某一临界值时，结构的形状突然跳到另一个平衡状态。一个截面窄而高的梁，如果梁跨度中部无侧向支承或侧向支承距离较大，在最大刚度主平面内承受横向压力载荷或弯矩作用时，载荷达一定数值，梁截面可能产生侧向位移和扭转，导致丧失承载能力，这种现象称为梁的侧向弯扭屈曲。开口薄壁截面的构件，在压力作用下有可能在扭转变形或弯扭变形的情况下丧失稳定，这种现象称为薄壁的扭转屈曲或弯扭屈曲。受横向压力作用的拱形梁或薄

板，在压力达一定数值后，整体或局部会突然从原来的平衡状态改变成一个与原形状方向相反的平衡状态。这种现象被称为瞬间翻转型屈曲（snapthrough buckling）。

按照结构的形状不同，结构的屈曲可能是整体屈曲或局部屈曲。一个细长压杆屈曲时，整体结构会丧失承载能力。这被称为整体屈曲或整体失稳。一个受压的薄壁圆桶屈曲时，局部会发生鼓出来或凹进去，但整体仍然保持稳定和承载能力，被称为局部屈曲或局部失稳。

汽车结构在正常使用的载荷下，有可能发生屈曲的零部件有悬架控制臂、转向拉杆、制动踏板臂、车顶盖、车门外板、前舱盖外板、后舱盖外板、翼子板、后侧围外板等。

结构屈曲的学科包括多个方面的研究。按照屈曲发生的阶段来分类，屈曲问题可以分为前屈曲和后屈曲。前屈曲是指结构发生屈曲前的阶段；后屈曲是指结构发生屈曲后的阶段。结构发生屈曲的时刻是这两个阶段的分界。在工程实际中，分析结构发生屈曲时的临界载荷和发生屈曲后结构的状况，对设计具有重要的意义。因此，这里只回顾这两种结构屈曲的计算。

8.1　结构屈曲的临界载荷

8.1.1　线性屈曲分析

由于绝大部分情况下，在结构趋于临界载荷时，材料的应力－应变关系仍在线弹性范围内，我们可以使用线性分析来确定结构的临界载荷。计算临界载荷的方法是求解结构在给定载荷下的特征值。

1. 细长压杆屈曲的临界载荷

这里，我们先来看直杆承受轴向载荷时临界力的公式推导。

考虑轴向受压的理想细长直杆，如图 8.2 所示。假设杆的长度为 L。轴向坐标为 x，横向坐标为 y。直杆的一端约束 x 和 y 方向平移；另一端受轴向（x 方向）压力 P，并且约束 y 方向平移。

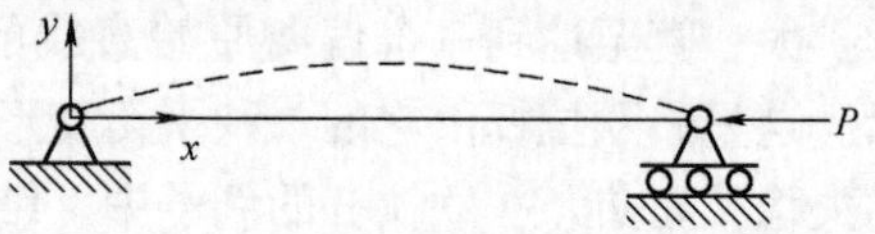

在轴向坐标为 x 的直杆截面上的弯矩为

$$M(x) = -Py(x) \qquad (8.1)$$

由小挠度微分方程

图 8.2　两端铰支的受压直杆

$$M(x) = EI \frac{\mathrm{d}^2 y}{\mathrm{d}x^2} \qquad (8.2)$$

式中　E——弹性模量；

　　　I——截面惯性矩。

令 $k^2 = P/EI$，进而得到

$$\frac{\mathrm{d}^2 y}{\mathrm{d}x^2} + k^2 y = 0 \qquad (8.3)$$

这个方程式的解为

$$y = A\sin(kx) + B\cos(kx) \qquad (8.4)$$

直杆两端是简支约束，所以直杆的边界条件是：$y(0) = 0$、$y(L) = 0$。由此边界条件，

我们可以得到

$$
\begin{bmatrix} 0 & L \\ \sin(kL) & \cos(kL) \end{bmatrix} \begin{Bmatrix} A \\ B \end{Bmatrix} = \begin{Bmatrix} 0 \\ 0 \end{Bmatrix} \tag{8.5}
$$

从线性代数理论可知，此方程组有非零解的条件是其系数矩阵的行列式等于零，即

$$
\begin{vmatrix} 0 & L \\ \sin(kL) & \cos(kL) \end{vmatrix} = 0 \tag{8.6}
$$

由此解得 $\sin(kL)=0$。因此得到 $kL=n\pi$（$n=1$，2，$\cdots$）。从中解出 k 后，可以进一步得到每一个直杆横向变形状态的临界载荷为

$$
P_{cr} = \frac{n^2\pi^2 EI}{L^2} \tag{8.7}
$$

当 $n=1$ 时，我们得到有实际意义的最小临界载荷（或极限载荷）

$$
P_{cr} = \frac{\pi^2 EI}{L^2} \tag{8.8}
$$

用类似的方法，我们可以得到直杆在其他边界约束情况下的极限载荷。对于细长的杆，它们的计算公式可以写成通用的形式为

$$
P_{cr} = \frac{n^2\pi^2 EI}{(\mu l)^2} \tag{8.9}
$$

这一表达式称为欧拉公式。其中 μl 称为有效长度。μ 为反映不同边界条件影响的系数，称为长度系数，对不同边界条件，它的数值、屈曲变形和极限载荷列在表 8.1 中。

表 8.1　几种压杆屈曲的临界载荷

边界约束形式	屈曲变形	长度系数（μ 值）	极限载荷
两端铰支		1.0	$P_{cr} = \dfrac{\pi^2 EI}{L^2}$
一端固定，一端铰支		0.7	$P_{cr} = \dfrac{\pi^2 EI}{(0.7L)^2}$
一端固定，一端自由		2.0	$P_{cr} = \dfrac{\pi^2 EI}{4L^2}$
两端固定		0.5	$P_{cr} = \dfrac{4\pi^2 EI}{L^2}$

2. 细长压杆的临界应力

压杆处于临界平衡状态时，其横截面上的平均应力用 σ_{cr} 表示。假设压杆横截面为 A。平均应力 σ_{cr} 为

$$
\sigma_{cr} = \frac{P_{cr}}{A} = \frac{\pi^2 EI}{(\mu L)^2 A} \tag{8.10}
$$

式（8.10）中的 I/A 仅与截面的形状和尺寸有关，若用 r^2 来表示，则有

$$
r = \sqrt{\frac{I}{A}} \tag{8.11}
$$

式（8.11）中的 r 称为截面的惯性半径，单位常用 mm。将它代入应力公式，并令 $\lambda = \mu L / r$，则可得细长压杆的临界应力欧拉公式为

$$\sigma_{cr} = \frac{\pi^2 E}{\lambda^2} \tag{8.12}$$

式（8.12）中的 λ 综合反映了压杆的长度、约束形式及截面几何性质对临界应力的影响，称为柔度系数或长细比。

3. 欧拉公式的适用范围

小挠度曲线近似微分方程仅适用于杆内应力不超过屈服极限 σ_s 的情况。因此，欧拉公式的适用范围为

$$\sigma_{cr} = \frac{\pi^2 E}{\lambda^2} \leqslant \sigma_s \tag{8.13}$$

或者

$$\lambda \geqslant \pi \sqrt{\frac{E}{\sigma_s}} \tag{8.14}$$

令

$$\lambda_s = \pi \sqrt{\frac{E}{\sigma_s}} \tag{8.15}$$

当柔度系数（或长细比）$\lambda \geqslant \lambda_s$ 时，压杆将发生弹性屈曲。这时，压杆横截面上的正应力不超过材料的屈服极限。这类压杆被称为大柔度杆或细长杆。

当柔度系数（或长细比）$\lambda < \lambda_s$ 时，临界应力 $\sigma_{cr} > \sigma_s$。在某一个长细比 λ 的范围内（$\lambda_0 < \lambda < \lambda_s$）的压杆，被称为中柔度杆或中长杆。这类压杆也会发生屈曲，但是横截面上的正应力已经超过材料的屈服极限，故称为非弹性屈曲。对于中长杆，目前在设计中多采用经验公式或有限元方法，计算其临界应力或极限载荷。

长细比 $\lambda < \lambda_0$ 的压杆被称为小柔度杆或短粗杆。这类压杆将发生强度失效，而不是发生屈曲。发动机里曲柄连杆设计成短粗形状，具有很高的强度，就是为避免发生屈曲。

4. 平板屈曲的临界载荷

屈曲不仅发生在一维的受压杆件上，也发生在受到压力载荷的二维结构上。一般而言，如果零件为薄壳或薄板，而薄板的中间层面承受压力，该零件则有屈曲变形的可能。例如，飞机结构中的壳体和梁、建筑结构中的工字梁等。

对于长度为 a、宽度为 b、厚度为 h、四边简支、承受单边轴向均匀分布压力 p 的长方板（图 8.3），运用同样的求解特征值的方法，可以得到临界（极限）载荷为：

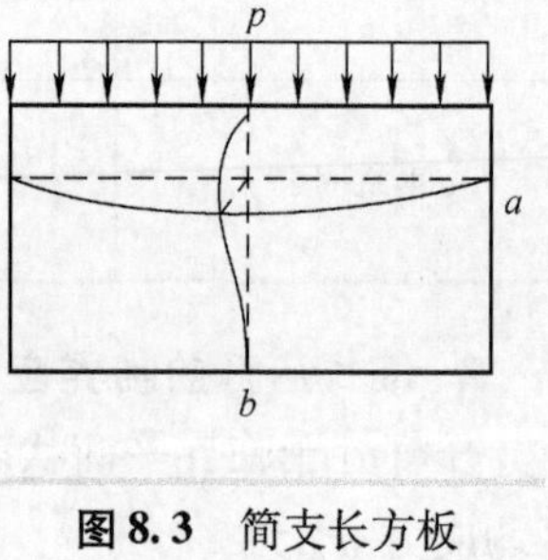

$$p_{cr} = \pi^2 D \left(\frac{1}{a^2} + \frac{1}{b^2} \right)^2 \tag{8.16}$$

图 8.3 简支长方板

式中 $D = E h^3 / [12(1 - \mu^2)]$；

　　　E——材料的弹性模量；

　　　μ——材料的泊松系数。

对于承受单边轴向压力的四边简支的方板（$a = b$），临界（极限）载荷为

$$p_{cr} = \frac{4D\pi^2}{a^2} \tag{8.17}$$

对于临界（极限）载荷的计算，我们可以使用有限元的线性解，用求解特征值的方式，算出复杂结构的临界（极限）载荷。

受横向压力载荷的二维结构同样可以发生屈曲。在一定的条件下，承受横向压力的薄壳或拱形结构会产生瞬间翻转型屈曲（snapthrough buckling）。瞬间翻转型屈曲是一个非线性的后屈曲问题。第 8.2.3 节将对这种屈曲现象作进一步介绍。

8.1.2　临界载荷的非线性分析方法

用特征值的方法求解结构屈曲的临界载荷比较简单。但是它只适用于弹性屈曲问题。如果载荷超出了材料的弹性范围，求解结构屈曲的临界载荷则需要使用非线性的解法。另外，特征值的方法只给出了结构发生屈曲时的载荷和发生屈曲时结构变形的形状（特征向量），

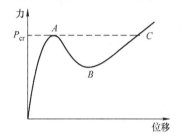

但不能给出结构发生屈曲前后的历程。非线性屈曲的分析可以给出结构发生屈曲前后的历程。图 8.4是一条瞬间翻转屈曲结构的载荷 – 位移曲线。它是结构上某一点所承受的外力载荷和该点在载荷方向上位移响应的对应曲线。在曲线达到拐点 A 时，载荷是结构发生屈曲的临界载荷。在结构发生屈曲后，结构将跳到另一个平衡位置（C 点），在这个短暂的过程中，结构承载能力急剧下降，直至到结构达到另一个平衡位置。在受压结构的载荷 – 位移响应中，在处于上凸顶端的 A 点，结构处于不稳定状态。

图 8.4　发生屈曲结构的载荷 – 位移曲线

由此可以看到，非线性屈曲分析包含了屈曲发生前后的完整过程。在后面讲述后屈曲的时候将进一步地讨论非线性屈曲分析。

8.1.3　几何不完美结构的临界载荷

如果我们在计算两端铰链支承的直杆时，给外力加上一个偏心距离 e，如图 8.5 所示，我们会发现即使这个偏心很小，直杆的极限载荷也会有较大减少。在图 8.6 中，虚线的值是无偏心时直杆的屈曲临界载荷。当直杆的外力有偏心距离的时候，用非线性屈曲分析计算直杆的屈曲临界载荷。在图 8.6 中显示了几种不同偏心情况下直杆的载荷 – 位移曲线。可以看到，随着偏心距离的增加，直杆的屈曲临界载荷不断下降。也就是说，结构的临界载荷与结构初始的几何不完美有关。

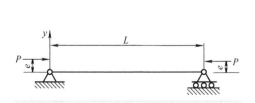

图 8.5　受到偏心外力的铰支直杆

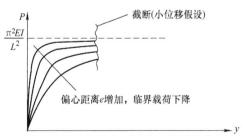

图 8.6　不同偏心情况下直杆的载荷 – 位移曲线

几乎所有实际结构都是不完美的。例如，汽车上的悬架控制臂、转向拉杆、制动踏板臂都是受到压力载荷的非对称结构。

总结传统的屈曲计算，我们可以得到下述做出总结：

1）用线性的求特征值的方式，计算临界（极限）载荷。

2）求解特征值后，特征向量就是变形的模态。

3）结构的临界（极限）载荷与边界条件有关。

4）结构的临界（极限）载荷对结构的几何不完美敏感。

5）尽管我们知道结构的临界（极限）载荷和变形模态，在线性计算中，我们并不知道结构的位移或结构的应力。

6）在绝大多数情况下，初始屈曲是在材料的线弹性范围内发生的。所以，我们可以用线性解法。同时，这也告诉我们，初始屈曲与材料的屈服应力无关。也就是说，在工程中，选择高合金钢代替普通钢并不能增加结构的屈曲载荷。

8.2 后屈曲分析

后屈曲（post‒buckling）分析主要是计算结构发生屈曲后的变形和新的承载能力。许多结构在发生屈曲后，尤其是局部屈曲后还可以继续承载。另外，我们也经常设计结构使它在一定的状态下屈曲，并在屈曲后仍保持相当高的承载能力，以使结构最大限度地吸收能量。

后屈曲分析要使用非线性计算软件。除动力问题外，一般用隐式解法。后屈曲的非线性来自两个方面。一方面，结构转换变形模态是一个几何非线性过程。另一方面，后屈曲一般会引发较大的变形，使得某些零件的应力高于材料的屈服应力，进入塑性状态，亦即材料非线性。但大部分情况下，这是一个弱材料非线性状况。由于部分材料进入塑性状态，当载荷去除后结构会有残余变形。

8.2.1 非线性屈曲的计算方法

需要注意的是，在进行有限元分析的时候，不能采取通常的逐步增加力的方法。这是因为当载荷力增加到超过临界力的时候，瞬间翻转屈曲已经发生，分析软件已经无法确定对应的位移（如图 8.7 所示）。在这种情况下，若使用位移控制，就不会出现这样的问题。所有的位移和力都是一对一的（如图 8.8 所示），有限元软件就能提供瞬间翻转屈曲的载荷‒位移曲线了。

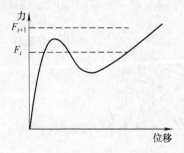

图 8.7 不能采用增加载荷力的方法

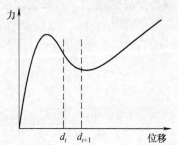

图 8.8 可以采用增加位移的方法

上面介绍的位移控制分析方法，可以解决大部分的瞬间翻转型屈曲问题。但是，如果屈曲的载荷 – 位移曲线如图 8.9 所示，位移控制法就无法使分析收敛。在这种情况下，只有使用弧长法（Riks method）分析。这种方法都是使用弧长而不是单一使用力或位移做控制参数。显然，在载荷 – 位移图中，弧长（Δl）是力和位移的函数。图 8.9 是一个使用 Riks 分析方法求解的例子。Riks 方法是目前结构非线性分析中数值最稳定、计算效率最高，且最可靠的迭代控制方法之一。它可以有效地分析结构非线性前后屈曲，并可以进行屈曲路径跟踪。

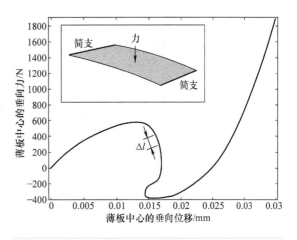

图 8.9　Riks 方法求解的例子

8.2.2　后屈曲的结构变形

发生屈曲以后的变形就是后屈曲变形。非线性屈曲分析记录了结构的整个加载变形的过程。所以，使用非线性分析方法可以得到屈曲后的变形。如果一个结构的设计不当，结构可能发生屈曲，使其丧失了原来设计的承载能力，导致结构发生进一步的强度破坏。用千斤顶顶起汽车时，有时可以看到车身门槛梁下翻边的局部区域发生结构变形。还是在千斤顶上方的结构中，有个别的板件由于载荷较高而发生屈曲并局部进入塑性状态。这时，其他的板件承接了进一步的载荷。卸载后，由于有些材料的塑性变形，千斤顶上方的结构会有小的永久变形。使用非线性解法，我们可以计算出结构后屈曲的变形。设计者从计算中可以得到结构变形中的应力与应变，用于检查永久变形是否在允许范围内。

8.2.3　瞬间翻转型屈曲（snapthrough buckling）

当薄壳或拱形结构承受横向压力（如图 8.10 所示）时，在一定的条件下会产生瞬间翻转型屈曲。图 8.11 是典型的瞬间翻转屈曲载荷 – 位移曲线。当薄壳上的横向力达到 A 点时，薄壳失稳并于瞬间翻转。在此阶段，虽然位移增加，薄壳的载荷却在下降。这种现象一直持续到 B 点。当位移到达 C 点时，薄壳翻转完成，薄壳的承载能力将重新增加。

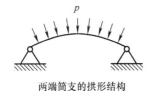

图 8.10　承受横向压力的拱形结构

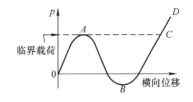

图 8.11　典型的瞬间翻转屈曲载荷 – 位移曲线

【例 8.1】　文献［1］分析计算和试验测试了一个由两根倾斜细长梁组成的对称结构，如图 8.12 所示。在两根梁的外端一侧为简支约束，内侧一端限制 x 和 z 向平动，允许转动和

y 向平动。在两根梁内侧的连接端施加 y 向压力。考虑 $\alpha = 9°$ 的情况。

图 8.13 是这个结构的力学模型。使用非线性屈曲分析可以得到每个点载荷 – 位移曲线和瞬间翻转型屈曲发生后的结构变形。图 8.14 是梁内侧一端的载荷 – 位移曲线。在图 8.14 中不仅给出计算值（实线），也给出了试验测试的值（小圈连成的线）。图 8.15 是结构在屈曲发生后的结构形状。从结构的变形可以看出，结构的局部发生了瞬间翻转型屈曲。

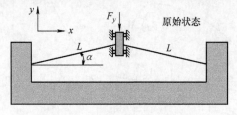

图 8.12　双斜梁组成的对称结构

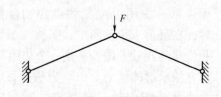

图 8.13　双梁结构的力学模型

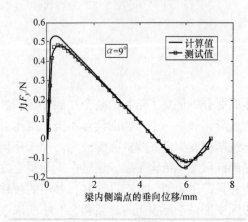

图 8.14　$\alpha = 9°$ 时的梁内侧端点载荷 – 位移曲线

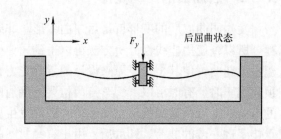

图 8.15　$\alpha = 9°$ 时的后屈曲状态

【例 8.2】　为了增加横向刚度，汽车车体的板材大多做成曲面。这样，在承受横向力时，就有可能会产生瞬间翻转型屈曲。图 8.16 是一个有向上弯曲的曲面。在两个短边用铰支。在中心施加一个向下的压力。当压力达到一定数值，曲面会发生就有可能会产生瞬间翻转型屈曲，如图 8.17 所示。云图表示位移值大小的分布。这个结构发生了整体瞬间翻转型屈曲。车身顶盖有发生这种屈曲的实际案例。

图 8.16　中心受压力的曲面

图 8.17　曲面翻转屈曲

在薄壳瞬间翻转屈曲时，加载面会突然间跳动并伴随有声音。因为早先的缝纫机油壶利用了瞬间翻转屈曲来给机器加油，所以薄壳的瞬间翻转屈曲也被称为油壶屈曲（oil canning）。

瞬间翻转型屈曲的疲劳破坏计算与后屈曲的计算相同。即输出所有步长的应力。但因为最大应力往往是最大加载时的应力，所以，也可以仅输出最大承载时的应力。把输出的应力输入到疲劳破坏的软件，我们可以计算结构可以承受瞬间翻转型屈曲的次数了。

　　汽车的外壳要求能够接受一定的手压、背靠，以及洗刷车辆时的作用力，而不应发生屈曲变形和瞬间翻转屈曲的响声。这就要求在这种受力情况下，汽车外壳不发生瞬间翻转型屈曲。因为汽车表面的抗凹试验是用圆形硬板施加压力（载荷来自接触力），如图 8.18 所示，所以我们要使用非线性解法（接触非线性和材料非线性）。尽管试验是加力，但在有限元分析中却要用位移控制来做分析。图 8.19 是一个车身顶盖的分析模型。分析的要求是瞬间翻转型屈曲的临界载荷要大于设计的要求载荷。设计中的另一要求是在更高的受力情况下，汽车外壳应能承受若干次瞬间翻转型屈曲而不出现疲劳破坏。这时，我们就要模拟瞬间翻转型屈曲的全过程，并输出外壳的应力到疲劳破坏软件。用疲劳破坏软件，我们可以计算出外壳可以承受多少次瞬间翻转型屈曲，并检查是否满足设计要求。在汽车大型外表面结构的设计中，屈曲破坏是设计要考虑的一个问题。图 8.20 所示的车身顶盖、车门、发动机舱盖、行李舱盖等尺寸较大且较薄的部件，通常需要考虑瞬间翻转型屈曲的问题。

图 8.18　表面的抗凹试验装置

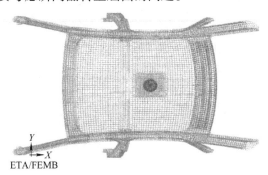

图 8.19　有关计算车身顶盖瞬间翻转屈曲的例子

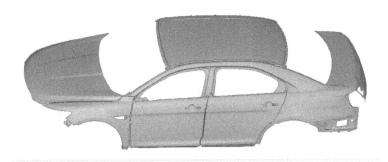

图 8.20　一般需要考虑瞬间翻转型屈曲的汽车部件

　　【例 8.3】　考查车身侧围外板的油壶屈曲。一个车身后半部的有限元模型如图 8.21 所示（隐去了网格）。模型在车身试验时后纵梁的支承点和车身截断处的支承点约束所有 1~6 的自由度。在车身侧围外板的后部面积较大的区域上，选择几个不同的位置（如图 8.21 所示），分别使用一个直径为 100mm 的圆角硬盘，在每个点的表面和法向方向上逐渐施加位移侵入（图 8.22 是在 C 点硬盘加载的示意图），并计算结构上所有有限元节点的载荷 - 位移响应。图 8.23 显示了其中三个加载点（A、B、C）上的力 - 位移曲线。从图 8.23 中可以看出，在 B 点，结构稳定，不发生屈曲。在 A 点和 C 点，结构失稳，发生屈曲，其中 A 点属于微弱失稳。该结构不同区域稳定性的强弱分布，与其相应的位置有关。图 8.24 显示 C 点表面发生屈曲后的结构变形。该部件材料的屈服极限是 170MPa。所以，在 C 点发生屈曲时，材料仍在弹性范围内，而 A 点发生屈曲时，材料已经超出弹性范围。按照设计的要求，结构在 200N 以下不允许发生屈曲。A 点和 B 点区域的结构满足设计要求，但是 C 点区域的结构不满足稳定性的设计要求。

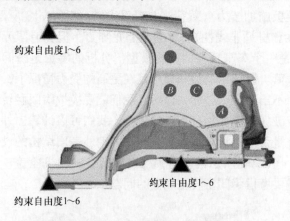

图 8.21　车身后半部的有限元模型

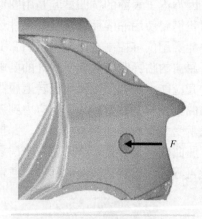

图 8.22　在 C 点表面和法向方向加载

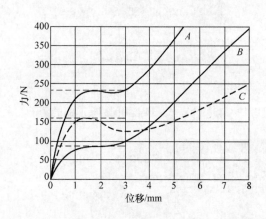

图 8.23　三个加载点（A、B、C）的力 - 位移曲线

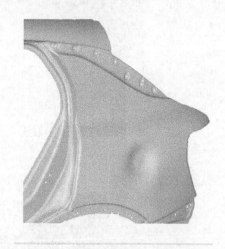

图 8.24　C 点表面发生屈曲后的变形

需要说明的是，在汽车的外表面设计要求和物理试验中还有另一种抗凹（压）试验。与上述抗压试验不同，它使用一个更小的、直径为 25.4mm 的半球挤压零件表面，如图 8.25 所示。从试验和分析上比较，两者很类似。但是它们所模拟的物理现象不同。圆盘挤压模仿手掌压、倚靠，以及洗刷车辆时的压力，其接触面积相对较大，薄板可能发生屈曲，结构有整体或较大面积局部平衡状态的变化，变形属于失稳变形。如图 8.24 所示。半球挤压模仿手指压、石子打击汽车表面等情况，其接触面积相对较小，薄板可能发生很小面积的局部永久（塑性）变形如图 8.26 所示。有的汽车公司称前者为油壶屈曲，称后者为凹陷、凹痕、压痕。计算永久（塑性）变形时，需要计算加载和卸载两个过程（参见

25.4mm

图 8.25　表面的抗凹（压）试验装置

第 3.3.1 节）。图 8.27 是一个车门外表上两个位置点的力－位移曲线。

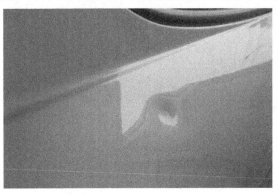

图 8.26 车身外表发生凹陷变形的例子

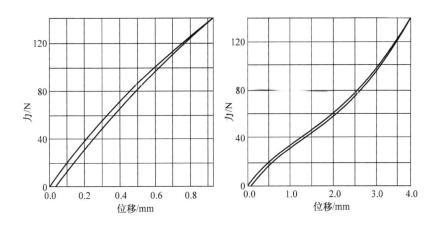

图 8.27 车门外表两个位置点的力－位移曲线

参 考 文 献

［1］ZHAO J, etc. Post－buckling and Snap－Through Behavior of Inclined Slender Beams ［J］. ASMEJournal of Applied Mechanics, Vol. 75, 2008, 041020 1－7.

［2］ SIMITSES G. An Introduction to the Elastic Stability of Structures ［M］. New Jersey: PrenticeHall Inc., 1976.

［3］ SONG Y. Thermo－ElastoviscoplasticePostbuckling Behavior of Shell－like Structures ［D］. Atlanta: Georgia Institute of Technology, 1991.

［4］ CRISFIELD M. A. A Fast Incremental/Iterative Solution Procedure that Handles Snapthrough ［J］. Computers and Structures, 1981, 13.

［5］ RIKS E. The Application of Newtons's Method to the Problem of Elastic Stability ［J］. ASME Journal of Applied Mechanics. 1972, 39.

下篇
汽车主要系统的结构耐久性能分析

汽车结构的损坏或破坏，基本上起源于汽车在使用过程中所受到的载荷。当汽车的结构受到载荷作用时，如果载荷的大小超出了结构所能承受的能力，汽车的结构就会在它薄弱的地方出现结构的损坏或破坏。所以，了解汽车在正常使用过程中所受的载荷，确定和计算汽车设计时需要使用的载荷，是汽车结构耐久设计的首要任务。

9.1 汽车使用时的载荷

汽车结构耐久性能是汽车在正常使用情况下的结构性能。所以，考察汽车结构耐久的载荷，需要考察汽车在正常使用情况下所受的载荷。

汽车正常使用情况下的载荷包括几个方面：汽车行驶中的载荷、汽车静态使用时的载荷、汽车运输和维修中的载荷等。

9.1.1 汽车正常使用时的载荷

1. 汽车行驶中的路面载荷

汽车的主要使用功能是行驶。汽车行驶所产生的载荷是汽车载荷的一个主要来源。由汽车行驶所产生的载荷——来自汽车外部和汽车内部的载荷。

来自汽车的外部载荷主要来自汽车行驶的路面。汽车行驶时，空气对汽车所产生的阻力也是一种来自汽车的外部载荷，但是空气阻力相对来自路面的载荷是很小的，对汽车的结构不产生破坏，在汽车的结构耐久性能分析中通常不予考虑。

汽车在行驶过程中，外部载荷主要来源于路面的起伏、汽车的操控（加速、制动、转向）等工况。汽车在行驶过程中，汽车的行驶操作（加速、制动、转向）和路面的变化产生轮胎和路面之间的相互作用力，成为对汽车轮胎外表面的力载荷，如图9.1所示。

汽车在行驶过程中，来自路面的载荷通过轮胎传递到车轮轴心（如图9.2所示），并且通过悬架系统传递到车身的各个连接点。图9.3是通过安装在车轮上的六分力仪采集的，一个车轮主轴轴心的路面载荷的时域信号（车轮的转动力矩是在轮心局部坐标下测量的力矩）。

从路面传递到汽车结构上的载荷是随时间变化的，并且取决于不同的汽车行驶操作、路面的情况、不同零件的功能和连接方式，汽车结构上不同位置（点）的所受载荷的方向是在不断变化的。图9.4是汽车在道路行驶中底盘和车身主要连接点在某一时刻受力情况的示意图。图9.5是一辆汽车在道路行驶时在一个车身和减振器连接点在减振器轴向方向上的作用力随时间变化的例子。

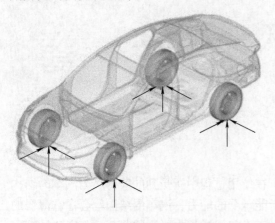
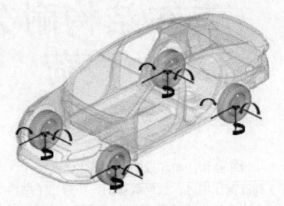

图 9.1　汽车在道路行驶时路面作用
　　　　在车轮轮胎上的力

图 9.2　汽车在道路行驶时车轮轴心的受力

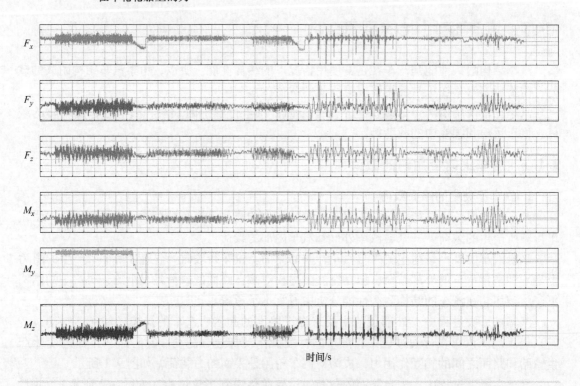

时间/s

图 9.3　汽车在道路行驶时一个车轮轴心的力和力矩

汽车的路面载荷对汽车的整体结构有关键的影响，将在本章的后续部分详细介绍。

2. 汽车行驶中内部系统工作产生的载荷

汽车行驶时除了来自路面的载荷外，汽车内部也会产生载荷。汽车内部的载荷有三种。一种是发动机工作时，发动机在气缸里产生的爆发力；爆发力是驱动发动机曲柄连杆机构运动，从而驱动车辆行驶的原始动力，它同时也作用在发动机气缸的内壁上，对发动机气缸的结构产生影响。发动机产生的驱动力和力矩在传递时作用在齿轮和传动轴上，是另一种汽车

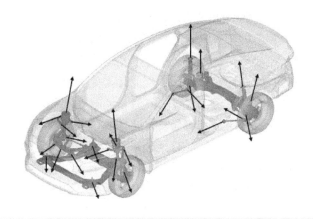

图 9.4　汽车在道路行驶时底盘和车身连接点上某一时刻受力的示意图

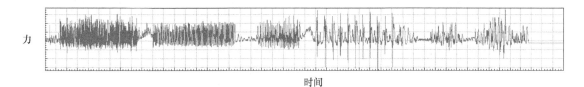

力

时间

图 9.5　汽车在道路行驶时，一个车身和减振器连接点作用力随时间变化的例子

行驶时产生的载荷。第三种是汽车中的旋转件在运动中产生的偏心力，如传动轴的偏心旋转、发动机曲柄的运动等。

　　在汽车结构的耐久问题中，这些来自汽车内部的载荷不仅对发动机缸体、变速器壳体、传动轴、传动轴轴承、齿轮等直接的相关零部件的结构耐久有关键影响。而且作为动态载荷，它们也是汽车结构振动的激励源，对汽车的其他结构产生影响。有关这些来自汽车内部的载荷，也将在本章中详细介绍。

　　3. 汽车行驶中的操作载荷

　　汽车在行驶过程中，驾驶人的操作所触及的方向盘、制动踏板和加速踏板等，对相关联的零部件和它们的安装点结构产生的载荷即为操作载荷。图 9.6 是脚踩踏板的示意图。当驾驶人脚踩踏板操纵汽车制动或加速时，踏板及踏板安装点的结构都会受到相应的操作载荷。

　　4. 汽车非行驶情况下使用的载荷

　　汽车在非行驶的情况下所承受的载荷最常见的是汽车静止状态下车门的开和关、人员的随意使用（如倚靠车身）、特殊情况下的操作（如在汽车发生故障不能开动时需要人推移车辆）、意外的磕碰等等。

图 9.6　脚踩踏板的示意图

　　汽车使用的目的是载人载货送达目的地。由载人载货的需求引起车门和行李箱门频繁开闭所产生的载荷属于非行驶情况下的载荷。汽车的车门、发动机舱盖、行李箱盖一起被称为汽车的开闭件，是人员进出、货物装卸、前舱各系统维修所必须的通道。汽车的正常使用要求开闭件在汽车的有效生命周期内能够正常地开启和关闭。图9.7是车门、发动机舱盖、行李箱关闭的示意图。图9.8是车门、发动机舱盖、行李箱开启的示意图。开闭件的使用会因人而异，有很大的差别，经常存在过力猛关和过度开启的滥用情况。在这些情况下，都会给开闭件本身、开闭件和车身的连接件、以及车身上开闭件安装点的区域造成较大的载荷。汽车开闭件的设计需要保证开闭件在经历这些工况后，无磕碰现象发生，结构无损坏，能够正常的开启和关闭。在考虑开闭件的关闭情况时，通常需要考虑较大的关闭力的猛关工况。在考虑开闭件的开启情况时，需要考虑在它们开启到最大角度时，仍然继续加力，模仿用户过度开启开闭件。在开闭件过度开启的情况下，开闭件和车身在它们相连接的结构上会产生较大的载荷。汽车设计的要求是即使在用户过度开启开闭件的情况下，相关结构仍然需要保持正常工作状态。按照汽车的设计寿命要求，开闭件还必须满足必要的开启和关闭次数的要求。例如，假定车辆每天使用10次，每次开车出行开、关车门各2次。按10年的汽车设计寿命计算，车门需要开、关各 $10 \times 2 \times 365 \times 10 = 73000$ 次。所以，汽车设计要求车门的开、关的使用寿命大于73000次。

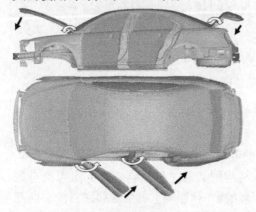 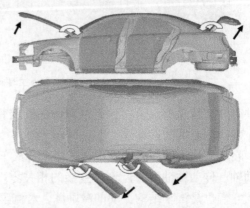

图 9.7   开闭件的关闭   图 9.8   开闭件的过度开启（开启到最大角度）

汽车在静止时，还有一些其它汽车静止状态下的工况。例如，在寒冷的地方，汽车顶盖需要承受住一定厚度的冰雪压力，保证结构无残余变形。人们在使用汽车时也经常存在随意性的使用，例如倚靠车门、车身、车头和车尾，或者用手推、压车门、车身、车头和车尾等。这些汽车在静止时所受到的外力，都是汽车设计时需要考虑的设计工况。

5. 汽车运输与维修中的载荷

汽车在使用之外，还需要运输和维修。在汽车运输和维修过程中，汽车需要被拖引、固定、举升。此时，在汽车的相关部位，汽车结构会受到相对集中的载荷。在汽车运输的过程中，这种载荷又是动态变化的。

汽车在运输过程中，需要考虑汽车在运输工具上的颠簸情况，使汽车在运输后无损坏。通常汽车在陆地上的运输工具是专用的大货车。图9.9是一个专用大货车运输汽车的例子。如果汽车出口到海外国家，汽车的运输工具是货船。有的汽车公司要求汽车运输固定点的结构按照三十年一遇的台风情况进行设计。

当汽车发生了故障无法行驶、需要送到维修店修理时，汽车需要被拖行（图9.10），或者被用卡车运输（图9.11）。所以，汽车车身的设计还需要考虑拖车钩相应连接点处的结构强度。

　　汽车在修车店进行修理时，经常使用举升机将整个车托起。图9.12 是一个用举升机托举汽车的例子。当汽车在修车店外进行修理时，通常使用汽车自配的千斤顶托举汽车。图 9.13 是一个用千斤顶托举汽车的例子。举升车辆，使车辆的局部结构在一个或几个点上承受整车或一部分车辆的重量，会造成在很小的局部区域承受较大的载荷。这些局部区域的结构必须具有足够的刚度和强度。

图 9.9　专用大货车运输汽车

图 9.10　汽车被拖车拖行

图 9.11　短途汽车运输的拖车

图 9.12　举升机托举汽车

图 9.13　千斤顶托举汽车

　　另外，汽车在维护和修理时，经常需要开启和关闭发动机舱盖。发动机舱盖的开启和关闭工况在前面的开闭件开启和关闭工况中已有谈及。

9.1.2　汽车结构耐久的设计载荷

　　汽车零部件的具体设计是由其功能和功能所需要承受的载荷决定的。汽车系统和零部件的功能就是它们的使用功能，无论是用户直接使用还是间接的使用。每个汽车的系统和零部件，不论大小，都有自己的特定功能。例如，车身的功能是承载人员、货物、安装汽车的其他系统（如发动机、传动系统、油箱、仪表盘、空调系统等）。车身必须能够承载所有乘员、货物、搭载系统的重量。车身的各种功能需求需要落实在每一个零部件上。例如，地板需要能安全地安装座椅，能够承受人员和座椅的重量，能够承受路面颠簸的载荷，能够承受车辆加速和紧急制动所产生的惯性力。车身需要提供乘员和货物方便进出和车辆重要系统（如发动机）进行正常保养和维修的空间，必须提供安装开闭件，并确保开闭件在各种使用情况下能够无障碍地开启和关闭的结构。相关的车身结构必须有足够的刚度和强度，以承受相应的载荷，以确保车身无论在过开、猛关，还是下压的情况下都不发生过度变形或开裂，并且整个车身的变形足够小，以确保开闭件能够顺利开启和安全关闭。悬架在车身上的安装点支承整个车体和所有乘员及货物的重量，承受所有来自路面的载荷。所有悬架与车身连接点的结构，必须能够安全地承受这些载荷而不发生破坏。悬架系统的功能是支承整个车辆、操控车辆行驶、承受来自路面的主要载荷。悬架系统的零部件必须能够安全地承受各种车辆使用时来自路面的载荷。发动机在工作时会产生较高的温度。发动机内部的部分区域和部分零件会在高温下工作。这些零部件则需要有承受高温载荷的能力。

在汽车零件或部件的设计时，每个零件或部件都有其可以使用或占用的空间。这个空间被称作汽车零部件的设计空间。汽车各系统和零部件的设计空间由汽车总体布置设计决定。它们是预留给每一个系统和零部件可以使用或占用的空间，相应的系统和零部件只能在这个限定的空间里设计。汽车零部件的设计就是要在汽车零部件的设计空间内，设计出能够承受相关的载荷、确保不发生破坏和所要求的功能、并且重量较轻、成本较低的零部件。所以，在设计汽车的结构时，当系统和零部件的设计空间确定了以后，设计人员首先需要确定用于汽车结构和零部件设计的载荷。

用于汽车各个系统结构和零部件设计的载荷，称为汽车结构的设计载荷。设计载荷是需要在进行汽车结构设计之前确定的。

汽车的设计载荷没有统一的标准。各个汽车设计和制造企业按照自己的认知和设计理念决定设计载荷。需要说明的是，汽车有多重性能要求，例如结构耐久、碰撞安全、振动噪声（常简称 NVH）、热管理及动力经济性等。很多汽车的结构和零部件，担负着保证多种性能和功能的使命。各个性能对汽车的结构和零部件都有其目标设计载荷，因此一个零部件可以有不同性能要求的设计载荷和目标，而这时各种属性的设计载荷中，要求最高的即为结构设计的最终准则。例如，一个零件同时有结构耐久和碰撞安全两个性能目标要求，以设计要求高的属性设计载荷来决定最终设计是否符合要求，而另一个属性的设计载荷则仅作为验证载荷，从而确保对应的性能要求得到满足。

按照结构耐久的要求，汽车结构的设计载荷是根据汽车正常使用的情况确定的。第9.1.1 节介绍了各种汽车正常使用情况所产生的汽车载荷。所有这些汽车正常使用的情况，在汽车结构的设计时都必须考虑，所有这些汽车正常使用时的载荷，都是汽车结构设计时要考虑的载荷。设计载荷的确定必须确保结构能够达成汽车耐久性能的总目标（通常为 10 年或 24 万公里等效使用里程）。设计载荷必须按照汽车耐久性能的总目标，分解到各级系统和零部件。汽车的设计必须保证汽车的所有结构（从整车到各系统、部件和零件）能够承受这些载荷。在汽车设计的时候，设计者必须根据汽车的使用情况，分别确定各种汽车使用情况下用于汽车设计的载荷。一般来说，汽车的设计载荷不同于汽车的实际载荷。为了结构的安全，设计载荷通常被设置得高于实际载荷，以便留有余地、确保结构有足够抵抗失效的能力。但是为了结构的轻量化，设计者也不希望设计载荷设置得过高。

按照与道路有无关系，可以将车辆的载荷分为两类。一类来自车辆行驶时的路面载荷，常称为道路载荷；另一类与路面无关，称为非道路载荷。

在前面所述的汽车正常使用的情况中，汽车在非行驶情况下使用时的载荷、汽车在维修过程中的载荷，以及发动机的载荷都与道路无关，都是非道路载荷。非道路载荷的设计载荷相对独立，可以分别单独确定。在车辆非道路使用的情况下，设计载荷通常按照各种情况下的极限使用情况来决定。设定各自工况下的最大载荷或者一个留有余量、能够覆盖该种工况下正常使用的载荷，作为这些工况下的设计载荷。例如，过开工况是在车门开启时，考虑在车门最大开启角度时施加一个推力（各汽车公司自行定义使用的力）；车门猛关工况，是通过给定一个车门关闭时的角速度或线速度（有的汽车公司用车门猛关时的动能来定义，车门关闭时的角速度可以间接从给定的动能计算出来，即重量大的车门关门速度小，重量小的车门关门速度大）；对于汽车表面覆盖件（如车门外板、车顶篷、发动机舱盖外板、行李舱盖外板、翼子板、后轮罩外板等）倚靠或者指压等情况，通常使用一个圆盘或半球挤压这些覆盖件的表面，汽车公司自行定义使用的力；对于发动机载荷，通常考虑它的最大功率和最大转速时的载荷，对于某些在高温下工作的零部件，还要考虑高温带来的热载荷；对于传动系统载荷，则为最大加速度时的载荷。

在汽车的各种载荷中，汽车非行驶情况下的载荷通常是常数。在以后各系统的相关章节中将会分别介绍。与汽车行驶相关的汽车的道路载荷和发动机的载荷相对复杂，设计载荷的计算相对困难。本章着重介绍汽车的道路载荷和发动机载荷的获取。

9.2　整车结构设计的路面载荷

汽车的道路载荷是汽车行驶中来自路面的载荷，是一类比较复杂的汽车载荷。汽车的使用因人而异，因地而异。路况不同，人的驾驶习惯不同载荷都不同，并且道路路面对汽车的载荷是随机的。从对车体结构的损伤或破坏的角度来看，车辆的道路载荷有三个破坏性的成分。第一是载荷的幅值。如汽车以一个相对高的速度行驶通过凹坑、路障（如减速路障）或路沿，以及紧急制动时，道路载荷幅值一般比较大，直接损坏受力的结构。第二是车辆载荷之间的相位差。当汽车在行驶时，四个车轮之间的受力存在时间上的差异，这种差异称为力之间的相位差。这种力的相位差会造成车身、副车架等大型结构的弯曲和扭转，对结构造成损伤。第三是载荷的频率。路面对汽车的载荷包含着低频的成分。路面载荷的驱动频率可以激发汽车结构中固有频率与路面驱动频率相同的系统或零件发生共振，从而造成结构损伤。这些载荷的成分与载荷的历程有关，通常比较难以获取。因为道路载荷与载荷的过程和时间都有密切的关系，确定道路载荷的设计目标相对困难。

在汽车结构耐久设计的所有工况中，道路载荷影响到整车的结构，而其他工况只影响车辆的局部结构。所以，车辆的道路载荷是整车结构设计最主要的载荷，这一节将对整车的道路载荷做重点介绍。

9.2.1　路面工况的设计载荷

汽车在路面上行驶是汽车的主要使用工况。在汽车行驶时，由路面引起的载荷是汽车结构设计时考虑的最主要的载荷。

道路载荷的传递路径是通过车轮和悬架系统传递到车身，再传递到安装在车身上的其他系统，如座椅。在汽车的设计中，发动机悬置的一个重要功能是隔绝车体和发动机之间的相互影响。发动机悬置吸收了动力总成的主要振动，使发动机的振动激励对车身结构的影响很小。所以发动机的结构通常单独考虑，只考虑发动机本身的载荷，而不考虑路面载荷。因为底盘和车身是汽车承受道路载荷并受其影响最大的系统，所以道路载荷是车身和底盘系统结构设计时主要考虑的载荷。一般汽车生产企业把车辆除去动力系统以外的部分称为整车，把与动力系统相关的部分（发动机、变速器和传动系统等）称为动力总成，两部分系统的研发工作独立进行。

从路面传递到底盘各个零部件和车身的载荷，与车辆的前后悬架形式、硬点（指控制车身、底盘等零部件间相互关系的基准点）位置、弹性元件（包括弹簧、衬套、缓冲块、减振器）的力学参数都有关系。准确获得汽车各部件载荷也是一个非常复杂和困难的任务。特别是在汽车设计时，所有的设计仍然处在概念和图样阶段，没有实车或实物用于测试。设计人员需要根据一切可以利用的信息和以往的经验和数据，决定汽车的设计载荷。

目前用于汽车整车结构设计、道路工况的设计载荷有两种。一种是根据经验估算的准静态载荷；另一种是基于实际道路输入的时域动态载荷。

1. 准静态经验设计工况

准静态的载荷估算是基于对最基本的汽车行驶的工况（通常是一组工况）分析和对载荷水平的经验预估。对载荷水平的预估通常以重力加速度 g 为单位，以车辆在这些最基本的工况下的加速度水平，作为载荷估算的输入，计算得到车辆主要连接点的设计载荷。这种载荷通常被称为 g 载荷。这种设计载荷估算的方法在 20 世纪的大部分时间里长期使用。由于技术条件的限制，过去的汽车设计载荷只能通过这种粗略的估算设定，过去的汽车设计基本都使用这种方法。尽管这种方法具有一定的局限性，但是因为它可以解决汽车整车结构的关键问题、用于汽车主要结构的设计、并且依赖相对较少的信息和数据、不需要实车、可以在设计早期获得、具有无数款汽车成功应用的历史，目前这种方法仍然在大量使用。本章将详细介绍这种方法。

2. 时域动态载荷

基于实际路面输入的时域载荷，是采用实际路面或采集的真实道路载荷作为输入，得到车辆主要连接点的载荷。获取这一种载荷的方法可以细分成以下三种。

（1）实车测试

参考设计所使用的标杆车（或目标车），或者从一款最接近设计目标的现款车开始，改制用于载荷测试的样车（被称为骡车），通过测试手段直接获得样车对路面响应的真实信号。这种用于载荷测试的样车，通常只注重轮胎的类型和大小、轮距和轴距、底盘的类型和参数、整车的重量（可以通过加配重实现），使它们尽可能接近将进行设计的车，并不注重其他细节。它的主要目的在于得到与设计车型接近的载荷。但该种方法只能获得在结构上可以安装信号传感器的部位的载荷，对于复杂结构、不能安装信号传感器的部位则无法通过试验获得实际载荷。从 20 世纪 80 年代开始，汽车工程师利用逐步发展起来的新技术，测试和记录汽车上一些部位（如车轮轴心、车身连接点、某些底盘部位）在汽车行驶时的信号（力、加速度、应变），直接或间接地得到汽车在这些部位的力。这样的力是汽车在路面行驶时的真实力。图 9.3 就是某一辆车在行驶时在一个车轮轴心力的例子。这样的载荷可以用于以后同样或者近似汽车的设计载荷。这种方法的局限是在车辆的大多数重要连接点处，无法安装信号传感器，所以它直接使用的范围很有限。目前，实车测试的数据主要用于三个方面。

1）利用实车测试的有限信号，作为载荷解析分析的输入，通过解析计算得到车辆上其他点的载荷。这是目前实车测试应用最多的一种。在下面的半解析法中将进行更详细的介绍。

2）利用实车测试的信号，直接作为结构分析的输入。目前的载荷分解一般分解到底盘各零部件的连接点和车身与底盘的连接点。安装在车身上的其他系统受到车身传递的道路载荷而产生运动、变形和应力。理论上，所有汽车系统可以在整车上一起分析。但是，实际的汽车设计和分析并不这样做，这是因为汽车的各个系统通常是单独并且同时设计的。在设计时，许多系统和零部件的设计仍未决定，各系统的设计需要独立的设计载荷。在实际汽车结构的分析中，有一些系统的分析使用实车测试的响应信号作为输入。例如，分析安装在车身上的各种支架，如油箱固定支架、散热器支架、传动轴支架等，可通过车身上安装点的实测加速度信号作为对系统分析的输入载荷。

3）利用实车测试的信号与虚拟仿真获得的载荷信息进行对标，有助于虚拟仿真技术的改进。

（2）半解析法

半解析法法是结合实车测试和计算机多体系统动力学（静力学或动力学）虚拟仿真，获得车辆各主要连接点载荷的方法。该方法同样需要使用骡车进行载荷测试。这种方法包括试验和计算两部分。

试验部分主要采集骡车在"坏路"行驶时，在车轮轴心上的力和力矩，如图 9.14 所示的例子。测试所使用的数据采集设备称为六分力仪，使用时安装在车轮轮轴的端头上，如图 9.15 所示。六分力仪信号的坐标系方向为各轮的局部坐标系，在直行的情况下与整车的坐标系是一致的。

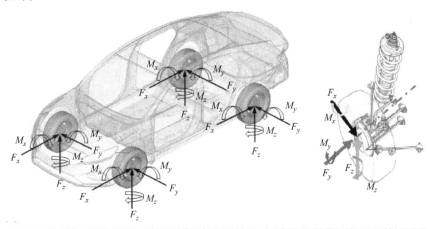

图 9.14 车轮轴心上的力和力矩

除了采集车辆在车轮轴心上的力和力矩以外，一般还需要在车辆上的其他多个部位采集车辆的响应信号，用于后续计算时的对标数据，这项工作通常被称为"路谱采集"。图 9.3 是轮心六分力仪采集到的一个轮心力和力矩信号的例子。

计算部分使用较多的是迭代法。迭代法以路谱采集所得到的车辆响应信号作为目标，通过传递函数的循环迭代得到一个输出信号与目标信号吻合的路面输入，进而通过多体动力学得到车辆悬架各个连接点和悬架与车身连接点上的力。迭代法将在后面的章节（第9.2.5节）进行介绍。

图 9.15　安装在车轮上的六分力测试仪

载荷计算的半解析法是目前广泛使用的方法。该方法是目前汽车设计过程中获得汽车各部件载荷的主要方法。首先，收集整车的多体参数，建立整车的多体模型，借助多体动力学软件通过仿真计算获得载荷。

（3）全解析法

这种方法通过完全的计算机仿真方式，车辆和路面都用计算机建模，然后用计算机模拟车辆在路面上行驶的情况，计算车辆在行驶过程中载荷提取点的道路载荷。这种方法也被称为虚拟试车场（VPG）。在虚拟试车场方法中，车辆建模分为有限元和多体动力学两种方法。在第三章（第3.4.4节）中已经介绍了有限元方法。在本章后面（第9.2.6节）将介绍多体动力学方法。有限元方法可以将力连同位移和应力响应一起计算，但是由于它的计算量巨大，计算时间太长，只能用于短距离的试车场仿真计算。而多体动力学方法的计算速度比有限元方法更快，所以在载荷计算中多体动力学方法应用更多。

9.2.2　准静态设计载荷的类型

准静态的路面载荷设计工况，是汽车结构设计长期使用的载荷估算方法。准静态的路面载荷设计工况不同于动态的时域随机载荷。时域的随机载荷是车辆在行驶过程中发生并且记录下来的实时和瞬态的载荷，随着时间变化，载荷时间历程很长。时域的随机载荷包含了所有载荷的瞬间情况。准静态的路面载荷设计工况则是选择了一些（一组）典型的、最恶劣的载荷情况，只是随机载荷中的某些瞬间载荷。在估算汽车整车结构设计的路面载荷时，需要分析和考虑车辆在道路上行驶时的所有典型情况（也称工况），根据典型情况计算各种汽车结构设计的载荷。

在汽车结构耐久性能的失效问题中，疲劳开裂破坏、过量变形和过载荷造成的断裂破坏是常见的三种类型。所以，从汽车结构损伤或破坏的类别来考虑，传统的汽车设计通常考虑三种典型的工况，既疲劳工况、极限工况和滥用工况。汽车设计公司根据多年开发的经验和试验数据积累，形成了由这三类工况及其组合而成的经验工况。

（1）疲劳工况

疲劳工况是汽车在大多数行驶情况下的工况，是汽车行驶过程中时刻都会出现的工况，其载荷幅值一般较小，但时间较长，且具有随机性。由疲劳载荷引起的汽车结构损伤和破坏，是载荷长时间作用的结果。疲劳工况是考察汽车设计的重要依据之一。因为准静态的路面载荷设计工况只是一组瞬间的载荷，不是完整的载荷 – 时间序列，疲劳工况的载荷幅值和载荷循环次数，都需要根据经验假定。一般疲劳载荷的循环次数不超过20万次。

（2）极限工况

极限工况是汽车使用中会经常遇到，但出现次数有限的工况。经历极限工况后，不经过维修汽车应仍然可以使用。汽车行驶过程中，常常也会遇到坏路，当汽车以较高速度通过时，会受到较大的冲击载荷。对汽车设计来说，如果要保证汽车结构的可靠性，就需要汽车满足这些极限工况的使用要求。图 9.16 为汽车倒车过程中车轮撞到路沿,后车轮会受到较大的冲击,而这种工况在用户使用过程中会经常遇到,汽车结构耐久设计必须要考虑这种工况的要求。

（3）滥用工况

滥用工况也称之为误操作工况,指驾驶人因判断或操作失误而出现的载荷极大的工况,如高速冲撞路沿工况、高速"过坑"工况等。这类工况对汽车的冲击载荷极大,但出现的次数很少,在汽车的整个使用寿命中偶尔才会遇到。汽车设计过程中要求经历滥用工况时,汽车不能失控,且最大限度保护驾驶人和乘员的人身安全。汽车遭遇滥用工况后,要经过专业的检测和维修,才能继续上路行驶。图 9.17 为一辆大货车以较高的车速撞击路沿,导致前桥撞断,该车需要更换前桥,同时检查车轮、转向的情况,确认无问题后才能继续使用。

图 9.16　极限冲击工况（倒车时轮胎与路沿挤压）

极限工况和滥用工况是汽车使用中可能发生的极端工况,其载荷幅值较大,发生的次数较少,但造成的破坏较严重。滥用工况的载荷比极限工况的载荷大得多,且可能发生的次数极少,甚至个别用户只发生一次或者二次。按照经验,极限工况的载荷可能导致结构发生永久变形,滥用工况可能造成零部件断裂。这些结构的破

大货车撞上路沿,连接左前轮的前桥撞断

图 9.17　误操作工况

坏主要是因为载荷已经超过了材料的抗屈服破坏和抗断裂破坏的能力,这两种工况统称为极限强度工况,也称过载荷破坏工况。很多汽车公司在设计时,要求结构在极限强度工况下的应力水平低于材料的屈服极限,在滥用工况下的应力水平低于材料的抗拉极限。极限强度工况是汽车结构耐久设计中一个重要考核指标。

9.2.3　整车结构设计的典型工况

汽车在路面上行驶时所受到的载荷,根据其产生的原因,可以分解为以下三种:路面起伏不平引起的垂向（z 方向）冲击载荷、非直线行驶时转向产生的侧向力（y 方向）,以及加速或制动时产生的纵向（x 方向）惯性力。这三个方面的载荷常常交织在一起,导致汽车处于复杂的受力状态。因此,按照车辆行驶的运动状态,汽车设计时的路面载荷工况可以分解为垂向冲击工况、侧向冲击工况、纵向冲击（加速或制动）工况三类基础工况,其他工况可以看成由这三类基础工况组合而形成。

在利用多体动力学对整车进行静态载荷分解时,首先要计算出汽车所受到的外载荷,即汽车轮心或汽车轮胎与地面接地点之间的载荷。本节先介绍垂向冲击工况、侧向冲击工况、加速制动工况三类准静态基础工况载荷的推导,再进一步介绍由它们组合而成的典型工况及

载荷的传递分解。

1. 垂向冲击工况

垂向冲击工况是汽车行驶中受到的常见工况。如汽车过坑、过减速带等，由于路面突然剧烈起伏，当车轮通过时，会使车轮受到较大的垂向冲击载荷，这个载荷会通过悬架传到车身，是引起汽车结构件发生开裂的主要载荷。

垂向冲击工况载荷的大小一般用车辆受到冲击时的垂向加速度 a_z 表示。

对垂向冲击工况的外载荷，可以根据垂向工况载荷的垂向加速度 a_z 和轴荷 M_z 计算出来。

假定 F_{zl} 为左侧车轮 Z 向冲击载荷，F_{zr} 为右侧车轮 Z 向冲击载荷，M_z 为轴荷，a_z 为垂向加速度，T 为轮距，T_l 为左侧轮心到轮荷质心的距离，T_r 为左侧轮心到轮荷质心的距离。

如图 9.18 所示，垂直方向满足力的平衡，则

$$F_{zl} + F_{zr} = M_z a_z \qquad (9.1)$$

满足力矩平衡

$$F_{zl} T_l = F_{zr} T_r \qquad (9.2)$$

其中

$$T_l + T_r = T \qquad (9.3)$$

则

$$F_{zl} = \frac{M_z a_z T_r}{T} \qquad (9.4)$$

$$F_{zr} = \frac{M_z a_z T_l}{T} \qquad (9.5)$$

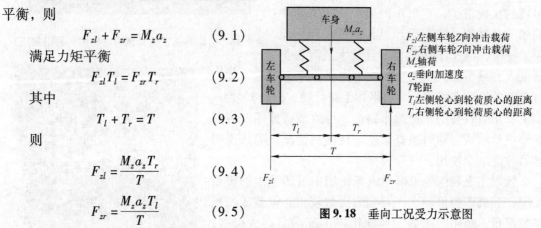

图 9.18　垂向工况受力示意图

垂向冲击载荷与路面的起伏情况、车速、轮胎特性、悬架参数、整车重量分布等因素都有关系，受力情况复杂，要想获得准确的动态载荷比较困难，各汽车公司根据经验，按照垂向加速度的大小将垂向载荷分为以下三类典型工况。

（1）垂向疲劳工况

垂向疲劳工况是汽车在正常行驶中经常遇到的工况，强度较小，一般垂向加速度 a_z 取 $0.5 \sim 3.0g$（g 为重力加速度）。通常所说的"比利时路"是一种典型的垂向疲劳工况的路面，如图 9.19 所示。疲劳工况可由两个不同强度的垂向工况组合而成，如垂向加速度 a_z 分别为 $0.5g$ 和 $2.0g$ 可组合成一组疲劳工况，表示车辆由垂向加速度 a_z 为 $0.5g$ 的状态运动到垂向加速度 a_z 为 $2.0g$ 的状态，定义这个过程为一次循环。

图 9.19　北京通州交通部试验场高强比利时路面

（2）垂向极限工况

垂向极限工况是汽车在正常行驶过程中偶尔会出现的高强度工况，如破损的公路上出现的深坑、下陷的井盖路面、带坑的砂石路等，当汽车以正常行驶的车速通过时，车轮就会受到较大的冲击。图 9.20 是一组坑洼路（凹坑路）。这类工况的强度一般在 $3.5 \sim 5g$。

（3）垂向滥用工况

汽车在行驶过程中出现了误判,高速通过带坑或凸起的路面,车轮受到异常大的垂向载荷。如图 9.21 所示,道路年久失修,日积月累形成了大坑,当驾驶人行驶过程中无法避让或未注意路面情况而以较高速度通过时,该路段时会产生很大的冲击载荷。图 9.22 为试验场的 Pothole 路面,汽车通过时会在垂向产生很大的冲击。滥用垂向工况的载荷冲击系数常常大于 $5g$,是车辆行驶过程中比较危险的工况。对汽车设计而言,要保证车辆通过该工况时不发生安全事故。这是一台车所能承受的最大设计载荷,对一款车的设计非常重要。汽车生产企业使用的滥用垂向工况的载荷冲击系数通常

图 9.20 北京通州交通部试验场坑洼路

在 $5 \sim 8g$ 之间。根据每个汽车生产企业不同的汽车设计理念、不同产品的目标市场和目标人群,各汽车生产企业会采用不同的滥用垂向工况的载荷冲击系数。例如,有的汽车生产企业更注重和宣传产品的安全性和耐用性。如福特汽车在设计和向市场宣传福特 F150 皮卡时,所用的口号是"建造坚固和耐用的福特"。基于这样的设计理念,以及该款皮卡的乡村销售市场和用户,福特 F150 皮卡的设计就会使用较高的载荷冲击系数。如果设计的汽车是高档豪华轿车,其目标购买者是富裕人群,目标销售市场以城市为主,载荷冲击系数可以选定较低的数值。

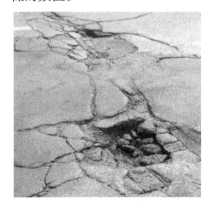

图 9.21 损坏的路面

图 9.22 北京交通部试验场 Pothole 路面

2. 侧向载荷工况

侧向载荷工况是指汽车行驶中,因汽车转弯地面对车轮产生侧向力的工况。

侧向力静态工况的分析,一般对前悬架和后悬架分别独立分析,图 9.23 为汽车向左转弯时侧向力工况的受力图。下面将推导出轮胎接地点的载荷。

假定 F_{zl} 为左侧车轮 Z 向冲击载荷,F_{zr} 为右侧车轮 Z 向冲击载荷,F_{yl} 为左侧车轮侧向冲击载荷,F_{yr} 为右侧车轮侧向冲击载荷,M_z 为轴荷,a_y 为侧向加速度,g 为重力加速度,H 为汽车质心的离地高度,T 为轮距,T_l 为左侧轮心到轮荷质心的距离,T_r 为左侧轮心到轮

荷质心的距离。

对 Z 向载荷，满足

$$F_{zl} + F_{zr} = M_z g \qquad (9.6)$$

对左侧轮胎与路面接触点，满足力矩平衡，则

$$M_z g T_l + M_z a_y H = F_{zr} T \qquad (9.7)$$

假设汽车转向时，车轮与地面没有侧滑，轴荷转移后的侧向力 F_{yl}、F_{yr} 与垂向力 F_{zl}、F_{zr} 亦满足如下关系

$$\frac{F_{yl}}{F_{zl}} = \frac{F_{yr}}{F_{zr}} \qquad (9.8)$$

同时，F_{yl}、F_{yr} 满足

$$F_{yl} + F_{yr} = M_z a_y \qquad (9.9)$$

同时，T_l、T_r 满足

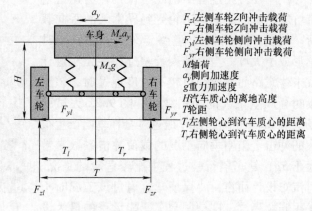

F_{zl} 左侧车轮Z向冲击载荷
F_{zr} 右侧车轮Z向冲击载荷
F_{yl} 左侧车轮侧向冲击载荷
F_{yr} 右侧车轮侧向冲击载荷
M 轴荷
a_y 侧向加速度
g 重力加速度
H 汽车质心的离地高度
T 轮距
T_l 左侧轮心到汽车质心的距离
T_r 右侧轮心到汽车质心的距离

图 9.23 侧向工况受力示意图

$$T_l + T_r = T \qquad (9.10)$$

由式（9.6）~式（9.9）可得

$$F_{zl} = M_z(T_r g - H a_y)/T \qquad (9.11)$$

$$F_{zr} = M_z(T_l g + H a_y)/T \qquad (9.12)$$

$$F_{yl} = M_z a_y(T_r - H a_y/g)/T \qquad (9.13)$$

$$F_{yr} = M_z a_y(T_l + H a_y/g)/T \qquad (9.14)$$

当 $T_l = T_z = T/2$ 时，则有

$$F_{zl} = \frac{M_z}{2}(g - \frac{2Ha_y}{T}) \qquad (9.15)$$

$$F_{zr} = \frac{M_z}{2}(g + \frac{2Ha_y}{T}) \qquad (9.16)$$

$$F_{yl} = \frac{M_z a_y}{2}(1 - \frac{2Ha_y}{Tg}) \qquad (9.17)$$

$$F_{yr} = \frac{M_z a_y}{2}(1 + \frac{2Ha_y}{Tg}) \qquad (9.18)$$

此时，当 $F_{zl} < 0$ 时，即 $a_y > \dfrac{gT}{2H}$ 时，汽车有侧翻的风险。

侧向转向工况的加速度 a_y 与汽车转弯半径、车速、路面摩擦系数、质心高度、轮距等因素有关。汽车在正常安全行驶时，由于侧向最大加速度有限制，因此汽车行驶中侧向力工况只有疲劳工况和极限工况，没有滥用工况。疲劳工况属于正常使用工况，极限工况通常出现在车辆操纵稳定性能评价的工况中，而侧向载荷的滥用工况通常只发生在车辆静止的状态。

（1）侧向疲劳工况

在路面上正常行驶的汽车，侧向加速度 a_y 一般取 $-1.0 \sim 1.0g$ 范围之间，例如 $-0.5g/0.5g$、$-0.85g/0.85g$ 等组合成疲劳工况。

（2）侧向极限工况

侧向力极限工况，受路面情况、转弯半径和车速等因素的影响，要保证汽车不侧翻，极限工况的最大值会受到限制，一般侧向加速度 a_y 在 $0.9 \sim 1.5g$ 之间。

（3）侧向滥用工况

也有侧向工况载荷不是因汽车整体转向而产生的，而是由路面不平或轮胎侧面受到地形的限制，而使车轮受到侧向力。侧向加速度 a_y 可以推荐 $2.0g$。对这类工况，汽车所受的侧向力常常较大，因此称其为滥用工况。如图 9.24 所示，轮胎与路沿的距离太近，车辆起步转向时路沿会对轮胎产生较大的侧向力，车轮受到的最大侧向力由车轴载荷（简称轴荷）和车轮与地面的摩擦力决定。

3. 加速和制动工况

加速和制动工况是汽车行驶中的常见工况。下面以图 9.25 所示制动工况为例，推导整车受力的边界条件。

图 9.24　转向时路沿会对车轮产生较大的转向力

假定 F_{z1} 为前轴轴荷，F_{z2} 为后轴轴荷，F_{x1} 为前轴制动力，F_{x2} 为后轴制动力，M 为整车重量，a_x 为车辆的加速度，g 为重力加速度，H 为汽车质心的离地高度，W 为车辆的轴距，W_1 为前轴轮心到整车质心的距离，W_2 为后轴轮心到整车质心的距离。

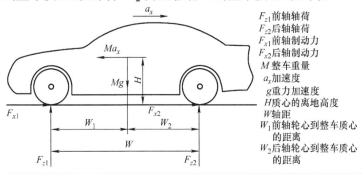

F_{z1} 前轴轴荷
F_{z2} 后轴轴荷
F_{x1} 前轴制动力
F_{x2} 后轴制动力
M 整车重量
a_x 加速度
g 重力加速度
H 质心的离地高度
W 轴距
W_1 前轴轮心到整车质心的距离
W_2 后轴轮心到整车质心的距离

图 9.25　制动工况受力示意图

对 Z 向载荷，满足

$$F_{z1} + F_{z2} = Mg \tag{9.19}$$

对前轴轮胎接地点，满足力矩平衡

$$F_{z2}W + Ma_xH = MgW_1 \tag{9.20}$$

对后轴轮胎接地点，满足力矩平衡

$$Ma_xH + MgW_2 = F_{z1}W \tag{9.21}$$

假设汽车制动时，车轮与地面没有侧滑，地面对车轮在 X 方向的作用力 F_{x1}、F_{x2} 与垂向力 F_{z1}、F_{z2} 满足

$$\frac{F_{x1}}{F_{z1}} = \frac{F_{x2}}{F_{z2}} \tag{9.22}$$

同时，F_{x1}、F_{x2} 满足

$$F_{x1} + F_{x2} = Ma_x \tag{9.23}$$

同时，W_1、W_2 满足

$$W_1 + W_2 = W \tag{9.24}$$

由式 (9.19) ~式 (9.23) 可得

$$F_{z1} = M(W_2g + Ha_x)/W \tag{9.25}$$

$$F_{z2} = M(W_1g - Ha_x)/W \tag{9.26}$$

$$F_{x1} = Ma_x(W_2 + Ha_x/g)/W \tag{9.27}$$

$$F_{x2} = Ma_x(W_1 - Ha_x/g)/W \tag{9.28}$$

当 $W_1 = W_2 = W/2$ 时，则有

$$F_{z1} = \frac{M}{2}(g + \frac{2Ha_x}{W}) \tag{9.29}$$

$$F_{z2} = \frac{M}{2}(g - \frac{2Ha_x}{W}) \tag{9.30}$$

$$F_{x1} = \frac{Ma_x}{2}(1 + \frac{2Ha_x}{Wg}) \tag{9.31}$$

$$F_{x2} = \frac{Ma_x}{2}(1 - \frac{2Ha_x}{Wg}) \tag{9.32}$$

由上可见，当制动时，载荷会发生转移，前轴载荷增大，后轴载荷减小。

（1）纵向疲劳工况

汽车在路面上加速行驶时，疲劳工况的纵向加速度 a_x 可推荐为 $0.5 \sim 1.0g$；制动时疲劳工况可推荐为 $0.5 \sim 1.5g$。

（2）纵向极限工况

汽车在路面上加速行驶和制动时，一般极限工况的纵向加速度 a_x 在 $1.0 \sim 2.0g$ 之间。

（3）纵向滥用工况

汽车在路面上加速行驶时，滥用工况的纵向加速度 a_x 可推荐为 $2.0 \sim 3.0g$；制动时的纵向加速度 a_x 可推荐为 $3.0 \sim 4.0g$。

4. 基础工况的载荷分解

由以上部分的介绍，可以得到典型静态工况在轮胎接地点的载荷。但在汽车结构的分析中，还需要得到各部件连接点处的载荷。由汽车上某一点道路载荷的输入，推导计算汽车上其他连接点载荷的工作称为载荷分解。例如，从路面的输入（力或位移），计算底盘各零部件连接点处，或者车身与底盘连接点处的载荷。或者由车轮轴心的力和力矩计算这些点的载荷。汽车路面载荷是通过车轮和悬架传递的。汽车悬架系统较为复杂，一般需要使用多体动力学的模型，来描述悬架系统的运动和力的传递，进而进行载荷分解。图 9.26 所示为悬架载荷分解示意图。

在进行载荷分解前，需要收集整车的多体参数，如整车质量、质心位置、前后轴荷、硬点位置、弹簧刚度及预载、衬套刚度、缓冲块刚度、减振器刚度等，在此基础上根据上文的介绍，可以计算出静态工况的外载荷；同时根据收集的整车多体参数，建立整车的多体动力学模型，将计算出的外载荷施加在多体模型中，通过多体动力学软件的计算，得到需要的各部件载荷。

对于静态工况的载荷分解，通常做法为采用车身固定，前、后悬架分别建立多体动力学模型进行载荷分解。目前，有很多商业软件，调用虚拟试验台，在载荷分析模块加载实现，

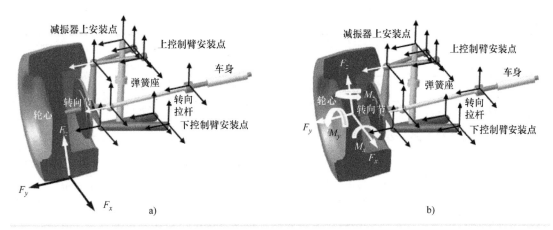

图 9.26　悬架载荷分解示意图

a）从轮胎在路面接触点的载荷输入　b）从轮心的载荷输入

通过计算输出各部件在硬点处的载荷。

在进行载荷分解时，外载荷一般施加在轮胎与地面的接地点，如果施加在轮心，需要考虑车轮受力的半径，将轮胎接地点的外载荷转化到轮心处的力和力矩。

【例 9.1】　图 9.27 是一个用 ADAMS 图形显示的车轮和悬架结构。在垂向载荷的工况中，地面作用在轮胎上的力为 $F_{z1} = 8000\text{N}$，$F_{z2} = 8000\text{N}$。用载荷分解的方法和多体动力学软件 ADAMS 计算由路面载荷传递到悬架主要安装点或连接点上的力。悬架各点力的计算结果列于表 9.1。

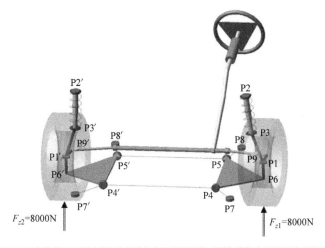

图 9.27　垂向载荷的分解

表 9.1　悬架各点力的计算结果

载荷输出点		力 F_x /N	力 F_y /N	力 F_z /N	力矩 M_x /N·mm	力矩 M_y /N·mm	力矩 M_z /N·mm
P1	轮心（左）	-5071	2616	5578	-6239	3271	-7206
P1′	轮心（右）	-5071	-2616	5578	6240	3271	7206
P2	减振器上安装点（左）	-761	-1283	-7115	1268	20311	-3798
P2′	减振器上安装点（右）	-761	1283	-7115	-1268	20311	3798

（续）

载荷输出点		力 F_x /N	力 F_y /N	力 F_z /N	力矩 M_x /N·mm	力矩 M_y /N·mm	力矩 M_z /N·mm
P3	弹簧座（左）	3969	−2735	−5462	无	无	无
P3′	弹簧座（右）	3969	2735	−5462	无	无	无
P4	前控制臂和副车架前安装点（左）	72	−47	344	−3163	−2583	−1534
P4′	前控制臂和副车架前安装点（右）	−72	47	344	3163	−2584	1534
P5	前控制臂和副车架后安装点（左）	−657	−1053	210	−183867	−7087	−146
P5′	前控制臂和副车架后安装点（右）	−657	1053	210	183867	−7087	146
P6	前控制臂外安装点（左）	1346	535	109	无	无	无
P6′	前控制臂外安装点（右）	1346	−535	109	无	无	无
P7	前副车架和车身前安装点（左）	364	0	−175	0	−36	0
P7′	前副车架和车身前安装点（右）	364	0	−175	0	−36	0
P8	前副车架和车身后安装点（左）	365	0	−134	0	−36	0
P8′	前副车架和车身后安装点（右）	365	0	−134	0	−36	0
P9	转向拉杆外安装点（左）	114	146	14	无	无	无
P9′	转向拉杆外安装点（右）	114	−146	14	无	无	无

注：左和右是针对驾驶人而言。球铰连接处无力矩。

【例9.2】　在图9.28用ADAMS图形所示的车轮和悬架的结构中，转向工况假定车辆向左转向，地面作用在轮胎上的力为 $F_{z1} = 2000N$，$F_{z2} = 6000N$，$F_{y1} = 1300N$，$F_{y2} = 4000N$。用载荷分解的方法和多体动力学软件 ADAMS 计算由路面载荷传递到悬架主要安装点或连接点的力。悬架各点力的计算结果列于表9.2。

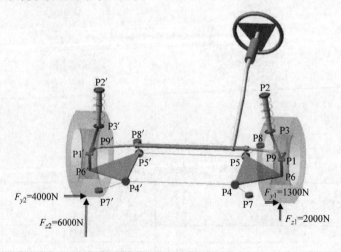

图9.28　转向工况载荷分解

表9.2 转向工况载荷分解

载荷输出点		力 F_x /N	力 F_y /N	力 F_z /N	力矩 M_x /N·mm	力矩 M_y /N·mm	力矩 M_z /N·mm
P1	轮心（左）	−1216	623	5650	−385447	−729426	−2685
P1′	轮心（右）	−1216	−623	5650	385447	−729426	2685
P2	减振器上安装点（左）	399	−847	−4387	516	−6559	1314
P2′	减振器上安装点（右）	−516	−6559	−1314	−516	−6559	−1314
P3	弹簧座（左）	2430	−1674	−3343	无	无	无
P3′	弹簧座（右）	2430	1674	−3343	无	无	无
P4	前控制臂和副车架前安装点（左）	399	−2826	−13	−1130	−4034	5735
P4′	前控制臂和副车架前安装点（右）	399	2826	−13	1130	−4034	−5735
P5	前控制臂和副车架后安装点（左）	3100	2580	291	−58712	−3797	98
P5′	前控制臂和副车架后安装点（右）	3100	−2580	291	58712	−3797	−98
P6	前控制臂外安装点（左）	−1884	1271	−2693	无	无	无
P6′	前控制臂外安装点（右）	−1884	−1271	−2693	无	无	无
P7	前副车架和车身前安装点（左）	−1747	0	65	0	146	0
P7′	前副车架和车身前安装点（右）	−1747	0	65	0	146	0
P8	前副车架和车身后安装点（左）	−1752	0	−98	0	146	0
P8′	前副车架和车身后安装点（右）	−1752	0	−98	0	146	0
P9	转向拉杆外安装点（左）	352	490	59	无	无	无
P9′	转向拉杆外安装点（右）	352	−490	59	无	无	无

注：左和右是针对驾驶人而言。球铰连接处无力矩。

【例9.3】 在制动的工况中，对图9.29所示的车轮和悬架结构，地面作用在轮胎上的力为 $F_{z1}=8000\mathrm{N}$，$F_{z2}=8000\mathrm{N}$，$F_{x1}=5000\mathrm{N}$，$F_{x2}=5000\mathrm{N}$。用载荷分解的方法和多体动力学软件 ADAMS 计算由路面载荷传递到悬架主要安装点或连接点的力。悬架各点力的计算结果列于表9.3。

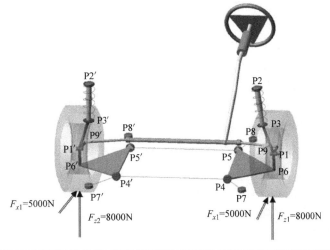

图9.29 制动工况载荷分解

表9.3　制动工况载荷分解

载荷输出点		力 F_x /N	力 F_y /N	力 F_z /N	力矩 M_x /N·mm	力矩 M_y /N·mm	力矩 M_z /N·mm
P1	轮心（左）	− 1854	− 523	1409	− 241346	126518	− 270719
P1′	轮心（右）	− 1913	− 5524	4192	− 671568	− 352050	− 770433
P2	减振器上安装点（左）	− 311	− 875	− 2750	334	3202	− 1057
P2′	减振器上安装点（右）	− 522	− 333	− 5323	246	10409	− 675
P3	弹簧座（左）	1564	− 1078	− 2152	无	无	无
P3′	弹簧座（右）	2916	2010	− 4013	无	无	无
P4	前控制臂和副车架前安装点（左）	− 3	− 799	− 573	3615	5797	− 96
P4′	前控制臂和副车架前安装点（右）	− 122	− 2413	262	1777	− 1607	2371
P5	前控制臂和副车架后安装点（左）	− 255	− 1021	− 461	209760	11572	139
P5′	前控制臂和副车架后安装点（右）	− 595	− 967	135	107160	− 4256	107
P6	前控制臂外安装点（左）	389	1859	860	无	无	无
P6′	前控制臂外安装点（右）	− 862	3371	181	无	无	无
P7	前副车架和车身前安装点（左）	107	1410	734	− 600	− 15	− 178
P7′	前副车架和车身前安装点（右）	380	1410	− 187	− 600	− 15	− 178
P8	前副车架和车身后安装点（左）	132	1190	667	− 600	− 15	− 178
P8′	前副车架和车身后安装点（右）	356	1190	− 87	− 600	− 15	− 178
P9	转向拉杆外安装点（左）	201	333	65	无	无	无
P9′	转向拉杆外安装点（右）	− 572	774	− 97	无	无	无

注：左和右是针对驾驶人而言。球铰连接处无力矩。

5. 整车综合设计工况

　　以上三种工况的分析是汽车行驶时典型工况的分析。这些分析的重要之处，在于揭示了汽车在垂向（z）、侧向（y）和纵向（x）三种典型行驶工况下，车轮在接地表面所受的力与车辆在三个方向上加速度的关系。因为汽车行驶（或使用）时可能发生的情况是随机和任意的，任何一个车轮都可能经历上述三种工况的最大载荷，所以汽车的设计一般不区分前后车轮或者左右车轮，而是要求所有四个车轮都必须能够承受以上述三种工况在每一个方向的最大载荷。在汽车的实际设计时，车辆在三个方向上加速度是由设计工程师设定的。汽车工程师在长期的汽车设计过程中，已经对各种工况下车辆在三个方向上加速度的范围有了基本的了解。在日常的汽车设计中，工程师一般根据各种工况下，车辆在三个方向上以重力加速度 g 为单位的加速度的经验推荐值，预估汽车的设计载荷。

　　汽车行驶的状态非常复杂，路面施加在一个车轮上的载荷不仅影响一个车轮，也同时影响整个车辆。不同车轮上载荷的相互关系也影响车辆的响应。然而，所有复杂的工况都可以分解成一些基础的工况，复杂的工况都可以看成是这些基础工况的组合。例如，在垂向载荷工况中，改变其中一侧车轮载荷的方向，变成一侧车轮载荷的向上，另一侧车轮载荷的向下，车辆形成扭转变形。当汽车一侧的车轮驶上路沿、或者落入凹坑，车辆就是扭转工况的实际案例。在汽车结构的破坏中，结构的扭转是一个非常重要的原因，因此扭转工况是一个汽车设计必须考虑的工况。图 9.30 ~ 图 9.35 描述了汽车行驶时的一些基础工况。一般汽车的悬架结构在上下 (z) 和前后 (x) 的方向上是不同的,所以汽车悬架的零件在上下和前后方向上的载荷是不对称的。一般情况下,汽车的底盘结构在横向 (y) 的载荷基本是对称的。但是考虑到结构的不同形状,零部件受力后的变形与受力方向有关,零部件或连接点受拉应力还是压应力也与受力方向有关,所以从一般性出发,横向 (y) 加载工况也需要考虑两个相反的方向。图 9.30 ~ 图 9.35 列出了一些典型的组合工况。

(1) 弯曲工况

见图 9.30。

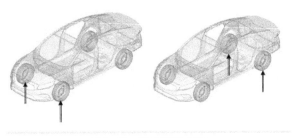

图 9.30 整车弯曲工况

(2) 扭转工况

见图 9.31。

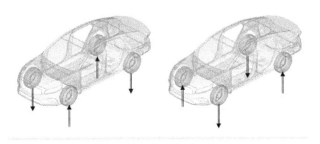

图 9.31 整车扭转工况

(3) 垂向 (z) 载荷工况

见图 9.32。

图 9.32 垂向 (z) 载荷工况

(4) 纵向 (x) 载荷工况

见图 9.33。

(5) 横向 (y) 载荷工况

见图 9.34。

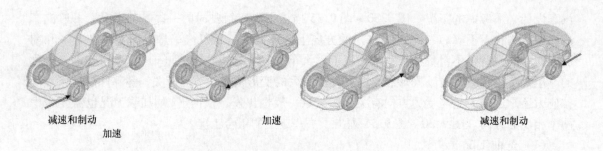

图 9.33   纵向（x）载荷工况

图 9.34   横向（y）载荷工况

（6）组合载荷工况
见图 9.35。

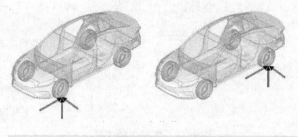

图 9.35   组合载荷工况

工况中的纵向（x）和垂向（z）施加力的位置可以是轮心，也可以是轮胎接地表面。对于纵向（x）载荷，如果在轮胎接地表面施加力则会增加一个转矩。横向（y）载荷需要加在轮胎接地表面，对悬架设定设计工况时，可以根据不同的结构和需求，选择不同的基本工况进行组合。由于各汽车公司的产品设计理念不同、对产品的市场和用户对象的认识不同、对产品成本和赢利的目标不同，各公司的准静态设计载荷的定义都不相同。例如，有的汽车公司考虑针对百分之九十的汽车用户设计；有的汽车公司考虑针对百分之九十九的汽车用户设计。有的汽车设计考虑用户使用"好路"更多；有的汽车设计考虑用户使用"坏路"更多。汽车设计所针对的市场（例如城市和乡村）和用户群体（例如年长者和轻年人）都对这些有影响。

这些单一的经验工况都以重力加速度 g 为单位。各汽车公司对三个方向加速度的经验值的选取各不相同。一般情况下，汽车公司都会考虑强度工况和疲劳工况。但是对强度工况有不同的考虑。有的汽车公司只使用极限工况；有的汽车公司只使用滥用工况；有的汽车公司同时使用两种强度工况。表 9.4 所列的工况是一个整车结构设计工况的例子。

表中也列出了对应的参考设计要求。对滥用工况，要求结构中的应力不超过材料的抗拉极限；对极限工况，要求结构中的应力不超过材料的屈服极限；对疲劳工况，要求结构在载荷重复相应不同的次数后不发生开裂。

表 9.4　某整车结构设计工况的例子

说明	工况定义（车辆加速度，从前向后为 $+X$，从左向右为 $+Y$，向上为 $+Z$）	设计要求
滥用工况	向后（x）轮心 $4g$	不超过材料的抗拉极限
滥用工况	向前（$-x$）轮心 $3g$	不超过材料的抗拉极限
滥用工况	横向（y）轮胎接地表面 $2g$	不超过材料的抗拉极限
滥用工况	垂向（z）轮胎接地表面 $7g$	不超过材料的抗拉极限
极限工况	向后（x）轮心 $2g$	不超过材料的屈服极限
极限工况	向前（$-x$）轮心 $1.5g$	不超过材料的屈服极限
极限工况	制动轮胎接地表面（x）$2g$	不超过材料的屈服极限
极限工况	横向（y）轮胎接地表面 $1.5g$	不超过材料的屈服极限
极限工况	垂向（z）轮胎接地表面 $4g$	不超过材料的屈服极限
极限工况	轮胎接地表面垂向（z）$4g$ + 横向（y）$1.5g$ + 制动（x）$2g$	不超过材料的屈服极限
极限工况	扭转－前后分别垂向（z）$2g$	不超过材料的屈服极限
疲劳工况	向后（x）$1.5g$	50000 次不发生开裂
疲劳工况	向前（$-x$）$1.5g$	50000 次不发生开裂
疲劳工况	横向（y）$1.0g$	50000 次不发生开裂
疲劳工况	横向（$-y$）$-1.0g$	50000 次不发生开裂
疲劳工况	垂向（z）$2.5g$	200000 次不发生开裂

一般情况下，滥用工况比极限工况更恶劣。使用滥用工况作为设计载荷，设计会更保守，所设计的汽车会更安全。因为在悬架零部件发生的破坏中，疲劳载荷和强度载荷都占很大比例，悬架又涉及车辆行驶的安全性，而在车身结构的破坏中，疲劳载荷是主要因素，所以在汽车车身和底盘的设计中，对底盘结构的强度要求，往往高于对车身结构的强度要求。有的汽车公司对悬架同时使用疲劳载荷和滥用工况的强度载荷，对车身结构只使用疲劳载荷，或者疲劳载荷加极限工况的强度载荷。

9.2.4　集中质量零部件的准静态设计载荷

汽车整车的准静态设计工况考虑了汽车在行驶时的惯性因素，和人们基于经验对各种情况下车辆加速度的预估。通过以重力加速度 g 为单位输入，用多体动力学计算获得底盘主要零部件连接点和车身连接点的准静态载荷估值。但是，多体动力学很难得到弹性体上的点的载荷。一些安装在车身上相对重量较大、惯性较大的零部件（例如蓄电池、后备车轮等）上的载荷不容易直接获得。对这些零部件，在相关系统的分析或零部件时也常常采用类似的方法，采用以重力加速度 g 为单位的准静态载荷估值。

以汽车的蓄电池系统为例。图 9.36 所示的是一个蓄电池、蓄电池托盘和支架安装在汽车前舱里的纵梁上。因为蓄电池重量较大，在汽车的行驶中有时会产生较大的惯性力。托盘、支架和纵梁上的安装点要求有足够的强度。在过去的蓄电池相关零部件的强度分析中，常常根据经验预估蓄电池在每个方向上的最大加速度，用这些加速度乘以蓄电池的质量，作为蓄电池产生的惯性力施加在蓄电池的质心，通过静态的计算分析获得托盘、支架和纵梁上安装点上的应力。对加速度的预估，行业里并没有统一的标准。很多汽车公司已经形成了自己的设计标准。例如，有的公司规定 x 方向为 $3g$、y 方向为 $3g$、z 方向为 $5g$，要求结构上的应力不超过材料的屈服极限。也有的公司规定 x

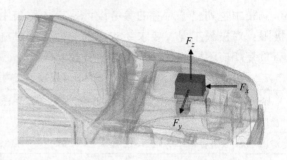

图 9.36　蓄电池系统的准静态设计载荷

方向为 $5g$、y 方向为 $5g$、z 方向为 $10g$，要求结构上的应力不超过材料的抗拉极限。这样的载荷相对保守。当车身的模型和时域载荷都可以获得时，将这些系统包括在整备车身模型中，使用车身的时域载荷作为输入进行瞬态应力和疲劳分析（参见第 5 章和第 6 章），这是最佳方式。如果这些系统先后使用准静态设计载荷和时域载荷两种输入进行分析，一般时域载荷的分析更接近实际。但最终的设计必须以通过综合耐久试验验证为准。

9.2.5　时域的动态道路载荷

汽车整车结构设计的准静态载荷工况，是汽车行驶时由路面产生的一系列典型情况下的工况。它们能够反映出很多汽车行驶时路面载荷的状况。因此，这种设计载荷估算的方法，在汽车的结构设计中被长期使用。这些载荷都是准静态的载荷，对应的有限元结构分析均为静态分析，相对简单。它们的局限性是：第一，载荷的精确度取决于对载荷水平（加速度 a_z、a_y、a_x）的预估。通常为了结构设计的安全性，工程师一般都会相对保守地预估载荷水平，因此，部分结构的设计相对保守。即使如此，在汽车的实际使用中也偶然会发生超出预估载荷的情况。第二，从第 5 章的讨论和分析中可知，汽车结构的破坏或损伤主要有三种：结构受到的过度载荷、结构的弯曲和扭转、结构的振动，分别源于载荷的幅值、相位和频率。结构过载荷的破坏或损伤通常是结构受力点局部的区域，由某一个载荷（在某一个点和某一个方向上）决定的，相对容易预估。载荷的相位由多个载荷（在多个点和多个方向上，如不同的车轮）决定的，无法准确预估，通常只能简单、保守地预设（如对角车轮施加等幅、反向的垂向力）。准静态的载荷则完全没有频率的因素，所以不能反映出结构振动的问题。

车辆实际的时域动态道路载荷（见图 9.3 的例子）包含了幅值、相位和频率的完整信息，可以反映汽车行驶时路面载荷的所有状况。随着技术的进步，从 20 世纪 80 年代开始，汽车公司越来越多地测量、计算和使用车辆的时域道路载荷。对应的有限元结构分析则为时域的动态结构分析。不同于静态的结构分析，动态结构的分析需要在适当的时间间隔的每一个时刻求解。由于汽车疲劳耐久试验的载荷较长，计算机的软硬件条件有限，相应的大型有限元动态结构响应的计算非常困难，在 20 世纪 90 年代以前，即使使用当时的超级计算机，这也是一项无法进行的工作。90 年代末期，福特汽车公司开发了专门针对汽车综合耐久试验仿真的应力和疲劳计算的算法（参见第 5 章和第 6 章的相关章节）和计算机软件，解决了使用时域道路载荷进行车辆结构动态疲劳分析的瓶颈问题。

时域的动态道路载荷比准静态的设计载荷更为准确和完整。使用时域的道路载荷可以大幅度提高车辆疲劳仿真分析的精度，实现在产品开发初期发现并消除绝大部分潜在的结构设计问题，减少耐久性物理样车的数量和试验周期。汽车耐久性试验的周期较长，为了缩短产品开发周期加快新产品的上市，目前越来越多的汽车公司采用实测试验场的道路载荷进行结构疲劳仿真分析。

1. 虚拟迭代技术的原理

半解析法是目前使用最广泛的获取时域道路载荷的方法。半解析法包括试验信号的测量和载荷分解计算两部分。

在进行汽车动态载荷分解时首先要解决车身随路面激励产生的姿态变化的问题。如果车身不约束，直接在轴头施加六分力，整个车可能会"飞起来"，甚至出现翻滚的现象，导致出现受力异常。对于道路载荷谱采集数据的载荷分解，在早期采用车身固定，考虑运动部件产生的惯性力，在轴头施加六分力，把动态载荷问题转换为静态问题的分析方法，经常会出现车身的载荷异常偏大，为车身的 CAE 疲劳分析带来很大的困惑。为解决车身随路面激励而产生的自由运动问题，汽车载荷的分析人员，借鉴四立柱台架试验（参见第 15 章）的原理，形成了目前车身自由的虚拟迭代技术，并把该技术进行编程开发，出现了 Virtulab、FEMFAT - LAB 等商业化软件，为汽车行业道路载荷谱的普及应用提供了条件。本节主要讲解虚拟试迭代技术原理及虚拟迭代技术的应用。

基于虚拟迭代技术的整车载荷分解技术，是通过标定样车进行整车道路试验，可将采集得到的有限信号（如六分力、加速度、位移及应变等），利用多体动力学软件建立测试车辆的多体动力学模型作为虚拟样机，然后通过虚拟迭代商业软件，调用多体动力学软件的求解器，对多体动力学模型进行迭代计算，使车辆虚拟样机迭代后的输出信号与实车测试数据一致，进而获取整车及底盘零部件真实状态的疲劳载荷，以此作为疲劳寿命预测和结构优化的输入，使产品满足耐久性设计的要求。这种方法可以在迭代过程中将输出通道的计算值（迭代值）和实测值进行充分对比，保证结果的准确性，而且实施简单，成本较低。

下面介绍虚拟迭代原理。

1）建立整车多体动力学模型。按照测试车辆的硬点、质量、质心信息、弹簧刚度、减振器特性曲线、衬套缓冲块等弹性元件参数的输入，建立整车的多体动力学模型，如图 9.37 所示。多体动力学模型包括悬架系统、车身系统、动力传动系统、转向系统、车轮系统。定义模型的输入信号和输出信号，其中输入信号为驱动模型的外载荷信号

图 9.37　虚拟迭代多体模型

（模拟路面起伏的轮胎接地点位移、地面对轮胎的作用力等，都可以作为输入信号），输出信号为响应信号（一般为车辆的内部测试信号，如弹簧的变形量、控制臂的受力、轮心的加速度等，定义时与试验测试信号相对应）。

2）对驱动多体动力学模型的输入信号 $x_0(t)$ 赋予粉噪声（Pink noise）信号（由路面激励产生的信号频率一般在 $0 \sim 50\mathrm{Hz}$，称为粉噪声信号）。然后让该驱动信号驱动多体模型，

得到响应信号 $y_0(t)$。

3）由驱动信号和响应信号可以计算，得到多体模型的传递函数 $F(t)$，则 $F(t)$ 满足

$$F(t) = y_0(t) / x_0(t) \tag{9.33}$$

4）迭代过程。将道路载荷谱采集的信号作为目标信号 Y_{desired}，该信号与传递函数 $F(t)$ 的逆函数 F^{-1} 相乘，作为迭代的初始输入信号 U_0，即

$$U_0 = F^{-1} * Y_{\text{desired}} \tag{9.34}$$

通过多体动力学模型求解出初始信号的响应 Y_0。

以此类推，第 $n+1$ 次迭代输入信号与第 n 次迭代响应信号 Y_n 为

$$U_{n+1} = U_n + F^{-1}(Y_{\text{desired}} - Y_n) \tag{9.35}$$

通过迭代计算，当 $Y_{\text{desired}} - Y_n$ 的差值在一定范围之内时，此时的输入信号 U_n 就是要求解的模型输入信号，迭代过程结束。

5）将最终迭代得到的输入信号，驱动多体模型，通过计算，输出各部件连接硬点处的载荷，完成整个载荷分解流程。

具体迭代过程如图 9.38 所示。

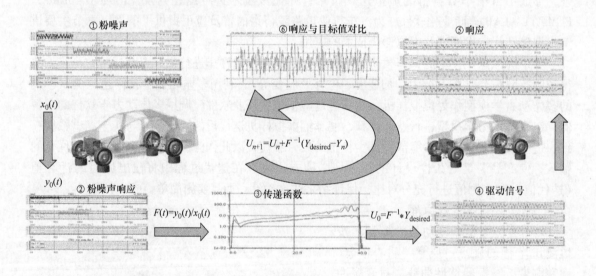

图 9.38 虚拟迭代过程

虚拟迭代完全可以不用六分力，只利用内部测试信号（如加速度信号，位移信号，活塞杆、控制臂的受力等）迭代出整车的载荷。如果要用六分力信号，迭代时可以针对轮心处迭代，可以不要轮胎模型，在最后计算时施加部分六分力信号于轮心处（ F_z、M_y 不施加）。

如果仅用六分力作为载荷分解的输入，一般用于准静态载荷分解，模型施加六分力时可以不带轮胎。

2. 虚拟迭代技术的应用

虚拟迭代技术主要用途是车辆道路载荷的分解。目前很多汽车公司已应用该技术进行整车耐久性开发，并取得了不错的效果。

虚拟迭代载荷技术的优点可以总结如下。

1）虚拟迭代载荷分解时车身是自由状态，避免了传统载荷分解中将车身固定而出现过约束的缺点，使车身受力更接近真实情况。

2）虚拟迭代载荷分解可以利用道路测试过程中采集得到的有限内部信号，在无六分力的情况下也可以对整车进行载荷分解。

3）虚拟迭代载荷分解可以使车辆虚拟迭代样机迭代后的输出信号与实车测试更接近，提高了载荷分解的精度，可以为 CAE 疲劳分析和结构优化提供准确的载荷输入。

4）虚拟迭代载荷分解对整车多体动力学参数精度的要求相对较低。众所周知，我们建立的多体动力学虚拟样车学模型的参数，很难与实测车辆完全一致，必然会影响载荷的精度。但由于有测试的响应信号作为目标信号和参考信号，通过多次迭代修正输入信号，从而使响应信号与测试信号有很好的一致性，保证了载荷的可靠性。

在有物理样车的情况下，虚拟迭代技术是基于采用的试验场的道路载荷谱，进行道路载荷谱载荷分解的一种方法。这种方法也存在计算时间稍长、有的工况难以收敛的缺陷。

9.2.6　基于多体动力学的虚拟试车场

应用半解析法的前题是具有可以用于道路信号采集的物理样车。所以，该方法只能在有物理样车的条件下才能够使用。很多汽车公司在汽车设计的初始阶段使用相似的车辆或者由相似的车辆改制而成的螺车、在产品研发进程中使用早期样车和后期样车采集道路信号。但是，由于在设计阶段，车辆的设计参数总是不断变化，物理样车无法随时更新，所以，半解析法的载荷更新是该方法的一大问题。在汽车开发的初期，如果没有近似的物理样车，则无法采集试验场的道路载荷谱和进行载荷计算，该方法则无法使用。另外，物理样车的制造成本非常昂贵，过多的物理样车会增加产品研发的成本，是汽车企业希望避免的。

在前面介绍有限元方法的应用时，介绍了基于有限元方法的虚拟试验场技术（第 3.4.4 节）。虚拟试验场技术使用数字化的路面和虚拟样车模型模拟汽车的行驶，不依赖物理样车，在项目开发初期可以为结构的设计和分析提供载荷。这项技术已有二十年以上的历史。它的发展仍然不够完善，也缺乏广泛和充分的验证。但是因为它不依赖物理样车，在汽车研发的初始阶段，它仍然是一个提供产品研发初始载荷的有效手段。

虚拟试车场技术分为两种。一种是使用有限元方法。另一种是使用多体动力学方法。第 2 章已经介绍了基于有限元方法的虚拟试车场仿真。本节着重介绍基于多体动力学的虚拟试车场仿真方法。

虚拟试车场载荷分解技术的关键输入为精度较高的虚拟样车模型和数字化 3D 路面。在现有技术下，利用激光扫描仪对试车场路面进行特征扫描，就可得到路面的数字化 3D 模型。但更为关键的是，建立包括通过试验测试得到的轮胎 Fe‐tire 模型在内的，较为准确的多体虚拟样车模型，是虚拟试车场载荷分解的核心。虚拟试车场模型包括整车模型和路面模型。整车模型包含 Fe‐tire 轮胎系统、前后悬架系统、车身系统、转向系统、动力总成及传动系统、制动系统等，如图 9.39 所示。图 9.40 是一个路面扫描的数字化模型。使用多体动力学软件 ADAMS 模拟实车在路面行驶的情况（如图 9.41 所示），通过计算可得到汽车各部件的载荷。

图 9.42 是使用多体动力学软件 ADAMS，对某车辆进行比利时路的虚拟试车场仿真后，

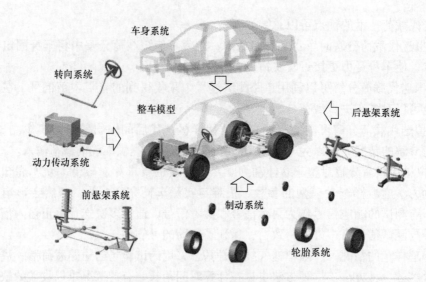

图 9.39   多体动力学的整车模型

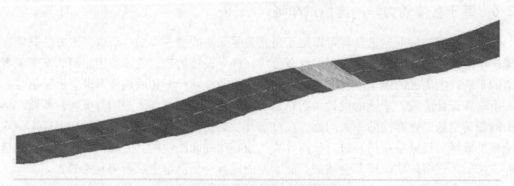

图 9.40   一个路面扫描的数字化模型

图 9.41   虚拟试车场仿真

前减振器轴向受力的计算结果。

　　同样，虚拟试车场方法也可以进行强度工况的仿真。图 9.43 ~ 图 9.45 是用虚拟试车场方法仿真汽车过坑、过坎和车轮倚靠路沿时旋转车轮的仿真示意图。

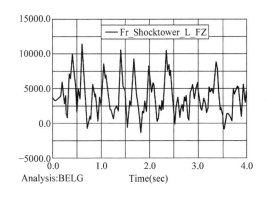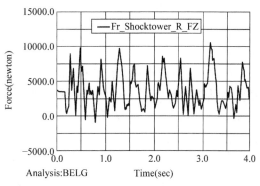

图 9.42　虚拟试车场前减振器受力的计算结果

图 9.43　车辆过坑的模拟仿真

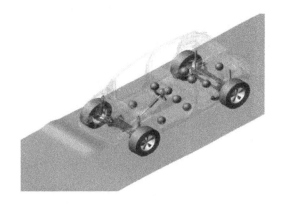

图 9.44　车辆过坎的模拟仿真

虚拟试车场载荷分解技术是当前国际上先进的载荷分解技术，但虚拟试车场载荷分解技术的应用也受到客观条件的制约，在应用过程中还面临着不少挑战。虚拟试车场技术首先要采用技术手段，通过激光扫描建立路面的三维模型，同时通过试验获得较为准确的轮胎参数模型，更重要的是，整车的多体模型要有足够的精度，保证虚拟试车场载荷的准确性。

虚拟试车场载荷分解技术是一个前沿课题，部分国外汽车公司已有应用，但国内对该技术的应用研究刚刚起步，大多数汽车公司还处在研究阶段。

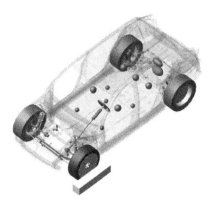

图 9.45　车辆倚靠路沿时旋转车轮的模拟仿真

影响虚拟试车场技术应用的一个重要因素是虚拟试车场载荷的精度。提高虚拟试车场载荷分解的精度是行业内一直追求的目标。从虚拟试车场载荷分解研究方法和实现途径上主要依靠以下两点：

1）虚拟试车场载荷模型的完善。虚拟试车场技术对多体参数的输入精度要求较高，整车转动惯量、弹性原件的动静态刚度及阻尼特性、减振器的精细化建模、汽车结构的柔性化处理等，都会对载荷产生影响。因此，开展虚拟试车场技术的研究，一个重要内容就是要进行精细化建模研究，与试验数据对标，不断完善虚拟试车场模型，保证虚拟试车场模型的精度。

2）建立虚拟试车场载荷评价标准。虚拟试车场技术对模型参数的准确性要求较高，在车型开发前期很难得到一个准确的多体模型。因此，通过虚拟试车场技术得到的载荷精度评价就是一个难题，而这又关系到 CAE 疲劳分析结果的准确性，因此建立虚拟试车场载荷评价标准是非常必要的。

从长期来看，随着整车多体模型精细化的深入、获得准确多体参数的试验开展，必将推动虚拟试车场技术的应用步伐。在不久的将来，虚拟试车场技术替代道路载荷谱的采集，或减少道路载荷谱采集的次数，将成为可能。

9.2.7　关于整车道路载荷的更多说明

汽车整车的道路载荷是汽车结构耐久设计的一个主要依据。如何根据可用的方法、技术手段和有限的车辆信息，及时地获取可靠的汽车设计道路载荷，一直是汽车结构耐久设计的重要课题。在过去一百多年的汽车研发中，汽车设计工程师已经积累了丰富的经验和教训，并且随着科学技术的进步，不断发展新的分析方法，使汽车道路载荷的计算不断完善。然而，在汽车行业里并没有统一的标准。不同的汽车公司根据自己的技术能力和条件，使用不同的方法，通过综合使用各种分析方法和试验方法，计算汽车设计的道路载荷。以上的章节已经对汽车行业里广泛使用的车辆道路载荷计算方法给出了简单介绍。为了帮助读者选用合适的方法，这一节对这些方法做进一步说明。

汽车是一个复杂的系统，包含很多大小系统。理想地讲，汽车的设计可以像搭积木一样，由下而上（例如从底盘设计到车身设计）、从主要的大系统到搭载的小系统（例如从车身本体到车身开闭件系统、到各种安装在车身上的小系统），整车所有系统的设计都可以使用一个共同的道路载荷。但是，这样做会造成各系统的设计相互等待，整车的设计时间周期会较长，各系统的设计资源（人员与设备）会有很大的闲置。为了压缩产品研发周期，提高汽车研发的效率，在实际的汽车设计流程中，汽车各个系统的设计都相对独立（考虑相互之间的关系，但设计相对独立进行），在时间上尽可能同步或者减少差距。这样，各个单独进行设计的系统，都需要各自相应的道路载荷输入。理论上，整车的道路载荷可以分解到它所传递到的车上任何位置点。然而，目前的汽车道路载荷的分解工作，仍然仅限于使用多体动力学的方法和工具，只分解到多体动力学模型中的系统连接点（即设计上的"硬点"位置）。在这种情况下，其他在弹性体车身上的系统安装点或连接点处的道路载荷，需要改用其他方式获取。

1. 载荷分解

（1）载荷分解点

前面先后介绍了典型工况的载荷分解、时域载荷分解的迭代法和虚拟试车场。这些方法都是借助多体动力学方法，由某一种输入计算获取车体上其他点的载荷。在多体动力学中，多体连接点的物理量是运算的变量。即使在多柔性体动力学中，弹性体也是以模态的形式参加运算，柔性体中间的点没有直接输出。所以，使用多体动力学进行载荷的分解，一般只计算底盘各零件连接点的载荷和车身连接点的载荷，如图 9.46 和图 9.47 所示。图 9.46 所示是底盘各零件连接点处的载荷分解输出点。图 9.47 所示是车身与底盘连接点处的载荷分解输出点。

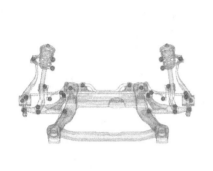

图 9.46　底盘各零件连接点为
载荷分解的输出点
（彩色图见书尾）

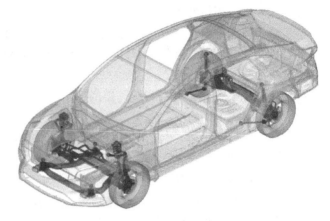

图 9.47　车身与底盘连接点为载荷分解的输出点
（彩色图见书尾）

发动机悬置点的载荷也常常是载荷分解的一个重要部分。但是发动机悬置点的载荷分解需要单独的输入和方法。

（2）载荷分解方法总结

前面介绍了载荷分解的迭代方法。在迭代法中，车身的边界条件是自由状态。在载荷分解的计算方法中，固定车身也是一种常用的边界条件。所以，载荷分解的方法归纳有三种，可以总结如下。

1）车身固定。在典型工况的载荷分解中，系统是整个前悬架或后悬架的半车多体动力学模型，在车身连接点固定，输入的载荷是车轴的载荷，输出是各悬架零部件连接点的力。如果输入的力是常力（例如经验设计载荷），输出的力也是常数。如果输入的力是时域的车轴载荷（例如测试得到的六分力），输出也是时域的力。在车身连接点的作用反力比自由车身连接点的力大。有的汽车公司用此力作为对车身的载荷。这样得到的车身载荷比较保守。这种方法的优点是计算方便，速度快，对任何复杂路面都有解，也不需要轮胎模型和 3D 数字化路面。这种方法在国外的汽车公司已经使用了超过二十年。

2）自由车身。这种方法使用迭代法。该方法使用整车的多体动力学模型，车身自由，输入的信号是车轴的六分力和在其他点上测试的响应信号，输出是各悬架零部件连接点和车身连接点的时域动态载荷。这种方法的解更准确。它也不需要轮胎模型和 3D 路面。这种方法的缺点是计算时间长，对复杂的路面可能不收敛。

3）虚拟试车场。这种方法使用整车的多体动力学模型，需要轮胎模型和 3D 数字化路面，模仿实车在路面上行驶。输出是各悬架零部件连接点和车身连接点的时域动态力。目前，这种方法可以在 z 方向得到相对准确的载荷预测，但 x 方向和 y 方向载荷预测的准确度仍有待提高。这种方法不需要测试数据，但需要比较准确的轮胎参数、悬架弹簧元件和衬套的刚度和阻尼参数、较高的建模要求和工程师的能力。

2. 准静态经验设计载荷和时域动态载荷的使用

道路工况的经验设计载荷来自准静态的分析。在分析中考虑车辆动态响应的放大因素，根据经验预估的车辆加速度（以重力加速度 g 为单位），应用静力学方法进行计算结构的设计载荷。一般所预估的车辆加速度都会相对保守地取较大值，以确保设计载荷足够大，可以覆盖所有的载荷幅值。所以，通常由准静态方法定义的设计载荷相对保守。因为由静力学方法得到的设计载荷都是常数，所以相应后续的结构分析也只能是静态分析。

汽车在路面上行驶时，通过四个车轮传递至车体上的路面载荷是随时间变化的。这些时域的信号包含了三种元素：幅值、相位（不同载荷之间的时间差）和频率。载荷的幅值直接导致载荷路径上的材料产生应力集中。比较常见的区域有底盘和车身上的主要连接点。载荷的相位使车体、车架、副车架、扭力梁等尺寸较大、受力较大零部件在其薄弱处产生高应力。载荷的频率是隐含在载荷信号里的特性。通过对载荷信号进行频谱分析（如 FFT），可以得到载荷信号的频率特性和分布。载荷的频率通常也称驱动频率。如果载荷的频率接近受力结构的固有频率，结构发生共振，结构上的位移、应力响应被放大。【例 5.11】就是一个典型的例子。在经验设计载荷中，包含扭转工况的综合工况包括了幅值和特定相位的因素。但是，这些静态的工况中没有频率成分。这是准静态设计载荷的一个重大缺陷。由振动引起的结构耐久问题在设计中常常不能被发现。所以，准静态的设计载荷从一方面讲，对载荷的幅值和相位因素的预估保守，从另一方面讲，对载荷频率引起结构振动的载荷因素完全缺失，是不完整的。

时域方法的载荷是时间的函数，包含了完整的幅值、相位和频率等载荷三元素。由于时域方法的输入都来自真实路面和车辆，所以时域的载荷更接近车辆的实际载荷。理论上，应用时域方法的载荷对结构进行动态分析，可以得到结构完整的响应，发现结构的各种问题。但是，时域方法也有它的困难之处。前两种基于实测道路载荷的方法（车身固定和自由车身的半解析载荷分解）局限在于设计的早期可能没有实车可以用于道路载荷测试。虚拟试车场方法不依赖实车，但是需要比较精确的关键车辆元件的技术参数，例如轮胎参数、减振器的刚度和阻尼曲线、衬套的刚度曲线等。这些技术参数在设计的早期也是不确定的。另外，虚拟试车场方法也仍存在技术缺陷，处在进一步发展和完善的过程中。

目前，比较多的汽车公司在设计的早期使用准静态的经验设计载荷，在早期的试验车辆试制出来以后，使用半解析法获取更可靠的载荷来验证设计。也有少数具有较强仿真计算能力的汽车公司，在设计的早期阶段，使用虚拟试车场方法获取车辆的设计载荷。

3. 搭载系统的载荷

车身除了提供人员乘坐、货物运放的空间之外，还需要搭载各类汽车功能所要求的系统。理论上，所有安装在车身上的系统，因道路载荷所引起的响应，都可以搭载在车身模型上一起分析，使用的载荷是车身与悬架连接点处的载荷。在理想的情况下，一般希望尽可能这样做。但是，在实际汽车设计中，各个系统的设计都是同时分别开发的，往往很难等到所有系统都设计完毕后一起分析，各个系统常常需要单独进行分析。各个系统相对独立，它们在道路载荷下的仿真分析通常需要单独进行。例如，油箱、排气管、消声器、蓄电池、车前灯、喇叭支架、洗涤液罐支架等各种安装特殊功能元器件的支架。因此，汽车的设计还需要得到这些单独分析的系统的载荷。这些系统安装在车身上，它们远离道路载荷的传递路径，不直接承受道路载荷。它们的运动是受车身运动的牵连和道路载荷引起的冲击和振动的响应。这些系统的特点是它们的运动不是静态的，而是动态的，通常称为被动强迫运动（En-forced Motion）。直接求解它们所受的载荷并不容易。对这些系统的结构设计所使用的设计载荷通常有以下几种类型。

（1）集中质量的惯性载荷

对于蓄电池、喇叭这类相对质量比较集中的功能件，由道路行驶中的冲击所引起的质量惯性是支撑结构的主要载荷。一般可以使用以重力加速度 g 为单位的经验设计载荷，如第9.2.4 节所述。相应的结构分析为静态分析。基于这种分析的设计通常偏于保受。如果在设计的过程中，包括这些系统详细模型的整车的模型和载荷已经可用时，应该使用整车的分析替代这些局部的准静态的分析。

（2）安装点的加速度响应

对于油箱、排气管、消声器等大型弹性体结构（称为子结构），其安装点在搭靠的大结构（称为母结构，如车身）上的响应是传递到子结构的输入。这种响应可以是位移或者加速度。子结构随着母结构的运动进行被迫的牵连运动。因为加速度容易测量，通常使用母结构（车身）的加速度作为子结构的载荷。这些加速度载荷通常来自实车测试。一般使用其他相同或者近似车辆上的加速度响应实测数据。相应的结构分析必须是动态（动力学）的结构分析，相应的力学方法在第 4.3 节已进行介绍。

图 9.48 是一款车的仰视图。在车身下，从下向上看可以看到消声器和油箱悬挂连接在下车身上，圆圈形的点是消声器和油箱与车身的连接点。基于多体动力学的载荷分解不能直接将载荷分解到这些点上。车身在这些连接点上的运动（位移或加速度），是对消声器和油箱的输入。消声器和油箱跟随车身运动，它们跟随车身的变形和引起的自身振动产生结构应力。安装在发动机上的排气管也都属于同类问题。这类问题经常使用安装点上测量的加速度作为输入的载荷。但是，在车身上安装加速度传感器，测量其加速度响应用于搭载系统的结构分析，一般只限于消声器、油箱和排气管等大型弹性体结构。对于一些较小的搭载系统的结构分析，常常使用频率谱的载荷方式，在下面介绍。

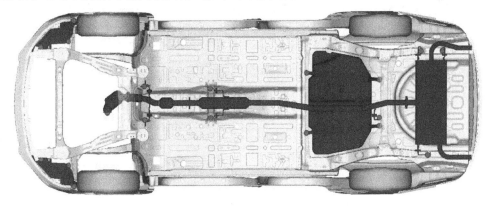

图 9.48　吊挂连接在车身下的消声器和油箱和安装在车前端的前大灯
（彩色图见书尾）

（3）安装点的频率谱载荷

安装在车身上的许多特殊功能的零部件，也都属于同悬挂系统一样的问题。例如，车前灯、喇叭、洗涤液罐、ABS、ECU 和很多电子电器元器件等。这些零部件一般安装在支架上，支架安装在车身或副车架上。在图 9.48 中，车辆的前端有一个汽车的前照灯。该车灯安装在车身上有三个安装点（有的车灯有四个安装点）。它们在汽车上的安装点，远离直接的静态载荷路径，它们的结构响应一般是对振动的响应，属于纯振动的问题。

对此类汽车附件系统（特别是电子电器系统），汽车行业内有一些针对纯振动问题的频域载荷标准谱，用于这类系统的试验和分析。

图 9.49 是车身上某一点的加速度响应曲线。图 9.50 是该点加速度的频率谱密度（PSD）的曲线。图 9.50 中的虚线是该频率谱密度（PSD）曲线的一条包络线。该包络线包含了所有结构发生振动的频率，并且幅值大于实际幅值，可以覆盖该结构的振动问题。

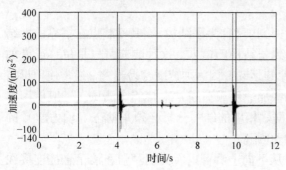

图 9.49　车身上某一点的加速度响应曲线

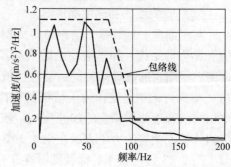

图 9.50　图 9.49 中加速度的 PSD 曲线

在早期设计时，上述系统安装点的结构响应和频率谱密度（PSD）的曲线未知。相关的汽车专业组织根据经验，制定了一些针对特定系统设计的频率谱函数，作为这些系统设计的设计载荷。例如，国际标准 ISO 16750 – 3 – 2013[1] 和对应的中国标准 GB/T 28046. 3 – 2011[2]。

表 9.5 列出了 ISO 16750 – 3 – 2013 推荐的频率谱密度函数。函数中的加速度以重力加速度 g 为单位。图 9.51 是该频率谱密度函数的曲线。

表 9.5　ISO 16750 – 3 – 2013 随机振动频率谱
密度（PSD）数据

f/Hz	g^2/Hz
10	0.2080
55	0.0667
180	0.0026
300	0.0026
360	0.0015
1000	0.0015

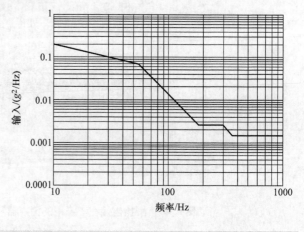

图 9.51　ISO 16750 – 3 – 2013 随机振动
频率谱密度（PSD）曲线

这种载荷类似于准静态的 g 载荷，是结构振动工况下的设计载荷。这种载荷一般比较保守，因为这类结构都是较小的零件，所以对结构重量的增加影响有限。

需要说明一点，因为设计的需要，一个汽车系统或零部件在不同的设计阶段，可能使用了不同的载荷。汽车设计的最终验证通过标准，是通过汽车的综合耐久试验（将在第 15 章介绍）。所以，在汽车设计的最后阶段，可以考虑使用汽车综合耐久试验的路面载荷，作为汽车设计的最终载荷和标准。这样有可能帮助汽车的设计尽可能轻量化。

9.3　发动机结构的设计载荷

发动机是产生汽车驱动力的系统。发动机在工作时产生的载荷与道路无关，但涉及热、机、化等多种成分，过程十分非常复杂。发动机结构的可靠性和耐久性，是保证发动机正常工作的必要前提。发动机在工作时产生的对发动机所有零部件的载荷，是发动机主要机构和零部件结构设计的依据。汽车发动机的结构耐久设计需要考虑三种载荷，分别是装配载荷、机械载荷和热载荷。机械载荷和热载荷是发动机的主要工作载荷。装配载荷是确保发动机正常工作的基本保障载荷。这一节将对发动机系统结构设计的载荷做简单介绍。

9.3.1　装配载荷

这里包括螺栓的预紧力和各种部件之间因为过盈配合产生的预紧力。各种部件之间因为过盈配合产生的预紧力，会对结构局部产生预应力，在结构的耐久性分析中有时不可忽略它们的影响，尤其是这些过盈配合对局部变形的影响更是不可忽略。在发动机的载荷分析中，装配载荷是其中必须考虑的一部分。

1. 螺栓预紧力

发动机上的螺栓连接普遍采用高强螺栓（8.8 级以上）。其中最为重要的螺栓包括发动机缸盖螺栓、主轴承盖螺栓、连杆螺栓、扭转减振器螺栓、飞轮螺栓等。

发动机上常用的螺栓拧紧方法包括力矩法、转角法及屈服法。使用力矩法拧紧螺栓时，需使用专门的扭力扳手，通过对扳手设置力矩目标，使螺栓在安装完成时达到给定的拧紧力矩要求。通常力矩法拧紧的螺栓工作在螺栓的弹性段，螺栓强度的利用率在90%以下。受摩擦系数偏差及拧紧过程中操作的影响，使用力矩法拧紧的螺栓预紧力往往有较大的偏差。为了更精确地控制螺栓的预紧力偏差，预装屈服螺栓开始广泛应用。这种螺栓通过螺栓杆的材料屈服来控制螺栓预制预紧力的稳定性。如图9.52所示，当螺栓进入屈服以后，其螺栓预紧力的变化将趋于最小化。转角法及屈服法拧紧均可以使螺栓工作在屈服区域。使用转交法拧紧时，需要先对螺栓施加一个固定的安装力矩，这个力矩相对较小，可使螺栓达到30%左

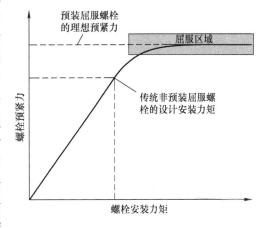

图 9.52　预装屈服螺栓的螺栓预紧力与安装力矩的关系

右的利用率。在此力矩的基础上，再拧过一个固定的角度。使用屈服法安装的螺栓需要使用专门的屈服扳手。屈服扳手在拧紧过程中会监控螺栓的拧紧力矩与角度的斜率。当斜率下降50%时即认为螺栓已进入屈服。

螺栓预紧力的计算可参考 VDI2230[3]。使用力矩法安装的螺栓，其预紧力与拧紧力矩直接相关，可根据式（9.36）获得

$$F_{bolt} = \frac{M}{0.16P + 0.58d_2\mu_G + \frac{D_{Km}}{2}\mu_K} \tag{9.36}$$

使用转角法或屈服法拧紧的螺栓，其预紧力计算公式如下

$$F_{bolt} = A_0 \frac{R_{p0.2}}{\sqrt{1 + 3\left[\frac{3d_2}{2d_0}\left(\frac{P}{\pi d_2} + 1.155\mu_G\right)\right]}} \tag{9.37}$$

式中 F_{bolt}——螺栓预紧力；

P——螺距；

M——拧紧力矩；

d_0——螺栓最小直径；

A_0——螺栓最小截面积；

d_2——螺栓中径；

D_{Km}——螺栓头部摩擦力作用直径，可等效为（螺栓头部外径 + 螺栓孔内径）/2；

μ_K——螺栓头部动摩擦系数，常取 0.1 ~ 0.14；

μ_G——螺纹连接动摩擦系数，常取 0.1 ~ 0.14。

实际上螺栓预紧力受到很多因素的影响，所以以上公式仅供参考。而且在实际安装中的诸多原因，螺栓预紧力偏差会较大。同时因为材料在恒定力以及温度的影响下的蠕动变形，螺纹接触面因为发动机的振动导致的相对松弛移动等诸多因素，螺栓的预紧力会随时间而降低。在疲劳风险的评估分析中，有时必须加以考虑，尤其对于平均应力较高的情况。但从保守的角度来说，往往在进行结构的高周疲劳分析时，使用最大的螺栓预紧力，此时摩擦系数取下限，屈服极限取上限，并考虑一定的硬化系数影响（1.05 ~ 1.1）。但对于发动机气缸垫的密封性分析，连杆及主轴承接合面的分离分析来说，从保守的角度出发，则最好使用最小螺栓预紧力，此时摩擦系数取上限，屈服极限取下限。

2. 过盈配合安装时产生的预应力

发动机中部分零部件以过盈配合的方式安装在其他零部件中。过盈装配产生的装配载荷会产生预应力，影响该位置附近结构的平均应力大小。例如气门座圈、气门导管、连杆小头衬套等。

连杆大头孔及曲轴孔处通过上下两片轴瓦进行装配，分别为连杆瓦及主轴瓦。连杆瓦及主轴瓦之间过盈配合的目的，是在轴瓦和孔之间施加一个径向预紧力以防轴瓦松动。轴瓦之间的过盈配合对缸体及连杆的高周疲劳一般影响不大，但对孔的变形影响很大。所以，在分析中如何正确加载轴瓦之间的过盈配合非常重要。

设计上轴瓦之间过盈配合主要由以下三种因素决定，因而也分成三个部分。

（1）轴瓦的检验载荷

由于轴瓦的检验载荷导致的过盈配合（δ_1）如下

$$\delta_1 = \frac{PL}{AE} \tag{9.38}$$

式中　δ_1——由于轴瓦的检验载荷导致的过盈配合；

　　　P——设计指定的轴瓦的检验载荷；

　　　L——轴瓦长度（量规半径 × π）；

　　　A——轴瓦截面面积；

　　　E——轴瓦材料弹性模量。

（2）轴瓦的设计高度

由轴瓦的设计高度决定的过盈配合（δ_2）如下（如图 9.53 所示）

$$\delta_2 = 2 \times (瓦轴高度 - 0.5 \times 量规直径) \tag{9.39}$$

（3）孔的设计公差

由孔的设计公差导致的过盈配合（δ_3）如下

$$\delta_3 = \pi/2 \times (量规直径 - 曲轴孔直径) \tag{9.40}$$

因为曲轴孔及连杆大头孔在加工过程中的特殊性，所以在分析上加载的过盈配合与设计的值有所区别。要了解这个原因就必须了解曲轴孔及连杆大头孔的加工工序。在加工过程中，曲轴孔及连杆大头孔是根据设计

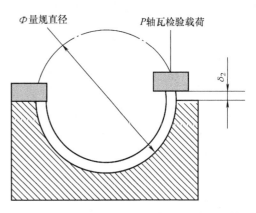

图 9.53　轴瓦过盈配合的参数

的螺栓预紧力安装完成后再一起加工的。并且在安装曲轴及连杆时，加工过程中使用的原轴瓦和螺栓必须以同样的设计螺栓预紧力安装在原来的位置。这样的目的主要有两个，一是将螺栓预紧力导致的曲轴孔及连杆大头孔变形去除，保证安装前后孔的圆度，二是保证各曲轴孔之间的错位最小化。关于曲轴孔的变形和错位，会在后面结构的变形中具体介绍其分析方法。

过盈安装的预应力可以通过在有限元分析中预加位移（作为输入）计算得到。在有限元计算中，常通过接触设置，建立气门座圈与缸盖燃烧室的连接，并设置过盈量模拟其过盈装配产生的应力。需要注意的是，有限元中设置的过盈量为接触面相互穿透的距离，其值为直径上过盈量的一半。

9.3.2　机械载荷

发动机因为燃烧产生的爆发力是导致发动机主体部件耐久性的决定因素。燃烧产生的爆发力会带动发动机的相关机构运动，从而将化石燃料的化学能转化机械能。在这个过程中，燃烧产生的爆发力将带动活塞、曲柄连杆机构和正时机构运动。所以，燃烧的爆发力不仅会作用在燃烧室的壁面以及气缸壁上，它通过作用在活塞上压力带动连杆机构、曲轴、正时机构和凸轮轴运动，从而产生活塞对缸壁的侧压力、连杆机构自身的内载荷、曲轴对缸体、曲轴瓦盖的载荷，以及正时机构对缸盖的动态载荷。而这些动态载荷是导致缸体结构和缸盖结

构高周疲劳的决定因素。

1. 燃气爆发压力

一个完整的发动机工作循环包括进气、压缩、做功及排气。缸内燃气的压力在压缩行程中逐渐上升，在做功行程中达到峰值。燃气爆发力在发动机的运行过程中会作用在所有与燃气接触的表面，包括缸盖燃烧室、气门座、气门、火花塞、活塞表面及活塞环上部的气缸壁上（如图 9.54 所示）。在活塞下行的过程中，燃烧室内的压力会急剧下降。

燃气爆发压力随曲轴转角的变化过程如图 9.55 所示。一般可通过发动机台架试验测量，或者通过 GT – Power 发动机模拟软件得到。

发动机的疲劳分析主要依靠发动机的台架测试（参见第 15 章）。对于发动机的高周疲劳，最主要的测试就是发动机耐久性测试。但从 CAE 分析的效率和疲劳破坏强度的角度

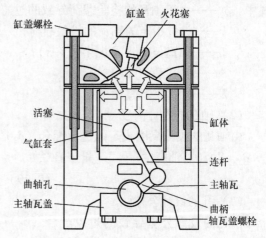

图 9.54　燃气爆发压力作用位置

考虑，发动机耐久性测试中，其峰值功率（Peak Power WOT. 注：WOT 是 wide open throttle 的缩写，即节气门全开或全油门）工况下的燃烧室内最大燃气爆发力 P_{comb} 被作为唯一的载荷，以静态载荷的方式加载在缸盖燃烧室上，替代发动机测试中实际的动态载荷。

2. 惯性力

发动机中的运动件包括曲轴连杆机构及配气机构。曲轴在回转过程中，会产生绕回转中心的旋转惯性力。活塞则在缸筒方向进行往复运动，产生往复惯性力。连杆连接曲柄及活塞，在平面内进行复合运动，既产生往复惯性力，也产生旋转惯性力。气门在工作过程中受配气机构驱动，沿气门导管方向做往复运动，并在关闭时产生一定加速度冲击，以上惯性力与发动机转速的平方成正比。

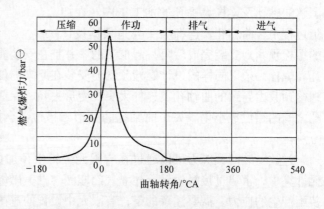

图 9.55　燃气爆发压力与曲轴转角的关系

在发动机高转速时，惯性力将成为制约发动机结构强度的重要因素。

发动机的燃气爆发压力及惯性力，是发动机工作状态下承受的最主要的机械负荷。装配载荷与之不同，装配载荷一般较大，在工作过程中产生的变化相对较小，是疲劳分析中平均应力的主要来源之一。而气体爆发压力及惯性力相比装配载荷较小，但在工作过程中会产生急剧的变化，是疲劳分析中交变应力的主要来源。各机构中的惯性力将在后续章节中详细

─────────────────

⊖　1bar = 100kPa

讲解。

3. 曲柄连杆机构运动产生的载荷

曲柄连杆机构由活塞、连杆及曲轴构成。气体爆发压力的作用在活塞上，连杆将作用在活塞上的气体压力及往复惯性力传递到旋转的曲轴上。对于发动机结构强度分析，需着重关注连杆本体、曲轴本体的受力情况，同时发动机缸筒会受到活塞的侧向力，主轴承承受曲轴产生的轴承载荷。该部分受力会在本章后面进行讲解。

（1）力的传递与分解

在曲柄连杆机构中，由于气体爆发压力 F_{gas} 产生的负荷为

$$F_{gas} = p \cdot A = p \cdot D^2 \frac{\pi}{4} \tag{9.41}$$

活塞对气缸壁产生的侧向力为

$$F_c = F_{gas} \cdot \tan\beta \tag{9.42}$$

活塞运动产生的惯性力 $F_{piston,osc}$，在上止点时刻

$$F_{piston,osc} = m_{pinston} \ (1 + \lambda) \ r\omega^2 \tag{9.43}$$

活塞力

$$F_K = F_{gas} - F_{piston,osc} \tag{9.44}$$

连杆力

$$F_l = F_K \cdot \tan\beta \tag{9.45}$$

连杆力在曲柄销中心产生的切向力和法向力

$$F_t = F_K \cdot \sin(\beta + \varphi)/\cos\beta \tag{9.46}$$

$$F_n = F_K \cdot \cos(\beta + \varphi)/\cos\beta \tag{9.47}$$

连杆轴承上的力　$F_{conrod\_bearing}$

$$\overrightarrow{F_{conrod\_bearing}} = \overrightarrow{F_l} + \overrightarrow{F_{conrod,rot}} \tag{9.48}$$

主轴承上的力　$F_{main\_bearing}$

$$\overrightarrow{F_{main\_bearing}} = \overrightarrow{F_{conrod\_bearing}} + \overrightarrow{F_{crank,rot}} \tag{9.49}$$

扭矩 T

$$T = F_t \cdot r = F_K \cdot r \cdot \sin(\beta + \varphi)/\cos\beta \tag{9.50}$$

反扭矩 T'

$$T' = -T \tag{9.51}$$

式中　λ——连杆比；

　　　r——曲轴回转半径；

　　　ω——转速（rad/s）；

　　　D——缸径；

　　　β——连杆与缸筒中线的夹角；

　　　φ——曲拐与缸筒中心线的夹角；

$F_{conrod,rot}$——连杆旋转惯性力；

$F_{crank,rot}$——曲拐旋转惯性力，如图 9.56 所示。

（2）连杆的受力分析

发动机连杆的质量可分为随活塞往复惯性运动的等效质量 $m_{conrod,osz}$，及随曲轴转动的

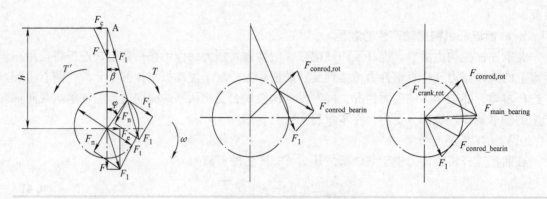

图 9.56 曲柄连杆机构力的传递

等效质量 $m_{conrod,rot}$，如图 9.57 所示。这种简化方式对于发动机受力分析是足够的。

图中参数如下：

$$m_{conrod,osz} = m_{conrod} \cdot l_1/l$$

$$m_{conrod,rot} = m_{conrod} \cdot \left(1 - \frac{l_1}{l}\right)$$

m_{conrod} 为连杆质量

连杆大头产生的旋转惯性力

$$F_{conrod,rot} = m_{conrod,rot} r\omega^2 \qquad (9.52)$$

连杆小头所产生的往复惯性力（上止点时刻）

$$F_{conrod,osz} = m_{conrod,osz}(1 + \lambda) r\omega^2 \qquad (9.53)$$

（3）曲轴的受力分析

曲轴是一个非静定的系统。直接分析这一系统会较为困难。曲轴在受力分析时可使用单曲拐的静

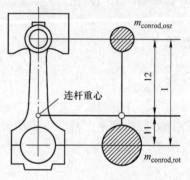

图 9.57 发动机连杆的简化

定模型进行简化，将其视为简支梁结构。一个曲拐包括连杆轴颈（曲柄销）、左右两个曲柄臂和左右两个主轴径，如图 9.58 所示。在工程实际中，有限元及动力学软件的应用会更准确地分析这一非静定的系统。在本章节中，将使用静定的单曲拐模型进行说明。

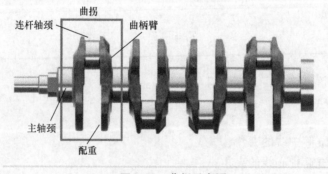

图 9.58 曲拐示意图

曲轴在工作过程中，会承受以下载荷：

1）直接作用在曲拐上的力。如前面有关力的传递与分解的分析所示，曲轴会承受来自燃气爆发压力传递过来的载荷。

2) 弯曲力矩。作用在曲拐上的法向力 F_n 会产生一个弯曲力矩，如图 9.59 所示。弯曲力矩会使曲轴在圆角处产生额外的弯曲应力，正应力代表该圆角处承拉，负应力代表圆角处承压。通常这个弯矩会在上止点燃气爆发压力达到峰值附近出现。

3) 由于切向力产生的弯曲及扭转。切向力作用在曲拐上，同样会使曲拐产生一个弯曲及扭转。弯矩和扭矩的作用如图 9.60 所示。该弯矩和扭矩的作用也产生对应的弯曲应力及扭转应力。

需要指出的是，真正的曲轴并非是单曲拐系统，相邻曲拐的扭矩会相互叠加，且不同曲拐间的负荷存在相位差，使得曲轴受力的计算相当复杂。

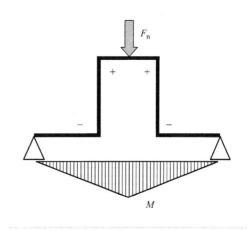

图 9.59　单曲拐承受的弯矩

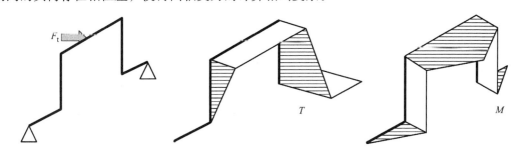

图 9.60　切向力产生的弯曲及扭转

4) 旋转惯性力产生的弯矩。除外力作用外，曲轴的旋转产生旋转惯性力，也会产生弯矩。连杆的旋转等效质量、曲轴旋转的质量，以及曲轴平衡配重旋转的重量都会对弯矩产生影响，如图 9.61 所示。该弯矩方向是恒定的，数值与转速的平方成正比。

5) 扭振所产生的额外负载。曲轴本身不但具有惯性，还具有弹性。因此在外界周期变化的激振力下，曲轴会产生受迫振动。其扭转方向上的受迫振动最为明显，称为扭振。当激振频率与曲轴本身的固有频率相同时，就会产生共振，这些共振转速成为曲轴的临界转速（图 9.62）。若扭振产生的扭转剪应力（图 9.63）超过轴系所能承受的应力时，曲轴会存在共振断裂风险。

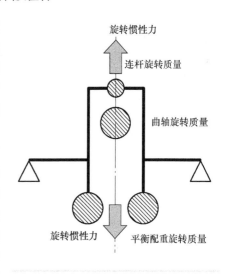

图 9.61　旋转惯性力产生的弯矩

发动机曲轴前端常连接附件传动带或正时链条等，若产生转速波动较大，则对传动带或链条的运转产生影响，或者导致 NVH 问题。曲轴后端连接发动机飞轮，是曲轴转矩的输出端。飞轮位置的转速波动影响发动机运转及转矩输出的稳定性。通过扭振分析可获得曲轴前后端相关的振动特性，其角速度波动不能过高。

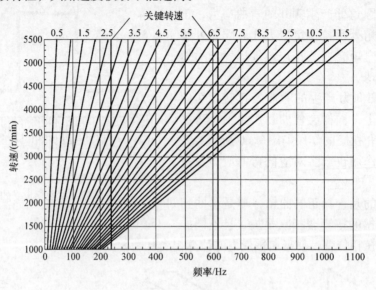

图 9.62 曲轴危险转速

以上为曲轴在工作中承受的载荷。在实际工程计算中，以上单拐的简化计算往往是不充分的，这就需要借助于动力学软件及有限元分析软件，进行较完整的仿真计算。目前流行的专业化的曲轴动力学分析软件，主要有 AVL 公司的 Excite 软件及 Ricardo 公司的 ENGDYN 软件等。

曲轴动力学软件的应用贯穿曲轴的概念设计及详细设计阶段，可对多曲拐的非静定系统做准确计算，并且可以考虑曲轴在外界载荷激励作用下的动态响应，实现扭转减振器匹配、尺寸及平衡配重设计、曲轴疲劳、获取各主轴承载荷等计算。在使用 AVL - Excite 时，用户可通过 SHAFT MODELER 建立曲轴及连杆的动力学模型，提供关键的尺寸、重量参数，并设置各缸各转速下的燃

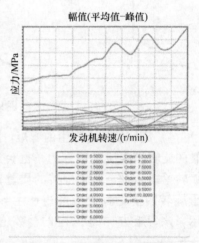

图 9.63 扭转剪应力计算结果

气爆发压力曲线，软件即可对模型进行准确求解。为准确考虑曲轴非静定的影响，曲轴动力学软件可以与有限元软件联合使用。通过有限元软件，提供缸体的缩聚矩阵（包含缸体的刚度及质量信息），准确考虑各轴承支撑刚度对曲轴承载的影响。

对于轴瓦设计，在概念设计阶段，应针对刚性轴瓦进行快速可靠的径向滑动轴承液体动力学计算。计算可得到轴承载荷、最小油膜厚度、油膜压力等。在概念设计阶段即可通过结果对轴承关键尺寸及公差配合进行选取。在详细设计阶段，主轴承支承刚度可通过有限元软件准确地获取，主轴承润滑分析可引入 THD（热流体动力润滑）、EHD（弹性流体动力润滑）、TEHD（热弹性流体动力润滑）等一系列分析。其中 EHD 理论基于弹性流体动力润滑

理论，最为成熟。该理论考虑了轴瓦、轴颈的弹性变形、表面粗糙度及空穴效应等影响因素。相比概念阶段，EHD 分析结果更全面、更准确。EHD 分析的主要结果分为油膜结果及结构结果。油膜结果包括峰值油膜压力、最小油膜厚度、油压分布、摩擦功率损失等。结构结果包括轴瓦弹性变形、轴承油膜压力分布、轴颈轨迹等。以上结果为轴承润滑分析、机油选择、轴承磨损及机体强度分析提供了关键参考。

　　在发动机缸体的设计计算中，需考虑曲轴作用在主轴承上的轴承载荷。单曲拐的主轴承载荷可根据关于力的传递与分解部分中的公式进行求解，但通过曲轴动力学软件，考虑多缸及静不定影响后的轴承载荷更为准确。图 9.64 为一个典型的 V 形发动机的主轴承载荷。

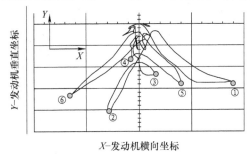

图 9.64　典型 V 形发动机的主轴承载荷

　　而通过弹性液体动力学（Elastic Hydraulic Dynamics，EHD）分析，轴承内表面的压力分布（如图 9.65 所示）也可以进行求解，这进一步提高了计算精度。

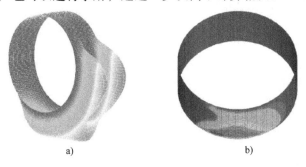

a)　　　　　　　　　　　　　　　　b)

图 9.65　轴承内表面的压力分布

a）动力学计算得到的 EHD 轴瓦压力分布　b）映射到有限元网格上的压力分布

4. 配气机构运动产生的载荷

　　气门正时系统在发动机运行的过程中，通过液压间隙调节器，凸轮轴和气门弹簧对缸盖上施加一定的力，如图 9.66 所示。这些力在发动机的运行过程中，因为气门正时系统的高速运动，属于动态载荷。它主要对支持气门正时系统的缸盖结构的高周疲劳存在影响。同样，从 CAE 分析的效率考虑这些力也以静态载荷的方式加载使用。但相比气体爆发压力产生的载荷，配气机构产生的负载要小得多。因此在缸盖疲劳强度分析时，可以忽略配气机构载荷的影响。

　　而气门正时系统作用在缸盖上的力，一般通过多体动力学模拟软件（比如 AVL‑Excite，Adams 等）得到。以 AVL‑Excite 为例，作为一款用于模拟动力系统刚性和柔性多体动力学的软件，它被普遍应用于内燃机、变速器和传统或电动动力系统的动力学、强度、振动和声学特性分析中。AVL – Excite 将系统建模为质量和弹簧系统，其中每个组件都以惯性点和具有扭转刚度的单元来代表。对于凸轮轴，可以通过 AVL – Excite 内置的 SHAFT MOD-ELLER 模块，使用不同的方式来定义凸轮轴几何形状，从而将凸轮轴的各特征段由软件定义，并组装为一个每段都具有一个惯性点和刚度的减缩质量弹簧系统。通过 AVL – Excite 对整个系统进行一系列转速值下的运行分析，就可以计算各单元的特征频率和特征模态，以及来自发动机瞬态负载的频率响应，以及气门正时系统各部件之间的载荷，如图 9.67 所示。

在实际的结构分析中，并不会包括凸轮轴，气门这些部件，所以这些载荷会直接加载在缸盖、凸轮轴盖以及液压间隙调节器上。同时为简化这些载荷，分析中一般只采用通过多体动力学模拟软件，得到发动机一个周期气门正时系统载荷中最大的几个载荷。

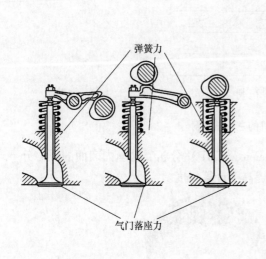

图 9.66　配气机构的载荷   **图 9.67**　由 AVL – Excite 计算得到的气门落座力曲线

5. 振动载荷

振动的来源可以是来自于发动机运行时自身的激振，也可以是来自于车体。发动机运行时产生的振动激励会引起动力总成及各附件系统（如发电机、空气压缩机、排气歧管等）产生强迫振动，使附件支架及安装点承受振动载荷。若发动机振动激励频率与附件系统的固有频率接近，则会引起附件系统共振，振动加速度急剧增大，会快速导致安装支架共振疲劳破坏。来自于车体振动的能量，比如道路载荷，在通过发动机的橡胶支架（悬置系统）时就被大量吸收了，所以其对发动机主体结构的影响有限。

总体来说，发动机振动激励的来源包括机械运动惯性产生的不平衡的惯性力、不平衡的惯性力矩及扭矩，以及气体压力产生的扭矩。

（1）惯性力激励

对单缸发动机，曲柄连杆运动中，集中在活塞销上的往复运动质量产生的往复惯性力无法得到平衡，会通过连杆曲轴传递到缸体上。

活塞的位移

$$x = r\cos\varphi + l\cos\beta = r\cos\varphi + l\ \sqrt{1 - \lambda^2\sin^2(\varphi)} \tag{9.54}$$

往复惯性力

$$F = m_{osz}\ddot{x} = m_{osz}\omega^2 r\ (\cos\varphi + \lambda\cos2\varphi) \tag{9.55}$$

式（9.54）和式（9.55）中的物理量如图 9.68 所示。往复惯性力中一阶及二阶占主要成分，三阶以上可忽略不计。

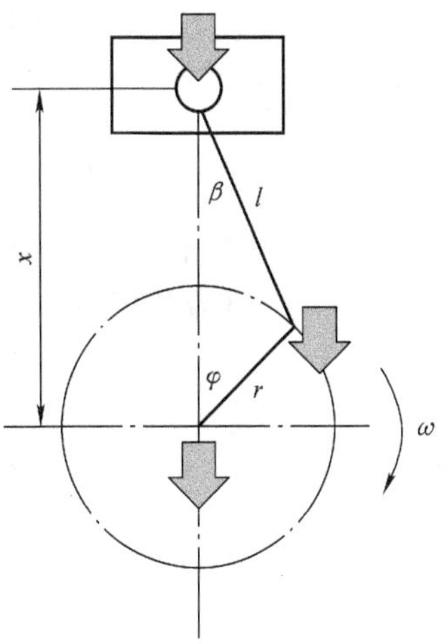

对于多缸发动机，每个缸都有一阶和二阶的惯性力，且每个缸都有相位差别，每个缸的惯性力叠加起来可能不平衡。α 表示相邻发火缸之间的曲轴角：α = $2\pi/N$。第 j 个缸相对于第一个缸的曲轴角为

$$\varphi_j - \varphi_1 = (j-1)\ \alpha \tag{9.56}$$

对单列式三缸机（点火顺序 1 – 3 – 2），$\varphi_2 - \varphi_1 =$ 240°，$\varphi_3 - \varphi_1 = 120°$，其一阶及二阶的惯性力是平衡的，如图 9.69。对直列四缸机（点火顺序 1 – 3 – 4 – 2），$\varphi_2 - \varphi_1 = \varphi_3 - \varphi_1 = 180°$，$\varphi_4 - \varphi_1 = 360°$，其一阶惯性力是平衡的，二阶惯性力不平衡，如图 9.70。

图 9.68　单缸发动机产生的往复惯性力

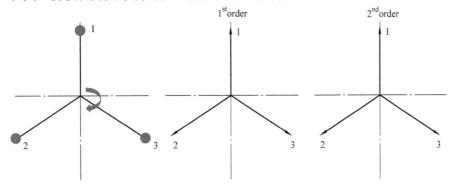

图 9.69　三缸机的惯性力

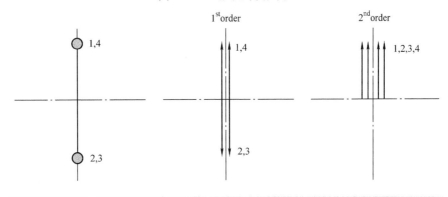

图 9.70　四缸机的惯性力

（2）惯性力矩激励

对于多缸机而言，每个缸都有一阶和二阶惯性力，每个缸之间的惯性力就形成了惯性力

矩 M，如图 9.71 所示。惯性力矩是否平衡，取决于各缸之间的相位。

$$M = \sum_{i=1}^{N} M_i = \sum_{i=1}^{N} a_i F_i \quad (9.57)$$

图 9.71 中各缸的惯性力幅值相等，即 $F_1 = F_2 = \cdots = F$，但相位不同。

对于直列三缸机（点火顺序 1 – 3 – 2），对第三缸中心取矩，$a_1 = 2a$，$a_2 = a$，$a_3 = 0$，则有 $M_1 = 2aF$，$M_2 = aF$，$M_3 = 0$，可得到图 9.72。由图可知，三缸机的一阶及二阶惯性力矩均没有得到平衡。

对于直列四缸机（点火顺序 1 – 3 – 4 –

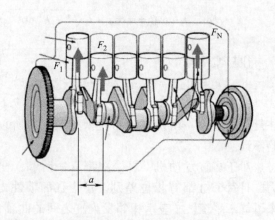

图 9.71　多缸机的惯性力矩

2），对第四缸中心取矩，$a_1 = 3a$，$a_2 = 2a$，$a_3 = a$，$a_4 = 0$，则有 $M_1 = 3aF$，$M_2 = 2aF$，$M_3 = aF$，$M_4 = 0$，可得到图 9.73。由图可知，四缸机的一阶惯性力矩已平衡。由于四缸机的二阶往复惯性力不平衡，不同的取矩点位置上合力矩不同，所以不能分析二阶力矩。

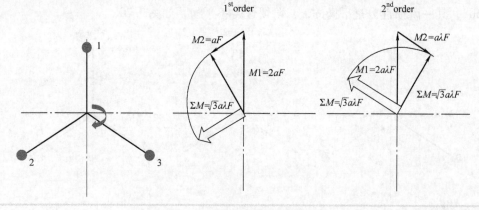

图 9.72　三缸机的惯性力矩

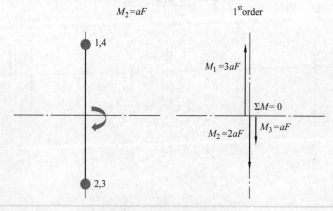

图 9.73　四缸机的惯性力矩

（3）惯性扭矩激励

惯性力产生的扭矩 $T = Fs$。该扭矩的阶次较多，如图 9.74 所示。

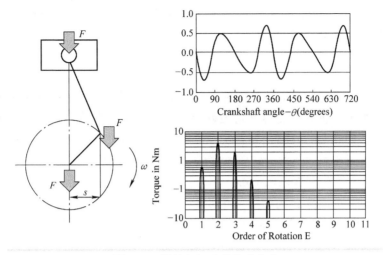

图 9.74 惯性扭矩及其阶次分布

（4）燃气压力激励

通常来说，缸内燃烧时是一个密闭的空间，燃气向四周产生的力是平衡的，因此燃气压力并不会导致额外的力的激励。

根据上面的介绍，气体爆发压力作用在曲柄连杆机构时，会产生一个扭矩

$T = F_K \cdot r \cdot \sin(\beta + \varphi)/\cos\beta$ 及一个作用在发动机机体上的反扭矩 T'。扭矩可近似变换为

$$T = pAr \left\{ \sin\varphi + \lambda \sin\varphi\cos\varphi (1 - \lambda^2 \sin^2\varphi)^{-\frac{1}{2}} \right\}$$
$$(9.58)$$

经过傅里叶变换，可变换为

$$T = T_0 + \sum_{i=1}^{\infty} T_m \cos\left(\frac{i\varphi}{2} + \delta_i\right) \quad (9.59)$$

式中　i——扭矩谐波的指数；

　　　T_0——平均扭矩；

　　　δ_i——相位角。

从图 9.75 可知，一般而言一阶的峰值最高。

对多缸发动机，各缸燃气产生的扭矩与惯性扭矩相叠加，会形成发动机的主要扭转激励。扭矩的叠加可将每个阶次分别相加。对高于 4 阶的激励，其扭矩振幅较小，可以忽略。对四冲程多缸发动机，主激励阶次为 $i' = zi/2$；$i = 1，2，3\cdots$；副激励阶次

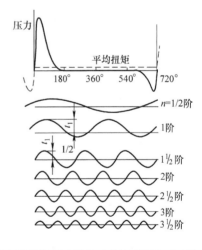

图 9.75 燃气压力产生的扭矩各阶次图

为 $i' = z\left(i - \dfrac{1}{2}\right)/2$；$i = 1，2，3\cdots$；其中 z 为气缸数。

对于四缸机而言，主激励阶次为 2，4，6，8$\cdots$阶，其中以 2 阶激励最大；对三缸机而言，主激励阶次为 1.5，3，4.5$\cdots$阶，其中以 1.5 阶激励最大。

在发动机工作过程中，各阶激励均会作为激励源，使发动机上各零部件发生强迫振动。在所有激励中，燃气爆发压力产生的扭矩为最大的激励源。若系统或零部件的固有频率与激

励频率相接近，则会产生共振问题，进一步导致 NVH 问题及可靠性问题。该载荷产生的影响将在发动机耐久分析章节中进行介绍。

9.3.3 热载荷

燃烧产生的高温会对发动机结构耐久性产生很大影响，所以冷却系统的设计对发动机主体部件的温度控制至关重要。而温度对发动机结构耐久性的影响主要来自于两个方面。首先，材料特性会因为温度的升高而发生变化，其中包括材料的疲劳强度随温度的升高而降低。同时材料也会因高温蠕变而导致较大变形。其次，高温产生的热膨胀，因为结构或材料的不均匀性，在局部产生很大的热变形。

温度升高对材料特性最直接的影响表现在材料的屈服强度（σ_s）和抗拉强度（σ_b 或 UTS）的降低。这样也导致了材料对疲劳破坏抵抗力的降低。不同材料的疲劳特性受温度的影响也不同。对于发动机来说，受油温和冷却液温度的影响，大部分的温度大概在 100 ~ 150℃。最靠近燃烧室的区域，例如燃烧室和气缸壁，温度会高达 200 ~ 250℃，甚至于更高。而排气歧管和涡轮，运行温度会高达 800 ~900℃。所以在计算疲劳寿命时，对部件或者说某些部件的一些区域，温度对其影响是不可忽略的。同样，当运行温度高过一定值时，材料损伤的物理机制就会发生变化。对这种情况，基于小应力高周疲劳方法就不再适用了，需要考虑采用基于应变的低周疲劳分析方法。同时，根据具体情况和具体材料，蠕变损伤和氧化损伤也可能需要考虑在内。这种主要因为高温载荷导致的疲劳，统称热机械疲劳（Thermal Mechanical Fatigue, TMF）。第 6 章已对热机械疲劳做过介绍。

对高周疲劳来说，材料特性因为温度的变化而对其产生的影响很大。所以在做疲劳分析时，温度对材料疲劳强度的影响是不可忽略的。这其中，对缸盖的影响尤其重要，因为缸盖在发动机运行的过程中，有些区域的温度相当高，而且缸盖上的温度整体分布相当不均匀。

而低周疲劳，对发动机来说主要就是热机械疲劳（TMF），其主要诱因就是温度变化导致的热变形。发动机上，主要是缸盖的燃烧室和排气通道，排气歧管和增压涡轮存在热机械疲劳的风险，因为这些部件和其特定区域，是发动机在整个生命周期中经历温度变化最大的部分。

发动机的热载荷是呈周期性的。发动机的每次启动和熄火，发动机体的温度从环境温度升到运行时的高温，再到停止运行，整体温度降到环境温度。这一整个过程相当于对发动机结构的一次热冲击。根据一般汽车用户的使用情况，发动机在 10 年的时间范围会经受大概 10000 个左右这样的热冲击。但是鉴于发动机的重要性，发动机的设计通常有更高的要求，发动机的耐久试验验证也在专门的、更加严刻、压缩的发动机台架（Dyno Test. 参见第 15 章）上单独进行，验证的目标也很高。同车辆道路试验一样，相应发动机的耐久性分析大多模拟的是台架试验的情况。而其中，发动机耐久性测试是主要用来测试发动机结构疲劳问题的。在发动机耐久性测试中，发动机主要在峰值功率（Peak Power WOT）的工况下运行，发动机的整体温度会比较稳定并属于最高的状况。所以在分析中，热载荷考虑的是发动机在峰值功率条件下（Peak Power WOT）的热载荷。热载荷即温度场一般根据传热分析得到。

在发动机传热分析中，热边界一般有四种来源。第一种是来自于气体和燃气的热边界条件，第二种是来自于冷却液的热边界条件，第三种是来自于机油的热边界条件，第四种是发动机外表面的换热及辐射边界。这几种热边界条件往往会随时间变化，但发动机结构的温度在特定工况下会相对稳定，所以对应于发动机耐久性测试的高周疲劳分析中，因为发动机主要在峰值功率工况下运行，分析中发动机结构的温度场作为稳定状态处理。而对于发动机热循环测试和发动机深度热冲击测试过程，因为发动机结构的温度场会随着强制变动的冷却液而随之变化，所以在缸盖的热机械疲劳分析中，则可以根据实际的测试条件，通过改变这三种热边界条件来模拟随时间变化的温度场，但这种瞬态温度场的模拟相对较复杂。为简化瞬态温度场的模拟，在缸盖的热机械疲劳分析中，也有直接使用以发动机在峰值功率工况和冷却液极冷工况，这两种工况下的稳态温度场，来模拟温度场对结构的影响，而忽略温度场的瞬态变化过程对结构的影响。

对于第一种来自于气体和燃气的热边界条件，其模拟计算往往基于行业标准的发动机性能模拟软件 GT - POWER 来获得。作为发动机性能模拟软件，GT - POWER 可用于预测发动机的各项性能指标，例如功率、转矩、气流、容积效率、燃料消耗、涡轮增压器性能和匹配以及泵送损失等。除此之外，GT - POWER 还能预测随时间变化的缸内和进排气管道、歧管内的气体、燃气温度和换热系数，以及气缸内压力。而这个随时间变化的缸内和进排气管道、歧管内的气体、燃气温度和换热系数，可以依据它们在发动机一个工作周期的平均值，作为稳态温度场模拟计算的热边界条件。在分析中，发动机的整个气体/燃气通道可以分成不同的区域，并加载相应的热边界条件，以提高温度分析的精度。尤其是气缸壁，因为活塞的运动以及考虑活塞自身热量和活塞环与缸壁摩擦产生的热量，气缸壁会分成不同的区域，加载相应的热边界条件，以提高气缸壁周围结构温度模拟的精度。

但 GT - POWER 毕竟是基于 1D 的发动机性能模拟软件，它的缸内和进排气管道/歧管内的气体/燃气温度和传热系数太过粗糙。尤其对于缸内直喷发动机，GT - POWER 无法模拟燃油的汽化、混合等复杂的燃烧过程。尤其对于复杂的进排气管道、歧管对气体、燃气的流动影响则更是超出了它的能力。所以，近年来 3D 的气体流动和燃气燃烧模拟被越来越多地应用于缸内和进排气管道/歧管内的气体/燃气温度和传热系数的模拟。这方面的分析需要专业的发动机燃烧流体动力学（CFD）分析软件，如 CONVERGE 和 AVL - FIRE 等。这些3D 软件在一定程度上解决了燃烧室几何形状的复杂性，随空间和时间变化的条件，以及复杂的燃烧化学对燃烧模拟的挑战，可以最终得到燃烧室及进排气道表面一个发动机循环内的平均燃气温度及传热系数，如图 9.76 所示。但模拟终究是基于一些理想的假设条件。在现实中，发动机的结构会因为各种载荷作用而导致一定的变形。比如因为热膨胀以及气门座周

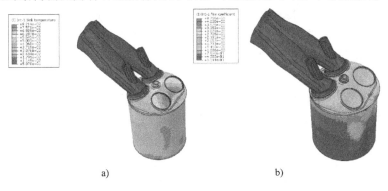

a)　　　　　　　　　　　　　　b)

图 9.76　燃烧室表面的气体温度及传热系数（彩色图见书尾）
a）表面气体温度（℃）　　b）传热系数（mW/mm²K）

围结构不均匀性导致的气门座变形，以及发动机安装载荷和热载荷的影响下气缸的变形，这些都会在一定程度上影响到发动机燃烧室燃气的泄漏，从而或多或少地影响到缸内和进排气管道/歧管内的气体流动和燃烧，其严重程度随燃烧室压力的高低而变化。这种影响对发动机燃烧性能的影响有多大，以及它是不是导致发动机各缸燃烧性能不一致现象的重要原因，依然是一个需要更深入研究的课题。

对于第二种来自于冷却液的热边界条件，因为缸盖和缸体水套的结构复杂性，所以冷却液的流体动力学（CFD）分析都由 3D 的 CFD 软件来完成，主要的 CFD 软件包括 STAR – CCM +、Fluent、AVL – FIRE 等。冷却液的目的就是有效控制缸盖、缸体的温度。考虑到分析的效率，冷却液的流动模拟多为稳态模拟，而发动机缸盖、缸体及水套内冷却液的流动模拟，以通过 1D 的发动机整机冷却液流量分析，或者测量数据得到的缸盖、缸体及各进出口的冷却液流量和温度，以及由 GT – POWER 这类发动机性能分析软件得到的发动机结构温度场作为其边界条件。冷却液的 CFD 分析可以帮助了解冷却液在发动机内部各部分的流动、流量、速度和液体压力。同时它也提供了冷却液与缸盖、缸体及水套结构接触表面的液体温度和传热系数，为发动机结构温度场计算提供冷却液一侧的热边界条件，如图 9.77 所示。

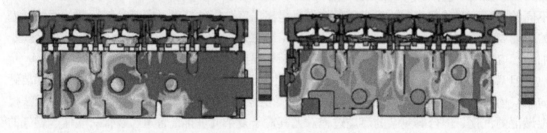

图 9.77 发动机水套 CFD 分析得到的传热系数分布（彩色图见书尾）

当水套壁面温度超过冷却液的沸点时，在水套表面会发生泡核沸腾，沸腾产生的气泡会带走更多的热量。进入水套中热量的 20%～30% 是由泡核沸腾造成的。随着壁面温度进一步升高，沸腾换热会进入饱和点，而后逐渐进入膜态沸腾。其过程如图 9.78 所示。水蒸气在壁面形成一层薄膜，对换热过程起到抑制作用。合理设计水套，让水套表面温度不超过饱和点，可有效提升冷却系统工作效率。在有限元分析中增加泡核沸腾传热系数的修正，可更精准地进行传热分析。沸腾对换热的影响可参考 Pflaum/Mollenhauer 公式[4]。

对于第三种来自于机油的热边界条件，因为机油本身温度相对较低和稳定，而且大多数机油接触表面流速较低，所以一般在复杂的 3D 流体分析中，不会考虑发动机结构表面上机油接触面的热边界条件。通常，发动机结构温度的模拟中，机油可能接触表面会施加统一的经验传热边界。图 9.79 是机油换热边界和空气换热边界的示意图。

对于第四种来自于发动机外表面与空气的对流换热及对外辐射的热边界条件。部分发动机工作所产生的热量由该方式直接向外界环境释放。通常空气对流散热受发动机舱内空气流动影响，但在有限元分析中，该换热边界常常被简化为一恒定的发动机舱温度及传热系数。而对于排气歧管，因其外壁表面的温度较高，最高温度可超过 900℃，所以它对周边通过辐射释放出的热量不可忽略。

综合以上四种热边界条件，加上各部件之间根据经验或试验得到的传热系数，就可以进

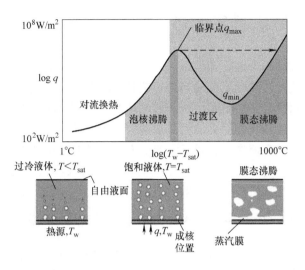

图 9.78　沸腾换热曲线（来源 AVL）

行发动机的热传导分析，从而模拟发动机结构的温度场。其结果可用于温度评估及后续热应力计算，即间接耦合法。从总体上来说，发动机的结构温度过高或过低都不好。温度过高会导致结构的耐久性问题，如缸盖燃烧室温度不宜超过材料的许用工作温度，燃烧室壁面温度过高还可能导致爆燃问题。对于缸体温度，两缸体之间的位置往往是温度最高点，该处温度过高可能导致机油稀释、结焦等问题，一般根据机油特性，该处位置的许用温度不允许超过 220～240℃。若热变形过大还可能导致两缸体间密封垫片涂层的加速磨损，产生密封不严的问题。若发动机温度太低又会影响到发动机的燃烧效率和排放。

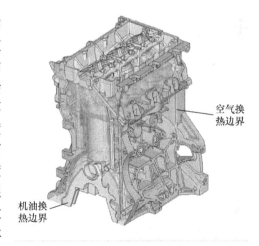

图 9.79　机油及空气换热边界

　　在传统的冷却液流体动力学（CFD）分析中，因为流体温度和周围结构温度是解耦（耦合场）关系，即结构温度只作为常态边界条件，不随时间和流体动态运动而变化。这大大影响到冷却液热边界条件准确性，从而影响发动机结构温度分析的可靠性。近年来，共轭传热（Conjugate Heat Transfer，CHT）流体动力学分析方法开始被普遍应用，与传统分析方法不同的是在共轭传热分析方法中，流体和结构的传热是同时模拟并互相影响的，即直接耦合法。它也对精确模拟发动机整体温度场起到了至关重要的作用。不仅能有效提高发动机结构温度分析的准确性，而且在发动机冷却液的共轭传热流体动力学分析中，可以直接考虑泡核沸腾和过渡沸腾对发动机结构温度的影响，从而有助于精确分析结构的温度，以及判断材料局部可能因过热导致材料表面腐蚀的风险。

9.4 汽车发动机悬置的载荷

对传统内燃机发动机来说，动力总成系统受到的内部载荷来自发动机气缸内燃料燃烧产生的爆发力、活塞往复运动产生的冲击力、曲轴飞轮系统及变速箱等传动系统轴系运转产生的冲击力，外部载荷来自路面激励、汽车加减速及转向产生的动态载荷。从汽车设计的角度来说，汽车的动力总成系统和除去动力总成的整车系统是两个相对独立的汽车大系统，汽车的设计希望它们两者的载荷尽可能相互隔离。发动机悬置是两个之连接的弹性支承系统，它的重要功能之一就是避免动力总成系统工作时所引起过大的载荷传递到车身（非承载式车身动力总成一般固定在车架上），引起车内的振动和噪声，以及极限驾驶工况动力总成输出的冲击载荷可能引起的车身（或车架）破坏。发动机悬置起到隔震、减振和降噪的作用，同时减小冲击载荷。

现在汽车一般采用三点或四点悬置安装，其中乘用车以三点悬置安装方式居多。对于发动机悬置的设计，要在汽车的整个寿命周期内满足以下技术要求：

1）限位作用：悬置系统要承受各种动、静态载荷，同时还要保证在任何情况下，避免动力总成及其附件与车身、底盘等零部件的干涉。

2）隔振作用：一方面要减缓动力总成产生的振动传到车身，另一方面减缓路面轮胎产生的激励传到动力总成，减少动力总成的振动和冲击，发动机悬置具有双向隔振作用。

在发动机悬置正向开发时，需要得到悬置系统所受到的载荷。汽车设计公司在车型开发过程中，根据路面和使用状况，总结并形成了一系列静态经验工况，而这些工况都是采用等效力作用在动力总成质心的加速度和转矩载荷。由于该方法采用动力悬置系统独立分析，无需建立复杂的整车模型，在车型开发早期应用较多。

对于发动机悬置动态载荷，一般采用试验方式测得基本的输入，再借助多体动力学方法进行载荷分解获得。

下面将详细介绍静态经验工况和动态工况的载荷分解。

9.4.1 发动机悬置静态经验工况的载荷分解

汽车在行驶过程中，加速（制动）、爬坡以及根据路况进行换档，发动机都需要调整输出转矩的大小。发动机悬置系统的静态经验工况就是模拟汽车在极限工况情况下所受到的载荷。下面以发动机最大输出转矩工况、撞击工况及路面颠簸工况为例，分别举例说明。

1. 发动机最大输出转矩工况

发动机最大输出转矩工况可以模拟这样一种情景工况：汽车驱动轮跌落在大坑里，发动机以最大输出转矩驱动车轮使汽车出坑时的工况。

假定发动机的最大转矩为 T_{max}，发动机的主减速比为 I_0，变速器的1档速比为 I_1，换档冲击系数为 C（可根据自动变速器和手动变速器取不同的数值），则发动机受到的最大冲击载荷

$$T = C \cdot T_{max} \cdot I_1 \tag{9.60}$$

载荷分解时，可在发动机质心处施加扭矩 T，同时考虑到自身的重力，还要在质心处施加动力总成的自重。

2. 撞击工况

撞击工况模拟汽车低速追尾时，动力传动系统受到极限冲击载荷时的工况，一般要求动力总成悬置系统无需大修仍然能正常工作。若汽车追尾时在前进方向上受到的最大减速度为 a，动力总成系统的质量为 M，则动力悬置系统受到的惯性力。在整车坐标系 x 向受到的惯性力 $F_x = Ma$。

在整车坐标系 z 向受到的重力作用为 $F_z = Mg$，g 为重力加速度。

3. 路面颠簸工况

路面颠簸工况模拟动力总成在行驶过程中，或整车运输过程中，在整车坐标系 Z 向受到极限冲击载荷的工况。

汽车在整车坐标系垂向（z 向）上受到的向下的冲击加速度为 A_z，动力总成系统的质量为 M，则动力总成在整车坐标系 z 向受到冲击力

$$F_z = M (A_z \pm g) \tag{9.61}$$

发动机悬置系统静态经验工况都与以上三类工况相似，在动力总成质心处施加响应的力和力矩，通过简单的仿真计算，就可得到悬置安装点处的受力情况，在车型的开发初期，基本可以满足初始设计阶段的载荷输入需求。但随着车型开发进程的推进，已完成物理样车的制造，动力悬置疲劳计算及减重、降成本方面的需求，就需要通过试验手段获得动力悬置系统更为准确的动态载荷。

9.4.2　发动机悬置的动态载荷分解

发动机悬置系统动态载荷一般通过试验手段获得基本输入，再通过多体动力学载荷分解获得。

我们知道，发动机悬置结构复杂，一般很难直接测得悬置安装点的载荷，通常通过测试发动机悬置安装点的加速度、位移等信号及发动机输出转矩信号，通过载荷分析获得悬置安装点处的载荷。发动机悬置动态载荷测试系统方法有多种，这里介绍一种较为常见的载荷测试方法（图 9.80）。

由于动力总成质心位于发动机内部，没有办法直接测得该处的加速度。可以直接测得发动机悬置安装点附近的加速度（至少三个悬置点），和车轮轴头处的六分力。根据理论力学，可以计算得出动力总成质心处的加

加速度传感器

图 9.80　发动机悬置测试

速度，根据该加速度和动力总成的质量，可以计算出动力总成的惯性力，将该惯性力和六分力测得的力矩 M_y 施加在动力总成质心位置，就可由车辆动力学软件进行载荷计算得到悬置安装点的载荷。

参 考 文 献

[1] International Organization for Standardization. Road vehicles – Environmental conditions and testing for electrical and electronic equipment – Part 3：Mechanical loads：ISO 16750 – 3. [S]. Geneva：International Organ-

ization of Standardization, 2012.

［2］中国国家标准化管理委员会. 道路车辆 电气及电子设备的环境条件和试验 第 3 部分：机械负荷：GB/T 28046. 3 - 2011 ［S］. 北京：中国标准出版社，2011.

［3］Verein Deutscher Ingeniere. Systematic calculation of high duty bolted joints - Joints with one cylindrical bolts：VDI2230 Part 1 ［S］. ［s. l. ］：Verein Deutscher Ingeniere (VDI)，2003.

［4］PFLAUM W, MOLLENHAUER K. Warmeubergang in der verbrennungskraftmaschine ［M］. Berlin：Springer - Verlag，1977.

底盘结构的耐久分析

10.1 概述

底盘由悬架、转向和制动几大模块组成，传递作用在车轮和车身之间的一切力和力矩，缓和由不平路面传递给车身的冲击载荷，衰减由此产生的振动，保证乘客的舒适性，减小货物和车辆本身的动载荷，保证车辆的操控性，使车辆在加速、制动、转向和行驶等过程中性能稳定，能准确执行驾驶人意图，保证车辆安全。

底盘的功能对底盘结构件性能有如下要求，一要有足够的强度，以保证在恶劣情况下车辆不发生故障；二要有足够的刚度，以保证车辆具有良好的操控性；三要具有足够的耐久性能，以保证车辆达到一定的使用寿命。因此，底盘结构件的分析主要包括包含强度分析、刚度分析和耐久分析三个方面。

10.1.1 刚度分析

底盘零件的刚度分析，包含静刚度分析和动刚度分析，零件的静刚度在一定程度上影响着车辆的操纵稳定性，而零件的动刚度则影响车辆的 NVH 性能。这里主要介绍零件静刚度。对于悬架系统的静刚度，很大程度上是衬套、弹簧等弹性元件起着决定性作用，但为避免结构件刚度对悬架系统产生影响，要求零部件刚度达到一定目标要求。此外，还有一些零件刚度具有明确的设计目标值，如稳定杆、扭力梁等，刚度分析中需要重点关注。

在车型开发的不同阶段，需对悬架弹性元件如衬套、弹簧、稳定杆等进行调校，以满足行驶平顺性、操作稳定性要求，但如果结构件刚度不足或过低，会影响调校效果。以两端为衬套结构的连杆控制臂为例进行简要说明，外侧衬套刚度、连杆结构刚度、内侧衬套刚度分别为 k_1，k_2，k_3。

从力学角度讲，该结构轴向刚度性能可以简化为三个弹簧串联（图 10.1），串联后的刚度为 k，有如下关系式

$$\frac{1}{k} = \frac{1}{k_1} + \frac{1}{k_2} + \frac{1}{k_3} \qquad (10.1)$$

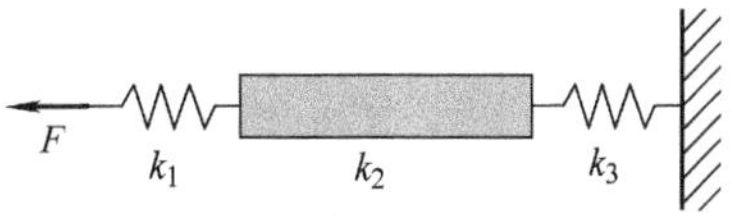

图 10.1 衬套与连杆结构刚度串联

以下举一个简单例子（表 10.1）说明结构刚度对系统刚度的影响。某控制臂结构刚度为 10000N/mm，两端衬套径向刚度也为 10000N/mm，则系统刚度为 3333N/mm。为了增加系统刚度，将衬套刚度增加 50%，则系统刚度增加 28.5%。如果该控制臂结构刚度为

50000N/mm，衬套刚度也增加50%，则系统刚度增加43.5%，如表10.1所示。由此对比可见，结构刚度越大，衬套对其系统刚度的影响越大。

表 10.1   弹簧串联刚度

刚度	初始状态 1	变更状态 1	初始状态 2	变更状态 2
$k_1/(\text{N/mm})$	10000	15000	10000	15000
$k_2/(\text{N/mm})$	10000	10000	50000	50000
$k_3/(\text{N/mm})$	10000	15000	10000	15000
$k/(\text{N/mm})$	3333	4286	4545	6522
衬套刚度提升（%）	–	50	–	50
系统刚度提升（%）	–	28.5	–	43.5

对于悬架系统，从转向节（车轮支架）到控制臂，再到副车架及车身，各部件之间为衬套连接，可以认为是一系列弹簧的串联，如果结构刚度过低，那么对轮心端的刚度削弱作用更加明显。通常影响悬架刚度的主要为弹性元件，调校动力学性能也主要是调整弹性元件的刚度。但如果结构刚度本身不足，那么会出现即使大幅度提升衬套刚度，但系统刚度仍不能明显提升的情况，从而影响调校效果。

10.1.2   强度分析

底盘结构的主要破坏形式包括过度变形、断裂和失稳（屈曲），还包括紧固件松动或脱落等。断裂破坏通常表现为强度破坏和疲劳破坏。强度破坏多由过载引起，比如高速通过路坑等。此时，底盘受到很大的冲击载荷，造成零部件应力超过材料强度极限，导致断裂破坏或者失稳（屈曲）。疲劳载荷作用下，结构应力虽然未超过材料的强度极限，但超过疲劳极限，从而发生损伤累积，当损伤累积到一定限度后，结构发生疲劳失效。紧固件松动或脱落，常见失效形式为螺栓滑移、螺栓剪断等，其实质是螺栓预紧力不足或者发生衰减，从而导致预紧力产生的摩擦力无法抵抗载荷，使螺栓发生滑移以至螺栓受剪断裂。所以，底盘结构耐久的主要目标是结构变形不超过设计要求，结构应力不超过材料的强度极限，结构的疲劳寿命满足设计的要求，以及结构不发生失稳（屈曲）。

底盘零部件的强度分析基于两种载荷类型，一种是大量的基于路面测试的轴头载荷，定义冲击系数或加速度，如垂向跳动、转弯、加速、制动等，应用整车基本参数，如轴心载荷（轴荷）、轴距、质心等，计算得到前、后轴的轮心力和力矩。该类型载荷在用户使用过程中出现频次较高，设计评价目标通常为零件材质的屈服极限或拉伸极限，计算分析不考虑材料非线性。另一种是整车滥用极限工况，指用户在不了解路况或者误操作的情况下，以较快的速度通过具有沟槽、台阶等路面（图10.2）的使用状况，该类型载荷在用户使用过程中出现的次数很少，设计评价目标通常为塑性应变、残余变形、屈曲（坍塌、断裂）载荷等，计算分析需要考虑材料非线性。

无论采用何种载荷条件进行强度分析评

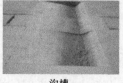
沟槽

减速带

图 10.2   整车滥用路面

价，都需考虑整车强度失效逻辑，即控制在极限载荷作用下，零部件发生变形、屈曲或断裂的先后顺序。对于用户遇到恶劣使用工况下，如果发生失效，首先要让用户知道车辆有损坏，提醒用户去修车，如车轮爆胎、轮辋变形，或者下摆臂发生屈曲，转向拉杆弯曲等，用户很快就能察觉到车辆的异常，及时进行零件更换。如果损坏发生在副车架或者车身，用户有察觉不到的可能，而未及时进行维修，带着危险继续使用，很容易造成灾难性后果。其次，如果发生失效，应当发生在易更换和成本低的零件上，如下摆臂、转向拉杆等，从而保护成本相对昂贵的副车架、转向机。再次，悬架零件由不同的材质制造，有球墨铸铁、锻铝、铸铝、钢板焊接等，这些材质失效特性存在差别，如铸铝或铸铁件，材质延伸率较低，过载变形后容易脆断，而钢板延伸率很高，过载后通常产生大变形，但直接断裂的概率较低。因此，对于脆性材质零件强度等级要求高于塑性材质零件。最后，需要考虑零件失效后的后果严重程度，如球铰或者转向节断裂，则车辆直接失控，极易发生事故。而轮辋变形、稳定杆断裂不会造成这种后果。基于以上失效逻辑，一般情况下的强度要求如下：球铰和铸造件 > 锻造件 > 钣金件；副车架、转向节 > 控制臂 > 车轮。强度性能失效形式及对应的有限元强度分析评价内容对应关系如表 10.2 所示。

表 10.2　强度分析主要评价内容

载荷类型	物理验证要求	CAE 评价指标	参考评价目标要求
典型工况	没有失效现象（变形、屈服或断裂）	Mises 应力	< 屈服极限
		最大主应力	< 拉伸极限
		静安全系数	> 1.0
滥用工况	没有明显变形	残余变形	< 1 ~ 3mm
		塑性应变	< 1% ~ 2%
	不发生失稳	屈曲载荷	> 工况最大载荷
	不发生断裂	塑性应变	< 材质延伸率极限

10.1.3　疲劳分析

对于底盘系统的耐久性开发，是一系列优化迭代的结果。耐久性虚拟验证和零部件、系统、整车物理试验验证，共同保证耐久性能开发目标的达成。这其中虚拟验证起到至关重要的作用，零部件前期开发过程中虚拟验证全面、精确，结构充分优化，则后期物理验证出现问题的概率将大幅度降低，可以有效节省成本和开发周期。

底盘系统中多数零部件的工作状态是运动状态，在力学上是大位移（或大转角）、小变形问题。另外，底盘零部件之间通常是衬套连接，存在高度非线性（如图 10.3 所示），对其进行精确的力学描述是非常困难的任务。对底盘零部件的分析可以有两种方法，一种方法是对整车或者整个底盘系统，采用非线性有限元的动态仿真分析，也就是基于有限元方法的"虚拟试车场"（VPC，参见第三章），计算底盘零部件结构在载荷下的变形和应力。另一种方法是多体动力学虚拟迭代（参见第九章），将轮心六分力载荷谱分解到零部件，再对零部件分别分析。基于有限元方法的虚拟试车场（VPG），是 20 世纪 90 年代开始发展的方法，但是它的分析困难和对计算资源需求都比较大。尽管这项技术在过去的二十年里已有了较大的进步，计算机的能力也有了飞速发展，但是它的使用仍然不普遍。基于单个零部件的分析，是传统的底盘结构分析方法，它避开了大位移和非线性连接在力学分析上的困难，使分析简化，在底盘零部件的结构分析中得到广泛使用。

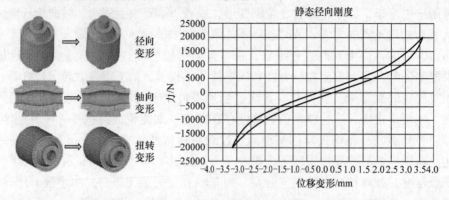

图 10.3　衬套大变形（右侧为径向刚度曲线）中的非线性现象

通常底盘耐久性的开发过程如下：基于参考车载荷谱测试，得到轮心六分力，通过虚拟迭代得到悬架各个零部件的载荷谱，进行耐久分析与结构优化，虚拟验证通过后进行样件试制，进行零部件级、系统级和整车级的验证。由于弹性元件在初样车（A 样车）阶段需要进行调校，衬套刚度、缓冲块刚度、减振器、稳定杆等参数会发生变化，对载荷影响很大，此时以调校后样车进行路谱采集，并以此载荷谱作为零部件虚拟验证和物理验证的输入（Design Verification – DV 验证），试验合格后冻结结构设计数据，至此设计阶段完成。后面进行疲劳生产工艺性能的验证，即 Production Verification – PV 验证。

因为底盘零部件直接影响汽车和乘员的安全，如第一章所述，一些汽车制造企业对底盘零部件设定更高的设计要求。例如，对于除安全相关的零部件（大部分底盘零部件）以外的整车，要求对 90% 的用户，满足最低的 10 年功能有效使用寿命和 24 万千米等效用户使用里程的综合耐久目标。而对安全相关的零部件，要求达到对 99% 的用户，汽车产品满足最低的 10 年功能有效使用寿命和 24 万千米等效用户使用里程的综合耐久目标。底盘零部件的耐久分析，根据车型开发计划、载荷条件及物理验证计划，包括零部件的台架耐久分析、悬架系统的台架耐久分析和整车试车场路谱载荷的耐久分析。根据整车耐久试验目标、系统台架耐久试验目标和零部件台架耐久试验目标及存活率要求，定义寿命评价目标。零部件耐久寿命是一系列影响因素综合作用的结果，如载荷、材料、工艺等，因此工程上零部件寿命通常指的是指定存活率下的寿命。以材料性能为例，通常材料测试为 SN 曲线，存活率为 50%，而工程上用到的是 PSN 曲线（图 10.4），所谓的 P 指存活率，如 $P = 99\%$，即存活率为 99%。存活率越高，材料测试需要的样本数越大，意味着大量的试验成本和试验周期，通常难以获得。比较实用的方

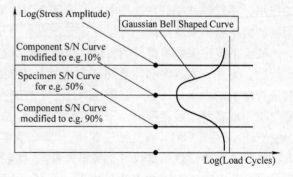

图 10.4　材料 PSN 曲线

法是运用50%概率下的SN曲线外推高存活率下的SN曲线。对于CAE分析，可以基于50%存活率的计算结果，通过预留安全系数的方法来进行评估，下面通过简单运算进行说明。

一般认为材料的疲劳极限概率分布服从高斯分布（正态分布），Haibach建议普通钢材离散度为1.26，离散度T为10%存活率下的疲劳极限和90%存活率下疲劳极限的比值，即

$$T = \frac{\sigma_{10\%}}{\sigma_{90\%}} \tag{10.2}$$

对于正态分布，10%存活率和90%存活率的疲劳极限如下

$$\sigma_{10\%} = 10^{(\lg\sigma_{50\%} + 1.28 \cdot S)} \tag{10.3}$$

$$\sigma_{90\%} = 10^{(\lg\sigma_{50\%} - 1.28 \cdot S)} \tag{10.4}$$

其中1.281为90%概率标准正态分布偏置值，通常记为μ_p，S为正态分布标准差，由式（10.2）~式（10.4），可得到

$$S = \frac{1}{2.56} \cdot \lg T \tag{10.5}$$

由式（10.5）可以求得S，基于50%存活率疲劳极限，计算得到任意存活率下的疲劳极限

$$\sigma_{a\%} = 10^{(\lg\sigma_{50\%} - \mu_p \cdot S)} \tag{10.6}$$

由式（10.6）可以计算得到表10.3中的疲劳安全系数换算关系。如果疲劳分析时未定义材料的PSN曲线，即存活率为50%，那么假设离散度为1.26，如果50%存活率下，结构疲劳安全系数SF50%为1，那么应力需降低11%才能保证90%存活率下是安全的。或者，要保证90%存活率下结构疲劳安全系数达到1.0，那么50%存活率下安全系数需达到1.123。

表10.3 疲劳安全系数换算

存活率	偏移量（μ_p）	SF50%	SF90%	SF97.5%
50%	0	1.000	1.123	1.194
90%	1.28	0.891	1.000	1.063
97.5%	1.96	0.838	0.941	1.000
99%	2.33	0.810	0.910	0.967
99.9%	3.09	0.757	0.849	0.903

进一步拓展至疲劳损伤、寿命，假设疲劳SN曲线斜率$k = -5$，基于50%存活率的分析结果，期望达到目标存活率下结构寿命满足要求，则可以得到表10.4所示的疲劳、寿命换算关系。

表10.4 疲劳寿命换算关系

存活率	50%	90%	97.5%	99%	99.9%
安全系数（SF）	1.000	1.123	1.193	1.233	1.321
疲劳寿命	1.0	1.8	2.4	2.9	4.0
疲劳损伤	1.0	0.56	0.42	0.34	0.25

由表10.4可知，假如疲劳分析时未定义材料的PSN曲线，即存活率为50%。假设离散度为1.26，如果50%存活率下，结构疲劳寿命需达到1.8，才能保证90%的存活率下，结构疲劳寿命达到目标要求。如果要求达到99%的存活率，结构疲劳寿命必须达到2.9。

10.2　悬架类型简介

悬架系统既要满足汽车舒适性要求，也要满足操纵稳定性要求。二者一定程度上互为对立，舒适性要求悬架"软些"，操纵稳定性要求悬架"硬些"。根据车型开发需求，同时考虑到布置空间、成本等方面的因素，出现了多种悬架类型，前悬架常见类型有麦弗逊式、双横臂式；后悬架常见类型有扭力梁式、多连杆式等。

10.2.1　麦弗逊式前悬架

典型的麦弗逊式前悬架如图 10.5 所示，主要包括转向节、下控制臂、滑柱、副车架、稳定杆等，滑柱由螺旋弹簧套在减振器上组成，减振器可以避免螺旋弹簧受力时出现不稳定现象，限制弹簧只能上下运动，用减振器行程长短及松紧调节来设定悬架的软硬以满足性能要求。麦弗逊悬架形式简单，所需的布置空间小，广泛应用于前轮驱动的车辆上。它的缺点是侧向刚度较弱，转弯侧倾明显。

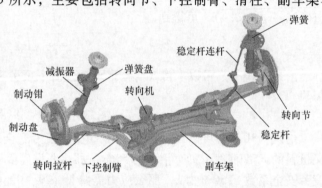

图 10.5　麦弗逊式前悬架（大众宝来车型）

10.2.2　双横臂式前悬架

双横臂式前悬架如图 10.6 所示，主要包括下控制臂、上控制臂、转向节、稳定杆、副车架等，通常上、下控制臂由长度不同的 A 形臂（叉形臂）组成，又称为长短臂式前悬架。有时上控制臂用简单的横臂代替，或者下控制臂用简单的横臂和成一定角度的拉压撑杆代替，但功能没有改变。通过优化上、下横臂的长度，可以使轮距及前轮定位参数变化限定在一定范围内，保证汽车具有良好的行驶稳定性，空间布置上为发动机提供了纵向安装的空间，非常适合前置发动机、后轮驱动的汽车。

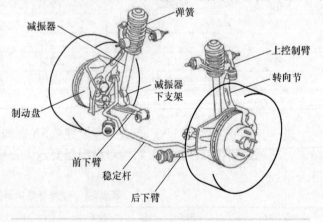

图 10.6　双横臂式前悬架示意图

10.2.3　扭力梁式后悬架

扭力梁式后悬架常见于发动机前置前轮驱动的车型，结构如图 10.7 所示，由扭力梁、弹簧、减振器、缓冲块等组成。扭力梁是由后横梁、纵梁、弹簧座、减振器座等焊接而成的整体总成，其中后横梁通常为薄壁开口梁或冲压成型的薄壁变截面梁。后横梁的薄壁梁设计，扭转刚度低于非独立悬架的横梁，当两边车轮发生相对跳动时，后横梁发生扭转，两侧车轮一定程度上可以各自跳动，起到横向稳定杆的作用，可增加车辆的侧倾刚度，但两个车轮并非完全独立运动，因此扭力梁悬架实质上是一种半独立悬架。

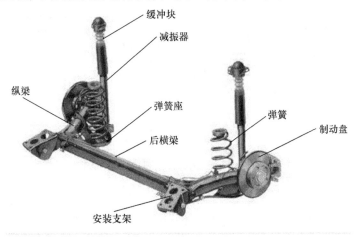

图 10.7　扭力梁式后悬架示意图

10.2.4　多连杆后悬架

多连杆后悬架是由三根或三根以上连杆构成，从多个方向控制力的传递，可对连杆进行单独调整，使悬架有很大的调校空间，使轮胎具有更可靠的运动轨迹，可提升直线行驶稳定性、减少转向不足、抑制制动"点头"和加速"抬头"等，有利于提升操控性和行驶舒适性。多连杆悬架结构复杂，成本高，布置空间大，一般用在高档轿车上。图 10.8 所示后悬架又称为 5 连杆后悬架，5 连杆包括前束臂、前上控制臂、后上控制臂、前下控制臂和弹簧托臂，5 个连杆意味着多个衬套刚度可调，悬架性能调校更加复杂，但承载性和舒适性更好。

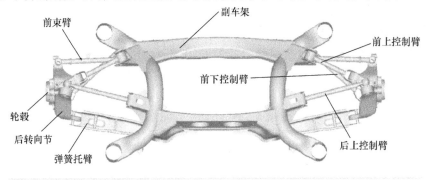

图 10.8　多连杆式后悬架（丰田皇冠车型）

10.3　前悬架结构的耐久分析

10.3.1　前转向节的结构耐久分析

以麦弗逊式悬架的前转向节为例进行说明，如图 10.9 所示，转向节在 1 位置通过球铰连

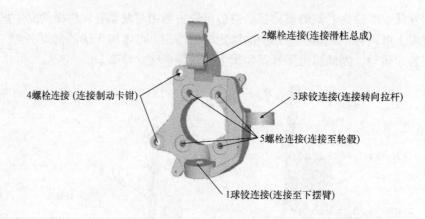

图 10.9　麦弗逊式悬架前转向节

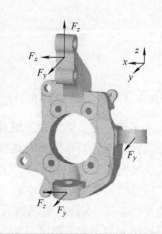

图 10.10　前转向节连接点受力图

接下摆臂，2 位置由两个螺栓连接至滑柱总成，3 位置由球铰连接至转向拉杆，4 位置由两个螺栓连接至制动卡钳，5 位置由四个螺栓连接至轮毂单元。转向节承受车轮的载荷输入，其中垂向（Z）载荷由 2 位置传递至滑柱、车身，侧向力（Y）和纵向力（X）主要由 1、2 位置传递至下摆臂及滑柱，3 位置承受转向载荷及车轮冲击造成的侧向（Y）载荷。前转向节各连接点受力情况如图 10.10 所示，了解各连接点主受力方向，可以决定刚度需要控制的方向，以及强度、疲劳性能优化需重点关注的工况。

对转向节结构，设计有刚度、静强度和疲劳寿命三个方面的要求。

1. 转向节的刚度分析

转向节设计对结构刚度的要求，根据转向节各受力点主要受力方向和整车操纵稳定性能需求，确定需要关注方向的刚度。制动卡钳安装点 Y 向的刚度影响制动卡钳和制动盘的夹持状态，防止发生不合理的摩擦状态，也需要考察。转向节刚度分析的工况如表 10.5 所示。

表 10.5　转向节刚度分析工况

序号	加载位置	加载方向	刚度目标参考值/（kN/mm）
1	下控制臂球铰中心点	X	40
2	下控制臂球铰中心点	Y	40
3	减振器下点	X	30
4	减振器下点	Y	100
5	转向拉杆球铰中心点	Y	20
6	制动卡钳上安装孔	Y	75
7	制动卡钳下安装孔	Y	75

将轮毂安装位置的四个螺栓，通过刚性单元连接至轮心，并完全约束 6 个自由度（图

10.11）；螺栓位置或球铰安装位置，通过刚性单元连接至加载点，依次独立地施加 1kN 载荷，得到加载点和加载方向上的位移值，由所加的力与位移的比值依次计算各点的刚度。

2. 转向节的静强度分析

前转向节的静强度分析计算模型与刚度分析模型类似，约束轮心 6 个自由度，在各受力点施加载荷分解得到的输入力，球铰点为三个力输入，螺栓连接点为三个力和力矩输入。对于包含有制动力矩的制动工况，通常载荷分解不输出卡钳点的力，强度分析时需将制动力矩载荷等效为一个力偶作用在转向节上，其中一个力作用在制动卡钳中心位置（位置 A），另一个作用在卡钳中心点在轮毂轴线上的投影点（位置 B），A 点用刚性单元连接至卡钳安装螺栓，B 点使用梁单元连接至轮心。力垂直于 A 点和 B 点的连线，大小相等方向相反，加载力 $F = M_y/r = F_x R/r$，其中 M_y 为制动力矩，R 为车轮半径，r 为制动盘有效半径，如图 10.12 所示。对于典型工况，通常要求应力小于屈服极限，对于滥用工况，关注转向节塑性应变和残余变形。

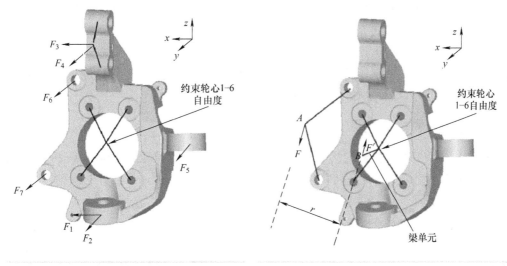

图 10.11 前转向节刚度分析模型　　　　**图 10.12** 制动力矩等效

以下举例说明转向节强度分析。分析工况依次为垂向力工况（$4g$）、侧向力工况（$2g$）和纵向力工况（$2.5g$），转向节的材料牌号为 QT450，屈服极限为 310MPa，应力分布如图 10.13 所示，要求评判目标为应力不超过材料的屈服极限。

根据分析结果，垂向力工况和纵向力工况应力超出目标要求，判定为不合格。从应力分布看，超出目标值的分布范围很小，结构设计方案总体上是可行的。应力是由于局部几何变化不平缓所致，通过局部优化可以达到目标要求。如果是大范围超出目标应力，那么通过局部优化很难达到目标要求。此时，需要对结构方案进行大的修改才可能满足目标。

3. 转向节的疲劳寿命

转向节耐久分析计算模型同强度计算模型，在各加载点施加各通道载荷谱单位载荷，对于制动力矩通道，将单位力矩载荷转换为力载荷分别施加在 A 点和 B 点（图 10.12）。用静态方法，求解各通道单位载荷应力后，在疲劳分析软件中叠加载荷谱，再进行疲劳分析。载荷谱可以是台架工况，也可以是路谱，由载荷分解得到。根据相关的试验规范循环次数要

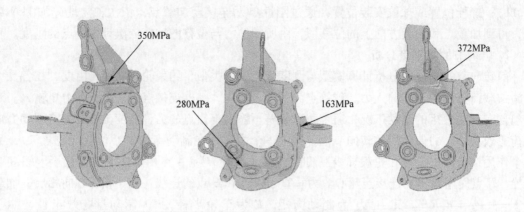

图 10.13　强度工况应力

求，得到疲劳寿命目标，一般要求在 100% 完成耐久试验前没有裂纹发生。

　　转向节是连接车轮与悬架的核心部件，如果它发生断裂，则意味着车轮飞出，车辆失去控制，因此其强度等级是底盘零部件中要求最高的，强度设计指标也严苛于底盘其他零部件。比如在某一载荷条件下，下摆臂要求应力不超过拉伸极限，但对于转向节则要求应力不超过屈服极限。按这一要求，转向节通常设计有足够的疲劳余量，它发生失效，一般情况下是由于过载引起的，很少是由疲劳失效引起的。

10.3.2　下控制臂的结构耐久分析

　　麦弗逊式悬架的前下摆臂结构如图 10.14 所示，通过在 1 位置和 2 位置两个衬套连接至副车架，3 位置由球铰连接至转向节，其中 1 位置衬套刚度较大，通常称为操稳衬套，2 位置衬套刚度较低，通常称为舒适衬套。

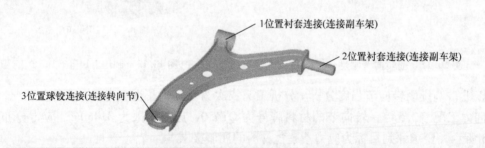

图 10.14　前下摆臂连接示意图

　　车辆行驶过程中，外球铰位置承受转向节球铰连接点的纵向力（X）和侧向力（Y），再由前、后衬套将载荷传递至副车架。后衬套通常有两种布置形式，一种轴向平行于下摆臂平面（图 10.15a），另一种轴向垂直于下摆臂平面（图 10.15b）。图 10.15a 中，后衬套大致平行于整车前后方向，其轴向刚度低，前衬套轴向刚度大于后衬套，下摆臂传递给副车架的纵向（X）力主要由前衬套点承担。图 10.15b 中，后衬套轴向垂直于控制臂结构所在平面，其前后方向的径向刚度大，下摆臂传递给副车架的纵向（X）力主要由后衬套点承担，各位置点主要受力方向见表 10.6。

表 10.6 下摆臂受力

序号	位置	主要载荷
1	下摆臂前衬套点	X^*、Y
2	下摆臂后衬套点	X^*、Y
3	球铰中心点	X、Y

注：＊表示根据衬套布置形式决定。

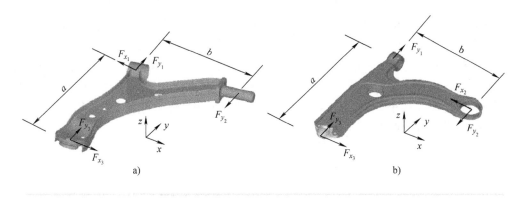

图 10.15 下摆臂受力图

a）轴向平行 b）轴向垂直

1. 下控制臂的刚度分析

下控制臂刚度分析关注球铰点 X 向、Y 向刚度，计算分析模型不考虑衬套的影响。约束球铰点 3 自由度，前衬套中心点 1、2、3 自由度，后衬套中心点约束 2、3 自由度。在球铰中心点施加 1kN 载荷（X、Y），得到加载方向的位移值，加载力与位移的比值为计算刚度，具体见图 10.16 和表 10.7。

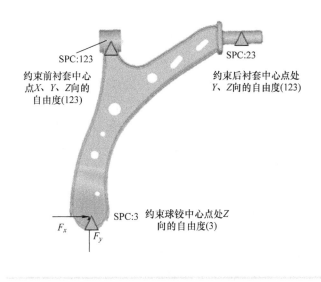

图 10.16 下控制臂刚度分析模型

表 10.7　下控制臂刚度参考值

序号	位置	方向	刚度目标参考值/(kN/mm)
1	外球铰点	X	3
2	外球铰点	Y	50

2. 下摆臂的强度分析

下摆臂强度分析模型同刚度分析模型一样，在各加载点施加除约束自由度外的所有载荷，载荷来自典型工况载荷分解。材料线性分析时，关注最大载荷时的应力。材料非线性分析时，关注最大载荷时的塑性应变和卸载后的残余变形。

下摆臂在结构设计中，一般将图 10.17 所示截面设定为危险截面，强度分析也是重点关注该位置。在各种设计工况载荷作用下，结构不能发生明显变形，如永久变形小于 2mm，塑性应变不能过大（如小于 2%）。图 10.17 中下摆臂的最大塑性应变为 1.7%，小于 2% 的评价目标值，满足设计要求。

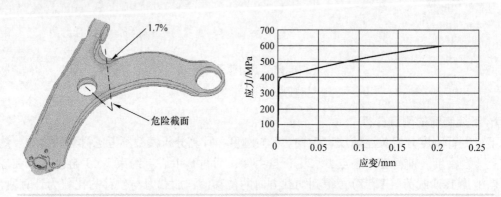

图 10.17　纵向力下摆臂塑性应变及材料曲线

3. 下摆臂的稳定性

下摆臂稳定性分析，工程上通常称之为屈曲分析。此种屈曲严格意义上讲应当称之为坍塌，以区别于几何失稳（欧拉失稳）。结构失稳是由于结构局部发生材料屈服，随着外载持续增加，最终导致丧失承载能力。如前文所述，从失效逻辑角度，下摆臂一般情况下为前悬架系统的优先屈曲零件，过载时吸收能量以保护副车架（成本高）、转向节（安全级别高）等零件。当外球铰点工况最大纵向力载荷为 F_0，承载能力峰值 F_1 控制在 $1.2F_0$ 和 $1.5F_0$ 之间，即 $1.2F_0 \leqslant F_3 \leqslant 1.5F_0$，如图 10.18 所示。

下摆臂稳定性分析约束外球铰点 3 自由度，与副车架连接点约束取决于大载荷作用下，前、后衬套纵向力载荷分配，不同下摆臂约束条件有所不同。图 10.19a 下摆臂纵向力主要由前衬套点承担，前衬套点约束 1、2、3 自由度。图 10.19b 下摆臂纵向力主要由后衬套点承担，后衬套点约束 1、2、3 自由度。如果前、后衬套点载荷分担相差不大，则需定义衬套非线性曲线，在前、后衬套点定义衬套单元，约束各点 1 到 6 自由度。

下摆臂为非二力杆件，其屈曲通常由材料屈服引起，分析时需定义材料的真实应力 - 应变曲线，并考虑几何非线性。在外球铰中心点施加强制位移，得到球铰点纵向位移和支反力，绘制支反力、位移曲线，曲线的峰值即为最大承载力，超过该峰值后，结构刚度降低，

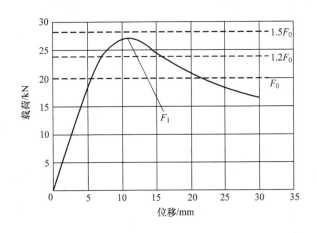

图 10.18 下摆臂屈曲分析载荷位移曲线

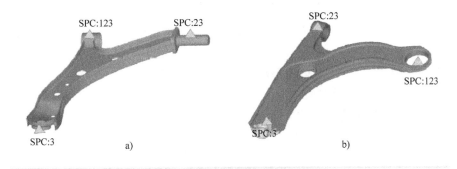

图 10.19 下摆臂屈曲分析边界条件

a）前衬套点承载 b）后衬套点承载

丧失抵抗外载荷能力，导致塑性应变显著增大，结构很快发生失效。

4. 下摆臂的疲劳分析

下摆臂耐久分析模型同刚度分析模型一样，在各加载点施加除约束自由度外的所有通道单位载荷。求解各通道单位载荷应力后，在疲劳分析软件中叠加载荷谱，再进行疲劳分析。一般要求在 100% 完成耐久试验前没有裂纹发生。

对于板材焊接结构的下摆臂，通常失效位置发生在焊缝，且发生在焊缝的头尾端，因此耐久分析需重点关注此点，同时也需要结合焊接工艺进行评估。对于铸造或锻造下摆臂，材料延伸率相对较低，强度分析和屈曲分析足以覆盖疲劳载荷，疲劳失效不是其主要失效形式。

10.3.3 前副车架的结构耐久分析

前副车架连接控制臂、车身、动力悬置、转向机、稳定杆等，能够带来很好的悬架连接刚度，隔绝路面振动，车辆行驶过程中，副车架主要承受下控制臂、发动机悬置、转向机、稳定杆的载荷。

麦弗逊式前悬架前副车架，如图 10.20 所示，副车架 1、2 位置连接下控制臂，3 位置连接转向机，4 位置连接发动机悬置，5 位置通过螺栓与车身相连，6 位置连接稳定杆。双横臂悬架前副车架，如图 10.21 所示，副车架 1、2 位置连接下控制臂，3 位置连接转向机，4 位置连接发动机悬置，5 位置通过螺栓与车身相连。副车架各连接点主要受力方向如表 10.8 所示。

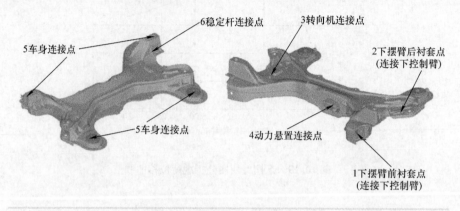

图 10.20　麦弗逊式前悬架前副车架

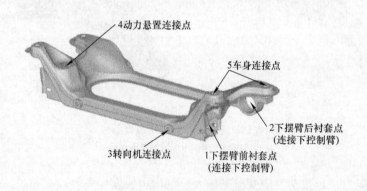

图 10.21　双横臂悬架前副车架

表 10.8　副车架受力点载荷方向

序号	位置	主要载荷
1	下摆臂前衬套点	X、Y
2	下摆臂后衬套点	Y
3	转向机连接点	Y
4	动力系统悬置连接点	X、Z
5	车身连接点	X、Y
6	稳定杆连接点	Z

注：序号对应图 10.20 和图 10.21。

1. 前副车架的刚度分析

前副车架刚度分析主要关注下摆臂连接点、转向机连接点、稳定杆连接点、动力悬置连接点的刚度，在这些连接点的受力方向上分别施加单位载荷，约束副车架与车身连接点，如

图 10.22。重点关注下摆臂前连接点、下摆臂后连接点及转向机连接点 Y 向刚度，目标根据操纵稳定性能对结构件刚度要求进行定义，如表 10.9 所示。

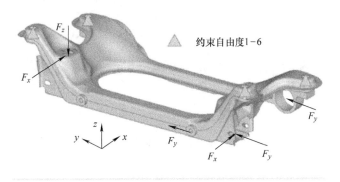

约束自由度1-6

图 10.22　前副车架刚度分析模型

表 10.9　副车架受力点载荷方向

序号	位置	载荷方向	刚度目标参考值/（kN/mm）
1	下摆臂前衬套点	X	10
		Y	30
2	下摆臂后衬套点	X	10
		Y	30
3	转向机连接点	Y	20
4	动力悬置连接点	X	10
5	稳定杆连接点	Z	10

2. 副车架的强度分析

副车架强度分析，在副车架与车身连接位置，无论是衬套连接还是螺栓连接，都应当考虑连接刚度的影响，使用弹簧单元模拟连接刚度。在此基础上约束弹簧单元 1－6 自由度，如图 10.23 所示，节点 1 通过刚性单元耦合至副车架，节点 1 和节点 2 通过弹簧单元连接，约束节点 2。对于典型工况，材料线性分析时，关注最大载荷时的应力，一般要求最大应力小于屈服极限；对于滥用工况，进行材料非线性分析时，关注最大载荷时的塑性应变和卸载后

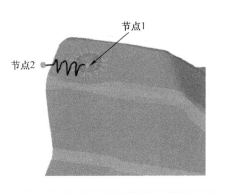

节点1

节点2

图 10.23　车身连接点约束

的永久变形，一般情况下，塑性应变一般控制在 2% 左右，永久变形控制在 1～3mm 以内。

以某车型麦弗逊前副车架为例，考察纵向力滥用工况，分析约束点刚度处理方式对计算结果的影响。第一种情况为柔性约束，考虑车身连接部位的刚度；第二种情况为刚性约束，不考虑车身连接部位的刚度。该副车架前安装点与车身为刚性螺栓连接，后安装点与车身为衬套连接。塑性应变和残余变形比较见图 10.24 和图 10.25。表 10.10 列出了两种不同约束下的结果。

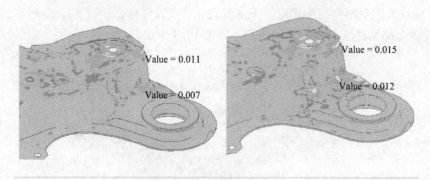

图 10.24 塑性应变比较

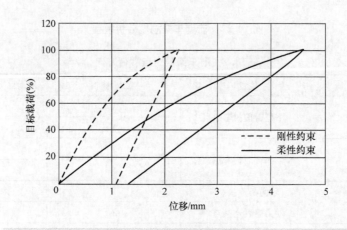

图 10.25 下摆臂前点位移比较

表 10.10 硬点残余变形比较　　　　　　　　　　（单位：mm）

	刚性约束	柔性约束
下摆臂前点	1.08	1.32
下摆臂后点	0.39	0.52

从分析结果看，无论是塑性应变还是残余变形，两种分析方法的结果都存在较大差异，如果以残余变形 1mm 为判断指标，柔性约束方式的计算结果，该副车架可以判定为不合格，而刚性约束方式的计算结果，基本可以判定为合格，同一个副车架可以得到判定两种结论，显然不利于结构设计评判。刚性约束的方式，改变了结构的刚度，进而影响了结构受力后的变形协调，导致残余变形减小，而实际上，车身刚度不可能是无穷大的，副车架安装点也是存在变形的，柔性约束的分析结果更接近实际。

3. 副车架的疲劳分析

副车架耐久分析模型同强度分析模型，材料线性分析，在各加载点施加除约束自由度外的所有通道单位载荷。求解各通道单位载荷应力后，在疲劳分析软件中叠加载荷谱，再进行疲劳分析。一般要求在 100% 完成耐久试验前没有裂纹发生。

对于转向机连接部位、稳定杆连接部位、发动机悬置连接部位，可以结合专门的台架试验工况进行疲劳分析。以发动机悬置连接部位为例，如图 10.26 所示，对于后悬置点，主要承受换档产生的载荷，根据 1 档和倒档计算得到后悬置点受力，分别计算应力，二者分别计算疲劳寿命，按低值核准。

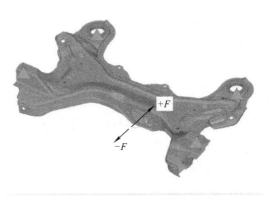

图 10.26　动力悬置连接点疲劳

10.3.4　上控制臂的结构耐久分析

双横臂式前悬架上控制臂结构如图 10.27 所示，在 1 位置通过球铰连接至前转向节，2 位置和 3 位置通过衬套连接至车身，车辆行驶时绕 2 点和 3 点轴线摆动，1 位置主要承受转向节传递的纵向力（X）和侧向力（Y）。

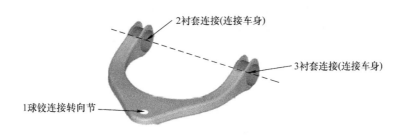

图 10.27　上控制臂结构示意图

1. 上控制臂的刚度分析

刚度分析模型如图 10.28 所示，不考虑衬套刚度，由于衬套通常为单侧轴向限位，1 点承受 $+X$ 向载荷时，由 3 点轴向限位，1 点承受 $-X$ 向载荷时，由 2 点轴向限位，计算球铰点 $+X$ 向刚度和 $-X$ 向刚度时，约束有所不同。刚度目标如表 10.11 所示。

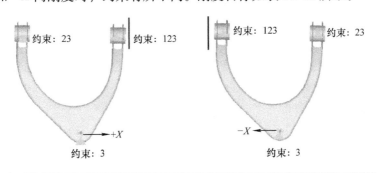

图 10.28　上控制臂刚度分析模型

表 10.11　上控制臂刚度

序号	连接点	载荷方向	刚度目标参考值/（kN/mm）
1	外球头	X	1.5
2	外球头	Y	10

2. 上控制臂的强度分析

强度分析模型如图 10.29 所示，考虑衬套刚度，约束
衬套 1 - 6 自由度，外球铰点约束 3 自由度，施加除约束
自由度外的所有方向载荷。对于典型工况，材料线性分
析，关注最大载荷时的应力，一般要求应力小于屈服极
限；对于滥用工况，进行材料非线性分析，关注最大载荷
时的塑性应变和卸载后的永久变形。

3. 上控制臂的耐久分析

耐久分析模型同强度分析模型，施加除约束自由度外
的所有方向载荷，求解各通道单位载荷应力后，在疲劳分
析软件中叠加载荷谱，再进行疲劳分析。一般要求在
100% 完成耐久试验前没有裂纹发生。上控制臂一般承受
载荷较小，强度工况不足以覆盖耐久载荷，因此疲劳分析
需重点关注。

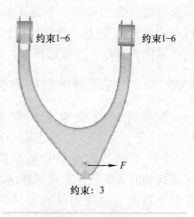

**图 10.29　上控制臂
强度分析模型**

10.3.5　稳定杆的结构耐久分析

稳定杆又称防倾杆，用来提高悬架侧倾角刚
度，减少车身倾斜。当车辆左右两轮跳动存在高
度差时，稳定杆产生扭转抑制车辆倾斜。

1. 稳定杆的刚度分析

稳定杆刚度计算分析模型如图 10.30 所示，
约束一侧安装点 1 ~ 3 自由度，另一安装点约束
2、3 自由度，在两侧端头施加方向相反的强制
位移。刚度分析通常施加 ± 10mm，读取支反力
进行刚度计算。

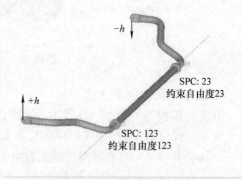

图 10.30　稳定杆分析模型

2. 稳定杆的强度分析

强度分析一般是在稳定杆两端施加极限扭转工况强制位移，进行线性分析，评价危险点
应力，一般要求应力小于断裂极限。

3. 稳定杆的疲劳耐久分析

计算模型同刚度分析，耐久分析按 〔 +h， -h 〕和〔 -h， +h 〕两个工况进行应力交
变组合，在此基础上进行疲劳分析，h 值可根据设计规范确定，要求循环次数达到设计目标
之前不能断裂。

10.4　后悬架结构的耐久分析

10.4.1　后转向节的结构耐久分析

后转向节又称为车轮支架，是后悬架的关键部件之一，连接车轮、控制臂、制动盘、制
动卡钳等，如图 10.31 所示，1 位置连接后上控制臂，2 位置连接前上控制臂，3 位置连接

前束控制臂，4 位置连接前下控制臂，5 位置连接弹簧托臂，6 位置由两个螺栓连接制动卡钳，7 位置由四个螺栓与轮毂连接。转向节承受车轮的载荷输入，经各连杆传递至副车架和车身。

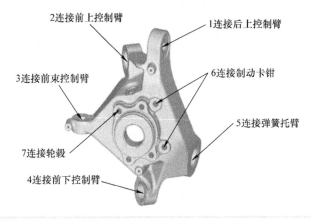

图 10.31　后转向节的结构示意图

1. 后转向节的刚度分析

后转向节刚度分析的工况如表 10.12 所示，包含了转向节的主要受力点，根据受力点主要受力方向，确定需要关注方向的刚度。制动卡钳安装点 Y 向的刚度影响制动卡钳和制动盘的夹持状态，用于防止发生不合理的摩擦状态，需要严格考察。将轮毂安装位置的四个螺栓，通过刚性单元连接至轮心，并完全约束 6 个自由度；螺栓位置或球铰安装位置，通过刚性单元连接至加载点，施加 1kN 载荷，得到加载方向的位移值，加载的力与其方向上位移的比值为计算刚度，要求大于目标刚度值。刚度计算模型如图 10.32 所示。

表 10.12　后转向节刚度分析工况

序号	加载位置	加载方向	刚度目标参考值/kN
1	弹簧托臂连接点	X	10
		Y	30
		Z	20
2	前上控制臂连接点	X	10
		Y	30
3	后上控制臂连接点	X	10
		Y	30
4	前束控制臂连接点	X	10
		Y	30
5	前下控制臂连接点	X	10
		Y	30
6	制动卡钳上安装孔	Y	100
7	制动卡钳下安装孔	Y	100

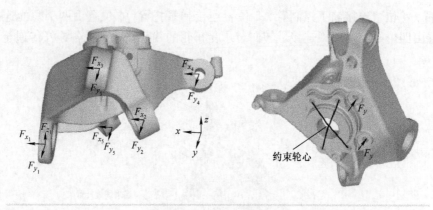

图 10.32 刚度计算模型

2. 后转向节的强度分析

后转向节的静强度分析计算模型与刚度分析模型类似，约束轮心 6 个自由度，在各受力点施加多体动力学载荷，分解得到的输入力。球铰点为三个力输入，衬套连接点为三个力和力矩输入。对于包含有制动力矩的制动工况，通常载荷分解不输出卡钳点的力，强度分析时需将制动力矩载荷（如图 10.33 所示）等效为一个力偶作用在转向节上，其中一个力作用在制动卡钳中心位置（位置 A），另一个作用在卡钳中心点在轮毂轴线的投影点（位置 B），A 点用刚性单元连接至卡钳安装螺栓，B 点使用梁单元连接至轮心，力垂直于 A 点和 B 点的连线，大小相等方向相反，加载力为 $F = M_y/R/r$，其中 M_y 为制动力矩，R 为车轮半径，r 为制动盘有效半径。对于典型工况，通常要求应力小于屈服极限，对于滥用工况，关注转向节塑性应变和残余变形。

3. 后转向节的疲劳耐久分析

后转向节耐久分析计算模型同强度计算模型，在各连接点施加各自通道单位载荷。对于制动力矩通道，将单位力矩载荷转换为力载荷分别施加在轮毂轴和制动卡钳。求解各通道单位载荷应力后，在疲劳分析软件中叠加道路载荷谱，再进行疲劳分析，寿命目标需满足设计目标要求。

同前转向节一样，后转向节也是连接车轮与悬架的核心部件，其强度等级要求高，强度评价也严苛于底盘其他零部件，转向节通常设计有足够的疲劳余量，如果它发生失效，一般情况下是由于过载引起的，很少有疲劳失效引起的。

10.4.2　后副车架的结构耐久分析

五连杆后悬架的后副车架如图 10.34 所示，1～5 位置连接控制臂、6 位置连接稳定杆、7 位置连接差速器悬置（后驱或四驱），由四个螺栓（或衬套）连接至车身（位置 8），车辆行驶过程中，后副车架主要承受上控制臂、下控制臂、前束控制臂、动力悬置、稳定杆等连接点的载荷。后副车架各连接点主要受力方向见表 10.13。

1. 后副车架的刚度分析

后副车架刚度分析主要关注控制臂连接点、稳定杆连接点、动力悬置连接点的刚度，在这些连接点施加单位载荷，不考虑衬套刚度，同时刚性约束副车架与车身连接点。刚度计算模型如图 10.35 所示，刚度目标如表 10.14 所示。

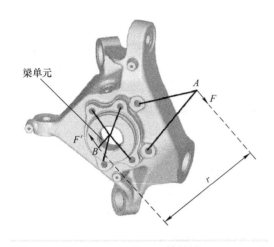

图 10.33　制动力矩等效模型

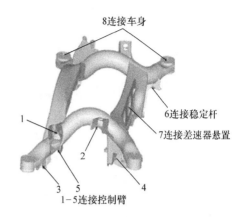

图 10.34　五连杆后悬架的后副车架

表 10.13　后副车架各连接点受力方向

序号	位置	主要载荷
1	前上控制臂	X、Y
2	后上控制臂	X、Y
3	前下控制臂	X、Y
4	后下控制臂	Y、Z
5	前束控制臂	X、Y
6	稳定杆	Z
7	动力悬置	Z

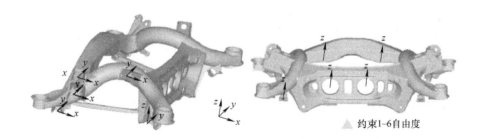

图 10.35　后副车架刚度计算模型

表 10.14　后副车架各点刚度目标

序号	位置	载荷方向	刚度目标参考值/kN
1	前上控制臂	X	10
		Y	30
2	后上控制臂	X	10
		Y	30

（续）

序号	位置	载荷方向	刚度目标参考值/kN
3	前下控制臂	X	10
		Y	30
4	后下控制臂	Y	10
		Z	30
5	前束控制臂	X	10
		Y	30
6	稳定杆	Z	10
7	动力悬置	Z	10

2. 副车架的强度分析

副车架强度分析，在副车架与车身连接位置，无论是衬套连接还是螺栓连接，都应当考虑连接刚度的影响，使用弹簧单元模拟连接刚度，在此基础上约束弹簧单元 1 – 6 自由度。对于典型工况，进行材料线性分析，关注最大载荷时的应力，一般要求应力小于屈服极限；对于滥用工况，进行材料非线性分析，关注最大载荷时的塑性应变和卸载后的永久变形，一般情况下，塑性应变一般控制在 2% 左右，永久变形控制在 3mm 以内。

3. 副车架的疲劳分析

副车架耐久分析模型同强度分析模型，材料线性分析，在各加载点施加除约束自由度外的所有通道单位载荷。求解各通道单位载荷应力后，在疲劳分析软件中叠加载荷谱，再进行疲劳分析。一般要求在 100% 完成耐久试验前没有裂纹发生。

对于转向机连接部位、稳定杆连接部位、发动机悬置连接部位，可以结合专门的台架试验工况进行疲劳分析。

后副车架通常为板材焊接结构，焊缝开裂是其主要失效形式，对于焊缝位置寿命需重点关注，焊缝寿命受焊接工艺影响很大，通常的现象是，疲劳损伤最大的位置不一定先开裂，但开裂的位置一定存在较大的疲劳损伤。基于此，凡是损伤较大的位置都需要重点关注。

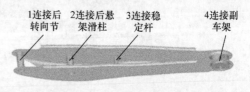

图 10.36　后悬架弹簧托臂结构

10.4.3　后悬架弹簧托臂的结构耐久分析

后悬架弹簧托臂如图 10.36 所示，为 U 形开口件，在 1 位置通过衬套连接后转向节，2 位置连接后悬架滑柱（弹簧、减振器和缓冲块），3 位置连接稳定杆，4 位置通过衬套连接至后副车架。车辆行驶时绕 4 点摆动，1 位置主要承受侧向和垂向力，2 位置承受垂向力，3 位置承受稳定杆载荷。

1. 刚度分析

刚度计算分析模型如图 10.37 所示，定义局部坐标，Z 向为内外衬套中心点连线方向，约束一端 1、2、3、6 自由度，另一

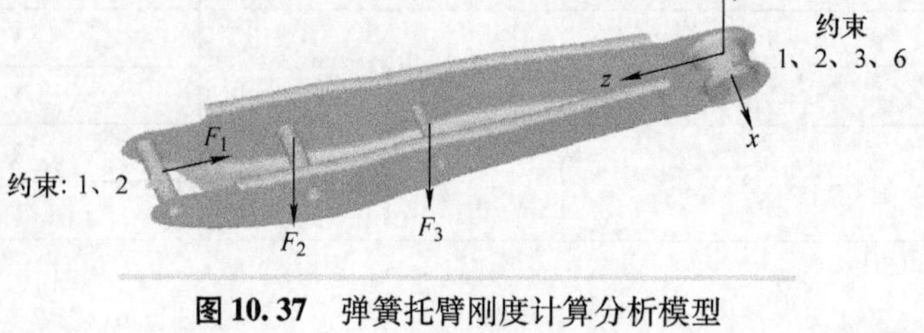

图 10.37　弹簧托臂刚度计算分析模型

端约束 1、2 自由度。刚度分析关注 1 位置侧向刚度、2 位置和 3 位置垂向刚度。各点的刚度目标参考值如表 10.15 所示。

表 10.15　弹簧托臂刚度目标

序号	连接点	方向	刚度参考目标值/(kN/mm)
1	转向节连接点	Y	30
2	减振器下点	Z	20
3	稳定杆连接点	Z	5

2. 强度分析

弹簧托臂的强度分析模型与刚度分析模型相同，在连接点施加除约束自由度外的所有载荷，考虑材料非线性，评价塑性应变和硬点残余变形。屈曲分析在 1 位置施加强制位移，读取支反力峰值。

3. 疲劳耐久分析

弹簧托臂的耐久分析模型与强度分析模型相同，材料线性分析，在各加载点施加除约束自由度外的所有通道单位载荷。求解各通道单位载荷应力后，在疲劳分析软件中叠加道路载荷谱，再进行疲劳分析。对于图 10.37 中的弹簧托臂，为板材整体冲压成型结构，存在大量的翻边，易造成冲压工艺缺陷，因此对于易发生冲压缺陷的位置可适当提高疲劳寿命评价目标要求。

10.4.4　二力杆控制臂的结构耐久分析

二力杆控制臂指的是悬架系统中，受力为二力杆特征的控制臂，主要受力载荷沿两端球铰或衬套中心点连线，承受拉伸或者压缩载荷，如前悬架的转向拉杆，多连杆后悬架的上控制臂、前束控制臂，稳定杆连杆等，杆件的截面形状可以是圆形、矩形或者开口薄壁结构。

1. 强度分析

强度分析模型如图 10.38 所示，定义局部坐标，约束一端 1、2、3、6 自由度，另一端约束 1、2 自由度，施加沿轴线方向的载荷，考虑材料非线性。

图 10.38　控制臂强度分析模型

2. 屈曲分析

底盘中二力杆零件，很少属于大柔度杆，即在材料发生屈服以前结构发生失稳，结构发生失稳多为材料屈服后所致；工程实际的二力杆零件，并非理想压杆，即结构非完全对称

（如弯杆）、受力非完全沿轴线（如图 10.39 中的 a 向），只考虑传统的欧拉几何屈曲不足以评价零件屈曲强度性能。可以先运行欧拉几何屈曲分析，寻找结构失稳振型，在实际结构上施加微小偏移值来考虑非理想二力杆的屈曲，微小偏移值可取杆长的 1%。

屈曲计算模型同强度分析模型，考虑材料非线性，在一端施加强制位移，读取支反力，绘制力 – 位移曲线，峰值力为屈曲失稳载荷。

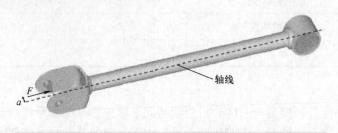

图 10.39   二力杆轴线偏移

以图 10.40 所示连杆控制臂为例，连杆为直杆对称结构，两侧受力点距离 380mm，连线与几何轴线重合，结构材料屈服极限 320MPa。

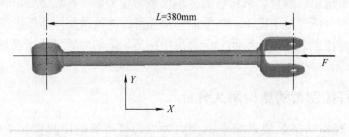

图 10.40   连杆控制臂

（1）欧拉几何屈曲分析

在连杆一端施加载荷 – 100N，计算得到屈曲特征值为 1137.4，结构发生屈曲载荷值为 113.70kN（屈曲特征值×施加载荷），一阶屈曲特征如图 10.41 所示（变形放大 20 倍），结构整体沿局部坐标 Y 方向变形，头部连接叉和中间杆件部分均具有变形。

图 10.41   一阶屈曲特征变形

（2）材料屈服屈曲分析

考虑材料非线性，在连杆一端施加强制位移，得到载荷 – 位移曲线如图 10.42 所示（偏移 0mm），由图 10.42 可知结构能发生的最大抵抗力为 25.6kN，超过该值后结构产生的抵抗力下降而位移继续增加，意味着结构已发生屈曲（坍塌），失去稳定。从结构变形形式看，与屈曲特征值分析结果总体类似，但略有不同，变形以头部连接叉为主，中间杆件部分未变形。

图 10.42　结构屈曲变形

根据欧拉几何屈曲分析特征值方向，沿 Y 向偏移 3.8mm（1% 杆长），得到载荷 - 位移曲线如图 10.43 所示（偏移 3.8mm），可见结构屈曲失稳载荷下降至 21.7kN。

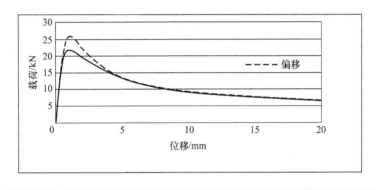

图 10.43　载荷位移曲线

从以上三个分析项看，同一个结构，运用不同的分析方法、考虑不同的因素，得到的结果完全不同。几何屈曲和考虑材料屈服的屈曲结果差别很大，表明该连杆并非细长杆，材料屈服是结构失稳的主导因素，以欧拉几何屈曲分析结果评估结构性能显然是不够的。偏移 3.8mm 后，结构失稳载荷也下降了 3.9kN，表明细微的偏差会导致结构屈曲载荷显著下降，在实际结构的分析评价中，不可忽视非理想二力杆影响因素，如载荷偏心、初始预载变形等的影响。

10.4.5　扭力梁的结构耐久分析

扭力梁是由后横梁、纵梁、弹簧座、减振器座等焊接而成的整体总成，与多连杆悬架不同之处在于，扭力梁总成本身可以认为是一个弹性件元件，其结构刚度特性对悬架性能至关重要，其中侧倾刚度是后悬动态特性设计的重要参数。某扭力梁结构如图 10.44 所示，左右两侧纵臂分别与后横梁焊接在一起，后横梁通常为开口梁，或者内冲压成型的薄壁梁，其扭转刚度相对较低，当两边轮跳不等时，后横梁发生扭转。

1. 刚度分析

扭力梁的刚度分析主要包括两个方面，一方面是整体刚度，如扭转刚度、侧倾刚度，反映扭力梁抑制扭转、侧倾的能力，另一方面是连接点刚度，如弹簧盘、减振器下点等，反映单个连接位置的刚度。

（1）扭转刚度、侧倾刚度

计算模型和计算参数分别如图 10.45 和图 10.46 所示，约束扭力梁与车身连接部位，一侧为 1、2、3 自由度，另一侧为 2、3 自由度，释放另一侧衬套中心点 2 自由度是为了防止

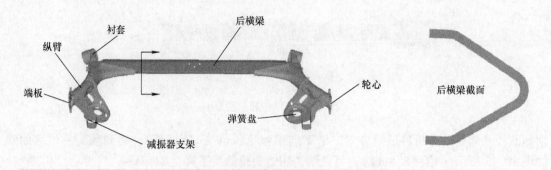

图 10.44 扭力梁结构和后横梁中间截面

系统过约束造成的刚度值增加。在两侧轮心位置施加 ±h 的强制位移，h 取值一般为 10mm，计算得到轮心位置支反力，刚度计算方法如下：

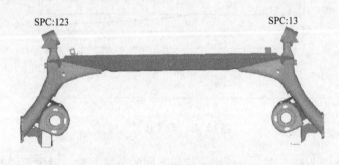

图 10.45 扭力梁刚度计算模型

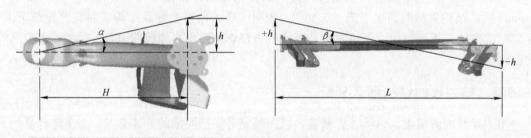

图 10.46 扭力梁刚度计算参数示意图

α——扭转角，$\alpha = \arctan\left(\dfrac{h}{H}\right)$；

β——侧倾角，$\beta = \arctan\left(\dfrac{2h}{L}\right)$

扭转刚度

$$K_{\mathrm{d}} = \frac{F \cdot H}{\arctan\left(\dfrac{h}{H}\right)} \tag{10.7}$$

侧倾刚度

$$K_{\theta} = \frac{F \cdot L}{\arctan\left(\dfrac{2h}{L}\right)} \tag{10.8}$$

式中　F——轮心处约束反力；

　　　H——加载点与左右安装衬套中心连线在 X 向的距离；

　　　L——两侧轮心 Y 向距离；

　　　h——轮心施加的位移。

（2）连接点刚度

连接点刚度计算主要包括减振器安装点、弹簧盘安装点，评价扭力梁连接点本身的刚度，主要用于结构对比分析。计算模型如图 10.47 所示，分别在两端弹簧盘安装点（F_1，F_2）、减振器安装点（F_3，F_4）依次施加 1kN 垂向载荷，计算得到加载点沿加载方向的位移，力与位移的比值即为刚度。

图 10.47　扭力梁连接点刚度分析模型

2. 强度分析

扭力梁在车辆行驶过程中频繁发生跳动或扭转大变形，且多处受力，采用一种约束方式难以准确体现其受力状态。因此，强度分析常采用惯性释放的方法，在衬套点、弹簧盘下点、减振器下点及轮心，施加各受力点载荷，分析评价其应力或者塑性应变的分布情况。

扭力梁为板材焊接结构，材料延伸率较高，其强度失效一般是结构发生变形。典型工况分析将应力控制在屈服极限以下，滥用工况分析则评价塑性应变，目标控制在 1% ~ 2% 左右。图 10.48 为强度分析塑性应变分布情况，图 10.48a 为垂向冲击，图 10.48b 为极限右转弯。垂向冲击工况为两轮平行跳动，两侧轮心同时受到垂向向上的力，而弹簧盘、减振器下点同时承受垂向向下的力，二者产生围绕纵臂旋转的力矩，在弹簧盘和三角形加强板处出现塑性应变。由于未发生扭转，后横梁部位未出现高应力或者塑性应变。极限右转弯时，轮心同时承受侧向力和绕整车 X 轴方向的力矩，由于轮荷发生转移，两侧轮跳不一致，导致扭力梁产生扭转，在纵臂的外侧、后横梁产生高应力或者塑性应变。

3. 疲劳分析

（1）扭转疲劳

扭力梁扭转疲劳模拟扭转台架试验，轮心两侧施加反相位的强制位移，位移值根据相关试验规范确定，计算模型同扭转刚度分析模型。应力计算分两个载荷步，第一步左边抬起右边下落，第二步左边下落右边抬起，两个载荷步的应力结果构成疲劳交变循环，在此基础上计算疲劳寿命。如果重点考察后横梁、后横梁与纵臂焊接部位的扭转耐久性能，可以不考虑

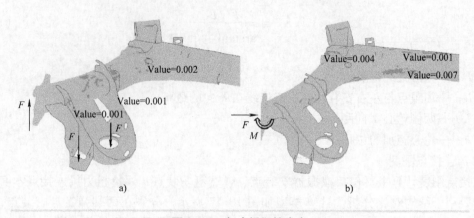

a)   b)

图10.48   扭力梁塑性应变

a）垂向冲击   b）极限右转弯

弹簧、减振器下点的载荷。

扭转工况扭力梁的薄弱点，一般出现在后横梁和加强板焊接、后横梁与纵臂焊接的焊缝位置。从耐久分析角度看，如果一条焊缝沿长度方向，多处损伤超过许用范围，那么此条焊缝可以断定为是危险的，结构必须进行优化；如果超出许用范围的损伤只集中在焊缝末端一到两个网格或节点位置，那么可以通过局部延长焊缝的方式进行优化。

图10.49为扭力梁扭转耐久的焊缝损伤计算结果，损伤的评价目标值为1.0，在三角加强板与后横梁焊接位置存在较大的损伤值，最大损伤为1.098（图10.50a），处于临界状态。观察局部的损伤分布，超出目标值的危险点仅包含一个网格，延长焊缝后损伤值降低至0.87（图10.50b），小于目标值1.0，寿命可以满足设计要求。

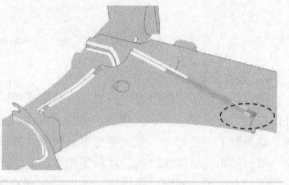

图10.49   扭力梁扭转耐久损伤分布

应当指出，延长焊缝的方式其实质是一种补救措施，通过局部修改来提升焊缝寿命，这通常是有效的，但实际焊接工艺很难保

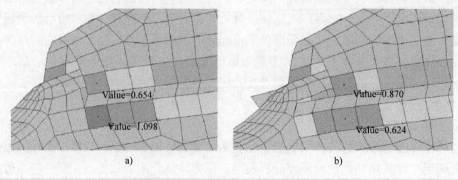

a)   b)

图10.50   扭转耐久局部焊缝损伤

证与 CAE 分析模型保持一致，有时 CAE 分析是有效的，但物理验证却效果不明显。因此，在产品开发前期设计阶段，就应当严格要求焊缝位置损伤值，通过结构优化达到目标，而非寄希望于后期的工艺弥补。

（2）道路载荷疲劳

扭力梁耐久分析计算模型同强度分析模型，采取惯性释放的方法，在各受力点施加各载荷通道单位载荷，得到应力分布，再叠加随机道路载荷得到应力历程，然后进行疲劳分析，叠加道路载荷时需注意道路载荷通道和单位载荷工况一一对应。扭力梁耐久分析共有 42 个载荷通道，如表 10.16 所示，单位载荷应力计算共 42 个载荷工况。图 10.51 为扭力梁在道路载荷下的疲劳损伤分布云图。

表 10.16 扭力梁载荷通道

序号	通道名称
1 – 6	左轮心六分力
7 – 12	右轮心六分力
13 – 18	左衬套点六分力
19 – 24	右衬套点六分力
25 – 30	左减振器下点六分力
31 – 36	右减振器下点六分力
37 – 39	左弹簧下点三分力
40 – 42	右弹簧下点三分力

比较扭转耐久和随机道路载荷耐久的分析结果，可以看出扭转耐久、随机道路载荷耐久均暴露出了三角板与后横梁焊接位置的风险点，且扭转台架的损伤是路谱的 1.5 倍左右，说明台架耐久相比随机道路载荷的基础上有所强化，后者计算的其他两个高损伤点，在扭转工况疲劳分析中不存在，表明该位置损伤并非扭转引起的。

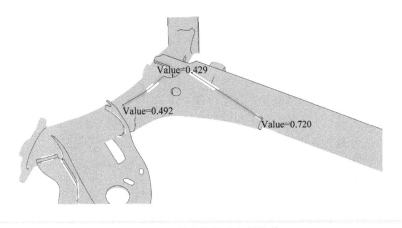

图 10.51 道路载荷耐久损伤值

10.5 动力悬置支架的结构耐久分析

动力悬置系统衔接动力总成与车身、副车架，支撑动力总成，悬置系统设计主要考虑

NVH 和强度耐久两个方面。NVH 的要求是能充分隔离由发动机产生的振动，向副车架、车身的传递，降低振动和噪声。强度耐久要求在所有工况下，动力悬置支架具有足够的强度及耐久性，避免发生破坏失效。本章主要阐述动力悬置支架的结构强度耐久分析方法，NVH方面不进行论述。

1. 悬置支架载荷工况

通常的动力悬置支架载荷工况见表 10.17，典型工况为车辆行驶过程中常遇到的工况，属于屈服载荷范畴，极限工况为车辆非正常行驶，或者误用状态下的悬置受力工况，属于强度载荷范畴。根据动力总成转动惯量、质量、悬置刚度、发动机输出转矩等参数，建立多体动力学模型，将载荷分解至悬置点，得到悬置载荷和位移，作为悬置支架强度分析的载荷输入。

表 10.17 　动力悬置支架载荷工况

序号	工况名称	工况类别
1	1 档加速扭矩	典型工况
2	倒档扭矩	典型工况
3	纵向冲击（ + X ）	极限工况
4	纵向冲击（ - X ）	极限工况
5	垂向跳动（向下）	典型工况
6	垂向跳动（向上）	典型工况
7	加速扭矩冲击	极限工况
8	倒档扭矩冲击	极限工况
9	侧向冲击（ + Y ）	极限工况
10	侧向冲击（ - Y ）	极限工况

另外，为了满足隔振需求，尽量在低载荷段降低动力总成悬置的橡胶（或液压）刚度，但因动力总成在所有方向上的位移不能超出可接受的范围，即不能与整车其他零部件发生干涉，通常要求悬置刚度为非线性，在大载荷作用下，橡胶刚度变大从而让结构具有一定限位功能。一个典型的悬置刚度曲线如图 10.52 所示，其受力示意如图 10.53 所示，当载荷较小时，由主橡胶块受力（图 10.53a），刚度为 k_1，当载荷持续增加，限位橡胶块开始承担载荷，此时刚度为主橡胶块和限位橡胶块共同作用刚度（图 10.53b），表现出非线性，载荷继续增大时，载荷主要由限位橡胶块承担，通常 $k_2 >> k_1$，$k_4 >> k_3$。

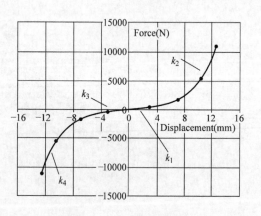

图 10.52 　悬置刚度曲线

2. 限位橡胶块载荷处理

悬置支架载荷分解考虑了悬置刚度的非线性，输出了悬置连接部位的载荷（F_i）和位移（U_i），但没有考虑实际悬置的限位结构设计，未区分主橡胶块载荷和限位橡胶块载荷，

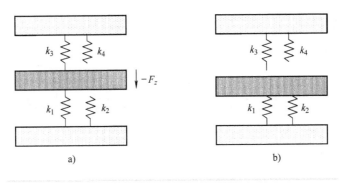

图 10.53　橡胶块受力示意图

不能直接作为悬置结构强度分析的载荷输入，需要对其进行转换。一般情况下，主橡胶块始终处于线性刚度阶段，主橡胶块的线性刚度（K_i）乘以悬置位移（U_i），得到主橡胶块载荷 f_i。将悬置连接部位的载荷减去主橡胶块载荷，得到限位橡胶块载荷（L_i），具体公式见式（10.9）、式（10.10）。载荷计算数值见表 10.18、表 10.19、表 10.20。

$$f_i = K_i \cdot U_i, \quad i = x, \ y, \ z \tag{10.9}$$

$$L_i = F_i - f_i, \quad i = x, \ y, \ z \tag{10.10}$$

表 10.18　右悬置支架载荷

序号	F_x/N	F_y/N	F_z/N	U_x/mm	U_y/mm	U_z/mm
1	4489	1668	−454	9.15	4.34	−2.79
2	4478	−480	−1261	9.13	−3.87	−7.74
3	4477	−6	−2809	9.13	−0.05	−12.14
4	−6097	−2	−958	−10.75	−0.02	−5.88
5	6098	2	−959	10.75	0.01	−5.88
6	−18	5651	5314	−0.14	6.15	4.33
7	−36	−715	−6710	−0.29	−5.77	−15.08
8	−49	5649	−4199	−0.4	6.15	−13.56

表 10.19　主橡胶块刚度

	$K_x/(N/mm)$	$K_y/(N/mm)$	$K_z/(N/mm)$
主橡胶块刚度	124	124	163

表 10.20　主橡胶块和限位橡胶块载荷

工况序号	f_x/N	f_y/N	f_z/N	L_x/N	L_y/N	L_z/N
1	1135	538	−455	3354	1130	1
2	1132	−480	−1262	3346	0	1
3	1132	−6	−1979	3345	0	−830
4	−1333	−2	−958	−4764	0	0
5	1333	1	−958	4765	1	−1

（续）

工况序号	f_x/N	f_y/N	f_z/N	L_x/N	L_y/N	L_z/N
6	−17	763	706	−1	4888	4608
7	−36	−715	−2458	0	0	−4252
8	−50	763	−2210	1	4886	−1989

3. 强度计算

强度计算模型见图 10.54，约束悬置支架
与其他零件连接位置螺栓孔 1 – 6 自由度，
在主橡胶块中心点处施加线性变形部分载
荷，在各限位橡胶块位置施加其他方向限位
载荷，材料线性分析。

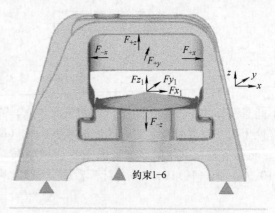

对于典型工况，一般要求应力小于材料
屈服极限，对于极限工况，要求应力小于材
料断裂极限，由于悬置支架通常为铸铝结
构，材料延伸性差，主要评价最大主应力是
否小于抗拉极限。

图 10.54　悬置支架强度分析模型

车身本体结构的耐久分析

第**11**章

11.1 概述

车身的主要功能是载人、载物和安装各类汽车的功能系统。安装在车身上的汽车系统大到发动机、传动系统，小到各种功能零部件（如车灯、喇叭、蓄电池、刮水器、后视镜等等）。车身构造了可以载人、载物和安装其他汽车系统的空间和结构，同时为了乘员的上下、行李的出入和主要汽车驱动、控制系统的日常维护修理，车身被设计成由车身本体加上车门、发动机舱盖、行李舱盖或后背门的构造。车身本体没有统一的定义，一般是指车身上构成车身主体结构、用于安装其他系统的、固定的部分，包括由焊接方式连接在一起的车身零部件、翼子板、前后防撞梁、前端上横梁等。车门、发动机舱盖、行李舱盖或后背门统称为车身开闭件。车身开闭件安装在车身本体上，可以开启和关闭，是车身上可动的部分。车身由车身本体和车身开闭件组成。车身开闭件也被看成是车身子系统。本章主要介绍车身本体结构的耐久性能要求和分析方法。

车身需要承担人员、货物和安装在车身上的其他汽车系统的所有重量载荷。所以车身必须具有承载这些重量，并且在汽车的各种使用情况下，仍然保持原有的形状、原有的功能和性能的能力。另外，车身的外表面部件（如车身侧围外板、翼子板、车门外板、发动机舱盖外板、行李舱盖外板等，统称外车身外覆盖件）构成了汽车的外表造型。因此车身还具有塑造汽车美观的功能。对于汽车的使用者来说，车身的外表非常重要。为了保证车身的这些功能，如同所有结构一样，车身结构需要能够在结构刚度、强度和稳定性三个方面满足其功能和性能要求。

车身是一个大型结构，从整体到局部到许多有重要系统的安装点都有相应的性能要求。

1. 车身整体的刚度和强度

车身的整体框架结构是保证车身所有功能和性能的基础，车身的整体必须要足够坚固，具有足够的整体刚度。同时，汽车在行驶时，车身通过车身与底盘的连接点承受来自路面的载荷，车身的整体结构也必须具有足够的静强度和疲劳强度，确保车身结构在车辆受到冲击和长时间各种路况载荷下，不发生静态破坏或疲劳破坏。

2. 车身局部的刚度、强度和稳定

车身的每个区域都有不同使用功能，因此车身的一些重要区域也有局部的结构刚度和强度的要求。

如上面所述，车身设计成框架式的结构，留有安装车门、发动机舱盖、后行李舱盖、前后窗玻璃的开口空间。这些开口结构在受到外力的情况下容易发生变形，影响车门的开闭功能和玻璃的安全。为了保障车身开口区域的系统正常工作，在车身整体刚度的基础上，车身开口区域的结构也必须具有足够的局部刚度和强度，以保证这些区域的变形不超过限度，和结构不发生静态破坏或疲劳破坏。车身的前部安装着发动机和动力附件系统，而车身的后部地板用于放置备胎和行李，它们都是承载着较大重量的悬臂结构，需要有足够的结构弯曲刚度和强度。

除这些开口区域，车身上还有很多区域有自身的结构要求。例如，车身的中部地板支承座椅和乘员，必须具有足够的区域刚度和强度，有下车体横梁的刚度和强度要求，有地板脚踏区域变形和静强度的要求。车身的外表面直接影响汽车的美观，保持汽车外表质量也是车身结构耐久的一项任务。车身外表面的结构（车身外覆盖件）必须具有足够抗凹性，即结构的稳定性。在车身本体的部分，汽车设计对车身侧围外板、翼子板和车身顶盖都有结构抗凹性能的要求。

3. 车身上重要安装点的刚度和强度

汽车上有很多大大小小的系统安装在车身上。如动力总成系统、传动系统、座椅、车身开闭件、仪表板、转向系统、加速踏板、制动踏板、驻车制动杆、变速杆、蓄电池、玻璃洗涤液罐、油箱、备用胎、拖车钩等。这些系统在车身上的安装点区域必须具有足够的以点为中心的局部刚度和强度，以保障这些系统正常工作。底盘连接在车身上，由底盘传递到车身上的路面载荷也是车身上的主要载荷来源。车身与底盘的连接点区域必须具有足够的刚度和强度。另外，汽车在更换轮胎或者维修时，需要举升车身，车身的支承点区域也要求具有足够的强度。若汽车抛锚，需要使用拖车钩进行拖车，前后拖车钩与车身连接区域也需要足够的刚度及强度。所有这些车身上的点都是车身结构耐久需要重点关注的区域。

下面按类别分别介绍主要的考察区域。

11.2　车身本体结构的整体刚度

11.2.1　车身弯曲刚度

车身的整体刚度包括弯曲刚度和扭转刚度。

车身整体的刚度是由车身本体的结构决定的。在汽车结构的研究分析中，为了研究车身不同的结构特性，人们按照车身结构特性分析的需要，把车身分成不同的层级。最基础的车身是完全由焊接方式连接在一起的车身金属零部件（冲压、铸造、挤压）的集成。人们把这样的车身称为白车身（Body In White，BIW），如图 11.1 所示。白车身加上车窗玻璃和保险杠之后的车身被称为涂装车身（Body In Prime，BIP），如图 11.2 所示。从车身生产的过程来看，白车身是焊装之后的车身。而因为安装车窗玻璃和保险杠是在车身涂装之后才进行的，所以白车身加车窗玻璃和保险杠的车身被称为涂装车身。涂装车身加上由螺栓连接的、能支撑局部结构的零部件，如前端上横梁（Grille Opening Reinforcement，GOR），或者整个前端框架，螺栓连接的副车架和减振器座之间的加强梁（如果有的话），这样的车身称为灰车身（Body In Grey，BIG），如图 11.3 所示。另外一种车身的定义是整备车身（Trimmed

Body，TB），它是指整车除去底盘和动力总成系统之后的车身，如图 11.4 所示。整备车身有限元模型的总重量和质量分布应当尽可能地接近实际的整备车身的情况。然而，为了控制整备车身有限元模型的单元数量和减少建模的工作量，在整备车身的有限元模型中，对整车刚度无影响的系统和零部件通常不使用网格单元，而使用集中质量单元和特殊的连接单元。对于不容易建模的物体和物质，则使用各种可用的方法将它们的影响包括在有限元模型中。例如，将地毯、液体（如燃油）、线束的质量分散加在与它们接触的金属零部件上。

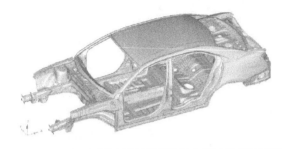

图 11.1　白车身（BIW）

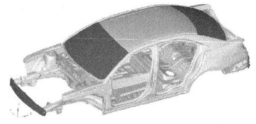

图 11.2　涂装车身（BIP）

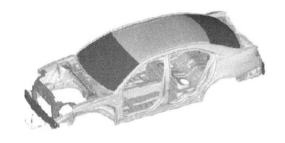

图 11.3　灰车身（BIG）

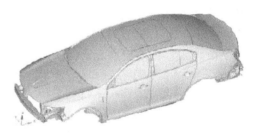

图 11.4　整备车身（TB）

　　这样区分车身是因为不同层级的车身具有不同的整体刚度。例如，涂装车身的刚度比白车身的刚度要高。这是因为风窗玻璃对涂装车身扭转刚度有显著的贡献量，通常可达 30%（一般从玻璃强度的考虑，设计限制这个贡献量不得超过 30%）。为了对比的方便，汽车生产企业通常规定使用某一种车身定义进行所有车型（包括其他品牌的汽车、对标车和竞争车）的车身整体刚度测量或计算，以便了解行业里同类车型（特别是竞品车型）的水平，制订新开发车型的设计目标，指导车身的设计。定义和测量车身整体刚度的车身是由汽车生产企业自行选择或规定的，行业里并无统一的标准。通常使用的是涂装车身（BIP）或灰车身（BIG）。整备车身（TB）通常用于动态的车身分析，例如车身的动态疲劳分析和 NVH 分析。

　　在进行车身弯曲刚度计算或测试时，车身的约束如图 11.5 所示：约束左前减振器安装孔处的 Y、Z 方向平动自由度，约束右前减振器安装孔处的 Z 方向平动自由度；约束左后减振器处的 X、Y、Z 方向平动自由度，约束右后减振器处的 X、Z 方向平动自由度。根据后悬架结构不同，后部约束会有一定的差别。

　　按照不同汽车生产企业的习惯，有两种施加载荷方式。一种是在四个座椅 R 点处分别施加 Z 方向的力 F。例如 1668N，如图 11.5 所示。在实验测试中，通常需要外加一个工装机构，安装在座椅安装点上，将力传到座椅横梁上。这种加载方式称为地板加载方式。在

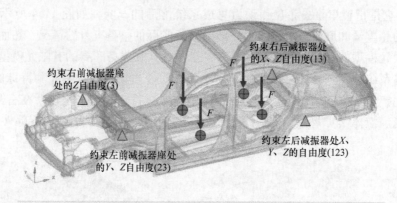

图 11.5　车身弯曲刚度的地板加载方式

CAE 的计算中，则用简单的刚性单元模拟这个加载装置。

另一种载荷方式是在左右两边门槛上、一般在轴距（称为 Wheel Base，WB）的中点处施加 Z 向的力 F。例如 2224N，如图 11.6 所示。这种加载方式称为门槛加载方式。

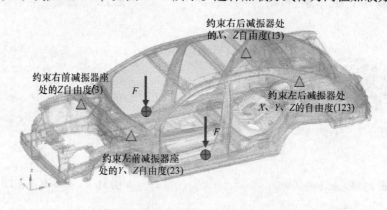

图 11.6　车身弯曲刚度的门槛加载方式

车身弯曲刚度是一个跨点刚度，测量点为左右门槛下部最大 Z 向位移点。测量点的位移由线性方法计算。弯曲刚度计算为

$$K_b = \frac{F_{\text{total}}}{Z_{\max}} \tag{11.1}$$

$$Z_{\max} = (Z_1 + Z_h)/2 \tag{11.2}$$

式中　K_b——弯曲刚度，单位是 N/mm；

　　F_{total}——施加力的总和，单位是 N；

　　$Z_{\max}$——左右门槛下部最大 Z 向位移的平均值，单位是 mm；

　　Z_1——左门槛下部最大 Z 向位移，单位是 mm；

　　Z_h——右门槛下部最大 Z 向位移，单位是 mm；

一般分析将车身前纵梁、门槛梁、后纵梁在该载荷下的 Z 向位移绘成曲线，可以显示出车身弯曲变形的形状。这个车身的变形曲线被称为弯曲刚度变形曲线。弯曲刚度变形曲线的横坐标为被测点的 X 坐标，纵坐标为被测点的 Z 向位移。

【例 11.1】　图 11.7 所示是一辆涂装车身（BIP）计算车身弯曲刚度的例子。采用门槛加载方式，两边各加力 2224N，F_{total} 为 4448N。图 11.8 是车身左右两边前纵梁、门槛梁、后纵梁的弯曲刚度变形曲线。门槛下部最大 Z 向位移的平均值 Z_{max} 为 −0.266mm。车身弯曲刚度为 16722N/mm。

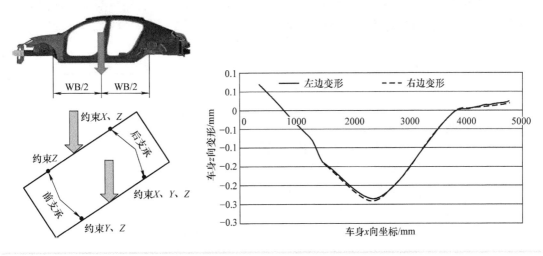

图 11.7　车身弯曲刚度计算的
　　　　　加载和边界条件

图 11.8　弯曲刚度变形曲线

车身的弯曲刚度越高越好。市场上大多数三厢车（有隔离的后行李舱）的涂装车身（BIP），弯曲刚度在 13000N/mm 到 30000N/mm 之间，两厢车（无隔离的后行李舱）的涂装车身（BIP）弯曲刚度在 16000N/mm 到 30000N/mm 之间。

11.2.2　车身扭转刚度

在进行车身扭转刚度计算或测试时，车身的约束如图 11.9 所示：后减振器处一边约束 X、Y、Z 方向平动自由度，另一边约束 X、Z 方向平动自由度；约束在前防撞梁 $Y=0$ 的 Z 向平动自由度。施加载荷如图 11.9 所示。在左、右前减振器座安装孔中心 Z 方向同时施加大小相等、方向相反的力 F，产生力矩 T。例如 4080N·m，或 1354N·m。注意：因为刚度

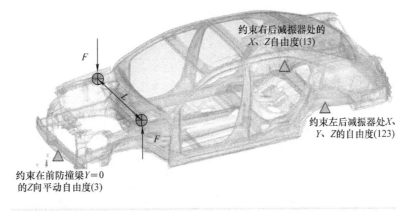

图 11.9　车身扭转刚度加载工况

的计算为线性关系，刚度值不会因为推荐力矩的不同而改变。如果 L 为前左右减振器中心点距离，力的大小为

$$F = \frac{M}{L} \tag{11.3}$$

车身扭转刚度是原点刚度，测量点位置为加载点位置，既左、右侧减振器加载点处。在测量点的位移由线性方法计算。扭转刚度计算公式为

$$K_t = \frac{T}{\alpha} \tag{11.4}$$

$$\alpha = \frac{180}{\pi} \times \frac{Z_1 - Z_h}{L} \tag{11.5}$$

式中　K_t——扭转刚度，单位是 N·m/deg；

T——施加在前减振器安装孔的扭矩，单位是 N·m；

α——前减振器加载点对应断面的扭转角，单位是 deg；

Z_1——前减振器左侧加载点处的 Z 向位移，单位是 mm；

Z_h——前减振器右侧加载点处的 Z 向位移，单位是 mm；

L——左右侧减振器加载点之间的 Y 向距离，单位是 mm。

在车身前纵梁、门槛梁、后纵梁上，沿车身 X 方向计算车身扭转变形的角度，并将它们绘成曲线，可以显示出车身扭转变形的情况。

【例 11.2】　图 11.10 所示是一辆涂装车身（BIP）计算车身扭转刚度的例子。在前减振器左、右侧安装孔中心点所加的反向力为 1601N。前减振器左、右侧安装孔中心点之间的距离为 1.012m。所以，所施加扭矩 T 为 1620N·m。在前减振器安装孔中心位置处车身的转角为 0.065°。计算得到该车身扭转刚度为 24926N·m/deg。图 11.11 是车身沿前纵梁、门槛梁、后纵梁的扭转变形角度曲线。

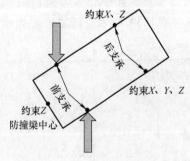

图 11.10　车身扭转刚度计算的
　　　　　加载和边界条件

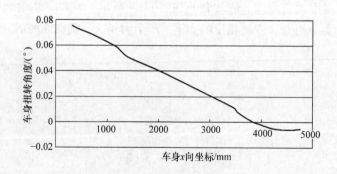

图 11.11　车身扭转角度曲线

市场上大多数三厢车的涂装车身（BIP）扭转刚度在 14000N·m/deg 到 24000N·m/deg 之间，两厢车的涂装车身（BIP）扭转刚度在 12000N·m/deg 到 21000N·m/deg 之间。

如第五章所述，车身扭转变形是引发车身破坏的主要原因之一。提高车身的扭转刚度有助于避免或消除这类问题。因此，对于车身的结构耐久性能，车身的扭转刚度越高越好。

然而，提升车身的刚度往往会导致车身重量的增加。现代的汽车设计追求轻量化。人们希望在重量和成本尽可能低的情况下，达成车身扭转刚度的设计目标。好的设计是以较小的重量和成本代价，达成较大的车身刚度提升。车身结构的轻量化是用车身的扭转刚度来定义的，用结构的轻量化系数来表达。轻量化系数 C_L 定义为

$$C_L = \frac{2M}{K_t L_{axis}(L_{wf} + L_{wr})} 10^3 \tag{11.6}$$

式中　M——灰车身的质量，单位是 kg;

　　　K_t——车身的扭转刚度，单位是 N·m/deg;

　L_{axis}——该车的轴距，单位是 m;

　　L_{wf}——该车的前轮距，单位是 m;

　　L_{wr}——该车的后轮距，单位是 m。

　　C_L——越小表示该车身设计的轻量化程度越高。

目前，大多数市场上的乘用车的轻量化系数在 3.0 ~ 7.0，极少数达到 2.0 ~ 3.0。

11.2.3　车身模态

在第 5 章已经指出，车身振动是引发车身破坏的另一个主要原因。因此，车身结构耐久分析需要考虑整备车身（TB）的模态，应用动态分析的方法分析。在通常情况下，来自道路载荷中的主要频率成分不超过 30Hz。在汽车的设计过程中需要尽可能提升车身和安装在车身上的各个系统的固有频率。对于在整备车身（TB）上固有频率低于 30Hz 的系统，在其可能发生问题的区域，可以考虑提高结构的局部强度，以避免问题的发生。

11.3　车身局部结构的刚度

11.3.1　洞口变形量

车身结构的刚度不仅有车身整体刚度的要求，还要考虑车身上一些重要区域的局部刚度。例如车门门洞、后背门开口、前后窗开口区域环形结构的刚度。考虑车门门洞和行李舱开口区域环形结构的刚度，是为了保证在车身发生变形时，这些区域的变形不会阻碍车门和后背门的开启和关闭。此外，上面提到车窗玻璃对涂装车身扭转刚度有较大的贡献。但是，考虑到玻璃的强度有限，所以车身结构设计时通常限定玻璃对车身扭转刚度的贡献不超过 30%，要求前车窗开口区域具有足够的刚度。这类车身开口区域的刚度通常采用开口对角线的变形量来衡量，如图 11.12 所示。在上面所述车身弯曲和扭转的工况下，加载前后开口对角线的变形量差值（长度差），就是其对应工况下的洞口变形量。计算的模型和边界条件，均如同车身弯曲和扭转刚度计算时的模型和边界条件。汽车设计时车身刚度和洞口变形量都应该满足设计所设定的目标值。

表 11.1 和表 11.2 所示的是一款三厢车车身洞口变形量的设定目标。

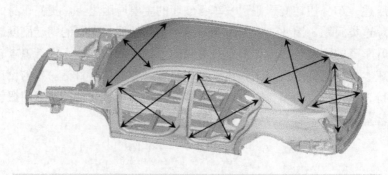

图 11.12　车身开口区域的开口对角线

11.3.2　前端、后端弯曲刚度

车身的前端和后端结构类似悬臂梁的结构。因为它们需要承载一定的重量，特别是发动机等一些重量较大的系统安装在车身前端，所以车身的前端和后端结构必须具有足够的刚度。

表 11.1　弯曲工况下（在四个座椅各加 1668N）门洞变形量的设定目标

序号	变形位置	变形量要求
1	前门洞口对角线变形	<0.5mm
2	后门洞口对角线变形	<0.5mm

表 11.2　扭转工况下（$T = 1354N \cdot m$）门洞变形量的设定目标

序号	变形位置	变形量要求
1	前风窗对角线变形	<1.0mm
2	后风窗对角线变性	<1.0mm
3	前门洞口对角线变形	<0.5mm
4	后门洞口对角线变形	<0.5mm
5	行李舱洞口对角线变形	<0.5mm

车身前端和后端结构的刚度可采用以下方式计算。如图 11.13 和图 11.14 所示：约束左前减振器安装孔处的 X、Z 方向平动自由度，约束右前减振器安装孔处的 X、Y、Z 方向平动自由度；约束左后减振器处的 Z 方向平动自由度，约束右后减振器处的 Y、Z 方向平动自由度。载荷如图 11.13、图 11.14 所示，分别在前后纵梁两边的末端沿 Z 轴负向各施加力 F。例如 2500N。

在加载点测量纵梁的 Z 向位移。假设前后纵梁左右两边测量的位移分别为 Z_{fl}、Z_{fr} 和 Z_{rl}、Z_{rr}。用每种工况下所施加力的总和，以及纵梁两边位移的平均值，车身前端、后端的弯曲刚度分别为

$$K_f = \frac{4F}{Z_{fl} + Z_{fr}}, \quad K_r = \frac{4F}{Z_{rl} + Z_{rr}} \tag{11.7}$$

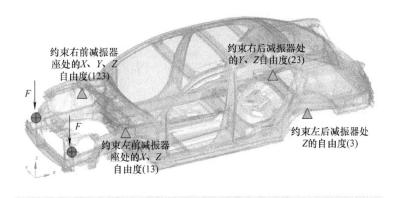

图 11.13　车身前端弯曲刚度加载工况

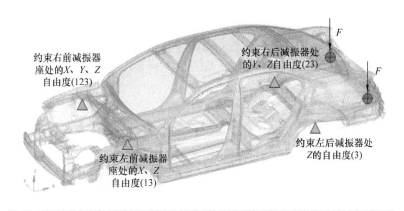

图 11.14　车身后端弯曲刚度加载工况

11.4　安装点的刚度

11.4.1　车身悬架安装点静刚度

车身与悬架的连接是汽车结构中的重要连接。车身和车身上的所有负荷（包括安装在车身上的系统、人员和载物的重量）由这些连接承受。来自路面的载荷也通过这些连接传递到车身。车身结构在这些连接点的区域需要具有足够的刚度和强度。车身连接点的刚度同时对于车辆的操作稳定性和 NVH 也有重要的影响。通常 NVH 会计算每一个连接点的动刚度。在每一个点的每一个自由度上，动刚度是一个随频率变化的函数。

各汽车公司在评估车身连接点的静刚度时所使用的计算方法是不相同的。一种方法是取频率等于 2Hz 时的动刚度值，定义这个值为静刚度。第二种方法假设车身为自由状态，使用有限元中的惯性释放法分析。在每个车身连接点的每一个方向上分别加载，分别计算该方向的位移，该点在该方向上的刚度，等于所施加的力除以所得到的位移。图 11.15 是一款车身底部的仰视图。该车身与悬架有 12 个主要连接点。每个连载接点有 3 个平动自由度，共 36 个自由度。分别在 36 个自由度加力，分别计算加力方向上的位移，进而计算该点在该自由度上的静刚度。

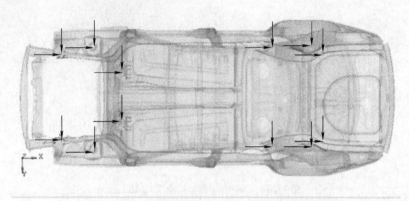

图 11. 15　车身底部仰视图：与悬架的连接点载荷

也有的公司在计算时，在车身连接点之外的地方（例如门槛梁）施加约束，按上述方式加力和计算静刚度。不同的方法所得到的静刚度有时有较大差别。在工程实际中，只要使用一致的定义，计算和分析竞标车和在设计的车，几种方法都可以指导在设计车身的连接点刚度。

11. 4. 2　车身座椅安装点的刚度

汽车的主要功能是承载人员。汽车的座椅承担着这一个任务。对于座椅和相关车身的基本要求是稳固、安全。座椅安装点要求具有足够的刚度。座椅安装点刚度主要涉及车身下地板和座椅横梁结构。

座椅安装点刚度的计算或测试条件为：约束左前减振器安装孔处的 Y、Z 方向平动自由度，约束右前减振器安装孔处的 Z 方向平动自由度；约束左后减振器处的 X、Y、Z 方向平动自由度，约束右后减振器处的 X、Z 方向平动自由度。载荷是在座椅 H 点施加 Z 方向的力 F（加载点位置与前排座椅 R 点 X 向一致），例如 2224N，如图 11. 16 所示。在试验测试中，通常需要外加一个工装机构，将力加在座椅横梁上。在 CAE 的计算中，则用简单的刚性单元模拟这个加载装置。

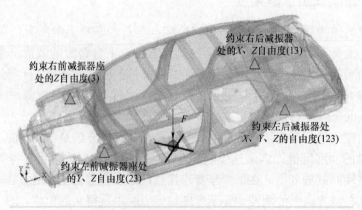

图 11. 16　座椅安装点刚度加载工况

座椅安装点刚度是原点刚度，测量点在加载点上。假设加载点 Z 方向的位移是 Z_s。座椅安装点刚度是

$$K_s = \frac{F}{Z_s} \tag{11.8}$$

可以供参考的座椅安装点的刚度值，是前座椅三个方向的刚度都要求高于 1500N/mm，后座椅 X 向的刚度要求高于 1000N/mm，Y 向的刚度要求高于 800N/mm，Z 向的刚度要求高于 1000N/mm。

11.4.3　车身发动机舱盖安装点刚度

发动机舱盖由铰链和锁与车身连接。在发动机舱盖开启时，铰链支撑发动机舱盖，车身在铰链安装点处需要有足够的刚度。在发动机舱盖关闭时，会与锁和限位块接触。车身汽车在行驶时，发动机舱盖会受到气流的载荷，使车身在铰链安装点、锁和限位块处受力。车身在这些区域需要有适当的刚度。

评估车身在发动机舱盖铰链安装点、锁安装点和限位块安装点的刚度时，在前减振器处和车身中部约束 X、Y、Z 方向平动自由度，在车身上发动机舱盖锁安装点（图 11.17）、限位块安装点（图 11.18）和铰链安装点（图 11.19）处在 X、Y、Z 方向，分别施加一个单向力 F，例如 500N。分别在这些加载点上，在所加力的方向上测量这些点的位移。车身上的这些点在 X、Y、Z 每一个方向的刚度，等于在这个方向上所加力和车身在该点和该方向上位移的比值。

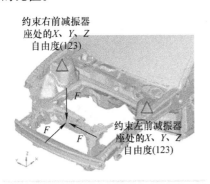

图 11.17　发动机舱盖锁安装点

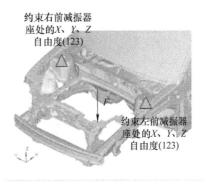

图 11.18　发动机舱盖限位块安装点

车身设计要求车身在这些点上的刚度满足一定的要求。例如，在锁安装点，X 向的刚度要求高于 300N/mm，Y 向的刚度要求高于 300N/mm，Z 向的刚度要求高于 600N/mm；在限位块安装点，撞击方向（通常是 Z 方向）的刚度要求高于 400N/mm；在铰链安装点，X 向的刚度要求高于 300N/mm，Y 向的刚度要求高于 300N/mm，Z 向的刚度要求高于 600N/mm。

11.4.4　车身车门铰链和门锁安装点的刚度

车门是人员进出汽车的功能系统，它能够开启和关

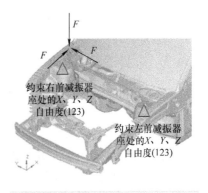

图 11.19　发动机舱盖铰链安装点

闭。设计要求车门无论在开启或关闭时、无论在静态使用（如人员依靠车门或下压车门）或动态使用（汽车行驶）时，必须牢固地固定在车身上。车门上通常安装着玻璃、玻璃升降滑轨、玻璃升降器、音响等装置。同时，车门在汽车侧向碰撞发生时有保护人员的作用，车门上的侧向防撞梁有结构强度的要求，所以车门具有一定的重量。车门在车身上的安装点（铰链和门锁安装点）不仅要承受车门自身的重量，还要承担人员倚靠或下压的力，以及车辆运动时的动态力。所以，设计要求车门的安装点具有足够的刚度。

在评估车门铰链和门锁安装点的刚度时，车身前、后的减振器约束 X、Y、Z 方向的平动自由度，在铰链安装点和门锁安装点的 X、Y、Z 三个方向分别施加单位力，如图 11.20 和图 11.21 所示。在加载点的三个方向上分别测量位移响应，所有这些位移的倒数等于这些点在相应方向上的刚度。在门锁安装点，各向的刚度要求高于 600N/mm；在铰链安装点，各向的刚度要求高于 3000N/mm。

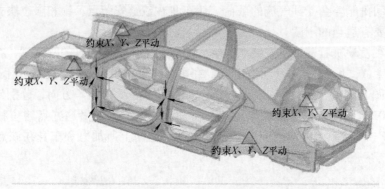

图 11.20 车身车门铰链安装点刚度的加载和约束

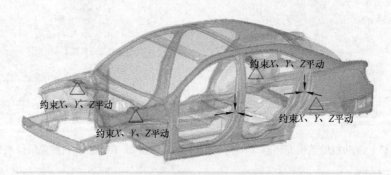

图 11.21 车身车门门锁安装点刚度的加载和约束

11.4.5 车身后背门安装点刚度

类似发动机舱盖安装点，后背门在车身上的安装点（或接触点）有铰链安装点、锁安装点和限位块安装点。评估车身在后背门铰链安装点、锁安装点和限位块安装点的刚度时，车身在后减振器处和车身中部约束 X、Y、Z 方向平动自由度，在车身上后背门铰链安装点、锁安装点和限位块处在 X、Y、Z 方向分别施加一个单向力 F，例如 500N，如图 11.22 ~图 2.24 所示。分别在这些加载点上，在所加力的方向上测量这些点的位移。车身上的这些点在 X、Y、Z 每一个方向的刚度，等于在这个方向上所加力和车身在该点和该方向上位移的比值。

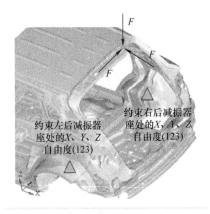

图 11.22　后背门铰链的安装点

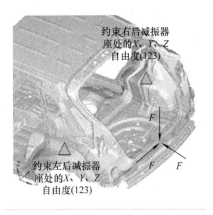

图 11.23　后背门锁的安装点

车身设计要求车身在这些点上的刚度满足一定的要求。例如，在铰链安装点，X 向的刚度要求高于 300N/mm，Y 向的刚度要求高于 300N/mm，Z 向的刚度要求高于 600N/mm；在锁安装点，X 向的刚度要求高于 300N/mm，Y 向的刚度要求高于 300N/mm，Z 向的刚度要求高于 600N/mm；在限位块安装点，撞击方向的刚度要求高于 600Nmm。也有的公司考虑人为的因素，对手动开关后背门的车身结构要求更高。例如，在铰链安装点，X 向的刚度要求高于 1000N/mm，Y 向的刚度要求高于 1000N/mm，Z 向的刚度要求高于 1500N/mm；在锁安装点，X 向的刚度要求高于 300N/mm，Y 向的刚度要求高于 300N/mm，Z 向的刚度要求高于 600N/mm。

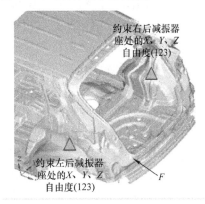

图 11.24　后背门限位块的安装点

11.4.6　踏板安装点刚度

汽车加速踏板和制动踏板是涉及汽车操作、用户感知和安全的部件，其工作的可靠性十分关键。在车身结构的设计时，对其在车身上安装点的刚度有要求。评估时，车身约束前后门槛中部 X、Y、Z 方向平动自由度和前后减振器处的 X、Y、Z 方向平动自由度，如图 11.25 所示。对加速踏板安装点，加速踏板面法向力 100N，如图 11.26 所示，设计要求最大

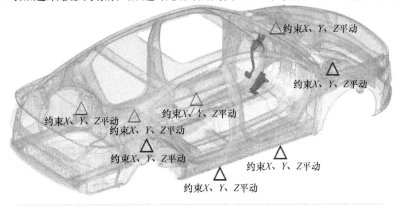

图 11.25　踏板分析的边界条件

变形不超过 2.5mm。对制动踏板安装点，制动踏板面法向力 500N，设计要求最大变形不超过 2.5mm。这个变形实际上是车身变形和制动踏板机构变形的总和。这个设计要求可以分解到对车身变形和制动踏板机构变形的要求。制动踏板在车身安装点区域要求车身安装点处的变形小于 0.5mm，甚至更小。

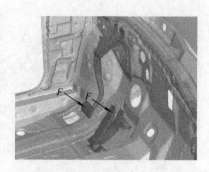

图 11.26　踏板分析的载荷

11.4.7　其他零部件安装点的刚度

　　汽车车身即是提供乘员空间的结构，也是安装各种汽车功能系统和器件的载体。除了上述的车门、发动机舱盖、行李舱盖、座椅、加速踏板、制动踏板之外，还安装着许多汽车的功能系统和器件，比如主副仪表板、前后车灯、翼子板、行李架、转向盘横梁（CCB）、蓄电池、洗涤液壶、刮水器、音响装备、喇叭、汽车拖车钩、车内后视镜、阅读灯等，还有各种管线、微小的电子电器。每个安装点处的结构都必须足够坚固。在过去的汽车设计中，车身上这些安装点处的设计多数是根据经验和对标车决定的，最后通过试验来验证。近些年来，随着优化设计的要求，以及 CAE 计算的普及，越来越多的设计要求在设计阶段能够评估这些安装点处的车身局部刚度。经常需要计算的车身上安装点处局部刚度的点，有 CCB 在车身两侧 A 柱安装点、CCB 在车身前围板安装点、CCB 在车身前地板安装点、副仪表板在中通道安装点、变速杆在中通道安装点、转向管柱安装点、车灯安装点、洗涤液罐安装点、刮水器安装点、刮水电动机安装点、发动机舱盖气弹簧或撑杆固定点（车身侧）、后背门气弹簧或撑杆固定点（车身侧）、顶篷扶手支架安装点、尾灯安装点、翼子板安装点支架、天窗安装点、行李架安装点、加油口盖等。图 11.27 展示了每车身上功能系统和零部件安装点刚度计算的加载（单位力）图。

　　CAE 仿真一般采用惯性释放法，沿每个点的 X、Y、Z 三个方向分别施加单位力。每一个自由度上位移的倒数即为该点在该自由度上的刚度。针对不同位置的安装点有不同的刚度目标值，从而在车身开发前期有效保障车身安装点刚度。

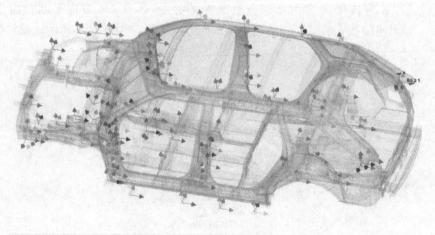

图 11.27　车身安装点刚度计算加载

11.5　准静态工况下白车身结构的静强度

车身所承受的最主要的载荷，来自汽车行驶时的路面。来自路面的载荷作用在车身与悬架的连接点上，也就是悬架在车身上的安装点。汽车行驶时车身结构产生的破坏主要有两种。一种是车身的疲劳破坏，包括车身钣金、焊点和焊缝的开裂。这是汽车在长期行驶过程中，由各种路面载荷在车身结构上造成损伤的累积结果。车身的疲劳破坏是车身结构最主要的破坏形式。另一种是车身的过载破坏。当汽车受到冲击时，车身悬架安装点处容易产生裂纹和较大的塑性变形。本节只介绍车身在过载情况下结构的强度分析。

过载的问题是一个强度问题。这些过载的冲击载荷通常来自汽车的加速、制动、过坑、过坎、转向等。白车身是车身的本体，是承受车身载荷的主要结构，所以一般考察白车身。车身结构在这些载荷下发生的破坏，多数位于车身的连接点区域，和车身结构在非对称载荷（例如车辆一侧行驶过路坎，或者行驶上路沿）时发生扭转下的薄弱区域。多数车身结构的构件是大尺寸构件，车身结构的破坏一般是局部裂纹和塑性变形。这一点与底盘零件可能发生完全断裂的情况不一样。

如前所述，汽车行业没有统一的强度分析标准。各汽车生产企业根据各自的经验、对用户使用的认知和汽车设计的理念，来制订强度设计的载荷工况。比较普遍的方法有两类。

一种分析是考虑正常驾驶时的加速、制动、过坑、过坎、转向等冲击工况。比较典型的载荷是 $3.5\sim4g$ 的垂向（Z）载荷，$1.5\sim2g$ 的纵向（X）载荷和 $1.5g$ 左右的横向（Y）载荷。也可以使用它们的组合（更多关于载荷的讨论可参考第 9 章）。在这种准静态工况下，要求车身结构的应力低于材料的屈服极限。

因为低于材料的屈服极限，车身结构的应力计算可以使用线性的、准静态的惯性释放方法。分析的车身可以是整备车身（TB）。因为是静态分析，并且只考核白车身，所以也可以使用白车身，加上各个系统的质量配重来简化车身。各种准静态的工况的载荷，用刚体动力学的方法分解到所有车身连接点上。各种工况的载荷（例如表 9.4 中的滥用工况），分别施加在车身连接点上。图 11.28 示意了一个整备车身（TB）在车身连接点加载的情况。分别计算各种工况下的应力，并且检查应力是否高于材料的屈服极限。对于不满足设计要求的零件则需要修改设计，以使结构的应力达到低于材料屈服极限的设计目标。图 11.29 是一个

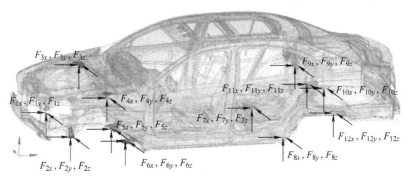

图 11.28　一个整备车身准静态工况

$4g$ 垂向 (Z) $+2g$ 纵向 (X) $+1.5g$ 横向 (Y) 综合准静态工况下车身的应力分布云图。

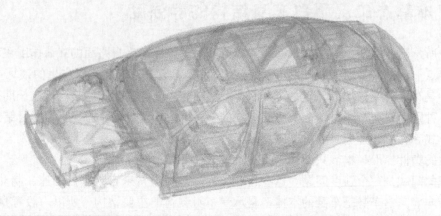

图 11.29 $4g$ 垂向 (Z) $+2g$ 纵向 (X) $+1.5g$ 横向 (Y) 准静态工况下车身的应力云图

另一种分析是考虑通常所说的汽车"滥用"工况（参见第 9 章）。在这种工况的载荷下，结构上的应力会局部地超出材料的屈服极限，车身结构的应力计算必须使用非线性的分析方法。由于非线性的计算方法非常复杂和耗时，所以分析通常采用局部结构分析的方法。在汽车"滥用"工况的载荷下，车身结构上的高应力区域主要集中在车身直接受力的减振器安装座区域。因此，在"滥用"工况载荷下的车身强度分析，通常是对减振器安装座附近的局部区域进行非线性分析。这一分析将在 11.6 节有关车身局部强度的分析中加以介绍。

11.6　车身局部强度

车身除了考虑整体的强度性能外，还需要同时关注一些直接承受使用载荷的区域的局部强度，比如车身减振器座的强度、悬置安装点的强度、踏板安装点的强度、车身拉手安装点的强度、千斤顶举升点的强度、涂装起吊点的强度、拖车钩安装点的强度、车顶盖雪压的强度，及驻车制动安装点的强度等。在这些车辆使用的情况下，受力点附近的局部结构区域上的材料应力可能会超出材料的屈服极限，相应结构的分析必须使用非线性的分析方法。

11.6.1　车身减振器座的强度

通常减振器座承受来自路面的载荷最大，产生破坏的概率较其他车身安装点更大。以下先介绍车身减振器座的强度分析。

在车辆"滥用"的情况下，车辆的冲击载荷通常很大。典型的车辆以稍高的车速过坑或过坎时，车辆所受的垂向 (Z) 载荷可以达到 $7g$，纵向 (X) 载荷在 $3 \sim 4g$，横向 (Y) 载荷可达 $2.5g$。在车辆"滥用"的情况下，前后减振器座是路面载荷传递到车身的主要通道，承受传递到车身的主要载荷，如图 11.30 所示。

在车辆"滥用"的情况下，减振器座安装点的强度十分重要。如果减振器车身侧连接结构发生失效，不仅影响用户继续使用，更会影响人员和车辆的安全。

前后减振器座安装点强度分析，主要是考察前后减振器座附近区域的车身结构，分析的模型取车身头部的一部分。图 11.31 是一个前减振器座安装点强度分析的模型。车身截断处

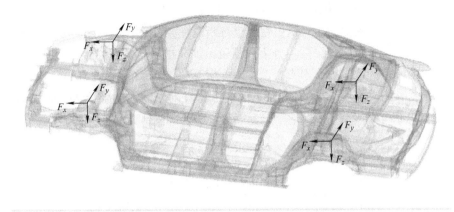

图 11.30　前后减振器座"滥用"强度载荷

的边界条件是约束所有平动和转动的自由度。来自减振器的载荷施加在减振器座的中心点。中心点通常使用刚性单元与减振器座连接。载荷来自于整车"滥用"工况时的载荷。"滥用"载荷来自准静态的整车典型工况计算，或者虚拟试验场（VPG）。表 9.4 中的"滥用"工况是一个例子。如果使用虚拟试车场（VPG）的方法，所使用的载荷是"滥用"工况中的峰值载荷。图 11.32 是一个虚拟试车场（VPG）仿真车辆以 40km/h 过坎时，前减振器座所受载荷的例子。

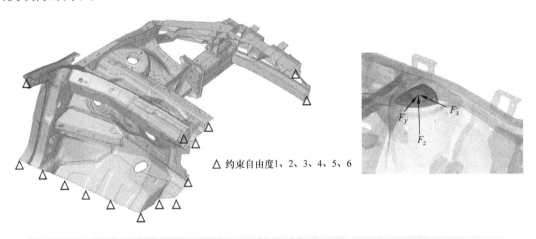

△ 约束自由度 1、2、3、4、5、6

图 11.31　前减振器座"滥用"工况强度分析模型（边界条件和加载）

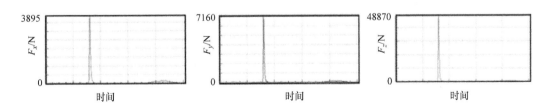

图 11.32　前减振器座以 40km/h 过坎时所受到的载荷

　　由于车辆"滥用"时载荷很高，减振器座区域的模型通常需要假设零件可能发生接触和材料存在非线性，如图 11.33 所示。在强度分析时使用非线性的分析方法，包括零件的接触、材料的非线性和几何的非线性。分析过程包括加载过程和卸载过程。分析输出的结果应包括结构的变形（总变形和永久变形）、应力和应变（总应变和塑性应变）。图 11.34 是一个前减振器座区域在"滥用"工况载荷下变形和应力分布的例子，图 11.35 是前减振器座区域塑性应变分布的云图。

图 11.33　假设减振器座顶部零件接触的有限元模型

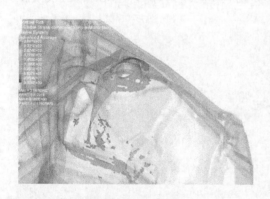

图 11.34　前减振器变形及应力分布云图

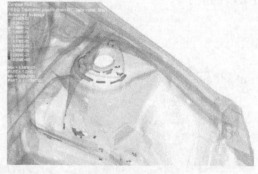

图 11.35　前减振器座区域等效塑性应变分布云图

　　车辆设计时对减振器区域车身结构的要求，是在车辆被"滥用"情况下车身结构不发生开裂和没有可见的永久变形。从第 2 章可知，对于塑性较高的材料，材料在断裂时的真实应力与工程应力（或者名义应力）可能相差较远。因此，在超出材料屈服极限以后的结构强度分析中，每个汽车企业的工程师有不同的结构强度判别标准。比较直接和简单的标准是要求结构的应力低于材料的抗拉极限 σ_b。对于塑性较高的材料，这种标准偏于保守。也有使用其他判别标准的。例如，要求材料的永久（塑性）变形低于一定的数值，或者最大塑性应变低于一定的数值。一个例子是要求前减振器座的永久（塑性）变形低于 3mm，且最大塑性应变小于 10%；后减振器座的永久（塑性）变形低于 1mm，且最大塑性应变小于 10%。

11.6.2　制动踏板安装点强度

　　制动踏板存在着误操作的可能。因为制动踏板影响到汽车行驶紧急状况时的人身安全，所以设计要求制动踏板在误操作之后，仍然不影响它的基本功能。通常考虑制动踏板在误用的情况下，受一个误用力，在这种情况下，不允许踏板断裂或出现大的塑性变形。有两种误用情况可能发生。一种是踏板面法向方向的误操作。垂直于踏板面受到一个误操作力，一般设计要求 2000N 的力垂直作用在制动踏板面上，踏板的残余（永久）变形小于 4mm，车身侧钣金件的塑性应变不超过 2%；另一种情况是踏板侧向受到一个误操作力，或者斜向下作用力分解到 Y 向方向的误操作力，设计要求 250N 的力侧向作用在踏板面上，踏板的残余（永久）变形小于 4mm，车身侧钣金件最大塑性应变不超过 2%。

评估制动踏板误操作时安装点区域的强度时，使用截断灰车身的前半部分，车身的截断处和前减振器均约束所有平动和转动自由度，如图 11.36 所示。法向力和侧向力分别施加在踏板的法向和侧向，如图 11.37 所示，先加载后卸载。使用非线性方法计算整个加载和卸载的过程，最后得到残余（永久）变形和塑性应变。

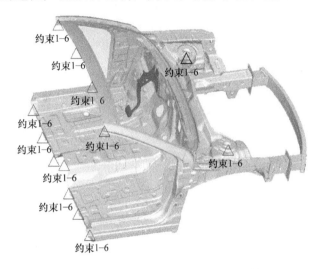

图 11.36　制动踏板误操作强度分析的边界条件

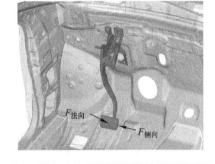

图 11.37　制动踏板误操作强度分析的加载

11.6.3　汽车举升点的结构强度

汽车千斤顶用于在车辆需要维修或更换备胎时顶起车身，汽车千斤顶分为气动千斤顶、电动千斤顶、液压千斤顶和机械千斤顶，常用的是液压和机械千斤顶。当汽车需要维修或者更换备胎时，需要使用千斤顶来顶起车身。一般来说一侧车身需要被顶起来，离开地面一定的距离，也就是说一半的车辆整备重量会通过千斤顶与车身接触的位置传递给千斤顶，对于 B 级车来说，一般将近 1 吨的重量会通过接触区域传递给千斤顶，如图 11.38 所示。由于千斤顶与车身接触面积有限，所以接触区域的压强就特别大，即在车身顶起区域会产生一个很大的应力，如果结构设计不合理或者材料等级不够，车身被顶起的区域会发生较大的塑性变形或开裂，从而影响千斤顶的再次使用，所以需要考察千斤顶举升点的强度。

千斤顶举升点的强度设计要求在举升点加载 50% 汽车整备质量（GVM）的垂向力时，塑性变形必须控制在 0.5mm，塑性应变小于 2%。千斤顶举升点的强度分析使用部分白车身模型，如图 11.39 所示。车身的截断处和前减振器均约束所有平动和转动自由度。所加载荷通过一个刚性的平板，在垂直方向上与车辆的门槛梁的翻边接触，施加在车身上，如图

11.40 所示。所以，仿真分析中需要考虑零件的接触、材料非线性和几何非线性，并且计算加载和卸载的全过程，最后得到结构的塑性变形和塑性应变。在非线性的分析中，由于车身结构受到的是压力载荷，所以千斤顶举升点的强度和屈曲（失稳）分析是一样的，得到的塑性变形也可以看成是结构发生了屈曲，塑性变形后的结构形态也可以看成是结构的后屈曲状态。

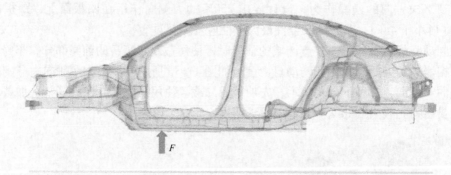

图 11.38   千斤顶举升点强度加载

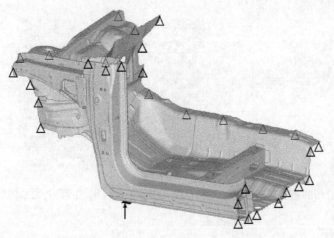 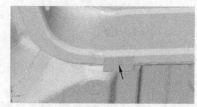

图 11.39   千斤顶举升点强度分析的边界条件   **图 11.40**   千斤顶举升点强度
分析的载荷方向

11.6.4   拖钩安装点强度

在汽车出现故障时，需要利用拖钩固定绳索把问题车辆拖至维修点。如果车辆是出口或者进口，需要采用海运方式运输。在海运过程中，车辆需要利用拖钩的形式固定。汽车拖钩一般包括前拖钩和后拖钩，一般拖钩通过螺纹拧紧的形式固定在车身前后防撞梁上面（如图 11.41 所示）。所以，拖钩的设计需要同时考虑路上运输和海上运输的工况。

拖钩的载荷与车辆的总重量（GVW – Gross Vehicle Weight）有关，还与绳索的角度有关。典型拖钩载荷的例子列于表 11.3。图 11.42 是几种拖钩的例子。图 11.43 和图 11.44 分别是前拖钩和后拖钩强度分析的有限元模型。前拖钩和后拖钩强度分析的有限元模型，都是分别截取灰车身（BIG）的前后各一段，截断处边界条件是约束所有平动和转动自由度。拖

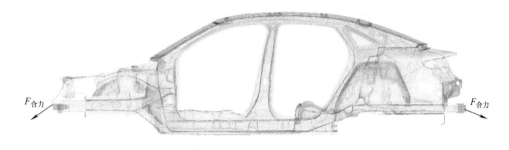

图 11.41　汽车拖钩的使用

钩在车身的安装区域需要使用非线性材料，和设置相应零件的接触状态载荷。拖钩强度的非线性分析包括材料非线性、几何非线性和接触非线性。

拖钩安装点强度，设计要求在上述载荷加载情况下，拖钩的最大变形小于 10mm，且拖钩不能与前后保险杠蒙皮干涉，残余变形小于 1.5mm。

表 11.3　典型拖钩载荷　　　　　　　　　　（单位：N）

车辆总重（GVW）		1600kg < GVW < 2000kg	2000kg < GVW < 2400kg	2400kg < GVW < 3000kg	垂向	水平方向
工况	加载方向	载荷/N	载荷/N	载荷/N		
1	沿 X 向加载	11500	14000	16600	0°	0°
2	沿 XZ 平面向上偏 5°	11500	14000	16600	5°	0°
3	沿 XZ 平面向下偏 5°	11500	14000	16600	−5°	0°
4	沿 XY 平面向左偏 25°	8200	10000	11800	0°	−25°
5	沿 XY 平面向右偏 25°	8200	10000	11800	0°	25°
海运 1	沿 XY 平面向左偏 30°同时向 XZ 面向下偏 35°	8000	8000	8000	−35°	−30°
海运 2	沿 XY 平面向右偏 30°同时向 XZ 面向下偏 35°	8000	8000	8000	−35°	30°

图 11.42　拖钩示意图

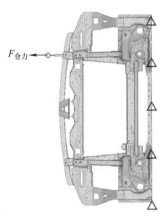

图 11.43　前拖钩强度分析有限元模型

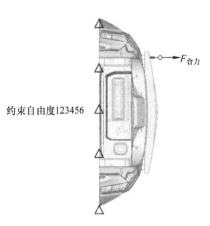

约束自由度 123456

图 11.44　后拖钩强度分析有限元模型

11.6.5　蓄电池安装点强度

蓄电池是汽车必不可少的一部分，它为整车提供电能，再由发动机输出的动能通过充电机转化成电能进行充电，维持整个汽车供电系统的电平衡。所以，蓄电池是整车供电系统的重要枢纽。蓄电池一般可分为传统的铅酸电池和免维护型蓄电池。

蓄电池一般安装在发动机舱内，如图 11.45 所示。蓄电池固定在电池托盘上面，电池托盘通过支架与车身连接，通常蓄电池安装结构类似一个悬臂结构。蓄电池有较大的重量，蓄电池和它的支架组成的系统具有较大的惯性力和较低的固有频率。通常蓄电池支架容易因汽车的加速或制动所产生的巨大惯性力而引发结构的强度破坏，和因为系统共振引发结构的疲劳破坏。所以，设计对电池支架有强度和模态的要求，以保证蓄电池安装系统在耐久测试中不出现失效。一般考察蓄电池系统的模态时，要求蓄电池系统的固有频率大于 25Hz，以避

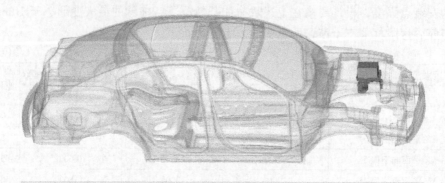

图 11.45　汽车蓄电池安装位置

开路面的激励频率。这样能够使结构避免发生共振，保持低应力和长寿命。同时对蓄电池有强度的考察，对整个蓄电池系统加惯性力载荷，加载大小及方向为：X 向 $3g$、Y 向 $3g$、Z 向 $5g$，要求相关零件的最大应力小于材料屈服强度。由于这样的强度问题只涉及蓄电池支架和它在车身上的安装点，所以只分析相关的局部车身结构，如图 11.46 所示。因为只考虑材料的弹性阶段，所以分析使用线性的方法。这样的设计属于比较保险的设计，能够保证蓄电池系统在通常情况下不发生结构破坏，能够保持长寿命和无塑性变形。

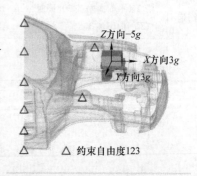

图 11.46　蓄电池强度分析模型

由于受到蓄电池的重量、设计的空间和对蓄电池支承系统重量的限制，有时这样的设计要求难以达到。这时可以考虑次一等的设计要求。在考察结构的强度时，施加载荷为：X 向 $5g$、Y 向 $5g$、Z 向 $10g$，要求相关零件的最大应力小于材料抗拉极限。在考察结构疲劳时，在整车的动态疲劳分析（见 11.7 节）中，要求相关零件的疲劳寿命大于 100% 的综合耐久试验里程。这时考虑的设计寿命是满足设计要求的有限寿命，系统可能存在缺陷（取决于实际使用时真实载荷的大小，可能有塑性变形发生）但不影响功能。理论上，后一种设计要求属于最佳设计，但是可能存在不确定因素的风险。

11.7　车身结构的疲劳分析

车身的各种刚度是车身确保其本身的架构和正常搭载各类系统的基本结构要素。车身的各种强度是车身确保车辆在各种特殊，或者极限使用工况下不发生破坏的基本保障。车身结构的耐久性设计除了考虑车身的刚度和强度外，还需要考虑车身结构的疲劳寿命。

11.7.1　综合耐久试验载荷下的车身结构疲劳

在实际的汽车使用中，疲劳破坏是车身结构上发生的最主要破坏形式。疲劳寿命是车身结构耐久设计的考虑因素之一。然而，车身的疲劳寿命分析是一个比较复杂的问题。因为疲劳损伤是由应力和应变引起的，所以车身的疲劳寿命分析需要计算车身上所有点（或位置）的应力或应变。在车身疲劳分析中，来自路面的载荷通常是用汽车在综合耐久试验中的载荷，作为路面的代表载荷。车身结构的疲劳寿命需要计算在综合耐久试验中整个车身（车身上的所有点）的应力随时间的响应，进而由这些应力计算出车身上每个点的疲劳寿命。所以，车身的疲劳寿命分析是分析车身结构在综合耐久试验中的疲劳寿命。

在汽车的综合耐久试验中，汽车的一些零件具有非线性的性质（如衬套、球头连接），一些系统（如底盘）的运动是非线性运动（如大位移、大转角），整车的综合耐久试验仿真是非线性分析的，如同第 3 章有关基于有限元方法的虚拟试车场的介绍。由于综合耐久试验的时间历程较长，用有限元方法进行整车的综合耐久试验的非线性仿真需要巨大的计算量。在现有的计算机条件下，进行整车的综合耐久试验的仿真计算是非常困难的，甚至是无法完成的任务。考虑到复杂的汽车运动中，车身结构在汽车整体坐标系中的相对运动和在车身结构内的相对变形都相对较小，在整个综合耐久试验的历程中，车身结构中只有极少数的点（或位置），在极少数的时刻（例如过坑），应力和应变会短暂地超过屈服极限，而绝大部分的点（或位置）的应力和应变都低于屈服极限。所以，在实际的汽车车身结构综合耐久试验的仿真分析中，一般是将车身分离出来，使用线性方法进行计算。

从第 5 章的讨论可知，车身结构的主要破坏有过载、扭转和振动三种主要类型，分别由载荷的幅值、相位和频率引起。由载荷的幅值引起的疲劳破坏发生在加载点区域，也就是车身连接点区域。由载荷的相位和频率引起疲劳破坏发生在远离加载点（即车身连接点）的区域。动力学的计算方法可以得到全部三种引起车身结构破坏的应力。动力学分析要求尽可能接近试验状态的车身模型，所以车身的疲劳寿命分析使用整备车身（TB）模型。

在汽车的综合耐久试验中，车辆一般是在两种不同的负重条件下分别行驶规定的路面和规定的次数。一种负重条件是半载，有一名驾驶人，两名乘客和三个人的行李。另一种负重条件是满载，除驾驶人外，加上四名乘客的重量和五个人的行李。一般试验规定，一个人的行李为 7kg。也有的车企规定不同的行李重量。试验中通常使用沙袋或水箱替代乘客和行李的重量；CAE 分析中使用集中质量模拟乘客的重量。因此，车身的疲劳寿命分析有两个耐久分析的车身模型，分别如图 11.47 和图 11.48 所示。图 11.47 为半载整备车身模型，用 TB1 代表；图 11.48 为满载整备车身模型，用 TB2 代表。

图 11.47 半载整备车身（TB1）

图 11.48 满载整备车身（TB2）

阻尼对结构振动产生的位移和应力的幅值有很大影响。在车身系统中有很多材料起到减小振动幅值的阻尼作用，例如地毯和毛毡。在车身的力学分析中，应尽可能地加入这些阻尼材料。然而，阻尼材料的力学参数通常较难得到。在实际工程分析中，一般较多地使用结构的模态阻尼。按照振动理论，在结构振动的频率响应函数中，在共振峰值一半处频率响应的带宽与模态阻尼有简单的关系，常常用来实测结构的模态阻尼。按照经验，整备车身的结构的模态阻尼大约为 5% ~ 6%。

在车身疲劳仿真分析中，车身采用无约束（free – free）的边界条件。由载荷分解所得到的综合耐久试验中，车身连接点上的载荷施加在车身上，是车身疲劳仿真中应力响应计算的输入。在图 11.49 的例子中，车身在前后减振器和副车架安装点处受到来自路面的 X、Y、Z 方向载荷。与图 11.28 车身准静态工况示意图相比，疲劳分析所用的车身载荷为时间的函数。所计算的应力也将是随时间变化的函数。

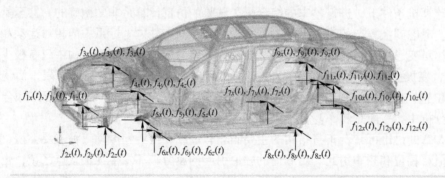

图 11.49 一个整备车身和连接点上所受的力载荷

对安装在车身前纵梁和前副车架上的发动机，有两种不同的作法。一种是车身模型包括发动机。另一种是从车身上移去发动机，而在车身上的连接点处（发动机悬置的安装点），施加发动机作用在车身上的载荷。

在综合耐久试验中，试验所规定的路面需要按照试验规范重复一定的次数。在车身疲劳仿真分析时，为了避免重复计算每个路面上车身结构产生的应力，车身在每种路面上的应力分别单独计算。在应力计算之后，在疲劳损伤计算的算法中，再综合考虑所有其他路面影响的因素，分别计算车身结构在每个路面上产生的损伤，最后每个路面上所产生的损伤乘以该路面的重复次数，得到综合耐久试验的总损伤（参考第 6 章第 6.4 节）。

在汽车的综合耐久试验中，车辆在重复驶过同一种路面时的轨迹和状态会有差异，所以对同一个路面的每一次载荷采集都会有所不同。为了在一定程度上考虑路面载荷采集不一致的因素，一般推荐每种路面的载荷采集 3 ~ 5 次，并且都用于结构的应力和疲劳损伤的计算。在这种情况下，每个路面的重复次数就需要调整。在最后的总损伤叠加时，每种路面的重复次数需要相应地减少。例如，按照试验规范，某种路面要求重复 100 次。在试验场采集该路面的载荷 4 次。应力和疲劳损伤计算使用该路面采集的全部载荷。在计算总损伤时，该种路面的重复次数调整为 25 次。这样采集的载荷被称为一种路面的样本载荷图，对应的路面被称为样本路面。在疲劳分析中，对应这一段路面的结构应力被称为疲劳分析的样本事件。图 11.50 所示的是图 11.47 车身在半载情况下，在车身安装点处来自三种路面样本载荷的 Z 向分量。图 11.51 是这些载荷通道的频率谱。从图 11.51 的载荷频率谱可以看到，因为路面的不同，不同路面的载荷频率分布不一样。一般从路面传递到车身的载荷频率低于 30Hz。这就是通常车身和车身系统设计时希望系统的固有频率大于 30Hz 原因。为了确保计算精度，在使用模态叠加法计算车身的应力响应时，推荐使用 50Hz 作为模态截断频率。

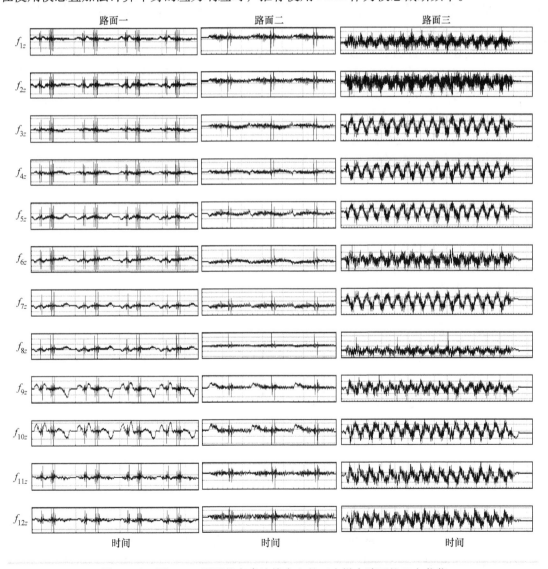

图 11.50　图 11.47 所示的车身连接点上的三个样本路面的 Z 向载荷

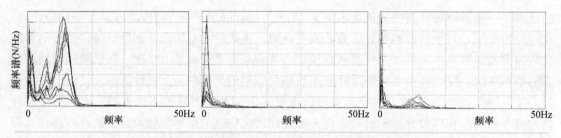

图 11.51 图 11.48 车身连接点 Z 向载荷的频率谱

车身结构的应力按照不同耐久试验负重条件下的整备车身（TB）模型和相对应的载荷，使用包括静态连接模态的模态分析方法分别计算。疲劳寿命和每种路面总损伤所计算使用组合事件的应变疲劳寿命计算方法。整个分析过程总结概括如下（注：疲劳分析软件使用的方法和流程差异较大。该流程为一个汽车综合耐久试验计算机仿真疲劳分析专用软件的分析流程，不代表其他软件）。

第一步，在半载车身的有限元模型（TB1）的车身连接点上，分别施加半载情况下各种路面 X、Y、Z 向的车身样本载荷。在无约束和 5% ~ 6% 的模态阻尼条件下，使用包含静态连接模态的模态叠加法，求解车身上全部或部分感兴趣区域的单元正应力 $(\sigma_x^i(t))_j$ 和 $(\sigma_y^i(t))_j$、剪应力 $(\tau_{xy}^i(t))_j$、主应力 $(\sigma_1^i(t))_j$ 和 $(\sigma_2^i(t))_j$，i 表示第 i 点（或单元），j 表示第 j 个样本路面（或事件）。模态截断频率一般使用 50Hz。

假设半载条件下整备车身（TB）模型为模型 1（TB1），相应的质量矩阵、刚度矩阵和阻尼矩阵分别为 $[M]_1$、$[K]_1$ 和 $[C]_1$，（注：因为 CAE 分析中使用集中质量模拟乘客和行李的重量，车身的刚度矩阵和阻尼矩阵不会发生变化，$[K]_2 = [K]_1$ 和 $[C]_2 = [C]_1$），相对应的载荷向量为 $\{f_1(t)\}_j$，j 表示第 j 个样本路面。车身系统的动力学方程为

$$[M]_1\{\ddot{d}(t)\} + [C]_1\{\dot{d}(t)\} + [K]_1\{d(t)\} = \{f_1(t)\}_j \tag{11.9}$$

如果综合耐久试验规定半载条件下有 h_1 个路面，则 $j = 1, \cdots, h_1$。对应每一个路面的载荷，有一个类似上式的动力学方程。然而，它们的质量矩阵、刚度矩阵和阻尼矩阵是一样的，模态应力也是一样的，假设半载车身（TB1）在 50Hz 以下有 m_1 个振动模态，并且有 L 个（一般情况下等于车身载荷的通道数）静态模态，第 i 个单元第 l 阶的振动模态应力为 $(\sigma_x^{il})_1$，第 j 阶的静态模应为 $(\overline{\sigma_x^{ij}})_1$，则第 i 个单元在半载条件下对应第 h 个路面的应力时间响应为

$$(\sigma_x^i(t))_1^h = \sum_{l=1}^{m1} (\sigma_x^{il})_1 \xi_l^{1h}(t) + \sum_{j=1}^{L} (\overline{\sigma_x^{ij}})_1 \xi_{m1+j}^{1h}(t) \tag{11.10}$$

$$(\sigma_y^i(t))_1^h = \sum_{l=1}^{m1} (\sigma_y^{il})_1 \xi_l^{1h}(t) + \sum_{j=1}^{L} (\overline{\sigma_y^{ij}})_1 \xi_{m1+j}^{1h}(t) \tag{11.11}$$

$$(\tau_{xy}^i(t))_1^h = \sum_{l=1}^{m1} (\tau_{xy}^{il})_1 \xi_l^{1h}(t) + \sum_{j=1}^{L} (\overline{\tau_{xy}^{ij}})_1 \xi_{m1+j}^{1h}(t) \tag{11.12}$$

式中　$\xi_l^{1h}(t)$ 和 $\xi_{m1+j}^{1h}(t)$——分别为对应模型 1（TB1）和第 h 个路面载荷的振动模态位移和静态模态位移（或模态参与因子）。

第二步，对满载车身，分别施加满载情况下各种路面 X、Y、Z 向的车身样本载荷。用新的模型和载荷重复第一步的计算。

假设满载条件下整备车身（TB）模型为模型 2（TB2），相应的质量矩阵、刚度矩阵和阻尼矩阵分别为 $[M]_2$、$[K]_2$ 和 $[C]_2$，（注：因为 CAE 分析中使用集中质量模拟乘客和行李的重量，车身的刚度矩阵和阻尼矩阵不会发生变化，$[K]_2 = [K]_1$ 和 $[C]_2 = [C]_1$），相对应的载荷向量为 $\{f_2(t)\}_j$，j 表示第 j 个样本路面。车身系统的动力学方程为

$$[M]_2\{\ddot{d}(t)\} + [C]_2\{\dot{d}(t)\} + [K]_2\{d(t)\} = \{f_2(t)\}_j \tag{11.13}$$

满载条件下的车身模态和模态应力不同于半载条件下的车身模态和模态应力，满载条件下的车身载荷也不同于半载条件下的车身载荷（通常载荷更大）。如果综合耐久试验规定半载条件下有 h_2 个路面，则 $j = 1, \cdots, h_2$。对应每一个路面的载荷，模态应力也是一样的，假设满载车身（TB2）在 50Hz 以下有 m^2 个振动模态，并且有 L 个静态模态，第 i 个单元第 l 阶的振动模态应力为 $(\sigma_x^{il})_2$，第 j 阶的静态模态应为 $(\overline{\sigma_x^{ij}})_2$，则第 i 个单元在满载条件下对应第 h 个路面的应力时间响应为

$$(\sigma_x^i(t))_2^h = \sum_{l=1}^{m2} (\sigma_x^{il})_2 \xi_l^{2h}(t) + \sum_{j=1}^{L} (\overline{\sigma_x^{ij}})_2 \xi_{m2+j}^{2h}(t) \tag{11.14}$$

$$(\sigma_y^i(t))_2^h = \sum_{l=1}^{m2} (\sigma_y^{il})_2 \xi_l^{2h}(t) + \sum_{j=1}^{L} (\overline{\sigma_y^{ij}})_2 \xi_{m2+j}^{2h}(t) \tag{11.15}$$

$$(\tau_{xy}^i(t))_2^h = \sum_{l=1}^{m2} (\tau_{xy}^{il})_2 \xi_l^{2h}(t) + \sum_{j=1}^{L} (\overline{\tau_{xy}^{ij}})_2 \xi_{m2+j}^{2h}(t) \tag{11.16}$$

式中　$\xi_l^{2h}(t)$ 和 $\xi_{m2+j}^{2h}(t)$——分别为对应模型 2（TB2）和第 h 个路面载荷的振动模态位移和静态模态位移（模态参与因子）。

第三步，在所有计算疲劳的结构点（有限元单元）上，用所有样本路面的最大主应力和它们的重复次数，构造每个结构点（有限元单元）的组合事件应力极线图（类似表 6.5 的例子），决定每个结构点（有限元单元）的临界平面。

第四步，将所有的应力投影到垂直于临界平面的方向上，计算所有结构点（有限元单元）在该方向上的应力，得到方向不随时间变化的单向应力，$(\sigma_e^i(t))_1$、$\cdots$、$(\sigma_e^i(t))_m$。其中 $i = 1, \cdots, n$，n 是计算疲劳的结构点（有限元单元）的总数；$j = 1, \cdots m$，m 是样本路面的总数（包括全部半载和满载情况下的路面。按照第一步和第二步的假设，$m = h_1 + h_2$）；$0 \leqslant t \leqslant T_j$，是第 j 个样本事件的持续时间。

第五步，从所有的样本事件的单向应力历程中识别出绝对值最大 $\max[(\sigma_e^i(t))_1, \cdots, (\sigma_e^i(t))_m]$ 和绝对值最小的应力 $\min[(\sigma_e^i(t))_1, \cdots, (\sigma_e^i(t))_m]$，并且在最大应力和最小应力截取小段应力历程，作为第 $m+1$ 个应力事件，附加在前面的每一个样本事件的单向应力历程后，形成 m 个新事件[式（6.46）~式（6.48）]。

第六步，应用 Neuber 法则[式（6.44）]和循环应力 – 应变关系[式（6.35）]，从以上所有的线性（弹性）应力历程，计算每个应力循环对应的非线性（弹塑性）循环应力幅值 σ_a 和应变的幅值 ε_a。

第七步，应用 Smith – Watson – Topper（SWT）平均应力修正后的应变 – 寿命公式[式（6.41）]，计算每一个循环应变幅值 ε_a 所对应的寿命循环次数 N_k，即在该应变幅值下，保持幅值不变，循环直至材料破坏时的循环数。

第八步，使用雨流计数得到每个新事件和附加事件中循环应变幅值为 ε_a 的循环次数 $(n_k)_j^i$，用线性损伤叠加原理得到每个新事件和附加事件的损伤[式（6.49）~式（6.52）]，进而计算原样本事件的损伤［式（6.53）~式（6.55）］。

第九步，样本事件的损伤乘以该样本事件的重复次数，就是该样本事件的总损伤。所有样本事件的总损伤的和，就是整个试验中的总损伤[式(6.57)]。应用 Palmgren – Miner 法则，由此可得到车身结构上每个点（单元）的寿命[式(6.29)]。

这是一个复杂的计算过程，必须依靠专用的计算机软件完成。需要说明，目前的商用疲劳分析软件均为通用用途的分析软件，不具备处理多个模型和严谨的多事件组合的功能。在使用现有商用疲劳分析软件进行车身结构的综合耐久试验仿真和疲劳寿命计算时，一般使用满载整备车身的模型（即模型 2，TB2），各路面单独计算疲劳损伤，最后忽略不同路面平均应力、临界平面和裂纹方向不一致的问题，直接将各路面的损伤简单相加求得总损伤。这样的计算在理论上存在一定的偏差。

【例 11.3】　一款轿车，按照汽车公司的综合耐久试验规范，使用设计早期改装的道路载荷测试车，采集了 20 种综合耐久试验路面的样本路谱。每种路面均按照半载和满载两种情况采集。共 40 种综合耐久试验的样本路谱。每一个样本路面按照路谱采集的次数和试验规范有一个相应重复的次数。表 11.4 是该车综合耐久试验规范所规定的每个样本路面的重复次数。

表 11.4　每个样本路面的重复次数

试验路面	重复次数	
	半载	满载
搓板路	200	250
凹坑路	200	250
城市路	200	250
卵石路	200	250
连接路	200	250
凸块路	34	42
比利时路	200	250
8 字路	200	250
碎石路	100	125
碎石路制动	400	500
水泥路制动	200	250
坡路	200	250
冲击路	200	250
共振路 A	200	250
共振路 B	200	250
倒档	200	250
铁道岔路	200	250
曲线路	200	250
扭曲路	200	250
波形路	200	250

通过刚体动力学计算，得到车身连接点上的 X、Y 和 Z 向的载荷力。车身上的加载点如图 11.49 所示。图 11.50 是其中三种样本载荷中的 Z 向分量。分析所使用的车身为整备车身

（TB），并分别按半载和满载配重，得到两个整备车身有限元模型，TB1（如图 11.47 所示）和 TB2（如图 11.48 所示）。发动机用集中质量和刚性单元模拟，与车身在发动机悬置的连接处用弹性单元连接。

通过以上分析流程，首先使用线性有限元软件（NASTRAN），计算车身上所有壳单元（代表钣金件）在 40 个样本路面上的结构应力响应（第一步和第二步），再进一步应用组合事件的应变疲劳分析方法（FatigSim 软件），计算每个车身点（或单元）的疲劳寿命（第三步至第九步）。在应用应变法时，车身上的七种金属材料包括传统低碳钢和高强度钢材料，它们的应变疲劳参数（K'、n'、σ'_f、b、ε'_f、c）均来自试验测试。最后得到整个车身所有单元的疲劳寿命值和疲劳损伤分布的云图。

该车身上低于设计目标值的部位集中在后减振器安装点和衣帽架两端过渡圆角，以及内侧开口的内侧下方拐角。图 11.52 显示的是车身衣帽架区域的疲劳损伤云图。在试验中车身在该区域发生开裂。图 11.53 是对应的车身在试验中裂纹的照片。

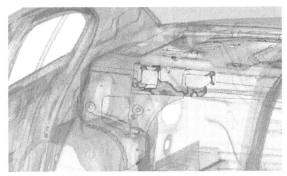
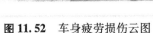

图 11.52　车身疲劳损伤云图

图 11.53　车身试验中裂纹的照片

以上的疲劳寿命计算是针对车身的钣金件（壳单元）。焊点疲劳计算需要另行进行。在这个车身的模型中，焊点使用刚性单元（使用 NASTRAN 的 RBE2 单元）模拟。焊点的结构应力计算使用 Rupp – Storzel – Grubisic 方法（nCode 软件）。焊点的 $S – N$ 曲线使用经验公式。所得到的焊点寿命分布如图 11.54 所示。

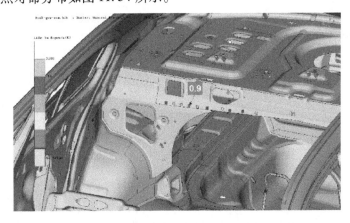

图 11.54　车身焊点寿命分布

显然，这个设计不满足设计要求。设计者下一步的工作就是针对需要改进设计，使设计达到车身寿命设计的目标。

理论上，车身结构的综合耐久试验仿真和疲劳寿命计算的输入，是完整的综合耐久试验的载荷（样本路面载荷和它们的重复次数），计算的疲劳寿命是这个输入的倍数（如果大于1），或者百分比（如果小于1）。它们分别代表裂纹发生时，车辆已经完成了几倍的综合耐久试验（如果大于1），或者完成综合耐久试验的百分比（如果小于1）。显然，汽车设计的目标是完成至少1.0倍的综合耐久试验。

在实际的工程分析中，道路信号采集的经验和精度不同，载荷计算的方法和精度不同，结构有限元建模方法与标准不同，应力计算的方法不同，使用的疲劳计算软件和方法不同，计算的结果会有极大的差别。计算结果的判别需要根据一定数量与试验对标的情况来决定。疲劳分析在工程中的有效应用通常取决于规范化的实践（包括载荷采集、数据处理、有限元建模、计算方法等一系列相关工作的规范化）、正确的分析方法和在此基础上与试验对标。

由于车身是一个较大的系统，车身结构的应力响应和疲劳损伤计算也比较复杂和繁琐，所以车身结构的综合耐久试验仿真和疲劳寿命分析，是一个比较大的分析任务，必须使用专门的计算机软件。目前，只有福特汽车公司拥有专用的汽车综合耐久试验疲劳仿真软件，涉及项目比较周全。其他车企使用通用的商用软件，有些功能不能完全与汽车综合耐久试验的情况一致。比如，不同负重条件（不同的有限元模型）下的应力计算；分路面计算结构疲劳损伤时，如何考虑其他路面的影响等。所以，使用商用疲劳软件进行车辆结构的综合耐久试验仿真和疲劳寿命分析，需要考虑一定的安全因子。

车身结构的综合耐久试验仿真和疲劳寿命分析，是针对汽车在行驶状况下，车辆结构耐久性的一个最完整的疲劳仿真和分析。车身结构的疲劳分析不仅仅只限于车身结构。所有安装在车身上的结构都可以被考察到。例如，蓄电池支架、油箱安装支架、喇叭支架、传动轴安装支架、消声器安装支架等各种系统。然而，一般情况下，这些系统都是分离后单独分析的。由于车身结构的综合耐久试验仿真和疲劳寿命分析非常复杂、耗时，这些系统单独进行分析更加快捷和方便。

11.7.2   制动踏板安装点的疲劳

制动踏板用于减速停车，它是汽车驾驶五大操纵件之一，使用频次非常高。踏板系统的稳定性直接影响着汽车行驶的安全性，所以制动踏板的刚度、强度及疲劳性能必须得到保证，从而保证行驶的安全性。制动踏板的刚度和强度已经在"车身安装点刚度"和"车身安装点的局部强度"中介绍过，下面对制动踏板疲劳方面的性能要求进行介绍。

制动踏板强度表征的是误用工况，针对日常使用的普通操作工况，需要使用疲劳工况来考察。制动是汽车行驶过程中必要和经常性的基本操作。但是，制动的力度因车速、一般减速或紧急制动而不同。汽车企业通过对不同使用习惯用户进行调查，可以制订出一套涵盖大部分用户日常操作工况，来考察制动踏板的疲劳耐久性能，以保证制动踏板日常使用的可靠

性、安全性。表 11.5 是一个制动踏板进行疲劳试
验的操作规程。这个操作规程给出每一次制动操
作时，施加在制动踏板法向方向的力的峰值及循
环数。疲劳工况的载荷循环是从零到表 11.5 中给
定的载荷幅值，再从幅值到零，重复规定的次数，
直至完成规定的所有循环。

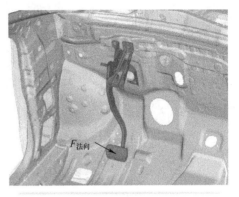

　　分析的模型和边界条件同图 11.35。制动踏板
的疲劳分析是假设踏板的正常使用，外力为法向
力，如图 11.55 所示。按照表 11.5 规定载荷，绝
大部分的载荷循环中，应力都在弹性范围内。所
以应力计算使用线性方法。疲劳计算使用应变法

图 11.55　制动踏板疲劳分析加载

（$\varepsilon - N$ 方法），并且使用 Neuber 法则修正用线性方法计算的应力。得到的结果是结构上各点
的疲劳寿命。设计要求相关的结构在完成疲劳试验之前不能开裂。

表 11.5　制动踏板疲劳加载及循环

法向力/N	循环数
385	2490
770	500
1400	10
385	249000
780	50000
1400	100
385	12490
770	2500
1400	10
140	682900

11.8　车身覆盖件的抗凹性

　　如图 11.56 所示，车身的外表面主要由车门外板、翼子板、车身侧围外板、车顶盖、发
动机舱盖外板和行李舱盖外板构成。这些部件都具有较大的尺寸。它们的表面在受到压力后
可能产生凹陷，从而影响用户的满意度。所以，这些车身覆盖件表面的抗凹性能也是车身设
计考虑之一。本节只介绍属于车身本体的翼子板、车身侧围外板和车顶盖的抗凹性能分析。
车门外板、发动机舱盖外板和行李舱盖外板属于车身开闭件，它们的抗凹性分析将在第 12
章介绍。

　　结构件抗凹性能的分析属于结构屈曲（稳定性）分析的范畴。

　　分析翼子板、车身侧围外板和车顶盖的抗凹性时，考虑从灰车身模型上截取分别包含车
顶盖、翼子板和车身侧围外板的部分，如图 11.57 ~ 图 11.59 所示，并且在截断处约束所有
平动和转动自由度，对前、后车身部分，同时约束减振器的中心点的所有平动和转动自由

度。在车顶盖、翼子板和车身侧围外板上，根据人为的感知判断，选择必要数量的分析点，使用圆柱盘（如图 11.60 所示），在这些点的表面法向方向上逐步施加位移侵入。在有限元的分析中，圆柱盘的压入表面假设成刚性，并且与车身的表面接触，使用材料非线性和几何非线性的假设，得到位移－力曲线（如图 11.61 所示）。设计的要求是在 200N 以下的力，结构不能发生屈曲。

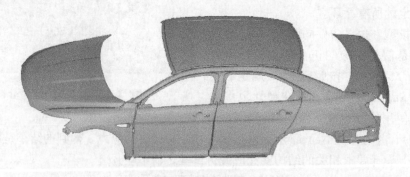

图 11.56   车身覆盖件

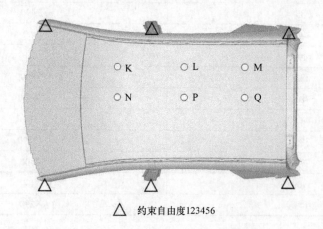

△   约束自由度123456

图 11.57   车顶盖抗凹分析

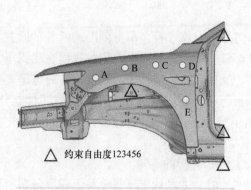

△   约束自由度123456

图 11.58   翼子板抗凹分析

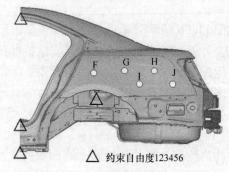

△   约束自由度123456

图 11.59   车身侧围外板抗凹分析

图 11.60　抗凹试验圆柱盘

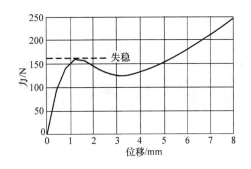

图 11.61　位移 – 力曲线

车身开闭件结构的耐久分析

第**12**章

12.1 概述

车身开闭件由发动机舱盖、侧门、行李舱盖或后背门组成，如图 12.1 所示。开闭件在强度、刚度、可靠性及工艺性等方面，必须满足车身整体性能的要求，而且自身的强度和刚度必须满足内外饰装配的要求。开闭件系统的主要结构耐久性能如下。

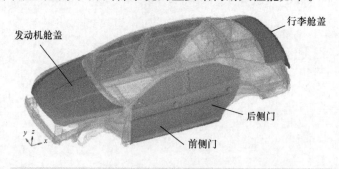

图 12.1　车身开闭件示意图

1. 刚度

一种是安装点静刚度，要求安装点的刚度一方面是为了满足安装时的刚度要求，另一方面也是保证安装件的模态性能，以免在行驶或开关闭的时候产生振动疲劳或异响。一种是非线性刚度，即在使用过程中受到人为的操作力，在这个操作力下不能有大的变形，并且在撤出这个力后，不能发生肉眼可见的变形。开关过程不能与其他周边件干涉，不影响后续使用。还有一种就是外板或覆盖件的表面感知刚度，开闭件外板不仅要满足造型上的美观，而且要保证一定的结构刚度，而外板一般尺寸较大、带有一定的曲率和预变形，在正常的使用过程中，常常会受到外载荷的作用，如人为的触摸按压，行驶过程中的碎石冲击等，使外板发生凹陷挠曲，甚至产生局部的永久凹陷，影响到整车的外观品质。

2. 模态

包括局部模态和整体模态。例如，一般轿车的前后盖的第一阶模态频率通常出现在20～35Hz 之间。在试验场耐久试验中，路面的激励在50Hz 以内，尤其20Hz 以内。所以，容易导致路面的激励频率与前后盖的固有频率耦合或者接近。因此，提高一阶模态，不仅有利于车辆的 NVH 性能,同时也使车辆的耐久性能得到保证。

3. 强度

在开闭件受到误操作时需要保证结构变形不能太大,结构不能开裂失效。比如车门的过开,施加误用载荷后,残余变形不能太大,没有与其他钣金件干涉,不能有结构的开裂。这包括开闭件的过关、过开、下垂等。

4. 疲劳耐久

开闭件耐久有两种,一种是操作载荷,比如车门的开关闭耐久试验,开闭件受到反复的循环载荷,载荷的大小和方向比较单一。一种是随机载荷,在试验场做综合耐久试验或者台架试验时,同时要求车身开闭件满足耐久性要求,载荷的大小和方向是随机变化的。也就是说,车身开闭件作为车身的一部分,不仅需要满足所有整车和车身的各种道路和台架试验的要求,这必须满足一些自身的耐久要求。

12.2　发动机舱盖的结构耐久分析

发动机舱盖包括内板、外板、铰链及铰链加强板、锁体机构及锁体加强板、缓冲块、密封条等组成部分。它的主要作用是:一是空气导流作用,对于在空气中高速运动的物体,气流在运动物体周边产生的空气阻力和扰流,会直接影响气体的运动轨迹和运动速度,通过发动机舱盖外形,可有效调整空气相对汽车运动时的流动方向和对汽车产生的阻力作用,减小气流对车的影响。通过导流,空气阻力可分解成有益力,加大前轮轮胎对地面的附着力,有利于汽车的行驶稳定性。二是保护发动机及周边管线配件等。发动机舱盖下,都是汽车重要的组成部分,包括发动机、电路、油路、制动系统以及传动系统等。发动机舱盖对发动机舱的保护,对车辆来说至关重要。通过提高发动机舱盖强度,可充分防止冲击、腐蚀、雨水、及电干扰等不利影响,充分保护车辆的正常工作。三是美观作用,车辆外观设计是车辆价值的一个直观体现,发动机舱盖作为整体外观的一个重要组成部分,有着至关重要的作用,赏心悦目,体现整体汽车的概念。四是辅助驾驶视觉。驾驶人在驾驶汽车过程中,前方视线和自然光的反射对驾驶人正确判断路面和前方状况至关重要,通过发动机舱盖的外形,可有效调整反射光线方向和形式,从而降低光线对驾驶人的影响。五是防止意外,发动机工作在高温、高压、易燃环境下,存在由于过热或者意外损坏而发生爆炸或者是燃烧、泄漏等事故,发动机舱盖可有效阻挡因爆炸引起的伤害,起到防护作用。

对于发动机舱盖结构,主要从刚度、模态、强度、耐久等性能来控制。刚度是反映系统结构的基础性能,后面的模态、强度及耐久都与其息息相关。刚度主要包括发动机舱盖弯曲、扭转及侧向刚度,安装点刚度,及外板抗凹等。强度主要包括开启状态误操作时下拉强度,发动机舱盖开启状态受到向后风载作用时的过开强度,误操作导致发动机舱盖过关强度。耐久主要是发动机舱盖开关闭耐久。

12.2.1　发动机舱盖结构的刚度

1. 发动机舱盖角点刚度

约束铰链与车身连接处六个自由度(所有平动和转动自由度),约束铰链车身安装点六个自由度(所有平动和转动自由度),约束缓冲块安装的垂向自由度,外板角点施加垂向力

100N，加载区大小为 25mm × 25mm，结果位移测量点为加载点，一般要求角点刚度大于 50N/mm，如图 12.2 所示。该工况模拟用于保证按压发动机舱盖角点时，发动机舱盖与翼子板或车身钣金件的间隙变化不能超出允许的范围。

2. 发动机舱盖扭转刚度

发动机舱盖扭转模态是发动机舱盖整体模态常见的一种，不管从 NVH 角度还是从耐久的角度，都需控制其模态频率。一般要求发动机舱盖的一阶整体模态频率，需要避开整备车身模态频率，而从单体发动机舱盖结构考虑，其扭转刚度是影响扭转模态的主要因素，所以在发动机舱盖开发前期需要控制其扭转刚度。

发动机舱盖扭转刚度 CAE 仿真方法一般为：约束铰链与车身连接处所有的平动及转动自由度，约束锁扣点垂向平动自由度，在发动机舱盖前角点施加 100N 垂向力，结果位移测量点为加载点，如图 12.3 所示。一般要求刚度大于 110N·m/deg。

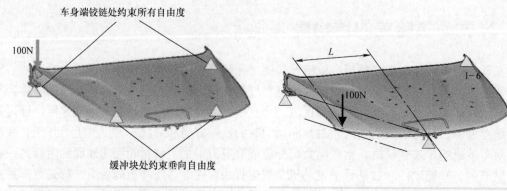

图 12.2 发动机舱盖角点刚度分析模型　　　　**图 12.3** 发动机舱盖扭转刚度分析模型

3. 发动机舱盖锁安装点刚度

发动机舱盖锁机构是它与车身连接的重要部件，锁机构本体及与发动机舱盖和车身连接处的刚度，是整个发动机舱盖正常工作的重要保证。所以，在项目开发阶段，CAE 预测及优化发动机舱盖侧锁机构连接处的刚度是很有必要的。

CAE 分析方法是约束铰链与车身连接处的六个自由度（所有平动和转动自由度），约束缓冲块的垂向自由度，在发动机舱盖锁扣上施加垂向 200N 的力，结果位移测量点为加载点，如图 12.4 所示。一般要求刚度大于 200N/mm，并且应力低于材料的屈服极限。

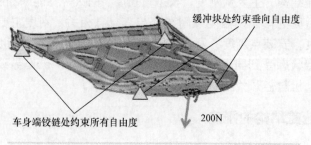

图 12.4 发动机舱盖锁安装点刚度分析模型

4. 发动机舱盖边梁刚度

发动机舱盖边梁是整个舱盖系统重要的载荷承载路径，对整个舱盖的性能有重要影响，控制好边梁的刚度，可以有效地控制发动机舱盖系统的模态，从而有效地规避发动机舱盖的 NVH 及耐久问题。

通常 CAE 仿真方法是：约束铰链与车身连接处六个自由度（所有平动和转动自由度），约束缓冲块垂向自由度，分别在边梁中心施加 180N 的力，结果位移测量点为加载点。如图 12.5 所示。设计要求一般为前梁刚度大于 65N/mm，后梁大于 60N/mm，边梁刚度大于 75N/mm。

5. 发动机舱盖侧向刚度

通常发动机舱盖一阶整体模态振型是侧向横摆，一般在 20Hz 左右，此频率与耐久路面激励传递到车身的频率接近，若发动机舱盖的固有频率太低，不能有效地避开路面激励频率，容易导致发动机舱盖疲劳开裂等问题。发动机舱盖的侧向模态与发动机舱盖本体的侧向刚度、铰链的侧向刚度，及连接处的刚度相关。对于发动机舱盖本体来说，控制发动机舱盖侧向刚度是控制其侧向模态的有效手段。

CAE 一般仿真方法是约束铰链与车身连接处六个自由度（所有平动和转动自由度），约束锁扣 Z 向自由度，在锁钩处施加侧向 180N 的力，结果位移测量点为加载点，如图 12.6 所示。一般要求最大变形小于 4mm，残余变形小于 1mm。

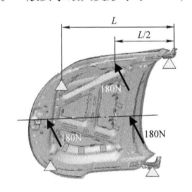

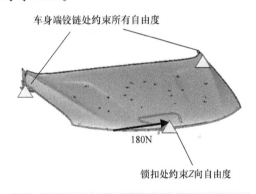

图 12.5　发动机舱盖边梁刚度分析模型　　**图 12.6**　发动机舱盖侧向刚度分析模型

6. 发动机舱盖外板抗凹

发动机舱盖外板作为外覆盖件，常常会受到消费者按压测试，所以控制发动机舱盖外板抗凹刚度是提升消费者感知质量的有效手段。

发动机舱盖抗凹性 CAE 仿真方法是约束铰链与车身连接处六个自由度（所有平动和转动自由度），约束缓冲块的垂向自由度，约束锁扣 2、3 自由度，使用直径为 100mm 的刚性圆柱盘按压发动机舱盖外板，要求表面刚度大于 30N/mm（易触摸区域）、20N/mm（不易触摸区域），200N 加载条件下无失稳发生，分析模型如图 12.7 所示。

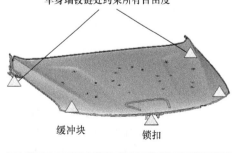

图 12.7　发动机舱盖外板抗凹分析模型

12.2.2 发动机舱盖结构的强度和疲劳

1. 发动机舱盖下拉强度

发动机舱盖在开启状态，一般由机械撑杆或者气撑杆支撑着，一旦出现人为误操作，向下猛然关闭舱盖，机械撑杆没有脱离发动机舱盖，气撑杆来不及压缩，此时撑杆会有一个比较大的反力作用在发动机舱盖连接点上。为了考察这个误操作工况，CAE 在产品设计阶段需要分析发动机舱盖下拉强度。

CAE 分析方法是约束铰链与车身连接处六个自由度（所有平动和转动自由度），约束撑杆与车身连接处的平动自由度，施加重力载荷，在发动机舱盖前角点施加沿运动方向的下拉力，一般要求塑性应变小于 0.2%，加载点变形小于 35mm，如图 12.8 所示。

2. 发动机舱盖过开强度

为了模拟发动机舱盖打开状态，风载荷沿车头到车尾方向作用在发动机舱盖上，CAE 在产品设计阶段需要分析发动机舱盖过开强度，具体的分析方法为：约束铰链与车身连接处所有平动和转动自由度，将发动机舱盖开至最大状态，在发动机舱盖边缘沿运动轨迹施加 135N 的力，卸载后残余变形小于 1mm，分析模型如图 12.9 所示。

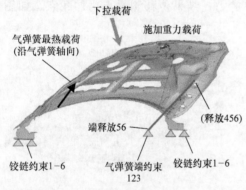

图 12.8　发动机舱盖下拉强度分析模型　　　　图 12.9　发动机舱盖过开强度分析模型

3. 发动机舱盖过关强度

发动机舱盖过关强度是模拟舱盖从开启最大角度自由下落至关闭这个误操作的过程。CAE 的仿真方法为：约束铰链与车身连接处六个自由度（所有平动和转动自由度），施加一个沿铰链轴线的角速度，使发动机舱盖前边缘的线速度达到 2.5m/s，关闭发动机舱盖，循环一次，如图 12.10 所示。设计要求关闭过程中发动机舱盖系统不能与相邻件（比如前保险杠、车灯等）发生干涉，发动机舱盖钣金件不发生失效开裂的情况，一般要求塑性应变小于 2%。

4. 发动机舱盖开闭疲劳

日常使用过程中，发动机舱盖开闭是一种常见操作，经过多次开关闭循环，保证发动机舱盖的结构耐久性能，是分析发动机舱盖开关闭耐久的目的。CAE 分析的方法一般为：约束铰链与车身连接处六个自由度（所有平动和转动自由度），施加一个沿铰链轴线的角速度，使发动机舱盖前边缘的线速度达到 1.5m/s，如图 12.11 所示。开关闭发动机舱盖，循环 2500 次，发动机舱盖钣金件及相关件不能开裂，功能件不能失效，一般要求寿命大于 100%。

图 12.10　发动机舱盖过关强度分析模型　　　　　**图 12.11**　发动机舱盖开闭疲劳分析模型

12.3　侧门的结构耐久分析

侧门是为驾驶人和乘客提供出入乘员舱的通道，并隔绝车外干扰，还要在一定程度上减轻侧面撞击，保护乘员。汽车的美观也与车门的造型有关。侧门的好坏，主要体现在车门的防撞性能、车门的密封性能及车门的开关便利性，当然还有其他使用功能的指标等。防撞性能尤为重要，因为车辆发生侧碰撞时，缓冲距离很短，很容易就伤到车内人员。

12.3.1　侧门结构的刚度

1. 侧门腰线刚度

侧门腰线刚度 CAE 仿真方法是约束铰链与车身连接处六个自由度（所有平动和转动自由度），约束锁扣及翻边，在腰线中心处内外板各施加 100N 的力，如图 12.12 所示。一般要求腰线加载点的最大变形小于 1mm。对于无框车门，腰线刚度目标要求更加严格。

2. 侧门后视镜安装点刚度

侧门后视镜模态频率如果控制不好，会造成后视镜在车辆高速行驶过程中出现抖动问题，提升后视镜安装状态下的模态频率的有效方法，就是提升后视镜安装点的刚度。所以，后视镜安装点的刚度是保证后视镜固有频率的基础。侧门后视镜安装点刚度 CAE 分析方法为：约束铰链与车身连接处六个自由度（所有平动和转动自由度），约束锁扣平动自由度，用 RBE2 连接车身安装点至镜面中心，在镜面中心施加 XYZ 三个方向各 300N 的力，结果位移测量点为加载点，如图 12.13 所示。一般要求刚度大于 300N/mm。

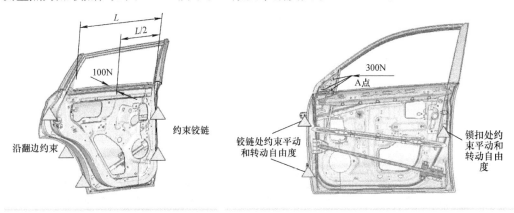

图 12.12　侧门腰线刚度分析模型　　　　　**图 12.13**　侧门后视镜安装点刚度分析模型

3. 侧门内板安装点刚度

侧门内板上一般会安装一些附件，比如说门内饰板、音箱、玻璃升降导轨和电动机等。为了保证附件安装过程顺利，以及附件安装在侧门上的模态，需要对内板上附件安装点的静刚度进行考察与要求。

车门内板安装点刚度 CAE 分析方法是：约束车身侧铰链处六个自由度（所有平动和转动自由度），约束锁扣三个平动自由度，在各内板安装点施加 300N 的力。图 12.14 ~ 图 12.16 所示的分别为侧门玻璃导轨安装点、音箱安装点、内饰安装点刚度分析模型。一般要求车门内饰安装点刚度大于 60N/mm，音箱安装点刚度大于 75N/mm，电动机安装点刚度大于 60N/mm，玻璃导轨安装点刚度大于 40N/mm，所有安装点刚度计算结果位移测量点为加载点；内饰安装点的刚度保证了内饰装上去后模态足够高，避免产生异响、表面刚度不足的情况发生；音箱安装点刚度是为了满足音箱安装后的模态，避免产生共振。

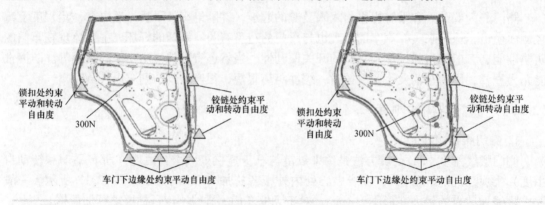

图 12.14   侧门玻璃导轨安装点刚度分析模型   图 12.15   侧门音箱安装点刚度分析模型

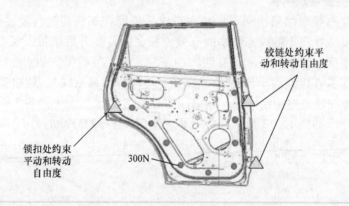

图 12.16   侧门内饰安装点刚度分析模型

4. 侧门扭转刚度

扭转刚度是车门的基本刚度性能，优异的整体刚度性能是车门整体性能的保证。一般在产品开发阶段需要考察车门的扭转刚度及设计要求。

车门扭转刚度 CAE 仿真方法：约束铰链与车身连接处六个自由度（所有平动和转动自由度），约束锁扣三个平动自由度，分别在车门上下加载点施加 Y 向 900N 的力，如图 12.17 所示。一般要求上加载点最大变形小于 10mm，下加载点最大变形小于 7mm。

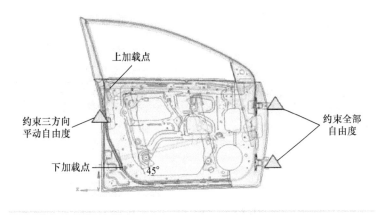

图 12.17　侧门扭转刚度分析模型

5. 侧门窗框刚度

整备车门模态一般来说第一阶模态就出现在窗框横摆，其实际物理意义与高速行驶中窗框的抖动以及风噪都有关系，而反映模态性能的基本因素就是系统的刚度，提升窗框的刚度是提升窗框模态的有效手段，在产品开发阶段需要使用 CAE 方法计算窗框刚度，并加以优化。

车门窗框刚度 CAE 分析方法是：约束铰链与车身连接处六个自由度（所有平动和转动自由度），约束锁扣六个自由度（所有平动和转动自由度），分别在车门窗框两角点施加 500N 的力，如图 12.18 所示。一般要求加载点最大变形小于 15mm，残余变形小于 1mm。

6. 侧门抗凹

覆盖件表面抗凹性能主要影响客户的感知质量，侧门作为外覆盖件，又是经常使用到的系统部件，感知质量尤为重要，需要考察其抗凹性能。CAE 分析方法：约束铰链车身侧安装点所有自由度，约束限位块处垂向平动自由度，约束锁安装点处除了沿锁钩滑动的其他所有

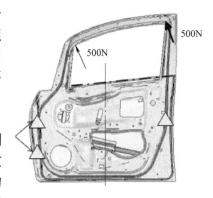

图 12.18　侧门窗框刚度分析模型

平动自由度，如图 12.19 所示。使用直径为 100mm 的刚性圆柱盘，在车门上多点（如图 12.20 所示）按压侧门外板，要求加载在 150N 以下时的瞬态刚度大于 20N/mm（门把手周边要求大于 30N/mm），加载到 200N 时没有屈曲发生。表面瞬态刚度的定义如图 12.21 所示。

12.3.2　侧门结构的强度和疲劳

1. 侧门下垂及过开强度

车门下垂和过开是车门系统中很重要的一个性能。当车门开启一定角度时，模拟人靠压在车门上面，使整个车门系统受到一个垂向或开启方向的载荷，此载荷通过一个力臂传递到侧门与车身连接处的铰链及限位器上，铰链及铰链安装点和限位器承受一个很大的载荷。为了保证此工况下，车门系统及铰链连接区域不发生失效，就需要在产品开发阶段考察车门下沉及过开工况。

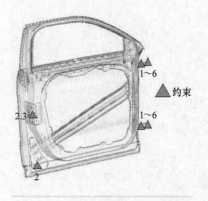

图 12.19　侧门抗凹分析边界条件　　　　图 12.20　多点按压侧门外板

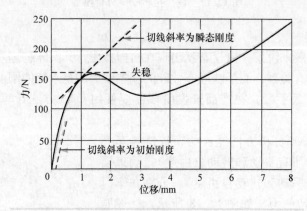

图 12.21　表面瞬态刚度的定义

车门下垂 CAE 仿真方法是：截取部分车身模型，及带内饰的车门模型，考察车门一般处于微开和全开两种工况。约束其边界所有自由度，约束车门锁开门方向自由度，沿垂向加 1000N 的力，如图 12.22 所示。一般要求加载点最大变形小于 10mm，残余变形小于 1mm。

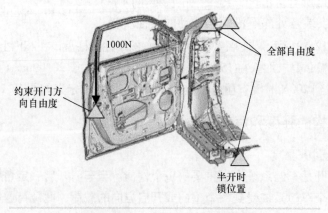

图 12.22　车门下垂的分析模型

车门过开 CAE 仿真方法是：截取部分车身模型及带内饰的车门模型，约束其边界所有自由度，沿开门方向加载 500N 的力，如图 12.23 所示。一般要求门锁垂向残余变形小于 1mm，车门与车身无干涉。

2. 侧门过关强度

侧门在日常使用过程中，可能会出现误操作的情况，猛关侧门。为了防止在此工况下，车门与相邻件发生干涉，以及车门本体发生失效，在车门开发阶段，需要考察侧门过关工况。

截取部分车身模型，约束其边界所有自由度，绕侧门铰链轴线沿关闭方向施加一个角速度，使锁安装点以速度 4m/s 关闭，如图

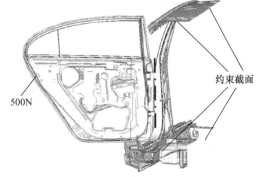

图 12.23　车门过开的分析模型

12.24 所示。钣金件之间不能有干涉，不能有结构开裂和功能失效，可以有小的塑性变形，一般要求钣金件的塑性应变不能超过 2%。

3. 侧门开闭疲劳

汽车日常使用过程中，开关车门是一个常见的操作，只要使用车辆，必定有车门开关，所以车门开闭耐久是一个重要的考察指标，必须保证车门及相关件不发生失效，维持车门的基本开闭功能。

CAE 分析车门开闭耐久的方法为：截取部分车身模型和整备车门模型，约束其边界所有自由度，绕侧门

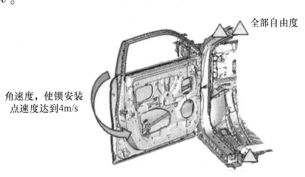

图 12.24　车门过关强度的分析模型

铰链轴线沿关闭方向施加一个角速度，使锁安装点速度达到 1.5m/s 关闭，如图 12.25 所示。前车门循环 10 万次，后车门循环 5 万次，不能有结构开裂和功能失效，一般要求寿命大于 100%，或者损伤小于 1.0。

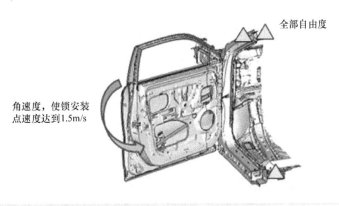

图 12.25　车门开闭疲劳的分析模型

12.4 行李舱盖的结构耐久分析

12.4.1 行李舱盖结构的刚度

刚度是一个系统的基本性能，它是模态性能的基础，较好的刚度性能既能保证结构耐久性能，又能提升系统的 NVH 性能。

1. 行李舱盖侧向刚度

行李舱盖侧向刚度 CAE 分析方法是：约束铰链车身侧安装点的所有自由度，约束一侧上角点 Z 向自由度，且在该位置施加侧向 220N 的力，如图 12.26 所示。一般要求加载点沿受力方向的最大变形小于 4mm，且行李舱盖不能与车身钣金件干涉。

2. 行李舱盖扭转刚度

行李舱盖扭转刚度 CAE 分析方法是：约束铰链车身侧安装点的所有自由度，约束一侧下角点 Z 向自由度，在另一侧下角点位置施加垂向 180N 的力，结果测量点为加载点，如图 12.27 所示。一般设计要求扭转刚度大于 100N·m/deg。

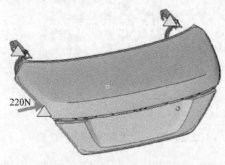

图 12.26　行李舱盖侧向刚度的分析模型　　　　图 12.27　行李舱盖扭转刚度的分析模型

3. 行李舱盖扇形刚度

行李舱盖扇形刚度 CAE 分析方法是：约束铰链车身侧安装点的所有自由度，约束两侧上角点 Z 向自由度，在下角点和中点位置施加侧向 220N 的力，结果测量点为加载点，如图 12.28 所示。一般设计要求刚度大于 60N/mm。

4. 行李舱盖角点刚度

行李舱盖角点刚度 CAE 分析方法是：约束铰链车身侧安装点的所有自由度，约束限位块车身侧所有自由度，约束锁安装点局部坐标下的平动自由度，在上角点施加垂向 220N 的力，测量点为加载点，如图 12.29 所示。一般要求刚度大于 50N/mm。

5. 行李舱盖抗凹

覆盖件表面抗凹性能主要反映客户的感知质量，行李舱盖作为外覆盖件，需要考察其抗凹性能。CAE 分析方法是：约束铰链车身侧安装点的所有自由度，约束限位块车身侧所有自由度，约束锁安装点局部坐标系的平动自由度，使用直径为 100mm 的刚性圆柱盘挤压行李舱盖外板，图 12.30 中的①、②为选取的按压位置。一般要求起始刚度大于 30N/mm，150N 时变形小于 7.5mm，200N 内没有屈曲发生。

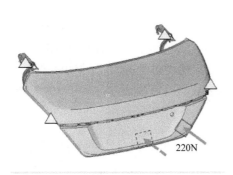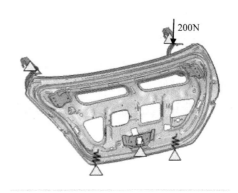

图 12.28　行李舱盖扇形刚度的分析模型　　　　**图 12.29**　行李舱盖角点刚度的分析模型

12.4.2　行李舱盖结构的强度和疲劳

1. 行李舱盖过开强度

行李舱盖在开启状态下，偶尔误操作会继续向上推起行李舱盖，此时需要考察舱盖的强度性能，误操作舱盖后相关结构件不能发生失效，舱盖不可以与车身及附件干涉。

CAE 分析方法是：约束铰链车身侧安装点的所有自由度，打开行李舱盖到最大角度状态，在锁安装点施加沿行李舱盖打开方向的切向力 135N，如图 12.31 所示。一般要求卸载后加载点残余变形小于 1mm。

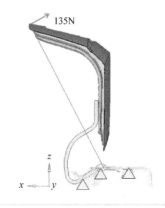

图 12.30　行李舱盖抗凹分析的模型　　　　**图 12.31**　行李舱盖过开强度分析的模型

2. 行李舱盖过关强度

行李舱盖在日常使用过程中，可能会出现误操作，猛关行李舱盖，此时需要考察行李舱盖是否与周边件干涉，盖钣金结构不得失效开裂。

CAE 分析方法是：约束铰链车身安装点的所有自由度，约束密封条车身侧所有自由度，约束限位块车身侧安装点的所有自由度，约束锁车身端平动自由度，沿侧门铰链轴线沿关闭方向施加一个角速度，使锁安装点速度达到 3m/s 关闭，如图 12.32 所示。要求钣金件之间不能有干涉，不能有结构开裂和功能失效，只允许有小的塑性变形，一般要求钣金件的塑性应变不能超过 2%。

3. 行李舱盖关闭疲劳

为了满足行李舱盖日常使用，模拟正常关闭操作过程，需要仿真行李舱盖关闭疲劳过程。

CAE 仿真方法：约束铰链车身安装点的所有自由度，约束密封条车身侧所有自由度，约束限位块车身侧安装点的所有自由度，约束锁体车身侧局部坐标下的平动自由度，绕行李舱盖铰链轴线施加一个关闭方向的角速度，使锁安装点速度达到 1.1m/s 关闭，循环 4 万次，如图 12.33 所示。设计要求不能有结构开裂和功能失效。一般要求寿命大于 100% 或者损伤小于 1.0。

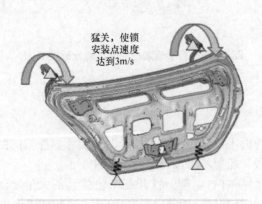
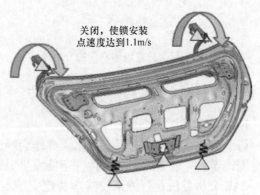

图 12.32　行李舱盖过关强度分析的模型　　图 12.33　行李舱盖关闭疲劳分析的模型

12.5 后背门的结构耐久分析

12.5.1 后背门结构的刚度

1. 后背门侧向刚度

后背门侧向刚度 CAE 仿真方法是：约束铰链车身侧安装点的所有自由度，约束锁安装点局部坐标下的垂向自由度，在锁扣（采用刚性单元模拟锁体）施加侧向力 500N，如图 12.34 所示。一般要求加载点的最大变形小于 15mm，残余变形小于 2mm。

2. 后背门弯曲刚度

后背门弯曲刚度 CAE 仿真方法是：约束铰链车身侧安装点的所有自由度，约束气撑杆或电动撑杆安装点纵向自由度（需建立局部坐标系），在锁安装点施加纵向力 300N，如图 12.35 所示。一般要求加载点处刚度大于 30N/mm。

3. 后背门扭转刚度

后背门扭转刚度 CAE 仿真方法是：约束铰链车身侧安装点的所有自由度，约束一侧下角点，在另一侧施加纵向力 267N，如图 12.36 所示。一般要求相对扭转角小于 1.8°，卸载后相对扭转角小于 0.4°。

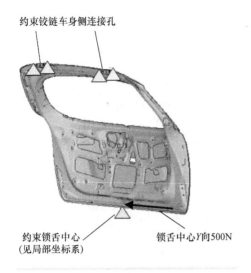

| 图 12.34　后背门侧向刚度分析的模型 | 图 12.35　后背门弯曲刚度分析的模型 |

12.5.2　后背门的强度和疲劳

1. 后背门过开强度

后背门在开启状态下，偶尔误操作会继续向上推起后背门，此时需要考察后背门的过开强度性能，误操作下后背门周边相关结构件不发生失效，且后背门不允许与车身及附件干涉。

后背门过开强度 CAE 仿真方法是：约束铰链车身侧安装点的所有自由度，约束气撑杆或电动撑杆车身侧安装点平动自由度（需建立局部坐标系），后背门开启至最大角度位置，在锁体安装点施加沿开启方向的力 220N，如图 12.37 所示。一般要求加载点最大变形小于 15mm，卸载后残余变形小于 2mm。

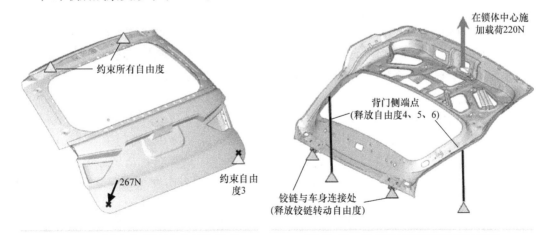

| 图 12.36　后背门扭转刚度分析的模型 | 图 12.37　后背门过开强度分析的模型 |

2. 后背门自重强度

后背门自重强度 CAE 仿真方法是：约束铰链车身侧安装点的所有自由度，将后背门调整至开启位置，约束气撑杆或电动撑杆后背门安装点 1、3 自由度（需建立局部坐标系），施加重力载荷，如图 12.38 所示。一般要求结构上的最大应力小于材料的屈服极限。

3. 后背门制动强度

当车辆制动时，后背门会受到车辆前进方向的惯性力。为了考察此惯性力产生的加速度对后背门的影响，需要考察制动工况后背门的强度。

CAE 分析方法是：约束铰链车身侧安装点的所有自由度，将后背门打开至最大状态，约束气撑杆或电动撑杆与车身的安装点 1、2、3 自由度，施加沿 $-X$ 方向的 $3g$ 惯性载荷，如图 12.39 所示。一般要求结构上的应力小于材料的屈服强度，锁体安装点的 X 向变形小于 1mm。

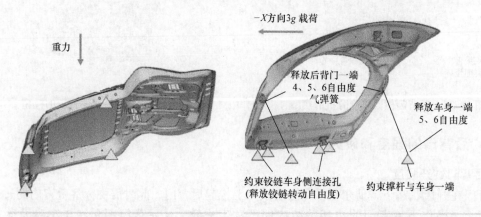

图 12.38 后背门自重强度分析的模型   **图 12.39** 后背门制动强度分析的模型

4. 后背门过关强度

后背门在日常使用过程中，可能会出现猛关后背门的误操作，此时需要考察后背门是否与周边件干涉，后背门钣金结构不允许发生开裂。

CAE 分析方法是：约束铰链车身安装点的所有自由度，约束密封条车身侧所有自由度，约束限位块车身侧安装点的所有自由度，约束锁车身侧平动自由度（需建立局部坐标系），绕着铰链轴线施加一个关闭方向的角速度，使锁安装点在关闭瞬间速度达到 3m/s，如图 12.40 所示。设计要求钣金件不能有干涉，不能有结构开裂和功能失效，一般要求钣金件的塑性应变不能超过 2%。

5. 后背门关闭疲劳

为了满足后背门日常使用，模拟正常关闭操作过程，需要仿真后背门关闭疲劳。

CAE 仿真方法是：约束铰链车身安装点的所有自由度，约束密封条车身侧所有自由度，约束限位块车身侧安装点的所有自由度，约束锁车身侧平动自由度（需建立局部坐标系），绕着铰链轴线施加一个关闭方向的角速度，使锁安装点速度达到 1.1m/s 关闭，开关循环 4 万次，如图 12.41 所示。设计不能有结构开裂和功能失效，要求寿命大于 100% 或者损伤小于 1.0。

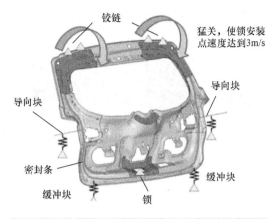

图 12.40　后背门过关强度分析的模型

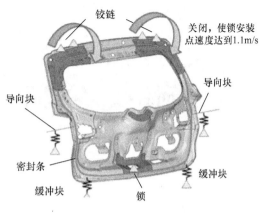

图 12.41　后背门关闭疲劳分析的模型

发动机结构的
耐久分析

第13章

13.1 概述

汽车发动机作为汽车动力的核心部件，因为需要长时间在高温、高压的环境下高速运转，所承受的载荷极其复杂。尤其随着对降低油耗的进一步需求，涡轮增压和直喷的广泛应用，发动机的运行温度和压力也越来越高，对发动机结构的要求也越来越苛刻。

一个高质量的发动机设计往往需要从多个方面考虑，有时为了平衡各方面性能，也不可避免地牺牲某些方面的性能。影响发动机设计的主要因素有以下几个方面：重量、性能（单位输出功率和反应速度）、排放、NVH、成本等。但无论什么样的发动机，其结构设计是基础，关系到该发动机能否满足各项设计指标和发动机可靠性的要求。

在讨论发动机结构耐久性分析之前，必须做到有的放矢，必须了解发动机的总体设计过程。当然这里不是要详述发动机的整个设计过程，而是简要介绍发动机在各个设计环节上的先后次序。由此了解发动机结构的主次关系，这样在结构分析中，就可以从系统上了解它们之间的主次和必要关系。

图 13.1 是一个发动机结构的示意图。首先，发动机设计从发动机的性能设计要求出发。

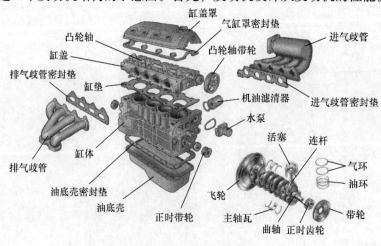

图 13.1 发动机示意图

缸盖上燃烧室、气门、进排气通道的设计，以及火花塞和喷油器的布置位置，缸体上气缸的大小，发动机冲程等，会直接影响到发动机的燃烧性能和功率。所以，它们是发动机在初期设计阶段就要定下来的。这些设计在发动机的后续设计中，一般不可以再进行改动，否则会影响整个发动机的研发设计周期。所以，在发动机先期的燃烧性能设计时，同样需要考虑后期结构对耐久性的需求。例如，从燃烧性能角度来说，气门越大越好，但是受到气缸孔径的限制。如果气门过大，必然使气门之间，以及气门和火花塞、喷油器孔之间的结构厚度会降低。这会直接影响缸盖水套的设计，进而导致结构的耐久性问题。

一旦发动机性能的设计要求确定以后，就可以依据发动机各种技术需求进行整体结构设计。发动机设计还包含曲轴系统、正时系统的安装结构，以及供/回油路系统的设计。最后，就是外部的其他部件的安装结构设计。

发动机的结构不仅关乎发动机的结构耐久性，同时对发动机的其他性能也会产生很重要的影响，例如活塞的窜气和摩擦，曲轴和凸轮轴的摩擦，气门的密封性等。在发动机运行过程中，这些都会直接影响到发动机的燃烧效率、油耗以及机油消耗量等。所以，发动机的结构设计，尤其是发动机的缸盖、缸体设计，不仅决定了一个发动机的结构耐久性，同时它们也是决定一个发动机性能优劣的基础。

影响发动机结构耐久性能的载荷主要有两类。一类是燃气燃烧导致的高温和高压引起；另一类是因结构的机械振动导致的。第 9 章已经介绍了发动机结构所承受的主要载荷。这些载荷根据加载的周期性可分为恒定载荷、低频载荷和高频载荷。比如，发动机安装时各种螺栓产生的预紧力就属于恒定载荷。由燃气产生的燃气爆发力和由此产生的各种力（比如活塞对缸壁的侧压力，曲轴系统加在缸体结构上的曲轴载荷，以及正时系统加在缸盖结构上的各种载荷等）是发动机燃烧做功产生的载荷，因其高频特性而属于高频载荷。同时，因为发动机运行时活塞和曲轴系统的高速运动产生的振动，和来自于发动机以外的振动，对发动机产生的振动载荷也都属于高频载荷。由高频载荷导致的结构失效多属于高周疲劳问题。而由燃烧产生的热载荷，当发动机运行达到一个稳态，其各个部位的温度在发动机的整个运行过程中也就相对稳定。即使发动机运行状态有所变化，但结构温度的变化也不会很大。往往从发动机点火、运行到熄火，发动机自身温度从环境温度达到高点稳态，再回到环境温度，发动机相当于受到一个低频热冲击，所以热应力属于低频载荷。

根据受力情况和功能需求，所有发动机的问题可以归结为以下几类，即高周疲劳、低周疲劳、结构过载变形和密封性问题。

在发动机将燃料化学能转化成机械能，并将机械能从直线运动转化为旋转运动的过程中，所有涉及的结构都会到高频载荷——燃气爆发力的影响，因此这些结构都存在高周疲劳的风险。

对于发动机自身的热载荷，虽然发动机普遍都有水冷系统，但发动机结构的复杂性和热分布的不均匀性，导致热应力分布非常不均，从而导致一些局部的大变形。这是导致发动机低周疲劳的主要原因。因为热载荷是主要原因，所以也称热机械疲劳（Thermal Mechanical Fatigue，TMF）。

因为有力就会有变形，过大的变形会导致摩擦，增加机油损耗并影响燃烧效率，并导致发动机永久而不可逆的损坏。这其中包括缸体的变形、气门座的变形、缸体曲轴孔变形和错位，以及缸盖凸轮轴孔的变形和错位。比如缸体的变形会直接影响到活塞环的密封性，活塞环的密封性不好，会导致气缸窜气过高、烧机油、燃料对机油的稀释，以及增加发动机的摩擦损耗等众多问题。

对于结构的变形，由燃气爆发力以及由爆发力产生的其他高频载荷，对发动机产生的变形相对较小（在发动机的结构耐久性需求上说，高频载荷产生的力都应该属于小变形范围，否则它将大大降低结构的疲劳寿命）。因为这些力都属于高频载荷，所以其产生的结构变形也属于瞬态变形。由这些高频载荷导致的变形，不会对发动机整体性能产生很大的影响。但发动机安装时产生的各种预紧力，以及燃烧产生的热载荷，对发动机的变形影响很大。所以，在发动机的结构变形分析中，只考虑预紧力和热载荷，一般不考虑燃气爆发力等高频载荷。

对于发动机来说，结构变形不仅对疲劳有很大影响，对发动机的性能也会产生很大的影响。可能的影响如下。

1）燃烧室密封不好，包括气门的密封性和活塞环的密封性，会直接影响燃烧效率，导致气缸失火，而且也可能导致结构局部过热而引发爆燃，影响发动机的输出功率，并影响排放控制。同时，会导致在压缩行程，燃气过多泄漏到排气通道或者曲轴箱中，导致排气通道内的燃气二次燃烧，增加结构的局部温度，或者燃气和机油混合，导致机油稀释，从而影响机油的功能。

2）缸体、缸套变形大，会影响到活塞环的密封性，除了影响燃烧室的密封性，还会影响发动机的机油消耗率，增加发动机的摩擦损耗。另外，密封性不好也会导致活塞环温度过高，恶化由于缸套变形过大而导致的活塞环额外磨损的情况。

3）曲轴孔的变形会引发曲轴孔之间的错位。这些都会影响曲轴和轴瓦之间的间隙，影响润滑油膜的形成，从而导致曲轴和轴瓦的磨损，严重时会导致曲轴咬合、锁死现象。

13.2　缸盖的结构耐久分析

13.2.1　缸盖相关的失效形式

缸盖作为发动机中结构最复杂的部件之一，在结构上要支持不同类型的四种流体介质（燃油和空气以及燃烧后废气的混合气体、冷却液、润滑油）的正常和绝对隔绝的有效流动，同时要支持燃烧系统，包括进/排气通道、气门系统、喷油器、火花塞等，还有正时系统的工作。

如图13.2所示，缸盖在结构上包括燃烧室，水套，进/排气歧管，集成式排气歧管（integrated exhaust manifold，IEM），正时系统的相关结构（包括凸轮轴轴承座、气门弹簧支撑结构和液压气门间隙调节器支撑结构）。

在结构上，缸盖要支持不同类型的四种流体介质的正常和非交互的有效流动。这其中有支持燃油、空气以及燃烧后废气排放的结构，它们直接影响到发动机的燃烧性能。有支持冷却液的结构，用于带走因为燃烧产生的热，限制过高的材料温度以保护缸盖。还有支持机油的结构，用于引导机油的流动以支持需要润滑的部件和区域。缸盖的设计要从结构设计的角度系统地考虑这四类流体介质的需求，进行优化设计，以保证各流体介质的优化流动，来满足发动机功能上的需求。

缸盖的主要失效形式有以下几类：

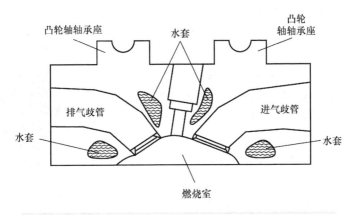

图 13.2　缸盖截面示意图

1）高周疲劳导致的断裂。

2）低周疲劳导致的断裂。

3）因为缸盖结合面过大变形导致的缸垫密封失效和疲劳断裂。

4）因为气门座的过大变形影响到正常燃烧，并导致发动机的输出功率降低，影响排放控制及导致气缸失火，而且也会因为结构局部过热而引发爆燃现象等。

5）因为缸盖整体变形过大，导致各凸轮轴孔轴线之间的过度错位，从而加剧凸轮轴磨损。

缸盖的结构因为受高温、高压的作用，根据疲劳主要诱因的不同，又主要分为受燃烧产生的爆发力导致的高周疲劳，和由高温产生的热应力导致的低周疲劳。由燃气爆发力主导的高周疲劳，主要起始于缸盖的水套一侧。尽管燃气爆发力直接作用在燃烧室，但因为燃烧室一侧在燃气爆发力和热载荷的作用下，均处于受压状态。对于高周疲劳来说，裂纹在受压的情况下不易产生和扩展，所以燃烧室一侧一般不会有高周疲劳的风险。同时，正时系统在发动机运行过程中作用在缸盖上的载荷，也可能会导致正时系统相关结构的高周疲劳问题。

而对于热机械疲劳来说，因为材料进入屈服并伴随着大变形，其材料破坏的物理机制与高周疲劳不一样。即使材料受压，裂纹也会随着变形的积累沿受力的剪切带形成和扩展。所以，由热载荷主导的低周疲劳则大多发生在缸体的燃烧室一侧和缸体的排气通道上。因为这两个位置是缸体温度最高的地方，同时也是结构最不均匀、最复杂的区域。

缸盖结构因安装预应力和工作热载荷，会导致缸盖一定的变形。从功能上说，这种变形对于缸盖的很多部分影响不大，但对如下部分会产生很大的影响，这包括：

1）气门与气门座的闭合性。

2）缸盖/缸体结合面的平面度。

3）凸轮轴孔的错位。

缸盖的这些结构，从功能上来说对变形非常敏感。这些也会在后续的章节中具体展开介绍。

13.2.2　缸盖的高周疲劳分析

1. 有限元模型建立

对于发动机的高周疲劳，最主要的测试就是发动机耐久性测试。CAE 分析需对峰值功率转速下缸盖及缸体各缸交替承受峰值爆压的工况进行模拟。高周疲劳的 CAE 分析需分两步：首先对缸盖及缸盖在装配、热及各缸爆压工况下的应力进行有限元求解，然后再使用疲劳分析软件，结合材料的 S – N 曲线，对结构进行疲劳分析。在有限元建模过程中，可以根据高周疲劳主要驱动载荷所影响区域进行简化。比如分析主要受燃气爆发力影响的区域时，CAE 建模中就可以忽略气门正时系统，包括凸轮轴盖和凸轮轴盖螺栓等。简化模型的另一个标准就是减少不必要的部件，以避免复杂的接触关系。所以缸盖结构分析一般只包括缸盖、缸体（和缸套）、气门座和气门导管、缸盖螺栓和缸垫。图 13.3 显示了一个缸盖结构的主要零部件构成。

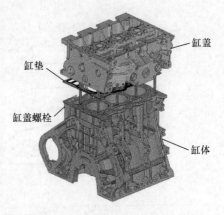

图 13.3　缸盖结构分析模型示意图

包括气门座和气门导管的原因是：

1）气门座和气门导管与缸盖之间有过盈配合，会在缸盖上产生预应力。

2）缸盖高周疲劳的模型往往也可以用来分析气门和气门座的变形和错位问题。

2. 属性设置

由于缸盖及缸体在工作中承受高温，因此所有材料参数的设置需要考虑随温度而变化。对高周疲劳分析而言，需设置从室温到 300℃ 范围内的弹性模量、泊松比及线膨胀系数。如果能够提供弹塑性材料的塑性应力应变曲线，会使计算更为准确，若缺少此部分参数的设置，也可以在高周疲劳中通过 Neuber 方法进行修正。对于传热分析而言，也需要对各零件材料在从室温到 300℃ 内的热导率（导热系数）进行设置。

缸垫相当于非线性弹簧，基于从缸垫的功能考虑，在分析建模中缸垫以一维单元取代，即分析上主要模拟缸垫在厚度方向上的特性，简化其横向的力学特性。大多缸垫的供应商都有能力提供缸垫的不同密封带的负载 – 挠度曲线（LD Curves），以及不同密封带的初始间隙。图 13.4 所示是一个典型的缸垫不同密封带的线载荷 – 挠度曲线。在有限元分析中，必须将该部分属性准确地赋予到每段密封带中。缸垫部分的介绍将在后续的密封章节中详细展开。

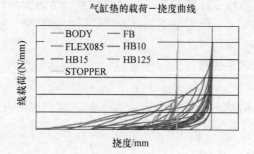

图 13.4　缸垫不同密封带的线载荷 – 挠度曲线

3. 边界设置

发动机的结构应力分析中，所有载荷以静态载荷形式加载。分析中，载荷加载的次序应该遵循发动机的实际受力过程。从发动机的安装步骤，到发动机运行过程中各个气缸的燃烧顺序。作为参考，以下是一个典型的发动机缸盖结构应力分析中的设置。

第一步，模拟发动机安装时的气门座和气门导管的压装过程。

在有限元中，过盈量一般通过接触设置中的 Interference 进行加载，预应力状况如图 13.5 所示。

第二步，加载螺栓预紧力。

缸盖螺栓连接缸盖、缸垫及缸体。缸盖螺栓通常使用转角法拧紧进入屈服段。具体的螺栓预紧力（图 13.6）计算可参考 9.3.1 节。在结构耐久分析中，一般取最大螺栓力进行计算。

图 13.5 气门座圈安装预应力状况（彩色图见书尾）

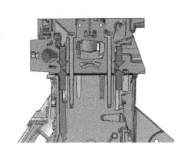

图 13.6 缸盖螺栓预紧力（彩色图见书尾）

第三步，以位移控制约束螺栓的当前预紧力。

第四步，施加热载荷。

缸盖的热应力计算需预先完成传热分析。传热分析使用应力分析相同的有限元网格，并在燃烧室、水套、机油及空气散热位置施加换热边界。对于高周疲劳分析，需考察缸盖在最大功率转速下的热应力。因此，在通过 CFD 进行边界计算时，需相应的设置为该工况下的计算输入。计算完成的温度分布如图 13.7 所示。

第五步，依照发动机各气缸的燃烧顺序加载燃气爆发力和对应载荷。

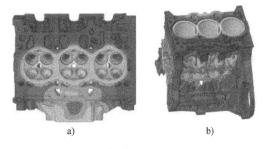

a)   b)

图 13.7 缸体、缸盖的温度分布（彩色图见书尾）
a）缸盖温度场 b）缸体温度场

燃烧室的爆发压力会加载在所有与燃气接触的表面，包括缸盖燃烧室、气门座、气门、火花塞和喷油器表面，如图 13.8 所示。但在分析中，为简化模型，一般不包括气门、火花塞和喷油器。这样加载在这些部件上的燃气压力，必须以等效的方式加载在缸盖的相应区域。其目的是要保证在分析中，总加载的力应该近似等于燃烧室的投影面积乘以燃气爆发压力。例如，对于作用在气门上的作用力，可以将其转化为等效压力 P_{seat}，作用在气门与气门座工作面接触的表面，如式（14.1）和图 13.9 所示。

$$P_{seat} = \frac{P_{comb} \times R_{out}^2}{R_{out}^2 - R_{in}^2} \tag{13.1}$$

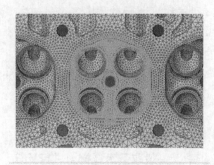

图 13.8   缸盖燃烧室爆发压力
作用位置（彩色图见书尾）

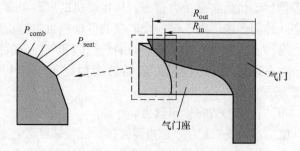

图 13.9   气门座圈上的等效载荷

在燃气爆发压力最大时刻，还需再对应缸筒活塞顶面位置以上施加爆发压力，如图 13.10 所示。

第六步：卸除燃气爆发压力。

第四步以后的载荷步骤代表了发动机实际运行过程中一个周期的受力过程。如果分析中使用了非线性材料，这些代表发动机一个周期受力的步骤，建议再施加一次非线性属性，以此考虑非线性变形的不可逆性，以及加载和卸载过程的不同。分析中也可以把缸盖螺栓预紧力的松弛考虑进去。但如前所述，最大的缸盖螺栓预紧力对于缸盖的高周疲劳分析来

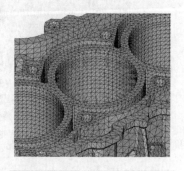

图 13.10   缸筒上爆发压力的施加
（彩色图见书尾）

说较为保守，所以这里没有考虑缸盖螺栓预紧力的松弛。

对结构应力分析结果的验证，主要是依据各种载荷的平衡性，验证各种载荷加载是否正确，以及各载荷变化的合理性。对于缸盖高周疲劳应力分析来说，燃烧室所受到的燃气爆发压力总和的理论值是

$$P_{exp} = p_{max} \times A_{eff} \tag{13.2}$$

式中 p_{max}——最大燃气爆发压力；

　　　A_{eff}——燃烧室有效投影面积。

而对于燃烧室的燃气爆发力，螺栓力和缸盖刚体结合面的接触力应该与之平衡。所以，可以通过验证分析每个步骤中，缸盖螺栓力和缸垫的压力总和，与燃气爆发力理论值的误差，来判断模型中所有载荷在不同载荷加载步骤的变化是否合理。如前所述，在实际 CAE 建模中，燃气爆发力的加载会有一定的误差，但在和理论值的比较中，这种误差应该控制得越小越好。同时，通过力平衡的检查，也可以检验各个螺栓力的变化是否合理。如图 13.11 所示，就是一个典型的缸盖应力分析中螺栓力的变化曲线图。

4. 高周疲劳分析

因为高周疲劳分析主要受循环交变载荷的影响，在疲劳分析中，只需要发动机试验时的循环载荷步骤。而且缸盖的高周疲劳分析以计算疲劳安全因子为主，要求缸盖强度设计达到无限寿命要求。以前面缸盖结构应力分析每步载荷设置为例，高周疲劳中只需要考虑第五步及第六步的应力结果。如果使用了非线性材料，则选择最后一个代表发动机一个周期受力的

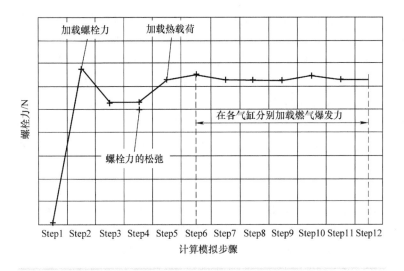

图 13.11　发动机运行过程中缸盖螺栓力的变化

步骤。在疲劳影响因子的考虑上，必须要考虑温度、平均应力、表面粗糙度及存活率对疲劳计算的影响。一个典型的缸盖高周疲劳分析结果如图 13.12 所示。

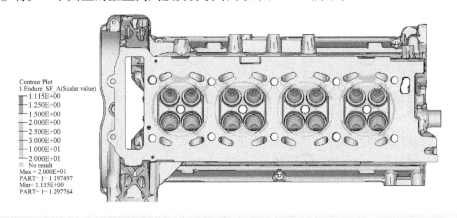

图 13.12　缸盖燃烧室表面高周疲劳安全系数分布

5. 影响缸盖结构耐久性分析可靠性的因素

发动机在实际运行过程中，由燃气爆发力产生的各种机械载荷都是高频的动态载荷，但为了 CAE 分析的效率以及可行性，这些高频的动态载荷被简化，并以静态载荷的方式加载在结构上。动态能量平衡的问题变成了准静态平衡的问题。CAE 分析本身就是一种近似的分析方法。在 CAE 分析中，除了所用载荷被简化为静态载荷以外，还有以下几类可能对 CAE 分析结果的可靠性产生影响的因素。

（1）实际载荷的波动性

CAE 分析中所使用的各种载荷，是以设计指标和分析软件进行模拟分析的结果。实际上，发动机安装时的各种载荷，会受安装误差和各种公差的影响，有一个浮动区间。在分析中，从保守的角度，这些安装载荷多以最大可能载荷加载。

对于热载荷，即温度场，因为温度场的分析模拟也为近似模拟，除了由于现有分析软件的局限性，还因为在燃烧的分析中很难将气门的不完全密封性和气缸的窜气考虑进去。比如，燃烧的模拟都以燃烧室的完全密闭为条件，一般不考虑因为气门的漏气导致的燃气在排气通道的二次燃烧。还有冷却液的流体模拟中，对核态沸腾的近似模拟。这些都会对温度场，尤其是一些局部温度梯度的模拟产生很大影响。由于诸多的原因，温度场的模拟常常影响到发动机结构耐久分析的可靠性。

至于燃气爆发力，在分析中也多以设计最大值（平均值加 2~3 Sigma）加载。但实际发动机的试验中，因为各种原因（比如燃烧室的气密性、爆燃等），实际燃气爆发力会与实际加载值有一定的出入。

（2）局部材料的波动性

对于缸盖和缸体这类铸件来说，在铸造过程中，由于各个区域的冷却速度不同，导致材料结晶不均匀，从而影响到材料的微观结构（比如二次枝晶臂间距、SDAS）。这不光会影响到材料的应力－应变关系，而且主要会影响到材料的抗疲劳强度。而且根据铸造过程，以及铸件结构的复杂性，各种铸造的瑕疵（比如金属氧化颗粒，气孔等）都会对材料的特性产生影响。这些缺陷大多数都很难在结构的耐久性模拟中考虑进去。

现在也有通过模拟铸造过程，根据模拟的二次枝晶臂间距来预测材料的抗疲劳强度，来减小因为材料特性的波动性，而导致疲劳分析不准确的方法。但铸造过程的模拟本身就很复杂，现有的模拟软件（比如 MAGMA）也只能从整体上和方向上到达一定的模拟目的。但通过它预测材料的特性，以及根据二次枝晶臂间距来预测材料的抗疲劳强度，都还是一个很有挑战的课题。

所以在分析中，从保守的角度出发，材料的疲劳特性一般采用平均值 -3Sigma，而得到材料疲劳特性的 Sigma 值，本身就需要大量的试验数据做依据。对于不同的疲劳分析软件，对如何采用材料疲劳特性的平均值 -3Sigma，在方法也有所不同。比如 Fe - Safe 是直接指定并使用材料疲劳特性的平均值 -3Sigma。FEMFAT 疲劳计算软件相对要灵活一些，其材料一般为平均值，但它可以通过设定存活率来实现调节。

（3）结构的残余应力

对于缸盖和缸体这类铸件来说，因为结构的复杂性，在铸造和热处理的过程中会产生残余应力。它对疲劳分析也会产生很大的，甚至是质的影响。所以现在，残余应力的分析也越来越受到重视，并被引入结构的耐久性分析中。因为铸造和热处理过程的复杂性，以及材料的波动性，准确模拟残余应力依旧是一个非常有挑战的课题。但即使是简化的残余应力分析方法，在方向上能大致反映结构对残余应力的影响，对结构的耐久性分析来说，也能从定性的角度提高疲劳风险评估的指导意义。

总而言之，CAE 分析本身就是一种近似的分析方法。既然作为一个近似的分析方法，CAE 分析的主要目的就是模拟问题的基本物理本质，在抓住主要矛盾的前提下，对结构的设计起到辅助的目的。为了充分发挥 CAE 的辅助设计作用，在设计阶段能预先预测并防范可能的耐久性问题，就需要了解这些各种可能对 CAE 分析结果产生影响的因素，并在做耐久性评估时综合考虑。

13. 2. 3   缸盖的低周疲劳分析

缸盖的低周疲劳分析模型可沿用高周疲劳分析模型。对于发动机的热机械疲劳，因为材料所经历的温度以及变形会较大，采用黏弹塑性本构模型（比如 Chaboche 模型）将是最佳选择。但黏弹塑性本构模型的建模需要大量的试验数据支持，以及复杂的试验数据处理，所以有时在数据缺乏的情况下，也可以牺牲一定的精确性而使用复合硬化弹塑性（Isotropic - Kinematic Combined）本构模型。

对于缸盖的低周疲劳分析，主要有以下步骤。

1. 载荷边界设置

缸盖的热疲劳分析可通过以下加载步骤实现。

第一步，模拟发动机安装时的气门座和气门导管的压装过程（同高周疲劳分析）。

第二步，加载螺栓预紧力（同高周疲劳分析）。

缸盖螺栓连接缸盖、气缸垫及缸体。缸盖螺栓常使用转角法拧紧进入屈服段。具体的螺栓预紧力（图 13.6）计算参考 9.3.1 节。在结构耐久分析中，一般取最大螺栓力进行计算。

第三步，以位移控制约束螺栓的当前预紧力。

第四步，施加热载荷。

第五步，冷却至室温。

第六 ~ 第九步，重复第四步及第五步，共进行冷热循环至少 3 次，以达到材料的稳定状态。

2. 低周疲劳分析

利用疲劳分析软件的应变疲劳分析模块，对最后一个循环的交变应变进行疲劳分析。图 13.13 是基于 sehitoglu 理论得到的缸盖燃烧室附近的损伤结果。损伤值的倒数即为工作寿命。一般工作寿命需大于发动机整个生命周期内的冷热冲击循环次数的要求。

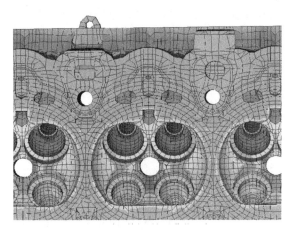

图 13.13 基于 sehitoglu 理论计算得到的损伤值

13.2.4 缸垫的密封性分析

发动机的密封问题是一个技术要求高且复杂的问题。在发动机的密封设计中，各种不同设计的和不同类型的密封材料被使用。作为发动机的关键性部件，密封是保证发动机高效、安全运行，以及保证燃油经济性的重要因素。

发动机密封部件的主要任务，是保证发动机内各种不同流体介质（燃气和废气、冷却液、机油）相互之间以及和外部的绝对隔离。同时像缸垫，它会影响到缸盖螺栓预紧力和发动机燃烧室内爆发力在缸盖和缸体之间的压力分布，对发动机关键部位的变形以及结构疲劳产生重大的影响。

随着密封技术的发展，现代发动机的密封性要比早期发动机的密封性更可靠。同时也因为现在用户对发动机密封性更高的要求，现代发动机的密封系统需要并能够在发动机整个使用寿命期间，承受各种高温高压的工作环境，以及流体介质的高侵蚀性，并保证其可靠性。

一般来说，发动机的密封形式包括：多层钢垫片（Multi - layer Steel Gasket，MLS）密封垫圈、RTV（Room Temperature Vulcanizing）密封胶和 O 形密封圈。

RTV 密封胶和 O 形密封圈多用于常温和非高温的低压流体介质的密封，其成本也较低。在分析上，主要是考虑部件不同的设计公差条件下，在载荷和结构变形的作用下，如何保证在密封结合面上，被密封部件之间的相互位移不要过大，以至破坏密封性。比如 RTV 密封胶，部件在密封结合面上的部分在载荷和整体结构变形的情况下，如果部件之间产生过大的分离或者剪切位移，都可能撕裂破坏 RTV 密封胶，使其失去密封的功能。对于 O 形密封圈，在不同的设计公差条件下，如果部件在载荷和可能的结构变形作用下，部件结合面之间的预紧力过于松弛，就可能导致 O 形密封圈上密封压力低于设计值而导致密封失效。

多层钢垫片式密封垫圈设计上要比其他的密封方法复杂而且成本要高得多，它主要用于发动机高温区域的密封问题。除了耐高温，多层钢垫片式密封圈也可以抵抗更高流体介质的压力。缸垫是多层钢垫片式密封圈在发动机上的一个最重要的应用。除此以外，多层钢垫片式密封圈还广泛用于缸盖和排气歧管或者涡轮等高温部件之间的结合部位。下面主要介绍缸垫的密封分析。

1. 缸垫的设计

现在发动机的设计中，多层钢垫片的缸垫设计（如图 13.14a 所示）被广泛应用。这种缸垫的优点在于耐高温、高压，以及它的耐久性。在各密封带上还会有一层橡胶涂层，其目的是弥补金属的表面粗糙度，以提高其密封性能。各密封带是通过在钢垫片上冲压出一定高度的凸纹，利用凸纹的弹性变形来实现密封功能的。

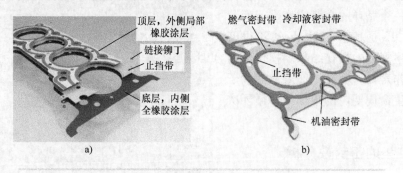

图 13.14 多层钢垫片（Multi - Layer Steel）的气缸垫（DANA）

a）缸垫 b）缸垫的密封带

如图 13.14b 所示，缸垫的密封带有燃气密封带，冷却液密封带，和机油密封带。其中机油密封带又分低压机油密封带和高压机油密封带。除了各密封带，缸垫还有一个重要的部分，即止挡带。止挡带一般都是紧挨着燃气密封带的。在设计上，止挡带通常就是很薄的一层均匀实心的不锈钢垫片，不具有像密封带那样的弹性功能。它的主要作用是将缸盖螺栓的预紧力集中到燃气密封带上，以提高其密封性。同时，止挡带也起到保护燃气密封带的作用，防止燃气密封带被过度压缩而失去弹性。止挡带越高，燃气密封带周围缸盖和缸体结构上的压力就会越高，相应增加燃气密封带上的密封压力，同时也有助于提高燃气密封带在不同工况下的密封可靠性。反之，燃气密封带上的密封压力就会降低，而将一部分的缸盖螺栓预紧力转移到冷却液和机油密封带上，这就会增加燃气密封带上的密封压力发生波动的可能性，从而降低了燃气密封带在各种工况下的密封可靠性。在爱尔铃克铃尔（Elring klinger）

的缸垫设计中，止挡带也可以根据设计的需要加工成不等高。这将有利于根据实际缸盖和缸
体的刚度，将缸盖螺栓预紧力相对均匀分布在燃气密封带上，以及其他需要的地方。在缸垫的设计中，也可以根据特殊需要设计一些这类止挡带，以优化缸盖螺栓预紧力在缸垫上的分布，并提高缸垫的抗疲劳特性。如图 13.15 所示，是一个有三个功能层的缸垫，止挡带和燃气密封带是紧靠燃烧室一侧的部分。设计上，考虑到设计公差，止挡带内侧离燃烧室有一定距离，所以在实际中，燃烧室的燃气爆发力会作用在燃烧室内，并作用在毗邻止挡带内侧边缘的所有区域。

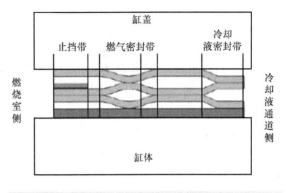

图 13.15 缸垫各密封带示意图

在缸垫的设计初期，缸盖螺栓预紧力的大小是根据发动机的设计指标大致确定的。比如基于辉门公司（Federal Mogul）的缸垫设计要求，缸盖螺栓预紧力的大小需要满足

$$\frac{F_{\mathrm{Bolt}} \times N_{\mathrm{Bolt}}}{P_{\max} \times A_{\mathrm{Cyl}} \times N_{\mathrm{Cyl}}} > 2 \tag{13.3}$$

式中　F_{Bolt}——单个缸盖螺栓的预紧力；

N_{Bolt}——缸盖螺栓的个数；

$P_{\max}$——气缸最大燃气爆发力；

A_{Cyl}——单个气缸面积；

N_{Cyl}——发动机总气缸数。

这个覆盖系数的要求实际上非常保守。其主要原因是因为缸盖和缸体结合面的平整度，会受到缸盖和缸体整体刚度和热载荷的影响，从而导致缸垫上密封压力形成不均。从密封性能上来说，密封压力越大密封可靠性越好，而且相对大的密封压力可以减少缸垫在循环燃气爆发力的作用下的疲劳断裂问题。但密封带上的密封压力并不是越高越好，密封压力越大，意味着缸盖螺栓作用在缸盖和缸体上的静载荷越大，这不利于结构的耐久性。而且，燃气密封带上密封压力越大，其对气缸孔的变形影响就越大。缸盖螺栓预紧力除了有利于缸盖和缸体之间的密封问题，对发动机的其他结构耐久性问题都没有益处。所以，缸盖螺栓预紧力，以及缸垫的密封性满足需要即可，而不可为了保证密封的可靠性而过度增加缸盖螺栓的预紧力。从系统上来说，提高和保证缸垫的密封可靠性，应该从缸盖和缸体的结构设计出发。当缸盖和缸体在各种载荷的作用下，其刚度能尽量减少缸盖和缸体的结合面，尤其是各密封带所在位置的平面度变化，缸垫的设计就简单多了。

虽然多层钢垫片式缸垫在结构上相对复杂，但从功能上，缸垫在模型中可以简化为非线性弹簧，在分析建模中缸垫以一维单元取代，即分析上主要模拟缸垫在厚度方向上的特性，简化其横向的力学特性。大多缸垫的供应商都有能力提供缸垫的 CAE 模型。这其中除了缸垫的网格模型，最主要的是缸垫不同密封带的负载﹣挠度曲线（LD Curves），以及不同密封带的初始间隙。图 13.4 所示是一个典型的缸垫不同密封带的负载﹣挠度曲线。对于不同的密封带，其负载﹣挠度曲线一般包括一个加载曲线和多个卸载曲线。多个卸载曲线的目的是

考虑到密封带被压载过程中的不可逆性。在分析上，负载－挠度曲线一般以应变－挠度的关系来定义，所以每个密封带的实际负载－挠度关系，与密封带在 CAE 模型中的宽度相关。在实际中，因为很难定义每个密封带的实际有效宽度，所以缸垫的负载－挠度曲线一般以线载荷－挠度的关系提供。线载荷－挠度定义的，是在单位长度的密封带上载荷和挠度的关系。所以，在缸垫的 CAE 建模中，一定要清楚它们之间的转换关系。

缸垫的 CAE 模型中，另一个重要的是不同密封带的初始间隙。因为缸垫的密封带都是冲压出的凸纹，所以缸垫的各层钢垫片之间的不同区域会有不同的间隙。这些区域的所有间隙在受载荷作用被完全压实之前，不会承受任何载荷，所以每个密封带和区域的所有间隙的总和，就是其初始间隙。实际应用中，通过调整这些初始间隙的大小，可以调整载荷在缸垫不同区域的分布。止挡带就是一个典型的改变初始间隙大小的应用部件。

2. 载荷边界设置

缸垫的主要目的就是保证在发动机运行时，缸盖和缸体之间结合面的密封。而影响缸垫密封性的载荷是：缸盖螺栓预紧力、燃烧室燃气爆发力和温度载荷（包括热载荷和冷载荷）。所以，在发动机的测试中，深度热冲击试验是检验缸垫可靠性的主要试验。这里的可靠性不光包括密封的可靠性，还有缸垫的疲劳可靠性。考虑到用户的各种极端使用情况，发动机缸垫的测试试验以深度热冲击试验测试为主。在深度热冲击试验测试期间，发动机冷却液温度在 -40℃ 和 120℃ 之间连续地切换，对被测试的发动机施加热冲击。同时，在整个过程中发动机会在最大转矩和最大功率的条件下运行，燃气爆发力会对缸盖和缸体产生反向推力，从而快速评估缸垫的可靠性。

缸垫密封分析使用与缸盖高周疲劳分析同样的 CAE 模型，同样在分析的加载步骤上也类似。不同的是，分析中要考虑发动机在冷载荷条件下记录燃气爆发力的情况。下面是一个典型的 V 形发动机加载步骤的设置。

第一步，模拟发动机安装时的气门座和气门导管的压装过程。

第二步，加载螺栓预紧力。

在分析缸垫的密封性时，需要使用最小缸盖螺栓预紧力。缸盖螺栓的预紧力，不光因为安装时各种原因导致的预紧力偏差，同时由于材料在发动机长时间运行过程中可能发生的蠕动变形，以及螺纹接触面的相对松弛等诸多因素，缸盖螺栓的预紧力会继续降低，一直到达一个稳态。而这个预紧力的损失就会直接弱化缸垫的密封性。所以，在分析缸垫的密封性时，必须考虑到这种最坏的可能性。一般缸盖螺栓预紧力的损失可以通过测量（超声波测量系统，Ultrasonic Measurement Systems）试验后的缸盖螺栓的残余应力而得到，或者根据经验做一定的假设。比如，对铝制缸体设计，这种螺栓预紧力大概会降低 25%。而对铸铁缸体，大概会降低 15%。

第三步，以位移控制约束螺栓的当前预紧力。

第四步，施加热载荷。

在深度热冲击试验测试中，发动机会在最大功率的条件下运行，同时发动机冷却液温度会最低达到 -40℃。为简化分析，热载荷采用在发动机最大功率条件的稳态温度场，而冷载荷（第七步）则简单地对整机加载均匀的 -40℃ 温度场。

第五步，对各缸分别加载燃气爆发压力。

第六步，卸载燃气爆炸力并加载 -40℃ 温度场。

第七步，在各缸分别加载燃气爆发压力。

3. 缸垫密封的结果分析

缸垫密封分析的主要目的，是检验各密封带的密封压力是否到达设计需求，以及各密封带的疲劳风险。所以根据分析的结果，各密封带在热载荷以及燃气爆发压力，和冷载荷以及燃气爆发压力的作用下的密封压力，必须达到设计要求。同时，为了防止各密封带的疲劳断裂，在热载荷以及燃气压力，或者冷载荷以及燃气压力的作用下，各密封带的挠度变化量也必须低于设计要求。下面就来谈谈各密封带的设计要求。

对于密封问题，理论上当密封带的密封压力略微高于其所密封流体介质的最大压力，就可以到达密封的目的。但因为结构分析上的各种假设，在分析结果上必须加入一定的安全系数。表 13.1 为分析中各密封带密封压力的目标推荐值。因为这和分析中的各种假设相关，所以仅供参考。

表 13.1　缸垫密封压力目标推荐值

	密封压力推荐目标值
燃气密封带	$\geqslant 4 \times P_{\text{Max}}$
冷却液密封带	$\geqslant 10 \text{N/mm}$
机油密封带（供油通路）	$\geqslant 20 \text{N/mm}$
机油密封带（回油通路）	$\geqslant 10 \text{N/mm}$

对于缸垫的疲劳问题，燃气密封带的压力相对较高，所以在燃气压力的作用下，燃气密封带的压力变化也较大。这也直接导致燃气密封带在燃气压力的作用下，其挠度变化量也比其他密封带要大，所以燃气密封带相对于其他密封带较常出现疲劳断裂的问题。燃气压力属于高频载荷，燃气密封带的局部材料变形也多属于线性小变形，所以燃气密封带的疲劳问题属于高周疲劳。对于高周疲劳，影响疲劳寿命的主要因素是平均应力和交变应力。但在分析中，缸垫模型是简化的 1D 模型，所以不可能用应力来计算疲劳安全系数。但理论上，缸垫上的交变应力和其挠度变化量成一定的线性关系。而且因为密封带冲压成型工艺，缸垫每个功能钢垫片层的凸纹都非常标准，所以现在一般大多采用每个功能钢垫片层 $7 \mu m$ 的最大允许挠度变化量，作为缸垫无限疲劳寿命的设计目标值（表 13.2）。这种衡量标准忽略了平均应力对疲劳寿命的影响。实际上，密封带上不同区域的平均应力跟密封压力有直接关系，所以密封压力会对缸垫的疲劳寿命会产生影响。例如，辉门公司就将密封带密封压力作为一个影响因素，引入到缸垫的疲劳寿命分析中，以提高疲劳分析的准确性。

表 13.2　缸垫无限疲劳寿命的设计目标值

	无限疲劳寿命的设计目标值
缸垫密封带	挠度变化量 $< N_{\text{Gsk}} \times 7 \mu m$； N_{Gsk}：缸垫功能钢垫片层的层数

4. 影响缸垫功能的其他因素

在实际应用中，现有简化的缸垫模型还不能完全有效对以下几种对缸垫功能有影响的因素进行模拟。

（1）残余应力

实际中，缸垫在冲压生产过程会产生局部的残余应力，这跟冲压模具的设计有关。而残余应力的存在以及其大小，直接影响到缸垫的抗疲劳性。所以，现在也有通过改进冲压模具的设计，以降低残余应力并提高缸垫的抗疲劳性的研究。

（2）密封涂覆层的剥离

在缸垫的模型中，密封涂覆层的厚度一般也考虑在不同密封带的初始间隙值中。而缸垫的密封涂覆层，受高温、高压的影响，在结合面切向运动的作用下有时会剥离，从而减弱密封带的密封能力。

（3）缸垫上的切向应力

受高温、高压的影响，缸盖和缸体结合面会反向运动，从而在缸垫上产生切向应力。尤其对于缸盖和缸体采用不同的材料，因为其热膨胀系数的不同，在结合面上有时会产生相当大的切向应力。在这种切向应力的往复作用下，缸垫也会产生疲劳破坏。

因为1D缸垫模型的局限性，详细的3D缸垫模型也开始被应用。即通过FEA详细模拟缸垫的每层钢垫片应力–应变，以及它们相互之间的接触摩擦问题。但因为分析的复杂性，同时钢垫片之间的接触摩擦问题受不同温度和压力的影响表现也会不同，这都对详细的3D缸垫模型分析方法提出了非常严峻的挑战。

总之，现有的缸垫分析方法能有效地解决缸垫的一些主要问题。但毕竟这些都是建立在一定的假设基础上，在实践中更应该了解缸垫本身的工作原理，以及缸盖、缸体变形受力对缸垫的影响，对特定问题分析其问题根源，这样才能有效地应用现有局限的分析方法，抓住主要矛盾去解决实际问题。

13.2.5 气门和气门座的变形和错位

在发动机的设计中，气门和气门座之间是没有间隙的。这种零气门间隙在现在的发动机设计中，是通过液压气门间隙调节器来保证的。气门和气门座之间的零间隙，除了保证燃烧室在发动机运行特定时间的密封，也是保证气门的热量通过气门座有效传递的保障。但在发动机实际的运行过程中，由于热载荷导致的材料热膨胀，以及热载荷和缸盖结构刚度的不均匀性，气门座的变形和气门与气门座之间的错位，发动机的运行过程中成为不可避免的问题。如图13.16a所示，

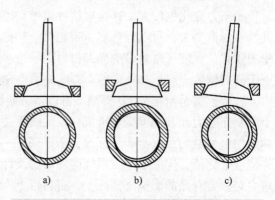

图 13.16 气门和气门座的状态
a）理想状态的气门和气门座的密封性
b）气门座变形导致的气门和气门座之间的泄漏
c）气门导管轴线偏移导致的气门和气门座之间的泄漏

设计上当气门和气门座闭合时，它们之间应该是无缝密封的。但当气门座在热载荷的作用下，因为周围结构的刚度不均匀性导致变形时，气门和气门座在闭合时，就不可能做到完全的无缝密封从而导致泄漏，如图13.16b所示。同样，因为缸盖结构的不均匀性，在各种载荷（包括热载荷）的作用下，气门座导管可能倾斜和偏移，这也会导致气门和气门座闭合时，无法完全密封而导致泄漏，如图13.16c所示。因为气门座的变形和气门与气门座之间的错位，影响气门和气门座之间的闭合性，从而影响燃烧室的气密性。燃烧室的气密性差不仅会直接影响到发动机的输出功率，也会影响燃气的燃烧，废气排放，而且会导致气门和缸

体的局部过热。燃烧室的气密性差，也是导致发动机严重失火和爆燃的重要原因。要注意的是，燃烧室的气密性与活塞环的密封性也有关系，所以燃烧室的泄漏的具体原因需要具体的分析。

气门和气门座在高速、高温的工作条件下，会不可避免地产生磨损。气门座的变形和气门与气门座之间的错位，会导致气门和气门座接触面的不均匀接触，从而加速这种磨损。气门和气门座的磨损是一个非常复杂的问题，它不光受到气门座的变形和气门与气门座之间的错位大小的影响，还跟气门和气门座的运行温度，以及材料的抗磨损性和耐高温性等诸多因素有关。气门因为在发动机运行的多数情况下会自身旋转，所以气门的磨损会比较均匀和对称。但气门座的磨损，因为气门座的变形和气门与气门座之间的错位，会很不均匀。这个通过对试验后气门座工作面的 CMM（Coordinate Measuring Machine）测定可以看出来。这里要注意的是，CMM 测量的是气门座磨损后在室温下的形状，它与分析中气门座在缸盖螺栓预紧力和热载荷作用下变形往往是相反的。

在理论上，一定的磨损会有利于气门和气门座的闭合性。但因为磨损的不可逆性，加之发动机往往会在不同工况下运转，这就增加了气门和气门座在所有工况下都尽量密封的挑战性。因为气门座的变形和气门与气门座之间的错位，导致的气门和气门座之间气密性的问题，在实际应用中是一个不可避免的问题，所以如何减小这种变形和错位，对缸盖结构设计和各种载荷的敏感性，就成为缸盖设计上的一个重要问题。

因为缸盖设计上的复杂性，如何通过优化缸盖的结构设计，提高气门座的变形和气门与气门座之间的错位，是一个比较有挑战性的问题。所以在讨论这个问题之前，有必要对气门座周围的缸盖结构进行分析，了解导致变形不均的具体原因。以下几个因素都会对气门座的变形和气门与气门座之间的错位产生影响：缸盖螺栓的预紧力、热载荷、缸盖的结构、气门和气门座的材料特性。

发动机缸盖安装的载荷，包括缸盖螺栓的预紧力和气门气门座之间的过盈配合，再加上热载荷，是导致气门组变形的主要原因。而且这几个因素基本不可避免。热载荷虽然可以通过缸盖水套的优化，来优化气门座周围的温度场，但主要因为结构的不均匀性，通过优化热载荷来减小气门座变形和气门与气门座之间的错位是很困难的。缸盖的结构，尤其是气门座附近的结构因为燃烧室的紧凑设计，以及环绕的水套设计，在缸盖螺栓预紧力的作用下，会使气门座发生变形。通常这种变形的圆度误差从几个微米到十几个微米。但发动机的运行，缸盖温度的升高，材料的热膨胀，会使气门座的变形倍增。这种变形不光因为气门座周围结构的不均匀性，更受影响于并排气缸的相互挤压。在这种情况下，基于缸盖的结构设计，这种变形的圆度误差会到达十几个至几十个微米。这种间隙对发动机的性能和结构耐久性的影响方向及程度，又跟诸多因素有关（发动机燃烧室的燃气温度、压力和材料的耐磨性等），分析上很难对这种影响有个定量的评判。所以在实践中，只有跟已有发动机的相互比较中才能有定性的认识。

气门座的变形和气门与气门座之间的错位的产生原因是不一样的。这里，有必要介绍一下这两个不同的概念。

气门座的工作面，是气门座与气门接触的部分。因为要与气门接触以密封燃烧室，所以其工作面是要通过精加工，以保证其与气门接触表面的完美圆度。但气门座在外力作用下，原来完美的圆度就会受影响。在分析上，圆度被用来描述气门座的变形。它是一个纯粹描述气门座的参数。如图 13.17 所示，以变形圆（黑实线）的形心为中心，变形圆的最大和最小半径差就是圆度误差。因为在有限元分析中，气门座沿周边的节点是均匀分布的，所以其形心的计算可以简化为式（13.4）

$$C = \frac{x_1 + x_2 + \cdots x_n}{n} \qquad (13.4)$$

式中　x_i——节点 i 变形后的位置坐标；
　　　n——总节点数。

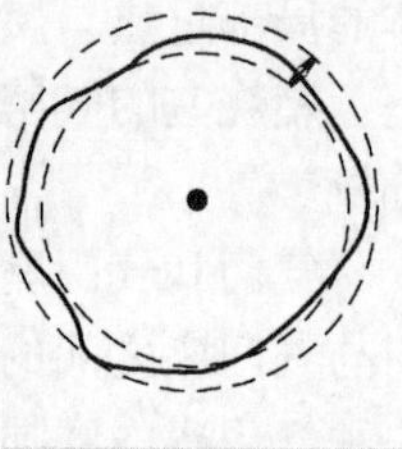

图 13.17　圆度定义

　　气门与气门座之间的错位，则是两个部件相互位置的变形。气门座圆度误差过大也可能导致气门与气门座之间的错位。而即使气门座的圆度完美，也可能因为缸盖的结构变形，导致气门导管轴线偏移，从而导致气门和气门座之间不能完全接触而导致泄漏。因为气门导管孔轴线会受到气门导管变形的影响，图 13.18 中气门导管孔轴线，是根据变形后的气门导管孔不同深度的形心，依据最小二乘法的线性拟合得到的。

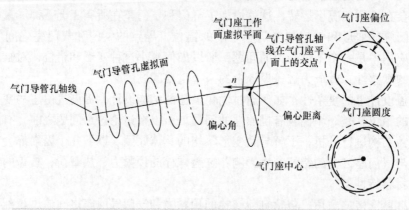

图 13.18　气门座偏位，气门与气门座之间的错位

　　对于气门与气门座之间的错位，分析上可以用到的参数是错位角和错位距离。如图 13.18 所示，错位角是气门导管孔的轴线，因为变形与气门座平面的法线之间形成的夹角。错位距离是气门导管孔的轴线与气门座平面的交点与气门座自身中心的偏移距离。如果把气门座的变形和气门与气门座之间的错位一起考虑，分析上用气门座偏位来描述。气门座偏位与气门座圆度的定义非常近似，前者是以气门导管孔的轴线与气门座平面的交点为中心，后者则以变形后的气门座自身形心为中心。这里之所以用气门导管孔来定义这些参数而不用气门杆的主要原因，是因为气门杆在分析计算中的难度太大，因而不包括在分析的 CAE 模型中。

　　因为气门密封锥面和气门锥角的设计，以及气门和气门导管的间隙设计，气门本身对气门和气门座错位有一定的自适应性。所以气门和气门座错位对气门的密封性的影响较难界定。但气门座本身的变形会实实在在地影响气门的密封性。所以，设计上以提高气门座的圆度为主要目标，同时尽量降低气门和气门座的错位为辅。

　　气门座的圆度主要受气门座周边的结构刚度不均匀性的影响。而气门错位除了会受气门座圆度的影响，同时也受气门导管周围结构的影响。

CAE 分析上，气门和气门座变形和错位的分析、可以用缸盖高周疲劳的 CAE 模型。因为燃气爆发力对气门座变形的影响属于瞬态，所以在分析中，一般不考虑燃气爆发力对气门和气门座变形和错位的影响。因此，气门和气门座变形和错位的分析步骤，可以简化为以下几个步骤：

第一步，引入残余应力（如果没有，也可以忽略这步）。

第二步，模拟发动机安装时的气门座和气门导管的压装过程。

第三步，加载缸盖螺栓预紧力。

第四步，以位移控制约束螺栓的当前预紧力。

第五步，施加热载荷。

在计算上，一般考虑发动机在室温安装载荷作用下，和安装载荷加热载荷作用下的气门和气门座变形和错位。在 CAE 分析中，计算前面介绍的气门座圆度，气门与气门座之间的错位和气门座偏位，需要了解气门座的安装和加工过程。气门座和气门导管都是压装在缸盖上后一次性加工的，其目的就是保证气门座工作面的完美圆度，以及气门导管孔轴线和气门座中心的对齐。这样在安装上气门后，气门和气门座之间可以无缝闭合。但分析中，在模拟气门座和气门导管与缸盖的安装之前，气门座工作面的圆度和气门导管孔的圆柱度都是完美的。但施加过盈配合以后，它们就不再可能是完美的。这与实际的情况是不符合的。所以在计算气门座圆度，气门与气门座之间的错位和气门座偏位时，需要将因为气门座和气门导管过盈配合产生的变形从最终的变形中减掉。这也是为什么在分析步骤中，专门有一步是模拟气门座和气门导管的压装过程的。其目的就是在计算气门和气门座变形和错位时，可以将这步之前的所有变形扣除。以上面的分析步骤设置为例，对于发动机在室温安装载荷作用下的气门和气门座变形和错位的计算，用到的位移是

$$\Delta \overline{U}_{RT} = \overline{U}_4 - \overline{U}_2 \tag{13.5}$$

在安装载荷和热载荷作用条件下的位移是

$$\Delta \overline{U}_{Hot} = \overline{U}_5 - \overline{U}_2 \tag{13.6}$$

式中　$\overline{U}_2$——模型结构在第二步的位移；

$\overline{U}_4$——模型结构在第四步的位移；

$\overline{U}_5$——模型结构在第五步的位移。

总之，在变形分析中，所使用的变形（即各节点的位移）一定要考虑模拟分析与实际情况的不同而加以调整。关于位移如何计算，前面介绍的气门座圆度，气门与气门座之间的错位和气门座偏位，有些软件提供一些计算工具。但根据前面介绍的这些参数的定义，数学计算上并不困难，在这里不做具体介绍。

虽然燃气爆发力对气门座变形的影响不大，但气门和气门座变形和错位导致在气门和气门座闭合过程中，因为气门和气门座的不均匀接触，甚至严重的错位接触，巨大的燃气爆发力通过作用在气门端部上的作用力，会在气门杆上产生很大的弯曲力矩。气门在这种弯曲力矩的往复作用下也会导致疲劳断裂。了解它的物理特性，在分析上模拟气门杆的受力和疲劳问题就相对简单了，因为本书篇幅所限，这里不做具体介绍。

13.3 缸体的结构耐久分析

13.3.1 缸体的失效模式

缸体相对缸盖来说，在运行时的温度较低，所以缸体虽然也有热载荷，但基本没有因为热载荷导致的热机械疲劳问题。这是因为材料的特性以及几何结构决定的。比如对铝合金来说，只有材料温度接近并超过250℃，材料的性能才会有很大的变化。同时，也只有足够高的温度变化才能产生足够大的热变形。而缸体最热的部分在缸与缸之间的部分，从结构上来说，这部分的结构相对简单和均匀，不存在因为局部应力集中而导致的非常局部的大变形。所以，一般来说缸体没有热机械疲劳的问题。缸体的主要问题是高周疲劳，主要源于燃气爆发力和燃气爆发力导致的活塞侧向力和曲轴载荷。主要受影响的区域集中在舱壁结构、水套、缸和缸之间的部分，以及缸体上的瓦盖螺栓孔。图13.19为直列发动机缸体截面示意图。

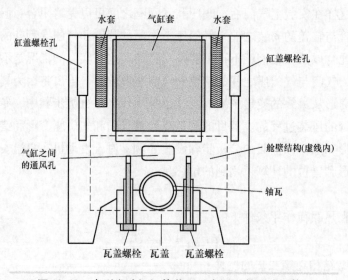

图13.19 直列发动机缸体截面示意图（敞开式缸体）

对于缸体上部结构，如图13.20所示，靠近结合面的缸体结构，导致高周疲劳问题的主要驱动力是燃气爆发力。作用在缸盖燃烧室的燃气爆发力，主要通过改变缸垫的压力和通过缸盖螺栓作用在缸体上。因为缸盖螺栓的预应力较大，以及缸垫的作用特点，在循环的燃气爆发力的作用下，缸垫上的压力会变化较大，而缸盖螺栓的预紧力并不会有很大的变化。加之缸垫的很大一部分压力主要集中在燃气密封带周围，再加之直接作用在缸壁上的燃气爆发力的影响，所以靠近燃气密封带附近的缸体结构所受的交变应力较大，会有疲劳的可能性。尤其对于半封闭式缸体设计（如图13.21所示），缸体水套靠近结合面的部分因为连接缸壁和缸体外部结构的几何结构不均匀，而且靠近燃气密封带，所以结构疲劳的可能性较大。而对于敞开式缸体设计（如图13.21所示），因为靠近燃气密封带的缸体结构简单均匀，没有因为结构复杂导致的应力集中区域，所以结构疲劳的可能性并不大，但可能在水套底部圆角处存在由螺栓力产生的应力集中。

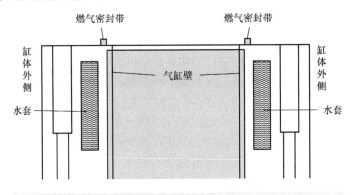

图 13.20　直列发动机缸体上部截面示意图（半封闭式缸体）

a)　　　　　　　　　　　　　　b)

图 13.21　不同的缸体水套设计
a）敞开式缸体设计　b）半封闭式缸体设计

　　对于缸体水套底部，因为几何结构相对复杂会导致局部应力集中，尤其是靠近缸盖螺栓螺纹附近的结构，因为受缸盖螺栓预紧力的影响，平均应力较高。加之燃气爆发力和曲轴载荷这种交变载荷的作用，缸体水套底部结构也有一定的高周疲劳风险。该部分的高周疲劳分析可与缸盖分析一同进行。

　　对于缸体缸壁结构，一般不会有高周疲劳的风险。其主要的载荷是缸垫燃气密封带的压力、缸内燃气的爆发压力和活塞对缸壁主推力一侧的压力。缸垫燃气密封带的压力对缸体缸壁结构产生压力，所以缸垫燃气密封带的压力变化，不会对缸体缸壁结构造成高周疲劳的风险。因为缸内燃气的爆发压力随着活塞的下行减退很快，所以如前所述，除了对缸壁最上部，即靠近结合面部分有较大影响外，对缸壁结构的多数区域影响均不大。只有活塞对缸壁主推力一侧的压力，会对缸壁的中部产生一定影响。如果缸壁设计较薄，尤其对于金属模铸造的缸体，因为在铸造过程中形成的金属氧化物等杂质，以及因为冷却速度快而导致的材料塑性较差，这些都会增加高周疲劳的风险。

　　在缸体的舱壁结构中，尤其是瓦盖螺栓交合区域到缸盖螺栓咬合区域之间，受曲轴载荷的影响较大。而且这部分结构复杂，所以高周疲劳的风险较大。该部分的分析是缸体高周疲劳分析的重点，在后续章节将详细介绍。在瓦盖螺栓附近的缸体结构，结构的疲劳主要可能由两种不同的力学作用导致。一种是因为螺栓孔螺纹的高周疲劳导致的结构疲劳。另一种是因为缸体和瓦盖结合面，因为剧烈变化的曲轴载荷导致的结合面磨蚀疲劳。这两种结构疲劳的表象非常相似，所以具体分析时，一定要弄清其裂纹的起始位置。螺栓孔螺纹的疲劳裂纹是由螺纹底部起始，而结合面的磨蚀疲劳则由缸体瓦盖结合面开始，并存在很明显的磨蚀痕迹。导致这两种疲劳破坏的主要原因，是曲轴载荷的横向部分。曲轴载荷的横向部分会导致缸体和主瓦盖横向相互运动，尤其对于 V 形缸体设计，曲轴载荷的横向作用力会较大，这就增加了这两种疲劳破坏的可能性。所以直列发动机一般不会有这两种疲劳风险。

在发动机的结构中，磨蚀疲劳经常发生于主瓦盖和缸体的接触面上。而由于主瓦盖结构简单，所以其受力也相对简单，不像缸体因为结构和受力的复杂性，会产生导致裂纹扩展的开合力，所以由磨蚀疲劳导致的裂纹的扩展，以至最终的结构失效多发生在缸体一侧。

发动机缸体的磨蚀疲劳导致的最终破坏形式，很容易与前面介绍的主瓦盖螺栓螺纹的疲劳破坏混淆。其主要的区别在于裂纹起始点的位置。如果裂纹从主瓦盖和缸体的接触面开始，那就属于这里讨论的磨蚀疲劳问题，如图 13.22 所示。主瓦盖螺栓螺纹疲劳破坏的裂纹都起始在螺纹孔的最底部的咬合螺纹上，如图 13.23 所示。这种区别一定要清楚，否则会因为分析方法的错误而误导设计。

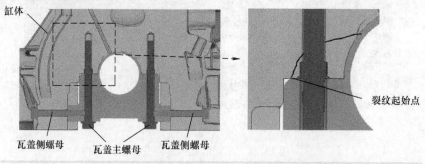

图 13.22　缸体与瓦盖结合面的磨蚀疲劳示意图

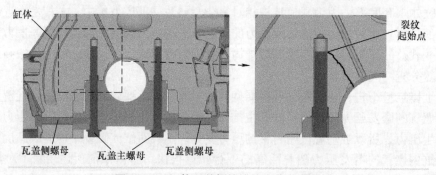

图 13.23　缸体瓦盖螺栓孔的疲劳示意图

影响磨蚀疲劳的因素很多，主要有以下几类
1）相互运动的幅度。
2）相互运动的频率。
3）相互作用力的大小。
4）金属接触面材料的硬度和强度。

5）温度。

6）金属接触面的其他环境因素。

以上大多数因素是不可控的，只有主瓦盖和缸体之间相互运动的幅度和相互作用力的大小，是设计上可控的。所以在实际的分析中，主要考虑的就是接触面相互运动的幅度和相互作用力的大小。在磨蚀疲劳的风险评估中，如果是对同一个发动机的不同设计进行对比分析中，因为相互作用力大小的相对变化幅度不大，所以可以以分析接触面相互运动的幅度为主。但对于不同发动机的对比分析中，接触面相互作用力就需要考虑在分析中。对于这类分析，可以采用基于能量的指标。因为受到高频动态曲轴载荷的影响，主瓦盖和缸体之间的接触问题相当复杂，分析上无法准确模拟动态过程中，它们接触面上应力的变化过程，所以如何定义一个基于能量的指标，本身就是一个很有挑战性的问题。综上所述，以分析接触面相互运动幅度为主的磨蚀疲劳分析简单并且相对可靠。尤其在类似发动机，或同一发动机的不同设计之间进行的对比分析中，非常有效。

除了疲劳风险外，缸体结构还因为安装的预应力和发动机整体在热载荷作用下的变形，导致气缸孔的变形、曲轴孔的变形和错位，从而影响缸盖、缸体结合面的平面度。这些变形可能会影响到发动机的功能，严重的甚至会导致拉缸、曲轴锁死以及严重的密封问题。

这些变形的分析方法在后续章节中具体介绍。

13.3.2　缸体上部的高周疲劳分析

缸体上部的高周疲劳分析模型及工况，可完全沿用缸盖的 CAE 分析结果，其关注重点是水套底部的圆角，以及半闭式水套与缸盖结合部位。图 13.24 是缸体水套底部和顶部疲劳分析的结果。

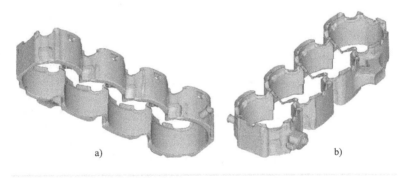

a)　　　　　　　　　　　　　　　　　　　b)

图 13.24　缸体上部疲劳分析的结果

a）缸体水套底部疲劳分析结果　b）缸体水套顶部疲劳分析结果

13.3.3　缸体下部的高周疲劳分析

1. 有限元模型建立

CAE 分析需对峰值功率转速缸体承受曲轴轴承载荷的工况进行模拟。为有效在 CAE 模型上施加这些主要的载荷，CAE 模型一般包括如下部件（如图 13.25 所示）：①缸体（包括气缸套）；②主瓦盖；③瓦盖螺栓；④主轴瓦；⑤缸盖：如果是 V 形缸体，就要包括左右两个缸盖，也可以使用虚拟的缸盖进行近似计算；⑥缸垫，也可忽略缸垫的影响，不考虑该零部件；⑦缸盖螺栓。

2. 属性设置

对于缸体分析，各零部件的弹性模量、泊松比是必需的。缸体工作过程中受温度影响，尤其是铝缸体，需要考虑其热膨胀的影响，因此各零部件材料的线膨胀系数也需要设置。

3. 加载边界设置

第一步，加载瓦盖螺栓预紧力及缸盖螺栓预紧力。

第二步，加载轴瓦之间的最大过盈量。

第三步，以位移控制约束瓦盖螺栓的当前预紧力。

缸盖螺栓力、瓦盖螺栓力及轴瓦的过盈均属于装配载荷。加载位置如图 13.26 所示。

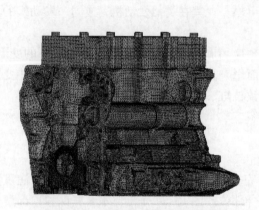

图 13.25　缸体结构分析模型示意图

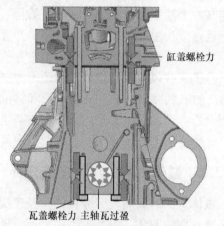

图 13.26　缸体装配预应力（彩色图见书尾）

第四步，施加热载荷。

一般来说，缸体的热负荷并非是主要载荷，但对于铝缸体而言，其热膨胀的影响不可忽略。相比缸盖，缸体的分析中可采取均匀的温度场，如曲轴箱内机油的温度（120～150℃）。

第五步，加载对应选定曲轴转角的曲轴轴瓦载荷。

轴瓦载荷的作用位置如图 13.27 所示。本章前面已讲述了主轴瓦载荷 $\overrightarrow{F_{\text{main\_bearing}}}$ 是如何计算得到的：即通过 AVL - Excite 软件进行多体动力学模拟，并主要是基于弹性流体动力学（Elasto Hydro Dynamic，EHD）方法。通过多体动力学模拟，可以得到发动机在一个工作循环中（即 720°CA），曲轴作用在轴瓦上的载荷。在缸体的

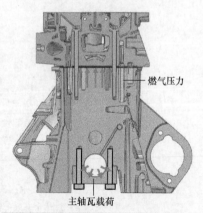

图 13.27　轴瓦载荷示意图
（彩色图见书尾）

高周疲劳分析中，可以将整个 720°CA 的载荷，以每隔一定曲轴转角加载。这样的目的是尽量把最重要的曲轴转角载荷包括在分析中。但它的缺点是，总载荷数会很多，影响分析的效率。所以，也可以根据最大总载荷、最大横向载荷、最大纵向载荷，选取对应的一个较大曲轴转角载荷，来简化曲轴载荷在分析中的使用，以提高分析的效率，如图 13.28 所示。在选定曲轴转角后，通过 AVL - Excite 软件，将轴瓦表面油膜压力分布映射到有限元分析模型上，如图 9.65 所示。

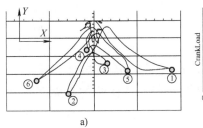 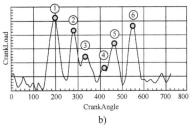

a)

图 13.28 简化的分析模型

a) 典型 V 形发动机的曲轴载荷：X – 发动机横向坐标、Y – 发动机垂直坐标 b) 曲轴载荷与曲轴转角的关系

4. 高周疲劳分析

在缸体高周疲劳分析中，仅考虑轴承载荷引起的循环载荷。缸体的高周疲劳分析以计算结构表面的疲劳安全因子为主，要求缸体及瓦盖的强度设计达到无限寿命要求。在疲劳影响因子的考虑上，必须要考虑温度、平均应力、表面粗糙度及存活率对疲劳计算的影响。一个典型的缸体及瓦盖疲劳分布模拟结果如图 13.29 所示。

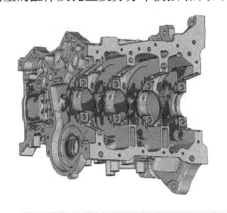 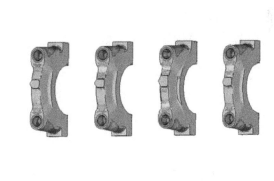

图 13.29 缸体及瓦盖的疲劳分布模拟结果

5. 影响缸体结构耐久性分析可靠性的一些因素

同缸盖结构耐久性分析一样，实际载荷的波动性，局部材料的波动性，以及结构的残余应力，也会对缸体结构耐久性分析的可靠性产生影响。除此之外，对缸体结构耐久性分析的可靠性有重要影响的，还有以下几个因素。

（1）铸造方法

缸盖因为结构复杂，都采用砂型铸造。但缸体基于设计的复杂程度，采用砂型铸造和金属型铸造的都有。如前所述，砂型铸造和金属型铸造各有利弊。金属型铸造的铸件因为气孔较多的原因，不能进行热处理。而且，因为金属模具的导热性好，铸件在铸造过程中冷却速度也较快，这就导致了金属型铸造的缸体残余应力会较高。砂型铸造的缸体因为大多数会进行热处理，尤其是热处理后气冷的缸体，残余应力会大大降低。同样，因为金属型铸造的铸件在铸造过程中冷却速度快，导致材料的可延展性较差，结构的抗裂纹扩展性也会较差。

（2）动态载荷的影响

在结构分析中，所有的载荷都是以静态载荷的方式加载的。对缸盖来说，其主要影响高周疲劳的载荷是燃气爆发力。因为缸盖的结构比较紧凑，高周疲劳的风险区域离燃气爆发力直接作用的燃烧室也较近，而且燃气爆发力的加载方向恒定，所以燃气爆发力以静态载荷的方式加载，对结构耐久性分析的影响跟实际的情况相差不大。但对缸体来说，曲轴载荷是一个方向变化频率很快的动态载荷，对于曲轴载荷主导的高周疲劳风险区域，分析中曲轴载荷以静态方式的加载，就显得过于保守了。对于缸体结合面附近的高周疲劳风险区域（比如半封闭式缸体的水套靠近结合面的部分），其主要的交变应力来自于燃气爆发力影响下的气缸垫弹性压力的变化。但气缸垫的弹性压力的变化，很难跟随高频的燃气爆发力的变化影响。所以，分析受静态加载的燃气爆发力影响的气缸垫弹性压力的变化，就要显得比实际高频动态燃气爆发力导致的气缸垫的弹性压力的变化要偏大，这样的结构耐久性分析结果也偏于保守。

（3）气缸套

对于铸造在进缸体内的气缸套，其外周表面非常粗糙，有的会有沟槽或者凸起，其目的是为了增强气缸套和缸体的结合，防止相互运动。但因为气缸套和缸体材料热膨胀系数的不同，以及气缸套外周表面结构的特性，在铸造过程中气缸套和缸体之间会有很难控制的间隙。这些间隙除了会影响到热传导、影响气缸套和缸体的温度以外，也会影响力在它们之间的传导。这些在分析中都是很难被完全考虑到的。对结构耐久性分析的影响有时候也会很大。

综上所述，对缸体的高周疲劳分析，因为不同区域受各种因素影响的程度不一样，所以不同区域的分析结果与实际情况的偏差也会不一样。同时，对于实际的问题，在使用 CAE 分析指导设计时，必须全面考虑各种可能因素，尤其是分析中无法施加的条件因素对分析结果的影响。总而言之，CAE 分析本身是一种近似的分析方法。分析的目的是抓住问题的基本物理本质，在使用分析结果指导设计之前，必须综合考虑各种因素以提高评估分析结果的可靠性。

13.3.4   缸体的磨蚀疲劳分析

在主瓦盖和缸体接触面的磨蚀疲劳分析中，其主要的交变应力来自于作用在轴瓦上的曲轴载荷。分析模型需要包括缸体、主瓦盖、缸盖螺栓、缸盖和气缸垫。因为主瓦盖和缸体接触面的磨蚀疲劳分析，与缸体的疲劳分析的主要载荷一致，所以分析模型可以采用缸体高周疲劳分析的 CAE 模型。

作为分析主瓦盖和缸体接触面的相互运动幅度，分析中主要是计算在发动机一个运转周期内曲轴载荷的作用下，主瓦盖和缸体的相对横向位移（图 13.30）。同时，为保证螺栓连接的可靠性，主瓦盖与缸体结合面不能张开，接触压力应始终大于 0。结合面的接触压力也不宜过大，需满足材料的使用要求。结合面的接触压力及接触开启量计算结果如图 13.31 和

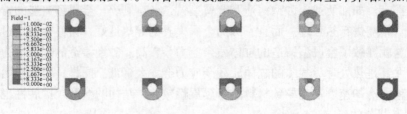

图 13.30   主瓦盖与缸体结合面的相对横向位移

图 13.32 所示[1]。在设计上，可以通过增加瓦盖螺栓预紧力和增加缸体两侧刚度的方法，来减少主瓦盖和缸体的相对横向位移。

图 13.31　主瓦盖与缸体结合面的接触压力

图 13.32　主瓦盖与缸体结合面的接触张开量

13.3.5　气缸孔变形

气缸孔的变形分析，是发动机缸体分析的一个很重要的部分。过大的缸孔变形，会直接影响到活塞环的气密性，除了导致窜气，降低发动机输出功率外，还会影响发动机的机油消耗率，以及增加能量的摩擦损耗。此外，密封性不好也会导致活塞环温度过高，恶化由于缸孔变形过大而导致的活塞环额外磨损的情况。为提高活塞环的气密性，提高活塞环的设计张力会增加活塞环和缸体的摩擦。从能量损耗的角度来说，活塞环和缸孔之间的能量摩擦损耗，占到了发动机全部机械损耗的至少 30%。摩擦严重的甚至导致拉缸，造成对气缸孔和活塞的永久破坏。所以，设法降低气缸孔的变形，不光对发动机的耐久性起到重要作用，同时对发动机的整体性能的提高，也起到关键性的作用。

敞开式缸体和半封闭式缸体，会从不同的角度对气缸孔变形产生影响。敞开式缸体和半封闭式缸体在结构设计上的主要区别是气缸周围结构，靠近结合面的部分。敞开式缸体的气缸壁与缸体的外部结构是完全分开的。但半封闭式缸体的气缸壁，通过一些桥式连接结构与缸体的外部结构相连接。这样在结构上，敞开式缸体的这部分缸壁结构强度相对均匀，尤其是在温度载荷的作用下，缸壁的变形没有约束。但半封闭式缸体因为受到这些桥式连接结构的影响，变形会受到约束，尤其是结构设计不合理时，增加了高阶变形的风险，以至影响活塞环的密封性，从而恶化窜气性。对于敞开式缸体设计，因为没有额外的结构支持，如果缸壁过薄，或者因为过大的爆燃，有可能导致气缸孔上端在燃气爆发力的作用下产生永久的椭圆形变形。如果气缸孔的椭圆率过高，同样会影响活塞环的密封性，从而恶化窜气性。

气缸孔的变形主要由以下几个原因造成：缸盖螺栓预紧力、缸体缸盖的结构、气缸垫的设计和热载荷。

1. 缸盖螺栓预紧力对缸孔变形的影响

缸盖螺栓预紧力的唯一目的，是保证在发动机的不同工况下将缸体和缸盖压合在一起，通过在气缸垫的不同密封带上产生的压力防止燃气、冷却液和机油相互串通。因此，缸盖螺栓的预紧力会影响到缸盖和缸体的变形，尤其在热载荷的作用下，缸盖和缸体的热膨胀会增大螺栓的预紧力，使缸盖和缸体的变形更大。这是直接影响缸孔变形的重要原因。

2. 缸盖、缸体结构对缸孔变形的影响

缸盖在缸盖螺栓和热载荷的作用下会产生变形，这个变形会影响到缸盖结合面的平面度。这个会直接影响到缸垫上压力在不同密封带（燃气密封带，水孔密封带，油孔密封带）的分布。尤其对于燃气密封带，因为它直接作用在缸体的缸孔结构上，所以燃气密封带上的压力分布会对缸体变形产生直接影响。而缸垫各燃气密封带上的压力分布又直接受影响于缸盖结合面的平面度。螺栓的预紧力通过缸盖的结构传递到缸盖结合面上越均匀，对缸盖结合面的平面度就越好。所以在缸盖设计上，通过提高缸盖的刚度，可以尽量将螺栓的预紧力从螺栓和缸盖的作用面，往缸盖结合面发散式分布开来。

对于缸体来说，因为螺栓预紧力的作用，缸体上螺栓孔螺纹附近应力会很大，造成缸体上的变形不均，这也是导致气缸孔变形不均的主要因素。而且，因为在刚体上，螺栓孔和缸孔之间由水套分割螺栓产生的应力通过水套底部影响到缸孔的变形，这也是为什么在靠近缸体水套底部附近会有大的缸孔变形的原因。从这个角度说，缸体水套的深度越深越好。但因为铸造工艺的限制，水套的深度不可能深到活塞环的下止点。所以螺栓预紧力对缸孔的变形影响不可避免。但通过合理的缸体设计降低这种影响。

缸体的水套开放式设计以及封闭式设计，也会对缸孔上部的变形产生很大的影响。尤其对于封闭式设计，水套开口的设计会直接影响到缸孔周围结构的不均匀性。这种不均匀的外部结构直接会影响到缸孔变形的不均匀性。所以，对于封闭式水套设计，如何分布这些水套开口，强化开口之间的结构，以最大程度降低缸孔上部结构的不均匀性，成为改善缸孔变形的一个重要话题。

3. 缸垫的设计对缸孔变形的影响

缸垫承载着整个缸盖螺栓的预紧力，并在不同的密封带产生足够的密封压力以隔绝燃烧室、水套和油路之间的流通。而各个密封带对密封压力的需求各不相同，这是通过缸垫的不同密封带的设计来实现的。这里包括各密封带的轮廓设计、初始间隙设计，以及止挡带高度设计。止挡带的高度设计越高，缸盖螺栓预紧力将更多地作用在缸体的缸孔周围。这样就会导致缸体缸孔上部的更大变形。

从缸孔变形的角度来说，燃气密封带和止挡带上的压力越小越好。但因为燃烧室内燃烧产生的爆发力很大，从密封性的角度来说，燃气密封带和止挡带上的压力越大密封性能越好。所以，从不同的功能需求来说，设计上的选择往往是相反的。这就更要求通过分析，在满足各种功能需求方面找到最佳的平衡点。

4. 热载荷对缸孔变形的影响

热载荷以多种方式影响缸孔变形。首先，发动机运行时的热载荷，因为水套中冷却液对不同区域散热效率的不同，以及缸盖和缸体结构的不均匀性这些先天不足，缸盖和缸体的热膨胀变形会很不均匀。这会导致缸盖结合面的平面度变差，和缸体缸孔周围结构变形不均。这都会对缸孔变形产生很大的影响。其次，因为热载荷导致发动机整体热膨胀。这会继续拉伸缸盖螺栓而增加螺栓的预紧力。预紧力的增加会直接导致缸体缸盖螺栓螺纹的应力增加，从而增加缸孔的变形，尤其是靠近缸盖螺栓螺纹的缸体变形。除此之外，随着温度的上升，材料会相对软化。尤其对于缸孔接近燃烧室的部分，温度会很高（ > 200℃），温度对材料变形的影响会更大。

　　综合以上影响因素，在缸孔变形的 CAE 分析上，可完全沿用缸盖高周疲劳的 CAE 模型，并对装配工况及热负荷工况的孔变形结果进行考察。针对孔变形结果，主要应用的是傅里叶级数分解法。它把缸孔每一截面的复杂变形分解成不同阶次的简单变形，并可以直接将不同阶次的变形和其影响因素联系起来，使分析的结果可以直接用来指导设计的改进。根据傅里叶级数分解法，缸孔每个截面的变形可以描述如下

$$\Delta r = R_0 + \sum_{n=1}^{\infty} R_n \cos(n[\theta + \delta_n]) \tag{13.7}$$

式中　r——缸孔半径总变化量；

　　　R_n——n 阶次周期的变化幅度；

　　　δ_n——n 阶次周期的相位角。

　　如图 13.33 所示，通过傅里叶级数分解法，缸孔每个截面的变形都可以分解成从 0 阶次到 n 阶次的简单变形。0 阶次的变形是缸孔半径的均匀变化，1 阶次的变形是缸孔的刚性位移，2 阶次以上的变形为非均匀高阶变形。

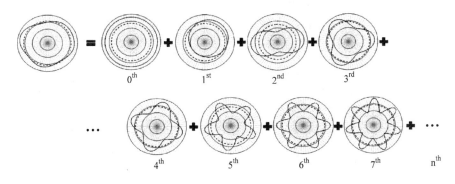

图 13.33　缸孔截面变形的傅里叶级数分解

　　通过傅里叶级数分解方法，计算出缸孔变形每个截面的所有阶次变形幅度之后。如何判断各阶次变形的好坏是一个重要问题。因为气缸孔变形是不可避免的，设计上主要是减小气缸孔变形对各种载荷的敏感性。之所以用傅里叶级数分解法，将缸孔每一个截面的复杂变形，分解成不同阶次的简单变形来进行缸孔变形，其根本原因是跟活塞环的变形适应性的力学特性相关。对于发动机的缸孔来说，一般变形阶次越高，其变形幅值也越小。

　　从力学上来说，活塞环相当于一个简支梁，而活塞环的设计张力对应于一个固定扭矩。通过这种假设，可以计算出活塞环对每阶次变形的静态适应性。对于不同阶次的静态变形可适应值的计算，活塞环可以假设成一个连续梁。而这个连续梁的支点就决定于这个阶次。按照这个假设，就可以计算出活塞环对于各阶次变形的最大可适应值，其计算公式如下

$$U_n = \frac{(d-a)^3}{8(n^2-1)^2} \frac{F_t}{E\frac{ha^3}{12}}$$

(13.8)

式中　a——活塞环的半径厚度（如图 13.34 所示）；

　　　h——活塞环的高度；

　　　d——活塞环的外径；

　　　E——活塞环材料的杨氏模量；

　　　F_t——活塞环的设计张力。

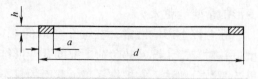

图 13.34　活塞环示意图

在分析上，活塞环的力学特性决定了它对各阶次静态变形的可适应值，这可以作为气缸孔变形不同阶次的最大允许值。缸孔变形阶次越低，活塞环对应的变形适应性越高。反之，缸孔变形阶次越高，活塞环对应的变形适应性就越差。对于低阶次的变形，如果变形幅值较小，活塞环通过自身的张力容易去适应。对于很高阶次的缸孔变形，因为变形波幅太小，基本对活塞环和缸孔的系统功能没有影响。因此 2 阶次到 5 阶次的缸孔变形的幅度，是影响发动机机油损耗、窜气、能量摩擦损耗和缸孔活塞环磨损的主要因素。

理论上说，为了减小缸孔周围因为受力不均导致的缸孔高阶变形，缸孔周围的缸盖螺栓数应该越多越好，这样可以减小因为缸盖螺栓局部作用力过大导致的力场不均匀性。但受结构设计的限制，每个缸孔周围的缸盖螺栓不可能很多。对大多数发动机来说，每个缸孔一般采用 4 个缸盖螺栓的设计，因为靠近缸盖螺栓区域的结构所受载荷较大，加之各种结构和载荷的不均匀性，所以这类发动机的缸孔变形以 4 阶次的变形为主，如图 13.35a 所示。但有些发动机，会采用每个缸孔 6 个缸盖螺栓的设计。对这类发动机，6 阶次的缸孔变形反而成为影响缸孔活塞环系统功能的主要因素，如图 13.35b 所示。

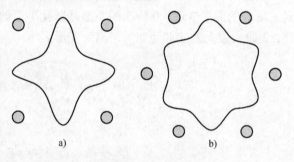

a)　　　　　　　　　　b)

图 13.35　缸盖螺栓分布主导的高阶变形

a) 4 个缸盖螺栓主导的 4 阶变形

b) 6 个缸盖螺栓主导的 6 阶变形

同时，通过对这些简单变形的分析，可以了解缸孔沿缸壁由上而下的各个截面的各个阶次变形幅值的大小，如图 13.36 所示。根据不同阶次变形最大幅值的位置，可以帮助分析其原因，以提供改进设计的方向。

对于气缸孔变形的傅里叶级数分解方法也有其不足。将复杂的气缸孔变形通过傅里叶方法分解进行分析，有其简单的优点，但它也忽略了不同阶次缸孔

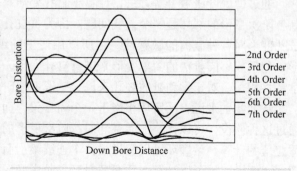

图 13.36　沿缸壁由上而下的缸孔各阶变形幅值

变形相互叠加的效果,尤其是各阶次缸孔变形的相位角沿气缸壁变化对发动机的影响。同时,因为活塞环的运动速度很快,活塞环自身的动态效应,对活塞环和气缸壁适应性的影响,也很难考虑在分析中。

现在也有使用一些特殊的计算工具,把缸孔的整体变形和活塞环的变形适应性整合在一起,进行缸孔、活塞环的接触分析,对机油损耗等进行更复杂的动力学分析。但这对气缸孔的变形分析的精确性,提出了很高的要求。尤其是气缸孔的变形受到太多因素的影响。如果气缸孔变形分析结果与实际有偏差,这会直接影响这类高级复杂分析结果的可靠性,甚至误导设计改进的方向。

除了以缸盖和缸体的设计上抑制气缸孔的变形外,现在工业上也有采用扭矩盘和格林定形珩磨这两种制造工艺,以抑制气缸孔的变形。扭矩盘的主要目的是在气缸孔的加工过程中,在缸体上预先安装一个替代缸盖的厚金属板,模拟缸盖安装后由缸盖螺栓预紧力导致的气缸孔变形。通过这种加工,预先在气缸孔上产生一个负变形,以尽量抵消缸盖安装后产生的气缸孔变形。

格林定形珩磨是一项高精度的气缸孔加工工艺,通过高精度的控制技术,在气缸孔上珩磨出任何预设的变形,从而抵消气缸孔在实际发动机中的变形。虽然定形珩磨是一个非常高精度的加工工艺,但其现有的加工精度还不能达到活塞环和气缸孔适应变形的级别。所以,定形珩磨除了能提高 2 阶次和 3 阶次的气缸孔变形以外,对高阶次的气缸孔变形不太有帮助。因为高阶次的气缸孔变形对活塞环的变形适应性要求很高,在几个微米的级别。对定形珩磨的最大挑战,在于如何精确知道发动机在运行过程中的气缸孔变形,并基于发动机不同工况选择最优化的气缸孔变形,作为定形珩磨的加工预设变形。似乎通过 CAE 分析是最有效的方法,但铸造过程中气缸套与缸体的结合度,CAE 分析中温度分析的准确度,简化缸垫模型与实际缸垫的区别等,都会对 CAE 分析的结果产生不可预知的影响。一旦 CAE 分析的气缸孔变形与实际有偏差,定形珩磨后的气缸孔反倒会"弄巧成拙",导致更严重的后果。所以,定形珩磨工艺对提高气缸孔变形对发动机各项性能的影响是否有帮助,还有待检验。

13.3.6　曲轴孔的变形和错位

功能上,曲轴和上、下轴瓦之间,在高压机油的作用下会形成一层油膜,以保护曲轴的正常运转。而曲轴和轴瓦内壁之间的相对位置关系,会直接决定曲轴和轴瓦内壁之间的间隙,过大或过小的间隙都会影响油膜的形成。过大的间隙会导致油压下降过快,从而不利于油膜的形成。而过小的间隙同样会影响有效油膜的形成,甚至导致轴瓦和曲轴之间的干磨,严重时可能导致曲轴的咬合锁死。这些都会对发动机的性能产生很大影响。

因为曲轴的刚度很高,所以曲轴和轴瓦内壁之间的相对位置关系,直接取决于各个轴瓦与曲轴接触面的变形。因此在分析上,因为主要诱因的不同以及简化分析的目的,各个轴瓦与曲轴的接触面的变形,可以分解为轴瓦自身内壁的变形和各轴瓦内壁轴线的错位问题,即曲轴孔自身的变形以及孔与孔之间轴线错位问题。为了减小这种变形和错位,曲轴孔的加工相对特殊,其目的就是要减少因为发动机安装过程中导致的曲轴孔自身变形,以及各曲轴孔之间的相对错位。所以曲轴孔的加工,在缸体的加工过程中非常重要。在分析曲轴孔的变形和错位时,必须了解曲轴孔的特殊加工过程,这样在分析中才能准确计算曲轴孔的变形和错位。

在曲轴孔的特殊加工过程中,为了保证曲轴孔的同轴度,所有的曲轴孔是用镗孔刀具一道工序加工。在这个加工过程中，主瓦盖按照设计的瓦盖螺栓预紧力安装在缸体上，然后进行曲轴孔的精加工。在后续的曲轴安装过程中，同样的主瓦盖以及瓦盖螺栓，必须在曲轴安装后原位复原，并且要尽量保证瓦盖螺栓再次安装时的预紧力与曲轴孔加工过程中所有预紧力的一致性。其目的就是保证安装曲轴后曲轴孔的圆度，以及各曲轴孔之间的同轴度，以减少曲轴和轴瓦之间的摩擦。在缸体的高周疲劳分析中，已经介绍了在分析中如何考虑曲轴孔的加工过程对曲轴孔变形的影响，即在 CAE 模型中如何正确施加主轴瓦之间的过盈配合。所以在这里同样的 CAE 模型和分析的结果，可以用来对曲轴孔的变形和错位进行分析。

虽然曲轴孔的特殊加工方式，可以尽量减少在加工安装过程中曲轴孔自身的变形和曲轴孔之间的错位问题。理论上，精加工过的瓦盖和缸体在把轴瓦和曲轴安装好后，曲轴孔应该没有任何变形，而且所有曲轴孔之间的同轴度也是最佳状态。但因为加工和安装过程的局限性，曲轴轴瓦的过盈配合安装，缸盖的安装载荷以及发动机运行过程中的热载荷，还是会对曲轴孔自身的变形和曲轴孔之间的错位产生影响。首先，曲轴孔自身的变形是由于上下两个轴瓦之间的过盈配合安装产生的，但这种变形相对较小，如图 13.37 所示。加之热载荷导致的热膨胀，瓦盖螺栓预紧力会增大，这种曲轴孔自身的变形会随之增大。分析上，曲轴孔的自身变形用圆度来衡量，其定义在前面已介绍过，如图 13.17 所示。

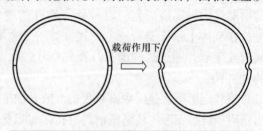

图 13.37　单个曲轴孔的曲轴轴瓦，在安装载荷及其过盈配合下的变形放大效果示意图

同时，发动机整体也会在缸盖的安装载荷，以及发动机运行过程中的热载荷作用下，产生不均匀的变形。这种变形对曲轴孔之间的同轴度影响很大，如图 13.38 所示。虽然这类变形对整体发动机来说可能微乎其微，但因为每个曲轴孔之间的跨度大，而且轴瓦和曲轴之间的设计间隙本身就只有几十微米，加之曲轴自身的刚度很高，所以这种变形往往要比曲轴孔自身的变形，对轴瓦和曲轴之间间隙的影响更严重。如图 13.39 所示，同轴度的计算是先基于每个轴孔的形心，通过最小二乘法的线性拟合得到空间中的轴线，再计算每个轴孔的形心距离该轴线的垂直距离 D_i。设计分析上以该距离最小化为目的，即

$$\min(D_i) \tag{13.9}$$

式中　D_i——变形后轴孔形心离线性拟合轴线的垂直距离。

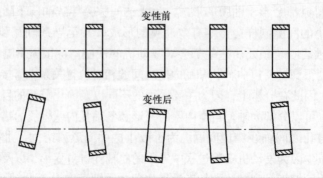

图 13.38　曲轴轴瓦随发动机整体变形前后同轴度的变化放大示意图

图 13.39　曲轴轴孔的同轴度示意图

对于燃气爆发力，以及惯性力导致的曲轴载荷对曲轴孔变形的影响，因为发动机曲轴的高速动态运动，这种影响是瞬态的，所以在曲轴孔的变形分析中，曲轴载荷对曲轴孔变形的影响可以忽略。

综上，在曲轴孔的变形分析中，主要分析的就是曲轴孔在缸盖的安装载荷和发动机的热载荷作用影响下的自身变形和轴心错位问题。在分析上，有别于气缸壁和活塞环之间的关系，曲轴轴径的刚性要强得多，功能上也不像活塞环那样通过自身的变形适应性来起到密封作用。所以，傅里叶级数分解法对于曲轴孔的变形分析没有意义。一般使用圆度来定义曲轴孔的自身变形的好坏。对于曲轴孔之间的偏心，一般则以各曲轴孔形心的同轴度来定义。

在分析计算上，因为在未加载任何载荷前，CAE 模型中曲轴孔的圆度和同轴度都是完美的。而实际上，因为曲轴孔的特殊加工，曲轴孔的圆度和同轴度是在加载了瓦盖螺栓预紧力的条件下才近乎完美。所以，分析模型与实际情况是不符合的。这也是在分析模型中没有包括曲轴来直接分析曲轴和轴瓦接触问题的原因。分析上，轴瓦内孔的变形被用来分析曲轴孔变形和错位问题。也因为以上原因，需要将瓦盖螺栓的预紧力导致的曲轴孔变形从总变形中扣除。

作为参考，以下是前面介绍过的一个简化的发动机缸体结构应力分析中的设置。

第一步，加载瓦盖螺栓预紧力。

第二步，加载轴瓦之间的最大过盈量。

第三步，以位移控制约束瓦盖螺栓的当前预紧力。

第四步，加载缸盖螺栓预紧力。

第五步，以位移控制约束缸盖螺栓的当前预紧力。

第六步，加载热载荷。

第七步，加载对应选定曲轴转角的燃气爆发力、活塞作用力和曲轴载荷。

以这个设置为例，对于曲轴孔在室温条件下各种安装载荷作用下的变形和错位的计算，其用到的位移变形是

$$\Delta \overline{U}_{\mathrm{RT}} = \overline{U}_5 - \overline{U}_1 \tag{13.10}$$

在安装载荷和热载荷作用条件下的位移是

$$\Delta \overline{U}_{\mathrm{Hot}} = \overline{U}_6 - \overline{U}_1 \tag{13.11}$$

式中　$\overline{U}_1$——模型结构在第一步的位移；

　　　$\overline{U}_5$——模型结构在第五步的位移；

　　　$\overline{U}_6$——模型结构在第六步的位移。

同其他变形分析一样，切记所使用的变形（即各节点的位移）一定要考虑模拟分析与实际情况的不同，而加以调整。在得到曲轴孔上各节点的变形位移后，至于具体的曲轴孔的圆度和同轴度的计算，数学计算上并不困难，在这里不做具体介绍。

设计上，曲轴孔的圆度和同轴度在各种载荷作用下越小越好。虽然在分析上，曲轴孔的圆度和同轴度作为两个变形参数是分开分析的，但在现实情况下，这两个变形同时影响曲轴和轴瓦之间润滑油膜的形成。因此，也有将两种变形整合在一起，用以计算曲轴和轴瓦内壁理论间隙，但这种方法计算相对复杂。

实际中，曲轴和轴瓦之间的关系，以及润滑油膜的形成是一个系统问题，不仅受影响于发动机的结构设计，机油自身的特性，如油压和机油流量等都会对其产生影响。

13.4 连杆的结构耐久分析

13.4.1 连杆的失效模式

连杆连接发动机活塞及曲轴，将作用在活塞上的燃气爆发压力传递到曲轴上，推动发动机转动做功。连杆小头随活塞一起做往复运动，连杆大头随曲轴一起做旋转运动。连杆常使用强度较高的锻钢或可锻铸铁材料，部分连杆也使用了粉末冶金材料，使连杆重量减低。

常见的连杆失效模式包括：

1）高周疲劳导致的杆身、大小头及螺栓断裂。

2）因燃气爆发压力过大导致的屈曲变形。

连杆需承受燃气爆发压力、往复惯性力及旋转惯性力的交替作用。连杆的杆身是传递载荷的最主要路径，并且是连杆上尺寸最小的一段，此处应力水平最高，是产生高周疲劳失效的风险位置。此外，在杆身与大小头过渡处还容易产生应力集中，加剧疲劳裂纹发生的风险。

连杆小头中装有活塞销，燃气爆发压力通过活塞及活塞销，直接作用在小头上，使小头处承受较大的工作载荷。为改善活塞销的润滑，部分连杆小头中包含了衬套设计。衬套适用热压装工艺装配在小头中，使小头受到额外的装配应力。

连杆大头及连杆轴瓦通过连杆螺栓，与曲轴连接到一起。常见的连杆大头结构包括平分式及斜切式（图13.40）。平分式连杆常用于汽油机，连杆大头尺寸小于缸孔直径，便于拆装。斜切式连杆常用于柴油机，其曲轴连杆口径较粗，连杆大头尺寸超过缸孔直径。使用斜切式设计便于拆装。工作载荷在连杆大头处传递到曲轴上，使连杆内孔产生较大的应力，易在尺寸薄弱位置产生疲劳裂纹。同时，对于平分式连杆，连杆大头的主要承载方向与螺栓的轴向相同，若螺栓力设计不足，或大头部位设计较弱，在承受向上惯性力时（由曲轴指向活塞）连杆大头结合面可能会张开。一旦结合面发生张开，连杆螺栓会受到额外的载荷，产生断裂及疲劳风险。同时，由于连杆大头孔刚度薄弱，在惯性力下会发生失圆变形（图13.41），连接螺栓除承受惯性力造成的分离载荷外，还得承受一定的横向剪切载荷（图13.42）。对于斜切式连杆，工作载荷的方向与螺栓轴向存在一定夹角，因此连接螺栓在承受外部载荷时受到更大的横向剪切载荷，进一步增加其失效的风险。在现代连杆大头的加工中，常使用涨断工艺。用机械方法或激光方法在结合面位置制造缺口，再涨断直接使连杆盖与连杆本体分离。这样加工的断口几乎不发生塑性变形，且断口之间相互啮合，可利用断面直接进行定位。由于结合面较为粗糙，大头孔在承受弯曲及剪切载荷使产生的滑移量也极其微小。同时，为了降低连杆轴瓦与曲轴之间的摩擦力，保证连杆大头的圆度及圆柱度，连杆大头的加工同曲轴孔的加工类似，需先在连杆螺栓预紧状态下对大头孔进行精加工。在连杆安装过程中，再使用同样的预紧力安装连杆大头及连杆轴瓦。在仿真中可通过去除预变形的方法，使连杆大头的分析更准确。

图 13.40 平分式连杆及斜切式连杆
a）平分式 b）斜切式

图 13.41 连杆大头的变形

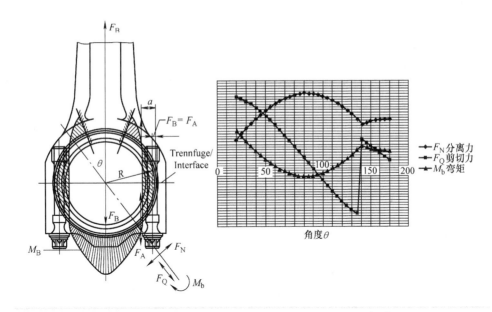

图 13.42 连杆大头承受的分离力、剪切力及弯矩[2,3]

连杆的设计除满足强度要求外，还需同时满足刚度变形要求。作为一个二力杆，作用在杆件上的轴向压力达到或超过一定限度时，杆件可能产生失稳（屈曲），偏离原平衡位置（图 13.43）。杆件失稳往往产生很大的变形甚至导致系统破坏。连杆在实际加工过程中，材料不是理想均匀的，尤其是由于材料锻造、校直等加工所造成的不均匀加热及

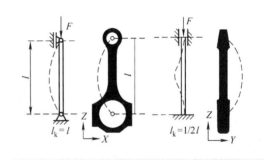

图 13.43 连杆在不同截面的失稳

不均匀冷却，而引起的残余应力；或者连杆轴线不是理想直线，以及由于安装误差而引起的轴向加载的偏心等缺陷。这些缺陷均起到干扰作用，极易使连杆受压时过渡到侧弯状态。在设计上，连杆杆身一般设计成工字形结构，最大限度提升截面惯性矩，同时降低重量，目的是提高连杆杆身的抗失稳能力。

连杆大小头孔在工作时需要机油进行润滑，大头孔处一般由曲轴上的油道进行润滑，小头孔处大多通过飞溅进行润滑。连杆大头的刚度较弱，则在外界负载的作用下会产生变形。尤其是连杆盖侧的刚度较杆身侧要弱，在惯性力作用下产生的变形可能对润滑造成影响。若变形过大，还可能发生抱轴故障。在仿真分析中，需对大头孔在各工况下的变形情况进行分析，确保其圆度变形不超过设计间隙值。详细的润滑情况需要借助于动力学软件中的 EHD 分析进行校核。

13.4.2　连杆的危险工况

图 13.44 是连杆在发动机工作循环内的受力图。连杆在发动机一个工作循环内具体的受力情况包括：

1）连杆在排气行程上止点位置①时，主要承受向上的惯性力 F_{mass}，杆身受拉，连杆螺栓承受拉力。

2）连杆运动到进气行程下止点位置②时，连杆承受向下的惯性力 F_{mass}，杆身受压。

3）连杆运动到压缩行程上止点位置③时，缸内气体被压缩并被点燃，缸内燃气压力 F_{gas} 接近于最大值，杆身承受压力 $F_{gas,off} = F_{gas} - F_{mass}$。

4）连杆运动到做功行程下止点位置④时，缸内气体做功，压力急剧下降，连杆承受向下的惯性力 F_{mass}，杆身受压。

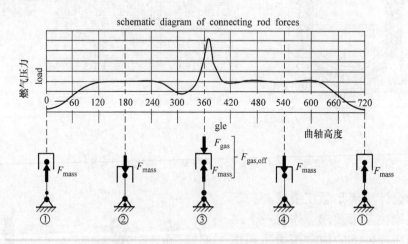

图 13.44　连杆在发动机工作循环内的受力图

综上所述，连杆主要承受拉压载荷。在排气行程上止点时处于惯性力产生的最大拉力，在压缩行程上止点时处于燃气压力产生的最大压力。在后续的有限元分析中需对这两个时刻位置进行计算。

同时，连杆做复合平面运动时，其横向加速度产生的载荷对连杆杆身产生弯曲负荷，该弯曲载荷在高转速时的影响一般不可忽略。但一般用发动机的连杆的主要载荷为拉压负荷，设计及仿真计算时只对最危险载荷进行校核计算，该横向载荷无需考虑。对于赛车发动机连杆的设计，由于其转速较高，该载荷的影响需要考虑在内。

在发动机工作转速范围内，连杆受力的最危险工况可能发生在外特性工作曲线上，燃气爆发压力最大的转速。在该转速下，连杆在排气上止点及压缩上止点间的交变负荷最大。同时，对于增压发动机，在转速较低时即可以达到较高的燃气爆发压力。而低转速时拉伸方向的惯性力较小，合力叠加作用下杆身受压最大。因此，在对连杆进行强度校核时，需分别选取以上两个转速，如图13.45所示。

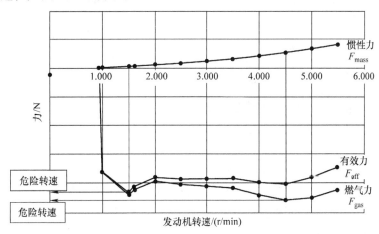

图13.45　连杆强度分析危险转速选取

除危险转速外，在发动机最大工作转速下，连杆所承受的惯性力最大。此时连杆螺栓承受的载荷最大，连杆大头结合面可能产生张开。因此在有限元校核时，通常还需要对连杆在最大工作转速工况下的螺栓连接进行分析。

13.4.3　连杆的强度分析

1. 有限元模型建立

CAE分析需对连杆承受惯性力、燃气爆发压力、装配预应力进行模拟。作用在活塞上的燃气爆发压力及活塞产生的惯性力可等效换算在活塞销上，以减小建模规模。CAE模型一般包括以下部件（图13.46）：①连杆（包括连杆盖）；②连杆螺栓；③活塞销；④衬套；⑤连杆轴瓦；⑥部分曲柄销。

模型对曲柄销中心部分进行全自由度约束。

2. 属性设置

连杆的强度计算需要各部件的弹性模量、泊松比数据。由于连杆是运动件，因此还需考虑材料的密度用于求解惯性力。

3. 加载边界设置

第一步，加载装配预应力。

包括连杆螺栓预紧力及连杆轴瓦过盈量。若连杆小头存在衬套设计，还需要增加此位置的过盈量。螺栓预紧力必须选取计算得到的最大螺栓力，过盈量选取计算得到的最大过盈量。同时连杆小头与活塞销、连杆轴瓦与曲柄销之间的间隙，需要在有限元的接触模块中进行设置。装配载荷的加载位置如图13.47所示。

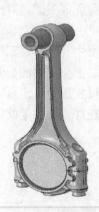

图 13.46 连杆有限元模型示意图

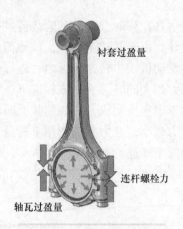

图 13.47 连杆装配预应力

第二步：以位移控制约束连杆螺栓的当前预紧力。

第三步：危险转速 1 下的惯性力。

上止点时刻活塞的惯性力 $F_{\text{piston,osc}}$（参见 9.3.2 小节，曲柄连杆机构运动产生的载荷）可通过活塞销进行加载，载荷加载在活塞销的底部。

在有限元分析中，连杆的惯性力一般以加速度的形式施加在整个连杆及活塞销模型上。根据刚体平面运动的原理，选取连杆大头孔为基点，连杆的运动也可分解为连杆沿缸筒方向的往复运动，及绕连杆大头孔的旋转运动。在上止点时刻，往复运动速度 $v = \omega r$，加速度 $a = \omega^2 r$，旋转运动角速度 $\omega' = \omega r / l$。

在有限元建模中分别施加平动加速度及角加速度，来模拟连杆受到的惯性力。

第四步：危险转速 1 下惯性力及燃气爆发压力。

燃气爆发压力的峰值常发生在上止点后，在有限元分析中，常近似地认为最大峰值压力发生在上止点时刻。燃气爆发压力 $F_{\text{gas,max}}$ 可施加在活塞销顶部。燃气爆发压力及活塞惯性力的施加位置如图 13.48 所示。

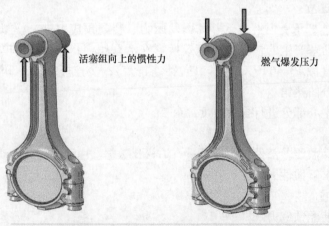

图 13.48 燃气爆发压力及活塞惯性力的施加

第五步：危险转速 2 下的惯性力。

第六步：危险转速 2 下的惯性力及气体爆发压力。

第七步：最高转速下的惯性力。

图 13.49 是连杆有限元分析燃气压力工况
（左）和惯性力工况（右）下的应力分布图。连杆
是发动机关键零部件，在任何时刻下连杆的 Mises
应力均不能超过材料的屈服极限。

连杆大头孔的变形结果如图 13.50 所示，一般
要求大头孔的失圆变形不得超过连杆大头的设计间
隙值。

4. 高周疲劳分析

连杆的高周疲劳分析需分别计算每个危险转速
下的安全系数。参考发动机耐久可靠性试验，连杆
在整个发动机试验周期内均不允许发生疲劳问题，
其疲劳安全系数的计算需按照无限寿命设计进行。
一个典型的连杆疲劳分析结果如图 13.51 所示

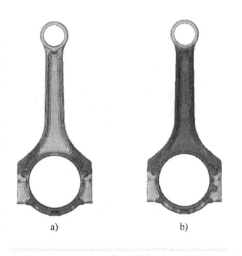

图 13.49　连杆有限元分析应力分布图
a）燃气压力工况　b）惯性力工况

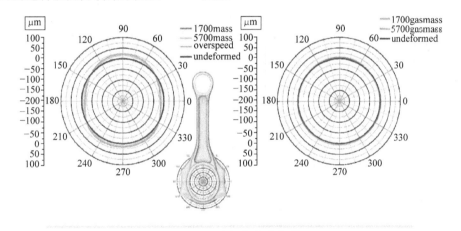

图 13.50　连杆大头孔变形

连杆的表面常采用喷丸处理工艺。若可获得准确的喷丸影响因子，在疲劳计算中可考虑
表面处理的影响。若无法获取也可以做保守设计，忽略该影响因素。

5. 连杆大头结合面分析

分析结果考虑连杆结合面的接触情况。连杆结合面不能出现接触张开，结合面的接触压
力应始终大于 0。此分析的有限元模型可与高周疲劳分析的模型相同。分析通过以下加载步
实现。

第一步，加载装配预应力：为考察螺栓连接的可靠性，螺栓预紧力取计算得到的最小螺
栓力，连杆轴瓦过盈量取设计的最大过盈量。

第二步：以位移控制约束连杆螺栓的当前预紧力。

第三步：施加最大转速下的惯性力。

典型的结合面接触结果可参考图 13.52。

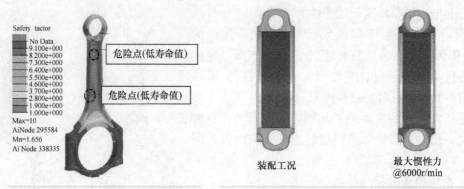

图 13.51   连杆疲劳分析结果   图 13.52   连杆大头接触压力

13.4.4   连杆的屈曲分析

连杆的屈曲分析模型可只取连杆杆身。根据屈曲的发生形式，施加如图 13.53 所示约束条件。

第一步：欧拉几何屈曲分析。

在连杆小头施加压力（如 Z 向 $-100N$），计算得到的特征值 $\times 100N$ 即为屈曲临界载荷。一阶的屈曲特征变形如图 13.54 所示：

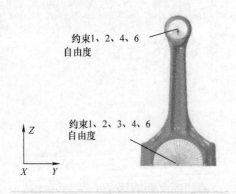

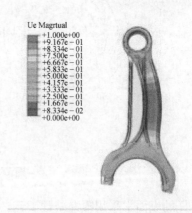

图 13.53   连杆屈曲分析的约束条件   图 13.54   连杆的一阶屈曲特征变形

第二步：非线性屈曲分析。

在 Abaqus 中非线性屈曲分析采用弧长法 Riks 算法实现，用位移控制加修正的弧长法，能够建立不稳定响应段的静力平衡状态。采用与欧拉几何屈曲分析相同的模型，在有限元模型中引入连杆前几阶的屈曲特征变形，叠加作为初始缺陷变形，定义材料非线性，并进行几何非线性设置，通过计算可得到结构不稳定前载荷的最大值。在位移 - 荷载比例系数（LPF）曲线图（图 13.55）

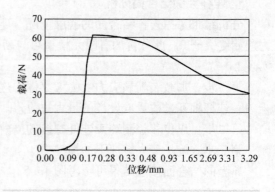

图 13.55   非线性屈曲分析 LPF 曲线

上，曲线拐点即为非线性屈曲的临界载荷。临界载荷需高于连杆受到的最大燃气爆发压力，并留有一定的安全余量，连杆的设计才是可靠的。

13.5 曲轴的结构耐久分析

13.5.1 曲轴的失效模式

曲轴是发动机最重要的核心零部件之一。曲轴承受着缸内气体作用力、往复惯性力和旋转惯性力引起的周期性变化的弯曲和扭转载荷，还承受着扭转振动引起的附加载荷。曲轴的具体载荷已在前面9.3.2小节中做过详细介绍。

缸内气体压力通过活塞连杆间接作用到曲轴上。曲轴在不同旋转角度下，会产生交替变化的弯曲及扭转变形。同时，曲轴在旋转过程中的旋转惯性力也会产生弯矩。因此，曲轴的失效形式主要有弯曲疲劳断裂和扭转疲劳断裂，其中弯曲疲劳断裂为最主要的失效形式。曲轴的圆角是弯曲疲劳断裂和扭转疲劳断裂最危险的位置（图13.56）。为提高该处的疲劳性能，常常需要对圆角位置进行表面处理方式。钢制曲轴推荐采用沉割圆角淬火，球墨铸铁曲轴可采用沉割圆角滚压工艺。

图 13.56 曲轴圆角疲劳断裂

曲轴本身具有弹性，因此具有其固有的自由振动特性。在外力（作用在曲轴上的周期性激振力）的作用下，曲轴会发生强迫振动，包括弯曲振动、扭转振动及纵向摆动。其中最主要的形式是扭转振动（以下简称扭振）。曲轴的扭转刚度往往较低，在发动机工作转速范围内，易被激起共振，会在曲轴旋转过程中产生附加的扭矩。

锻造的曲轴在锻造热处理及制造过程中也易引入制造缺陷，造成疲劳风险。在锻造和热处理等制造过程中，曲轴必然产生一定的变形，在生产过程中采用校直的方法来消除变形。如果校直幅度过大，可能导致曲轴产生校直裂纹。锻造过程中原材料晶粒长大倾向、偏析、微观夹杂物、锻造温度等的影响因素，都会影响锻造的质量。生产中选用制造曲轴的材料应该考虑与制造工艺相匹配，尽量避免在容易引起晶粒长大的敏感区域停留时间太长，这样才能有效地避免晶粒粗大。曲轴材料晶粒粗大，一般被认为是有较严重的组织缺陷，可能会严重损害材料的力学性能，尤其是对疲劳强度有较大影响。其他几个因素也对曲轴锻造质量有着重要的影响，整个影响过程比较复杂。

13.5.2 曲轴的高周疲劳分析

曲轴在工作过程中承受交变的气体压力、连杆及曲轴本体产生的旋转惯性力，以及曲轴本身受外界激励产生的扭转振动等。由于其工作状态的复杂性，当前曲轴的分析常常借助专业的动力学软件完成，如 AVL – EXCITE。两个分析需在动力学模型中完成：①曲轴的扭振分析；②曲轴圆角的疲劳强度分析

一个完整的曲轴强度分析流程具体如下。

1. 动力学模型搭建

在动力学软件中搭建曲轴的动力学模型。动力学软件中需对曲轴各轴端的关键尺寸、连

杆尺寸、飞轮及扭转减振器的刚度及惯量进行详细设置，将整个曲柄连杆机构简化为等效的
动力学模型（图13.57）。

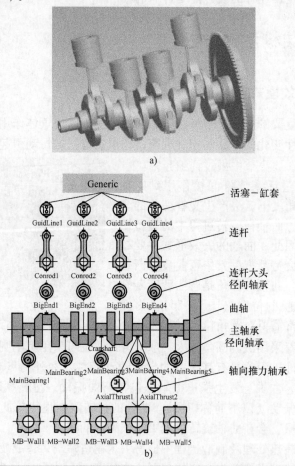

图13.57　曲柄连杆机构和等效动力学的简化模型

a）曲轴模型　b）AVL – EXCITE 等效动力学模型

AVL – EXCITE 软件中，曲轴的动力学计算是基于当量结构模型进行的。相比有限元模型，当量结构模型中包含了尺寸数据，并对计算的自由度做了大量简化，缩短了动力学计算的时间。简化的曲轴动力学模型如图13.58所示。

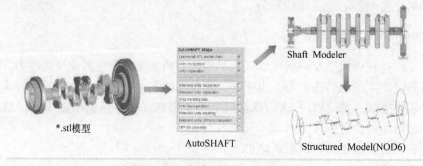

图13.58　曲轴动力学的简化模型

曲轴的有限元模型基于设定参数和 CAD 模型，通过 AUTOSHAFT 软件自动生成。AUTOSHAFT 将自动识别曲轴不同的轴段，并通过 EXCITE 自带的 FAME 网格划分模块，对每个轴段进行网格划分（图 13.59）。划分好的网格将用于质量分块及各段的刚度计算（图 13.60），生成计算所需的质量矩阵和刚度矩阵。通过 ShaftModeler 模块，可将处理完成的有限元模型或参数模型，转换为动力学计算所需要的当量结构模型（图 13.61）。

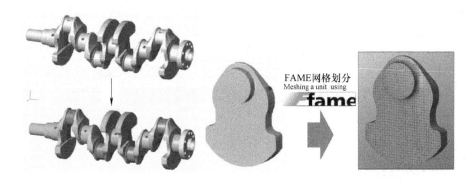

图 13.59　AUTOSHAFT 曲轴识别及有限元网格划分

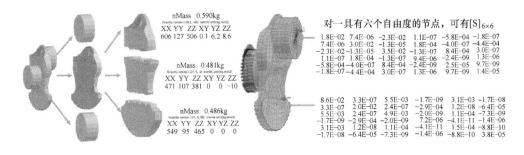

图 13.60　质量分块及刚度计算

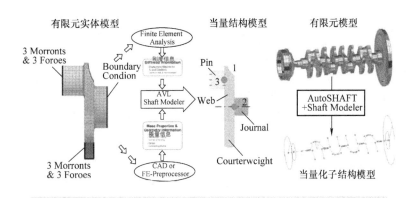

图 13.61　通过 Shaft Modeler 将有限元模型转换为当量结构模型

2. 缸体有限元模型建立

曲轴一般安装在发动机缸体内，主轴径处与发动机主轴承盖相连接。发动机曲轴具有多个主轴径，因此曲轴为一个静不定系统，主轴径处的支承刚度会影响到曲轴的受力。将发动机缸体及主轴承盖建立为有限元模型（图13.62），并在主轴径－主轴承孔连接副处建立缩减点，通过刚度缩减生成刚度矩阵。在动力学模型中引入刚度矩阵，可准确考虑曲轴各主轴径的支承刚度。

3. 燃气爆发压力设置

对于扭转振动及疲劳分析，曲轴的危险工作转速不一定发生在最大功率时刻，需对发动机全转速范围内进行考核，因此需在动力学软件中输入所有转速的燃气爆发压力曲线。

4. 曲轴模态分析

曲轴疲劳强度分析需综合考虑扭转振动的影响。对于动力学分析而言，模态分析是所有动态响应分析的基础。在 AVL－EXCITE 软件中可对当量结构的曲轴模型进行模态分析，获取曲轴的弯曲及扭转模态。图13.63是一个曲轴弯曲模态的例子。

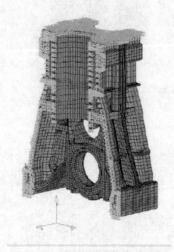

（第8阶固有频率 184Hz－弯曲）

图13.62 用于刚度缩减的缸体
有限元模型

图13.63 AVL－EXCITE 软件中
计算得到的曲轴弯曲模态的例子

5. 曲轴扭振分析

在曲轴模态分析的基础上，通过动力学软件设置的燃气爆发压力，可计算得到发动机在各转速下扭振的结果。通过扭转振动分析可得到以下内容。

（1）轴系的固有频率及临界转速

当曲轴扭振的固有频率与转动的激励频率相同时，会产生共振现象，该转速为曲轴的临界转速（图13.64）。临界转速下曲轴的扭转振动会增大，使振动角位移及扭转剪应力增大。

（2）曲轴前端及飞轮端的扭转振动

发动机曲轴前端常连接附件传动带或正时链条等，若产生转速波动较大，则对传动带或链条的运转产生影响，或者导致 NVH 问题。曲轴后端连接发动机飞轮，是曲轴转矩的输出端。飞轮位置的转速波动影响发动机运转及转矩输出的稳定性。通过扭转振动分析可获得曲轴前后端相关的振动特性，其角速度波动不能过高。

（3）剪切应力

扭转振动计算可得到曲轴受工作载荷及扭转振动产生的扭转剪应力。曲轴强度分析需综合考虑弯、扭结合应力，通过扭转振动分析得到的扭转剪切应力仅作参考。图13.65是一个

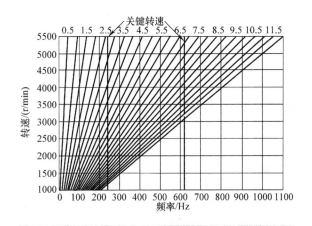

图 13.64　曲轴临界转速

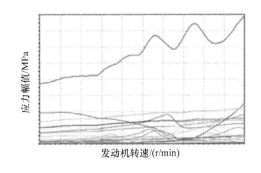
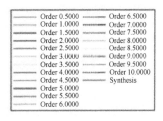

图 13.65　扭转剪应力的例子

扭转剪应力的例子。

（4）比较系数计算

曲轴的最危险工况不一定发生在最大功率点。在动力学软件中可快速得到发动机全转速范围内，每个曲轴轴段圆角的比较系数（Comparison Factor，也称耐久系数——Durability Factor）。比较系数综合考虑了扭转应力及弯曲应力的综合作用，并且考虑了曲轴圆角处的应力集中影响（图 13.66）。通过比较系数的计算，可快速识别最危险位置和危险工况，减少后续计算量。

1）圆角子模型计算。对完整的曲轴进行疲劳分析需要消耗较多的计算资源。曲轴的

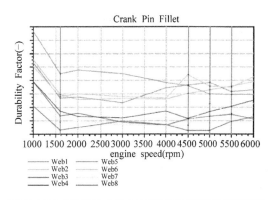

图 13.66　曲轴轴段圆角的比较系数的例子

仿真分析可根据比较系数的计算结果，只对特定工况的某个最危险曲拐圆角进行有限元子模型分析。

2）对危险的曲拐模型进行有限元分析，分别对两端截断位置施加 1~6 自由度单位位移载荷，同时约束另一端，求解应力分布（如图 13.67a 所示）。曲拐的有限元模型及计算

求解文件，可由 EXCITE 软件自动生成。

3）基于上述曲拐的全局模型，对危险圆角进行子模型分析。子模型网格及计算求解文件由 EXCITE 软件自动生成，计算精度更高。

4）在疲劳分析软件中，根据动力学计算得到的时间历程和载荷谱，以及圆角子模型在各自由度下单位位移的应力结果，进行圆角的高周疲劳分析，计算结果如图 13.67b 所示。

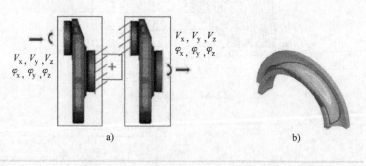

图 13.67   圆角子模型疲劳分析流程

a）曲拐单位载荷分析模型   b）圆角疲劳分析结果

曲轴圆角处普遍采用材料表面处理工艺，对疲劳有较大的改善作用。受工艺加工条件影响，不同处理工艺对圆角的疲劳强化系数会有差别。例如，铸铁曲轴使用圆角滚压工艺所能得到的疲劳强化系数约为 1.3～1.8，钢制曲轴表面淬火工艺所能达到的疲劳强化系数约为 1.5～2.5[4]。同时，工艺参数也会对疲劳强化系数产生较大影响。准确的圆角强化系数需通过曲轴疲劳试验获得。

13.5.3   主轴瓦润滑分析

动力学分析软件除可对曲轴的强度进行校核外，还可以对轴瓦的设计强度、可靠性及润滑性能进行分析。本小节将对此部分做简要介绍。

在概念设计阶段，应针对刚性轴瓦进行快速可靠的径向滑动轴承液体动力学计算。计算可得到轴承载荷、最小油膜厚度及油膜压力等。在概念设计阶段即可通过计算结果，对轴承关键尺寸及公差配合进行选取。

在详细设计阶段，主轴承支承刚度可通过有限元软件准确获取，主轴承润滑分析可引入热流体动力润滑（THD）、弹性流体动力润滑（EHD）、热弹性流体动力润滑（TEHD）等一系列分析。其中 EHD 理论基于弹性流体动力润滑理论，最为成熟。该理论考虑了轴瓦、轴颈的弹性变形、表面粗糙度及空穴效应等影响因素。相比概念阶段，EHD 分析结果更全面、更准确。

EHD 分析的主要结果分为油膜结果及结构结果。油膜结果包括峰值油膜压力、最小油膜厚度、油压分布、摩擦功率损失等。结构结果包括轴瓦弹性变形、轴承反力、轴颈轨迹等。以上结果为轴承润滑、机油选择、轴承磨损及机体强度分析提供了关键参考。图 13.68 是一个轴承油膜液动压力分布的例子。图 13.69 是一个轴心轨迹的例子。图 13.70 是一个峰值油膜压力及最小油膜厚度的计算结果。图 13.71 是一个摩擦损失的计算结果。

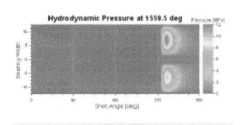

图 13.68　轴承油膜液动压力分布

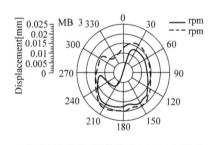

图 13.69　轴心轨迹

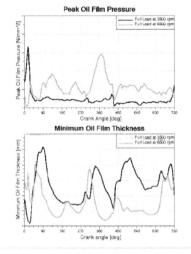

图 13.70　峰值油膜压力及最小油膜厚度

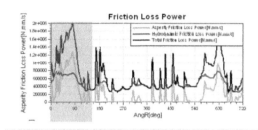

图 13.71　摩擦损失的计算结果

13.6　排气系统的结构耐久分析

13.6.1　排气系统的失效模式

　　发动机后处理部件包括排气歧管、增压涡轮、催化转化器等。这些部件自身会受到高温废气的影响，所以发动机从停机到运行再到停机，部件会受到热载荷的冲击，因此存在热机械疲劳的风险。而且，这些部件因为振动会在所连接的部件（比如缸盖）和自身产生高频的振动力，这会对相关结构造成高周疲劳的风险。比如增压涡轮因为振动会在缸盖上增压涡轮连接的相关区域，产生很大的局部交变应力，从而增加高周疲劳风险。为了减小振动的影响，尤其是避免共振的发生，这些后处理部件会通过托架连接在缸盖和缸体上。这在某种程度上会改变和降低因为振动在相关部件上的交变应力，减少这些部件的高周疲劳风险。但同时，这些托架也在一定程度上约束了这些部件在高温作用下的热膨胀空间。如果托架的安装位置和托架结构设计不佳，这就会增加这些部件和托架自身的疲劳破坏风险。

　　排气歧管是传统发动机中存在热机械疲劳风险最高的部件。图 13.72 是一个排气歧管发生热疲劳裂纹的例子。近年来，大量的发动机采用了集成式排气歧管的设计，即把排气歧管整合到缸盖结构中（如图 13.73 所示），这不仅有效利用了尾气的高温预热缸盖提高热效率，同时消除了对复杂传统排气歧管的要求。而且因为缸盖上冷却系统的帮助，大大降低了排气歧管的热机械疲劳风险。虽然集成式排气歧管有这些好处，但它也增加了缸盖设计的复杂性。当缸盖设计不佳时，集成式排气歧管依然会有热机械疲劳的风险。尤其是当气门座密封太差，导致过多燃气在集成式排气歧管内燃烧时，就会大大增加集成式排气歧管热疲劳的风险，以至造成整个缸盖的报废。对发动机整体来说，其影响甚至比传统排气歧管因为热疲劳导致的自身破裂危害更严重。

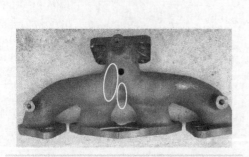

图 13.72　排气歧管热疲劳裂纹

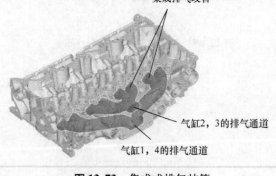

图 13.73　集成式排气歧管

非集成式的排气歧管设计中，排气歧管与缸盖之间需要使用垫片及螺栓（或双头螺柱）进行密封（见图 13.74）。在带增压器的排气系统设计中，排气歧管与增压器之间也需要使用垫片进行密封。若排气系统垫片发生泄漏，高温气体会将垫片烧蚀，导致密封完全失效，并造成发动机排放问题。若排气系统带增压器，排气压力的下降会进一步影响增压器的工作性能，引起发动机功率、转矩的下降。

排气系统垫片结构与缸垫类似。近些年来，排气歧管垫片也常采用多层钢垫片设计。相比缸垫，排气歧管没有单独的冷却系统，垫

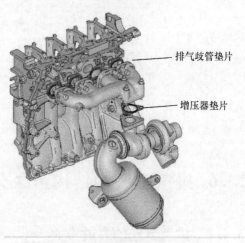

图 13.74　排气歧管垫片及增压器垫片

片会工作在更高的温度环境中，尤其是增压器垫片，需要承受高达 950～1050℃ 排气温度的冲击。垫片及螺栓（双头螺柱）需要具备足够的耐高温性能。因此，垫片常使用耐高温的不锈钢材料，螺栓（双头螺柱）使用能承受高温的耐热螺栓。但排气垫片通常仅需要密封发动机排出的废气，无需密封机油及冷却液，因此垫片的结构较缸垫要简单得多。

排气系统螺栓（双头螺柱）在高温下，因螺栓与夹紧区的热膨胀不一致，螺栓力会发生变化；螺栓在高温下受屈服极限下降及蠕变的影响，螺栓会产生不可恢复的松弛，导致螺栓力衰减。在高温及发动机振动载荷的作用下，螺栓（螺母）易发生转动松脱，大多数排气系统螺栓（双头螺柱、螺母）还需使用防松设计。在仿真分析时，可提取整个加载过程中的螺栓力变化曲线，确保螺栓力不发生剧烈的波动。

安装法兰面的刚度也是影响排气系统密封性能的重要因素。排气系统受热后法兰面会产

生较大变形。因此,合理地设计法兰面刚度,及合理地布置螺栓的位置,是提高排气系统密封性能的重要途径。

13.6.2 排气系统的热疲劳分析

由于其塑性应变较高,常基于 Coffin – Manson 方法考核在排气歧管耐久性测试(Exhaust Manifold Durability Test 试验,参见 15.2.4 小节)中的塑性变形量。

1. 有限元模型建立

图 13.75 为排气系统有限元模型。排气歧管热疲劳分析模型一般包括以下部分:①排气歧管;②增压器及压气机(增压机型);③催化转化器;④排气系统支架;⑤缸体/缸盖;⑥螺栓及螺柱;⑦密封垫片(排气歧管垫片及增压器垫片)。

2. 参数设置

排气歧管热疲劳计算需要输入各部件在不同温度下的弹性模量、泊松比、线膨胀系数及塑性应力 – 应变参数等数据。在传热分析中需要输入材料在不同温度下的导热系数、比热容及密度参数。排气系统的垫片参数设置与缸垫类似。

3. 加载边界设置

第一步,螺栓预紧力。

排气系统的热疲劳分析需在螺栓(或双头螺柱)处施加预紧力。

第二步,以位移控制约束螺栓的当前预紧力。

第三步,排气系统耐久工况的热负荷。

在计算热疲劳前,需要对排气系统进行传热分析。传热分析所用的有限元模型与热疲劳分析相同。热负荷计算工况参考排气系统耐久性测试技术要求,分别计算最大功率工况及怠速工况下的热负荷。仿真分析常使用瞬态传热分析法,对三个完整的测试循环(如图 13.76 所示)进行分析。

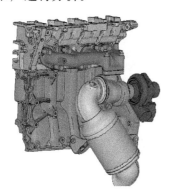

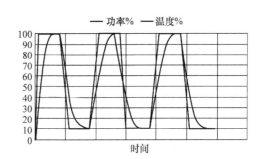

图 13.75 排气系统有限元模型　　**图 13.76** 瞬态传热分析法中发动机功率和温度的变化曲线

排气系统的热负荷计算需要发动机 1D 分析软件、CFD 分析软件及有限元分析软件联合仿真计算获得,可得到排气系统在 100% 负荷及怠速工况下,一个完整的发动机循环(720°CA)下的平均流体温度及导热系数,如图 13.77 所示。

对于空气对流换热部分,在仿真分析中可取经验的边界及导热系数。由于排气歧管常工

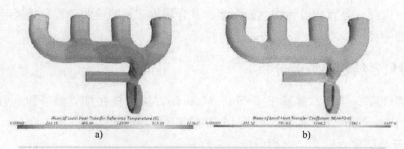

a)　　　　　　　　　　　　　b)

图 13.77　排气歧管内腔及增压器的气体温度及导热系数（彩色图见书尾）
a）热传导温度分布　b）热传导导热系数分布

作在较高温度，除对流换热外，还应考虑其通过热辐射对外界散出的热量。该部分的换热边界如图 13.78 所示。对于缸体、缸盖内水套，以及燃烧室内表面，也需施加对应工况的换热边界。

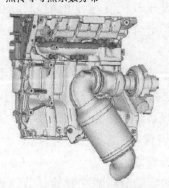

空气对流换热：
Tair: 空气温度
HTCair: 导热系数

辐射换热：
ε: 表面辐射系数

分析得到的温度场分布结果为三个循环内各个时刻的温度分布，图 13.79 展示了功率点及急速转速情况下的仿真结果。

在热疲劳分析中，设置与传热分析对应的时间步及温度场，对不同时刻的热应力/应变进行求解。

图 13.78　排气系统环境换热边界

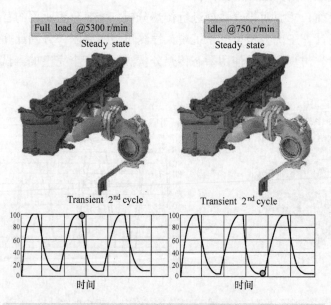

图 13.79　排气歧管传热分析结果

4. 热疲劳分析结果

排气系统的热疲劳主要参考其每个循环所产生的塑性应变。在 ABAQUS 软件中以等效塑性应变（PEEQ）表征。PEEQ 在 ABAQUS 中表述为

$$\left. \overline{\varepsilon}^{\mathrm{pl}} \right|_0 = \int_0^t \dot{\overline{\varepsilon}}^{\mathrm{pl}} \mathrm{d}t \qquad (13.12)$$

　　PEEQ 为塑性应变随时间的累加值，其值单调递增，可描述塑性变形的累加量。一般要求三个热冲击循环结束时的 PEEQ 值，以及每个热冲击循环 PEEQ 的变化量，不超过许用限制。图 13.80 是排气系统热疲劳分析中，某一时刻排气管等效塑性应变（PEEQ）的分布云图（图 13.80a）和结构上的危险点处等效塑性应变（PEEQ）随时间变化的曲线（图 13.80b）。

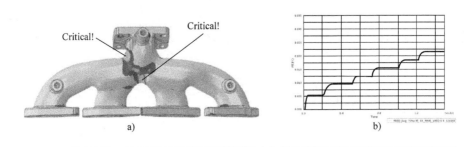

图 13.80　排气系统热疲劳分析结果

a）PEEQ 分布云图　b）危险点 PEEQ 的时间曲线

13.6.3　排气系统的密封分析

　　排气系统的密封分析可使用与热疲劳分析相同的模型及加载步。同时，排气系统垫片各功能部位需要赋予准确的线载荷 - 挠度曲线（图 13.81）。排气密封结果关注装配状态，及最后一个工作循环的密封带的密封压力（图 13.82）。整个加载过程中的螺栓力变化曲线如图 13.83 所示。根据辉门公司（Federal - Mogul Corporation）的设计原则，装配状态下密封带的密封线压力不得低于 35N/mm，高温工作状态下的密封线压力不得低于 20N/mm。

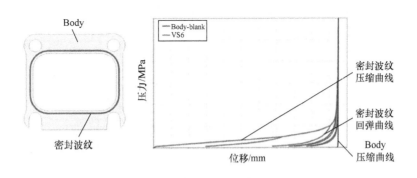

图 13.81　排气垫片的载荷 - 挠度曲线

图 13.82　排气歧管垫片密封
　　　　　　压力计算结果

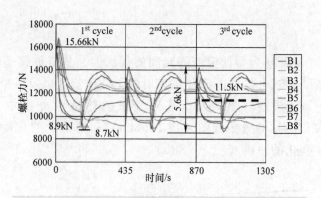

图 13.83　排气歧管螺栓力的变化过程

13.7　支架的结构分析

13.7.1　支架的失效形式

发电机、空调压缩机、排气歧管、增压器等常通过支架安装形式固定在发动机机体上。该部分零件在发动机工作激励下承受振动载荷。一般情况下，发动机表面的振动加速度并不足以将支架振坏，但支架往往是一个悬臂结构，发动机本体产生的激励经由支架时会激起支架的振动。若支架的固有频率与激励频率相接近，则会产生共振问题。一旦发生共振，支架上的振动加速度会急剧增大，会进一步导致 NVH 问题及可靠性问题。

发动机工作时的振动激励频率包括不平衡的惯性力、不平衡的惯性力矩、惯性扭矩及燃气压力产生的激励，在第 9 章已做过介绍。发动机的最大激励为燃气压力产生的主激励阶次，与点火频率密切相关，可表述为发动机每转一圈所有气缸点火的次数

$$f_d = \frac{RPM}{60} \cdot \frac{气缸数}{2} \tag{13.13}$$

支架模态频率要足够高，避开发动机全转速范围内的最大阶次激励，并保留有一定的安全余量，才可以避免共振断裂问题。以四缸机为例，发动机工作转速范围为 800～6000r/min，其主激励阶次为 26.7～200Hz，如图 13.84 所示。通常要求动力总成及附

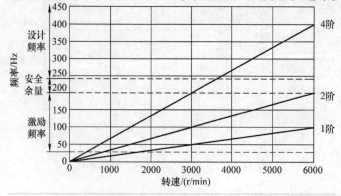

图 13.84　四缸机阶次 - 转速 - 频率关系

件支架的一阶模态频率设计在 240～300Hz 以上。

　　除振动载荷外，支架上固定的零部件在工作时产生的载荷也是支架疲劳产生的原因。例如：发电机、空调压缩机等常固定在发动机前端，通过带传动方式由曲轴进行驱动。发电机及空压机在工作时会产生负载，传动带在传动过程中产生的张紧力会间接作用在支架上，在支架上产生一个额外的应力。发动机转速变化、发电机及空压机的负载变化等都会使这个应力产生变化而造成疲劳问题。在排气系统中，排气歧管及增压器等在工作中因受热而产生热膨胀，这部分热膨胀会使支架承受额外的变形而产生应力。

13.7.2　支架的模态分析

　　在支架的模态分析中一般不需要施加外部载荷。在有限元建模过程中，需包括支架、安

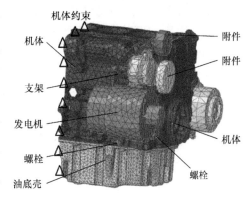

装螺栓、附件（发电机或空调压缩机等）以及安装部位的机体。支架固定的附件在建模过程中无需包含细节，可进行简化，但需准确地赋予附件质量，并通过调整密度的方法，使附件的质心与实际位置相同。分析时对发动机机体进行约束，求解其约束模态。图 13.85 是一前端附件支架的有限元分析模型示意图。

　　支架模态分析的结果包括支架各阶模态的频率、振型及应变能。图 13.86 是某一阶模态频率下的变形加振型值（当量化的位移）分布云图和应变能分布云图。可根据振型及应变能的结

图 13.85　前端附件支架分析模型

果，对结构设计进行更改，使支架的一阶模态频率满足要求。

　　在排气系统支架的模态分析中，可使用与热疲劳相同的模型，并建立到热端最后一段管路。排气系统各零部件在承受高温后，材料的弹性模量会下降，造成系统的刚度下降，模态频率降低。在进行排气系统支架的模态分析时，还需引入全速、全负荷状态下稳态的温度场。

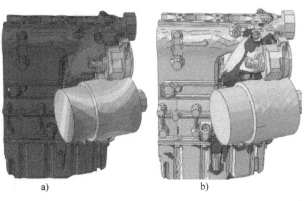

a)　　　　　　　　　　　b)

图 13.86　振型结果及应变能结果

a）振型结果　b）应变能结果

13.7.3　支架的高周疲劳分析

高周疲劳分析必须考虑发动机工作时，附件支架受振动而产生的载荷（如图 13.87 所示）。以下是一个典型的有限元分析设置。

第一步，施加螺栓预紧力。

同发动机其他高周疲劳分析相同，螺栓预紧力一般选择最大预紧力，如图 13.88 所示。

第二步，以位移控制约束螺栓的当前预紧力。

第三步，施加热载荷。

在排气系统支架的分析中，在此加载步中施加热负荷。在其他支架分析中，若温度不是支架疲劳的主要因素，可以忽略温度的影响。

第四步，施加工作载荷。

在前端附件支架的分析中，需要在附件带轮上施加由传动带传动产生的负荷，如图 13.87 所示。

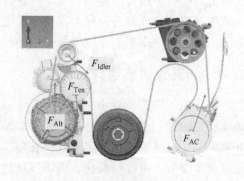

图 13.87　附件轮系载荷示意图

第五步~第十步，施加各项振动加速度。

在发动机载荷的讨论中，已介绍了发动机激励的主要来源。在发动机实际工作中，各振动激励通过传递路径，在支架上产生的振动响应，可通过 NVH 测试或发动机整机 NVH 仿真分析获得。但在发动机支架的高周疲劳分析中，这种动态的振动响应的分析一般较为复杂，工程上常通过在支架及其附件上分别施加 $\pm X$，$\pm Y$，$\pm Z$ 方向的准静态振动加速度，模拟附件系统受到的振动载荷（如图 13.89 所示）。振动加速度的大小可来源于该发动机工作过程中的实测数据或仿真数据。例如，乘用车发动机在最大功率点的振动常使用 $15g$ 的振动加速度进行加载。

第十一步，卸除振动载荷。

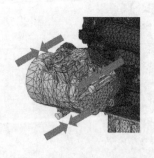

图 13.88　螺栓预紧力的施加

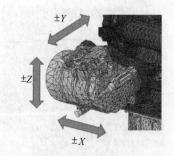

图 13.89　振动加速度载荷示意图

发动机支架振动为高频机械负荷，在设计中需满足无限寿命设计。图 13.90 是一个支架的疲劳安全系数结果云图的例子。

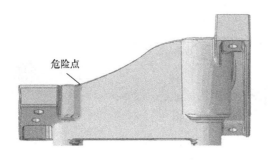

危险点

图 13. 90　某发动机支架疲劳安全系数分布云图

参 考 文 献

［1］徐熹，吴念，卿辉斌，等. Abaqus 在发动机主轴承座可靠性 – 动力学联合仿真中的应用. SIMULIA 中国区用户大会论文集 ［C］. 北京：SIMULIA 中国区用户大会，2017.

［2］VereinDeutscherIngeniere. Systematic calculation of high duty bolted joints – Joints with one cylindrical bolts ［S］. VDI2230 Part 1，VereinDeutscherIngeniere（VDI），2003.

［3］KÖHLER E，FLIERL R. Verbrennungsmotoren：Motormechanik，Berechnung und Auslegung des Hubkolben-motors ［J］. Verbrennungsmotoren，2009，117 – 144.

［4］Forschungskuratorium Maschinenbau（FKM）. Analytical Strength Assessmentor componerts in mechanical engineering，Guideline FKM ［G］. 5th edition. Frankfurt：Forschungskuratorium Maschinenbau（FKM），2003.

传动系统的结构耐久分析

第14章

14.1 概述

传动系统主要包括离合器、变速器、主减速器、差速器和传动轴等子系统，主要实现车辆在各种行驶工况下动力的正常传递。离合器保证换档过程转速平顺以及驱动力连续；变速器在低速起步阶段实现减速增矩功能，在高转速工况实现增速超车功能；差速器实现车辆过弯时左右半轴的转速差；传动轴传递驱动车辆的动力。

传动系统在实现上述功能的基础上，还承受车辆起步、升降档、加减速过程的振动冲击，其所受的交变载荷十分复杂。但在产品开发过程中，通常根据可靠性原理，进行耐久加速寿命方法验证，对各个子系统进行台架耐久验证。随着 CAE 技术的日趋成熟和可信度提高，在零部件的详细设计阶段，经常借助仿真分析方法驱动设计及优化，以保证产品通过耐久试验，在生命周期不发生结构强度及耐久失效问题。在设计开发过程中，一般需要考虑的耐久问题。

1. 离合器的耐久

性能优越的离合器是保证驱动力在剧烈变化时，驱动系统平稳运转的关键。离合器主要类型有摩擦式离合器（干式和湿式）、液力耦合器和自动离合器，本章后续提到的离合器主要是干式摩擦离合器。在车辆运行过程中，当发动机转矩出现剧变（主要是快速拉升和突变）时，通过摩擦片滑摩和减振器阻尼效应，使离合器输出端的转速波动比较小，冲击平缓，同步换档时间短响应快。同时，摩擦片相对滑摩过程的热耐久性也会影响到摩擦片的性能和寿命。

2. 齿轴的耐久

根据驾驶需求选择不同档位行驶，根据普通驾驶人的习惯，结合加速寿命方法，汽车企业已经建立一套加速耐久试验循环工况试验方法。在设计阶段，CAE 也遵循这些方法进行齿轴系统的仿真分析，研究齿轴的齿根应力、弯曲应力、接触应力及轴的挠度变形等。最终，通过安全系数或者损伤率来评价设计。对不满足要求的设计，通过更深层次的分析，找到问题的根源因素，综合优化齿轴设计、设计参数及布置形式等。

3. 差速器的耐久

差速器总成主要是为了适应车辆左右轮胎有转速差异的装置，除了转弯及打滑等需要差速的情况外，大多数时候都工作在 50:50 的工况。现在汽车差速器主要有齿轮式差速器和防滑差速器两大类，防滑差速器因为其功能多样，结构也相对复杂，本章后面主要介绍相对简单的四驱车型用的行星齿轮差速器。在试验过程中，最容易出现耐久失效的除了行星轮外，还有行星轴，以及与 PTU 单元连接的花键附近。

4. 变速器壳体的耐久

变速器壳体除了受轴承等内部交变冲击力外，还承载外部悬置的冲击载荷。在变速器台架耐久试验中，并不能考虑壳体的外部载荷，后期一般需要搭载整车进行道路耐久试验验证。如果后期出现风险，会导致设计大改，从而产生高昂的费用并延长开发周期。而 CAE 仿真的应用恰好完善了该过程，在校核壳体设计时不仅加载各个档位的轴承力，还加载了外部的悬置受力，在一些有特殊要求的工况下，还考虑了驻车冲击力对驻车机构安装在壳体位置处的应力等。近些年来，随着汽车的高速发展，尤其是 SUV 的迅猛扩张，变速器壳体的外部工况，也在传统的整车底盘耐久基础上补充了几种其他工况，这几种工况更容易导致悬置安装位置的壳体发生开裂问题。同样，纯电动车型的减速器壳体，也在传统工况基础上补充了一种电机起动冲击工况。

5. 轴承的耐久

轴承一般是根据供应商已有产品做一些选型计算，使其能满足变速器循环耐久的 Duty Cycle 工况。同时，轴承耐久又和轴承润滑、工作温度，轴承载荷系数等相关。对于轴承寿命的分析一般用数据库经验修正理论公式计算，对于一些轴承内外圈工作表面损伤，例如点蚀、剥落、裂纹等现象，也有用有限元来做研究分析并进行优化设计的。

6. 拨叉的耐久

在车辆行驶过程，因为各种需求，变速器会选择不同档位，对于 MT 和 DCT 等变速器，内部拨叉运动选挂不同档位齿轮，因为同步器系统的设计不同，需要克服的档位力也不尽相同。对此，也有相应的同步器换档拨叉的耐久台架规范和疲劳耐久计算方法。

7. 驻车的耐久

对于驻车机构耐久，据了解行业内试验方法的差异性比较大，但大致主要都包含了平地驻车、坡上驻车以及带车速驻车等情况。最常见的失效模式是驻车棘爪跳脱，一般都是在设计过程中自锁止和驻车扭矩设计不足所致。

8. 传动轴的耐久

车辆在运行时，传动轴受交变载荷的作用，除了车辆加减速行驶时发动机或者电机转矩的变化产生的交变载荷情况外，还有车辆高转速平稳行驶时，由于传动轴万向节结构导致的周期交变载荷产生的疲劳耐久。同时，驱动轴及其支架的共振模态频率也需要分析计算。

14.2 齿轴系统的结构耐久分析

变速器的核心功能是变速，车用变速器常见的变速机构主要包括齿轮传动改变速比的齿轮变速器和通过钢带锥盘调节速比的 CVT 变速器。图 14.1 是某双离合变速器的齿轴系统结构布置，和发动机连接的为输入轴，输入轴上布置了所有档位齿轮对的驱动齿，其从动齿布置在两根输出轴上，最后通过主减齿啮合差速器齿来传递转矩、功率。

纯电动车的减速器结构虽然比传统变速器简单，一般多采用两级减速器齿轮对，但减速器齿轮耐久和传统变速器的齿轮耐久规范相差很大，主要是由其工作特性决定的。传统变速

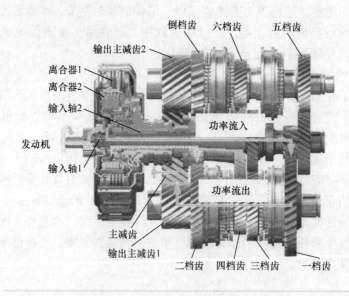

图 14.1　某变速器齿轴系统结构布置图

器转速一般尽可能工作在发动机最佳转速 2000r/min，个别情况下达到 3000r/min 换档，因此传统变速器的耐久循环转速多取 3000r/min。而纯电动车减速器的转速直接由电机转速决定，根据电机的转速、转矩，对减速器的耐久分高矩工况和高速工况循环校核。表 14.1 和表 14.2 分别举例说明纯电动车减速器和常用变速器的耐久循环。

表 14.1　某减速器耐久循环要求

减速器	转速/(r/min)	转矩/N·m	运行时间/h
高转矩	3000	400	50
	400	3000	5
高转速	12000	100	6

表 14.2　某变速器耐久循环要求

变速器	转速/(r/min)	转矩/N·m	运行时间/h
一档	3000	20	1
	3000	40	2
	3000	60	4
	3000	80	6
	3000	100	4
	3000	−100	2
二档	…	…	…
三档	…	…	…
四档	…	…	…

（续）

变速器	转速/(r/min)	转矩/N·m	运行时间/h
	3000	20	50
	3000	40	100
五档	3000	60	200
	3000	80	300
	3000	100	200
	3000	−100	100
倒档	…	…	…

变速器速比的选择对整车动力性能的影响至关重要。一个良好的速比设计，可以提高汽车的最高车速、加速性能、爬坡性能，以及能源消耗的经济性。变速器速比的设计，主要分主减速齿轮对速比和档位齿轮对速比的选择，通常情况下，在车重、发动机功率和轮胎半径已确定时，先依照能得到最优动力性和经济性的情况确定主减速齿轮对速比。然后根据最大爬坡能力的要求确定一档齿轮对速比，这里的一档爬坡能力也包含一档坡道起步能力。一档齿轮对速比可以按照以下公式设计

$$i_1 = \frac{W * R(\mu + \sin\alpha_{max})}{T_E * \eta * i_F} \tag{14.1}$$

式中　i_1——一档齿轮对速比；

W——车重；

R——轮胎滚动半径；

μ——路面滚动摩擦系数；

α_{max}——最大坡道角度；

T_E——发动机最大转矩；

η——传动效率；

i_F——主减速比。

其他档位速比一般按照等比数列排列，再结合齿轮实际设计及对性能和功能要求稍加修正。倒档速比选择略大于一档速比。表 14.3 列举了一些变速器的速比大小。

表 14.3　档位速比及主减速比举例

	一档速比	二档速比	三档速比	四档速比	五档速比	六档速比	倒档速比	主减速比
A	3.25	1.88	1.21	1.03	0.90	0.79	3.16	4.28
B	3.62	2.13	1.35	1.05	0.95	0.76	1.24	3.94
C	3.54	2.13	1.36	1.03	0.72	—	3.54	3.55
D	3.62	3.46	1.41	1.03	0.84	0.71	1.69	4.24
E	3.73	2.05	1.36	1.03	0.82	0.69	3.82	3.61
F	3.58	1.96	1.32	0.97	0.78	0.70	3.46	4.47
G	3.85	2.25	1.47	1.17	0.91	0.71	3.73	4.65

变速器齿轴系统耐久设计的关键分析项，主要有挠度变形和强度疲劳设计。轴系的挠度

是指齿轮啮合受载之后轴的最大弯曲变形量，分析的目的是考察输入轴、输出轴（中间轴）和差速器轴在受载之后最大弯曲变形量，是否满足设计要求，阶梯轴的弯曲应力及圆角应力是否满足材料的许用应力要求。齿轮的强度耐久分析，主要考察齿轮啮合传递转矩过程中根部变形的弯曲疲劳，和接触面的接触疲劳是否满足要求。

14.2.1　轴的挠度变形分析

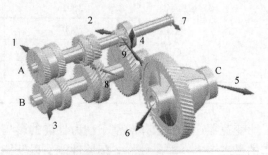

　　变速器轴是典型的阶梯轴，在齿轮啮合传动的过程，如果某轴段弯曲变形过大，会导致齿轮偏载跳档。因此输入轴、输出轴（中间轴）和差速器轴的挠度需要评估。以某五档变速器输入轴为例，假设在三档啮合时，轴系受到的作用力如图 14.2 所示，该轴受到的作用力主要是轴承的支撑力和齿轮对啮合力，以及前端花键的驱动转矩及支撑作用。

图 14.2　齿轴系受力三维示意图（三档）

A—输入轴　B—输出轴　C—差速器轴
1—输入轴前轴承力　2—输入轴后轴承力
3—输出轴前轴承力　4—输出轴后轴承力
5—差速器前轴承力　6—差速器后轴承力
7—输入轴花键作用力　8—档位齿啮合力
9—主减速齿啮合力

　　齿轮啮合力根据输入轴转矩以及该档位齿轮压力角、螺旋角和节圆径计算得到，如何计算可参照后文差速器啮合力计算公式。其他支撑力根据受力平衡方程及力矩平衡方程求解得到，结果如表 14.4 所示。该轴承力是变速器在某档位时，变速器壳体对轴系的支撑作用力，主要用来分析校核轴系的挠度变形情况。同时，表 14.4 数据对应的反作用力及轴系对变速器壳体的内部作用力，也可以用来校核变速器壳体的强度和刚度变形情况是否满足要求。

表 14.4　轴承力及力矩（某啮合档）

	F_x/N	F_y/N	F_z/N	$M_x/N \cdot m$	$M_y/N \cdot m$	$M_z/N \cdot m$
输入轴前轴承	−2396	−1216	−1049	7.86	−16.92	0.00
输入轴后轴承	−2518	−206	−1833	0.31	−9.65	0.00
输出轴前轴承	1982	1082	−1476	−9.39	16.02	0.00
输出轴后轴承	2905	−7741	0	6.51	1.22	0.00
差速器前轴承	−3676	5089	−2107	−42.68	−30.63	0.00
差速器后轴承	3276	2933	6465	28.62	−26.25	0.00

　　轴承力和力矩的大小和方向除了和输入轴转矩有关外，还和齿轮速比、螺旋角、压力角、节圆径，以及轴承的类型有关。不同类型的轴承，如圆锥轴承、滚子轴承或者深沟球轴承的选择，也会产生不同的轴承作用力。即使是同一类圆锥轴承，锥角不一样的设计，也会有不同的轴承力作用方向变化。但总体来说，所有轴承力的合力应该为零，这也是初步判断轴承力计算结果是否合理的小技巧之一。

　　图 14.3 主要分析了在某档工况时输入轴的径向变形量、XZ 平面和 YZ 平面变形量和倾斜角，以及轴向变形量。根据图 14.3 可以发现变形量最大位置出现在啮合齿轮处，最大倾斜角出现在轴承位置。对于整个变速器齿轴系统设计，还需要计算出其他所有档位的每根轴

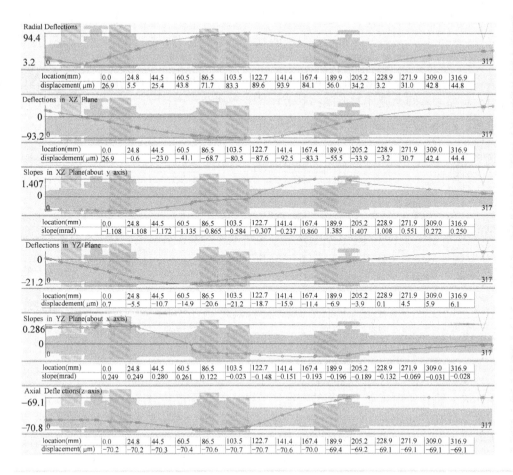

图 14.3　变速器某档位工况输入轴变形

的变形量，再统计出其单位长度的变形量是否满足刚度要求。常用方法是根据阶梯轴的参数和材料弹性模量计算得到刚度，再结合受力大小及方向，算出轴的挠度变形，统计每个档位工作时间、输入轴、输出轴和差速器轴的单位最大变形量，如表 14.5 所示，根据该表评价轴系单位长度的挠度是否满足刚度要求。

表 14.5　单位长度最大挠度变形量　　　　　　　　　　　　　（单位：μm）

载荷/轴	输入轴	输出轴	差速器轴
一档	0.51	0.33	0.08
二档	0.63	0.48	0.04
三档	0.43	0.39	0.03
四档	0.11	0.27	0.02
五档	0.22	0.24	0.02

　　轴系的变形也会对齿轮的啮合产生较大影响，理想状态是要求两根轴相互平行，啮合齿也没有相互的偏斜关系。但在实际工作过程中，因为传递功率、转矩的原因，齿轴受载之后发生变形错位。除了影响齿轮正常啮合、恶化噪声效果之外，还有可能诱发齿轮的接触应力

疲劳。齿轮的偏斜一般分两种——歪斜和倾斜如图14.4所示，最后一般用综合值错位量来衡量。歪斜一般是绕一对啮合齿轮中心连线的旋转，倾斜是绕齿轮平面另一个轴线的旋转。偏斜角度的正负可使用右手法则判断。

过大的变形除了导致齿轮对的啮合异常之外，还会使轴段产生过高的内部弯曲应力，如果轴系的截面积或者圆角设计不合理，非常容易发生圆角应力过高或者油孔应力集中导致的断轴现象发生。图14.5示意了变速器轴的应力情况。

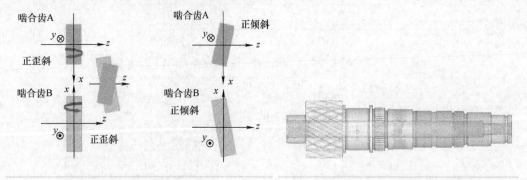

图14.4　齿轮的歪斜和倾斜　　　　图14.5　变速器轴的应力图

14.2.2　变速器齿轮的弯曲和接触疲劳分析

齿系的耐久疲劳主要表现为齿根的弯曲疲劳破坏及齿面的接触疲劳破坏，以及由于齿面的临界润滑条件而产生磨损等。齿轮的疲劳经常按照ISO 6336来计算。对于齿轮的材料，一般要求有足够的韧性和强度，还希望有良好的耐磨性和切削性能，热处理工艺最好不产生残余变形等。因此，大多数齿轮采用了中碳合金钢和渗碳合金钢，渗碳深度一般推荐在0.5~1.2mm。

在计算齿的疲劳时，需要定义齿轮材料的弯曲疲劳S-N曲线和接触疲劳SN曲线，如图14.6所示。左图为齿轮弯曲疲劳的S-N曲线；右图为齿轮接触疲劳的S-N曲线。

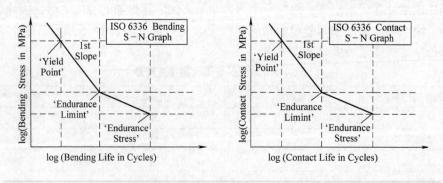

图14.6　齿轮材料S-N曲线

根据齿轮工作的情况，即前文提到的耐久循环工况，定义齿轮究竟是轻度冲击、中度冲击，还是重度冲击。根据ISO 6336规范计算齿轮的弯曲疲劳寿命、损伤及安全系数和接触疲劳寿命、损伤及安全系数，以及临界转速等。同时，齿轮基体的变形刚度也需要考虑，变形过大也会导致齿轮不正常啮合，甚至跳齿失效的现象。

ISO 6336 的齿面接触疲劳主要介绍了渐开线齿啮合面承载之后，点蚀损伤耐久安全系数的设计分析规范，齿面接触耐久安全系数 S_H 计算公式如下：

$$S_H = \frac{\sigma_{HG}}{\sigma_H} \geqslant S_{Hmin} \tag{14.2}$$

$$\sigma_{H0} = Z_H \times Z_E \times Z_\varepsilon \times Z_\beta \sqrt{\frac{F_t}{d*b} \times \frac{u+1}{u}} \tag{14.3}$$

$$\sigma_H = Z_B \times \sigma_{H0} \sqrt{K_A \times K_V * K_{H\beta} \times K_{H\alpha}} \tag{14.4}$$

式中　S_H——齿面接触耐久安全系数；

$\quad\sigma_{HG}$——点蚀应力；

$\quad\sigma_H$——许用接触应力；

$\quad\sigma_{H0}$——名义接触应力；

$\quad Z_H$——接触点区域系数；

$\quad Z_E$——弹性系数；

$\quad Z_\varepsilon$——重合度系数；

$\quad Z_\beta$——螺旋角系数；

$\quad F_t$——切向载荷；

$\quad b$——齿宽；

$\quad d$——分度圆直径；

$\quad u$——啮合齿轮对速比；

$\quad Z_B$——接触系数；

$\quad K_A$——使用工况系数；

$\quad K_V$——动载系数；

$\quad K_{H\beta}$——齿向载荷系数；

$\quad K_{H\alpha}$——齿间载荷系数。

许用接触应力 σ_{HP} 和接触点蚀应力 σ_{HG} 的关系如下

$$\sigma_{HP} = \frac{\sigma_{Hmin}}{S_{Hmin}} Z_L Z_V Z_R Z_W Z_X = \frac{\sigma_{HG}}{S_{Hmin}} \tag{14.5}$$

式中　σ_{HP}——许用接触应力；

$\quad\sigma_{Hmin}$——接触耐久极限应力；

$\quad S_{Hmin}$——齿面接触耐久极限安全系数；

$\quad Z_L$——润滑系数；

$\quad Z_V$——速度系数；

$\quad Z_R$——表面粗糙度系数；

$\quad Z_W$——工作硬化系数；

$\quad Z_X$——尺寸系数。

齿面许用接触应力 σ_{HP} 和载荷循环次数的关系如图 14.7 所示，主要分静载、有限寿命和无限寿命三个阶段，在每个阶段应力的对数值和循环次数的对数值呈线性关系，图 14.7

中横坐标 X 表示循环次数 N_L（log），纵坐标 Y 表示许用应力 σ_{HP}（log），阶段 1 是静态载荷设计寿命，阶段 2 是有限寿命设计，阶段 3 是无限寿命设计。通过图 14.7，也可以快速判断许用接触应力和循环寿命的相互关系，例如虚线 a 表示某许用应力 σ_b 下的循环载荷次数 N_a。

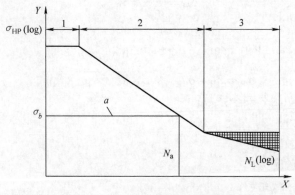

图 14.7　许用应力和循环载荷次数关系[1]

以上是齿面接触耐久计算的基本方法，齿的弯曲疲劳计算相对简单一些，基本满足悬臂梁弯曲理论，在这里不再展开介绍。

通过齿轮耐久的计算，通常关注的重点是齿根弯曲疲劳耐久结果，是否会有断齿风险，以及齿面接触疲劳耐久，是否有点蚀超过标准的风险。根据齿轮的使用情况选择是轻微冲击，还是中度冲击或者重度冲击，确定使用工况系数。分析结果通常包含以下多项结果，如图 14.8 所示。

弯曲	小齿轮		大齿轮	
名义应力	460.000	MPa	460.000	MPa
安全应力	920.000	MPa	920.000	MPa
齿根应力	977.948	MPa	1031.049	MPa
许用应力	977.948	MPa	1031.049	MPa
名义弯曲应力	206.114	MPa	208.668	MPa
实际弯曲应力	288.215	MPa	291.786	MPa
弯曲寿命	INFINITE	h	INFINITE	h
弯曲损伤	0.000	%	0.000	%
弯曲安全系数	3.393		3.534	

接触	小齿轮		大齿轮	
极限接触应力	1500.000	MPa	1500.000	MPa
许用接触应力	2014.811	MPa	2096.175	MPa
名义接触应力	2014.811	MPa	2096.175	MPa
实际接触应力	1030.580	MPa		
接触耐久寿命	1218.671	MPa	1218.671	MPa
接触耐久损伤	INFINITE	h	INFINITE	h
接触耐久安全系数	0.000	%	0.000	%
	1.653		1.720	

图 14.8　齿轮的弯曲及接触疲劳结果

14.3　差速器结构的耐久分析

车用差速器种类繁多，这里以结构最简单的锥齿轮差速器为例，介绍在两驱及四驱工况下，差速器的耐久分析。该类型差速器的结构大致如图 14.9 所示。

差速器在试验过程中最常见的破坏情况是差速器轮齿或行星轴断裂。轮齿断裂主要有接触齿面接触疲劳断裂和齿根弯曲疲劳断裂两种情况，行星轴断裂一般为弯曲疲劳断裂。

差速器轮齿失效除了与差速器的转矩容量有关外，还和材料及热处理等工艺有关。为了提高轮齿耐久性能，经常在高强度合金钢的基础上再渗氮处理，或者限矩等手段来保证不失效。同时，良好的润滑性能也能提升差速器耐久。

分离式典型差速器的结构如图 14.9 所示，该结构装配简易，主要包含差速器壳体、差速器盖板、主减速齿轮、一组紧固螺栓、一对差速小锥齿轮、一对半轴锥齿轮、锥齿轮垫片、行星轴和轴承等。

差速器因为是准对称结构，所以除了复杂的疲劳分析之外，更多的是结合经验的静强度计算，来快速校核、优化设计。

差速器总成除了受外部作用力之外，还受内部的载荷。外部载荷主要是轴承的支撑载荷、主减速齿轮的啮合力、半轴齿轮的反驱动力矩，四驱差速器还会受到后驱分动器或者 PTU 的转矩。内部载荷主要是螺栓夹持

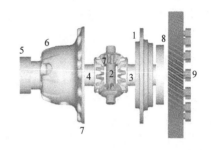

图 14.9　分离式差速器结构
1—差速器前轴承座圈　2—差速器壳体
3—半轴锥齿轮对及垫片　4—行星轮齿对及垫片
5—行星轴　6—差速器盖板
7—差速器后轴承座圈　8—主减速齿轮
9—安装螺栓组

力、行星轴和差速器壳体的剪切力、行星轴和差速锥齿轮的剪切力、差速锥齿轮和半轴锥齿轮的啮合力，以及锥齿轮和差速器壳体之间的挤压和摩擦力等。

在差速器的结构强度耐久分析中，边界条件和受力的简化对结果影响较大，一般推荐使用接触非线性分析方法，让有限元算法自动去计算接触区域和接触压力（图 14.10）。主减速齿轮啮合力根据齿轮的基本参数和发动机转矩及变速器速比计算，半轴锥齿轮约束旋转自由度，轴承约束平动自由度。如果是四驱差速器，则在 PTU 单元接口处加载后驱离合器名义转矩。

主减速齿轮啮合力按照下式计算

$$F_t = T_E * ratio * R_p \tag{14.6}$$

$$F_r = F_t * \frac{\tan\alpha}{\cos\beta} \tag{14.7}$$

$$F_a = F_t * \tan\beta \tag{14.8}$$

式中　F_t——齿轮切向力；

$\quad\quad F_r$——齿轮径向力；

$\quad\quad F_a$——齿轮轴向力；

$\quad\quad T_E$——发动机转矩；

$\quad\quad ratio$——变速器速比；

$\quad\quad R_p$——齿轮节圆径；

$\quad\quad \alpha$——齿轮压力角；

$\quad\quad \beta$——齿轮螺旋角。

在强度耐久有限元分析中，不考虑差速比的过程，因为车辆运行的 95% 以上时间是左

右半轴等速，即使在转弯差速时，随着车速降低发动机驱动力矩也下降，在极限转弯情况下单边半轴锥齿轮的受力也小于等速转矩。因此，强度校核时，约束半轴齿的旋转自由度。轴承起到支撑作用，故约束轴承的平动自由度。加载螺栓预紧力和齿轮三向力，计算差速器总成的强度。

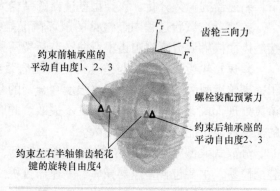

图 14.10　差速器有限元载荷示意图

齿轮传动的过程中啮合力是动态变化的，随着齿顶到齿根的啮合点位置的改变，齿轮的齿根弯曲应力也随之改变，如图14.11 所示的三向力，是用多体动力学仿真分析齿轮宏观参数，计算得到的齿轮实时啮合力。随着啮合齿的转动，差速器壳体的应力关键位置发生改变，并周期性交替重复出现。差速器耐久强度的校核也主要有两种方法，一是通过静转矩试验方法，加载变速器设计转矩的 2.5 倍，来快速检查零部件有没有失效现象发生。另一种就是传统的耐久验证方法，即台架耐久和整车耐久，但缺点是时间周期过长，后期更改成本高等。仿真分析也对应两种方法，分别是前期设计阶段的差速器结构强度分析，和设计优化更改之后的疲劳耐久分析。因为该齿轮力的三向力都是交变重复出现的，波动值大致在中值的 10% 左右，与具体和齿高、模数、重合度等有关（图 14.12）。所以，在齿圈上多个位置加载，或者用危险位置的结构强度计算的静安全系数余量来判断，也是较为快捷合理的。另一种方法就是用齿圈多个位置加载的静力学结果做耐久损伤分析，加载一圈为一个小循环周期，根据前面提到的循环耐久工况，等比例缩放计算最终损伤和安全系数，如图 14.13 所示。对于差速器轮齿，一般要求静转矩安全系数大于 1，疲劳安全系数大于 1.2。

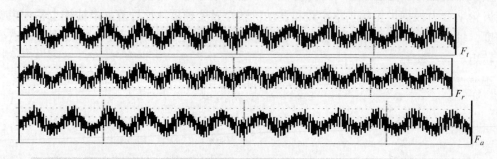

图 14.11　主减速齿轮瞬态三向力

在做差速器疲劳计算时，更多的是考虑啮合齿转动的变化而忽略单个齿面从齿根到齿顶载荷的变化，故在齿的节圆径处加载单位名义啮合力（例如 1000N），参考耐久试验规范（以配变速器的差速器为例），详细步骤如下。

第一步，定义载荷历程曲线。首先需要换算耐久试验转速与差速器主减速齿轮啮合力的时间，以前文提到的一档 3000r/min 为例，假如速比是 15，主减速齿轮齿数 60，则单个齿的作用时间 $t_1 = [60/(3000/15)]/60(s)$，建立一个前 0.005s 方波，后面 59 * 0.005s 为 0 的曲线（如果是用有有限元计算齿根疲劳，则方波变成正弦波，且有限元载荷加载需从齿根到齿顶加载，并且应考虑重合度），载荷幅值大小为齿轮名义啮合力。

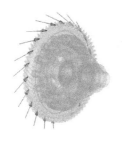

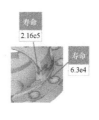

图 14.12 差速器疲劳单位载荷计算模型 图 14.13 差速器壳体疲劳寿命分析结果

第二步，对差速器静力学单位载荷计算结果的每一步，加载上述载荷历程曲线（倒车载荷曲线幅值为负值），累积计算差速器壳上有限元单元节点的损伤值，该值为一档 3000r/min 下的损伤值 D_0。

第三步，以第二步计算的损伤值 D_0，对照耐久循环表——表 14.2，计算出一档耐久的损伤值

$$D_1 = D_0 \times 3600 \times (1 + 2 \times 2 + 3 \times 4 + 4 \times 6 + 5 \times 4 + 5 \times 2)$$

第四步，按照前三步方法统计出其他档位下差速器壳的损伤值 D_2、D_3、D_4 等，按照目前一般的疲劳损伤理论，线性叠加即为总的损伤值 D，再计算出整体安全系数和寿命，如图 14.13 所示。

如果是电动车加速器的差速器，其单位载荷工况应包括高转速的惯性力工况，如果是四驱系统，则单位载荷工况要加载后桥离合器决定的转矩工况。

14.4 变速器壳体结构的耐久分析

随着油耗的要求，变速器也必须进行轻量化和低成本设计。在耐久试验中，也往往出现一些漏油、轴承座圈开裂和悬置支架安装处撕裂或者断裂等现象。

变速器的漏油一般是密封压力不够，密封方式主要有橡胶密封、涂胶填充密封和金属凸筋垫片密封等。涂胶密封主要考虑壳体之间的螺栓预紧力选择和螺栓位置设计是否合理，在整车耐久过程中受到颠簸时，变速器壳与主减速器壳和离合器壳之间相对变形能否满足密封要求。轴承盖板密封一般是橡胶密封，主要是橡胶层的形状及过盈量能否满足密封压力要求。金属凸筋垫片密封主要是离合器油路的密封，分析方法上基本和发动机密封的分析要求一致。

变速器壳体一般由离合器壳体和齿轮箱壳体（也称为主壳体）两部分组成（图 14.14），三轴式变速器主要受力通常是内部的前后六个轴承安装孔座力，即输入轴前后轴承座，中间轴前后轴承座和差速器前后轴承座支撑力，以及外部是悬置安装支架作用力，即变速器悬置支架力和前后悬置支架力（具体由悬置总布置决定）。其他内部的换档杆和拨叉轴等的作用力，因为相对较小可以忽略不计。约束变速器与发动机的螺栓安装孔，加载某档位（如表 14.6 所示）的轴承载荷如图 14.15 所示。

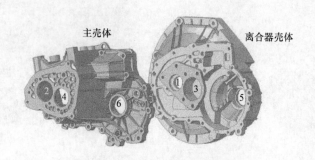

主壳体   离合器壳体

图 14.14 变速器壳体结构

1—输入轴前轴承孔座   2—输入轴后轴承孔座   3—输出轴前轴承孔座   4—输出轴后轴承孔座
5—差速器前轴承孔座   6—差速器后轴承孔座

表 14.6 轴承力及力矩（某啮合档）

	F_x/N	F_y/N	F_z/N	$M_x/N\cdot m$	$M_y/N\cdot m$	$M_z/N\cdot m$
输入轴前轴承	2396	1216	1049	-7.86	16.92	0.00
输入轴后轴承	2518	206	1833	-0.31	9.65	0.00
输出轴前轴承	-1982	-1082	1476	9.39	-16.02	0.00
输出轴后轴承	-2905	7741	0	-6.51	-1.22	0.00
差速器前轴承	3676	-5089	2107	42.68	30.63	0.00
差速器后轴承	-3276	-2933	-6465	-28.62	26.25	0.00

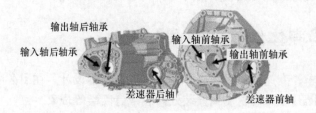

输出轴后轴承   输入轴前轴承
输入轴后轴承   输出轴前轴承
差速器后轴   差速器前轴

图 14.15 变速器壳体某档位轴承力

　　变速器轴承座孔的开裂一般在变速器台架试验阶段可以被发现。它主要是在变速器内部的轴承力作用下，轴承座圈厚度及周边的加强筋设计不合理，使应力过大导致冲击或者疲劳开裂。根据 14.3 节提到的，变速器在一档和倒挡的速比最大，因此一般只校核一档和倒挡工况，但如果是双中间轴变速器（即一档和二档不是同轴），二档工况的轴承校核也是有必要的。变速器壳体受轴承力和该档位齿轮啮合力高度相关，在不考虑齿和轴的刚度变形时，轴向力 F_z 大小等于齿轮啮合力的轴向分量 F_a，径向力 F_x 和 F_y 与齿轮啮合的切向力 F_t 及径向力 F_r 相关弯矩 M_x 和 M_y 相关，还和啮合齿到轴承的距离相关。在实际情况中，变速器的输入转矩是一个波动值，并且轴齿刚度变形对齿轮啮合力也有影响，考虑以上因素的轴承力及力矩如图 14.16 所示。因为动态轴承力的波动并不是很大，并且力的方向也几乎是恒定的，许多时候用壳体的应力强度结果结合经验，也能快速的预估变速器壳体的耐久安全系数，对于铝合金壳体，一般要求屈服安全系数大于 1，以对应整车的滥用工况。

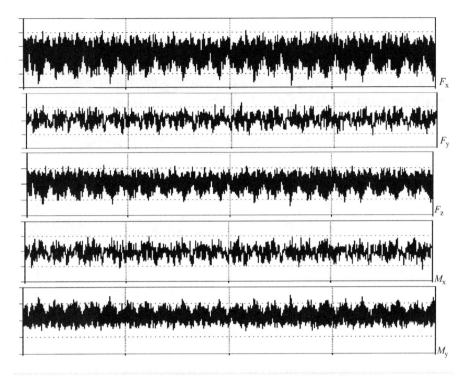

图 14. 16 轴承的力和力矩

动态轴承力不论是在试验台架中还是整车上都非常不容易测试，一般都是通过多体动力学仿真计算得到。通过建立齿轮、轴系、轴承和壳体支撑的模型，加载转速和转矩边界条件，就能得到特定转速、转矩下的轴承力和力矩。

对于变速器壳体外部载荷导致的开裂，一般是后悬支架及变速器悬置安装点位置容易出现。经常是在整车耐久试验达几万千米时出现。经过大量的统计及对比发现，轿车一般是在耐久跑完长坡桥、比利时路面和砂石路之后，悬置安装位置更有可能被撕裂。SUV 车型在此基础上还要再多一个湿滑路面。这几种工况下悬置支架及周边部件耐久失效的原因一般归结为车轮打滑，在车底安装的摄像机显示，在砂石路轮胎打滑时，传动轴抖动非常明显，发生传动轴振幅变大现象，传动轴也带动了差速器壳体大位移变形。对于后悬置来讲，这并不是一个正常设计的工作工况，通过特制的后悬支架测试发现，后悬置力是正常值的 2.5～5 倍范围。车轮打滑导致振幅放大的力学机理是负阻尼现象，根本原因是摩擦系数的突变，如图 14. 17 所示。外文期刊中也把这种现象叫做 POWER HOP。通过多体动力学仿真分析摩擦系数研究，也发现打滑峰值转矩能达到输入转矩的三倍。

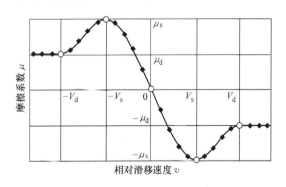

图 14. 17 摩擦系数与打滑速度关系

对于变速器外部载荷作用下的耐久分析，一般是在底盘传统工况基础之上，再加上前面提到的长坡桥和湿滑路面等工况中，挑选一些悬置的典型工况进行校核分析。对于高配车型，因为有牵引力控制系统等功能，故只在传统工况表里选择悬置受力的典型工况进行分析。整体来讲，手动变速器壳体安全系数要求大于1.2，自动变速器壳体安全系数要求大于1。对于新能源车的电机减速器悬置，除了需要考虑改进版的28工况之外，还需要考虑电机转矩波动使后悬过载出现的风险。这是因为在前期台架进行电机转矩控制调制的过程，电机瞬态电流较大使其转矩波动（类似于发动机倾覆力矩），在台架上更容易发生外部悬置力引发的开裂及断裂问题。为了保证台架试验能正常运行，除了对电机调制转矩有要求之外，还需要在该要求转矩下对悬置及周边部件做相应的保护性设计分析（图14.18）。

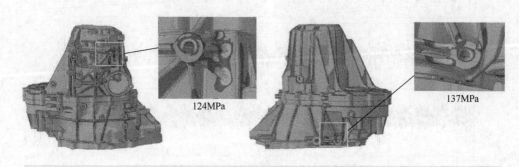

图14.18　某变速器壳体悬置力应力分析结果

14.5　轴承的接触疲劳分析

轴承耐久除了和14.1节提到的齿轴耐久Duty Cycle相关之外，还和润滑紧密相关。滚动轴承的失效形式除了常见的点蚀、塑性变形和磨损之外，还有润滑不足引起的烧蚀。

滚动轴承耐久的基本理论基础是滚动接触疲劳理论（L-P理论）。相关ISO标准规定，轴承或轴承组的基本额定寿命为可靠度90%时的寿命，它以轴承工作表面出现疲劳剥落之前所完成的工作转数，或一定转速下的工作小时数来计算，计算公式如下

$$L_{10} = \left(\frac{C}{P}\right)^{\varepsilon} \quad \text{或} \quad L_{h} = \frac{10^6}{60 \times n} \times \left(\frac{C}{P}\right)^{\varepsilon} \tag{14.9}$$

式中　L_{10}——轴承额定寿命（转数），或L_h（基本小时数）；

　　　C——基本额定动载荷（N），通过轴承类型、尺寸查表获得；

　　　P——当量动载荷（N），根据轴承径向力及轴向力合成；

　　　n——轴承工作转速（r/min）；

　　　ε——寿命指数（球轴承取3，滚子轴承取3.333）。

当工作温度高于120℃时，轴承寿命需要引入温度修正系数，计算如下

$$L_{10} = \left(\frac{f * C}{P}\right)^{\varepsilon} \quad \text{或} \quad L_{h} = \frac{10^6}{60 * n} * \left(\frac{f * C}{P}\right)^{\varepsilon} \tag{14.10}$$

温度修正系数如表14.7所示。

表 14.7　轴承温度修正系数[2]

工作环境温度/℃	<120	125	150	175	200	225	250	300
温度修正系数 f	1.00	0.50	0.90	0.85	0.80	0.75	0.70	0.60

轴承当量动载荷 P 计算公式如下

$$P = A \times F_r + B \times F_a \tag{14.11}$$

式中　F_r——轴承径向载荷;

　　　F_a——轴承轴向载荷;

　A、B——径向及轴向动载荷系数,可通过查设计手册获得。

在实际工作过程中,因为变速器存在冲击,需要对当量动载荷进行修正。轴承设计时,需考虑载荷系数 f_p (一般取 1.2 ~ 1.8) 的影响如下

$$P = f_p(A \times F_r + B \times F_a) \tag{14.12}$$

在变速器齿轴系统仿真计算中,经常可以通过选定已有的供应商轴承型号,对轴承受力及内外圈表面压力进行分析研究。例如,某锥轴承的受压分布如图 14.19 所示,一般受力最大的位置是在两根轴的中心连线方向。

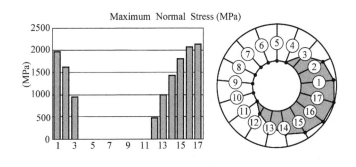

图 14.19　轴承受压分布图

轴承外圈的压力云图如图 14.20 所示,该压力云图考虑了轴的挠度变形因素和圆锥轴承的结构因素。因此,轴承圈应力最大位置在内边缘,也是最容易发生点蚀磨损区域,接触压力过大也容易产生屈服导致疲劳失效。另外,对于轴承的角位移变形通常也要求小于 1×10^{-3} 圈。

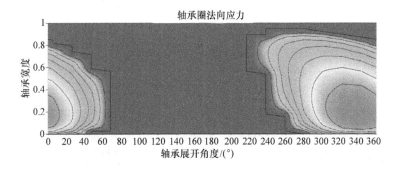

图 14.20　轴承外圈接触压力

14.6 拨叉的结构耐久分析

车辆在行驶过程，为了满足车速和牵引力需求，变速器需要变换档位速比来满足要求，拨叉在带动同步器频繁换档的过程中，受到交替变化的力，一般要求换档次数满足 10 万 ~ 30 万次不等。在拨叉的设计过程中，对拨叉的要求一般是刚度和强度耐久的要求，第一要求拨叉刚度满足要求，第二是拨叉强度满足耐久要求。

在拨叉耐久试验台架上，电动机根据设定好的换档拨叉力驱动拨叉做耐久试验。常见的换档力有以下两种形式的曲线，第一种认为拨叉在不同的同步过程拨叉力是要考虑变化的，第二种认为可以不考虑同步过程拨叉力变化的影响。具体如图 14.21 所示。

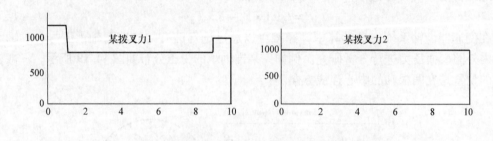

图 14.21　换档拨叉力曲线

在拨叉设计的仿真计算中，先对拨叉的刚度计算使其满足刚度变形要求，大的变形除了导致换档信号传感器对进档位置判断不准确之外，还有可能导致同步器的偏载卡滞。有限元计算的模型如图 14.22 所示，约束拨叉的 X 和 Y 方向自由度，在拨叉脚处限制 Z 方向自由度，在拨叉头处施加载荷拨叉力，计算拨叉变形。

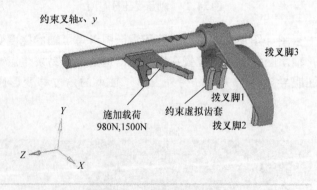

图 14.22　拨叉有限元模型

拨叉材料一般为冲压钢板，随着轻量化的要求，现代设计拨叉更多首选铝合金材料铸造，并且拨叉轴也有考虑设计成空心圆柱，来进一步降低拨叉机构的重量。但轻量化设计带来的问题是拨叉机构的刚度变小，拨叉脚的变形过大产生偏载，影响到同步过程的正常啮合，从而引起进档不顺畅或者出档困难。对于拨叉刚度的要求，最常见的是左右拨叉变形量要求小于某个指标要求（例如 0.3mm 或者 20%），也有对拨叉工作面的倾斜角提出设计要求的（防止上下偏载）。

图 14.23 所示为某拨叉脚受力和拨叉头所受作用力的关系。

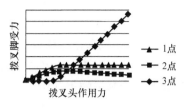

图 14.23　拨叉脚受力与拨叉头作用力关系

拨叉结构的强度应力会影响拨叉的耐久寿命，如果刚度设计不好，导致偏载更容易导致应力过大变成恶性循环，因此在做拨叉疲劳分析时，首先要保证拨叉刚度在允许范围，然后再用结构强度结果做疲劳分析，步骤如下。

第一步，根据拨叉工作过程建立有限元模型，加载单位载荷做结构强度应力计算。有限元模型的边界条件可参考图 14.22 拨叉有限元模型。

第二步，确认拨叉进出档时的载荷历程，可以是时间与力的曲线，也可以是行程与力的曲线，以一个进出档过程为一个单位循环历程。

第三步，定义疲劳准则，计算单位循环历程下的损伤。

第四步，根据耐久的循环次数要求，计算出总的损伤、安全系数或者满足安全系数对应的循环次数（如图 14.24 所示）。

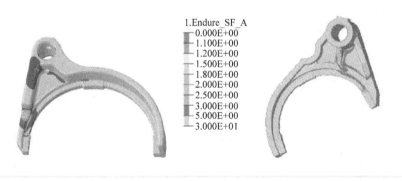

图 14.24　拨叉应力云图和安全系数云图

14.7　驻车系统的结构耐久分析

驻车总成主要在自动变速器和纯电动车减速箱中使用，核心部件主要包含驻车机构和棘轮棘爪两部分。因为驻车系统涉及车辆安全等方面功能，因此驻车系统的耐久研究显得很有必要。驻车耐久主要有台架耐久和整车耐久两种考核方法，但都是对系统的零部件强度和系统鲁棒性方面的要求。台架耐久一般是 P 档进出过程中，在棘轮上施加一个力矩，该力矩根据台架设定的范围值随机得到，主要考察在定义的工作力矩范围内，驻车机构是否会脱档失效。整车驻车耐久一般分坡道和平路进行试验，主要考察日常遇到的工况下会不会驻车失效。根据加速耐久的方法不同，试验的详细工况也各有差异。

在仿真分析驻车系统性能及功能时，主要从以下工况分析：①最大驻车力或力矩（进档力）；②最大拔出力或力矩（出档力）；③驻车力平顺性（电子驻车不考虑）；④最大驻车车速；⑤最大驻车坡度或车重；⑥弹簧及摩擦自锁角等极限尺寸公差下的驻车（鲁棒性）；

⑦最大驻车冲击力；⑧棘轮强度；⑨棘爪强度。

驻车系统力和驻车速度的仿真计算，除了简单的理论公式计算静态驻车外（静力学计算），现在一般都是用多体动力学软件计算动态驻车，详细考虑瞬态下一些关键点的形状尺寸设计对系统的影响，以及鲁棒性分析。棘轮棘爪的静力学分析，也经常有通过受力分析理论计算出棘轮棘爪的相互作用力，作为有限元的载荷边界条件做强度圆角应力分析，另一种方法是通过接触分析，软件自动搜索接触区域进行非线性计算，获得接触应力和圆角应力。

第一种方法是单独的棘轮棘爪强度应力分析的时候，零部件的受力和约束如图 14.25b 和图 14.25c 所示，约束孔的相应自由度，F_1 和 F_2 为棘轮棘爪的法向作用力，大小为棘轮最大冲击力矩与棘轮有效半径的乘积，方向为接触面的法向。f_1 和 f_2 为棘轮棘爪的静摩擦力，大小为法向作用力与静摩擦系数的乘积。另外，棘爪还受到顶部的压制力 F 作用，方向为接触面法向，大小也是根据静力平衡分析得到。

第二种方法是棘轮棘爪一起分析（图 14.25c），棘轮棘爪之间定义接触非线性，在棘轮中心加载旋转方向最大冲击力矩，且约束棘轮的其他自由度，在棘爪安装销轴约束除旋转的其他五个自由度之外，还需要约束棘爪顶部的和其他零部件的接触位置法向自由度（也可以是非线性接触定义）。

一般推荐使用第二种方法校核棘轮棘爪强度，因为第一种方法棘爪的受力在棘轮正反驱动时，边界条件会有比较大的变化。

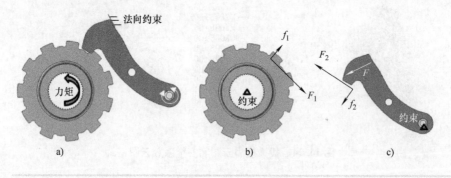

图 14.25   驻车受力分析
a）棘轮棘爪受力   b）棘轮受力   c）棘爪受力

驻车过程是一个动态过程，除了应力强度不满足材料要求引起的失效问题，还有动态过程脱档导致的驻车失效问题。一般包括出 P 档力较小导致脱档、坡道驻车跳档以及带车速驻车不入档等情况，还包括在参数的尺寸公差范围内的鲁棒性不好导致失效。另外，还包括在动态驻车过程冲击力导致的驻车系统固定销轴孔等的应力超标导致的结构失效（图 14.26）。

对驻车过程动态问题的仿真主要用多刚体动力学分析，或者刚柔耦合的动力学分析方法，研

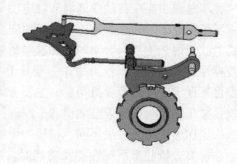

图 14.26   驻车系统结构示意

究弹簧尺寸公差参数以及零部件关键参数对驻车力和脱出力的影响，以及能否自锁不脱档等

情况（图 14.27）。

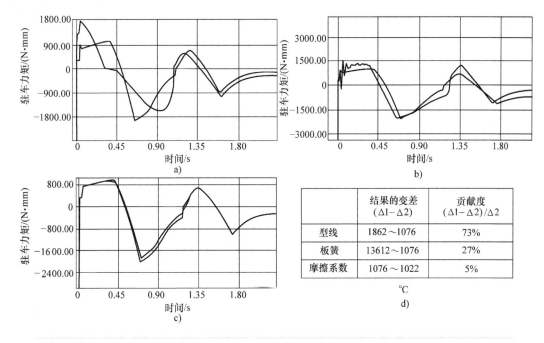

图 14.27　驻车过程仿真

a) 型线对驻车力的影响　b) 板簧对驻车力的影响　c) 摩擦系数对驻车力的影响　d) 各参数的贡献度（以从 P 档脱出为例）

14.8　传动轴的结构耐久设计

传动轴是在不同的旋转中心之间传递转矩的轴。在一些极限工况中，它在两个位置相对变化的旋转轴之间传递动力。因为轮胎跳动、车架变形以及动力总成悬置刚度等因素，导致轮心和差速器输出轴中心很难同轴，因此它们之间需要用万向节来传动，其工作夹角一般不超过 3° ~ 5°。当传动轴长超过 1.2 ~ 1.5m 时，为了保证挠度变形以及弯曲模态频率，一般会推荐将传动轴分成两段或者三段，在中间传动轴设计支架支撑。常见的万向节有十字万向节、挠性万向节和等速万向节。转向驱动半轴多采用伸缩型球笼等速万向节传动，一些越野车上的最大传动夹角能达到 30°以上。

良好的万向传动轴除了能满足两个连接部位的角度及位置，在一定范围内不断变化时仍能稳定地传递转矩，保证所连接轴等速旋转外，还要将由于万向节夹角产生的载荷波动、振动噪声控制在一定范围之内，在使用车速范围内不产生共振，还要求其传动高效、结构简单和耐久寿命较长。

在传动轴的设计阶段，一般根据理论力学基础，对传动轴进行概念设计，确定它的基本尺寸参数，再进行详细的有限元分析计算，优化基本参数和确定细节参数。例如，过渡圆角的大小，以及阻尼减振器的选型等。对于传动轴基本尺寸、内外径的设计，一般通过临界转速和扭转应力确定。

传动轴临界转速 n_e 为

$$n_e = 1.2 \times 10^8 \times \frac{\sqrt{D^2 + d^2}}{L^2} \qquad (14.13)$$

式中 D——传动轴外径；

　　　　d——传动轴内径；

　　　　L——传动轴万向节中心距离。

一般要求 $n_e/n_{max} > 1.2$，其中 n_{max} 为最高车速对应的传动轴转速。

传动轴的扭转应力 τ 为

$$\tau = \frac{16DT}{\pi(D^4 + d^4)} \leqslant [\tau] \qquad (14.14)$$

式中 $[\tau]$——许用剪切应力，一般取 120MPa；

　　　　T——传动轴的计算最大传递力矩。

同样，还需要对传动轴花键挤压应力和动平衡进行校核计算。

在详细设计阶段，主要是从万向节的工作转速、转矩、工作夹角和使用寿命等方面的要求，进行选型，并对传动轴及万向节进行有限元强度校核计算。

半轴除了万向节球铰外置需要详细考察之外，还有半轴截面突变部位的圆角应力也需要仔细分析（图 14.28）。在完成静强度及刚度校核之后，也推荐对半轴的低平均力矩、高交变力矩循环，和高平均力矩、低交变力矩循环进行耐久分析，其边界条件可以通过整车耐久路况数据采集获得，也可以通过对整车传动系仿真计算获得，再根据整车耐久工况等效获得循环数。图 14.29 是轮胎、万向节和半轴全柔性的多体动力学模型，除了研究半轴高速旋转过程中力矩的波动之外，还可以用于研究传动系万向节的工作角变化，以及橡胶轮胎在各种路面激励下对动力总成悬置的影响。

为了更准确获得路面激励对传动系统的影响，在用多体动力学软件仿真时，引入柔性轮胎和半轴子模型（图 14.30）。该子模型通过有限元缩聚技术生成，包含了详细的有限元模型建立的不同材料类型，以及尼龙、帘布等结构布置尺寸对轮胎刚度变形的影响。多体动

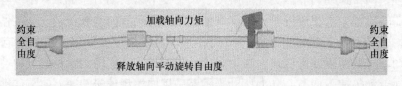

图 14.28   半轴有限元模型

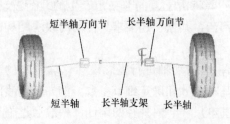

图 14.29   半轴轮胎传动多体动力学模型

图 14.30   带路面的半轴轮胎传动多体动力学模型

力学模型中的虚拟的动力总成质点包含了质量、惯量及质心等十大参数和悬置刚度。在平整路面以 3000N·m 高转矩驱动行驶时的半轴转矩载荷如图 14.31 所示，该动态载荷可以用来计算半轴高转矩工况下的损伤，然后再算出等效循环次数的总损伤值来研究耐久疲劳。

另外，因为半轴的固有频率较低，需要避开半轴的共振区间，如图 14.32 所示。为了抑制共振现象，除了增加支架外，有时候还需要设计半轴的阻尼减振器频率，通过半轴有限元的频响函数计算，锁定需要减振的频率区间，再进行减振器的设计计算，匹配出最优的减振器参数。

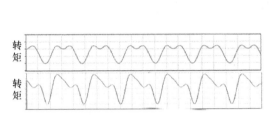

图 14.31　有支架半轴和无支架半轴的转矩载荷

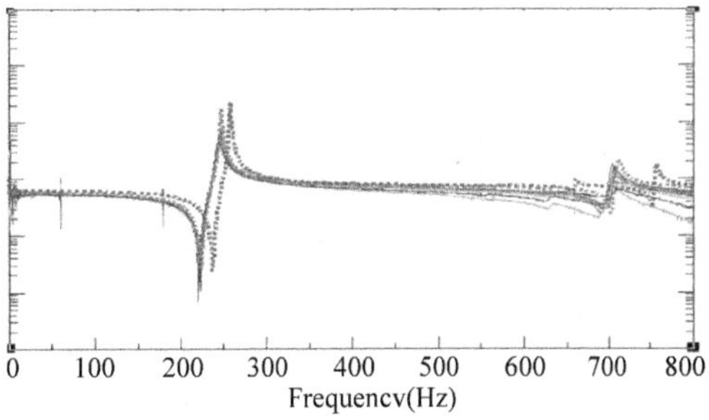

图 14.32　半轴的频响函数结果

传动轴阻尼减振器设计就是通过传动轴主振频率、质量和刚度，以及预选型减振器质量，确定系统的质量比及最佳定调比。定调比的概念主要用于半轴扭转减振器设计中。定调比的定义是 $v = 1/(1 + u)$，其中 u 是惯量比，即减振器惯量/半轴当量惯量。然后计算出最佳阻尼比，如图 14.33 所示。

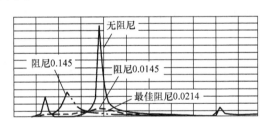

图 14.33　半轴的频响函数结果

参 考 文 献

[1] International Organization for Standardization. Calculation of Load Capacity of Spur and Helical Gears: ISO 6336 [S]. Geneva: International Organization of Standardization, 2006.

[2] International Organization for Standardization. Rolling Bearings – Dynamic Load Ratings and Rating Life: ISO 281 [S]. Geneva: International Organization of Standardization, 2007.

汽车耐久性能的试验验证

第 **15** 章

在汽车产品的研发中，需要进行很多汽车零件、部件、系统和整车样品或样件的耐久试验。这些实物试验测试汽车上各种零件、部件、系统和整车结构的基本性能、参数，模拟产品在实际使用时的情况，检验产品在实际使用中的表现。试验的目的是验证产品的设计、发现产品设计中的问题。在汽车产品的研发中，汽车零部件、系统和整车的耐久试验是一个非常重要的环节。这些试验在汽车产品的开发过程中可能进行一次或多次。它们是发现汽车零部件、系统和整车设计问题、确保汽车零部件、系统和整车设计和制造达成汽车产品耐久性目标的重要手段，也是汽车产品通过设计要求的最后检验。

汽车实物的试验也常常是汽车结构耐久分析的输入或根据。一些汽车结构耐久的 CAE 分析工作是模拟和仿真这些汽车结构的耐久试验，即所谓汽车虚拟耐久试验。汽车虚拟耐久试验的目的是在汽车图纸设计阶段对设计方案进行虚拟的试验检验，尽早地发现和解决汽车设计的问题。在汽车样品的试验阶段，通过 CAE 的仿真分析，可以帮助设计人员发现试验中所暴露出来的设计问题的根源，协助设计人员解决设计问题。

汽车的实物试验和 CAE 的虚拟仿真分析是汽车产品开发过程中使用的两种分析和验证的手段，它们各有长处和短处，相辅相成，共同为汽车的产品开发服务。在很多情况下，CAE 分析需要部分地借助试验数据作为输入，例如道路试验仿真分析。虽然虚拟试验场技术在近些年来已有发展，但是目前主要使用的分析方法是借助测试的路谱和半解析的载荷分解作为结构分析的输入。在 CAE 仿真分析能够达到与实物试验相吻合的情况下，CAE 也可以部分替代试验，以便减少实物的试验，降低产品开发的周期和成本。这也是当前汽车产品研发的一个趋势。

汽车的耐久试验有很多。本章介绍几个典型的汽车耐久试验。

15.1 汽车综合耐久试验

在汽车完成设计之后，汽车生产企业必须按照设计试制样车，并对样车进行全面的实车可靠性、耐久性试验。经过充分的实车验证，证明所设计的汽车不存在任何耐久性问题，达到了设计的目标，才能进行生产导入、批量生产和最终销售给用户。这样的试验验证需要根据企业对其汽车产品耐久性能的要求进行，体现产品销售目标市场 90% 以上用户的使用情况，和对产品耐久性能总目标的要求（如 10 年使用时间和 24 万千米等效使用里程），在真实的路面上进行。这种在真实整车级别和在真实路面上进行的、反映汽车产品耐久性能总目标的耐久试验称为汽车综合耐久试验。每个汽车生产企业都会在每一款汽车产品的研发过程中，进行多轮试制样车和成品车的汽车综合耐久试验。

15.1.1　汽车综合耐久试验场

从安全和方便的角度考虑，汽车的综合耐久试验通常是在封闭的、专用的汽车试验场内进行。汽车综合耐久试验的过程和标准，是根据企业汽车耐久性能的设计目标确定的。

汽车在平坦的路面上匀速直行，除了重力，汽车结构不受其他重大载荷，汽车结构也不会产生过度损伤。但是汽车加速、减速、制动或转向，则会对汽车的一些零部件产生载荷，造成相应汽车结构的损伤。如果汽车驶过洼坑、路沿、井盖、铁路交叉路口、石块路、石板路，以及更多其他特殊的路面时，汽车结构会受到各种来自路面的相应载荷，造成汽车结构的损伤。通常，对汽车结构产生较大破坏的路面被笼统地称为"坏路"。图15.1是一个车辆在坏路上行驶的例子。"坏路"是造成汽车结构损伤的路面，是汽车结构耐久性设计中主要考虑和考察的对象。

图15.1　在"坏路"上行驶的汽车

汽车行业里的通用做法是将用户使用的典型"坏路"采集并复制在汽车企业自己的汽车试验场里，或者第三方独立的汽车试验场里。汽车设计和生产企业在这样的试验场里试验和检验新设计的汽车产品。国外主要的汽车公司都拥有自己的汽车试验场。国内也有十几个汽车试验场。中国交通部北京公路交通试验场是其中的一个例子。图15.2为中国交通部北京公路交通试验场的俯视图。表15.1所列是该试验场各种路面的名称。

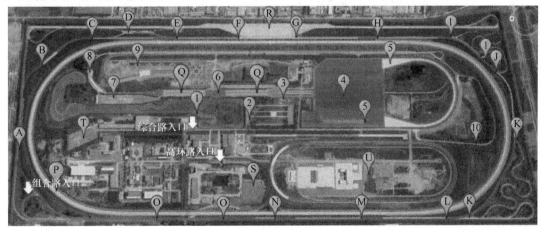

图15.2　中国交通部北京公路交通试验场的俯视图

表 15.1　中国交通部北京公路交通试验场各种路面的名称

A	B	C	D	E	F	G	H	J	K
坑洼路	扭曲路	石块路甲	涉水池	卵石路甲	混凝土路	搓板路甲	石块路乙	卵石路乙	K 砂石路
L	M	N	O	P	Q	R	S	T	U
搓板路丙	石块路丙	正弦波路	O 长波路	高速环道	综合路	长直线	城市路	8 字路	足尺环道

综合路									
1	2	3	4	5	6	7	8	9	10
干燥控制试验路	标准坡道	低幅坡道	动态广场	ABS 试验路	噪声试验路	安全气囊误作用试验路	不同摩擦系数	越野试验路	内环砂石路

每个汽车试验场的路面不完全一样。图 15.3 ~ 图 15.8 是汽车试验场几个典型路面的例子（注：本节和下一节所用图片均来自公共网站）。

图 15.3　卵石路

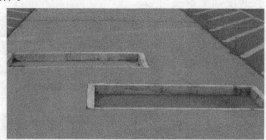

图 15.4　坑洼路

图 15.5　扭曲路

图 15.6　共振路

图 15.7　凸块路

图 15.8　比利时路

15.1.2　汽车综合耐久行驶试验

汽车的样车和用于试验的成品车需要在专门的汽车试验场的路面上行驶试验，检验汽车结构的耐久性能。图 15.9 是试验汽车在试验场卵石路上行驶试验的场景；图 15.10 是试验汽车在试验场搓板路上行驶试验的场景；图 15.11 是试验汽车在试验场卵石路上行驶试验的近景；图 15.12 是试验汽车在试验场扭曲路上行驶试验的近景；图 15.13 是汽车在试验场 8 字路上行驶试验的场景（车前端和后端安装的两侧支撑装置是为了防止车辆在急转弯时倾翻）；图 15.14 是汽车在试验场砂石路上行驶试验的场景。

　　汽车在"坏路"上主要考察车辆的底盘和车身的结构和零部件。在"坏路"上试验时，由于路面条件恶劣，试验行驶速度一般保持在 50km/h 以下。在低速行驶的情况下，汽车发动机系统和动力传输系统无法得到全面考察。所以，汽车的综合耐久试验除了考察底盘和车身的"坏路"之外，还包括专门考察汽车的发动机和动力传输系统的高速环道和变速路。

图 15.9　汽车在试验场卵石路上行驶试验的场景

图 15.10　汽车在试验场搓板路上行驶试验的场景

图 15.11　汽车在试验场卵石路上行驶试验的近景

图 15.12　汽车在试验场扭曲路上行驶试验的近景

图 15.13　汽车在试验场 8 字路上行驶试验的场景

图 15.14　汽车在试验场砂石路上行驶试验的场景

　　图 15.15 是试验车辆在高速环道上试验的情形。试验车辆在高速区在最小速度 V_{min} 和最大速度 V_{max} 之间变速和以 V_{max} 高速持续行驶。图 15.17 是一个在高速环道试验循环中车速变化的试验规则。通过变速和持续高速行驶考验发动机及变速器在高负荷状态下的耐久性能。

这部分试验主要验证发动机和变速器的结构和零部件。

变速路试验是试验车辆在变速路上以各档节气门全开加速和空档滑行检验车辆。通过车辆加速和发动机反拖（空档滑行）过程，对动力传动系统施加较大扭矩和冲击，来验证动力传动系统耐久性能。图15.16是试验车辆在变速路上试验的情形。图15.18是一个变速路车辆试验循环中车辆转速、节气门变化的例子。

图15.15   高速环道

图15.16   变速路试验

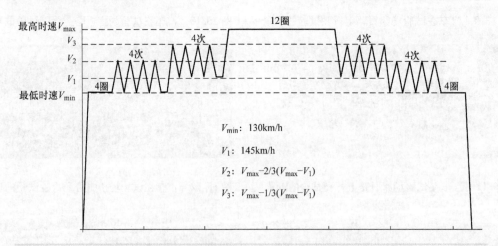

图15.17   高速环道试验循环中车速变化的例子

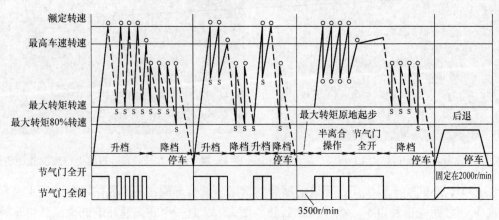

图15.18   变速路车辆试验循环中车辆转速、节气门变化的例子

在发动机和动力传输系统的耐久试验中，为了考察车辆动力系统的极限耐久能力，有的综合耐久试验还包含牵引拖车和拖车附加载荷在有较大坡度的山路上，以一定速度行驶的路况。图 15.19 是一个耐久试验车辆牵引拖车在坡路上试验的例子。

图 15.19　拖车爬坡

15.1.3　用户关联和综合耐久试验规范

由上可见，汽车的综合耐久试验包括两部分。一部分是在"坏路"上进行，主要检验由路面行驶引起损坏的汽车主体结构，如车身、底盘、发动机壳体、变速器壳体、各类安装在车体上的零部件（统称"结构"）。另一部分是在高速路和变速路上进行，主要检验由产生汽车驱动力和动力传递相关的系统和零部件（统称"动力总成"）。在后一部分的试验中，因为有车辆的急加速和急减速，这一部分试验也在一定程度上检验底盘件连接结构、发动机悬置、蓄电池支架，及类似的较大重量装置的安装结构。在动力总成试验的部分，路面比较简单，载荷来自动力的产生和传递，这一部分的主要输入或影响因素是操作性质，与路面条件无很大关联，试验的规划主要在于如图 15.16 和图 15.18 一样的车速历程的制定。而在"结构"这一部分试验中，载荷来自路面，所以路面的情况是对载荷的主要影响因素，路面的选择成为关键。

在汽车的实际使用中，"坏路"只占其中的一部分。在汽车设计的总目标里程（如 24 万千米）中，也只占其中的一部分。然而，因为"坏路"是造成汽车结构主要损伤的路面，所以在汽车设计的验证试验中，试验只在这些坏路上进行。这样既可以有效地检验汽车结构的设计是否满足了既定的设计要求，又可以省去了大量对汽车结构损伤不大的平顺驾驶的里程，大大缩短了汽车结构耐久验证试验的周期。

然而，汽车是一个被广泛使用的机械产品。人们使用汽车的目的、地区、道路条件、气候条件、驾驶习惯存在着极大的差别。在人们的实际汽车使用中，各种路面的组成和比例、驾驶的条件（乘坐人员、载物重量）差异也极大。在汽车的设计中，如何组合各种路面并不存在统一的标准。行业里的惯用方法是通过一定范围的用户调查和统计分析，从统计的角度确定各种路面的用户使用情况，在不同的地区采集汽车行驶时汽车（主要是车轮轴心）上的载荷，并进行损伤的统计分析。根据用户使用的统计数据，选择和组合汽车试验场里的"坏路"路面，并采集汽车（主要是车轮轴心）在这些坏路上的载荷，然后进行损伤的分析。按照实际用户统计损伤和试验场车辆损伤相等的原则，确定试验场试验的具体规定，形成车辆的综合耐久试验规范。这项工作被称为用户关联分析。

基于用户实际使用的调查统计数据和实际的路谱分析的数据，用户关联建立了汽车结构耐久设计目标（等效用户使用里程），与试验场汽车综合耐久试验规范之间的关系。汽车生产企业按照企业的汽车综合耐久试验规范，作为汽车结构耐久性能设计和检验的标准。

用户相关试验场可靠耐久试验方法制定主要包含用户调查、全通道车载荷采集及相关计算 3 部分。通过用户调查，建立了用户用途目标。通过全通道车分别对试验场和典型用户道路的载荷谱进行采集。通过相关计算，建立了试验场和典型用户道路的当量关系。这样制定的试验场规范，能够较好符合典型用户的实际使用情况。

1. 用户调查

用户调查主要有两种方式。第一种方式是问卷式用户调查。其主要的形式为对用户和潜在用户进行调查、访问。调查的项目主要包括：品牌分布、行驶里程、行驶路面情况、车辆的负荷情况、驾驶人的驾驶习惯、各种典型道路所在地点等。根据调查内容形成调查结果，如图 15.20 所示。

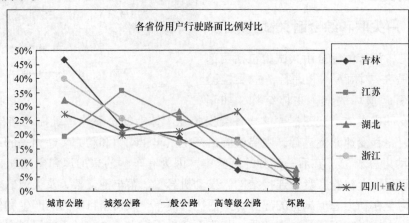

图 15.20　某车型各省份用户行驶路面对比

2. 全通道车载荷谱采集

问卷式用户调查的主要缺点有两个，一是不够准确，二是信息量太少。进而产生了实车测量的用户调查方式，这种方式是选择有代表性的车辆，在底盘、车身、悬置等位置加装六分力传感器、应变传感器、位移传感器、加速度传感器等，同时进行 CAN（Controller Area Network，控制器局域网络）信息和 GPS 相关信息的采集，这样的车辆叫全通道车。通过全通道车采集的信息，计算得到路面粗糙度、坡度、车速、制动等信息。这种用户调查方法优点是比较准确、信息量较大，但是花费时间长、费用较高。

（1）全通道车主要测点

全通道车主要测点见表 15.2。其中安装在车轮上的力传感器（Wheel Force Transducer，WFT）的力信号是用于分析的主要信号，其他信号用于辅助。

表 15.2　全通道车主要测点

总成/系统/部件		测量位置	测量量	单位	用途
车轮力	车轮力、力矩	左前车轮	F_x、F_y、F_z	N	相关
		右前车轮	F_x、F_y、F_z	N	相关
		左后车轮	F_x、F_y、F_z	N	相关
		右后车轮	F_x、F_y、F_z	N	相关
		左前车轮	M_x、M_y、M_z	N·m	参考
		右前车轮	M_x、M_y、M_z	N·m	参考
		左后车轮	M_x、M_y、M_z	N·m	参考
		右后车轮	M_x、M_y、M_z	N·m	参考

（续）

总成/系统/部件		测量位置	测量量	单位	用途
悬架	弹簧	左前、右前、左后、右后	位移	mm	参考
	转向拉杆	左、右	力	N	参考
	减振器	左前、右前、左后、右后	力	N	参考
	拉杆	-	力	N	参考
	纵臂	-	力	N	参考
	-	-	-	-	参考
车轴		轴头	加速度	-	参考
车身		质心	加速度	-	参考
动力传动系		悬置	力	-	-
CAN		-	转矩、转速、车速等	-	-
GPS		-	经纬度、车速等	-	-

（2）典型用户地区的选择

典型用户地区选择是根据产品主要销售地区、地区特点、路面特点等进行综合考虑后确定的。例如，某平台车型的用户调查地区包含吉林、北京、山东、江西、重庆、云南等地，其中吉林、山东、江西为其主要销售地区，北京为特大型城市代表，重庆为典型的多山区道路城市，云南则为较大的山区典型代表。

（3）典型用户地区的数据采集方法

首先，在选取的典型用户地区选取典型用户路面。然后，在典型路面上，在保证安全的前提下，要求驾驶人自由驾驶，同时使用数据采集仪器记录整个试验过程中的各种工况的载荷，包含诸如堵车工况、山区工况、"坏路"工况等。需要采集较为全面的路面工况。

（4）试验场数据采集方法

1）工况。试验场典型载荷采集路面包含强化坏路路面，例如比利时路、卵石路、沙土路等，还包括其他补充工况，例如 8 字工况、倒车工况、多弯路工况等等，作为"坏路"工况的补充。

2）载荷。一般需要进行空载、半载、满载三种载荷的试验。

3）车速。在条件允许的前提下，对每个路面都需要从初始速度 5km/h 开始，按照5km/h 的幅度向上增加车速，达到驾驶人能够操作的上限为止。每个车速都要有至少 5 个有效数据。要求车速精度在 ±2km/h 以内。

4）驾驶人。在条件允许的前提下，从统计学及经验上来看，最好有 5 个或以上的操作熟练的驾驶人进行试验。

（5）数据记录

根据采样定理，采样频率至少取 2 倍的带宽以避免频率混淆。但疲劳分析时至少取 10倍的带宽用来准确地定义峰谷转折点。考虑到道路载荷一般为 50Hz 以下的信号，所以采样频率定为 500Hz。

试验前对仪器进行设置检查和试运行，保证数据通道没有遗漏且工作正常。试验过程记录全程数据。

（6）数据处理

数据处理过程共分为数据分类、数据有效性检查、雨流矩阵的编辑与处理、用户相关计算及优化四个步骤。

1）数据分类。由于数据量巨大，种类繁多，处理前要专门建立特殊的文件格式以便于管理和分析。同时，为建立统一的试验数据库奠定基础。试验数据需要以一定的规则命名。例如，试验测量数据的文件名用一个 11 位字符命名，例如，JC0010C0050.dat。每一位数字按一定的规则用特殊的含意表述。表 15.3 描述了试验数据文件的命名规则。

表 15.3　数据文件命名规则（文件名里每位数字的含义）

1、2	3	4	5、6	7	8	9	10、11
车辆代码	系统	载荷	试验地点（按邮编）	路面种类	工况	驾驶习性	车道
JC – CA1171J	0 – 承载系	0 – 满载	10 – 北京	0 – 高环	0 – 普通公路行驶	0 – 普通	00 – 与车速无关
PT – CA1148	1 – 传动系	1 – 半载	20 – 上海	C – 城市路	1 – 高环变速（最高车速）	1 – 试验场	
		2 – 超载	13 – 长春	R – 乡村路	2 – 高环变速（最大转矩）	2 – 轻柔的	其他数值 – 车速
			30 – 天津	E – 高速公路	3 – 高环变速（增减档）	3 – 适度的	
			11 – 辽宁	U – 山区公路	4 – 倒档	4 – 野蛮的	
			15 – 黑龙江	S – 好路	5 – 定圆	5 – 高速的	
			05 – 河北	M – 中等不平路	6 – 八字		
				X – 坏路	7 – 爬坡		
				T – 越野路	8 – 失修路		
				1 – 1 号坏路	b – 小圆凸起		
				2 – 2 号坏路	c – 过道1		
				3 – 3 号坏路	d – 鹅石路		
				4 – 性能路	e – 过道2		
				5 – 坡路	f – 搓板路		
				6 – 圆形广场	g – 过道3		
					h – 比利时路		
					i – 过道4		
					j – 鱼鳞坑路		
					k – 过道5		
					l – 扭曲路		
					m – 过道6		
					n – 大圆凸起		

2）数据有效性检查。在采集到一组数据之后，必须通过数据统计特征的计算和可疑数据的检验，以验证数据的准确性。大多数传感器和数据采集系统容易受诸如电噪声、环境温度和湿度等外部干扰的影响，也会受传感器接触不良的影响，采集的数据有少部分会出现信号丢失、尖峰信号（俗称野点）或漂移等问题，这些数据会给后续的数据分析带来诸多麻烦。例如，疲劳寿命预测会因为这些数据的存在而失真，因此需要经过相对应的处理才能成为有效数据。

① 去除奇异点。在去除奇异点时，需要用到以下几个概念。

平均值定义为 $\bar{x} = \dfrac{1}{N} \sum\limits_{i=1}^{N} x_i$，是一组数的平均值。

均方值用来描述信号的平均能量或者平均功率，定义为 $\bar{x^2} = \dfrac{1}{N} \sum\limits_{i=1}^{N} x_i^2$，均方根值为均方值的正的平方根，是信号幅度最恰当的量度。

方差定义为 $\sigma_x^2 = \dfrac{1}{N-1} \sum\limits_{i=1}^{N} (x_i - \bar{x})$，表示信号偏离其均值的程度，是描述数据的动态分量。

假设一个时间序列 x_i（$i = 0, l, \cdots, N-1$），判别 x_i 是否为奇异点的条件为：

$$|x_i - x_{i-1}| > ks$$

式中　　$s^2 = \dfrac{1}{N} \sum\limits_{i=1}^{N-1} (x_i - \bar{x})^2$；

k——常数，取值可为 $3 \sim 5$。

当以上条件成立时，x_i 为奇异点，应去掉。去除奇异点前后对比见图 15.21。图中带有很多长毛刺的曲线为原始信号，去除了这些毛刺的曲线为处理后的信号。

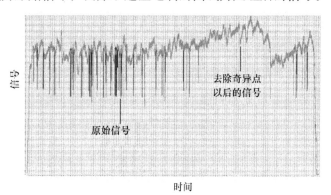

图 15.21　去除奇异点

② 去除漂移。试验中，如果存在某些因素对系统进行干扰，测得的数据就会呈现某种变化趋势，通常把连续信号中周期大于记录时间的频率分量称为趋势项。趋势项的存在，可能使相关函数及功率谱密度函数产生畸变，甚至使低频谱值完全失真，影响试验结果准确性。消除它的方法根据不合理的倾向和要求的精度决定，主要有高通滤波法、平衡偏斜法和最小二乘法等。

消除趋势项的前后对比见图 15.22。图 15.22 中有上升趋势的曲线为原始信号，以水平为中心的曲线为处理后信号。

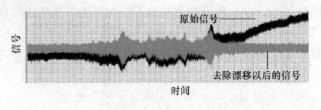

图 15.22　去除趋势项

3. 相关计算

（1）雨流矩阵的编辑与处理

通过雨流计数法，形成了起点 - 终点（from - to）雨流矩阵（具体详见下一节的介绍）。图 15.23 所示为某一个信号的雨流矩阵，分为 32 级，其中 $N_{i,j}$（$i, j = 1, 2, \cdots 32$）表示每一个小的分级，其中 X 轴为终点（i），Y 轴为起点（j）。越靠近中心区域表示循环数越多。

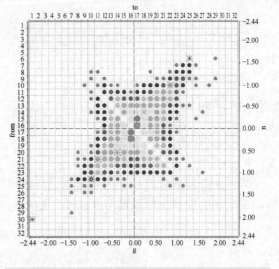

（2）将用户数据进行雨流循环外推

全寿命下的载荷时间历程是准确预测零件疲劳寿命的基础，而全寿命的载荷时间历程是不可能被测得的，常用的方法是基于特定准则对样本载荷外推，估计出全寿命载荷谱。

雨流矩阵外推是寻找一个雨流矩阵的极限模型，该模型包含各个载荷循环的频次。以下方法可以实现样本载荷循环估计极限雨流矩阵。

图 15.23　起点 - 终点（from - to）雨流矩阵

1）估计出载荷的一个模型，计算出对应此模型的极限雨流矩阵。

2）对样本载荷运用平润化方法，估计极限雨流矩阵。

3）只对大载荷循环进行模型估计，因为它们导致了大多数破坏。必要的话，对其他载荷循环进行其他方法处理。

通常采用第 3 种方法。首先要估算大载荷循环的极限雨流矩阵，再对其他载荷循环应用 kernel 平润化方法处理，得到部分载荷的极限雨流矩阵

$$\mu(u,v) = \frac{\mu(u)\mu(v)}{\mu(u) + \mu(v)} \tag{15.1}$$

式中　　μ 和 v——分别为外推的低水平值和高水平值；

$\mu(u)$ 和 $\mu(v)$——分别为 μ 和 ν 的水平穿越强度。

再对其他载荷循环应用 kernel 平润化方法处理，得到部分载荷的极限雨流矩阵。将此雨流矩阵和大载荷的极限雨流矩阵结合，即是用于外推全寿命载荷的极限雨流矩阵，如图

15.24 所示。为了便于表达，图 15.24 中的极值点被转化到 [-1，1] 区间。

雨流矩阵外推不仅可以外推样本中已有的载荷循环，还可以对样本中没有，但全寿命中可能出现的载荷循环（尤其是大载荷循环）进行外推。外推后，不仅载荷的频次增加，载荷谱的极值也有所增加，这说明随着样本的增加，出现极值的可能性也增加了。这与车辆实际工作情况相符，路面平整性不均、载重的差异及驾驶人不同的操作方法，都会导致工况的可能性随样本增加而增加，从而导致载荷出现极值的概率也有所增加。

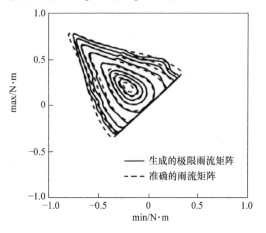

图 15.24　雨流矩阵外推结果

（3）雨流叠加

将外扩后典型用户雨流数据结合用户调查数据（如不同路面所占行驶里程的百分比，装载质量），按照相应的比例进行叠加，得到日标载荷。其计算过程如图 15.25 所示。

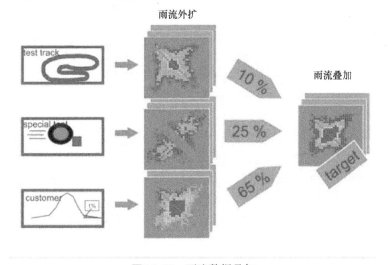

图 15.25　雨流数据叠加

（4）伪损伤计算

从第 6 章的疲劳理论（Miner 法则），结构上一点的疲劳损伤是所有应力（或应变）循环幅值下的实际循环数，与破坏时的循环数比值的总和 [式（6.28）]。结构的真实疲劳损伤是用应力或应变信号，根据材料的应变 - 寿命（$S-N$）曲线或应变 - 寿命（$e-N$）曲线计算出来的。

在实际工程实践中的各种信号，不论是力、力矩还是位移、加速度，都可以看成是"广义应力"。用"广义应力"和预先设定的 $S-N$ 曲线，用 Miner 法则进行计算，得到类似结构损伤的数值。这样的"损伤"被称为伪损伤。伪损伤是一种广义的当量疲劳分析方法。伪损伤不是真实结构的疲劳损伤，只是一种信号的当量统计，它的数值不具特别的物理意义，通常只用于与其他信号的相互比较。

计算伪损伤时，$S-N$ 曲线的斜率一般在 $k=-3\sim-7$ 之间，其中焊接结构斜率为 $k=-3$，一般机加工件斜率为 $k=-5$，抛光件斜率为 $k=-7$。通常情况下，我们计算时取 $k=-5$。

（5）建立与用户相关试验场可靠耐久试验规范

建立与用户相关试验场可靠耐久试验规范，基本思想就是让试验场载荷与典型用户目标载荷等损伤。为了再现车辆在某一载荷环境下（比如：用户车辆使用、规定的试验规范）的疲劳损伤（称为目标），可以通过将车辆在各种典型道路行驶和操作时的损伤（称为源），按不同加权（比例）系数进行混合模拟获得。基于载荷的双参数雨流矩阵，首先根据 $S-N$ 曲线计算各目标和源载荷雨流矩阵的疲劳损伤，得到总体疲劳损伤矩阵；将目标和各个源的总体疲劳损伤矩阵，按照图 15.26 所示的方式，划分成一系列互相重叠的子矩阵。同时，计算各个子矩阵所包含的疲劳损伤，并构成缩减损伤矩阵。然后，按照给定的误差目标，对于缩减目标损伤矩阵的各个元素和总体损伤进行逐点拟合。

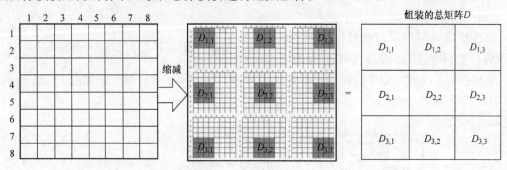

图 15.26　缩减损伤矩阵

1）雨流矩阵缩减。如果想知道当一个雨流矩阵 K_1 包含第二个矩阵 K_2 时，最简单的方法就是逐点定义和比较。然而，逐点比较是非常困难的，所以要进行雨流矩阵缩减，主要目的就是将一个很多级的雨流矩阵进行缩减，形成包含几个损伤块的雨流矩阵后进行比较。其主要计算步骤如下。

根据 $S-N$ 曲线计算用户目标载荷和试验场载荷雨流矩阵的等效疲劳损伤，得到总体疲劳损伤矩阵。将典型用户目标载荷和试验场各个工况载荷的总体疲劳损伤矩阵，采用辛普森（Simpson）积分法进行区间划分，形成一系列互相重叠的子矩阵，如图 15.26 所示。同时计算各个子矩阵所包含的疲劳损伤，并构成缩减损伤矩阵。以一个 8×8 级的雨流矩阵为例进行说明，每行的子矩阵数为 $\sqrt{8}\approx3$，缩减后的子矩阵的边长为 $2\times8/(1+\sqrt{8})\approx4$，第 2 个子矩阵的起始点为 $(2-1)\times8/(1+\sqrt{8})\approx2$。最后缩减的矩阵为 $D_{1,1}$、$D_{1,2}$、$D_{1,3}$、$D_{2,1}$、$D_{2,2}$、$D_{2,3}$、$D_{3,1}$、$D_{3,2}$、$D_{3,3}$，如图 15.26 所示。具体计算参见辛普森（Simpson）积分法。D 为组合成的总矩阵。

2）优化计算过程。当目标载荷谱与组合出的等效载荷谱的雨流矩阵相等或者相似，且等损伤时，可以认为这两个载荷谱是等效的。其优化计算方法描述如下。

目标 - 车辆某一测点（或零件）在实际典型用户使用环境下的雨流矩阵为

$$[N_{i,j}]\quad(i,j=1,2,\cdots,l)\tag{15.2}$$

式中　l——雨流矩阵最高的级数，一般为 8 级、32 级、64 级。

试验场的路面不同于实际用户使用的路面。试验场的路面通常具有实际用户使用路面的

典型特征，但是比实际路面更集中而且更恶劣，所以称为强化路面。假设其中第 h 种试验场强化路面道路载荷的雨流矩阵为

$$[n_{h,i,j}] \quad (i,j = 1,2,\cdots,l; h = 1,2,\cdots,k) \tag{15.3}$$

式中 k——试验场所包含的强化路面的种类数量。如果某试验场包含卵石路、搓板路、比利时路等 10 种强化路面，那么 $k = 10$。

根据材料的 $S - N$ 曲线计算疲劳损伤，式（15.2）、式（15.3）相应载荷的疲劳损伤矩阵为式（15.4）、式（15.5）

$$[D_{i,j}] \quad (i,j = 1,2,\cdots,l) \tag{15.4}$$

$$[d_{h,i,j}] \quad (i,j = 1,2,\cdots,l; h = 1,2,\cdots,k) \tag{15.5}$$

根据线性累积损伤理论，则用 k 种路面混合得到的总损伤矩阵为（其中 A_h 为第 h 种试验场路面的循环次数）

$$[d_{i,j}] = \sum_{h=1}^{k} A_h [d_{h,i,j}] \tag{15.6}$$

疲劳寿命相等则意味着具有相等的疲劳损伤，为了等效目标疲劳损伤

$$[D_{i,j}] = [d_{i,j}] \tag{15.7}$$

从式（15.7）得到

$$[D_{i,j}] = \left[\sum_{h=1}^{k} A_h d_{h,i,j} \right] \tag{15.8}$$

根据式（15.7）混合模拟的过程，就是一个进行随机抽样和确定加权系数的过程。针对上述两种方法的式（15.8）是一个高阶的不定方程组，直接求解是不可能的。一般采用在给定约束条件下的优化回归方法进行求解，最常用的是最小二乘方法，是以总体误差最小为优化目标，从式（15.8）可得到优化目标为式（15.9）：

$$\sum_{i=1}^{l} \sum_{j=1}^{l} \left(D_{i,j} - \sum_{h=1}^{k} A_h d_{h,i,j} \right)^2 = \text{Min} \tag{15.9}$$

在对式（15.8）进行求解后，我们可以得到 A_h 的值，即每个工况的循环数。例如搓板路半载工况需要进行 300 圈，比利时路满载工况需要进行 500 圈等。

（6）试验规范的形成

1）损伤对应情况。如图 15.27 所示，为某一个通道缩减损伤矩阵对应的结果。对应每一个通道，计算共得到 10 项结果。所有 10 项结果以柱状图形式列在图 15.27。第一列为结果项的名字，共有 10 项，分别第一行为总损伤矩阵 D，第二至十行分别为缩减的损伤矩阵 $D_{1,1}$、$D_{1,2}$、$D_{1,3}$、$D_{2,1}$、$D_{2,2}$、$D_{2,3}$、$D_{3,1}$、$D_{3,2}$、$D_{3,3}$。第二列为它们在总矩阵中的位置（图 15.26）。最右边的柱状图是左边 10 项的伪损伤，每一项有两个值，上面的值是优化计算后的试验场组合路面的伪损伤值，下面的值是用户使用的目标伪损伤值。左边的柱状图为目标损伤与优化的试验场组合路面损伤值的比值。显然，这个比值在 100% 附近为最优的组合，因为它代表试验场路面的组合接近实际用户的使用。

图 15.28 是试验场路面组合优化后 12 个轮心力通道的伪损伤结果

2）试验规范。经过以上的优化，确定每个工况的循环数，最终可以得到一个与用户实际使用相关联的试验场试验规范。表 15.4 是一个新开发的试验场结构耐久试验规范的实例。从车轮轮心力所代表的伪损伤的角度，这个试验场的试验近似等效用户实际使用 24 万千米。

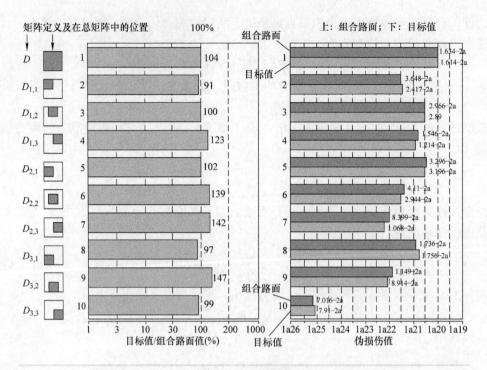

图 15.27 一个通道试验场路面组合优化的结果

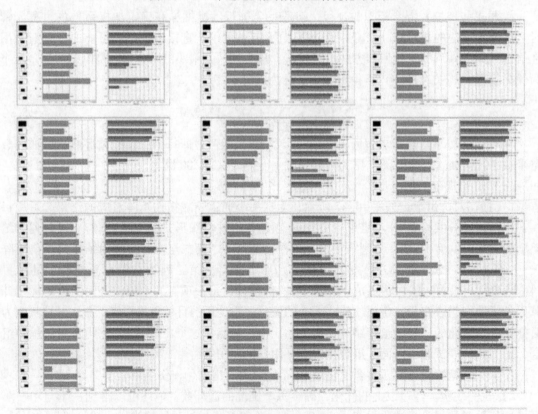

图 15.28 12 个轮心力通道试验场路面组合优化的结果

表 15.4　试验场试验规范

路面	车速/(km/h)	循环次数
失修坑	50	300
铁路	10	100
比利时路	30	200
搓板路	25	200
扭曲路	5	30
凸块路	20	40
卵石路	30	20
共振路	30	400
8 字路	10	400
波形路	30	800
鱼鳞坑路	50	1000
沙土路	20	200
城市路	15	800

　　在汽车的验证规范确定和执行以后，这个试验实际上就成为汽车企业验证其产品合格性的一个标准（这里只是整车的综合耐久性能的一个标准）。因此，汽车综合耐久试验过程中发生的载荷，也就成为具体的汽车设计时所考虑的载荷，是第 9 章中有关汽车设计载荷的计算中所要预先仿真和计算的载荷。

　　必须说明，以上所讨论的用户关联分析，只是针对汽车在道路行驶过程中道路条件对汽车车轮轮心力的评估，所使用的分析分法是基于疲劳伪损伤的概念和方法。如果不考虑轮心力的相位和频率对车体结构的影响，轮心力的伪损伤与车体的真实损伤存在着一定的关系。在汽车用户关联的分析中，轮心力的伪损伤不能代表全部，还有一些必须从其他角度考虑的用户使用情况。例如，如前面已经提到的动力总成系统主要从各档车辆加速、减速、滑行和长时间高速运行等操作性质的用户使用工况，根据统计的用户使用情况，制定试验的操作过程（如图 15.16 和图 15.18 所示），以考核发动机、变速器、传动轴的耐久性能。一个完整的汽车综合耐久试验，是由结构耐久试验的部分和动力总成系统试验的部分相加组成。除汽车整车的综合耐久试验外，汽车还有许多系统、零部件和电器件特殊功能的耐久性能要求。例如，车门的开启和关闭、前舱盖的开启和关闭、行李舱盖的开启和关闭、加速踏板和制动踏板的工作、转向盘双向旋转、换档机构、驻车制动机构、电器件的开关等。这些汽车系统的用户关联分析都是基于操作的次数。例如，车门的开启和关闭是另一种汽车使用的基本工况。假设用户每天使用汽车 10 次，每次使用进和出关门各一次。在 10 年的汽车设计生命周期中，关闭总次数为 $10 \times 2 \times 365 \times 10 = 73000$。所以，有的车企用 8 万次关闭作为车门的一个设计指标。也有的车企考虑前车门和后车门的使用频率不同，将后车门的设计目标减少为前门次数的一半。这些系统、零部件和电器件的用户关联分析通常比较直接、简单，容易分析。

15.1.4　试验场之间的当量关系

在汽车开发的过程中，经常会在不同的试验场进行车辆的耐久试验。这种从一个试验场转到另一个试验场的情况称为转场。由于试验场的路面不同、路面的分布位置和组合连接不同、场地的条件和场内的交通规则（如单向或双向、车速限制等）不同，不同试验场的情况和试验的规划是不同的。每个试验场都有基于自身条件的试验规范。取决于试验场的开发理念和需求，试验规范都会有所不同。除了不同（或者部分不同）的路面外，各种路面的循环次数、试验车的配重及不同配重在整个试验中的比例分配、车速规定均有不同。所以在不同试验场进行的综合耐久试验结果，可能会有很大差异。怎样评估不同试验场和试验规范的强弱，是耐久开发工程师的一项任务。

1. 试验场的伪损伤比较

车辆综合耐久试验对试验车辆的最终结果是车辆结构疲劳损伤的积累。结构的疲劳损伤是对试验场、试验规范和车辆结构力学性质的全面反映。所以它是对试验场和试验规范的有效衡量指标。从第 5 章静态应力的计算可知，结构的静态应力与每一个输入载荷成正比。所以，如同 10.1.3 小节的用户关联分析一样，在不考虑具体结构的情况下，利用六分力测试仪采集的道路载荷谱，将轮心的力当成"广义应力"，用轮心的力进行伪损伤的计算。将不同试验场和试验规范的伪损伤计算值进行比较，可以得到不同试验场和试验规范之间相对的当量关系。

图 15.29 是 A 和 B 两个不同试验场的俯视图。

A试验场　　　　　　　　　　　　　B试验场

图 15.29　A 和 B 试验场的俯视图

如同用户关联分析所述的一样，对于使用同样一辆车，安装轮心六分力仪传感器，按照两个试验规范规定的路面、配重、速度、循环数采集信号，得到信号后进行去漂移和去毛刺等处理。

用六分力仪采集到的信号可以进行伪损伤分析。一般轮心力设定一个斜率为 -5 的 $S - N$ 曲线，计算各个轮心力通道的伪损伤。将同样信号通道对应两个试验规范的伪损伤相互比较，可以用直观的数字显示出，两个规范的损伤等级差异。图 15.30 为试验场 A 和试验场 B 伪损伤的柱状图，可以明显看到试验场 B 伪损伤大于试验场 A。

对于 A 和 B 两个试验场轮心力的伪损伤进行比值，B 试验场伪损伤除以 A 试验场伪损伤，得到相对损伤比。大于 1 就说明该通道 B 试验场较强，小于 1 则说明 A 试验场较强。

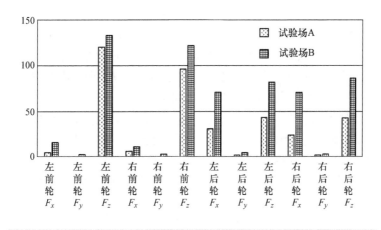

图 15.30 12 个轮心力通道的伪损伤计算值比较

从图 15.31 显示的两个试验场的损伤比同样可以看出，总体上 B 试验场的试验比 A 试验场的试验强度人很多。在纵向（x）和横向（y）上，B 试验场的试验强度非常强，这与试验场 B 的路面强度、路面组合和试验规定的车速有关。在垂向（z）上，在前轮的损伤上，两个试验场水平相当，而在后轮上，B 试验场较强，这与两个试验规范中半载（通常规定是前排两人，后排一人）和满载（通常规定是前排两人，后排一人，加行李）的比例不同有关。满载时的后轮载荷比半载时增大。

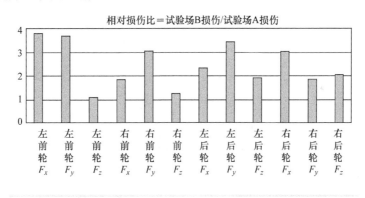

图 15.31 A 和 B 试验场 12 个轮心力通道相对损伤比

2. 雨流计数的多种表述方式

在疲劳损伤的分析中，雨流计数是很关键的一个步骤。雨流计数记录了应力时间序列的多种特征数据的统计信息，有循环应力的最大值、最小值、幅值、平均值、范围，根据应力循环的大小，将所有的循环归类分族（或组），并且记录相同循环的重复次数。每一族应力循环有相同的应力幅值和平均值，相当于组成一个等幅应力循环序列。从循环应力幅值、平均值、范围的定义［式（6.8）~式（6.10）］可知，循环应力的最大值、最小值、幅值、平均值、范围中只有两个量是独立的，其他的量可以从这两个量计算出来。从前面有关疲劳损伤的介绍可知，应力范围是影响疲劳损伤的第一因素（最主要因素），其次的影响因素是平均应力。对每一族相同幅值的应力循环，疲劳损伤的统计可以用三个独立的物理量来描述。从疲劳计算的公式来说，比较直接的三个物理量是应力范围、平均应力和重复次数。然而，从雨流计数储存的信息来讲，一个应力时间序列的疲劳统计信息，也可以换用其他的物理量来描述。用不同的物理量描述，可以看到不同的信息。在结构的疲劳分析时，一般比较关心最后的寿命值和结构的关系，对应力响应的分布和特征（最大值、最小值、幅值、平均值、范围和重复次数）研究不多。然而，对于载荷的分析和试验场的对比，这些载荷的分布和特征就非常重要，因为这些信息提供了路面和路面载荷比较详尽的统计数据，对了解和研究试验场和综合耐久试验规范提供了重要依据。用这些路面载荷数据的雨流计数的统计信息，进行不同载荷或试验场之间的细节对比，可以揭示两者之间的差别所在。

雨流计数的统计数据可以用不同的图示方式来表达。不同的方式可以表达出不同的信息，使用上也有各自的方便之处。下面通过一个例子简单介绍雨流计数统计数据的不同图示表述方式。

图 15.32 是一个路面的垂向轮心力的时间曲线。

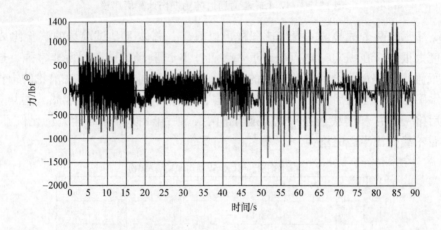

图 15.32　垂向轮心力的时间曲线

（1）范围–均值图（Range–Mean）

通常的疲劳寿命公式使用应力范围或幅值（范围是幅值的 2 倍）、应力平均值和寿命的循环次数。所以，最直接的雨流计数统计数据的表述方式是用范围、均值和重复次数，即范围–均值图（Range–Mean 图）。在这个例子中，时间序列的信号是力，所以雨流计数的物理量是力的范围、力的均值和重复次数。

因为有三个物理量，所以范围–均值图是一个三维的立体图。在范围–均值图的基础平面上，一个坐标轴是力的范围数值，另一个坐标轴是力的均值数值。垂直的坐标轴是重复次数。这个载荷雨流计数的统计数据用三维的范围–均值图表示，如图 15.33 所示。

人们也经常使用二维的范围–均值图。在二维的范围–均值图中，垂直的坐标轴不显示在图上，重复次数用颜色表示。这个载荷雨流计数的统计数据用二维的范围–均值图表示，如图 15.34 所示。

（2）范围图（Range Only）

如前所述，在疲劳寿命的计算中，循环信号的范围（或幅值）是最主要的影响因素。

所以，人们也常从简单出发忽略均值的影响，只考虑范围，使用范围图。在此情况下，上面的三维范围 – 均值图变成图 15.35。因为只有范围和重复次数两个物理量，所以二维的范围图直接画成范围 – 重复次数的对应关系图，如图 15.36 所示。

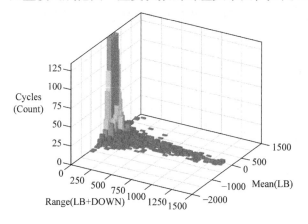

图 15.33　三维的范围 – 均值图

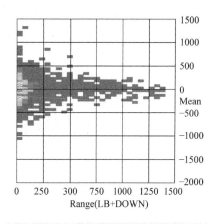

图 15.34　二维的范围 – 均值图

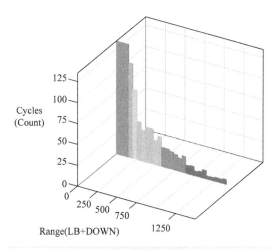

图 15.35　三维的范围图

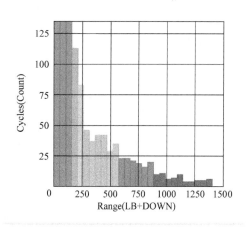

图 15.36　二维的范围图

二维的范围图也可以画成曲线的形式，因为它能比较直接地提供载荷幅值和相应重复次数的分布情况，在载荷谱的分析中经常使用。更多的情况下，横坐标显示重复次数，纵坐标显示幅值。

（3）最大值 – 最小值图（Max – Min）

由式（6.8）~式（6.10）可知，循环的幅值、范围和平均值，都可以从循环的最大值和最小值计算得到。因此，雨流计数的统计数据也可以用循环的最大值、最小值和重复次数来表述，即最大值 – 最小值图。这种雨流计数的图示方式在 10.1.3 小节的用户关联分析中已有应用（图 15.24）。

最大值 – 最小值图也分为三维的最大值 – 最小值图和二维的最大值 – 最小值图。在最大值 – 最小值图的基础平面上，一个坐标轴是一个循环最大值的数值，另一个坐标轴是这个循环最小值的数值。垂直坐标轴是数据时间历程中一个循环的最小值和最大值之间，或者最大值和最小值之间的信号历程的重复次数。用这个载荷作为例子。看其中从 80s 到 90s 的一段载荷信号，如图 15.37 所示。看其中方框内的载荷历程。其最小值是 -1850lbf，而最大值是 1350lbf（在 85s 左右发生）。在整个载荷的时间历程中，具有这样的最小值和最大值的历程只有一次。在三维的最大值 - 最小值图上，这样载荷历程的统计数据如图 15.38 中的箭头所指。整个载荷历程的统计数据如图 15.38 所示。

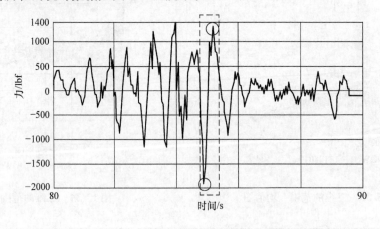

图 15.37　垂向轮心力曲线的区间放大图

　　类似其他图示方式，最大值 - 最小值图也有二维的形式。在二维的最大值 - 最小值图中，垂直的坐标轴不显示在图上，重复次数用颜色表示。这个载荷雨流计数的统计数据的二维最大值 - 最小值图如图 15.39 所示。

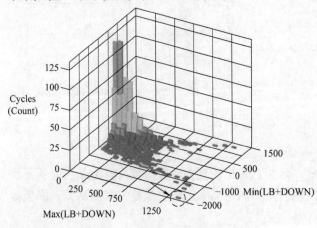

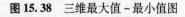

图 15.38　三维最大值 - 最小值图

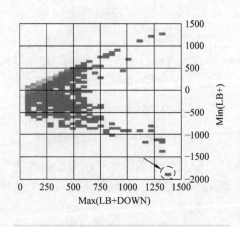

图 15.39　二维最大值 - 最小值图

　　（4）起点 - 终点图（From - To）

　　雨流计数统计数据还可以用另一种方式描述，即起点 - 终点图（From - To 图）。From - To 图有三维的 From - To 图和二维的 From - To 图。在 From - To 图的基础平面上，一个坐标轴是一个起始（From）循环顶点（最大值或最小值）的数值，另一个坐标轴是一个终止（To）循环顶点（最大值或最小值）的数值。三维 From - To 图的垂直坐标轴是数据时间历程中在数值上，从一个起始（From）循环顶点到终止（To）循环顶点（最大值或最小值）

的重复次数。From - To 图记录载荷的时间历程中从一个顶点（最大值或最小值）到另一个顶点的重复次数。例如，在这个载荷中，从 - 1850lbf 到 1350lbf 只有一次（见区间放大图 15.37 中方框）。在三维的 From - To 图上，这样载荷历程的统计数据如图 15.40 中的箭头所指。整个载荷历程的统计数据如图 15.40 所示。

同样，二维的 From - To 图没有垂直坐标轴。垂直坐标轴（垂直于纸面）的数值（重复次数）通过颜色来表示。这个载荷的雨流计数统计的二维 From - To 图如图 15.41 所示。二维的 From - To 图在 10.1.3 小节的用户关联分析中已有应用（图 15.23）。

在 Max - Min 图和 From - To 图中，最大值和最小值之间，或者最小值和最大值之间的信号历程，只是半个循环，并不是一个完整的循环。在疲劳理论（参见第 6 章）中，这样的曲线顶点被称为反向（reverse），两个反向构成一个循环。

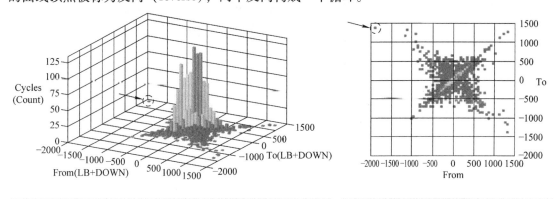

图 15.40　三维的 From - To 图　　　　图 15.41　二维的 From - To 图

3. 试验场的雨流计数统计比较

利用雨流计数的数据，可以得到每一个轮心力信号统计的幅值 - 循环的分布曲线。在幅值 - 循环的分布曲线中，竖轴为循环力的幅值，使用线性坐标；横轴为累积循环数，使用对数坐标。幅值 - 循环的分布曲线表示在每一个循环幅值下发生过的循环次数。图 15.42 是该测试车辆左前轮轮心力在向 x、y、z 三个方向上的幅值 - 循环的分布曲线。其中虚线为 A 试验场的幅值 - 循环曲线，实线为 B 试验场的幅值 - 循环曲线。从图 15.42 中两个试验场的幅值 - 循环曲线比较，可以明显地看出两个试验场的差异。

从前面的疲劳计算理论可知，在常温下，幅值是影响疲劳寿命的第一要素，循环中的平均应力是影响疲劳寿命的第二要素。在幅值 - 循环图中，循环幅值得到体现，但是循环的应力均值并不体现。雨流统计数据记录着比较详细的原始信息。例如，在雨流统计后得到的起点 - 终点图中，每一个点记录着循环的起始点和终点。图 15.43 是左前轮在试验场 A 和 B 的三个轮心力分量的起点 - 终点图。由图 15.43 可以看出载荷的变化和分布，最大值、最小值、平均值都可以得到，比较真实地反映了道路载荷的情况及差异。

通过轮心力的伪损伤分析，可以对试验场的路面强度和试验规范的总损伤量，给出一个粗略的相对评估。这种评估是静态的。在试验场的对比分析中，除了损伤外，还可以进一步进行轮心力功率谱密度（PSD）分析。轮心力的功率谱密度定义与应力的功率谱密度（6.5 节）类似，它给出了轮心力在频率领域的分布。

总之，从轮心力信号的伪损伤、相对损伤判断两试验场各通道的强弱，可以通过 PSD

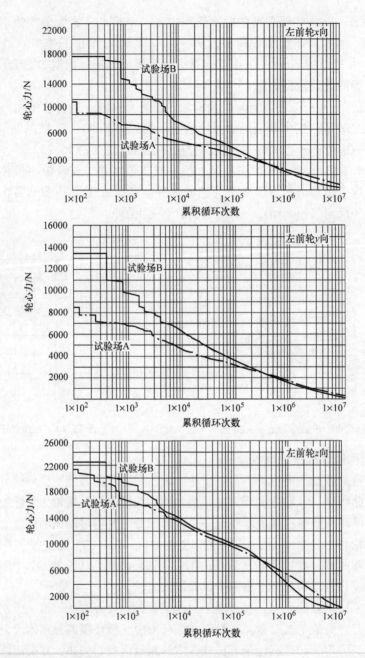

图 15.42 左前轮轮心力的幅值 - 重复次数图 A 试验场和 B 试验场的对比

分析两试验场频率特性是否一致，通过幅值 - 循环曲线和雨流分布，可以分析判断两试验场幅值和循环差异。通过这些分析可以对两个试验场的耐久试验规范有一个比较全面和深入的了解。汽车综合耐久转场的原则，是两个试验场的耐久试验规范有比较接近的强度和特性。如果两个试验场的耐久试验规范有较大的差别，试验工程师可以根据以上的分析调整试验规范，使其强度和特性相接近。例如，在以上 A 和 B 两试验场规范比较的例子中，四个轮心力的总损伤中，B 试验规范在主要通道（特别是 z 方向）上都高于 A 试验规范 50% 以上（见图 15.31）。所以，可以考虑 B 试验规范减少一定比例的循环次数。另外，从图 15.31 可

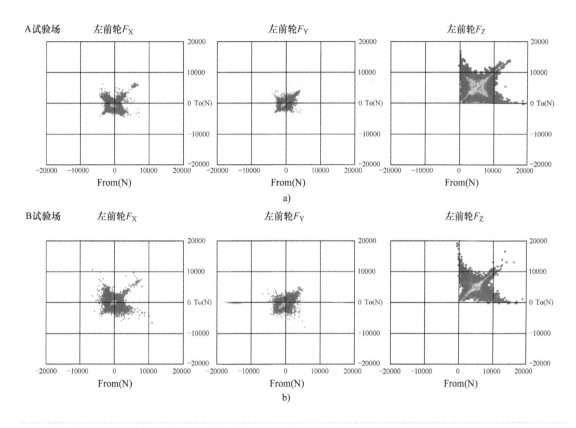

图 15.43　左前轮轮心力起点 – 终点（From – To）雨流图

a）左前轮轮心力在 A 试验程的起点 – 终点（From – To）图　b）左前轮轮心力在 B 试验程的起点 – 终点（From – To）图

以看出，B 试验规范在所以 x 方向通道上都高于 A 试验规范 50% 以上。所以，可以考虑 B 试验规范减少在试验中加速和制动的次数，以降低车辆在 x 方向上的损伤。总之，深入研究试验场之间的当量关系，有助于通过不同试验场研究和开发车辆的耐久性能。

必须指出，通过轮心力的伪损伤对比试验场只是一个粗略的评估。用轮心力的伪损伤进行评估，实际上是假设车辆为刚体。从第 5 章的讨论已知车体的损伤主要有三类，即车体零部件的过载、弯曲和扭转，以及振动，它们分别由载荷的幅值、相位和频率所引起。轮心力伪损伤只考虑载荷的幅值及其重复次数，所以它的评估并不全面。一般试验场的路面不一样，即使轮心力的伪损伤十分接近，它们的频率成分（如 PSD）和相位要达到一样也非常困难。

15.2　试验室台架试验

整车在试验场的综合耐久试验，建立了 90% 用户群等效车辆使用的试验验证方法。因为整车在试验场的综合耐久试验，是用实车在试验场的道路上进行的，所以整车综合耐久试验也常被称为整车道路试验或实车道路试验。实车道路试验的好处是它比较接近车辆实际使用的综合条件（包括自然环境在内）。但是，它的缺点是试验时间较长，并且由于综合耐久试验中的各种实车操作都是有限的，很多系统和功能不能得到充分的验证。例如，车门开启和关闭、数量较多的极限车辆加速和紧急制动、车辆（发动机）长时间的高速运行等。所以，在实车道路试验之外，通常各汽车制造企业还会根据各自的试验室条件，在试验室进行一些系统和零部件的专项试验验证。因为在试验室进行的试验，都是通过搭建台架来施加载荷和边界条件的，所以在试验室进行的试验也常被称为台架试验。

整车道路室内模拟试验相对于整车道路试验，具有驱动信号稳定、可控、重复性好、不受人员及气候和环境等因素的影响、试验结果可比性强、试验周期短等优势，适用于新产品多轮次开发、改进对比试验和结构参数匹配等试验研究，可准确评价改进的效果。整车道路室内模拟试验在新车型、新技术和新材料开发验证中广泛应用，从而提高产品研发效率，保障产品质量。

道路室内模拟试验相对优势为：试验周期短，节约资金，试验可控性好、重复性好、精度高，室内环境便于监测分析零件损坏，可大大缩短产品开发周期。

15.2.1　整车道路室内模拟试验

整车道路室内模拟试验单元主要有整车 24 通道耦合，及整车 4 通道（轮胎耦合）模拟试验设备。图 15.44 为整车 24 通道道路模拟试验；图 15.45 为整车 4 通道道路模拟试验。

图 15.44　整车 24 通道道路模拟试验　　　　　　图 15.45　整车 4 通道道路模拟试验

整车 24 通道的道路模拟试验是将车辆行驶时的运动状态，转换成在轮心 6 个自由度上的位移和力的信号输入，驱动不带车轮的车辆运动的模拟试验。每个轮心 6 个自由度的输入信号分别是 z 方向位移和其他 5 个自由度方向上的力。整车 4 个轮心总共有 24 个自由度的输入信号，所以这个试验被称为 24 通道的道路模拟试验。24 个自由度的位移和力的驱动信号，需要通过计算机的反复迭代优化，使所有或主要测量点（路谱采集时车辆上的测量点包括轴心、底盘件和车身上测量的点）的计算值和测量值之间的总误差，达到可接受的程度。如果驱动载荷的迭代计算能达到很高的精度，整车 24 通道的道路模拟试验，可以很好地复现整车在道路上行驶的状况。

整车 4 通道道路模拟试验是将车辆的四个车轮放置在四个托盘样子的立柱上，四个托盘做垂向的上下运动。因为试验的输入只有四个垂向方向，所以这个试验被称为 4 通道道路模拟试验（也常常被称为四立柱试验）。四个立柱的上下运动位移模拟车辆在道路上的垂向运动。四个立柱的垂向位移来自计算机的数值迭代计算，输入的信号通常是路谱采集时得到的车体（轮心或其他点）上的响应信号，通过迭代四个立柱的垂向位移，使车体上测量点的计算响应值与测量值之间的误差达到可接受的程度。计算的过程如同第 9 章 9.2.6 小节介绍的虚拟迭代方法。一般垂向载荷对车身损伤较多，所以，整车 4 通道道路模拟试验通常以考察车身为重点。

图 15.46 为整车道路室内模拟试验流程示意图。

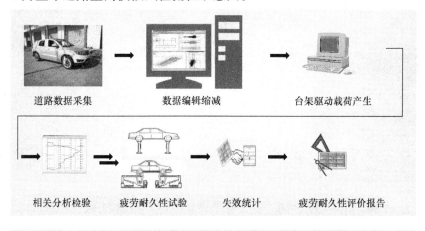

道路数据采集　　　　　数据编辑缩减　　　　　台架驱动载荷产生

相关分析检验　　疲劳耐久性试验　　失效统计　　疲劳耐久性评价报告

图 15.46　整车道路室内模拟试验流程示意图

　　除了整车的耐久试验外，汽车设计和验证阶段还需要进行大量的系统和零部件的台架耐久试验，以检验汽车所有的系统和零部件的结构和功能耐久性能。

15.2.2　底盘总成及零部件的耐久试验

　　底盘总成及零部件的结构强度耐久试验的项目非常多，每个主机厂都有自己的试验规范和要求。常见的主要有下列试验。通常底盘相关的结构强度和耐久试验包括：前后悬架系统试验、转向系统试验、制动器性能试验、制动主缸带真空助力器总成性能试验、副车架试验、转向节/控制臂试验、制动轮缸/摩擦片/卡钳试验、减振器性能试验、衬套性能试验、悬置性能试验等。图 15.47 是悬架 12 通道道路模拟试验的例子；12 通道道路模拟试验实际上是上述 24 通道道路模拟试验的一半，试验的对象是悬架系统。图 15.48 是副车架试验的例子；图 15.49 是转向节结构静强度试验的例子；图 15.50 是扭力梁耐久试验的例子。图 15.51 是下摆臂耐久试验的例子。

图 15.47　悬架 12 通道道路模拟试验

图 15.48　副车架试验

图 15.49　转向节结构静强度试验

图 15.50　扭力梁耐久试验

图 15.51　下摆臂耐久试验

15.2.3　车身系统的台架耐久试验

　　车身担负着许多功能任务。在车身上也安装着许多系统。为了保证车身和这些安装在车身上的系统的正常工作，车身结构需要经过各种相关的试验验证。例如，图 15.52 是车身的刚度试验，目的是测试车身的弯曲、扭转和洞口刚度（详见第 12 章）。图 15.53 是座椅和安全带前拉试验，模拟车辆在高速行驶过程中紧急制动时座椅和安全带所受到巨大前冲的惯性力。这是一项汽车行业的法规要求。法规要求在规定的向前拉力下，座椅和安全带及其在车身上安装点区域的结构有足够的强度，以确保在车辆在紧急制动时结构不发生破坏，确保人员安全。图 15.54 车门和发动机舱盖的关闭疲劳试验。试验中车门和发动机舱盖被关闭规定的次数。这个次数是假定在 10 年里车门和发动机舱盖正常使用需要开启、关闭的次数（详见第 13 章）。设计要求车门和发动机舱盖在关闭规定的次数后不发生破坏。图 15.55 是刮水器试验。试验目的在于刮水器反复工作规定的次数后仍然能够正常地工作。对于车身的要求则是刮水器安装点区域的结构要有足够的刚度和疲劳强度。图 15.56 和图 15.57 分别为发动机舱盖和车门外板的抗凹试验，以检验发动机舱盖和车门外板的抗凹性能。不仅发动机舱盖和车门外板，车身侧围外板、翼子板、车顶篷等车身外表部件都有此相项试验，以确保汽车表面的质量。

图 15.52　车身刚度试验

图 15.53　座椅和安全带前拉试验

图 15.54　车门和发动机舱盖关闭疲劳试验

图 15.55　刮水器试验

图 15.56　发动机舱盖的抗凹试验

图 15.57　车门外板的抗凹试验

15.2.4　发动机系统的台架耐久试验

　　发动机的测试主要分测试平台试验和实车试验。测试平台试验是在测试室进行的可控条件试验，如图 15.58 所示。在测试平台上，发动机基本可以在任何工况下长时间高负荷运转，一般主要进行发动机的性能评估和结构疲劳评估。实车试验是发动机在实车上进行试验，因为受到实车运行的限制，主要进行实车的发动机性能标定和发动机与整车整合的系统可靠性评估。

图 15.58　发动机测试平台试验（Dyno Test）

对于大多数的发动机测试，从测试的效率和成本上来说，不可能真正模拟用户的真实使用情况。为了达到在发动机整个使用寿命中同等积累损坏，发动机的测试必须是工况更为苛刻的加速测试。这也决定了这类试验必须在测试平台上进行。这类加速试验的时间长度以等同于一定的用户里程为标准。

根据发动机的载荷情况，发动机的结构耐久性测试主要测试发动机在高温高压和剧烈热循环下的可靠性。其目的是既要保证发动机长时间运转的可靠性，也要保证发动机在极冷条件下长期运行的结构可靠性。对于不同的测试目的，发动机的测试平台试验包括以下几类。

（1）发动机耐久性测试

发动机耐久性测试主要检验发动机整体在最大燃气压力负载、惯性负载、燃气温度、冲击负载、振动水平下的耐久性。其中包括发动机的机械疲劳、热疲劳和磨损。图 15.59 所示，是发动机耐久性测试进程的示意图。

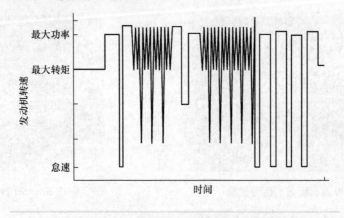

图 15.59 发动机耐久性测试进程示意图

（2）发动机热循环测试

通过改变冷却液的温度，检验发动机在热机械循环条件下的耐久性。这主要包括缸盖的热机械疲劳、活塞和活塞环的磨损和锁死或断裂、缸体的缸孔变形、进/排气歧管的变形和断裂、密封问题等。图 15.60 所示，是发动机热循环测试进程的示意图。

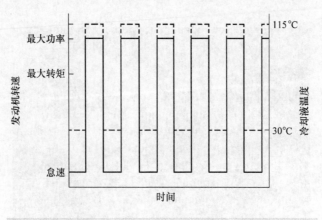

图 15.60 发动机热循环测试进程示意图

（3）发动机深度热冲击测试

发动机深度热冲击测试主要是检验气缸垫和其他密封垫圈，在剧烈热循环下的疲劳和密封问题。图 15.61 所示，是发动机深度热冲击测试进程的示意图。

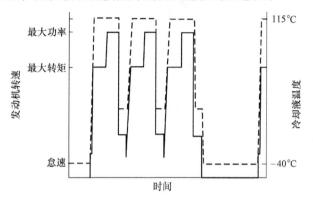

图 15.61　发动机深度热冲击测试进程示意图

（4）排气歧管耐久性测试

主要检验排气歧管、螺栓、隔热板的热机械疲劳，和排气歧管密封垫圈的疲劳和密封问题。图 15.62 所示，是排气歧管耐久性测试的示意图。

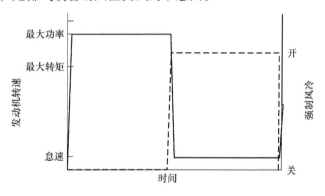

图 15.62　排气歧管耐久性测试示意图

还有其他多种测试，如停机/开机测试、系统共振耐久性测试、活塞测试、耗油量测试、加速曲轴和连杆轴承磨损测试、涡轮增压器加速耐久性测试等。

对于发动机整体来说，结构耐久性测试主要以发动机耐久性测试和发动机深度热冲击测试为主。这两种测试是针对发动机的整体和各个部件的终极测试。通过了这些测试，就意味着发动机的结构设计达到了设计的要求，并可以大批量生产了。

若要查看本书彩插，请使用微信扫描下方小程序码，点击"文件：全书彩插"在线浏览。

"全书彩插"小程序码